D1922044

François Fejtö

Die Geschichte der Volksdemokratien

Band II

François Fejtö

Die Geschichte der Volks-demokratien

Band II

Nach Stalin
1953—1972

Verlag Styria

Ins Deutsche übertragen von
Ingrid Haffner, Eva Hoyer und Ellie Petertil
Der Titel der französischen Originalausgabe lautet
»Histoire des democraties populaires«
und ist bei Les Editions du Seuil, Paris, erschienen

Deutsche Ausgabe von Helmut Hoyer

1972 Verlag Styria Graz Wien Köln
Alle Rechte der deutschen Ausgabe vorbehalten
Printed in Austria
Umschlag: Christoph Albrecht, Schmidham
Gesamtherstellung:
Universitäts-Buchdruckerei Styria, Graz
ISBN 3 222 10703 3 (Bd. I und II)

Für Edi und Kornél – Für Géza und István Hoffmann.
Für Julcsi.
Für alle Freunde und Kameraden,
tote wie lebende,
mit denen ich mich solidarisch fühle.

Inhaltsverzeichnis

II. TEIL
STRUKTUREN UND TENDENZEN
289

Vorwort

> Die Geschichte ist weder ein Gemälde noch ein Märchen ... Ergreift Partei, im guten Sinne, aber seid Euch klar über ihre Schattenseiten, die Dramen, die Ambivalenzen und Unsicherheiten, die sie birgt ...
>
> *Emmanuel Mounier*

Dieses Buch setzt dort fort, wo ich im Herbst 1952 stehenblieb, als ich die »Geschichte der Volksdemokratien« beendete, unmittelbar vor dem Slánský-Prozeß, diesem Schwanengesang des absoluten Stalinismus.

Der Leser möge mir die Lücken in dieser Arbeit verzeihen, die vor allem vom großen Ausmaß, vom unendlich komplexen und wechselvollen Charakter des Themas herrühren, der seinerseits wieder im Gegensatz steht zu den rein materiellen Grenzen, die dieser Arbeit gesetzt sind und die eine gewisse Vereinfachung erfordern. Weiters müßte man, um einen wirklich zufriedenstellenden Überblick zu geben, nicht nur Historiker, sondern gleichzeitig Politologe, Kreml-Spezialist, Volkswirtschaftler, Kulturkritiker, Soziologe, Strukturalist und Prophet sein ... Eine wahrhaft erdrückende Aufgabe für einen einzigen Menschen, der sich im Zeitalter der großen amerikanischen Kollektiv-Projekte gezwungen sieht, in Paris sozusagen als unparteiischer Freischärler und als Handwerker zu arbeiten. Ich hoffe aber, letzten Endes nützliche Arbeit geleistet zu haben, die Arbeit eines Pfadfinders und Bahnbrechers. Wie bei der Abfassung der »Geschichte der Volksdemokratien«, die ihre Bestätigung durch die Geschichte selbst gefunden hat und die so zum Band I wird (dessen Lektüre das Verständnis der Entwicklung seit 1953 nur fördern kann), habe ich versucht, objektiv zu sein, bei der Wahrheit zu bleiben, mich streng an die Realität zu halten, die Tatsachen sprechen zu lassen, ohne mich deshalb des Rechtes zu begeben, dort ein Urteil auszusprechen, wo das Urteil sich auf Tatsachen stützt. Die Objektivität besteht nach meiner Meinung nicht darin, aus lauter Angst vor der Beunruhigung der Spießbürger zu vermeiden, die Dinge beim rechten Namen zu nennen und statt einer »Aggression gegen die Tschechoslowakei« von der »Anwesenheit fremder Truppen« zu sprechen und »Übereinkommen« das zu nennen, was einfach ein Diktat ist.

Man kann nicht Geschichte schreiben, ohne mit ihr zu leben. Man kann nicht Geschichte schreiben, indem man die Werte außer acht läßt, die unsere Zivilisation, unsere Ideale, charakterisieren. Ich hätte die neuere Geschichte Osteuropas, meiner Heimat, nicht schreiben können, ohne die Leiden, die Demütigungen und die Hoffnungen seiner Söhne zu teilen.

Einleitung
Höhepunkt und Verfall des Stalinismus

> Am obersten Ende der hierarchischen Stufenleiter des Kultes stand Stalin. Vor ihm beugten alle die Stirne, die auf den unteren Sprossen der Leiter standen. Es waren nicht nur die anderen führenden Persönlichkeiten der KPdSU, die sich vor ihm beugten, sondern die Führer aller Kommunistischer und Arbeiterparteien des sozialistischen Lagers.
>
> *W. Gomułka, 20. Oktober 1956*

> Chruschtschow hat Stalin beschimpft und ihn für einen »Mörder« gehalten. Soll das heißen, daß die internationale kommunistische Bewegung während mehrerer Jahrzehnte einen »Mörder« zum Erzieher hatte?
>
> *»Volkszeitung« und »Rote Fahne«; Peking, 13. September 1963*

Der XIX. sowjetische Parteikongreß

Am 5. Oktober 1952 eröffnet Stalin im großen Saal des Kreml-Palastes den XIX. Kongreß der Kommunistischen Partei der Sowjetunion. Zwölfhundert Abgeordnete, die sechs Millionen Parteimitglieder vertreten, begrüßen ihren alten Chef und Generalsekretär der Partei (er ist 73 Jahre) mit nicht endenwollenden Ovationen.

Einige Wochen später beginnt in Prag einer der merkwürdigsten Prozesse des 20. Jahrhunderts, in dem der frühere Generalsekretär der Kommunistischen Partei der Tschechoslowakei, der einstige Mitarbeiter Stalins, Rudolf Slánský, als Hauptangeklagter figuriert.

Diese beiden Ereignisse wenige Monate vor Stalins Tod beleuchten die hauptsächlichsten Aspekte dessen, was die Nachfolger den Persönlichkeitskult nennen sollten, nämlich: die Hegemonie Stalins, die Rolle Moskaus als alleinigen Mittelpunktes des kommunistischen Universums, den Hang zur Mystifizierung (Eigenmystifizierung mit inbegriffen), zum Bluff, zum Versteckenspiel; die Säuberung als Mittel, um persönliche Meinungsverschiedenheiten beizulegen und wirkliche Spannungen zu überwinden.

Der sowjetische Parteikongreß erregte beträchtliches Interesse in der in zwei Lager geteilten Welt. Zum ersten Male seit März 1939 tritt die sowjetische Kommunistische Partei zu einem Kongreß zusammen. Aufgrund der bestehenden Statuten hätte der Kongreß alle drei Jahre einberufen werden sollen. Während der zwischen den beiden Kongressen liegenden Zeitspanne hat die UdSSR, trotz ungeheurer Verluste an Menschen und materiellen Gütern, die Kraftprobe des Zweiten Weltkriegs siegreich bestanden. Sie konnte ihr Territorium erweitern und – die Anwesenheit der Führer eines Dutzends kommunistischer Länder im Saale bestätigt dies – es mit einer ganzen Kette befreundeter und verbündeter Länder umgeben, deren jüngstes, die Volksrepublik China, zwei Jahre alt war. Stalin rechtfertigte die in Mittel- und Osteuropa errungenen Positionen durch »den Willen, die Sicherheit der UdSSR auch in Zukunft zu gewährleisten«, da das Land durch Krieg, Okkupation und Deportationen 17 Millionen seiner Söhne verloren hatte. (1) Die Zeiten waren vorbei, da es nur ein einziges, von der kapitalistischen Welt eingekreistes sozialistisches Land gab. 1952 gab es hingegen ein sozialistisches Lager, das sich aus elf Ländern zusammensetzte: Albanien, Bulgarien, China, Deutsche Demokratische Republik, Mongolei, Nordkorea, Polen, Rumänien, Sowjetunion, Tschechoslowakei und Ungarn. (Das zwölfte Land, Jugoslawien, war 1948 aus der Gemeinschaft ausgeschlossen worden; Nordvietnam und Kuba schlossen sich erst später an.)

Nach der Krise von 1948, deren Folge der Abfall Tito-Jugoslawiens war, schien der monolithische Zusammenhalt des

Lagers gesichert. Niemand machte der Sowjetunion, der KPdSU und Stalin die führende Rolle streitig. Alle Parteiführer und -genossen waren sich über die Notwendigkeit einer einheitlichen Strategie für das sozialistische Lager und die internationale kommunistische Bewegung einig. Um dem Druck der kapitalistischen Welt und der Atom-Diplomatie der Vereinigten Staaten Widerstand leisten zu können, bedurfte es im sozialistischen Lager einer eisernen Disziplin unter einem einheitlichen Kommando. Dieses Kommando konnte aber nur von der UdSSR ausgehen. Einzig die Stärke der UdSSR konnte die Aufrechterhaltung von Lenins Erbschaft garantieren, die revolutionären Zielsetzungen einer in ihren Beziehungen zur bürgerlichen Gesellschaftsordnung radikal erneuerten Gesellschaft. A. Kriegel hat dies mit Recht als »den tiefsten Sinn des russischen Bolschewismus« bezeichnet. (2) Der sowjetische Parteikongreß sollte für den gesamten Ostblock als Gesetzgeber fungieren, ja für die ganze internationale kommunistische Bewegung.

Einige Tage vor Beginn des Kongresses veröffentlichte Stalin in der »Prawda« einen Artikel unter dem Titel: »Die ökonomischen Probleme des Sozialismus in der UdSSR«, den seine Höflinge alsogleich im Chor wie eine Offenbarung feierten. (3) Es war dies tatsächlich die ziemlich dubiose Rechtfertigung einer Wirtschaftspolitik (vor allem in bezug auf die Agrarwirtschaft), deren lähmende Folgen bereits die orthodoxesten unter den Wirtschaftsfachleuten der UdSSR und der Volksdemokratien zu beunruhigen begannen. Chruschtschow erklärte dann vier Jahre später in seinem geheimen Bericht, daß 1952 die Situation auf dem Lande kritisch und daß besonders die Viehzucht und die Fleischproduktion gefährdet gewesen waren. Aber »Stalin hatte sämtliche Vorschläge verworfen, die für die Bauern dank einer Preiserhöhung für landwirtschaftliche Produkte ein Ansporn für die Vermehrung des Viehbestandes gewesen wären«. Gewiß, Stalin verfocht die These, daß, im Gegensatz zum Kapitalismus, »das Ziel der sozialistischen Produktion nicht der Profit ist, sondern der Mensch und seine materiellen und kulturellen Bedürfnisse«. Aber seine Politik entsprach im Konkreten kaum seiner Theorie. Er hat dies übrigens selbst implizite zugegeben, da er sich in der gleichen Arbeit gegen die These verwahrt, derzufolge »unter einem sozialistischen Regime kein Widerspruch besteht zwischen dem Wirtschaftsertrag und den Produktivkräften der Gesellschaft«. Gewiß gibt es Widersprüche, es wird sie auch immer geben. Wenn aber die leitenden Stellen »die richtige Politik verfolgen, dann können diese Widersprüche nicht zu Antagonismen ausarten ... Es wäre natürlich etwas anderes, wenn wir eine verfehlte Politik betrieben ... Dann wäre ein Konflikt unvermeidlich, und unser Wirtschaftsertrag könnte ein ernstliches Hindernis für die Entwicklung aller Produktivkräfte bilden.« Die Möglichkeit innerer Konflikte wurde also nicht bestritten. Für den gegenwärtigen Zeitpunkt wurde sie jedoch in Abrede gestellt. Stalin war fest überzeugt, daß seine Politik die richtige war. Auf dem Wirtschaftssektor brachte der XIX. Parteitag also keine Änderung. (4)

Auch bezüglich der Außenpolitik kam er über die Phraseologie des kalten Krieges nicht hinaus. Man konnte höchstens vermerken, daß Stalin in seiner Schlußrede relativen Optimismus bezüglich der Chancen eines *Modus vivendi* mit dem Westen an den Tag legte, da dessen innere Widersprüche und Spaltungen, so prophezeite er, immer mehr zunehmen würden. Meinte er das wirklich? Stalin soll zu Beginn der fünfziger Jahre vor seinen engsten Mitarbeitern die Meinung geäußert haben, »daß 1953 das Jahr einer letzten Kraftprobe sein würde«. (5) — Es ist jedenfalls Tatsache, daß im Frühjahr des Jahres 1952, zehn Wochen vor dem Beitritt der Bundesrepublik Deutschland zur EVG, Stalin den drei Westmächten vorgeschlagen hat, Maßnahmen zur Wiedervereinigung Deutschlands aufgrund freier Wahlen zu ergreifen. Als Gegenleistung hat er die Anerkennung der in Potsdam festgelegten Grenzen und die Neutralisierung Deutschlands verlangt. Diese Vorschläge sind von den Westmächten abgelehnt worden, und Stalin (der diese Ablehnung wahrscheinlich vorausgesehen hatte) beeilte sich, sie zurückzuziehen und die Integration Ostdeutschlands in den sowjetischen Block zu beschleunigen. Dadurch wurde die Teilung Europas bestätigt und besiegelt. Auf dem XIX. Parteikongreß rief Stalin die kommunistischen Parteien des Westens dazu auf, die Fahne der nationalen Unabhängigkeit hochzuhalten, die von der Bourgeoisie über Bord geworfen worden war, »um dafür Dollars einzuhandeln«.

Er glaubte sich imstande, einem Nationalismus das Wort zu reden, der sich ausschließlich gegen die amerikanische Vorherrschaft richten sollte, ohne befürchten zu müssen, daß die so wachgerufenen Geister sich eines Tages gegen sein eigenes Reich wenden könnten. Seine Schwierigkeiten mit Tito lagen jedoch schon in der Luft und hätten ihn zu größerer Vorsicht veranlassen können.

Reorganisation der Führungsspitze in der UdSSR

Das wichtigste Ergebnis des XIX. Parteitags, über das sich damals nur wenige klar waren, bestand in der Reorganisation der Führungsspitze der KPdSU. Das Politbüro (elf Mitglieder) wurde durch ein Parteipräsidium (fünfundzwanzig ordentliche Mitglieder, elf Ersatzleute) ersetzt. Der Bestand des Parteisekretariats wurde verdoppelt. Die Aufgabe, diesen Vorschlag vorzubringen, war Chruschtschow anvertraut worden, der neben Malenkow und Berija eine hervorragende Rolle spielte. Hat Stalin etwa voll Schadenfreude seinen Vorschlag gerade denjenigen seiner Mitarbeiter öffentlich verteidigen lassen, den er als seinen erbittertsten Gegner kannte? Eben das hat Chruschtschow später zu verstehen gegeben, als er behauptete, das hauptsächliche Ziel der Reorganisation sei es gewesen, die früheren Mitglieder des Politbüros zu eliminieren und an die Parteispitze neue Männer zu stellen, die Stalin nach seinem Gutdünken manipulieren zu können glaubte.

Die selbstsichere Gelassenheit, die monolithische Einheit, die der Kongreß an den Tag legte, waren jedoch nur Schein. Hinter den Kulissen gingen in immer stärkerem Maße die inneren Kämpfe weiter, die seit dem Tode Schdanows (1948) sowie der Kaltstellung und Hinrichtung Wosnessenskijs (1949) zu zahlreichen Umstellungen geführt hatten. Eine Atmosphäre des allgemeinen Mißtrauens herrschte im Kreml, die auf die anderen kommunistischen Zentren übergriff. (6) Der Außenwelt zeigte Stalin ein väterliches und friedliches Gesicht. Drei Jahre zuvor war er anläßlich der Feiern zu seinem siebzigsten Geburtstag auf den Gipfel seines Ansehens und seiner Autorität getragen worden. Wenige Männer waren seit Napoleon Gegenstand einer so glühenden und weit verbreiteten Verehrung gewesen. Im Laufe der Jahre 1949 bis 1952 hatte sich diese Verehrung in einen wahrhaft religiösen Kult verwandelt. Der Gegenstand dieser Verehrung, sagte Gomułka später, »verstand sich auf alles, wußte alles, entschied alles, leitete alles ... Und neben seinen Kenntnissen, seinen Fähigkeiten, seinen persönlichen Vorzügen, war er auch der weiseste Mann.« Stalin war die Verkörperung der ewigen Wahrheit des Marxismus-Leninismus, der Heilsträume auf Erden. Während der gleichen Zeitspanne hat sich allerdings dieser Übermensch seinen Mitarbeitern gegenüber – wie diese das einige Jahre später enthüllen sollten – immer argwöhnischer und despotischer gezeigt. Ebenso wie die Zaren, die im selben Palast residiert hatten, war er von einer Art Verfolgungswahn befallen worden. Er traute nicht einmal mehr seinen ergebensten, seinen unterwürfigsten Dienern. »Er kam von der absurden und lächerlichen Idee nicht los, Woroschilow sei ein Agent Englands.« Er ließ bei diesem ein ganz spezielles Aufnahmegerät einbauen, um alles abzuhorchen, was er sagte. Bei der ersten Sitzung des vom XIX. Parteikongreß gewählten Zentralkomitees griff er Molotow und Mikojan an »und schrieb ihnen imaginäre Untaten zu«. Er hatte »die Absicht, mit allen Mitgliedern des einstigen Politbüros abzurechnen«. Als damals einmal Bulganin im selben Wagen wie Chruschtschow heimfuhr, vertraute er diesem an: »Es kann vorkommen, daß man auf eine freundliche Einladung hin zu Stalin geht und, wenn man ihm gegenüber sitzt, nicht weiß, ob man zu Hause oder im Gefängnis übernachten wird.«

Dies alles gehört natürlich zur Lokalchronik. Doch blieb es nicht ohne Nachwirkung auf die »große« Geschichte. Der Stalinismus bedeutete die Monopolisierung der Macht, vorerst durch eine begrenzte Gruppe von Personen, später durch Stalin selbst, und in der Folge hatte die Störung seines geistigen Gleichgewichts äußerst schwerwiegende Folgen sowohl für die UdSSR wie für die Volksdemokratien. Die Führer der kommunistischen Oststaaten ahmten bis zu den kleinsten Befehlen und Verfügungen Stalins alles gewissenhaft nach und öffneten zugleich mit dem Kult um ihre eigene Person den Polizeimethoden eines orientalischen Despotismus Tür und Tor. (7)

Von all diesen Schattenseiten des Systems hatten die Teilnehmer des XIX. Parteitags nicht die geringste Ahnung. Vor den Augen der Genossen rollte eine wundervolle Demonstration von Klarheit und revolutionärem Optimismus ab. In der UdSSR proklamierte der Berichterstatter Malenkow: »Der Traum der hervorragendsten Denker des Menschengeschlechts ist nun Wirklichkeit geworden.« Der Aufbau des Sozialismus war beendet. Nun handelte es sich darum, nach und nach zu einer höheren Stufe, zum Kommunismus aufzusteigen. Diesem Fortschritt wies Stalins Genie den Weg. Daß sich die Interessen der sowjetischen Partei – wie Stalin dies in seiner Schlußansprache unterstrich – mit denen der übrigen friedliebenden Völker deckten, war natürlich eine Selbstverständlichkeit. Stalin richtete einen »brüderlichen Gruß« an die neuen Stoßtrupps, die sich von China und Korea bis zur Tschechoslowakei und Ungarn gebildet hatten. Mátyás Rákosi und Klement Gottwald fühlten sich besonders geschmeichelt und bestätigt durch diese ehrende Erwähnung, die sie auf eine Stufe stellte mit Mao Tse-tung. Malenkow begrüßte das Entstehen einer neuen Art bis dahin in der Geschichte der Menschheit unbekannter Beziehungen zwischen den »demokratischen Staaten« (so bezeichnete man wieder, getreu der Taktik der unmittelbaren Nachkriegszeit, die kommunistischen Staaten). Mikojan, der vor allem von den wirtschaftlichen Beziehungen sprach, betonte ganz besonders Stalins tägliches Bemühen um die Konsolidierung der Freundschaft zwischen der UdSSR und den Brudervölkern des demokratischen Lagers. Er versuchte, die Abtrennung der Oststaaten von den traditionellen Partnern im Westen mit der Behauptung zu rechtfertigen: »Der Markt des demokratischen Blocks besitzt genügend Mittel, um jedem Land zu ermöglichen, alles für seine wirtschaftliche Entwicklung Nötige vorzufinden.« (Diese Neuorientierung der Wirtschaft der Ostblockstaaten kann am Beispiel der Tschechoslowakei aufgezeigt werden: der Anteil der UdSSR am Außenhandel dieses Landes belief sich 1947, in dem Jahr, da die UdSSR ihre Partner zwang, auf die Marshall-Hilfe zu verzichten, auf 6 Prozent; 1950 auf 27,5 Prozent; 1955 auf 34,5 Prozent; 1963 auf 38,9 Prozent.) Laut Mikojan trug die UdSSR ganz erheblich zur Industrialisierung der Volksdemokratien bei. Die Lieferungen von Maschinen und moderner Ausrüstung haben sich zwischen 1948 und 1952 verzehnfacht. Als augenfälligstes Beispiel für die Wirksamkeit der sowjetischen Hilfe nannte er den Fall Rumänien, das dank dieser Hilfe »von da an selbst die zur Erdölförderung nötigen Einrichtungen herstellte«.

Die Gegenwart war schön, die Zukunft großartig. Die Führer der Volksdemokratien, die während des Kongresses die Rednertribüne betraten, überboten einander in diesem Sinne. Einer nach dem anderen zollten sie Stalins, des Sowjetvolkes und der Partei uneigennütziger Hilfe uneingeschränkte Bewunderung. »Die polnischen Arbeiter«, erklärte Bolesław Bierut, Chef der Kommunistischen Arbeiterpartei Polens, »schulden der KPdSU alles, was ihnen am teuersten ist: Freiheit, Unabhängigkeit, schnelle Entwicklung der Industrie und der nationalen Kultur, Wachstum der inneren Kräfte ... Die brüderliche Hilfe, die Freundschaft und das Beispiel der Sowjetunion spielen eine entscheidende Rolle in unserer epochemachenden Umwandlung. Die UdSSR gibt der Welt ein Beispiel für die neuen internationalen Beziehungen zwischen den Völkern ..., die durch ein brüderliches Bündnis, Freundschaft und gegenseitige Zusammenarbeit gekennzeichnet sind.«

Die ungarische (kommunistische) Arbeiterpartei war durch Mátyás Rákosi vertreten. »Zum ersten Male in seiner Geschichte«, versicherte dieser, »kann das ungarische Volk wirkliche Freiheit genießen. Unser Volk hat wohl verstanden, daß sein Platz im Lager des Friedens ist, das achthundert Millionen Menschen umfaßt und an dessen Spitze die Sowjetunion steht.« Das gleiche Thema wurde ungefähr mit den gleichen Ausdrücken durch den Rumänen Gheorghiu-Dej entwickelt, der sich zehn Jahre später gegen das schon etwas geschwächte wirtschaftliche »Diktat« der Sowjetrussen wehren sollte: »Zum ersten Male in seiner Geschichte hat das rumänische Volk wirkliche Freiheit erlangt und als Staat Unabhängigkeit und Souveränität.« Der Bulgare Wulko Tscherwenkow, der Nachfolger Dimitrows, ein schlauer und skrupelloser Politiker, überbrachte »die Gefühle grenzenloser Dankbarkeit, Liebe und Ergebenheit der Kommunistischen Partei Bulgariens, des gesamten bulgarischen Volkes für die sowjetischen Brüder, die Partei Lenins und Stalins, die groß ist dank dessen Weisheit und Kraft – und für den genialen Erzieher und Führer, den Genossen Stalin«. Der albanische Parteichef Enver Hoxha, der von einer mit sowjetischer Hilfe errichteten hydroelektrischen Zentrale sprach, rief aus: »Das Licht Stalins erstrahlt über der albanischen Erde!« Er benützte die Gelegenheit, um über die gemeinsamen Feinde Stalins und Albaniens zu wettern, »jene faschistischen Banditen aus Belgrad, die unser Land zu ihrer Kolonie machen und unsere Partei vernichten wollten«.

Alle osteuropäischen Redner hoben die Tatsache hervor, daß Stalin durch seine Studie über die ökonomischen Probleme des Sozialismus in der UdSSR »allen an der Macht befindlichen kommunistischen Parteien einen Dienst von unschätzbarer Bedeutung erwiesen hat«. Kein falscher Ton war damals zu hören. Keine Unstimmigkeit, kein Vorbehalt waren zutage getreten. Der schwülstige Stil der Erklärungen entsprach den Regeln des »sozialistischen Realismus«, der damals in Literatur und Kunst vorherrschend war – eine Art von idealisierendem, deklamatorischem Akademismus, der sich über eine triste und graue Wirklichkeit breitete. Man war mitten in einer »ideologischen Inflation«. Gewiß, angesichts der unglaublichen Dürftigkeit und Abgedroschenheit der sowjetischen Literatur hatte Malenkow in seiner Rede vor dem Kongreß nach »neuen Gogols« gerufen. Aber das moralische Klima im Kreml, wo alles nur dem äußeren Eindruck, der Verstellung diente, war wohl kaum förderlich für Satire oder Kritik.

Man mußte zwei Jahre warten, bis der Schleier, der die wirklichen Beziehungen zwischen der UdSSR und den Volksdemokratien verhüllte, endlich zerriß. Im Mai 1955 fahren Chruschtschow, Bulganin und Mikojan nach Belgrad und geben öffentlich zu, daß »schwerwiegende Irrtümer« in bezug auf Jugoslawien begangen wurden und daß vor allem Berija daran Schuld trage. Im Juli des gleichen Jahres tritt das sowjetische Zentralkomitee zusammen, um unter anderem über die Beziehungen mit den Volksdemokratien auf der Basis eines von Mikojan vorgelegten Berichtes zu diskutieren. (8) Dieser sprach vor allem über die gemischten Gesellschaften, die sich gleich nach dem Krieg in den Oststaaten gebildet hatten und die in der Folge von Mao Tse-tung prinzipiell abgelehnt worden waren. (9) »Diese Gesellschaften«, sagte Mikojan, »stellen eine unzulässige Form der Einmischung in die wirtschaftlichen Angelegenheiten der Volksdemokratien dar. Sie stehen im Gegensatz zum Geist des proletarischen Internationalismus und haben ihren Ursprung in einem Großmacht-Chauvinismus.« (Im Laufe der kommenden Jahre sollte man diesen Ausdruck wieder oft hören, der im kommunistischen, von Lenin ererbten Vokabular den Egoismus und die imperialistischen Tendenzen bezeichnet, die die Sowjetunion an den Tag legte.) Molotow warf man vor, sich vor allem in Polen »grober und unzulässiger Einmischungen« schuldig gemacht zu haben. Dem sowjetischen Botschafter in Warschau, Popow, wurde vorgehalten, sich wie ein Gouverneur aufgeführt zu haben.

1956 verurteilten Persönlichkeiten der Oststaaten das Streben der Sowjets nach Vorherrschaft, »die mangelnde Gleichheit zwischen den volksdemokratischen Ländern und der Sowjetunion, die Einschränkung ihrer Souveränität, die noch durch die internationalen Spannungen des kalten Krieges gefördert wird«. (10) Nach der allgemeinen Ansicht wurde »der proletarische Internationalismus sowohl in der Theorie wie in der Praxis den Zielsetzungen eines Großmacht-Chauvinismus untergeordnet«. (11) Unter dem allgemeinen Druck gibt die Regierung der Sowjetunion selbst in einer feierlichen Erklärung zu, »daß Irrtümer in den Beziehungen zwischen sozialistischen Staaten begangen wurden und daß diese Übertretungen und Irrtümer die Tragweite der Prinzipien der Gleichberechtigung in den Beziehungen der sozialistischen Staaten zueinander beeinträchtigt haben«. (12) Diese Irrtümer waren nicht zufällig begangen worden. Sie rührten vom zentralistischen System der Leitung des Blocks her, das seit 1947 in Kraft war und dessen hauptsächliches Instrument das Informationsbüro der kommunistischen Parteien (Kominform) war. Dem Verlust der Souveränität der einzelnen Länder war die Abschaffung der parlamentarischen Demokratie und die Eroberung durch die kommunistischen Parteien mit Hilfe und unter dem Druck der UdSSR vorangegangen.

Man kann diesen unerbittlichen Prozeß am Beispiel der

Slowakei verfolgen. Im Oktober 1947 wandten sich die slowakischen Kommunisten, die in der Minderzahl waren, an die Sicherheitspolizei, um sich ihrer demokratischen Rivalen zu entledigen. Aber dieser Sieg machte aus den slowakischen Kommunisten Vasallen der Prager Zentrale, die sich der Gunst Stalins erfreute. Im Jahr 1950 wurden die »Sieger« von 1947 unter der Anschuldigung »nationalistischer Abweichung« ihrerseits verdrängt, und die Slowakei verlor jegliche Autonomie. (13) Man kann den gleichen Vorgang der Besitzergreifung in der Entwicklung aller Oststaaten wiederfinden. Um das politische und wirtschaftliche Monopol auszuüben, waren die Kommunisten gezwungen, sich gegen die Mehrheit des Volkes auf die Sowjetunion als Schutzmacht zu stützen. Das Jugoslawien Titos bildete in dieser Hinsicht die einzige Ausnahme.

Der Slánský-Prozeß als Beispiel der »totalen Stalinisierung«

Der Slánský-Prozeß, der am 22. November 1952 in Prag begann, ist ein gutes Beispiel für die Methoden, mit denen die UdSSR Stalins – oder, genauer gesagt, der geheime Polizeiapparat Berijas, der den Sowjetstaat überlagerte – die Regierungen und kommunistischen Parteien der Oststaaten unterhöhlt, ihre Souveränität konfisziert, ihre Nervenzentren paralysiert und eine Situation kollektiver Psychopathologie geschaffen hat, die sich aus Angst, Mißtrauen, Apathie und Selbstverstümmelung zusammensetzte und die sowohl Führung wie Volk erst nach langer Zeit und mit sehr viel Mühe überwinden sollten.

Die Wahrheit über diesen Prozeß und die nachfolgenden Säuberungen sollte erst etappenweise bekannt werden, erst, wenn auch nicht in allen Details, anläßlich der grandiosen Befreiungsbewegung, durch die das tschechische und das slowakische Volk, vom Januar 1968 angefangen, versuchten, die Alpträume und Zwangsvorstellungen der Vergangenheit loszuwerden.

Der Ursprung der Slánský-Affäre geht wahrscheinlich auf 1949 zurück, auf die Zeit unmittelbar nach dem Prozeß gegen László Rajk, den ungarischen Außenminister, der wegen seines angeblichen »Titoismus«, seiner verräterischen Tätigkeit und der

Spionage zugunsten der Imperialisten zum Tode verurteilt und hingerichtet worden ist. Der Prozeß Rajk hatte seinen sowjetischen Organisatoren – auch hier hatte wiederum Berija »die Hand im Spiel« – dazu gedient, aufzuzeigen, daß es dem amerikanischen Nachrichtendienst, unter Mithilfe Titos, gelungen war, seine Verzweigungen bis zu den höchsten Spitzen einer an der Macht befindlichen kommunistischen Partei voranzutreiben. Was für Ungarn wahr gewesen war, mußte es auch für andere Volksdemokratien sein, vor allem für die Tschechoslowakei, diese »vorgeschobene Bastion des Sozialismus gegen den Westen« – und deren Führungsspitze, vor allem für den Präsidenten Gottwald, der zumindest vor dem »Coup de Prague« von 1948 erwogen hatte, einen eigenständigen, tschechoslowakischen Weg zum Sozialismus einzuschlagen. Nach der Ausschließung Jugoslawiens aus dem Kominform waren jedoch jeder Versuch zur Eigenständigkeit, jeder Vorbehalt im Hinblick auf das sowjetische Vorbild verdächtig geworden und wurden als »Abweichung« angesehen. Ein vergiftetes Klima war geschaffen, worden, das Hexenjagden begünstigte und es den Geheimagenten der UdSSR mittels geschickter Manipulation ermöglichte, die Leitung des Landes zu überwachen. Der Generalsekretär der tschechoslowakischen Partei, Rudolf Slánský, kommunistischer Veteran des linken Flügels, brutal, aber unbescholten, ging als erster in die Falle. In einer Versammlung verdienter Parteimitglieder, die nach dem Rajk-Prozeß stattfand, erklärte er: »Wir brauchen einen tschechoslowakischen Rajk.« (14) Die Sicherheitsbehörden, von »sowjetischen Experten« unterstützt, wurden mobilisiert, um die imperialistischen Agenten, die sich in die Führungsspitze eingeschlichen hatten, zu demaskieren. Genauso wie in Ungarn suchte man sie vor allem in den Kreisen jener verantwortlichen kommunistischen Funktionäre, die während des Krieges in den Westen geflüchtet waren oder seinerzeit den internationalen Brigaden angehört hatten.

Der ungarische Parteichef Mátyás Rákosi, damals schon mit Haut und Haar der sowjetischen Geheimpolizei verschrieben, zeigte sich gern bereit, dieser in der Tschechoslowakei ihr Ränkespiel zu erleichtern. Gestützt auf »Enthüllungen« einiger im Rajk-Prozeß Angeklagter, die während des Krieges mit tschechischen und slowakischen Kommunisten im Westen in Kontakt gewesen waren, hatte Rákosi Gottwald eine Liste verdächtiger Personen geliefert. Die ersten, die aufgrund dieser Angaben inhaftiert wurden, waren G. Pavlik, Direktor des Reisebüros Čedok, Evžen Löbl, Vizeminister für den Außenhandel, und Vilem Nový, Chefredakteur von »Rudé právo«. Im Herbst 1950 wurde der Erste Sekretär des Kreisausschusses der KPTsch in Brünn, der zweitgrößten Industriestadt des Landes, Otto Šling, unter der Beschuldigung der Spionage und des Hochverrats verhaftet. (Angeblich hat er Novotnýs Stellung im Zentralkomitee angestrebt.) Seiner Verhaftung folgte die seiner Freundin Marie Švermová, der Witwe eines Helden des slowakischen Aufstands im Jahre 1944, einer in Arbeiterkreisen äußerst populären Persönlichkeit. Als Folge dunkler Machenschaften zwischen den verschiedenen Geheimdiensten wurde die Säuberung mit einem Schlag auf die Slowakei ausgedehnt, wo die ganze Partei-Elite – V. Clementis, Nachfolger von Jan Masaryk im Außenministerium, G. Husák, Vorsitzender des slowakischen Rats der Kommissare, der Dichter L. Novomeský, Kommissar für Schulwesen und Aufklärung, und L. Holdoš, Kommissar für Kirchenangelegenheiten – zuerst wegen »bourgeoisem Nationalismus« angeklagt und dann ins Gefängnis geworfen wurde. Scheinbar wahllos teilte die Inquisition ihre Schläge aus. Ende 1950 wurde einer der ersten Organisatoren der Säuberung, K. Švab, Vize-Sicherheitsminister, ein Vertrauensmann Slánskýs, unter der Anschuldigung verhaftet, Klassenfeinde protegiert zu haben. (15) Im Frühjahr 1951 legte der Geheimdienst Gottwald einen Bericht vor, in dem Slánský selbst verdächtigt, als »gefährlicher Agent des Imperialismus« bezeichnet und angeklagt wurde, »verschiedene wichtige Posten des Partei- und des Staatsapparates mit bourgeoisen Nationalisten und Zionisten besetzt zu haben«. Gottwald, aus allen Wolken gefallen, scheint sich an Stalin gewendet zu haben, der ihm damals geraten haben soll, diesem Bericht keinen Glauben zu schenken, aber auf der Hut zu sein. Es wurden Slánský jedoch »politische Irrtümer« zugeschrieben; in der Sitzung des Zentralkomitees vom September 1951 wurde er seiner Funktion als Generalsekretär der Partei enthoben und zum Vizepräsidenten des Ministerrats ernannt. Das war der Anfang vom Ende. Im November 1951 informierten die Sicherheitsbehörden mit einem von ihnen selbst fabrizierten Schreiben Gottwald, daß Slánský »vom amerikanischen Spionagedienst aufgefordert worden ist, sich in den Westen abzusetzen«. Sie schlugen die Verhaftung des Verräters vor. Von neuem fragte Gottwald Stalin um Rat. Dieser schickte Mikojan nach Prag, um die Angelegenheit zu »untersuchen«. Mikojan erkannte Slánský für schuldig, und dieser wurde am 24. November 1951 verhaftet. Der Sturz des Parteichefs hatte den einer großen Anzahl seiner Mitarbeiter zur Folge: B. Geminder, der Wirtschaftsexperte, L. Frejka, Schöpfer des ersten tschechoslowakischen Fünfjahresplans, der Journalist André Simone, Frau Jarmila Taussigová, Mitglied der Parteikontrollkommission, eben einer der Instanzen, die in den vorhergehenden Jahren mit den Säuberungen beauftragt waren. Der ganze Parteiapparat, die ganze Staatsverwaltung wurden unter die Lupe genommen und dezimiert. Man bereitete den großen Prozeß vor, der sowohl dem Land selbst wie der ganzen Welt den unwiderleglichen Beweis für den Verrat der Angeklagten erbringen sollte.

Löbl veröffentlichte im Frühjahr 1968 in Preßburg ein Buch, in dem er die Begleitumstände seiner Verhaftung – sie ging auf eine Intervention Mikojans zurück, mit dem er kurz zuvor ein Handelsabkommen geschlossen hatte –, die Verhöre und Folterungen, denen er ausgesetzt gewesen war, im Detail schildert. (16) Seine Aussagen, denen außerordentliche Bedeutung zukommt, ebenso wie denen von Slánskýs Bruder Richard (17), dessen Witwe (18), des Staatsanwalts des Prozesses von 1952, Jiří Urvalek (19), des damaligen Ministers für öffentliche Sicherheit, Bacílek (20), lassen die entscheidende Rolle, die die Sowjetagenten und im besonderen ein Mitarbeiter Berijas, General Lichatschow (21), bei der Vorbereitung des Prozesses gespielt hatten, deutlich hervortreten. Die Anklage wurde vom tschechoslowakischen Politbüro vorbereitet, an dessen Versammlung Berijas Agenten nunmehr als die wahren Herren teilnahmen.

Die Vorbereitungstechnik war die gleiche wie jene, die bei den Moskauer Schauprozessen nach 1930 festgelegt und anläßlich des Rajk-Prozesses wieder aufgefrischt worden war. Die Angeklagten wurden unter Druck gesetzt und allen möglichen moralischen und physischen Folterungen unterworfen, um sie zu überzeugen, daß sie ihrem Schicksal kaum entrinnen konnten. Die Partei, sagten die Polizisten zu den Angeklagten, sei über ihre Machenschaften zur Gänze informiert und verlange nun, daß sie diese auch zur Gänze bekennten. Man versprach ihnen die Milde des Gerichts für den Fall, daß sie vollständige Geständnisse ablegten. Man mißhandelte sie auf so brutale Weise, daß mehrere der Angeklagten vermeinten, faschistischen Folterknechten in die Hände gefallen zu sein. So hat Richard Slánský zum Beispiel berichtet, er habe im Verlauf eines Verhörs erwähnt, seine Frau sei die Mitarbeiterin von Clara Zetkin gewesen (Mitbegründerin der deutschen kommunistischen Partei und Vertraute Lenins). Daraufhin sei er vom Polizisten angeschnauzt worden: »Wer ist denn diese dreckige Judenh . . ., womit schachert sie?« Der Gefängnisarzt Dr. Sommer (der im Frühling 1968 Selbstmord beging) verabreichte den Angeklagten verschiedene Drogen – Mescalin, Aktebron usw. –, die sie in einen Zustand von Euphorie versetzten, ihre Gedanken verwirrten und ihren Widerstand schwächten. (22) Zu willenlosen Marionetten gemacht, bar aller menschlichen Würde, wurden die Angeklagten gezwungen, die von der tschechischen Polizei vorfabrizierten und von den russischen Experten überprüften und verbesserten Geständnisse auswendig zu lernen. Diese absurden Bekenntnisse mußten sie in einer Generalprobe vor dem Staatsanwalt und dem Gerichtsvorsitzenden, der sie am nächsten Tag richten und aburteilen sollte, aufsagen. Man »manipulierte«, um jedes Risiko eines Widerrufs vor dem Tribunal auszuschließen.

Und so verlief der Prozeß, der am 22. November 1952 begonnen hatte, ohne Zwischenfall. Elf der Hauptangeklagten legten volle Geständnisse ab, wurden wegen Hochverrats, Spionage, Sabotage und Fahnenflucht zum Tode verurteilt und am 3. Dezember 1952 hingerichtet. Drei der Angeklagten – E. Löbl, Artur London und V. Hajdu – wurden zu lebenslanger Haft verurteilt. Sie blieben am Leben und konnten später Zeugnis ablegen. Dem großen Prozeß folgten andere, weniger spektakuläre Gerichtskomödien, die aber mit den gleichen Mitteln vorbereitet wurden: die Prozesse gegen Marie Švermová und ihre

Gruppe, gegen G. Husák und andere führende Slowaken, der Prozeß gegen die Wirtschaftsfachleute des angeblichen »großen trotzkistischen Rates«, jener gegen eine Gruppe von Polizeifunktionären, die für Slánský gearbeitet hatten, usw. Nach den Kommunisten kamen die Verantwortlichen der einstigen politischen Parteien und der Klerus an die Reihe. 1968 hat man die Zahl der Opfer der Säuberungen – die entweder hingerichtet, verhaftet oder interniert worden waren – auf 136.000 geschätzt. (23) Das ist viel für ein Land von 14 Millionen Einwohnern, die andere Zustände gewohnt gewesen waren.

Einer der hervorstechendsten Züge des Slánský-Prozesses, sieht man von den unglaublichen Geständnissen der Angeklagten ab, war sein antisemitischer Aspekt. Von den vierzehn Angeklagten des Prozesses waren elf Juden. Die Organisatoren legten es darauf an, zu beweisen, daß dies kein Zufall sei. Die jüdischen Angeklagten seien aufgrund ihrer Herkunft, ihres Charakters oder ihrer Erziehung direkt prädestiniert, Werkzeuge der amerikanischen Spionage zu werden. Einer von ihnen, der Journalist André Simone, zitierte eine Erklärung, die ein amerikanischer Kollege, David Schoenbrun, ihm gegenüber gemacht habe: »Es ist Pflicht eines jeden Juden, die Amerikaner zu unterstützen, selbst wenn er mit ihrer Politik nicht in allen Details einverstanden ist.« Die Angeklagten jüdischer Abstammung wurden als Zionisten bezeichnet, obgleich sie – wie etwa Slánský – nach 1949 entscheidenden Anteil an der Liquidierung der zionistischen Organisationen in der Tschechoslowakei genommen hatten. Die Geständnisse und Zeugenaussagen während des Prozesses lieferten Material für eine Art von neuem »Protokoll der Weisen von Zion«: Die Juden, dieses internationale Volk, so hieß es, mit seinem Hauptstützpunkt im jungen Staat Israel, spielen eine privilegierte Rolle in der ungeheuren, von den Vereinigten Staaten gegen die Sowjetunion gerichteten Verschwörung. Eines ihrer Ziele bestünde eben darin, »die Tschechoslowakei der sowjetischen Freundschaft zu entreißen und sie in ein neues Jugoslawien zu verwandeln«. (24) »Es ist nicht weiter erstaunlich, daß im Verlauf des Prozesses, der dem Zentrum der Verschwörung gegen den Staat in der Tschechoslowakei gemacht wurde, die völlige Übereinstimmung der Geisteshaltung und verbrecherischen Tätigkeit der beiden abgefeimten Verräter, Tito und Slánský, klar zutage trat«, schrieb die Zeitung des Kominform. »Die Verräter und Feinde des tschechoslowakischen Volkes: Trotzkisten, Titoisten, Zionisten, bourgeoise Nationalisten in Diensten des amerikanischen Imperialismus, setzten alles daran, um das Bündnis und die Freundschaft des tschechoslowakischen Volkes mit den Völkern der großen Sowjetunion und den Volksdemokratien zu schwächen und das Land auf die Bahn von Tito-Jugoslawien zu treiben.« (25)

Die kommunistische Presse der ganzen Welt übernahm den Leitartikel von »Rudé právo« vom 24. November, in dem der Zionismus als Feind Nummer 1 der Arbeiterklasse proklamiert wurde. Eines der Ziele der Organisatoren des Prozesses dürfte gewesen sein, die anti-israelische und pro-arabische Wendung der Sowjetpolitik zu erklären, die noch 1948 Israels Sache unterstützt hatte. Und die Tschechoslowakei selbst hatte, mit Zustimmung der Russen, der israelischen Armee leichte Waffen und Munition sowie Jagdflugzeuge geliefert. (26) 1949 erkannte die UdSSR jedoch, daß der Einfluß der amerikanischen Juden und mit ihnen auch der amerikanischen Regierung in Israel die Oberhand über die prosowjetischen Kreise gewonnen hatte. Sie zog aus dieser Situation die Konsequenzen und dies umso leichter, als eine Versteifung der Haltung gegenüber Israel und den Juden sich im Hinblick auf eine Annäherung an die Araber vorteilhaft auswerten ließ. Daher auch das ständige Bestreben der Protagonisten im Slánský-Prozeß – der Ankläger wie der Angeklagten –, immer wieder zu betonen, daß die Araber und die kommunistischen Staaten gemeinsame Feinde hätten. (Diese Haltung, die den Stalinismus überlebt hat, sollte zu einer Konstante der Sowjetpolitik werden.)

Der Antizionismus des Slánský-Prozesses wurde aber weder allein noch hauptsächlich zur Rechtfertigung der pro-arabischen Schwenkung der Sowjetdiplomatie hochgespielt. Es trat bald zutage – und nur vom Fanatismus verblendete Personen konnten sich hierin täuschen –, daß der Antizionismus nur Deckmantel war für einen Antisemitismus, den man nicht eingestehen wollte. Paradoxon der Geschichte, Vergeltung für die totalitären und repressiven Methoden: Die Tradition der Pogrome, des Mythos von den Weisen von Zion tauchte wieder auf im Geiste der Führung im Kreml, die den schwelenden Antisemitismus anfachte und versuchte, die nationale, soziale und wirtschaftliche Unzufriedenheit zuerst auf die hochgestellten Juden, dann gegen die Juden im allgemeinen, die die Massaker der Nazis überlebt hatten, abzulenken. Mehrere Faktoren begünstigten dieses Vorgehen: die Anwesenheit vieler Juden, ehemaliger Parteimitglieder oder Deportierter oder Mitglieder der internationalen Spanien-Brigaden an der Spitze der Parteien, der wirtschaftlichen Apparate und vor allem der politischen Polizei der Volksdemokratien; die mehr oder weniger eingestandenen Sympathien der Juden für Israel; familiäre oder kulturelle Bande der osteuropäischen Juden mit dem Westjudentum usw. (27) In jenen Ländern, in denen die jüdischen Linksintellektuellen eine bedeutende Rolle bei der Konstituierung der kommunistischen Parteien und der Arbeiterbewegungen gespielt hatten, waren gewisse Schichten der Bevölkerung geneigt, den Kommunismus mit den Juden zu identifizieren. Daher rührt auch die Wirksamkeit des nazistischen Schlagwortes vom jüdischen Bolschewismus. Indem sie die Juden der Vendetta des Volkes auslieferten und zu Sündenböcken stempelten, konnten sich die Machthaber im Kreml und ihre Helfershelfer – wie etwa Kopecký und Bacílek in der Tschechoslowakei, Gheorghiu-Dej in Rumänien – von ihnen frei machen und sich einen nationaleren Anstrich geben. Übrigens wurden viele jüdische Altkommunisten, sei es, weil sie sich nur schwer den totalitären Methoden fügten, sei es, weil sie ihre Zweifel durch ein Übermaß an Eifer wettmachen wollten, den leitenden Personen einfach lästig. Diese hielten sich mit Vorliebe an die Mitarbeit jüngerer Kräfte, die sich erst ihre Sporen verdienen mußten und deshalb leichter manipuliert werden konnten.

Eines ist sicher: die Initiative dieser Kampagne kam aus Moskau, aus der Umgebung Stalins. Die Fäden, die vom Prager Prozeß zu der Affäre der »Mörder in den weißen Kitteln« liefen, sind klar zu erkennen.

Kurz nach dem XIX. sowjetischen Parteitag erhielt Stalin von einer gewissen Frau Dr. Timaschuk, einer Mitarbeiterin des Staatssicherheitsdienstes, einen Brief, worin sie mehrere Ärzte des Kremls anklagte, »absichtlich konterindizierte Behandlungen anzuwenden«. Dieser Denunziantin zufolge hätten die Ärzte bereits 1945 den Tod eines Mitglieds des Politbüros, Schtscherbakow, und 1948 den eines andern, des berühmten Schdanow, verschuldet; sie hätten versucht und versuchten noch immer, das Leben anderer politischer und militärischer Persönlichkeiten zu verkürzen. Stalin befahl sofort die Verhaftung der beschuldigten Ärzte. Laut Chruschtschow ließ er »den Untersuchungsrichter in Person kommen und gab ihm Anweisungen bezüglich der Methoden, deren er sich zu bedienen hatte. Diese Methoden waren einfach: Prügel, Prügel und noch einmal Prügel.« Die Ärzte – die meisten waren Juden – gestanden schließlich alles, was man von ihnen wollte: Angestiftet von den amerikanischen Dienststellen und vor allem vom Joint Distribution Committee, das gegründet worden war, um den Juden der UdSSR und der Oststaaten zu helfen, hätten sie im Dienste Israels und der Vereinigten Staaten diese verabscheuungswürdige Tätigkeit begonnen. Am 13. Januar 1953 wurde ihre Verhaftung und die Anklage gegen sie durch ein Pressekommuniqué bekanntgegeben, das unter den drei Millionen Juden der UdSSR eine wahre Panik hervorrief. In Moskau kursierten Gerüchte über die Vorbereitung von Deportationen als Repressalien gegen die ganze jüdische Gemeinschaft.

Trotz der späteren Enthüllungen durch Chruschtschow wurde diese Affäre um die Ärzte niemals ganz aufgeklärt. Chruschtschow wälzte die ganze Verantwortung auf Stalin und Berija ab. Es kann sein, daß dieser die morbide, neurotische Angst ausnützte, die sein Vorgesetzter vor der Möglichkeit eines gegen seine Person gerichteten Komplottes hatte. Ob nun Berija oder andere den Diktator beeinflußt haben, sei dahingestellt. Stalin jedenfalls gab grünes Licht für die antijüdischen Säuberungen. So zog im Frühling 1952 in *Rumänien* Gheorghiu-Dej aus der im Kreml herrschenden Atmosphäre Nutzen, indem er zwei Spitzenfunktionäre jüdischer Abstammung aus der Parteileitung entfernte, die sich der UdSSR gegenüber grenzenlos ergeben gezeigt hatten: Ana Pauker und Vasile Luca. Dieses Vorgehen gestattete es Gheorghiu-Dej, der ein Mann von mittelmäßiger Intelligenz war, aber äußerst geschickt manövrierte und einen außerordentlichen Zynismus besaß, sich zum Herrn des ganzen Parteiapparates und Staates zu machen. Ab 29. Juni 1952 vereinigte Dej in seiner Person die Funktionen eines Parteichefs und Ministerpräsidenten. (In diesem, wahrscheinlich von Stalin gutgeheißenen Aufstieg kann man die erste Etappe jener Entwicklung erblicken, die diesem hundertprozentigen Stalinisten ermöglicht hat, sich als nationaler kommunistischer Führer gegen die geschwächte Hegemonie des Kremls zu behaupten.) (28)

In *Polen* gelang es zwei jüdischen Mitgliedern des Politbüros, Jakób Berman und Roman Zambrowski, das Unwetter dadurch von sich abzuwenden, daß sie eine Anzahl von rangniedrigeren Funktionären und Offizieren opferten. (29) Tatsächlich hat in diesem Land, in dem die antisemitische Tradition besonders tief wurzelt, die antijüdische Strömung erst mit Verspätung im Lauf des Kampfes um die Nachfolge Bieruts 1956 und Gomułkas 1967/68 die Partei erfaßt.

In *Ungarn* ließ Mátyás Rákosi, der als Jude selbst bedroht war, im Dezember 1952 den Chef der politischen Partei, Gábor Péter, der den Rajk-Prozeß mit »Hilfe sowjetischer Experten« organisiert hatte, ebenso verhaften wie etliche Ärzte und hochgestellte jüdische Funktionäre.

In *Ostdeutschland* schließlich erlaubten es die »Enthüllungen des Slánský-Prozesses« Ulbricht, Paul Merker, jüdisches Mitglied des Politbüros, verhaften zu lassen und die Anklageschrift gegen den gefährlichsten Rivalen, Franz Dahlem, vorzubereiten. (30)

Es fehlen natürlich noch zahlreiche Elemente, um die bewegten Ereignisse der Jahre 1951/52 in den Volksdemokratien auch voll verstehen zu können. Die Hauptschwierigkeit liegt darin, daß die Sowjetunion in ihrer Einflußnahme keine einheitliche Linie verfolgte. Denn jede der rivalisierenden Cliquen im Kreml versuchte, ihre eigenen Kandidaten einzusetzen und zu protegieren. So unterstützten Berija und Malenkow in Ungarn den im Jahr 1948 kaltgestellten Imre Nagy, wodurch er für die Nachfolge des Juden Rákosi in Frage kam. (31) In der Tschechoslowakei scheint Malenkows Vertrauensmann Zápotocký gewesen zu sein, während Antonín Novotný mit seinem sowjetrussischen Kollegen Chruschtschow gemeinsame Sache machte, dessen Stellung Ende 1952 alles andere als klar umrissen war. Bacílek, der die Untersuchungen leitete und von dem bereits die Rede war, beglückwünschte in einer im Dezember 1952 gehaltenen Ansprache Novotný »zu seinem bedeutenden Beitrag für die Zusammenstellung der hauptsächlichsten Anklagepunkte gegen Slánský«. Diese kompromittierende Ehrung hielt er dann auch im Jahre 1968 aufrecht, als man sich nach Novotnýs Abgang bemühte, das Dunkel um den Prager Prozeß zu lichten. Novotný sollte sich dagegen wehren. Eines ist sicher, er gehörte nicht sofort zu den Nutznießern der großen Säuberung. Anfang 1953 entfernte ihn Gottwald aus dem Parteisekretariat und ernannte ihn zum Stellvertretenden Ministerpräsidenten — eine zweifelhafte Ehrung, wenn man bedenkt, daß Slánský für den gleichen Posten nach seinem Ausschluß aus dem Parteisekretariat ernannt worden war, und dies kurz vor seiner Verhaftung. Erst nach Stalins Tod gelang es Novotný, der von Chruschtschow gestützt wurde, wieder hochzukommen und den Gipfel zu erreichen.

Innerhalb der kommunistischen Parteien gab es sogar unter den führenden Persönlichkeiten Leute, die die Methoden des Stalinismus nicht guthießen, und zwar auch dann, als dieser auf dem Gipfelpunkt seiner Macht angelangt schien. Es gab damals Männer, die weniger kompromittiert waren als andere und die versuchten, die Ehre der Partei zu retten. Und doch hat die nächste Generation nie aufgehört, sich zu fragen, was wohl die Gründe waren, die Slánský, einen zweifellos fähigen Arbeiterführer mit Zivilcourage – im Gegensatz zu Gottwald –, veranlaßten, am Abend seines Daseins sein Lebenswerk zu verleugnen, zu liquidieren und zu verdammen und nicht nur die Todesurteile seiner Freunde und Kameraden zu unterzeichnen, sondern auch das der Bewegung, deren Vertreter er war. (32) Der »Geschmack an der Macht«, die unausbleibliche Korruption als Folge der absoluten, unkontrollierten Macht, genügen sie, um die unendliche moralische Erniedrigung zu erklären, die man bei diesem Mann ebenso beobachten konnte wie bei Stalin, Rákosi, Ulbricht und so vielen anderen? Man kann darin auch den Ausdruck eines dem kommunistischen System inhärenten Widerspruches sehen zwischen der humanistischen, fortschrittlichen Theorie und der zu Unterdrückung und Rückschritt neigenden Praxis, vielleicht auch den Niederschlag der Nervosität, die der erbitterte Widerstand der sozialen und wirtschaftlichen Tatsachen gegen den (Macht)willen der utopistischen Ideologen hervorrief, oder schließlich die übermächtige Angst, die die sozialen, nationalen, intellektuellen und wirtschaftlichen Kräfte der Leitung des kommunistischen Parteiapparats einflößten und derer diese nicht Herr wurde.

Bei Stalin hatte diese Angst gegen Ende seines Lebens neurotischen Charakter angenommen. Die Angst war es, die ihn dazu trieb, den mit der Repression beauftragten Institutionen eine Vorrangstellung in seinem System einzuräumen, den Marxismus-Leninismus in einen »Polizeiapparat der Geschichte« zu verwandeln, wie Manès Sperber so treffend gesagt hat, und die Repression durch einen Mythus zu rechtfertigen, zuerst durch den des Trotzkismus, dann durch den einer zionistischen Verschwörung. Der Antisemitismus der Jahre 1951 bis 1953, die Wahl der Juden als Sündenböcke, dürfte nicht Zufall gewesen sein. Die gleiche Tendenz wird auch am Ende des in diesem Buche behandelten Zeitabschnitts wieder sichtbar werden, in der UdSSR, in der Tschechoslowakei und in Polen, als sich nämlich nach Ausbruch des israelisch-arabischen Konflikts die Spannungen innerhalb des Kommunismus verschärften und gewisse Elemente des Parteiapparats und insbesondere des Polizeiapparats der Ansicht waren, daß man die Parteidiktatur nur durch die Verstärkung des repressiven und demagogischen Charakters des Regimes und durch ideologische Ablenkungsmanöver retten könne.

Es gab jedoch, zumindest theoretisch, seit 1952 und sogar schon 1948, auch einen anderen Weg: den Weg der Demokratisierung des Kommunismus, das Bemühen, die sozialistischen Strukturen mit Hilfe von Zugeständnissen an die nationalen und liberalen Bestrebungen der Bevölkerung, also durch die Realisierung der »demokratischen Kräfte« des Sozialismus zu erreichen. Diese Tendenz ist es, die sich dann einen Weg bahnte durch die Wechselfolge von Revision und Rehabilitation, die die kommunistischen Parteien und die öffentliche Meinung in der nachstalinistischen Epoche immer wieder erschütterte. Es genügt, sich diesbezüglich die überragende Rolle ins Gedächtnis zu rufen, die im Verlauf der Liberalisierung in der Tschechoslowakei einige rehabilitierte Kommunisten gespielt haben: der Professor Goldstücker, der Wirtschaftsfachmann Löbl, Smrkovský, die slowakischen Spitzenfunktionäre Husák, Novomeský, Holdoš usw.

In diesem Licht erscheinen der Slánský-Prozeß und die darauffolgenden Säuberungen in den Volksdemokratien wie die ersten Etappen einer großangelegten Offensive, die von den reaktionärsten und wahrlich imperialistischen Kräften der sowjetischen Bürokratie gegen alle bodenständigen und nationalen Reformtendenzen gestartet wurde. Ein Ziel dieser Offensive war, alle Staaten des Ostens, die ja durch Sprache, Tradition, Entwicklungsstufe und -absichten so verschieden sind, den Republiken der Sowjetunion völlig anzugleichen. Der Slánský-Prozeß war nicht nur das Signal für die Stalinisierung der Tschechoslowakei und der anderen kommunistischen Staaten, er war auch der Schlußpunkt bei deren Umwandlung in Satelliten.

Der Tod des »Vaters der Völker« beendete den Prozeß der Integration in ein totalitäres System plötzlich. Denn dieses mußte nicht nur wegen der Kräfteverteilung in der Welt und vom Standpunkt der Ideologie, der monolithischen und zentralistischen Organisation der kommunistischen Parteien und Staaten, verhängnisvoll erscheinen, sondern auch wegen der Allgewalt der Polizei, die alle anderen Parteiapparate beherrschte. Erst später hat man klar erkannt, daß die doppelte Bewegung von Repression und Integration Anfang 1953 ihren Höhepunkt erreicht hatte. Sie weiter voranzutreiben, hätte das Risiko heftiger Explosionen bedeutet. Denn schon kehrte sich die Unterdrückung gegen ihre Urheber. Keine einzige antikommunistische Regierung der Vor- und Nachkriegszeit hat so viele Kommunisten verhaften und hinrichten lassen wie das Stalin-Regime zwischen 1949 und 1953. Keine von ihnen hat so viel Haß gegen die Sowjetunion entfacht wie deren eigenes Regime. Selbst vom Standpunkt der Hegemoniebestrebungen der UdSSR und der Interessen der kommunistischen Parteiapparate erwiesen sich die während der Jahre 1949 bis 1953 angewendeten Terrormethoden als absurd und wirkungslos, erweckten ein Gefühl von »Intoleranz« und hatten schwerwiegende Folgen auf wirtschaftlichem Gebiet. Sogar in unmittelbarer Umgebung Stalins fanden sich Männer, die feststellten, daß man »zu weit gegangen« sei in den willkürlichen Maßnahmen, in der Zerstörung persönlicher und nationaler Werte, in der Unterdrückung jeglicher Initiative. Wollte man die wesentlichen Werte des Erbes retten, nämlich die Vormachtstellung der UdSSR, die Parteidiktatur in den einzelnen kommunistischen Ländern, dann mußte man haltmachen, die Zügel locker lassen, zur Vernunft zurückkehren, eine Art NEP einführen.

Das Problem lag nun in der Kontrolle dieses Rückzugs, dieser Gesundung der Völker, denen der Stalinismus so große moralische und physische Wunden geschlagen hatte. »Wir sind ein krankes Volk«, hat im April 1968 der tschechoslowakische Historiker K. Bartošek gesagt. Aber die Bevölkerung aller Oststaaten krankt an dieser Unterdrückung. Die Geschichte der Volksdemokratien nach Stalin ist die Geschichte der Therapie, die man – zuerst auf Veranlassung des Kremls, dann aus eigenem Antrieb – anwandte, um die von jener Krankheit Befallenen wenn schon nicht zu heilen, so doch zu behandeln.

Die logische Lösung des Problems – Konsolidierung durch Wiederherstellung normaler Zustände – hieß, dem Realismus vor der Ideologie den Vorrang einräumen und versuchen, das sowjetische Modell, das selbst in Umwandlung begriffen war, den eigenen Verhältnissen anpassen, sich auf nationale Traditionen stützen. Und so kommt es nach der Integration zur Differenzierung, zur »Selbstbestimmung«. Nach dem Terror die allmähliche Entspannung, wenn auch noch mit plötzlichem Innehalten und mit Rückschritten; nach den großen Prozessen die großen Rehabilitierungen; nach Kadavergehorsam Auflehnung; nach Abkapselung Öffnung; all das in dauerndem Auf und Ab, mit Tauwetter und neuem Frost.

Was auch immer die Umstände von Stalins Tod gewesen sind – ob er von seinen Mitarbeitern beschleunigt worden ist oder nicht –, der Tyrann war Anfang 1953 zum Anachronismus geworden. Der letzte Eindruck, den er den Oststaaten hinterließ, war eine mittelalterliche Pogrom-Atmosphäre, Woge willkürlichen, barbarischen Terrors; der tschechoslowakische Schriftsteller Jan Procházka hat von einem Stalin-Zarismus gesprochen, der auf eines der zivilisiertesten Länder Europas niederstürzte und nicht eine der Volksdemokratien verschonte.

I. Teil
Die Ereignisse
Vom Monolithismus zum Polyzentrismus

I. Der »Neue Kurs«

Die kollektive Führung und der Sturz Berijas

Am 6. März 1953 meldete ein Kommuniqué des Zentralkomitees der KPdSU, des Ministerrates und des Präsidiums des Obersten Sowjets Stalins Tod, der am 5. März um 21.50 Uhr eingetreten war. Die Nachricht rief sowohl in der UdSSR wie in den Volksdemokratien allgemeine Bestürzung hervor.

In den Straßen Budapests und Prags weinten die Menschen. Hatten sie den verstorbenen Diktator so sehr geliebt? Die alten Leute erinnerten daran, daß 1916 nach dem Tode Kaiser Franz Josephs die Menschen in Prag, Wien und Budapest ebenfalls geweint hatten. Hatten sie den Kaiser so sehr geliebt? Zwei Jahre nach dessen Heimgang hat sich die österreichisch-ungarische Monarchie aufgelöst. Das Volk ist – sogar despotischen – Herrschern anhänglich, die durch die lange Dauer ihrer Regierungszeit zu Symbolen von Autorität, Ordnung und Fortbestand geworden sind. In gewissem Sinne war Stalin der Archetyp des Vaters. Wohl war er ein schrecklicher Vater. Für seine nächsten Mitarbeiter mußte sein Tod eine Erlösung bedeuten. Vielleicht haben sie sogar etwas nachgeholfen. Und doch sickerte durch ihre ersten Reaktionen ein Gefühl der Angst vor der Leere, die der Generalissimus zurückgelassen hatte. Die Nachfolger sprachen von »unersetzlichem Verlust« und appellierten an die »größtmögliche Einheit in der Führungsspitze, um jeglicher Verwirrung und Panik vorzubeugen«.

Es sah aus, als wären sie, fasziniert von dem Riesen, der sie terrorisiert hatte, auf sein Verschwinden nicht recht vorbereitet gewesen. Einige Tage lang schien es, als würde, der allgemeinen Erwartung entsprechend, Malenkow Stalins Nachfolger sowohl an der Spitze der Partei wie an der Spitze der Regierung. Er war es auch, der bei den Beisetzungsfeierlichkeiten am 9. März die erste Leichenrede hielt, gefolgt von Molotow und Berija. Eine der ersten nach dem Tode Stalins getroffenen Maßnahmen war die Ernennung Malenkows zum Vorsitzenden des Ministerrats (Ministerpräsidenten), dem vier Stellvertreter unterstellt waren: Berija, Molotow, Bulganin und Kaganowitsch. Woroschilow wurde zum Vorsitzenden des Obersten Sowjets (Staatsoberhaupt) ernannt. Die Parteileitung wurde reorganisiert; das Politbüro behielt den Namen Präsidium, wurde aber auf zehn Mitglieder reduziert. Chruschtschow verließ seine Stellung als Sekretär des Moskauer Komitees, »um sich ganz seiner Arbeit im Zentralkomitee der Partei in Moskau«, das heißt dem Parteisekretariat, zu widmen. Das bedeutete einen Aufstieg.

Während der ersten Tage, die Stalins Tod folgten, führte die »Prawda« den Namen Malenkow stets einzeln an. Am 10. März brachte sie ein gefälschtes Foto, das Malenkow mit Stalin und Mao Tse-tung zeigte. Am 21. März jedoch teilte das Zentralkomitee seinen Entschluß mit, Malenkow seiner Funktion als Sekretär des Zentralkomitees zu entbinden; ein Sekretariat von fünf Mitgliedern wurde gewählt, das sich aus Chruschtschow, Suslow, Pospelow, Schatalin und Ignatjew zusammensetzte. Es war der erste Schritt in der Richtung einer Teilung der Gewalt. Seither wurde der Name Malenkow nicht mehr getrennt erwähnt; man sprach für gewöhnlich von der »Troika« Malenkow–Berija–Molotow. So begann die von einem erbitterten Kampf um die Macht gekennzeichnete Ära der kollektiven Führung, die tiefgreifende und dauernde Auswirkungen auf die Volksdemokratien hatte.

Man konnte damals an der Spitze der sowjetischen Hierarchie und in der Führung der Satellitenstaaten im wesentlichen drei Richtungen unterscheiden. Die erste bildete sich um Molotow und Kaganowitsch und umfaßte jene Spitzenfunktionäre, die es sich zur Aufgabe gemacht hatten, das stalinistische Vorbild mit kleinen Konzessionen aufrechtzuerhalten. Die zweite Richtung vertraten Malenkow und bis zu seiner Ausschaltung im Juni 1953 Berija. Sie befürworteten tiefgreifende Wirtschaftsreformen, eine gewisse Liberalisierung in der Politik und den Übergang von terroristischer zu einer toleranteren Bevormundung. Schließlich finden wir eine dritte Richtung, die man »zentralistisch« nennen könnte, rund um Chruschtschow, der zwar selbst ein Anhänger der Entstalinisierung war, aber für den Parteiapparat den Primat als Kontrollorgan forderte. (1)

Während der ersten Monate nach Stalins Tod schienen die drei Gruppen im Kreml darin einig, Maßnahmen zur Beruhigung zu ergreifen und ein neues Kapitel in der Geschichte des sowjetischen Kommunismus zu beginnen. Die bezeichnendsten waren: am 27. März die Amnestie und Milderung des Strafgesetzes; am 31. März die bedeutende Senkung der Preise; am 4. April die Rehabilitierung der Kreml-Ärzte mit dem Eingeständnis, daß »die Aussagen der verhafteten Personen von den Mitarbeitern der Untersuchungsabteilung im Sicherheitsministerium durch Hilfsmittel erpreßt worden waren, deren Anwendung die Sowjetgesetze strengstens verbieten«. Professor Wowsij und seine vierzehn Kollegen wurden unverzüglich auf freien Fuß gesetzt, Ignatjew, der zur Zeit ihrer Verhaftung Innenminister gewesen war, seines Amtes enthoben und sein Mitarbeiter Rjumin verhaftet. Dieser wurde dann in Zusammenhang mit dem Prozeß gegen Berija hingerichtet.

In der Presse war von nun an immer weniger von Stalin die Rede. Niemand konnte daran zweifeln, daß dieses systematische Schweigen auf Weisung des Kremls erfolgte. Am 16. April erschien in der »Prawda« ein Leitartikel, der jene leitenden Persönlichkeiten angriff, die »die Prinzipien der kollektiven Führung dadurch verletzten, daß sie wichtige Fragen einzig durch ihre persönliche Entscheidung regelten, ohne die anderen Mitglieder des Politbüros zu Rate zu ziehen«. Aber es war leichter, die kollektive Führung zu predigen, als sie in die Tat umzusetzen. Im Juli 1953 rieten Malenkow, Molotow und Chruschtschow anläßlich einer geheimen, nach Moskau einberufenen Sitzung des Kominform – ich komme darauf zurück – den dort versammelten kommunistischen Führern, dem Moskauer Vorbild einer kollektiven Führung zu folgen. (2) Das Vorbild hatte aber Risse; schon Anfang Juni 1953 war nämlich die »Troika« zerfallen. Die »Prawda« vom 10. Juli brachte ein Kommuniqué des Zentralkomitees, in dem Berija »krimineller Machenschaften« angeklagt wurde, »die gegen die Partei und den Staat gerichtet« seien und deren Ziel es sei, »den sowjetischen Staat zugunsten des ausländischen Kapitals zu unterminieren«. Das Parteiorgan meldete die Enthebung Berijas von allen Posten, die er an der Spitze von Partei und Regierung innegehabt hatte, und seine Verhaftung. Im Dezember des gleichen Jahres erfuhr man (nach einem Geheimprozeß) von Verurteilung und Hinrichtung Berijas und mehrerer seiner Mitarbeiter. Er habe nach seiner Ernennung zum Innenminister der UdSSR im März 1953 die Macht an sich reißen wollen und seinen Mitverschwörern in der Zentrale des Innenministeriums ebenso wie in dessen regionalen Abteilungen leitende Posten zugeschanzt.

Eine Geheimsitzung des Kominform

Nach der Verhaftung Berijas beriefen die Sieger zur Beruhigung der durch diese Affäre etwas erschreckten kommunistischen Führungsspitzen in Ost und West jene Sitzung des Kominform im Kreml ein, von der schon die Rede war. Malenkow, Molotow und Chruschtschow setzten den Parteichefs auseinander, daß Berija die Leibwächter der anderen Präsidiumsmitglieder zu deren Bespitzelung verwendet habe; daß er regelmäßig Berichte über das Privatleben dieser führenden Persönlichkeiten anfertigen, ihre Telefongespräche abhören habe lassen usw. Außerdem beschuldigten sie Berija, Ostdeutschland gegenüber eine Politik befürwortet zu haben, deren Anwendung dem Verzicht auf den Aufbau des Sozialismus und der Umwandlung der DDR in einen bürgerlichen Staat gleichgekommen wäre. Sie behaupteten auch, »kriminelle Vorhaben Berijas« aufgedeckt zu haben, etwa, daß dieser mit Hilfe seiner Agenten einen persönlichen Kontakt zu Tito und Ranković herstellen habe wollen. Es sei bei Berija, als er verhaftet wurde, ein an den jugoslawischen Innenminister adressierter Brief gefunden worden. Als die Vertreter der italienischen KP einwendeten, daß die Sowjetpresse nach Stalins Tod die Angriffe gegen Jugoslawien schlagartig eingestellt habe, erklärten die Sowjetführer, sie hätten übereinstimmend beschlossen, die diplomatischen Beziehungen mit Jugoslawien zu normalisieren. (3) »Da wir zu Titos Schutzherrn« – den Amerikanern – »Beziehungen aufrechterhalten, warum sollten wir das nicht auch mit ihm tun?« sagten sie. Aber Berija wollte anscheinend noch weiter gehen. (4)

Malenkow, Molotow und Chruschtschow begnügten sich nicht mit der Ausschaltung Berijas, die sie – darin gelehrige Schüler Stalins – durch übertriebene und unkontrollierbare Anschuldigungen zu rechtfertigen suchten; sie begannen auch hinter verschlossenen Türen, Stalin und dem Stalinismus den Prozeß zu machen, der ja erst drei Jahre später »publik« werden sollte. Jetzt hob die sowjetische Führung nur hervor, daß viele Jahre lang die von Lenin für die Leitung der Partei aufgestellten Richtlinien von Stalin verletzt worden seien. Dreizehn Jahre lang sei der Parteikongreß nicht einberufen worden. Sogar das Zentralkomitee sei seit mehreren Jahren nicht mehr zusammengetreten. Entscheidungen über grundlegende Fragen der Verwaltung und des wirtschaftlichen Aufbaus seien oft von Stalin ganz persönlich getroffen worden, ohne die Ansicht der Parteigremien einzuholen. Schließlich habe die gesamte Propaganda im Laufe der letzten Jahre »ein Abweichen von der marxistisch-leninistischen Auffassung bezüglich der Rolle der Persönlichkeit im Rahmen der Geschichte« widergespiegelt. Man habe den »Personenkult« entwickelt, ein Irrtum, den es jetzt auszumerzen galt. (5)

Diese sehr gemäßigte Selbstkritik, von der sich jene ausschlossen, die sie übten, bedeutete für die Vertreter der Bruderparteien keine Überraschung. Mehrere unter ihnen, vor allem Ulbricht, Rákosi und Zápotocký, hatten bereits seit März 1953 Gelegenheit gehabt, sich über den Wandel in der Politik des Kremls und deren für sie relevante Folgen klarzuwerden. Die neue Sowjetführung kritisierte Stalins Vorgangsweise, aber sein moskau-zentriertes Konzept übernahm sie. Alle an der Macht befindlichen Bruderparteien hatten eine kollektive Führung einzusetzen. Damit verstießen die Kremlherren aber beträchtlich gegen die Interessen der »kleinen Stalins« in den Oststaaten. Ein einziger von ihnen, Präsident Gottwald, hat es ihnen leichtgemacht. Er hatte sich in Moskau, anläßlich der Beisetzung Stalins, eine Lungenentzündung zugezogen und war einige Tage nach seiner Rückkehr nach Prag, am 14. März 1953, gestorben. Antonín Zápotocký folgte ihm als

Staatspräsident, während Antonín Novotný das Sekretariat des Zentralkomitees übernahm. So konnte die kollektive Führung in der Tschechoslowakei ohne Schwierigkeiten eingeführt und der »Personenkult« wie in der UdSSR einem Toten angelastet werden. In den anderen Volksdemokratien war dies aber nicht so einfach, mußte doch die Kritik an Stalin notgedrungen die Form demütigender Selbstkritik für Ulbricht, Rákosi, Bierut, Gheorghiu-Dej und Hoxha annehmen.

Einige Mitglieder der Sowjetführung fragten sich, ob es im Interesse der Sache nicht besser wäre, diese Genossen durch weniger belastete Persönlichkeiten zu ersetzen. Was Ulbricht und die anderen rettete, war die Uneinigkeit der Sowjetführung. Rákosi, Bierut, Ulbricht, Hoxha und Gheorghiu-Dej setzten ihre Hoffnung nun auf Molotow und seine Gruppe, die sie schützte und die in der UdSSR einen zähen Abwehrkampf gegen die Reformer führte. Vor allem dank der Stalinisten im Kreml – zu denen man auch Suslow zählen mußte (6) – konnten sich die Stalinisten in den Volksdemokratien so lange behaupten, und dies trotz des Drucks der öffentlichen Meinung. Diese Unterstützung hatte jedoch ihre Grenzen. Molotow und Kaganowitsch waren nicht imstande, ihren Schützlingen wieder die Zwangsmaßnahmen zuzugestehen, deren sie sich früher gegen ihre Rivalen oder Gesinnungsfeinde hatten bedienen können. Sie rieten ihnen, die gegenwärtig gegebenen Machtverhältnisse im Kreml und die Spielregeln der kollektiven Führung zu beachten. Dieser Ratschlag versetzte aber, vor allem in Ungarn, dem monolithischen Charakter der Partei einen argen Schlag. In anderen Ländern, wie zum Beispiel in der Deutschen Demokratischen Republik, in der Tschechoslowakei, in Rumänien und in Albanien, wo es der stalinistischen Führung gelang, die Weisung des Kremls zu umgehen und die Macht zur Gänze oder fast ungeteilt beizubehalten – manchmal dadurch, daß sie die Russen davon überzeugte, daß nur ein harter Kurs richtig sei und daß sie, die Stalinisten, die besten Verteidiger der sowjetischen Interessen seien –, in diesen Ländern vollzog sich allmählich erst jene innere Wandlung, aus der die Spannungen resultierten, die 1960 zum Abfall Albaniens führten und später zur Entfremdung zwischen der UdSSR und Rumänien. Und so hat paradoxerweise der Widerstand der führenden stalinistischen Gruppen gegen die Entstalinisierung einige europäische kommunistische Staaten und China zur Entsatellitisierung geführt. Die Führer dieser Staaten ließen sich nicht auf den schlüpfrigen Boden der Liberalisierung ziehen, sondern hängten sich ein nationales Mäntelchen um und erklärten sich als antisowjetische Stalinisten.

Ein Aufstand rettet Ulbricht

Im Sommer 1952 setzte die SED-Führung mit den Segenswünschen und wahrscheinlich auf Veranlassung Stalins zur vollständigen Bolschewisierung des Landes an. Man beschloß, den Sozialismus in schnellem Tempo aufzubauen, Handwerk und Kleinhandel abzuschaffen und die Landwirtschaft zu kollektivieren. Das erste Ergebnis dieser Maßnahmen war die Zunahme des Flüchtlingsstroms nach Westberlin, von dem 14 Prozent Bauern und mehr als 50 Prozent qualifizierte Arbeiter mit ihren Familien waren. (7) Mit Frühlingsbeginn 1953 wurde die Lebensmittelkrise immer ernster. Während mehrerer Monate sahen sich die Behörden außerstande, die aufgrund der Lebensmittelrationierung vorgesehene Menge an Fettstoffen zu verteilen. (8) Zu gleicher Zeit herrschte Mangel an Kartoffeln, Fleisch und Kohle. Zwischenfälle und Proteste unter den Fabriksarbeitern wurden gemeldet.

Im April 1953 erbat Ulbricht von der Sowjetunion dringend Wirtschaftshilfe. Der Kreml teilte am 15. April mit, daß er dazu nicht in der Lage sei, und forderte die SED-Führung auf, ihre Politik zu ändern, die Sozialisierung zu verlangsamen und den Druck auf die Bevölkerung zu vermindern. Damals wahrscheinlich traf Ulbricht mit Berija zusammen, der ihm »seine« Deutschlandpolitik auseinandersetzte – eine Politik, die Ulbricht, wie er später behauptete, zurückgewiesen habe. (9) Tatsächlich hat Ulbricht damals zum ersten Male in seiner langen Karriere als Apparatschik den Weisungen des Kremls nicht gehorcht. Sofort nach Erhalt der abschlägigen Antwort der Sowjetführung hielt er vor einer Versammlung von Spitzenfunktionären der Partei und des Staates eine Rede, in deren Verlauf er, unter Berufung auf den »weisen Führer des sozialistischen Aufbaus Josef Wissarionowitsch Stalin«, zur Wachsamkeit aufrief und, um die Produktion zu vergrößern, eine Erhöhung der industriellen Arbeitsnormen um wenigstens zehn Prozent verlangte. Das diesbezügliche Dekret wurde am 28. Mai veröffentlicht. Das war der Tropfen, der das Faß zum Überlaufen brachte. Die Anwendung dieses Dekrets stieß auf den erbitterten Widerstand der Arbeiter.

Die Sowjets fanden sich aber keineswegs mit Ulbrichts Extratouren ab. Am 5. Juni traf der neue Hochkommissar der UdSSR, W. Semjonow, in Ostberlin ein und überbrachte eine Erklärung der Selbstkritik, die er Ulbricht zur Unterschrift vorlegte. Der Befehl war diesmal kategorisch. Ulbricht beugte sich, und dies umso geschwinder, als er von den Kontakten Wind bekommen hatte, die die Sowjets, vor allem Berija und Malenkow, mit seinem Sicherheitsminister Zaisser (dem »General Gomez« der internationalen Spanienbrigade) und Rudolf Herrnstadt, dem Leiter des offiziellen Parteiorgans »Neues Deutschland«, aufgenommen hatten, die beide gegen ihn konspirierten und Anfang Juni das Programm einer radikalen Revision des politischen Kurses ausgearbeitet hatten.

Am 11. Juni veröffentlichte »Neues Deutschland« ohne Kommentar eine offizielle Erklärung, in der versprochen wurde, die von der Regierung und den staatlichen Verwaltungsbehörden begangenen Fehler zu verbessern und den Lebensstandard der Arbeiter und Intellektuellen, der Bauern und Handwerker und der anderen Schichten der Mittelklasse zu heben. Man gab zu, daß man den wohlhabenden Bauern und sogar den weniger begüterten Bauern gegenüber Fehler begangen habe. Die obligatorischen Ablieferungen der Agrarprodukte sollten herabgesetzt werden, die nach Westberlin geflüchteten Bauern wurden zurückgerufen. Man versprach ihnen die Rückerstattung ihres Besitzes. Die Kinder der Mittelklasse und der Bourgeoisie sollten wieder zum Universitätsstudium zugelassen werden. Die Unterschiede in der Verteilung der Lebensmittelkarten wurden aufgehoben usw. Das Dekret vom 28. Mai über die Erhöhung der Arbeitsnormen blieb jedoch in Kraft.

Am gleichen Tag trat das Politbüro der Partei zusammen, um im Konflikt zwischen Ulbricht und seinen »liberalen« Gegnern eine Entscheidung zu treffen. Ulbricht war drauf und dran, die

Schlacht zu verlieren. Die Majorität des Politbüros schien der Auffassung Zaissers und Herrnstadts wohlwollend gegenüberzustehen, da diese bei der neuen Sowjetführung sehr gut angeschrieben zu sein schienen. Aber die Vorsehung schickte Ulbricht die Bauarbeiter von der Stalinallee zu Hilfe. Unzufrieden über die Erhöhung der Arbeitsnorm und die Verminderung ihres Lohnes, stellten diese am Morgen des 16. Juni die Arbeit ein und gingen auf die Straße. Am Anfang waren es ungefähr hundert, aber ihre Schar wurde zusehends größer. Die ersten Polizeikordons, auf die sie stießen, waren schnell durchbrochen. Ein Abgesandter des Berliner Parteikomitees eilte ins Politbüro, um dieses vom Aufstand in Kenntnis zu setzen. Er schlug vor, den Arbeitern gegenüber nachzugeben. Man ließ ihn warten. Semjonow, der an der Versammlung teilnahm, ließ sich von ihm berichten und verschwand. Wertvolle Zeit verstrich. Endlich erschien Ulbricht und teilte dem Mann den Beschluß des Politbüros mit, die Erhöhung der Normen aufzuheben. Inzwischen hatten sich die Demonstranten aber schon in der ganzen Stadt verteilt. Den wirtschaftlichen und sozialen Forderungen schlossen sie politische an. Transparente wurden sichtbar, auf denen die Abschaffung der Arbeitsnormen, die Senkung der Preise, die Demission der Regierung, freie und geheime Wahlen verlangt wurden. Ulbricht nahm anscheinend den Aufstand nicht ernst. Er behauptete, »seine« Berliner zu kennen. »Es regnet ja«, sagte er, »die gehen jetzt doch auseinander.« (10) Am Abend, vor den Parteiaktivisten, die in aller Eile zusammengerufen worden waren, erklärte Ulbricht jedoch: »Die Partei verläßt einen als falsch erkannten Kurs und schlägt den richtigen ein.« Aber es war zu spät.

Am nächsten Tag, dem 17. Juni, versammelten sich die Arbeiter in den Außenbezirken und zogen in geschlossenen Reihen in das Stadtinnere. Der Streik war allgemein geworden; die ganze Bevölkerung ging auf die Straße. Gegen 9 Uhr versuchten einige tausend Demonstranten sich der Regierungsgebäude zu bemächtigen. Die rote Fahne wurde vom Brandenburger Tor gerissen und verbrannt. Zu Mittag verhängte der Kommandant des sowjetischen Sektors von Berlin, General Dibrowa, den Ausnahmezustand. Zwei motorisierte Divisionen der Sowjets besetzten die Stadt. Gefangengenommene Aufrührer wurden vor ein Standgericht gestellt und sofort hingerichtet. Um 9 Uhr abends herrschte wieder Ruhe in Ostberlin.

Der Aufruhr in der Hauptstadt wurde zum Signal für eine fast allgemeine Auflehnung: In Leipzig verkündeten die Arbeiter den Generalstreik und besetzten sowohl das Gebäude der Jugendorganisation als auch das Gefängnis; sie verbrannten alle an den Wänden aufgehängten Bilder, ausgenommen das von Karl Marx. Ähnliche Szenen spielten sich in Merseburg, Rostock, Halle, Dresden, Jena, Bitterfeld usw. ab. Das Eingreifen der Sowjetarmee setzte aber auch hier dem Aufstand ein schnelles Ende. Repressalien folgten: 42 Todesurteile, 25.000 Verhaftungen. Vieles erinnerte an den Kronstädter Aufstand Februar/März 1921. Wieder einmal unterdrückte die Diktatur des Proletariats eine Erhebung von Proletariern. Die Forderungen der Arbeiter von Berlin und Leipzig von 1953 waren die gleichen wie jene der Matrosen von Kronstadt: »Wir wollen freie Menschen sein und keine Sklaven«, schrien die Berliner Arbeiter. (11)

Der achtundvierzig Stunden dauernde Aufstand hatte die Unbeliebtheit des Regimes allzu deutlich gezeigt. Und ebenso Ulbrichts Ungeschicklichkeit. Die Sowjets hatten allen Grund, ihm zu zürnen, weil er mit so großer Verspätung und so widerwillig ihre Anordnungen befolgt hatte. Ulbricht jedoch bemühte sich nach Kräften, die ganze Verantwortung für diesen Ausbruch auf die Opposition abzuwälzen. Die Arbeiter, behauptete er, wären niemals gegen die Regierung marschiert, hätten sie nicht die Schwäche in der Führung gefühlt, hätte das Versprechen eines neuen Kurses in ihnen nicht die Hoffnung auf einen Abzug der Russen und die Kapitulation der Diktatur erweckt. In Ulbrichts Augen waren die wahrhaft Verantwortlichen des Aufstandes Zaisser, Herrnstadt und letzten Endes Berija.

Hat Ulbricht etwa auch die Sowjetführung davon zu überzeugen vermocht? Haben ihm einflußreiche russische Offiziere, in Sorge um die Folgen einer Politik, die die Russen eine unentbehrliche strategische Position kosten konnte, als Vermittler gedient? Tatsache ist, daß nur wenige Tage nach den Berliner Ereignissen Berija gestürzt wurde, weil er in Ostdeutschland eine »Politik der Kapitulation« verfolgt hatte. Berijas Politik – erklärte man im Kreml – bedeutete den Verzicht auf den Aufbau des Sozialismus in der Deutschen Demokratischen Republik und die Auflösung der landwirtschaftlichen Genossenschaften. Sie hätte dazu geführt, Ostdeutschland zu »verschleudern«. Bei der ersten Sitzung des Zentralkomitees der SED nach der Krise, im Juli 1953, bestätigte Ulbricht diese Auslegung und ließ durchblicken, daß Zaisser in direktem Kontakt mit Berija gestanden und gehandelt habe, ohne das Politbüro zu informieren. 1961 dehnte dann das ZK diese Anschuldigung auf Malenkow aus (der zu diesem Zeitpunkt allerdings nicht mehr an der Macht war); Berija und Malenkow hätten die Machenschaften Zaissers und Herrnstadts unterstützt. Im März 1963 behauptete schließlich Chruschtschow, Berija und Malenkow hätten die SED zwingen wollen, die DDR als sozialistischen Staat zu liquidieren und das Ziel, die Errichtung des Sozialismus, aufzugeben. (12)

Wie dem auch sein mag, das Revirement im Kreml und Berijas Kaltstellung gestatteten Ulbricht, die Führer der Opposition beiseite zu schieben. Die Sowjetführung beschloß, ihm ihre Unterstützung unter der Bedingung zu gewähren, daß er ihre Direktiven im Sinne des »neuen Kurses« befolge und Selbstkritik übe. Ulbricht beeilte sich, die Wünsche der Sowjets zu erfüllen. Er machte seinen Rückzieher nicht ohne Eleganz und konnte seinen Gegnern gegenüber das Gesicht wahren: dies umso leichter, als es ihm auch gelang, von den Sowjets für die neue Wirtschaftspolitik beträchtliche finanzielle Unterstützung zu erlangen, dank der die Partei sich verpflichten konnte, den Lebensstandard der Arbeiter zu heben. (13)

Das Duell Rákosi–Nagy

Die wirtschaftliche und soziale Lage in Ungarn war in dem auf Stalins Tod folgenden Frühling nicht weniger angespannt als in Deutschland. Der Winter war ganz besonders hart, die Lebensmittelversorgung schwierig gewesen. Die Beschlagnahmungen hatten vor allem in der großen ungarischen Tiefebene, der Kornkammer des Landes, Proteste der Bauern hervorgerufen.

Seit Mai verfolgte die Sowjetführung die beunruhigenden Nachrichten aus Budapest mit großer Aufmerksamkeit. Mátyás Rákosi wurde in den Kreml beordert, wo man auch ihm nahelegte, dem sowjetischen Beispiel zu folgen, einen »neuen Kurs« anzukündigen und die Parteiführung von der Regierungsgewalt zu trennen. (Rákosi war gleichzeitig Generalsekretär der Partei und Ministerpräsident.) Als die Sowjets ihn aufforderten, eine Persönlichkeit zu nennen, die ihn an der Spitze der Regierung vertreten könne, war Rákosi anscheinend nicht imstande, einen Namen anzugeben. »Er hatte gegen alle, die vorgeschlagen wurden, Bedenken... Alle waren sie verdächtig, mit Ausnahme seiner selbst. Dies hat uns verblüfft«, sagte Malenkow später. (14)

Rákosi kehrte nach Ungarn zurück, ohne die Machtverteilung geregelt zu haben. Er schien es damit nicht eilig zu haben. Hatte ihn die Molotow-Gruppe ermutigt, den von Chruschtschow, Malenkow und Berija erhaltenen Weisungen Widerstand zu leisten? Er war jedenfalls so kühn, zusammen mit Ernö Gerö einen neuen Fünfjahresplan auszuarbeiten, der den gleichen zügellosen Ehrgeiz wie der vorhergehende widerspiegelte und nicht die geringsten Konzessionen an die Verbraucher enthielt.

Die Berliner Ereignisse aber hatten den Kreml stark beunruhigt. Die Budapester Führungsspitze – Rákosi, Gerö, Farkas und Dobi – wurde nach Moskau gerufen. Imre Nagy, entschiedener Gegner der Wirtschaftspolitik von Rákosi und Gerö, wurde ersucht, sich der Reise anzuschließen. Mikojan tadelte die Wirtschaftspolitik der Regierung Rákosi scharf. Er schien vergessen zu haben, daß die Sowjetführung zur Zeit Stalins – und damit auch er – dieser Politik zugestimmt hatte. »Die übermäßige Entwicklung der Eisenindustrie«, erklärte Mikojan, »zeugt von einer gewissen Abenteuerlust. Ungarn besitzt weder Eisenerz noch Koks. Alle Rohstoffe müssen eingeführt werden.« Dies war genau das, was Nagy seit 1948 unaufhörlich wiederholte. Rákosi gab klein bei und gestand, »zu weit gegangen zu sein«. Nun mischte sich Chruschtschow ein: »Wenn Rákosi so prompt zur Selbstkritik bereit ist, dann nur, um nicht noch mehr kritisiert zu werden.« (15)

Die ungarische Abordnung kehrte nach Budapest mit dem Befehl zurück, unverzüglich einen neuen politischen und wirtschaftlichen Kurs zu beginnen. Das Zentralkomitee wurde für den 28. Juni einberufen. »Die Genossen hörten verblüfft zu, es verschlug ihnen den Atem, als Rákosi Selbstkritik übte und eingestand, seine persönliche Führung anstelle der kollektiven Führung gesetzt zu haben.« Der Diktator gab zu, daß er es an kommunistischer Bescheidenheit fehlen habe lassen, daß er die Warnungen der Genossen mißachtet und mit Ungeduld und Arroganz jegliche kritische Bemerkung zurückgewiesen habe. Er gab zu, daß »willkürliche Einmischungen im Zuge der gerichtlichen Untersuchungen und bei gewissen politischen Prozessen« stattgefunden hatten, und bot seine Demission an. Gerö und Farkas taten das gleiche. Das Zentralkomitee, das darüber informiert war, daß Rákosi und seine Freunde auf Befehl Moskaus handelten, war mit allem, was man ihm vorschlug, einverstanden. Noch bevor es jedoch Zeit hatte, die neue Führung zu ernennen, fand Rákosi aufgrund der bereits erwähnten Mitteilung Chruschtschows (16) Gelegenheit, seine schon angenommenen Vorschläge abzuändern: er demissionierte nur als Ministerpräsident – zugunsten Imre Nagys –, blieb aber Parteisekretär. Weiters wurde entschieden, den Beschluß nicht zu veröffentlichen, in dem Rákosis Politik so scharf verurteilt wurde, diese Politik, die »den gänzlichen Zusammenbruch der Produktion zur Folge hatte, das Bündnis zwischen Arbeitern und Bauern zerstört, die Macht der Volksdemokratie untergraben, das Gesetz mit Füßen getreten, die Massen gegen die Partei und die Regierung aufgewiegelt, kurzum, das Land an den Rand der Katastrophe gebracht hatte«. Imre Nagy wurde zur Gänze rehabilitiert. Er habe recht gehabt, daß er sich seit 1949 der allzu schnellen Kollektivierung widersetzt habe; zu Unrecht sei er als Opportunist bezeichnet worden und habe er Disziplinarstrafen ertragen müssen. (17)

Am 4. Juli stellte sich Imre Nagy als Ministerpräsident dem Parlament vor. Da die Beschlüsse des Zentralkomitees vor der Allgemeinheit geheimgehalten worden waren, wirkte seine Antrittsrede sensationell. Er kündigte an: die Revision des Fünfjahresplanes, den Verzicht auf übertriebene Industrialisierung, die sofortige Priorität für die Entwicklung der Leicht- und der Nahrungsmittelindustrie, die Steigerung der Landwirtschaftsinvestitionen, die Aufhebung der gegen die Kulaken (Großbauern) gerichteten Maßnahmen, die Verlangsamung der Kollektivierung, da jene Kolchosen zu Jahresende aufgelöst werden dürften, in denen die Mehrzahl der Mitglieder die Auflösung wünsche. Nagy beabsichtigte das Wiederaufleben des Handwerks, er versprach die Verbesserung der Lebensmittelversorgung, die Überprüfung des Arbeitsrechtes, die Liberalisierung des geistigen Lebens, religiöse Toleranz, die Abschaffung der stalinistischen Zwangslager, in denen damals 150.000 Personen interniert waren, die Verminderung der Macht der Staatspolizei und die Demokratisierung des politischen Lebens.

Alle diese Maßnahmen, die den Ideen des aufgeklärten Kommunismus entsprachen, die Nagy seit jeher befürwortet hatte und die jetzt auch von den Sowjets gutgeheißen wurden, waren absolut vernünftig. Das tiefsitzende Übel, das an Ungarn zehrte, verlangte nach radikaler Abhilfe. Man ging die Sache jedoch allzu schnell an. Nicht nur war die Bevölkerung psychologisch noch nicht auf die Reform vorbereitet, sondern es war vor allem der Parteiapparat überrascht und bestürzt. Gewohnt, einem eingeschüchterten Volk zu befehlen, hatte dieser Apparat Angst vor Lockerung der Zügel: geriet er nicht in Gefahr, von den Massen weggefegt zu werden, die ja die ihnen jetzt gewährten Zugeständnisse für ein Zeichen der Schwäche halten konnten?

Rákosi nützte diese Besorgnis schleunigst gegen Nagy aus. Am 11. Juli hielt er vor Budapester Aktivisten eine Rede, die im Grunde, wenn auch nicht formal, bereits die Ablehnung der Politik Nagys offenbarte. Er ließ die von diesem eine Woche zuvor angekündigten Maßnahmen unter den Tisch fallen. Rákosi gab zu verstehen, daß der Parteiapparat weiter das Steuer in der Hand behalten und daß die frühere Politik mit einigen Abänderungen weitergeführt würde. Die wichtigste Stelle seiner Rede war an die Funktionäre in den Landbezirken gerichtet, die sich in einer besonders schwierigen Lage befanden, da viele Bauern die Rede Nagys als Freibrief für die unverzügliche Auflösung der Kolchosen verstanden hatten und darangegangen waren, das Land neu aufzuteilen. Rákosi befahl den Funktionären, dieses Vorgehen um jeden Preis zu verhindern und den Bauern klarzumachen, daß eine Beseitigung der Kollektivierungsergebnisse keinesfalls geduldet würde. Hunderte von politischen Kommissaren wurden aufs Land geschickt, um gemeinsam mit den regionalen Sekretären die Bauernschaft im Zaum zu halten.

Von diesem Augenblick an bis zum März 1955, dem Zeitpunkt,

da Rákosi die Ausschaltung Malenkows durch Chruschtschow dazu benützte, um Imre Nagy zu Fall zu bringen, verlief das ganze politische, wirtschaftliche und kulturelle Leben Ungarns unter einer Führung, in der Reformismus und stalinistischer Konservativismus einander gegenüberstanden. Rákosi und Gerö sabotierten die neue Wirtschaftspolitik bewußt, so daß Nagy der erhoffte ganz große Erfolg versagt blieb. Zu wiederholten Malen, so im Mai 1954 auf dem Parteikongreß, wandte sich Nagy an die Sowjets, um die Intrigen Rákosis zu durchkreuzen, der in Abwesenheit des erkrankten Ministerpräsidenten so weit gegangen war, vom Politbüro einen Beschluß annehmen zu lassen, in dem der neue politische Kurs verurteilt wurde. Nagy behauptet, die Sowjets hätten ihm ihre Unterstützung gewährt. Chruschtschow habe Rákosi gerügt und ihm vorgeworfen, »die kollektive Arbeit außer acht zu lassen«. Man habe von ihm verlangt, »einer Politik des Haders, der Geringschätzung des anderen, den Anzeichen von Größenwahn und jeglichem verletzenden und verärgernden Verhalten ein Ende zu setzen«. Auch von der Freilassung und Rehabilitierung der unschuldigen Opfer der stalinistischen Prozesse sei gesprochen worden. Chruschtschow habe von Rákosi die Beschleunigung dieses Vorgangs gefordert. »Sie sind der Hauptverantwortliche für diese Verhaftungen. Sie wollen die Gefangenen nicht freilassen, weil Sie genau wissen, daß Sie schuldig sind und daß man Sie anklagen wird.« (18)

Hätten unter diesen Umständen die Sowjets nicht besser daran getan, Rákosi abzusetzen? Chruschtschow hat es anscheinend gewünscht, aber er war noch weit davon entfernt, im sowjetischen Parteipräsidium allmächtig zu sein. Und so hob die Sowjetführung trotz ihrer Kritik hervor, daß »die Parteileitung den Genossen Rákosi brauche« und daß »dessen Autorität verteidigt werden müsse, solange diese nicht der Autorität der Partei zuwiderliefe«. Diese Kompromißlösung, gleichzeitig Rákosi und Nagy zu stützen und zwei diametral entgegengesetzte politische Richtungen koexistieren zu lassen, schuf Unbehagen und Unsicherheit in Ungarn und führte zu einer Teilung der Geister, bis es 1956 zur Explosion kam.

Imre Nagy, außer sich über die »Doppelzüngigkeit« jener, »die seiner Politik zwar mit Worten zustimmten, deren Taten aber das gerade Gegenteil waren«, berief im Oktober 1954 das Zentralkomitee ein, verlangte von ihm »eine klare und unzweideutige Stellungnahme und die Bekräftigung der Prinzipien und Ziele, die in den Juni-Beschlüssen und während des III. Parteikongresses (Mai 1954) festgelegt worden waren als der einzig richtige Weg zum Aufbau des Sozialismus... Die frühere Wirtschaftspolitik«, verkündete Nagy, »hat den Sozialismus völlig falsch interpretiert, indem sie ihn mit einer Spitzenproduktion von Eisen und Stahl und einer Überindustrialisierung gleichsetzte. Das war kein Sozialismus, Genossen!« (19) Das Zentralkomitee, das Nagys Festigkeit und Selbstvertrauen als Beweis für dessen in Moskau errungenen endgültigen Sieg über Rákosi (der an der Sitzung nicht teilnahm) ansah, sprach sich mit großer Mehrheit für Nagys Politik aus. Das war eine Fehlkalkulation, die dasselbe ZK einige Monate später, nach Malenkows Sturz, auf Initiative des triumphierenden Rákosi einstimmig korrigierte, indem es Nagy und seine Politik verurteilte. (20)

Kollektive Führung im Zeichen des Stalinismus in der Tschechoslowakei

Die »kollegiale Führung«, die jener Einmann-Führung Gottwalds, der am 14. März 1953 gestorben war, folgte, bestand aus drei Persönlichkeiten: aus Antonín Zápotocký, dem am 21. März gewählten neuen Staatspräsidenten, dessen gute Verbindungen zu Malenkow bekannt waren; Antonín Novotný, dem Leiter des ZK-Sekretariats, und dem Slowaken Viliam Široký, dem Regierungschef und Nutznießer der Säuberungen unter seinen »nationalistisch-bürgerlichen« Landsleuten. (21)

Von diesen drei Persönlichkeiten erwies sich Novotný als die dynamischste; jedenfalls war er der Schlaueste. Fleißig, zäh, autoritär, ein ausgezeichneter Organisator, von gefälligem Auftreten, war Novotný, 1904 geboren, mit siebzehn Jahren der Partei beigetreten. Schnell erklomm er eine Stufe nach der andern; im Jahr 1935 war er es, der seine Partei auf dem Komintern-Kongreß vertrat. 1941 wurde er verhaftet und blieb bis 1945 im Konzentrationslager Mauthausen. Nach dem Krieg wurde er zum

Sekretär des Prager Parteikomitees ernannt, die übliche Etappe auf dem Weg zum Gipfel der Macht. Ich habe schon die Rolle erwähnt, die er bei der Vorbereitung des Slánský-Prozesses gespielt hat, und auch, daß seine Beziehungen zum Präsidenten Gottwald gegen Ende von dessen Herrschaft nicht die besten gewesen sind. Novotný war ein Repräsentant der neuen Führergeneration, sein Leben verschmolz gänzlich mit dem des tschechoslowakischen Parteiapparates, er war einer der ältesten, der stärksten und überzeugtesten »Bolschewiken« der kommunistischen Welt. In den folgenden Jahren bewies er eine außergewöhnliche Geschicklichkeit, um seine Machtstellung zu halten; eine wahre Springflut in der öffentlichen Meinung war nötig, um ihn Anfang 1968 vom Posten des Ersten Sekretärs und wenig später als Staatschef zu entfernen.

Die wirtschaftliche und politische Situation, in der das neue Team an die Macht kam, war nicht gerade tragisch, aber sie war schwierig. Um die steigende Inflation aufzuhalten, eine Folge der Politik der allzu großen Industrialisierung, des Niedergangs der Konsumgüterindustrie und der landwirtschaftlichen Produktion, griff die neue Führung zur zweischneidigen Waffe der Währungsreform. Am 30. Mai – zur gleichen Zeit wie die unvermeidlich damit zusammenhängende Rationierung von Lebensmitteln und Industrieprodukten – verkündet und am 1. Juni 1953 in Kraft gesetzt, wurde die neue tschechoslowakische Krone dem Rubel zu einem Kurs von 1,40 Kronen für einen Rubel angeglichen. Das im Umlauf befindliche Geld wurde eingetauscht, und zwar 50 alte Kronen für eine neue, mit Ausnahme von 300 Kronen, die zum Kurs von fünf alten Kronen für eine neue umgetauscht werden durften. Die Einlagen in den Sparkassen wurden nach einer progressiven Skala umgetauscht: bis zu einer Summe von 5000 Kronen zum Kurs von fünf zu eins, von 5000 bis 10.000 von 6,25 zu 1, von 10.000 bis 20.000 im Kurs 10 zu 1 usw.

Die Währungsreform war selbstverständlich, wie »Rudé právo« am 1. Juni auch zugab, mit beträchtlichen finanziellen Verlusten für einen Teil der Bevölkerung verbunden, Arbeiter mitinbegriffen, besonders wenn sie ihre Ersparnisse nicht den Sparkassen anvertraut hatten. Aber die tschechoslowakische

Regierung bemühte sich, die Arbeiter zu überzeugen, daß eine gesunde Preispolitik den Geldüberschuß auffangen müsse, da dies »die unerläßliche Voraussetzung für die Abschaffung des zweiten Marktes« sei. Die Preise des freien Marktes stiegen damals vom Doppelten bis zum Fünffachen der offiziellen Marktpreise an.

Der Erlaß vom 30. Mai verursachte einen großen psychologischen Schock. Das Land hatte eher mildernde Maßnahmen erwartet und nicht eine Politik der Sparsamkeit und des Zwanges. Am 1. Juni kam es zu heftigen Protestaktionen in mehreren großen Industriezentren, vor allem in den Lenin-Werken (den früheren Škodawerken) in Pilsen, in den Stahl- und Hüttenwerken von Ostrau (Ostrava), in der großen Prager Maschinenfabrik ČKD Vysočany usw. (22) In Pilsen stürmte eine 5000-köpfige Arbeitermenge aus den Lenin-Werken das Rathaus, den Sitz des dortigen Nationalausschusses. Mit Hilfe von improvisierten Lautsprechern forderten die Arbeiter freie Wahlen. Die Demonstranten traten die Bilder Stalins und Gottwalds mit Füßen, zerrissen die sowjetischen Fahnen, steckten das Stadtarchiv in Brand, hängten ein großes Bild von Präsident Beneš, dem letzten Präsidenten der demokratischen Republik, im Sitzungssaal des Rathauses auf. Die Milizen verbrüderten sich mit ihnen. Erst am Nachmittag gelang es einer starken motorisierten Militäreinheit, die Demonstranten zu zerstreuen und einen Teil der Rädelsführer festzunehmen. Gegen 20 Uhr veranstalteten die Kommunisten eine Gegendemonstration mit Hochrufen auf die Partei und Zápotocký, mit Fahnen und Bildern Malenkows.

Mit der gleichen Härte unterdrückte die Regierung Streiks und Kundgebungen des Unwillens in den anderen Industriestädten. (23) Die offizielle Propaganda schob die Schuld an den Unruhen »bürgerlichen Provokateuren und Sozialdemokraten« in die Schuhe. Der gesamte Apparat von Partei und Gewerkschaften wurde in Bewegung gesetzt, um die Ordnung wiederherzustellen. Die Schnelligkeit und Härte der Niederschlagung, der Appell an den Patriotismus der Arbeiter, die energische Reorganisation des Parteiapparats, Versprechungen, den Lebensstandard aufgrund von Lohnerhöhungen zu heben, schufen der Führung allmählich wieder Respekt. Die Nachfolger Gottwalds bewiesen, daß sie die Absicht hatten, die Initiative zu behalten und trotz der formellen Anklage des Personenkults stalinistisch, wenn auch mit kleinen Abänderungen, weiterzuregieren. Der Großteil der tschechischen Führung blickte mit Mißtrauen auf die Vorgänge in Ungarn unter der Regierung Nagy. Während man in Budapest die Rehabilitierung der Opfer Rákosis vorbereitete, setzte man in der Tschechoslowakei die durch den Slánský-Prozeß begonnene Säuberung fort (Prozeß Švermová 1953, Prozeß gegen die »bürgerlichen slowakischen Nationalisten« in Preßburg [Bratislava] im April 1954). (24)

Hieß dies nun, daß Zápotocký, Novotný und ihre Genossen den Sowjets trotzen wollten? Keineswegs. Einer überbot den andern an Loyalitätsbezeugungen gegenüber Moskau. Die Haltung der tschechoslowakischen Führung war der von Thorez und seinen Genossen in der französischen kommunistischen Führung sehr ähnlich. So wie diese empfanden sie ein Gefühl der Anhänglichkeit für die Person, die Ideen und das Werk Stalins. Der Kult um ihn hatte in der Tschechoslowakei tiefe Wurzeln geschlagen. (25) Warum sollten sie ein Werk desavouieren, das sie mit einem Minimum an unerläßlichen Abänderungen weiterführen wollten. Novotný versuchte Chruschtschow zu überzeugen – und dies nicht ohne Erfolg –, daß er, Novotný, am besten beurteilen könne, wie die sowjetischen Erfahrungen den Gegebenheiten in der Tschechoslowakei anzupassen wären.

Gerade wegen der Anwendung der sowjetischen Methoden in der Landwirtschaft brach nach den Unruhen in Pilsen die erste ernste Unstimmigkeit innerhalb der tschechoslowakischen Führung aus. Präsident Zápotocký, der Vertrauensmann Malenkows, förderte eine Politik, die der in Ungarn von Imre Nagy verfolgten stark ähnelte. In einer vielbeachteten Rede vor Arbeitern des Kraftwerkes von Klicava bei Kladno am 1. August 1954 kritisierte er die »gewaltsame Kollektivierung« und versprach den Bauern, daß sie, falls sie dies wünschten, die Kolchosen verlassen und die individuelle Bearbeitung ihrer Äcker wieder aufnehmen dürften. Einige Monate später gab Zápotocký in einer Rede in Brünn zu, daß die Mehrzahl der gewaltsam geschaffenen Genossenschaften ein Fehlschlag gewesen sei und daß sie am Rande des Bankrotts dahinvegetierten. (26) Gewiß, Zápotocký betonte immer wieder, daß eine Reorganisierung mit Vorsicht vorgenommen werden müsse und nicht inmitten von Unordnung und Verwirrung; aber in vielen Gegenden des Landes hatten die Bauern – genau wie in Ungarn nach der Rede Nagys vom 4. Juli 1953 –, ohne die Erlaubnis hiefür abzuwarten, mit der Wiederaufteilung des Bodens begonnen. Novotný reagierte heftig und gab dem Parteiapparat den Befehl, sich jeder vorzeitigen Auflösung der Kolchosen zu widersetzen. Im Politbüro vertrat Novotný den Standpunkt, daß die Schwierigkeiten in den Genossenschaften (JZD) durch Verbesserung der Organisation der Kolchosen überwunden werden müßten und nicht durch die Abschaffung der Genossenschaften selbst. Er nannte Zápotockýs Ideen »kleinbürgerlich« und bat die Sowjets um Unterstützung. Eine gemeinsame Sitzung der beiden Führungen, der sowjetischen und der tschechoslowakischen, fand unter größter Geheimhaltung im April 1954 in Gegenwart Chruschtschows statt. Dieser stimmte zwar der Kritik Zápotockýs an der Agrarpolitik in einigen Punkten zu, entschied sich aber zugunsten Novotnýs. (27) Als Folge dieses Schiedsspruchs spielte Zápotocký auf dem IX. Parteikongreß der KPTsch im Juni 1954 nur eine untergeordnete Rolle; die Spitzenposition hatte Novotný inne, der mit großer Autorität erklärte: »Die Partei ist die führende Macht, die mit dem Verwaltungsapparat des Staates nicht auf die gleiche Stufe gestellt werden kann.« Der mit Chruschtschows Hilfe errungene Erfolg Novotnýs war der Auftakt für dessen endgültigen Sieg: Im Rahmen der kollektiven Führung waren alle führenden Persönlichkeiten gleich; der erste Platz gebührte aber von nun an dem Ersten Sekretär der Partei.

Der »Neue Kurs« in den anderen Volksdemokratien

Alle führenden Persönlichkeiten der anderen Volksdemokratien haben Moskaus Weisungen ohne große Begeisterung befolgt; sie wollten die politische und wirtschaftliche Struktur der Stalinzeit beibehalten und nur die äußere Form durch eine kollektive Führung abändern und die Methoden mildern.

In *Rumänien* wartete Gheorghiu-Dej bis April 1954, um die Führung der Partei einem Genossen aus der Eisenbahnerzeit,

Gheorghe Apostol, zu überlassen und selbst nur den Posten des Ministerpräsidenten zu behalten. Später, als er das Schwinden von Malenkows Einfluß und die Stärkung von Chruschtschows Position merkte, änderte er seine Taktik: Im Dezember 1955 nahm er für sich wieder den Titel des Ersten Sekretärs in Anspruch und ließ Chivu Stoica, einen früheren Gewerkschafter, zum Ministerpräsidenten ernennen, einen der wenigen rumänischen Kommunisten, dessen Name im Land schon vor 1945 bekannt war.

Auf Wirtschaftsebene befolgte Dej eilig die sowjetischen Weisungen, vor allem jene Malenkows. Am 23. August 1953 verkündete er den »Neuen Kurs« vor dem Zentralkomitee, verurteilte die Politik, die er bisher verfolgt hatte, nämlich der Schwerindustrie auf Kosten der Landwirtschaft und der Konsumgüterindustrie eine absolute Vormachtstellung zu gewähren. Er verkündete die Bewilligung bedeutender Kredite an den privaten Sektor der Agrarwirtschaft, der damals 75 Prozent des Getreides an den Staat ablieferte. Er proklamierte – erster Schritt zum »nationalen Kommunismus« der sechziger Jahre –, daß die historische Sendung der Partei darin bestehe, die nationalen Wünsche des rumänischen Volkes zu verwirklichen. Er ergriff jedoch keine Maßnahmen zur Entspannung der innenpolitischen Lage. (28)

In *Bulgarien*, wo der Stalinismus nicht weniger starre Formen angenommen hatte als in Rumänien, hielt die Parteiführung es für möglich, die Daumenschrauben ein wenig zu lokkern. Im September 1953, am Jahrestag der kommunistischen Machtergreifung, wurden jene politischen Häftlinge, deren Haftstrafen fünf Jahre nicht überschritten und die bereits die Hälfte oder ein Drittel verbüßt hatten, freigelassen. Im November des gleichen Jahres schaffte man die drakonischen Verordnungen ab, die im Februar 1953, einige Tage vor Stalins Tod, erlassen worden waren; zum Beispiel hatte damals jemand, der ohne Erlaubnis das Land verlassen wollte, zum Tode verurteilt werden können; die Sippenhaftung hatte sich auch auf Minderjährige erstreckt; auch ein Wechsel des Arbeitsplatzes war verboten gewesen.

Im Jahre 1954 übte Tscherwenkow vor dem Zentralkomitee unterwürfig Selbstkritik: »Der Personenkult«, sagte er nicht ohne Humor, »ist schädlich, selbst wenn es sich um außerordentlich mächtige und bedeutsame Persönlichkeiten handelt.« Er tadelte seine Untergebenen, ihm übermäßig geschmeichelt zu haben, und ordnete an, sämtliche Bilder und Büsten, die ihn darstellten, wegzuschaffen. Und dann, im Februar 1954, schritt man auf dem sorgfältig vorbereiteten Parteikongreß zur Teilung der Macht. Tscherwenkow beging nun (ebenso wie Gheorghiu-Dej in Rumänien) den Fehler, den Posten des Ministerpräsidenten zu behalten und einen Schützling Chruschtschows, Todor Schiwkow, zum Ersten Sekretär ernennen zu lassen, der ihn später um die Macht brachte. Im neuen Zentralkomitee, das vom Kongreß gewählt wurde, befanden sich einige Anhänger von Kostow, der 1949 hingerichtet und 1953 in aller Stille rehabilitiert worden war. (29)

In *Albanien* – dem kleinsten der kommunistischen Staaten – bewies Enver Hoxha mehr Schlauheit: im Augenblick der Machtteilung behielt er sich selbst die Parteileitung vor. Mehmet Shehu, im Juli 1954 zum Ministerpräsidenten ernannt, war ihm völlig ergeben. Shehu hatte ja in seiner Eigenschaft als Innenminister die große Säuberung der Titoanhänger nach 1948 organisiert.

Der vorsichtigste Staat, der am langsamsten dieser Bewegung folgte, war *Polen*. Der Diktator des Landes, Bierut, schien anfangs der Devise *quieta non movere* zu huldigen. Die wenigen Konzessionen, die er auf wirtschaftlichem Gebiet zugestanden hatte, waren von einer Verstärkung des Polizeiapparates begleitet gewesen. Der Parteikongreß (10.–17. März 1954) bestätigte auch hier die Teilung der Macht: Bierut Erster Sekretär, Zawadzki Vorsitzender des Staatsrates, das heißt Staatsoberhaupt, der ehemalige Sozialist Cyrankiewicz wurde Ministerpräsident.

Gewisse Umstellungen in der polnischen Führungsspitze ergaben sich jedoch als Folge der Flucht eines hohen Funktionärs des Sicherheitsdienstes im Herbst 1953 (Józef Światło), der in den Vereinigten Staaten eine Reihe dokumentarisch untermauerter Artikel veröffentlichte, in denen er das Ausmaß der Kontrolle enthüllte, die die Sicherheitspolizei über alle Verwaltungszweige bis zu den Mitgliedern des Politbüros und des Zentralkomitees ausübte. Światło deckte auch die Hintergründe mehrerer politischer Prozesse auf. Die Führungsspitze wurde unruhig. Polen machte sich auf die Suche nach »seinem« Berija. Am 7. Dezember

1954 wurde das Ministerium für öffentliche Sicherheit, an dessen Spitze Stanisław Radkiewicz stand, aufgelöst und seine verschiedenen Abteilungen zwischen dem Innenministerium und dem neu gegründeten Komitee für Angelegenheiten der öffentlichen Sicherheit beim Ministerpräsidenten aufgeteilt. Radkiewicz wurde zum Minister für Staatsgüter degradiert. Schon Ende 1954 wurden Tausende politischer Gefangener freigelassen. Die Parteizeitung kündigte an, daß »die Partei alle ihre ungerecht angeklagten Mitglieder rehabilitieren wolle«. (30) Anfang 1955 wurden vier hohe Funktionäre der Sicherheitspolizei und mehrere Offiziere des Nachrichtendienstes aus der Partei ausgeschlossen und vor Gericht gestellt, weil sie die »revolutionären Gesetze verletzt« und die »Beriowschtschina« angewendet hatten. (31) Die Intellektuellen in der Partei begannen unruhig zu werden. Anläßlich des Schriftstellerkongresses (8.–11. Juni 1954) hatten mehrere Redner die Zensur angegriffen. (32) Mit Bezug auf das Wirtschaftsleben – das durch eine große Lebensmittel- und Konsumgüterknappheit gekennzeichnet war – beschloß das Zentralkomitee, ab Oktober 1953 das Tempo der Industrialisierung zu verlangsamen und den Anteil der Investitionen des Nationaleinkommens herabzusetzen (von 21,1 Prozent im Jahr 1953 auf 19 bis 20 Prozent für das Jahr 1954); es ordnete auch eine Preissenkung an. In den kommenden Jahren stellte sich jedoch heraus, daß alle diese Maßnahmen unzureichend waren: Produktivität und Lebensstandard stagnierten. Der Trend zu einer »relativen Liberalisierung«, der durch die Dritte Plenarversammlung des ZK ausgelöst worden war, verlief unter dem Einfluß der Stalinisten schnell wieder im Sand. »Eine lange Zeit des Wartens, des Beobachtens« setzte nun ein. (33)

2. Regelung der Beziehungen zwischen der UdSSR und den sozialistischen Staaten

Politik der Entspannung

Nach Stalins Tod ging die neue sowjetische Führung daran, die Außenpolitik der UdSSR zu überdenken. Der Augenblick schien günstig, um den kalten Krieg, dessen Höhepunkt der Koreakrieg war, wenn schon nicht zu beenden, so ihn doch zu mildern. Der Westen begann mit der Anbahnung von Kontakten. So erklärte Präsident Eisenhower, der im Januar 1953 sein Amt angetreten hatte, bereits am 16. April: »Die ganze Welt weiß, daß mit Stalins Tod eine Epoche zu Ende gegangen ist.« Er schlug Besprechungen über einen Friedensplan vor. Noch nie dagewesene Tatsache: am 25. April veröffentlichte die »Prawda« die Äußerungen des Präsidenten der Vereinigten Staaten. Churchill seinerseits begrüßte »die neue Chance, die dank der Machtübernahme durch neue Männer in der UdSSR der Welt gegeben wurde«, und ventilierte die Idee einer Gipfelkonferenz.

Die Sowjets beantworteten diese Avancen mit mehr Gesten der Höflichkeit und des guten Willens. Die Einschränkungen der Bewegungsfreiheit für ausländische Diplomaten in der UdSSR wurden gemildert. Die Waffenstillstandsverhandlungen in Korea, die seit mehreren Monaten zum Stillstand gekommen waren, führten Ende Juli zu einer Einigung. Nun sollte noch der Kriegsherd in Indochina aus der Welt geschafft werden. Im November 1953 ließ Ho Tschi Minh seine Bereitschaft zu Waffenstillstandsverhandlungen erkennen. Mittlerweile hatte die Sowjetregierung ihre Beziehungen zur Türkei normalisiert, indem sie feierlich auf alle früheren Ansprüche auf türkisches Gebiet verzichtete. Die diplomatischen Beziehungen zu Israel, die einige Monate vor Stalins Tod abgebrochen worden waren, wurden wieder aufgenommen. Am 8. August verkündete Malenkow in einer aufsehenerregenden Rede vor dem Obersten Sowjet, daß die UdSSR die Wasserstoffbombe besitze, und erklärte gleichzeitig: »Heute gibt es keine strittige oder offene Frage, die nicht auf friedlichem Wege, auf der Basis gegenseitigen Einverständnisses, zwischen den beteiligten Parteien gelöst werden kann. Das gilt ebenso für die strittigen Fragen zwischen den Vereinigten Staaten und der Sowjetunion. Wir waren und wir sind für die friedliche Koexistenz zwischen den beiden Systemen.«

Taktischer Schachzug oder Zeichen einer tiefgreifenden Änderung der sowjetischen Ansichten? Tito sagte nach seiner Rückkehr von einem offiziellen Besuch, den er im März London abgestattet hatte, klug voraus: »Sobald das Rüstungsgleichgewicht erreicht sein wird (und heute ist es fast soweit), werden Stalins Nachfolger trachten, aus der Sackgasse herauszufinden, in der sie jetzt sind.« Und so kam es auch. Unstimmigkeiten ergaben sich zwischen den Männern im Kreml wegen der Konzessionen, die gemacht werden sollten: Berija wollte anscheinend weiter gehen als seine Kollegen, um den Eintritt der Bundesrepublik Deutschland in den Atlantikpakt im letzten Augenblick zu verhindern. Molotow blieb der »Falke«, der er immer gewesen war. Aber alle stimmten darin überein, den 1949 unterbrochenen Dialog mit dem Westen wieder aufzunehmen. Die Diplomatie wurde auf den Plan gerufen, um die Schäden wieder gutzumachen, die durch ideologische Übertreibungen angerichtet worden waren. Ein gewisser Pessimismus, eine Art Furcht lagen Stalins Aggressivität immer zugrunde. Seine Nachfolger, im Besitz der H-Bombe, schienen mehr Vertrauen in die Macht der Sowjetunion zu haben; auch hofften sie, mit Hilfe einer wendigen Taktik sich die Meinungsverschiedenheiten des Westens zunutze zu machen, denen bereits Stalin 1952 sein Augenmerk geschenkt hatte. Wirtschaftliche Interessen, die Notwendigkeit, den Druck auf die Bevölkerung zu vermindern und den Lebensstandard zu heben, zwangen die Sowjetführung auch zu Verhandlungen und zur Entspannung der internationalen Atmosphäre, um zumindest Zeit zu gewinnen.

So begann also die Zeit der gegenseitigen politischen Zugeständnisse, die von Malenkow begonnen, nach seiner Degradierung von Bulganin und Chruschtschow fortgesetzt, im Mai 1955 zum Abschluß des österreichischen Staatsvertrags führten und dann im Juli des gleichen Jahres zur Genfer Gipfelkonferenz. Nach und nach machte erst in der UdSSR, dann in den Volksdemokratien der Verfolgungswahn einer gelösteren Haltung dem Westen gegenüber Platz. Die Kriegsangst nahm ab. Die Propaganda wurde weniger lautstark. Der Ausdruck »friedliche Koexistenz« war nicht mehr nur Slogan, sondern bekam einen reellen, wenn auch noch mehrdeutigen Sinn. Dieses Umdenken ging nicht ohne Schwierigkeiten vor sich. Die Bedrohung von außen, die Gefahr eines Krieges, waren sie nicht eine der hauptsächlichsten Rechtfertigungen für die Diktatur? Die ostdeutsche, polnische, ungarische und rumänische Führung hatten noch andere Gründe, diese Entspannung zu fürchten: Würde die UdSSR nicht am Ende versuchen, sich hinter dem Rücken ihrer Satelliten mit den USA zu einigen? Aber für die Bevölkerung – und für einige wenige Spitzenfunktionäre des Ostens, zum Beispiel den Ungarn Imre Nagy – war die äußere Entspannung ein Versprechen und die logische Folge des »Neuen Kurses« und der Liberalisierung.

China tritt auf den Plan

Eine der Hauptsorgen der neuen Sowjetführung galt den Folgen der verbesserten Beziehungen zum Westen in Hinblick auf den Zusammenhalt des Blocks. Bis jetzt war die Vorherrschaft der UdSSR widerspruchslos akzeptiert worden. Würde dies aber in Zukunft auch so sein? Mehrere sowjetische Führer waren der Ansicht, daß die zur Zeit Stalins für die Einheit des sozialistischen Lagers angewendeten Methoden gelockert und die Beziehungen zwischen den einzelnen sozialistischen Staaten modifiziert werden sollten.

In diesem Punkt schlossen sie sich den Ideen Mao Tse-tungs an. Das Oberhaupt des kommunistischen China wollte möglichst rasch jenes Element aus der Sowjetpolitik verschwinden sehen, das ihn an Stalin am meisten irritiert hatte: die Gewohnheit, die anderen Staaten und Parteien als Untertanen zu behandeln. Dabei hatte sich der 1949 siegreiche Mao niemals zu einem Satelliten

Moskaus erniedrigen lassen. Es scheint, daß Mao nicht nur die Rechte und Privilegien seines Landes und seiner Partei verteidigte, sondern die gleiche Behandlung auch für die anderen sozialistischen Staaten verlangte. Er schlug jedenfalls die Umwandlung des »Blocks« in eine sozialistische Gemeinschaft vor, in der die Souveränität der Mitgliedsstaaten gesichert wäre.

Im Oktober 1954 begaben sich Chruschtschow, Mikojan und Bulganin nach Peking. Grund der Reise war das Problem der Beziehungen der sozialistischen Staaten untereinander. Die Textanalyse des daraus hervorgegangenen Abkommens läßt erkennen, in welcher Richtung die Chinesen Druck ausgeübt haben. »Die freundschaftlichen Beziehungen zwischen der UdSSR und China bilden die Grundlage für eine Zusammenarbeit der beiden Staaten im Einklang mit den Prinzipien der Gleichberechtigung, des beiderseitigen Vorteils, der gegenseitigen Achtung, der nationalen Souveränität und der territorialen Unverletzlichkeit.« Die beiden Regierungen verpflichteten sich, »sich jedesmal miteinander zu beraten, wenn es um Fragen geht, die die beiderseitigen Interessen betreffen..., um ihre Handlungen aufeinander abzustimmen, mit dem Ziel, die Sicherheit der beiden Länder zu gewährleisten und den Frieden zu erhalten«. (1)

Das chinesisch-sowjetische Abkommen schuf einen Präzedenzfall. Ein bemerkenswerter Umstand: Die von den Signatarmächten verwendeten Ausdrücke waren fast identisch mit jenen, deren sich die Jugoslawen 1948 bedient hatten, um die sowjetischen Hegemonieansprüche zurückzuweisen. »Die sozialistischen Staaten«, hatte es damals geheißen, »sollen natürliche Verbündete sein und voneinander lernen. Ihren Beziehungen soll völlige Gleichheit zugrunde liegen.« (2) Die Betonung der Gleichheit und Achtung der nationalen Souveränität kam einer Verurteilung jeglicher Hegemonie gleich. Dadurch bahnte das chinesisch-sowjetische Abkommen die Versöhnung Moskaus mit Belgrad an.

Der von Chruschtschow und Mao Tse-tung unterzeichnete Vertrag sah unter anderem die Übertragung sämtlicher sowjetischer Anteile an den 1950 gegründeten »Gemischten Gesellschaften« auf China vor. Man hat erst später erfahren, daß Mao anläßlich der Pekinger Verhandlungen die Gemischten Gesellschaften heftig kritisiert und sie als eine »Form der russischen Einmischung in das Wirtschaftsleben Chinas« bezeichnet hat. (3) Auch in diesem Punkt waren die Jugoslawen vorangegangen, die die Schaffung Gemischter Gesellschaften nach dem Muster der in Rumänien, Bulgarien und Ungarn ins Leben gerufenen schon 1947 verweigert hatten. Sie hatten in diesen Gesellschaften »eine spezielle Form der Ausbeutung ... der Volksdemokratien durch die Russen« gesehen. Einer der bekanntesten jugoslawischen Wirtschaftsexperten, Milentije Popović, erklärte offen, daß die von den Sowjets den sozialistischen Ländern dabei gestellten Bedingungen beträchtlich härter seien als jene den kapitalistischen Nachbarn, zum Beispiel Persien, gestellten. (4) Die Tätigkeit dieser Gemischten Gesellschaften war in der Tat zu skandalös, als daß die Nachfolger Stalins sie hätten verteidigen können. Daher wurden die meisten von ihnen im Laufe des Jahres 1954 aufgelöst.

Auf Mao Tse-tung beriefen sich Chruschtschow und Mikojan 1955 während der großen außenpolitischen Auseinandersetzung, die sie zu Molotow in Gegensatz brachte. Und Mao war es, den sie zitierten, als sie erklärten, die im Hinblick auf die Volksdemokratien angewandten Methoden widersprächen »dem Geist des proletarischen Internationalismus« und rührten von einem »Großmacht-Chauvinismus« her.

Wir haben Grund zur Annahme, daß Mao Tse-tung auch an der Ausbootung Malenkows nicht ganz unbeteiligt war. Er hatte sich von Chruschtschow und Mikojan überzeugen lassen, daß die von Malenkow und dessen Gesinnungsgenossen – etwa Nagy in Ungarn – geförderte Wirtschaftspolitik zu einer Verminderung der Schwerindustrieproduktion in der UdSSR und in den Volksdemokratien führen könne, was offensichtlich nicht im Interesse Chinas lag, das ja eher an einer Steigerung der Lieferung von Ausrüstungsgütern durch die anderen sozialistischen Staaten interessiert war. Ende 1954/Anfang 1955 dürften Chruschtschows und Maos Ansichten über die Reorganisation des Blocks übereingestimmt haben. Nach Maos Vorstellungen sollte aus der größeren Unabhängigkeit der kommunistischen Länder und Parteien ein stärkeres Solidaritätsgefühl hervorgehen. So trug er durch die moralische Unterstützung Chruschtschows dazu bei, diesem, seinem künftigen Hauptgegner, in den Sattel zu helfen. Er unterstützte ihn, wenn auch nicht ohne Vorbehalt, wie wir sehen werden, als Chruschtschow unter Mißachtung der Einwände Molotows versuchte, die von Stalin gegenüber Belgrad begangenen Fehler wieder gutzumachen und Jugoslawien in den Schoß des Sozialismus zurückzuführen.

Rehabilitierung Titos und des jugoslawischen Sozialismus

Wenige Ereignisse nach Stalins Tod haben einen so tiefgreifenden Einfluß auf die Entwicklung der Oststaaten gehabt, wenige Ereignisse haben so weitgehend zur Steigerung der zentrifugalen Tendenzen beigetragen wie die Versöhnung der Sowjetführung mit Tito.

Chruschtschow, der Hauptinitiator einer Annäherung Moskau–Belgrad, war sich über die Aufregung, die sein Vorgehen in der UdSSR und bei den Bruderparteien hervorrufen würde, sicher klar. Seit 1948 war ja die ganze Sowjetpropaganda auf den Kampf gegen »Tito und seine faschistische Clique« ausgerichtet gewesen. Der Kampf gegen das Jugoslawien Titos war »die gigantischste Provokation in der Geschichte der revolutionären internationalen Arbeiterbewegung«. (5) Die dadurch verursachten Schäden wieder gutzumachen war keine leichte Aufgabe. Sie mußte viele festgefügte Interessen verletzen.

Warum setzte sich Chruschtschow dann so eigensinnig ein? Wie er selbst im Juni 1954 in Prag vor den Vertretern der italienischen, französischen und anderer Parteien erklärte, war er überzeugt, daß der Bruch von 1948 ein schwerwiegender politischer Irrtum gewesen sei, für den vor allem Stalin die Verantwortung zu tragen hatte. »Der Alte urteilte nicht mehr sehr klar«, sagte er zum italienischen Delegierten. (6) Zweifellos dachte Chruschtschow wie der Großteil seiner Kollegen, daß nämlich Tito nicht ganz »unschuldig« sei, habe er sich doch als Nationalist verhalten und deshalb Tadel verdient. Aber nach Chruschtschows Meinung hätte der Zwist diplomatisch geregelt werden können und müssen, in Verhandlungen durch Überredung. Die Wiedergutmachung von Stalins Fehler gegenüber Jugoslawien war ein Hauptziel der neuen Politik, die die Beziehungen der

UdSSR zum Ausland von allen stalinistischen Auswüchsen befreien wollte. Chruschtschow wußte, daß die anderen Mächte sein Verhalten Tito-Jugoslawien gegenüber als eine Art »Test« betrachten würden. Die Versöhnung würde die Glaubwürdigkeit der friedlichen Absichten des Kremls steigern. Dann scheint Chruschtschow Tito auch persönlich geschätzt zu haben. Hatte dieser nicht trotz der schwierigen Lage, in die Moskau ihn versetzt hatte, trotz der Blockade und des Drucks von allen Seiten verstanden, sowohl Unabhängigkeit wie kommunistischen Charakter seines Landes zu bewahren? Schließlich hoffte Chruschtschow, daß er nach dem Eingeständnis des Fehlers, nach vorgebrachten Entschuldigungen und geleistetem Schadenersatz Jugoslawien in die sozialistische Gemeinschaft zurückführen werde können, in eine Gemeinschaft, deren Strukturen auf Wunsch der sich sicherlich auch anschließenden Chinesen natürlich erneuert und gelockert werden sollten.

Nicht alle im sozialistischen Lager glaubten an den Erfolg dieses Unternehmens. Mao Tse-tung, den die Sowjets im Juni 1954, also vor der Kontaktaufnahme mit Belgrad, um seine Meinung befragten, stimmte zwar zu, daß »Jugoslawien als sozialistisches Bruderland angesehen werden soll, um seine Rückkehr zu ermöglichen«, drückte aber auch Skepsis aus: »Man muß die Tatsache bedenken, daß die jugoslawische Führung in ihren Beziehungen zum Imperialismus schon sehr weit gegangen ist.« (7) Trotz des ähnlichen Ursprungs der beiden Regimes, die ja beide aus dem Bürgerkrieg hervorgegangen und ohne nennenswerte sowjetische Hilfe Sieger geblieben waren, betrachteten die Chinesen die Jugoslawen mit Mißtrauen. Deren Anspruch auf Anerkennung als die großen Theoretiker des Guerillakrieges reizte die Chinesen, die zudem die Konkurrenz in Indien, Birma und Ägypten fürchteten, wohin Tito Ende 1954/Anfang 1955 gereist war, freundschaftliche Beziehungen mit Nehru, U Nu und Nasser angeknüpft und das Ansehen seines Landes vergrößert hatte.

Innerhalb der Sowjetführung stieß dieser Versöhnungsplan auf den erbitterten Widerstand Molotows, der die Gründe der Politik von 1948 verteidigte. »Tito ist und bleibt durch und durch antisowjetisch«, versicherte der alte Chef der stalinistischen

Diplomatie. »Seine Anschauungen haben mit dem Kommunismus nichts gemein.« Damit sprach Molotow nur aus, was die Stalinisten der Volksdemokratien wohl dachten, aber nicht zu sagen wagten. Chruschtschow jedoch setzte sich, von der Mehrheit im Präsidium unterstützt, über diese Einwände hinweg. (8)

Die sowjetische Delegation unter der Führung des Parteichefs, mit Ministerpräsident Bulganin und seinem Ersten Stellvertreter Mikojan, traf am 27. Mai 1955 auf dem Belgrader Flughafen ein. Sofort verlas Chruschtschow eine Erklärung, die die jugoslawischen Führer überraschte und auch Tito, der ziemlich nachdenklich wurde. (9) Denn der Erste Sekretär der KPdSU überging die Rolle Stalins mit Stillschweigen und schob die ganze Verantwortung auf Berija und dessen Mitarbeiter Abakumow (der Ende 1954 verurteilt und hingerichtet worden war). Dann erklärte er, die jugoslawische Partei sei eine marxistisch-leninistische Partei geblieben und verniedlichte so die ideologischen Divergenzen, die zu übersehen die Jugoslawen nicht gewillt waren.

Chruschtschow wollte die Jugoslawen in die Enge treiben: ›Ihr behauptet, Marxisten und Kommunisten zu sein. Wenn dem so ist, besteht kein Hindernis dafür, daß wir uns auf einer gemeinsamen ideologischen Basis wiederfinden. Wenn Ihr aber diese Einigung zurückweist, dann gebt Ihr jenen recht, die Euch beschuldigen, den marxistisch-leninistischen Weg verlassen zu haben.« Die hellhörigen Jugoslawen ließen sich jedoch nicht einfangen. »Wir sind zwar Marxisten-Leninisten geblieben«, lautete ihre Antwort im wesentlichen, »aber wir sind es auf unsere Weise.« Tatsächlich hatten Tito und seine Gefährten aus der Not eine Tugend gemacht und im Eifer der Polemik gegen das Kominform, aber auch im Wunsch, ihre Popularität zu vergrößern, ab 1950 ein eigenes Modell des Sozialismus ausgearbeitet, dessen Anwendung ihnen unleugbare Erfolge im Lande sowie Interesse und Anerkennung im Ausland einbrachte.

Alle Journalisten und Beobachter, die nach Belgrad gekommen waren, um der sowjetisch-jugoslawischen Begegnung beizuwohnen, hatten in ihrer Post eine Broschüre von Edvard Kardelj mit dem Titel »Die sozialistische Demokratie in der jugoslawischen Praxis« gefunden. (10) Es war der Text eines Vortrags, den der Chefideologe des jugoslawischen Kommunismus im Herbst 1954 in Oslo auf Einladung der norwegischen Sozialisten gehalten hatte. Kardelj wies darin »die klassische bourgeoise Demokratie« zurück, deren Einführung in Jugoslawien mit seiner 60 Prozent betragenden individualistischen Bauernbevölkerung »den Verzicht auf die Verteidigung der Revolution« bedeuten würde; er verwarf jedoch auch den verstaatlichten, zentralisierten, bürokratischen Sozialismus, den »Sozialismus des Apparats«, der im Sowjetblock herrschte (und den es bis 1950 auch in Jugoslawien gegeben hatte). Der jugoslawische Sozialismus, führte er aus, beruhe auf »dem Funktionieren der direkten Demokratie, die ein Maximum an demokratischem Self-Government der Arbeiter mit Hilfe der Führungsorgane gewährleistet«.

Kardelj unterstrich damit die theoretische und praktische Bedeutung der Arbeiterräte, die in seinem Land bereits 1950 ins Leben gerufen worden waren und mit deren Hilfe es der jugoslawischen Führung nach und nach gelungen war, die Arbeiter aus der Teilnahmslosigkeit wachzurütteln und sie am Funktionieren der Betriebe zu interessieren. Er schilderte die verschiedenen Dezentralisierungsmaßnahmen in der Verwaltung, die durch das Verfassungsreformgesetz vom Januar 1953 bestätigt worden waren; die politische Struktur der Gemeinden, der Republiken und des Bundes; die neue Rolle des »Bundes der Kommunisten Jugoslawiens«, wie sich die Partei seit ihrem VI. Parteitag Anfang November 1952 nannte, um sich von den anderen kommunistischen Parteien stalinistischer Prägung zu unterscheiden. Im Gegensatz zu diesen hatte sich der »Bund« zur Aufgabe gestellt, »den Geist der Initiative in den Volksmassen zu entwickeln zum Zwecke einer möglichst weitreichenden Teilnahme am wirtschaftlichen, sozialen und politischen Leben des Landes und an der Kontrolle der Aktivität der sozialen Organisationen und Einrichtungen, der Wirtschafts- und der staatlichen Instanzen«. (11)

Tatsächlich hatte sich zwischen 1950 und 1955 dank den systematischen Reformmaßnahmen der Führung die Lage in Jugoslawien wesentlich geändert. Die übermäßigen Machtbefugnisse des Amts für Staatssicherheit (UDBA) Ranković' und der Staatsanwaltschaft wurden eingeschränkt (12); zahlreiche Handwerker wurden ermächtigt, wieder eigene Werkstätten zu eröffnen (1954 waren es mehr als 150.000); im März 1953 schließlich wurde durch Regierungsdekret die Auflösung der landwirtschaftlichen Kollektivbetriebe (Kolchosen) gestattet (nur ein Fünftel von ihnen bestand nach dieser Verordnung weiter). Alle diese Reformen überschritten jedoch noch nicht die Grenze der rein taktischen Konzessionen, die die Kommunisten – Rechtsgerichtete, Opportunisten und »Bucharinisten« – zu gewähren bereit waren, ohne deshalb auf die Diktatur der Partei zu verzichten. Diese hatte zwar den Namen gewechselt, das politische Monopol aber bewahrt. Unter Berufung auf Marx und Lenin sprachen Tito und Kardelj wohl vom »Absterben des Staates« wie von einem in Jugoslawien bereits begonnenen Prozeß, trotzdem blieben Armee, Polizei und Außenpolitik ebenso stark zentralisiert wie zuvor und standen außerhalb jeder demokratischen Kontrolle. Auch die zentrale Planwirtschaft bestand weiter, obgleich mehr oder weniger getarnt, und die Autonomie der Betriebe gab es nur auf dem Papier. (13) Wenn man in Jugoslawien zur Zeit der Aussöhnung auch freier atmete als in allen anderen kommunistischen Ländern, wenn der Inlandsmarkt sich auch erholt hatte, die Konsumgüterproduktion angekurbelt worden war, die Presse zu neuem Leben erwacht war, so zeigte die Affäre Djilas Anfang 1954 doch die Grenzen der Liberalisierung.

Eine der führenden Persönlichkeiten des Regimes, Titos Freund und nächster Mitarbeiter Milovan Djilas, der schon 1944 mit den Sowjets Unstimmigkeiten gehabt hatte, stand nach 1949 in der ersten Linie des Kampfes gegen den Stalinismus und für eine echte Demokratie. Man ließ ihn gewähren, solange er auf theoretischem Gebiet verblieb. Man stimmte ihm sogar zu. Aber im Oktober 1953 schrieb dieses *Enfant terrible* des jugoslawischen Kommunismus, dieser Idealist aus Montenegro, in der »Borba« Artikel, in denen er eine echte Demokratisierung verlangte und die Ansicht kundtat, daß das »leninistische Modell für Partei und Staat (die Parteidiktatur) überholt« sei. Djilas griff die Privilegien an, das Strebertum, die Eitelkeit, den Luxus und die Dummheit der neuen Führungsschicht, die sich aus »einstmals heroischen Männern und Frauen« zusammensetzte. An seinem wundesten Punkt getroffen, stand der ganze Parteiapparat einstimmig auf, um Djilas zum Schweigen zu bringen. Auch Tito trennte sich – nicht ohne Bedauern – von ihm. Zu Beginn der

Sitzung des Zentralkomitees, das Djilas verurteilen und ausschließen sollte, sagte Tito: »Ich war es, der als erster vom Absterben der Partei, vom Absterben des Bundes gesprochen hat. Ich habe jedoch nicht gesagt, daß dies in sechs Monaten oder in ein oder zwei Jahren eintreten werde, sondern daß es sich da um einen Vorgang von langer Dauer handle. Solange nicht der letzte Klassenfeind unschädlich gemacht ist, solange das sozialistische Bewußtsein nicht die große Masse erfaßt hat, kann von einem Absterben des Bundes oder seiner Auflösung nicht die Rede sein. Denn der Bund der Kommunisten ist verantwortlich für die Verwirklichung der Ziele der Revolution ..., er muß bestehen bleiben, er muß sogar ideologisch stärker werden im Bewußtsein der ungeheuren Rolle, die ihm zufällt.«

Ein leninistisches Glaubensbekenntnis *par excellence*, das zeigt, daß Tito die Absicht hatte, in den Grenzen einer autoritären, wenn auch aufgeklärten Bevormundung zu bleiben, die für seine Regierungsmethoden seit 1950 charakteristisch war. Djilas mußte alle seine Posten in Partei und Regierung aufgeben und wurde zu mehreren Jahren Haft verurteilt, weil er im Ausland Artikel veröffentlicht hatte, in denen er das kommunistische Regime kritisierte. Während er seine Strafe im Gefängnis von Mitrowitz (Sremska Mitrovica) absaß, erschien 1957 in New York und später in Paris sein Buch über die »Neue Klasse« (14), das einen verdienten weltweiten Widerhall fand, denn es war die erste systematische soziologische Analyse der stalinistischen Regimes und ihrer Führungsapparate. Wegen der illegalen Absendung dieses Buches ins Ausland und wegen antikommunistischer Propaganda wurde Djilas zu weiteren sieben Jahren Haft verurteilt. (15)

Einige Autoren und Beobachter wollen einen Zusammenhang zwischen den gegen Djilas verhängten Sanktionen und der sowjetisch-jugoslawischen Annäherung sehen. Mit der Maßregelung des Revisionisten im eigenen Haus habe Tito dem Kreml einen Beweis seiner Orthodoxie liefern wollen. Die Hypothese klingt unwahrscheinlich. Während seines ganzen Dialogs mit Chruschtschow und den anderen Sowjetführern hat Tito die Originalität des jugoslawischen Experiments hervorgehoben und nicht seine Orthodoxie, und er hat das Recht jeder Partei und jedes kommunistischen Landes betont, sich den eigenen Weg zum

Sozialismus zu erarbeiten, das Recht auch, außerhalb der militärischen Blöcke zu verbleiben. Und in allen diesen Punkten behielt er recht. Die gemeinsame, am 3. Juni veröffentlichte Erklärung enthielt unter anderem die beiden folgenden Stellen, die den bis dahin als sakrosankt angesehenen marxistisch-leninistischen Monolithismus im wahrsten Sinne des Wortes sprengten und dem Pluralismus – oder wie man später sagte: dem Polyzentrismus – den Weg ebneten: »Treue gegenüber den Prinzipien der gegenseitigen Achtung und der Nicht-Einmischung in die inneren Angelegenheiten, aus welchem Grund auch immer, sei er wirtschaftlicher, politischer oder ideologischer Natur, da die Fragen der inneren Organisation, der verschiedenen sozialen Systeme und der verschiedenen Formen der sozialistischen Entwicklung allein Sache jedes einzelnen Landes sind.« Und »Anerkennung des Prinzips, daß die Politik der militärischen Blockbildung die internationale Spannung vermehrt, das Vertrauen unter den Nationen untergräbt und die Kriegsgefahr erhöht.«

»Entweder haben diese Worte keinen Sinn«, schrieb ich damals, »oder man muß aus ihnen schließen, daß die UdSSR ausdrücklich zum erstenmal die Möglichkeit sozialistischer Formen zugab, die von den ihren verschieden waren, und daß sie zugleich theoretisch die Politik der Blockbildung verurteilte, die sie selbst verfolgte, da sie ja erst einen Monat früher den Warschauer Pakt unter Dach und Fach gebracht hatte.« (16) (Tatsächlich erklärten die Sowjets sofort, sie seien zur Auflösung ihres militärischen Blocks bereit, wenn der Westen das gleiche täte.)

Gewiß, diese Zugeständnisse waren den Jugoslawen nicht ohne Gegenleistung gemacht worden. Tito bekannte seine Solidarität mit den anderen sozialistischen Staaten, wobei die Jugoslawen das Beiwort »sozialistisch« großmütig auch Indien, Ägypten und selbst den skandinavischen, von Sozialdemokraten regierten Staaten zugestanden, er unterstützte die Forderungen Chinas bezüglich Formosas und die sowjetischen Anschauungen bezüglich der europäischen Sicherheit. Andererseits gestattete die Versöhnung mit Moskau den Jugoslawen, sich etwas vom Atlantikblock zu distanzieren und die militärischen Aspekte des Balkanpaktes, der kurz zuvor mit der Türkei und Griechenland geschlossen worden war, in den Hintergrund treten zu lassen. Die Sowjets wußten sich von nun an vor der bitteren und unversöhnlichen Kritik in Sicherheit, die die Belgrader Führung seinerzeit an ihnen geübt und die ihrem Prestige sehr abträglich gewesen war. (17)

Der große Gewinner dieser Begegnung war jedoch Tito. Er war nicht nur von jedem Verdacht des Verrats und der Komplizität mit den Imperialisten reingewaschen, sondern seine grundsätzlichen Anschauungen waren legitimiert und dem Vordringen der jugoslawischen Ideologie in die anderen kommunistischen Staaten war Tür und Tor geöffnet worden.

Die Rückwirkung der Versöhnung

Die sowjetische Auslegung der Belgrader Erklärung unterschied sich von jener der Jugoslawen, denn Chruschtschow wünschte nur jenen Staaten das Recht einzuräumen, einen eigenen Weg zum Sozialismus einzuschlagen, in denen dieser bereits fest verankert war (China und Jugoslawien), während die Jugoslawen an die Allgemeingültigkeit des pluralistischen Prinzips glaubten. Chruschtschow hatte nicht mit der Kraft der reformistischen Überzeugungen der Jugoslawen gerechnet, mit dem für Tito charakteristischen Proselytismus, mit dessen Ehrgeiz, für seine Partei wieder eine führende Rolle in der internationalen kommunistischen Bewegung, vor allem in Zentral- und Osteuropa, zu erringen. (18) Einer der nächsten Mitarbeiter Titos, V. Vlahović, veröffentlichte am 7. Juli 1955 im Parteiorgan »Komunist« einen Artikel, in dem er jegliches Streben nach Hegemonie in der Arbeiterbewegung verurteilte und eine Internationale anregte, in der Kommunisten verschiedener Richtungen und Sozialdemokraten auf der Basis gegenseitiger Toleranz zusammenarbeiten sollten. Dies war, ein Jahr vor einer ähnlichen Stellungnahme Togliattis, das erste Manifest des Polyzentrismus. (19) Nach Titos Vorstellung jedoch sollte sich die Toleranz nicht auf Intolerante, auf Dogmatiker erstrecken. In einer in Karlstadt (Karlovac) am 27. Juli gehaltenen Rede griff er »gewisse Führer der Nachbarländer« an, die fortfuhren, jene Genossen zu unterdrücken, die einer Annäherung an Jugoslawien wohlwollend gegenüberstanden. Er zielte vor allem auf die ungarische und tschechoslowakische Führung, die »das Blut unschuldiger Kommunisten vergossen« (Rajk und Slánský) und »nicht genug Mut haben, ihre Irrtümer einzusehen«. So ermutigte Tito offen überall dort die Opposition, wo nach der Kaltstellung Malenkows die Entstalinisierung gebremst worden war.

In Ungarn und Polen zögerten die Anhänger Imre Nagys und Gomułkas nicht, den Widerspruch aufzuzeigen, der zwischen dem pluralistischen Geist der Belgrader Erklärung und der dogmatischen Verurteilung aller »Abweichler« bestand, die sich das jugoslawische Modell zum Vorbild genommen hatten. »Die ideologische und politische Plattform jener, die ... die geringste Abweichung von den unverrückbaren Dogmen verurteilen, ist im Grunde nichts anderes als die in verschleierter Form fortgesetzte Kampagne gegen den Titoismus«, schrieb Imre Nagy. (20) Und wurde Nagy nicht in Rákosis Umgebung als »neuer Tito« bezeichnet, warf man ihm nicht vor, einen »ungarischen Sozialismus« anzustreben? Der ungarische Sozialismus war aber nach Nagys Ansicht nichts anderes als eine legitime, ungarische Form des Sozialismus, mit anderen Worten, »die Anwendung des Marxismus-Leninismus auf die spezifischen Verhältnisse in Ungarn«. Rákosi aber trug für Nagy »eine schwere Verantwortung vor der ganzen internationalen revolutionären Bewegung wegen der Rolle, die er im Verlauf der antijugoslawischen Provokationen gespielt hatte«. Auch in Polen wurde man sich sehr bald über die Beziehungen klar, die zwischen den (rehabilitierten) Ideen Titos und der »rechtsnationalistischen Abweichung« Gomułkas und seines Freundes Spychalski bestand, die 1949 zu ihrer Ausstoßung aus der Partei und später zu ihrer Verhaftung geführt hatten.

So brachte die Belgrader Erklärung die stalinistischen Führer Osteuropas in eine mißliche Lage. Wenn sie den Sowjets (die dabei nichts zu verlieren hatten) auf dem Wege der Rehabilitierung Titos folgten, untergruben sie das (stalinistische, zentralistische und infolgedessen antititoistische) Fundament ihrer Macht. Wiesen sie aber die Versöhnung mit Tito zurück, distanzierten sie sich vom Kreml – was der stalinistischen Tradition ebenso widersprach – und riefen dadurch eine Opposition hervor, die sich gleichzeitig auf Tito und auf Chruschtschow berufen konnte. (21) In diesem Dilemma entschied sich die Mehrzahl der Führer des Ostens für eine abwartende Haltung. Sie hofften, die Annäherung an die Jugoslawen werde nur ein »taktisches, vorübergehendes Manöver« sein und jede übertriebene Eile ihrerseits sei folglich überflüssig. So hat Rákosi in einer im August gehaltenen Rede die Grenzen der Konzessionen abgesteckt, die er glaubte machen zu müssen: er wälzte die ganze Verantwortung für die Verschlechterung der ungarisch-jugoslawischen Beziehungen auf den früheren Chef der Politischen Polizei, den »ungarischen Berija« Gábor Péter, ab, der schon 1952 verhaftet worden war und sich nicht mehr verteidigen konnte. Rákosi vermied jedoch jede Anspielung auf den Rajk-Prozeß, auf die von Tito geforderte Rehabilitierung der Opfer der antititoistischen Säuberungen, und begnügte sich damit, die Wiederherstellung normaler Beziehungen zu der Belgrader Regierung zu befürworten. Dies stellte die Anhänger Nagys, die neuen Mut schöpften, keineswegs zufrieden. Auf einer Journalistenversammlung warf ein ehemaliger Redakteur von »Szabad Nép«, Miklos Gimes, die Frage einer Revision des Rajk-Prozesses auf. Er wurde sofort aus der Partei ausgestoßen. Überdies wurden die im Herbst begonnenen Wirtschaftsverhandlungen mit Jugoslawien wegen der — laut Budapest — »übermäßigen Forderungen der Jugoslawen« unterbrochen.

Bei der Feier des Jahrestages der bolschewistischen Revolution ließ István Kovács, ein Mitarbeiter Rákosis, ein Hoch auf Stalin ausbringen, »diesen besten Schüler Lenins, der sein Werk fortgesetzt hat«. Es klang wie eine Herausforderung Chruschtschows. Die Nagy-Anhänger unter den Schriftstellern aus dem Kreis der Literaturzeitung begannen empört eine Kampagne für die Liberalisierung der Presse, die Rákosi, wie gewöhnlich, nicht zu unterdrücken wagte.

In *Rumänien* freute sich Gheorghiu-Dej mit gebotener Vorsicht über die Besserung der sowjetisch-jugoslawischen Beziehungen. (Er hatte zur Sicherheit 1954 seinen möglichen Konkurrenten, den »Titoisten« Pătrăşcanu, hinrichten lassen, der 1948 wegen »nationalistischer Abweichung« verhaftet worden war.) Auf dem II. Parteikongreß (Dezember 1955) festigte Dej seine Position noch: er berief seine Freunde Nicolae Ceauşescu und Alexandru Drăghici ins Politbüro und stellte Kontakte mit Peking her, um so seine Abhängigkeit gegenüber Moskau zu vermindern.

Prag schwieg. Mit allergrößter Heimlichkeit ernannte das Zentralkomitee eine Sonderkommission, die die Prozesse zwischen 1952 und 1954 studieren sollte. Die Öffentlichkeit erfuhr erst im Juni 1956 von der Existenz dieser unter dem Vorsitz von Innenminister Rudolf Barák stehenden Kommission, und zwar durch eine Rede Novotnýs bei der Parteikonferenz. In *Polen* schwelte bereits die kommende Krise. Ende 1954 wurde Gomułka im geheimen freigelassen, und die Parteiführung verhandelte mühselig über seine Rehabilitierung, die teilweise und allmählich erfolgen sollte, »damit die Partei nicht das Gesicht verliere«. Trotzdem – eine widersprüchliche Maßnahme – wurden zwei zur Zeit der antititoistischen Säuberungen entlassene Minister vor Gericht gestellt und verurteilt. Einschüchterungsmaßnahmen? Letztes Aufbäumen der geknebelten Polizei? Die durch Titos Rehabilitierung hervorgerufene Unruhe griff bereits auf die Parteiorganisationen, die Universität, das Warschauer Komitee und auf einige Musterbetriebe über. Man begann zu reden; nach der Sitzung des Zentralkomitees im August 1955 fing man in den Parteizellen an, über die Ursachen für den wirtschaftlichen Rückschritt zu diskutieren, über die Zukunft Polens. Am 25. August hatte ein allgemein geschätzter kommunistischer Dichter, Adam Ważyk, in »Nowa Kultura« sein »Gedicht für Erwachsene« veröffentlicht: ein Lied der Enttäuschung, des Zusammenbruchs der Utopien, aber auch der Hoffnung auf ein Wiederfinden des Weges zum Herzen des Volkes. »Wir fordern klare Wahrheiten, die Saat der Freiheit, die strahlende Vernunft.« Man riß die Zeitschrift einander aus den Händen. Die Parteiführung tadelte den Dichter wegen seiner »kleinbürgerlichen Tendenzen«, aber die Arbeiter von Nowa Huta (deren Not er besungen hatte) ergriffen seine Partei, als man sie aufforderte, ihn zu verurteilen.

In Budapest und Warschau hatte man den Eindruck, daß sich das Blatt gewendet habe, daß die Tage der Immobilität gezählt seien. Die führenden Persönlichkeiten beobachteten einander ängstlich, alles fragte sich, was wohl die Absichten des Kremls seien, in dem – das konnte niemandem entgehen – vor dem näherrückenden sowjetischen XX. Parteikongreß eine Stimmung herrschte wie am Vorabend einer Schlacht. Die stalinistische alte Garde wehrte sich verbissen. Aber Chruschtschow, der Neuerer – und das verblüffte die Führer der Volksdemokratien –, schien den Parteiapparat, dessen orthodoxe und konservative Einstellung hinlänglich bekannt war, immer fester in die Hand zu bekommen. Sollte ein Häretiker der Papst der kommunistischen Kirche werden?

Der Warschauer Pakt

Dieser beunruhigende Chruschtschow hatte allerdings nach seiner Rückkehr aus Peking im Herbst 1954 gezeigt, daß er nicht beabsichtigte, Stalins Erbschaft zu »verschleudern« oder die sowjetische Vorherrschaft zu liquidieren. Die in Moskau Ende November 1954 versammelten Regierungschefs der Oststaaten hatten sich sehr energisch gegen die Wiederaufrüstung Westdeutschlands ausgesprochen und der NATO scharfe Gegenmaßnahmen angekündigt, falls Bonn in den Atlantikpakt aufgenommen würde. Nachdem diese Aufnahme aufgrund der Pariser Verträge vom Oktober 1954 am 9. Mai 1955 erfolgt war, unterzeichneten die Vertreter der Oststaaten – inklusive der UdSSR und in Anwesenheit eines Beobachters aus Peking – am 14. Mai 1955 einen Pakt der »Freundschaft, Zusammenarbeit und gegenseitigen Hilfe« (Warschauer Pakt).

Der Warschauer Pakt war von Anfang an als Antwort auf die Verstärkung der NATO durch den Beitritt der Bundesrepublik Deutschland gedacht. Er war aber vor allem Ausdruck des Bestrebens, eine gegebene Situation, nämlich die Unterordnung der Streitkräfte der Volksdemokratien unter ein sowjetisches Oberkommando, zu legalisieren (22) und der politischen Einheit des von der UdSSR geleiteten Blocks eine angemessenere Grundlage und einen entsprechenderen Rahmen zu geben, als es die bilateralen Verträge vermocht hatten. Der Warschauer Pakt lieferte auch die rechtliche Basis für das Verbleiben sowjetischer Truppen in Ungarn und Rumänien, obgleich die Truppen laut Friedensvertrag von 1947 nach der Unterzeichnung eines Staatsvertrages mit Österreich (die unmittelbar bevorstand) von dort hätten abgezogen werden müssen. (23)

Die Sowjetführung war weitblickend. Als sie sich entschloß, die Beziehungen zu den Volksdemokratien dadurch zu verbessern, daß sie deren Unabhängigkeit und Souveränität formal wiederherstellte, legte sie im Pakt die Verpflichtung zu »gegenseitiger brüderlicher Hilfeleistung« fest. Und auf diese Formulierung berief sich der Kreml dann im Herbst 1956 und im August 1968, um sein Eingreifen in Ungarn beziehungsweise in der Tschechoslowakei zu rechtfertigen.

Von Anfang an wurde – und wird noch – der Pakt von den Signatarmächten mehr als Ausdruck einer ideologischen Gemeinschaft denn als ein auf gemeinsamen nationalen Interessen basierendes Bündnis angesehen. »Die Stärkung der Einheit auf der Basis des sozialistischen Internationalismus bedeutet für jeden sozialistischen Staat die notwendige Vorbedingung für seine künftige Entwicklung, für die Lösung seiner inneren und äußeren Probleme«, sagte zehn Jahre später ein eifriger Verteidiger der Aufrechterhaltung und Festigung des Warschauer Paktes, der tschechoslowakische Verteidigungsminister General Bohumír Lomský. (24)

Am meisten gewann Albanien durch den Pakt, das bis dahin nicht ausdrücklich mit der UdSSR und den Volksdemokratien verbunden gewesen war und dessen Führung seit 1947 in der dauernden Angst gelebt hatte, von Jugoslawien geschluckt zu werden. Am Vorabend der sowjetisch-jugoslawischen Aussöhnung kam nun die Beruhigung. (25)

3. Der XX. Parteitag der KPdSU

Schock und Anpassung an die Realität

Der XX. Kongreß der Kommunistischen Partei der Sowjetunion fand vom 14. bis 25. Februar 1956 in Moskau statt. Zwei Monate später, im April 1956, beschloß die polnische Führung nach reiflichem Abwägen des Für und Wider, der Partei-Elite über den Kongreß zu berichten, sie vor allem mit der in der Nacht vom 24. auf den 25. Februar von Chruschtschow gehaltenen Geheimrede über die Verbrechen Stalins bekannt zu machen. Dies geschah im Warschauer Rundfunkgebäude. Vier Personen fielen in Ohnmacht. Die anderen hörten in einer Atmosphäre tödlichen Schweigens zu, von innerer Bewegung gleichsam gelähmt. Es war ein brutaler Schock, dessen Auswirkungen freilich noch schwerer waren als seine augenblickliche Wirkung. Man kann ohne Übertreibung von einer »Wende« in der Geschichte der kommunistischen Bewegung sprechen.

Mit der Wut eines Bilderstürmers, der verbrennt, was er früher angebetet hat, griff der Chef der sowjetischen Partei jenen Mann, jenen Übermenschen an, der trotz allem, was seit seinem Tode gemunkelt wurde, immer noch in den Augen der meisten Kommunisten ein Symbol für die Macht der KPdSU, der UdSSR geblieben war. Papst und Kaiser, sakrosankt, allmächtig und unfehlbar für die Aktivisten, aber der Teufel in Person für die Feinde des Kommunismus, das war Stalin gewesen. Jetzt erniedrigte ihn sein einstiger Mitarbeiter zum Sündenbock, dem alles aufgeladen wurde, was sich unter der Herrschaft des Georgiers an Gewalttaten und Terror, an orientalischem und mittelalterlichem Despotismus angehäuft hatte. Chruschtschow beschuldigte Stalin, den ungeheuerlichen Begriff des »Volksfeindes« eingeführt zu haben. »Diese Bezeichnung«, sagte er, »machte es automatisch überflüssig, den Beweis für die ideologischen Irrtümer des Mannes oder der Männer zu erbringen, die in eine Auseinandersetzung verwickelt waren; diese Bezeichnung ermöglichte die Anwendung der grausamsten Repressalien, die allen Regeln revolutionärer Legalität hohnsprachen, gegen jeden, der auf irgendeine Weise mit Stalin nicht übereinstimmte ... Massenverhaftungen und Deportationen ... Hinrichtungen ohne Prozeß und ohne Voruntersuchung schufen ein Klima der Unsicherheit, der Angst, der Verzweiflung.« So bestätigte Chruschtschow all das, was Trotzki seinerzeit über die Intrigen, die Schurkereien und die Grausamkeit Stalins geschrieben hatte, über seine Rolle in der Inszenierung der großen Prozesse der Jahre 1937 und 1938. »Mehrere tausend anständiger und unschuldiger Kommunisten haben aufgrund ungeheuerlicher Fälschungen ihr Leben lassen müssen.« Ein großer Teil der stalinistischen Prozesse sei jedoch revidiert und für null und nichtig erklärt worden. Von 1954 bis Anfang 1956 habe der Oberste Gerichtshof der UdSSR allein 7679 Personen, viele von ihnen posthum, rehabilitiert. Chruschtschow sprach von Massendeporationen ganzer Völker, deren Kommunisten und Komsomolmitglieder nicht ausgenommen: Kalmücken, Tschetschenen, Inguschen und Balkaren. »Die Ukrainer sind diesem Schicksal nur deshalb entgangen, weil sie zu zahlreich waren und es keinen Ort gab, wohin man sie deportieren hätte können.« Als Chruschtschow über die »jugoslawische Affäre« sprach, hob er Stalins Größenwahn hervor. Stalin habe sich ihm gegenüber verächtlich über Tito geäußert: »Ich werde den kleinen Finger rühren — und es wird keinen Tito mehr geben. Er wird fallen. Dieses Rühren des kleinen Fingers haben wir teuer bezahlt!« rief Chruschtschow aus.

Natürlich war diese Anklagerede, deren Gesamttext man lesen muß, um die Ungeheuerlichkeit des Schlages zu erfassen, der gegen die kommunistischen Überzeugungen geführt wurde (1), nicht — zumindest nicht sofort — für die ganze Welt bestimmt. In seiner ersten Rede vor dem Plenum beschränkte sich Chruschtschow darauf, den »Persönlichkeitskult« ganz allgemein zu verurteilen, mit Worten, wie sie seit 1954 gang und gäbe waren.

Sein zweiter Bericht, der ausschließlich Stalin galt, wurde sozusagen hinter verschlossenen Türen verlesen, in einer Sitzung, zu der nicht einmal die Vertreter der Bruderparteien zugelassen waren. Chruschtschow schärfte übrigens seinen Zuhörern ein, auf strengste Geheimhaltung zu achten. »Wir dürfen dem Feind keine Waffe in die Hände geben; wir dürfen unsere Schmutzwäsche nicht vor seinen Augen waschen.« Aber trotz aller Vorsichtsmaßnahmen sickerte so manches durch. Der Korrespondent der »New York Times« in Moskau konnte bereits am 16. März einen Artikel mit einer Kurzfassung der Rede veröffentlichen. Das Büro der Agence France Press in Moskau bestätigte am 19. März die Richtigkeit der Meldung. Am nächsten Tag berichtete die jugoslawische »Borba« über die Hauptpunkte unter Anführung zahlreicher Einzelheiten. Wenig später erhielten die Führer anderer kommunistischer Parteien Kenntnis des Textes. Wenn die Polen das Risiko übernehmen zu können glaubten, ihren Aktivisten den vollständigen Inhalt mitzuteilen, hielten es Rákosi, Novotný, Gheorghiu-Dej und Enver Hoxha für klüger, eine verwässerte und summarische Fassung bekanntzugeben. Eine Vorsicht, die sich als unnötig erwies: Ende Mai gelang es den Amerikanern, des Dokuments habhaft zu werden, und das State Department ließ es am 4. Juni veröffentlichen. »Die Stimme Amerikas« und »Free Europe« sorgten für das übrige. Die Ehre der Kommunisten kam so durch Stalin in größten Mißkredit. Nicht zu Unrecht warfen die Chinesen Chruschtschow später vor, er habe durch die Verdammung Stalins der Autorität und dem Ansehen der Sowjetunion und des Weltkommunismus ungeheuren Schaden zugefügt. (2)

Chruschtschow sah nicht alle Folgen seines Vorgehens voraus, dessen Ursache ja in erster Linie in der Innenpolitik der UdSSR zu suchen ist. Der XX. Parteitag stellte nur eine Etappe im Kampf Chruschtschows und Mikojans gegen die Konservativen im Präsidium dar, die »alles Neue zurückwiesen und alle Vorschläge bekämpften, die das Zentralkomitee dem XX. Parteikongreß vorzulegen hatte«. (3) Die Konservativen, an ihrer Spitze Molotow, ließen nicht ab, sich der Innen- und Außenpolitik Chruschtschows zu widersetzen und ihr Hindernisse in den Weg zu legen. Vor dem Beginn des XX. Kongresses bekämpften die Gegner einander mit wahrhaft scholastischen Formeln, die für Nichteingeweihte völlig unverständlich waren. So flocht Molotow, als er 1955 vor dem Obersten Sowjet sprach, in seinen Bericht hinterlistig einen Satz ein, aus dem hervorging, daß in der UdSSR erst die »Basis« für eine sozialistische Gesellschaft gelegt worden sei, während in den Volksdemokratien »die ersten Schritte in Richtung Sozialismus« gemacht worden seien.

Wenn nun aber Molotow recht hatte und wenn das Gebäude des Sozialismus in der UdSSR noch schwankend und unsicher war, dann war der Optimismus in Chruschtschows Politik der Entspannung ein gewaltiger Irrtum. (4) Auf Chruschtschows Verlangen hatte das Zentralkomitee Molotow gezwungen, in der Zeitschrift »Kommunist« (Nr. 14, 1955) Selbstkritik zu üben. Er mußte zugeben, sich ungeschickt ausgedrückt zu haben. Deshalb streckte er aber noch nicht die Waffen. In den Versammlungen des Präsidiums fuhr Molotow fort, die Wirksamkeit der Diplomatie Chruschtschows in Abrede zu stellen. Ständig herausgefordert, in Gefahr, im Präsidium und im Zentralkomitee überstimmt zu werden, setzte Chruschtschow nun alles auf eine Karte: er appellierte an den Parteikongreß. So erklärt sich auch der gehässige, rachsüchtige Ton seines Berichts über Stalin, der vor allem ein Plädoyer war, dazu bestimmt, die eigene Politik zu rechtfertigen, die Gegner, die Stalin verteidigten und fortfahren wollten, dessen Methoden anzuwenden, niederzukämpfen, während Chruschtschow davon überzeugt war, daß es einer gerechteren und toleranteren UdSSR gelingen würde, ihre internationale Position zu konsolidieren und den Sozialismus attraktiver zu machen.

Es sei mir diesbezüglich eine kurze »soziologische« Einschaltung gestattet. Die Chinesen, die ihre Argumente der »Verratenen Revolution« von Trotzki und der »Neuen Klasse« von Djilas entlehnten, legten Chruschtschows Anschauungen dann so aus, daß sie diese als Ausfluß der »privilegierten bourgeoisen Klasse, die aus der sowjetischen Gesellschaft hervorgegangen ist«, hinstellten, deren Ziel das »Wiedererstehen des Kapitalismus« sei. (5) In Wahrheit gehörten aber Chruschtschow und seine stalinistischen Gegner zur gleichen Klasse, oder besser gesagt, sozialen Schicht: der Bürokratie des Staatsapparates, der Wirtschaft, die ihr Aufblühen der eisernen Faust Stalins verdankte. Der stalinistische Dogmatismus war die theoretische Rechtfertigung dieser Bürokratie, er war aber gleichzeitig der Ausdruck ihres schlechten Gewissens, ihres Gefühls der Unsicherheit. Unter dem stalinistischen System hatten die Parteikader unleugbare politische und materielle Vorteile genossen, dafür aber mit blinder Unterwerfung, mit polizeilicher Überwachung, mit der ständigen Furcht bezahlt, zu mißfallen und die Stellung zu verlieren. Sich die Privilegien zu bewahren, zugleich sich aber »aus einer Situation der Unsicherheit, der Angst und der Verzweiflung zu befreien«, das war der Ursprung von Chruschtschows »Klasse« mit »liberaler Tendenz«. Chruschtschow ging von der Überzeugung aus, die Bürokratie könnte ihre Positionen durch eine großzügigere Politik festigen, durch eine Verurteilung des Stalinismus und durch eine tolerantere Bevormundung der Masse. Der Antagonismus, der zwischen Stalinisten und Antistalinisten ausgebrochen war, erinnert an die Spaltung im französischen Bürgertum des 19. Jahrhunderts, das in konservative und liberale Monarchisten, in Karlisten, Orléanisten und Republikaner geteilt war. *Mutatis mutandis* kann man sich Chruschtschow recht gut als einen Louis Philippe des russischen Kommunismus vorstellen. So wie der Bürgerkönig mußte er einen Zweifrontenkrieg führen, gegen jene, die ihn anklagten, der Totengräber der bestehenden Autorität zu sein, und andererseits gegen jene, für die sein Liberalismus nur eine halbe Maßnahme, bestenfalls einen Ausgangspunkt bedeutete. Voraussetzungen für den Erfolg des Chruschtschowismus waren jedenfalls die Standfestigkeit des Staatsapparates, seine Wandlungsfähigkeit, die Möglichkeit, die Macht im wesentlichen zu behalten, trotz oder vielleicht gerade wegen des Bruchs mit den despotischen Methoden. Diese Voraussetzungen waren, wie die Zukunft beweisen sollte, in der UdSSR gegeben. Was die Volksdemokratien betraf, war das Umschalten auf einen anderen Kurs viel heikler. Dort war es viel schwieriger, zwischen dem Stalinismus und der Infrastruktur des von Stalin ererbten Regimes zu unterscheiden, das man im wesentlichen nicht ändern wollte.

Im großen und ganzen bestätigten die Beschlüsse des XX. Parteitags die Prinzipien und Tendenzen des Chruschtschowismus: Verurteilung des Personenkults, Rückkehr zur kollektiven Führung, Verwerfung dogmatischer Anschauungen für historische und wirtschaftliche Probleme. (6)

Einige Punkte des vom Kongreß gebilligten »Neuen Kurses« interessierten die volksdemokratischen Staaten ganz besonders. In erster Linie die Bestätigung der Annäherung an Jugoslawien. Zweitens, in Verbindung mit Titos Rehabilitierung, die Anerkennung des sozialistischen Pluralismus. Mit anderen Worten, die Möglichkeit für jede Nation, für jedes kommunistische Land, die eigene Form für den Aufbau des Sozialismus auszuarbeiten, die den jeweiligen historischen, wirtschaftlichen und sozialen Bedingungen entsprach. Freilich, die von Chruschtschow diesbezüglich formulierten Ansichten waren reichlich zweideutig, denn sie stellten die Volksdemokratie, wie sie in Polen, Bulgarien, in der Tschechoslowakei, in Albanien usw. bestand, so hin, als sei sie vom sowjetischen Vorbild verschieden und entspräche von Anfang an den besonderen Bedingungen dieser Länder. Der pragmatisch denkende Chruschtschow wollte mit seiner Interpretation zweifellos die führenden Stalinisten des Ostens beruhigen, sie sollten keinen Grund zur neidischen Annahme haben, daß Belgrad ihnen im Hinblick auf Eigenständigkeit und Unabhängigkeit etwas voraushabe.

Die öffentliche Meinung in den Volksdemokratien ließ sich jedoch nicht täuschen. Gerade bezüglich der »Ideen des XX. Kongresses« warfen vor allem die Anhänger Gomułkas und Nagys ihrer Regierung die Unterwerfung unter den Kreml vor, die automatische Annahme des sowjetischen Modells. »Eine wesentliche Ursache der in Ungarn herrschenden politischen Spannung«, schrieb Nagy in dem bereits erwähnten Werk, »rührt davon her, daß sich eine ganze Schicht von dem ungarischen Volk fremden Führern sowohl den Ideen der nationalen Unabhängigkeit, der Souveränität und Gleichberechtigung als auch dem Nationalgefühl und der fortschrittlichen Tradition widersetzt.« Auch noch nach der Niederwerfung des ungarischen Aufstandes sollten die

Ideen von Nationalkommunismus, Modellpluralismus und Unabhängigkeit der Parteien die Gemüter bewegen. Ein tschechoslowakischer Historiker sieht den Verlust der Selbstbestimmung der Volksdemokratien zeitlich unmittelbar nach der Kominform-Resolution gegen Jugoslawien. Nach dieser Resolution »wurden die schöpferischen Bestrebungen, die sich unabhängig von den revolutionären Aufgaben entwickeln wollten, als schwere Verbrechen angesehen«. (7) Es hieß also den Faden dort wieder aufnehmen, wo er im Juni 1948 zerrissen worden war.

Ein anderer, in die gleiche Richtung zielender Impuls wurde durch die Rehabilitierung der Opfer der großen Vorkriegssäuberungen ausgelöst. Die *polnische* Partei war durch diese auch in der Kommunistischen Internationale wütenden Säuberungen am ärgsten betroffen worden. 1938 hatte das Exekutivkomitee der Komintern auf Initiative Stalins und seiner Schergen die Auflösung der polnischen Partei angeordnet, mit dem Vorwand, die Führung sei von »feindlichen Agenten« infiziert. Fast die gesamte polnische Führungsspitze, die in die UdSSR verbannt worden war, wurde damals liquidiert oder deportiert. Anläßlich eines Besuches Chruschtschows in Warschau im März 1954 stellten die Polen, die von den in der Sowjetunion vorgenommenen Rehabilitierungen erfahren hatten, Fragen nach dem Schicksal ihrer damals verschwundenen »alten Genossen«. Chruschtschow versprach, eine Untersuchung einzuleiten. Die polnischen Führer stellten eine Liste von ungefähr fünfundzwanzig der bekanntesten Persönlichkeiten auf, unter diesen Adolf Warski-Warzawski, ein Freund Lenins aus der Zimmerwalder und Kienthaler Zeit, einer der Gründer der Komintern, der 1929 in die Sowjetunion geflüchtet war; Wieczisław Bronski, ebenfalls ein Vertrauter Lenins, der diesem die Nachricht von der Februarrevolution überbracht hatte; Maksymilian Waleczki; Wera Kostrzewa usw. Anfang 1955 teilte Chruschtschow Warschau mit, daß alle die in Frage stehenden Führer aufgrund von Scheinprozessen zum Tode oder zu Zwangsarbeit verurteilt worden waren. Die Revisionskommissionen begannen zu arbeiten. Im Mai versprach Chruschtschow den Polen die feierliche Rehabilitierung der Vorkriegspartei. Die Bilder der »ausgelöschten« Führer – denn bis dahin war die ganze Angelegenheit in Parteikreisen tabu gewesen – begannen in der Warschauer Presse aufzutauchen. Dann, am 19. Februar 1956, noch während der XX. Kongreß tagte, wusch ein Kommuniqué, das gleichzeitig in Warschau und in Moskau veröffentlicht wurde, das Andenken der Verschollenen von jeder Schuld rein. (8) So sah sich die polnische Partei wieder im Besitz ihrer Vergangenheit, die ihr von Stalin entrissen worden war und die bis zu diesem Zeitpunkt auch die mutigsten polnischen Genossen nicht zurückzufordern gewagt hatten. (9)

Der Kreml fand auch gegenüber der *ungarischen* Partei eine freundliche Geste, indem er deren Gründer, den Chef der Räteregierung von 1919, Béla Kun, rehabilitierte, der 1937 trotz seinen der Kommunistischen Internationale erwiesenen Diensten in Moskau als »Feind des Volkes« verhaftet und erschossen worden war. (10) In Ungarn wurde diese Rehabilitierung mit gemischten Gefühlen aufgenommen, denn Béla Kun hatte dort kein gutes Andenken hinterlassen. Rákosi hatte keinerlei Interesse daran, den Schleier von den Machtkämpfen der einzelnen Cliquen und von den Säuberungen, aus denen er selbst profitiert hatte, zu lüften. Schließlich berief sich auch die Opposition um Nagy keineswegs auf Béla Kun. Die Rehabilitierung Kuns, die jener der polnischen und auch jugoslawischen Führer folgte, löste jedenfalls eine ganze Kette an Überlegungen über das Schicksal der Kommunistischen Internationale aus. Denn diese, durchsetzt und beherrscht vom sowjetischen NKWD, war in den dreißiger Jahren ein willfähriges Werkzeug des Kremls geworden. Und es sieht wie eine späte Nachwirkung der Enthüllungen des XX. Parteitags aus, wenn die Bukarester Führung noch im nachhinein die Politik der Komintern bezüglich Rumäniens ebenso in Frage stellt wie die sowjetische Annexion Bessarabiens und der Nordbukowina. (11) Auch die polnischen Historiker äußerten Zweifel an der Richtigkeit der von der Komintern den Bruderparteien nach Abschluß des Hitler-Stalin-Paktes gegebenen Anweisungen, in denen eine Unterstützung des kriegführenden Polen untersagt worden war, denn es war ein »bürgerliches Polen, das zusammen mit England und Frankreich dem imperialistischen Block angehört«. (12)

Mit der Enthüllung der Geschichtsfälschungen, die seinerzeit unter dem Deckmantel des proletarischen Internationalismus begangen worden waren, bewiesen die Nachfolger Stalins, daß sie die Atmosphäre untereinander und zwischen den Parteien entgiften wollten. Dadurch erschütterten sie aber *nolens volens* die Grundfesten der sowjetischen Hegemonie und ermunterten innerhalb der Bruderparteien nationalistische und antisowjetische Strömungen.

Ebenso verhielt es sich mit einer anderen Initiative Chruschtschows auf dem XX. Parteitag, nämlich der erneuten Eröffnung einer Diskussion über die verschiedenen Übergangsformen zum Sozialismus, das heißt über die Ergreifung der Macht. Dieses Problem betraf vor allem die Parteien in den kapitalistischen Ländern, hatte jedoch auch Rückwirkungen auf die Volksdemokratien.

In der Außenpolitik knüpfte Chruschtschow wieder an das Prinzip der »Kooperation« Litwinows an. Es war dies als logische Konsequenz der Koexistenz-Politik, die Chruschtschow für die durch den kalten Krieg isolierten kommunistischen Parteien des Westens betrieb, zugleich die Erneuerung der alten Volksfront-Taktik. Nun erforderte aber die von Chruschtschow ersehnte Annäherung an die Sozialisten einige theoretische Konzessionen. Es galt, die Brücke wieder aufzubauen zwischen dem kommunistischen Revolutionsgedanken und dem Reformismus der II. Internationale. (13) Dieser Brückenschlag konnte dank der These bewerkstelligt werden, es sei möglich, auch auf parlamentarischem Wege zum Sozialismus zu gelangen. Ohne das Prinzip der revolutionären Machtergreifung aufzugeben, ließ Chruschtschow doch gelten, daß es in gewissen Fällen »für die Arbeiterklasse möglich ist, die arbeitenden Bauern, die Intellektuellen und alle patriotischen Kräfte um sich zu scharen ... eine solide Mehrheit im Parlament zu erringen und diese Handlanger der bürgerlichen Demokratie in ein Werkzeug des echten Volkswillens umzuwandeln«. Dies würde dann »Vorbedingungen für radikale soziale Veränderungen schaffen ... die Überleitung der wichtigsten Produktionsmittel in die Hände des Volkes«. Zur Realisierung dieser ideologischen Öffnung, die von Peking sofort als Opportunismus ausgelegt wurde (14), hätte Chruschtschow freilich seine Ideen über die Legitimität der kommunistischen

Machtergreifung in den Oststaaten nach 1947 und ebenso über die von den Kommunisten in der exklusiven Machtausübung angewendeten Methoden genauer definieren müssen. Tatsächlich bildeten aber die Absorbierung der früheren sozialdemokratischen Parteien durch die kommunistischen Parteien der Volksdemokratien, die Verfolgungen, denen selbst Linkssozialisten ausgesetzt waren (in der Tschechoslowakei wurde eine Gruppe einstiger Sozialisten noch im Dezember 1954 verurteilt), ein ernsthaftes Hindernis für eine sozialistisch-kommunistische Annäherung. Chruschtschows diesbezügliche Doktrin blieb jedoch vage, was sich aus seiner Besorgnis erklären läßt, sich auf einem Terrain zu weit vorzuwagen, auf dem ihn der Vorwurf des Revisionismus treffen konnte. Das gleiche galt für Mikojan, der, um die These der friedlichen Machtergreifung zu untermauern, die Ungeschicklichkeit beging (oder war es Hinterlist?), das Prager Beispiel anzuführen, wo, wie er auf dem Kongreß sagte, die Revolution von 1948 »mit friedlichen Mitteln erfolgt war: die Kommunisten gelangten zur Macht, indem sie ein Bündnis schlossen, nicht nur mit den sozialistischen, sondern auch mit den bürgerlichen Parteien, die die vereinte Nationale Front unterstützten«.

Konnte diese Darstellung der Ereignisse von 1948 wirklich Vertrauen erwecken? Entsprach sie den Tatsachen? (15) Kommen die Chinesen in ihrer Polemik gegen die These vom friedlichen Übergang (für sie konnte es nur einen gewaltsamen geben) der Wahrheit nicht viel näher, wenn sie die entscheidende Rolle hervorheben, die im Februar 1948 die Arbeitermilizen und die tschechoslowakische Armee in Prag gespielt haben? Im Gegensatz zu Chruschtschow und zu Mikojan sehen die Chinesen den *Coup de Prague* als »ein Beispiel eines bürgerlichen gegenrevolutionären Staatsstreiches, der von der Arbeiterklasse mit Hilfe ihres Staatsapparates und hauptsächlich ihrer bewaffneten Macht niedergeschlagen wurde«. (16) In anderen Ländern, wie in Polen und Ungarn, hatte die Unterstützung durch die Sowjetarmee den Kommunisten ermöglicht, ihre Gegner in Schach zu halten, deren Widerstandskraft zu lähmen und schließlich ein totalitäres Regime zu errichten.

Hätte Chruschtschow alle diese Umwälzungen – die übrigens

auf einen zentralen strategischen Plan zurückgingen – Stalin in die Schuhe geschoben, wäre es ihm möglich gewesen, die kommunistisch-sozialistischen Beziehungen im Westen von einer schweren Hypothek zu befreien. Damit hätte er aber andererseits das ganze bestehende System in Frage gestellt, er hätte gegen die Interessen der UdSSR und auch gegen die der volksdemokratischen Regimes verstoßen. Und so hielt er sich – und nach ihm seine Nachfolger und alle Führer im Osten – an die Fiktion des friedlichen Sieges der kommunistischen Parteien, der unter Mithilfe der Mehrzahl der Bevölkerung errungen worden war und dessen Früchte nicht in Frage gestellt werden konnten. (17)

Genau hier verläuft die Grenze zwischen den Anhängern Chruschtschows einerseits, die eine Verbesserung in der Ausübung der Macht anstreben, die Macht jedoch so bewahren wollen, wie sie ihnen zur Zeit ihrer Erringung 1948 übergeben worden ist, und den Revisionisten andererseits, die der Ansicht sind, daß 1948 der falsche Weg eingeschlagen worden ist, da die Macht mit antidemokratischen und illegalen Mitteln erkämpft wurde. Seit dem XX. Parteitag der KPdSU verfolgen die Gespenster Demokratie und nationale Souveränität, die man 1948 abgeschüttelt hatte, die Elite der Volksdemokratien.

4. Die Führer der Volksdemokratien vor dem Problem der Entstalinisierung

Die unmittelbaren Auswirkungen des XX. Parteitags mit seinen Enthüllungen der »Verbrechen Stalins« waren in den Oststaaten sehr unterschiedlich. Eine der ersten Folgen des Kongresses war die Betonung der Annäherung und Zusammenarbeit zwischen dem Jugoslawien Titos und einer anscheinend von Chruschtschow gelenkten Sowjetunion. In Polen und Ungarn, wo seit 1955 eine gewisse Unruhe herrschte, verstärkte der XX. Parteitag die Uneinigkeit in den führenden Kreisen und ermutigte die liberalen Elemente, Reformisten und Revisionisten – hier die Anhänger Nagys, dort jene Gomułkas –, die ihre Politik durch den Kurs in der Sowjetunion gerechtfertigt glaubten. In den anderen Ländern hingegen, in denen die Einigkeit in der Führung nicht ernstlich gefährdet war, richtete man sich offiziell nach dem Kreml, trachtete aber, sich die Initiative für die auf ein Mindestmaß reduzierten unerläßlichen Reformen zu bewahren und jeden Versuch einer Opposition im Keim zu ersticken.

Der Prozeß der Diversifikation, der sofort nach Stalins Tod eingesetzt hatte, ging mit der verschiedenen Auslegung der Direktiven des »Neuen Kurses« weiter; der Abstand zwischen Warschau, Prag, Budapest und Bukarest wurde immer größer. Schließlich mußte die Sowjetführung, aus Angst, von der Welle der Entstalinisierung und vom Erwachen der demokratischen und zentrifugalen nationalen Kräfte überrollt zu werden, wieder die Kontinuität und die internationale Solidarität betonen. Dieser Rückzieher, zu spät und zu unsicher vollzogen, um die Gärung in Polen und Ungarn noch einzudämmen, führte zu einer Verstimmung zwischen Moskau und Belgrad.

Unter allen kommunistischen Hauptstädten war Belgrad die einzige gewesen, die den XX. Parteitag mit echtem Enthusiasmus und aufrichtiger Freude begrüßt hatte. Am 29. Februar 1956 gab Edvard Kardelj ein sehr positives Urteil über den Kongreß ab: er leiste »einen bedeutenden Beitrag für den Frieden und die friedliche Koexistenz«; er begünstige »die Herstellung von Kontakten und die demokratische Zusammenarbeit zwischen den einzelnen fortschrittlichen und sozialistischen Bewegungen auf der Basis der Gleichberechtigung«. Schließlich sei die vom Kongreß eingeschlagene ideologische Richtung »die großartige Bejahung des demokratischen Sozialismus«.

Anders gesagt, Belgrad sah im XX. Parteitag einen Sieg Chruschtschows über Molotow, einen Sieg des Titoismus über den Stalinismus. Dieser günstige Eindruck verstärkte sich noch, nachdem die jugoslawischen Führer von Chruschtschows Geheimrede erfahren hatten, in der Tito ja noch viel mehr rehabilitiert wurde als in allen vorangegangenen Erklärungen. »Borba« war auch die erste kommunistische Zeitung, die ein interessantes Resümee über Chruschtschows Bericht veröffentlichte. Von nun an herrschte die Meinung vor, Chruschtschow habe den Rubikon überschritten, und die Sowjetführung habe mit dem zentralisierten Kommunismus endgültig gebrochen. Das Stadium der »zwischenstaatlichen« Annäherung schien überholt, schon schien sich die Aussicht auf echte ideologische Zusammenarbeit zu eröffnen. Tito war entschlossen, Chruschtschow ein Maximum an Unterstützung zu gewähren, um dessen Stellung innerhalb des sozialistischen Lagers zu festigen und um ihm als Mittelsmann bei der Annäherung an den Westen zu dienen. Die Rolle eines Hauptverbündeten und Stützpfeilers der UdSSR erschien Tito umso verlockender, als damit ja auch sein Prestige und sein Einfluß in allen Oststaaten wuchsen.

Eine neue Genugtuung erwartete die Jugoslawen: Am 17. April 1956 brachten die »Prawda« und die Zeitungen der übrigen europäischen kommunistischen Länder den Text eines Beschlusses, in dem die Auflösung des Informationsbüros der kommunistischen und Arbeiterparteien, des Kominform, mitgeteilt wurde. Wie erinnerlich, hatte Stalin diese Organisation 1947 gegründet, um die kommunistische Bewegung in Europa zu zentralisieren und die Parteien der Volksdemokratien (und durch die Parteien die Staaten) einer strafferen Kontrolle zu unterwerfen. Unter dem Deckmantel des Kominform hatte der Kreml die Unbotmäßigen in Belgrad verurteilt und den sowjetischen Block im Hinblick auf den kalten Krieg reorganisiert. Nach der Ausstoßung Jugoslawiens und der Übertragung der ausschließlichen Entscheidungsgewalt über die Strategie an die Sowjetführung hatte das Kominform eigentlich keine Daseinsberechtigung mehr. Seine Tätigkeit beschränkte sich auf die Herausgabe der Zeitschrift »Für dauerhaften Frieden, für Volksdemokratie« in mehreren Sprachen. Nach der Versöhnung mit Tito und der theoretischen Anerkennung der Unabhängigkeit der Parteien und während Moskau daranging, den kalten Krieg zu beenden und die Verbindung mit den sozialistischen Bewegungen wieder aufzunehmen, war die Auflösung des Kominform nur folgerichtig. Die Jugoslawen hatten die Auflösung bereits vor Jahresfrist angeregt. (1) In ihren Augen hatte die Stalinsche Zentralisierung der internationalen Bewegung auf unheilvolle Weise »den großartigen Aufschwung unterbrochen, den der Weltkommunismus seit der Auflösung der Komintern im Jahre 1943 genommen hatte«. Sie hoben etwas boshaft hervor, daß ihre Ideen in dieser Beziehung denen der Chinesen glichen, die darauf bestanden, »in voller Souveränität die eigene politische Linie festzulegen und diese in die Praxis umzusetzen, unter Berücksichtigung der tatsächlichen Lage und der besonderen Bedingungen in ihrem Lande«. Die jugoslawischen Kommunisten schienen mit Mao Tse-tungs Unterstützung gerechnet zu haben für den Fall, daß der Kreml versuchen sollte, das Leben des Kominform zu verlängern.

Aber alles schien darauf hinzudeuten, daß der Kreml daranging, auf Monolithismus und Hegemonie zu verzichten, die bis dahin für seine Beziehungen zu den kommunistischen Parteien kennzeichnend gewesen waren. In dem Beschluß vom 17. April hieß es: »Die kommunistischen und Arbeiterparteien werden ohne jeden Zweifel nach eigenem Gutdünken ... den Meinungsaustausch über die allgemeinen Probleme des Kampfes für Frieden,

Demokratie und Sozialismus usw. fortsetzen und gleichzeitig alle Probleme prüfen, die sich aus der Zusammenarbeit mit den zum Sozialismus tendierenden Parteien und Strömungen ergeben.«

So kam Tito als ideologisch Verbündeter und Triumphator zugleich nach Moskau, wo er am 20. Juni 1956 mit Chruschtschow eine Erklärung unterzeichnete, die die Versöhnung der beiden Parteien und ihre künftige Zusammenarbeit auf der von den Jugoslawen erhofften Basis bestätigte. »Diese Zusammenarbeit«, hieß es da ausdrücklich, »soll sich auf gänzlich freies Einverständnis gründen, auf völlige Gleichheit, freundschaftliche Kritik und freundschaftlichen Meinungsaustausch über strittige Fragen. Die Vertragspartner halten sich an die Ansicht, daß die Wege der sozialistischen Entwicklung in verschiedenen Ländern und unter verschiedenen Bedingungen verschiedenartig sind. Sie erkennen an, daß die Vielfalt der Entwicklungsformen des Sozialismus dazu beiträgt, diesen zu stärken. Jedes Streben, die eigene Meinung aufzwingen zu wollen, wenn es sich um die Entscheidung für Wege und Formen der sozialistischen Entwicklung handelt, liegen dem einen wie dem anderen Vertragspartner fern.« – »Die Vertreter der KPdSU und des BdKJ (Bund der Kommunisten Jugoslawiens) sehen in ihrer gegenseitigen Zusammenarbeit einen integrierenden Teil ihrer Kontakte mit den anderen kommunistischen und Arbeiterparteien sowie mit den sozialistischen Bewegungen und anderen progressiven Bewegungen in der Welt.«

Den Jugoslawen und auch vielen Antistalinisten der anderen Oststaaten erschien die Erklärung von Moskau wie die Charta des dezentralisierten Internationalismus, jenes Polyzentrismus, den Togliatti in einem von »Nuovi Argumenti« am 20. Juni 1956 veröffentlichten Interview angekündigt hatte. Togliatti war übrigens der erste westliche KP-Chef, der sich auf Chruschtschows Spuren nach Belgrad begab (Mai 1956). Er verstand sich ausgezeichnet mit Tito. Obwohl ihn die Schwankungen in der Sowjetpolitik und sein Bestreben, den Kreml zu schonen, seine autonomistischen und polyzentrischen Ansichten abschwächen ließen, stand er doch bis an sein Lebensende dem Pluralismus Titos am nächsten.

Auch die Führer der Oststaaten begannen nach dem XX. Parteitag die Streitfragen mit Tito-Jugoslawien mit mehr oder weniger Eifer zu regeln.

Der *tschechoslowakische* Parteichef Novotný erklärte Ende März 1956 im Zentralkomitee: »Wir messen der Entwicklung und Konsolidierung der wirtschaftlichen und politischen Zusammenarbeit mit Jugoslawien ganz besondere Bedeutung bei.« Am 11. Mai distanzierte sich der Ministerpräsident Široký in Preßburg von »allen Teilen des Slánský-Prozesses, die gegen Jugoslawien und gegen den Zionismus gerichtet waren«.

Auch die *Bulgaren* hielten eine schöne Geste für nötig. So verkündeten sie die völlige Rehabilitierung Kostows, des Führers ihrer Partei in der Illegalität, der Ende 1949 hingerichtet worden war, und brachten einer jugoslawischen Delegation, die unter der Führung Moša Pijades nach Sofia gekommen war, als Willkommensgruß die Demission des Ministerpräsidenten Tscherwenkow dar, eines der leidenschaftlichsten, aber auch der begabtesten unter den stalinistischen Antititoisten des Ostens.

Die *ungarische* Regierung nahm am 21. April die im Herbst abgebrochenen Wirtschaftsverhandlungen wieder auf und zeigte sich diesmal viel entgegenkommender. Dies und die wiederholten beschwichtigenden Worte Rákosis genügten aber kaum, ihm Titos Sympathien wiederzugewinnen. Tito blieb bei seiner Überzeugung, daß nur ein radikaler Wechsel in der ungarischen Führung die Schäden wiedergutmachen könne, die in den vergangenen sieben Jahren verursacht worden waren.

Dem *rumänischen* Parteichef Gheorghiu-Dej hat Tito anscheinend viel leichter verziehen, er traf sich sogar mit ihm im Juni 1956 in Bukarest, als er aus Moskau heimkehrte. Die Beziehungen Belgrads zu *Ostberlin* blieben kühl, die zu *Tirana* ausgesprochen schlecht. Trotz der Interventionen von Suslow und Pospelow weigerte sich Enver Hoxha kategorisch, seinen früheren Rivalen, den projugoslawisch eingestellten Koci Xoxe, den er 1948 aufhängen hatte lassen, zu rehabilitieren. Mit einem Zynismus, der Belgrad empörte, machte er aus Xoxe einen albanischen Berija. In einer Versammlung des Tiranaer Parteikomitees im April

1956 gelang es den Befürwortern einer Annäherung an Jugoslawien fast, Hoxha zu stürzen. Doch der war auf der Hut und vereitelte das »Komplott«. Das Haupt der titoistischen Fraktion – die eher eine chruschtschowistische war –, Panajot Plaku, flüchtete nach Jugoslawien, dann, 1957, in die UdSSR, wo er als politischer Flüchtling Aufnahme fand. (2)

In Belgrad verzichtete man nicht darauf, die »kleinen Stalins« der Volksdemokratien zu kritisieren und durch Sympathiekundgebungen die Verfechter der Entstalinisierung zu ermuntern. Diese beriefen sich denn auch, vor allem in Ungarn und in Polen, immer offener auf das jugoslawische Beispiel. Drei Faktoren im titoistischen Vorbild waren es, die bei den Anhängern der »sozialistischen Demokratie« in Polen und Ungarn besondere Beachtung fanden: die Rücknahme der Kollektivierung (3); die Dezentralisierung und der Kampf gegen die Bürokratie (4); schließlich die Errichtung von Arbeiterräten, in denen der linke Flügel der polnischen Liberalen und gewisse Arbeiterkreise innerhalb der Partei schon im Februar 1956 ein wichtiges Instrument erblickten zur Änderung des Systems und der Übertragung der »tatsächlichen Macht« auf die Arbeiter. (5)

Die Proselytenmacherei der Jugoslawen rief auch in der Umgebung Chruschtschows ziemliche Besorgnis hervor. Was, wenn Tito die Entwicklung nun so beeinflußte, daß sie den Interessen der Sowjetunion zuwiderlief? Die Ereignisse in Posen (Poznań), nur eine Woche nach der Unterzeichnung der Moskauer Erklärung (ich komme darauf zurück), bildeten einen Wendepunkt in der Osteuropapolitik des Kremls. Die Hoffnung auf eine stufenweise, reibungslose Umstellung auf den Chruschtschow-Kurs machte der Angst vor unkontrollierbaren Veränderungen Platz. Chruschtschow schenkte nun der Meinung Novotnýs, Ulbrichts und Thorez' mehr Gehör. Die Versteifung im Kreml fand ihren Ausdruck in einer Stellungnahme des ZK der KPdSU, die am 30. Juni in der »Prawda« veröffentlicht wurde. Darin wurde nicht nur Togliatti getadelt, weil er vom Stalinkult als einer »Degenerationserscheinung der sowjetischen Gesellschaft« gesprochen hatte, darin wurde auch zur Wachsamkeit gegenüber den »neuen Umtrieben der imperialistischen Agenten« und zur Verstärkung der »ideologischen Einheit und der internationalen brüderlichen Solidarität« aufgerufen. Und dann, gegen Ende des Sommers, schickte das sowjetische Zentralkomitee ein geheimes Rundschreiben an die übrigen kommunistischen Parteien, in dem es ohne Umschweife an die führende Rolle erinnerte, die es im Weltkommunismus zu behalten gedachte. »Eine dauernde Zusammenarbeit ist nur mit Parteien möglich, die sich streng an die marxistisch-leninistische Lehre halten«, hieß es da, und: »Der Sozialismus kann nur im Zeichen des Internationalismus, in der Gemeinschaft der sozialistischen Staaten aufgebaut werden, nicht aber im Zeichen des Nationalismus, ohne Verbindung mit den sozialistischen Staaten.« (6) Das Schreiben war ganz deutlich als Warnung für die Jugoslawen gedacht, die zu diesem Zeitpunkt immer offener für Gomułka in Polen und für die erklärten Rákosi-Gegner in Ungarn Partei ergriffen.

In Belgrad verstand man die Warnung sehr wohl und war entrüstet und enttäuscht über diesen neuerlichen Rückzieher des Kremls. Es scheint allerdings, daß Chruschtschow die Verstimmung der Jugoslawen wieder beseitigen und Titos Mitarbeit für Kompromißlösungen gewinnen wollte, um die Unruhe in Osteuropa zu ersticken oder wenigstens in Schranken zu halten. Dies erklärt seine eilige Reise nach Belgrad im September und den darauffolgenden Besuch Titos auf der Krim. Der sowjetische Parteichef ließ Tito dort mit dem Nachfolger Rákosis, Ernö Gerö, zusammentreffen, dessen Ernennung zum Ersten Sekretär der ungarischen KP die Jugoslawen heftig kritisierten. Aber trotz aller Beweise guten Willens von seiten Titos, der eine planmäßige Entstalinisierung und keinen Aufruhr wünschte, erwies sich das sowjetisch-jugoslawische Bündnis als nicht haltbar genug, als es auf die Probe gestellt wurde. Die Stalinisten in der UdSSR und in den Volksdemokratien benutzten die Unruhen dann dazu, um die Jugoslawen für die Entfesselung der zentrifugalen Kräfte verantwortlich zu machen. Die Idee des Pluralismus wurde zum Trojanischen Pferd gemacht. Mit dessen Hilfe seien nationalistische und demokratisch-bürgerliche Tendenzen bereits in die Volksdemokratien eingedrungen und hätten Aktivisten wie öffentliche Meinung infiziert.

Ochab folgt Bierut nach

Der Chef der polnischen KP, Bolesław Bierut, der die polnische Delegation auf dem XX. Parteitag angeführt hatte, erkrankte in Moskau und starb dort. Die Beisetzung dieses Stalinisten führte paradoxerweise in Warschau zu einer antisowjetischen Kundgebung. Bierut starb freilich zu einem Zeitpunkt, da die öffentliche Meinung durch die Enthüllungen Chruschtschows über die Ausrottung der alten Partei-Elite sehr empfindlich geworden war. Man erinnerte sich an den Tod Dimitrows 1949 und an den Gottwalds bald nach Stalins Begräbnis. Es war ein Zeichen der Zeit, daß der alte antirussische Groll der Polen diesmal wegen eines Kommunisten zum Ausbruch kam. Diese Stimmung machten sich die Anhänger Gomułkas zunutze. Sie bildete dann auch die emotionale Basis für den nationalen Kommunismus der Polen, der sich gegen den Druck Moskaus behauptete.

Dieser Druck wurde sehr bald, und zwar anläßlich der Wahl von Bieruts Nachfolger am 20. März, fühlbar. Chruschtschow begab sich persönlich nach Warschau, um auf die Entscheidungen des polnischen Zentralkomitees Einfluß zu nehmen. Dadurch zeigte er an, daß er trotz aller gegenteiligen Beteuerungen sehr wohl daran dachte, dem Kreml das Recht des Einblicks in wichtige Angelegenheiten der Bruderparteien zu wahren.

Chruschtschow fand die Leitung der polnischen Partei in mehrere Gruppen geteilt vor: die Stalinisten, auch »Natolinisten« nach dem Warschauer Vorort Natolin, wo sie sich versammelten; die »Puławy«-Gruppe, die Roman Zambrowski führte, ein ehemaliger Stalinist, der zum Befürworter einer gemäßigten Liberalisierung geworden war; schließlich die Gruppe um Ministerpräsident Cyrankiewicz, die für eine Politik der Beschwichtigung eintrat. Eine Majorität zugunsten Zambrowskis schien sich abzuzeichnen. Aber Chruschtschow widersetzte sich dieser Wahl. Es sei für die polnische Partei besser, sagte Chruschtschow, von jemandem geführt zu werden, dessen Name nicht so klinge wie »Abramowitsch«. Zambrowski war jüdischer Abstammung. Chruschtschow beabsichtigte, sein Wort für Zenon Nowak, den Führer der »Natolinisten«, in die Waagschale zu werfen. Aber das Zentralkomitee entschied sich schließlich für

Edward Ochab. Dieser »Apparatschik«, der als guter Organisator galt, hatte in der Krise von 1948 für Bierut gegen Gomułka gestimmt, hatte sich aber nie dazu hinreißen lassen, den einstigen Generalsekretär als imperialistischen Agenten oder Spion zu verteufeln.

Letzten Endes war Chruschtschow mit der Wahl nicht unzufrieden: Ochab verpflichtete sich, nur eine gemäßigte, in Schranken gehaltene, überwachte Liberalisierung durchzuführen. Der sowjetische Parteichef konnte schwerlich ahnen – niemand konnte das im März 1956 –, daß Ochab, zu Gomułkas Stellvertreter bestimmt, zuerst unbeabsichtigt, später immer entschlossener, den Weg für dessen Rückkehr bereitete. Obgleich er versuchte, die Bewegung im Volk zu bremsen, neigte er in den kommenden Monaten und vor allem nach den Ereignissen in Posen (Poznań) den Liberalen zu. Im Oktober spielte er dann die Rolle eines Vermittlers zwischen dem Parteiapparat einerseits – der hin und her gerissen wurde zwischen der Angst vor dem Volk und der Angst vor den Russen – und dem Retter in der Not andererseits, aus dem die liberale Propaganda inzwischen einen Nationalhelden und den Bürgen für eine echte Demokratisierung gemacht hatte. Es ist zum Großteil dem vor seiner Nominierung kaum bekannt gewesenen Ochab zu verdanken, daß die polnische Krise in letzter Minute durch einen Kompromiß gelöst werden konnte, während die ungarische Krise, in der ein Ochab fehlte, in Blut erstickt wurde.

Teuer bezahlte Rehabilitierungen

Einer der heikelsten Punkte des neuen, vom Kreml beschlossenen Kurses betraf die Rehabilitierung der Opfer der stalinistischen Säuberungen und die Absetzung der Schuldigen. Auf diesem Gebiet hat die *polnische* Führung am schnellsten und konsequentesten gehandelt. Sofort nach der Wahl Ochabs wurde nicht nur Gomułka bedingungslos freigelassen, sondern auch seine Freunde Marian Spychalski und Zenon Kliszko sowie die Generale Tatar, Kirchmayer, Moczar, Kuropieska und Komar, die wegen eines angeblichen Komplotts zur Unterstützung Gomułkas verurteilt worden waren. Man enthaftete auch zahlreiche Offiziere der Heimat-Armee (Armia Krajowa), einstige Sozialisten und Bauernführer. Diese Maßnahmen fanden ihre Krönung in einer am 25. April erlassenen Amnestie, die ungefähr 30.000 politischen Häftlingen, deren Strafen fünf Jahre nicht überstiegen, die Freiheit gab. Danach fand eine umfangreiche Säuberung unter den für die Verhaftungen und Scheinprozesse Verantwortlichen statt: abgesetzt wurden der frühere Minister für öffentliche Sicherheit, Radkiewicz; der Justizminister Świątkowski, der Generalstaatsanwalt Kalinowski; verhaftet wurden die hohen Funktionäre des Sicherheitsdienstes Romkowski und Fejgin. Schließlich, am 5. Mai, trat Jakób Berman, die »graue Eminenz« der Bierut-Ära, von seiner Stellung im Politbüro zurück.

Gomułka war besonders populär, weil er wegen nationalistischer und antisowjetischer Einstellung verurteilt worden war. Ochab betonte schon am 6. April in einer vor dem Zentralkomitee gehaltenen Rede, daß Gomułkas Entlassung aus dem Gefängnis nicht als eine vollständige politische Rehabilitierung angesehen werden dürfe. Der Parteichef zog einen klaren Trennungsstrich zwischen sich selbst, als Vertreter der mittleren prosowjetischen Linie Chruschtschows, und Gomułka, dessen »Anschauungen mit vollem Recht bekämpft worden sind«. »Der einstige Parteichef«, sagte er, »hat versucht, dem richtigen Konzept des polnischen Wegs einen fremden Inhalt zu geben, was einem Verzicht auf den sozialistischen Aufbau in Polen gleichkam.« Der »Gomułkismus« blieb also verpönt, wenn man auch zugab, daß Gomułkas Verhaftung 1951 ohne gerechtfertigte Begründung aufgrund von falschen Anschuldigungen erfolgt war. Es verstand sich von selbst, daß die Rückkehr in die Partei für Gomułka nicht völlig verschlossen war; aber man verlangte von ihm Selbstkritik. Gomułka war allerdings schon damals überzeugt, daß sich die öffentliche Meinung nicht mit den von Ochab und Cyrankiewicz ergriffenen halben Maßnahmen zufriedengeben würde und daß die beste Taktik für ihn eine reservierte, abwartende Haltung wäre, bis die Krise, die er voraussah, ihren Höhepunkt erreicht hätte.

In *Ungarn* war es das Problem der Rehabilitierung eines bereits Toten – Rajk – und eines noch Lebenden – Imre Nagy. Bei

László Rajk, der 1949 hingerichtet worden war, wußte jedermann im In- wie im Ausland um die Rolle, die Rákosi dabei gespielt hatte. Die Revision des Prozesses hatte bereits während des ersten »Tauwetters« unter Nagy begonnen, Rákosi hatte jedoch sein möglichstes getan, um sie zu hemmen. Jetzt aber setzten sich Chruschtschow, Tito und die inzwischen heimlich rehabilitierten Überlebenden des Prozesses ein, und Rákosi mußte nachgeben. In einer Versammlung von Parteiaktivisten in einer Provinzstadt, in der er von der Rückkehr zum Leninismus und der Wiederherstellung der sozialistischen Gesetzlichkeit sprach, erwähnte er so nebenbei die Rehabilitierung Rajks durch den Obersten Gerichtshof. »Man hat auch andere Angelegenheiten überprüft«, sagte er, »die Unschuldigen sind rehabilitiert, die anderen amnestiert worden.« Dies galt vor allem für etliche führende Sozialdemokraten. Die für die Verbrechen Verantwortlichen, wie zum Beispiel Gábor Péter, waren entlarvt und unschädlich gemacht worden. Es sei nun wichtig, fügte Rákosi hinzu, die Feinde daran zu hindern, aus der neuen Entwicklung Nutzen zu ziehen. Recht und Ordnung seien wieder hergestellt; nun müsse sich die allgemeine Aufmerksamkeit auf den wirtschaftlichen Aspekt des Marxismus konzentrieren.

Diese etwas sonderbare Art, Schuld und Sühne zu regeln, befriedigte die Wortführer der öffentlichen Meinung, die Intellektuellen der Partei, natürlich nicht. Deren Opposition gegen das Regime war seit 1955 dauernd gewachsen. Am 30. März gab Sándor Lukácsy, ein junger kommunistischer Literaturkritiker, in einer Schriftstellerversammlung seiner Empörung darüber Ausdruck, daß Rákosi, der für den Tod Rajks und vieler anderer verantwortlich war, deren Ermordung jetzt verurteilte. Er nannte den Parteichef einen »Judas, dessen Hände vom Blut Rajks befleckt« seien. László Benjamin, ein Schriftsteller, erkundigte sich, wann die Gedichte zu Ehren Rajks erscheinen dürften, die durch die Zensur verboten worden waren. Die Antwort lautete: Niemals! Die Unruhe legte sich nicht. Viele Kommunisten verlangten die Veröffentlichung von Dokumenten über die Revision des Rajk-Prozesses. Andere wieder äußerten Zweifel an der Gesetzmäßigkeit der Verurteilung Imre Nagys im März 1955. Obwohl Rákosi unter diesem Druck zugab, für die Verletzung des Gesetzes zwischen 1949 und 1953 (aus Mangel an Wachsamkeit) mitverantwortlich zu sein – gegen Imre Nagy blieb er unnachgiebig. Am 18. Mai erklärte er feierlich: Wenn man im Geiste des XX. Parteitags handeln wolle, müsse man sich sowohl gegen die Links- wie auch gegen die Rechtsabweichler stellen, mit anderen Worten, gegen Nagy. Als einige Wochen später die Öffentlichkeit seinen Rücktritt forderte, opferte er einen seiner früheren, der Bevölkerung besonders verhaßten Mitarbeiter, Mihály Farkas. Mit aller Kraft klammerte sich Rákosi an die Macht. Eine Zeitlang konnte er Moskau noch vormachen, daß er unersetzlich sei. (7) Nach und nach verlor er aber seinen Einfluß in der Partei. Seine Drohungen wirkten nicht mehr. Er wagte es aus Furcht vor Chruschtschows Unwillen nicht mehr, mit Repressalien vorzugehen. Am 19. Juni verlangte die Witwe Rajks (sie selbst war sechs Jahre lang ohne Gerichtsverhandlung inhaftiert gewesen) in einer Versammlung des Petöfi-Kreises, eines Klubs junger Intellektueller, Rache für ihren Mann. Frau Rajk war mit Imre Nagy befreundet. Aber Nagy blieb zurückgezogen und enthielt sich jeglicher politischer Tätigkeit. Er wartete, wie Gomułka – ja noch viel passiver –, daß die Partei ihn zurückrufe. Seine Freunde unter den Journalisten, Schriftstellern und Wirtschaftlern verbreiteten jedoch seine Ideen im Petöfi-Kreis und in der immer unabhängigeren Presse. Die Kraftprobe zwischen den rebellischen Aktivisten und der Parteileitung nahte. (8)

Die *tschechoslowakischen* Führer hatten sich mit den Schatten Slánskýs, Clementis' und der übrigen 1952 Hingerichteten auseinanderzusetzen. Bereits im Winter 1955 zirkulierten in Prag Gerüchte über die Revision des Prozesses, der das politische Leben des Landes so tiefgreifend verändert hatte. Am 11. Juni 1956 bestätigte sie Novotný auf der Parteikonferenz. Seit 1954 befasse sich eine Sonderkommission mit der Untersuchung des Prozesses. Der Vorsitzende dieser Kommission, der Innenminister Rudolf Barák, betonte, daß kein ernsthafter Grund vorläge, etwas zu revidieren – außer den Beschuldigungen des Titoismus. In allen übrigen Belangen sei das Urteil von 1952 richtig gewesen. Barák behauptete, es sei Slánský gewesen, der Komplize Berijas, der in den Polizeiapparat Untersuchungsmethoden eingeführt habe, denen er dann selbst zum Opfer gefallen sei. Nach dieser Erklärung wurden etliche Überlebende des Prozesses freigelassen: Vilem Nový, ehemaliger Chefredakteur von »Rudé právo«; Artur London, früherer stellvertretender Außenminister, der zu lebenslanger Haft verurteilt worden war; Evžen Löbl, einst stellvertretender Außenhandelsminister; der Dichter Novomeský, früher Mitglied der slowakischen Regierung; der Israeli Mordechai Oren, der sofort nach seiner Freilassung des Landes verwiesen wurde, nachdem sein Ansuchen um Rehabilitierung abgelehnt worden war. Artur London wurde erlaubt, westlichen Journalisten ein Interview zu geben. »Alle Mittel waren damals recht, um jene zum Geständnis ihrer Verbrechen zu bringen, die schon vorher aufgrund erfundener Beweise als schuldig galten«, erklärte er. »Ich wurde zwar nicht mit Drogen behandelt, hatte aber unter physischer Gewaltanwendung zu leiden. Doch nicht die Folterungen haben mich zum Geständnis getrieben ... Ich war ein Unschuldiger, der in Machenschaften so großen Ausmaßes geraten war, daß es unmöglich war, Widerstand zu leisten. Das Ärgste war aber, zu Unrecht von jenen beschuldigt zu werden, die meine Freunde, meine Vorgesetzten, meine Parteigenossen waren. Schließlich wurde mir klar, daß es besser sei, ein Geständnis abzulegen, um unseren Feinden nicht zu gestatten, die Unfehlbarkeit der Partei anzuzweifeln und um der Sache des Sozialismus nicht zu schaden.«

An der Seite Londons befand sich seine Gattin – Schwägerin des französischen Kommunistenführers Raymond Guyot –, die während des Prozesses in einem Brief an den Gerichtsvorsitzenden strenge Bestrafung ihres Mannes verlangt hatte. Jetzt erklärte sie, sie habe diesen Brief »im guten Glauben« geschrieben, daß London ein Verräter sei. »Erst später, vor allem nach der Rehabilitierung der jüdischen Ärzte in der UdSSR und nach dem Verschwinden Berijas, sind mir Zweifel aufgestiegen.« Frau London hatte schon im November 1954 die Rehabilitierung ihres Gatten verlangt. Dieser wurde im Juli 1955 aus Gesundheitsgründen freigelassen. Aber erst nach dem XX. Parteikongreß wurde seinem Ansuchen um Rehabilitierung entsprochen. Londons Fall war eine Ausnahme. Was die slowakischen Verurteilten, vor allem Clementis und Genossen betraf, so erklärte der

Ministerpräsident Široký am 11. Mai in Preßburg, sie seien nicht wegen ihrer Ansichten oder wegen eines politischen Vergehens, sondern wegen Handlungen verurteilt worden, »die den Aufbau des Sozialismus bedrohten«. Erst die zweite Entstalinisierungswelle nach dem XXII. Parteitag der KPdSU im Oktober 1961 zwang Novotný, dem immer stärker werdenden Druck der Slowaken nachzugeben und einer gründlicheren Revision der Prozesse von 1952 bis 1954 zuzustimmen. Nach dem XX. Parteitag war Novotný jedoch noch stark genug, um einer Entstalinisierung Hindernisse in den Weg zu legen und sie zu verzögern. Novotný hatte Rákosi gegenüber, der die gleiche Politik verfolgte, den Vorteil, weniger verbraucht und kompromittiert, weniger verhaßt zu sein und vor allem ein viel geschlosseneres Team um sich zu haben, das die Furcht vor einer Liberalisierung zusammengeschweißt hatte. Die Prager Führer wollten nicht in den Fehler der Polen und Ungarn verfallen: innerhalb der Partei Fraktionskämpfe zu dulden. Die von den Schriftstellern auf ihrem Kongreß Ende April gezeigten Unabhängigkeitsbestrebungen (der Dichter František Hrubin nannte die Literatur der letzten Jahre »im Packeis der Dogmen gefangen«) und die Unruhen unter den Studenten, die am 20. Mai einen riesigen Aufmarsch organisierten, um eine Presse mit wahrheitsgetreuen Informationen, freie Einfuhr ausländischer Zeitungen und Bücher sowie Anklage gegen die für die erpreßten Geständnisse Verantwortlichen zu verlangen, wurden schnell unterdrückt.

Die Prager Regierung blieb letztlich der im Jahr 1953 eingeschlagenen Taktik treu: ein Schritt vorwärts, ein Schritt zurück. Der Schritt vorwärts, das waren die Beteuerungen in bezug auf die sozialistische Gesetzlichkeit, ein paar Absetzungen, etwa jene des Verteidigungsministers Čepička, des Schwiegersohns Gottwalds, Gehaltserhöhungen und die Enthaftungen, von denen bereits die Rede war. Der Schritt rückwärts, das war die Isolierung aller Unzufriedenen, das waren die vorbeugenden Maßnahmen der Sicherheitsbehörden, die im Gegensatz zu den ungarischen und polnischen – das ist entscheidend – weder demoralisiert noch desorganisiert waren. Der tschechoslowakische Innenminister ermahnte sie am 24. Mai, »den erbarmungslosen Kampf gegen die umstürzlerische Tätigkeit des Feindes fortzusetzen, der sein Spionagenetz über das gesamte Land ausdehnt«. (9) Wenn aber auch die Erneuerungstendenzen, die vom XX. Parteitag ausgelöst worden waren, bereits im Juni 1956 abflauten, so lebten die zurückgedrängten Ideen und Wünsche doch fort, bis sie 1963 zum Ausbruch kamen, zu einem Zeitpunkt, da Polen und Ungarn eine Periode der Ernüchterung und Niedergeschlagenheit durchmachten.

Auch in *Ostdeutschland* wurde die Bedrohung von außen als Hauptargument gegen jene angewandt, die Kritik übten und verlangten, daß die stalinistischen Ungesetzlichkeiten endlich ans Tageslicht kämen. Am 29. April wurde in einem von Ulbricht inspirierten Artikel im Parteiorgan »Neues Deutschland« erklärt, warum die Parteiführung es nicht für nötig hielt, dem Beispiel Polens, Ungarns und der anderen Volksdemokratien in bezug auf die Rehabilitierungen und Säuberungen zu folgen. Die Parteilinie sei im großen und ganzen stets korrekt geblieben. Es habe keine Rajk-, keine Kostow-Prozesse gegeben, folglich müßten auch keine Fehler korrigiert werden. Der Ministerpräsident Otto Grotewohl schlug in die gleiche Kerbe: wenn die Polen, die Tschechoslowaken und die Bulgaren jetzt Minister absetzten, die Regierung der DDR habe das schon im Jahre 1953 getan. Man wolle den Gegnern nicht das Vergnügen bereiten, alles auf den Kopf zu stellen. Dennoch wurden Franz Dahlem, einst Ulbrichts gefährlichster Rivale, dessen Unschuld die Revision des Slánský-Prozesses erwiesen hatte, freigelassen, sowie 80 weitere Parteimitglieder, unter ihnen der frühere Justizminister Max Fechner, der nach dem Aufstand vom 17. Juni 1953 verhaftet worden war, ferner Anton Ackermann, Hans Jendretzky und Paul Merker — an die siebenhundert Sozialdemokraten und zwölftausend andere politische Gefangene. Doch damit hörte die Entstalinisierung auf.

Die Haltung der *rumänischen* Führung war die gleiche wie die Ulbrichts: es gab keine Fehler, folglich nichts zu verbessern. Die 1952 »Gesäuberten«, Ana Pauker, Vasile Luca und Genossen, wurden als »Dogmatiker« hingestellt, als »Sektierer« oder »Opportunisten«, die mit Recht abgeurteilt worden waren. Gheorghiu-Dej wollte die Vergangenheit ruhen lassen. Er verbrüderte sich mit Tito, so als sei er stets ein aufrichtiger Freund Jugoslawiens gewesen.

Dem Diktator *Bulgariens*, Tscherwenkow, gelang es nicht so leicht, sich aus der Affäre zu ziehen. Er mußte seinen Posten als Ministerpräsident gegen den des ersten »Vize« eintauschen. Sein Nachfolger, Anton Jugow, der aus Bulgarisch-Mazedonien stammte, hatte den Ruf eines »nationalen Kommunisten«. Obwohl er 1949 anläßlich des Kostow-Prozesses zur Selbstkritik gezwungen worden war, hatte er seinen Aufstieg im Apparat fortgesetzt und, wie es da und dort hieß, lange Zeit die Leitung der subversiven Tätigkeit gegen Tito in Händen. Seine Ernennung wurde folglich in Belgrad äußerst kühl aufgenommen, obgleich sie von der offiziellen Rehabilitierung Kostows begleitet gewesen war. Der Erste Parteisekretär Schiwkow hatte nämlich am 11. April vor Aktivisten in Sofia verkündet, die gegen Kostow erhobenen Beschuldigungen, im besonderen jene verbrecherischer Beziehungen zur jugoslawischen Führung, seien »völlig grundlos« gewesen und hätten »der Wahrheit nicht entsprochen«. Die Überlebenden des Prozesses wurden freigelassen, rehabilitiert und wieder in die Partei aufgenommen. Aber die neue Führung war sich einig, daß gegen alle da und dort schüchtern vorgebrachten liberalen Forderungen gemeinsam vorgegangen werden müsse; die Parteipresse warnte vor der »Manie der Kritik«. Bulgarien entschied sich also wie Rumänien, Albanien und die DDR: es hielt am alten fest.

Demokratie-Ersatz

In Polen und in Ungarn, wo der Druck zugunsten einer Demokratisierung am heftigsten war, beabsichtigten die Parteiführer – mit der Zustimmung Moskaus und nach dem Beispiel Jugoslawiens –, die starre Monopolstellung der Partei im politischen Leben etwas zu mildern. Imre Nagy hatte dies bereits 1954 im Sinn gehabt, als er die Unabhängigkeitsfront, die ja Kommunisten und Parteilose umfaßte, unter dem Namen einer Patriotischen Volksfront als Gegengewicht zum Parteiapparat und als gesetzlichen Spielraum für die öffentliche Meinung wiederbeleben wollte. Aber Rákosi hatte diese Initiative im Keim erstickt. Er sah in ihr eine Gefahr für die Vorherrschaft der Partei. Die

Initiative Ochabs in Polen war da im Frühjahr 1956 vorsichtiger und deutlicher abgegrenzt. Er strebte vor allem nach einer Aufwertung des Parlaments. Eine Rückkehr zum echten Parlamentarismus kam für Ochab natürlich nicht in Frage – ebensowenig wie später für Gomułka –, denn dies hätte die Ausschreibung freier Wahlen und die Abschaffung des Systems der Einheitspartei erfordert. Die polnische Führung suchte also nach einer Kompromißlösung, durch die das Monopol der Partei nicht gefährdet, dieser aber ermöglicht würde, zum Schein einen Dialog mit den freilich äußerst vorsichtig ausgewählten Wortführern der öffentlichen Meinung zu beginnen.

Die Sitzung des *polnischen* Sejm, die am 23. April begann, illustrierte das Ausmaß dieser Kompromißbereitschaft. Ministerpräsident Cyrankiewicz forderte die Abgeordneten (die zwar Mitglieder der von der Partei protegierten Nationalen Front, aber nicht alle Kommunisten waren) auf, frei ihre Meinung zu äußern, die Regierung nötigenfalls zu kritisieren und Initiativen zu ergreifen. Zum Erstaunen der westlichen Beobachter blieb dieser Aufruf nicht ungehört: es kam zu einer echten Diskussion – und das im Parlament eines kommunistischen Staates. (10) Hauptsächlich ging es um den Entwurf eines Gesetzes, das mit Zustimmung der Ärzte die Abtreibung in bestimmten Fällen erlauben sollte: bei schlechtem Gesundheitszustand oder schwierigen Lebensbedingungen der werdenden Mutter oder bei Schwangerschaft nach Notzucht. Der Wortführer der fortschrittlichen Katholiken (der kurz zuvor im Vatikan gewesen war) protestierte energisch und behauptete, das geplante Gesetz stünde nicht nur zur christlichen, sondern auch zur kommunistischen Moral in Widerspruch. Obwohl er großen Beifall erhalten hatte, wurde das Gesetz mit absoluter Mehrheit verabschiedet; nur fünf christliche Abgeordnete hatten dagegen gestimmt. Diese zogen aber auch durch andere Interventionen die Aufmerksamkeit auf sich: einer von ihnen verlangte für die katholische Jugend eine selbständige Organisation. Ein früherer Sozialdemokrat, Drobner, verlangte die Aufhebung der Diskriminierung der einstigen nichtkommunistischen Widerstandskämpfer. Seiner Forderung wurde entsprochen. Zwei Mitglieder des liberalen Parteiflügels, der Journalist Korczinski und der Schriftsteller Osmanczyk, forderten mehr Pressefreiheit, »da diese die öffentliche Meinung widerspiegeln soll«. Die Publizität der Debatten im Sejm rief Interesse an der Politik auch bei jenen Teilen der polnischen Bevölkerung hervor, die sich bis dahin den angekündigten Veränderungen gegenüber passiv oder mißtrauisch verhalten hatten. Am meisten profitierte davon natürlich die Opposition.

In *Ungarn* beabsichtigte Rákosi (11) die Wiederbelebung der Patriotischen Volksfront, um die es nach Nagys Sturz still geworden war. Die Kompetenzen, die er der Front zugestehen wollte, waren allerdings lächerlich. Am 18. Mai – zu einem Zeitpunkt, da die öffentliche Meinung von der Tagung des polnischen Sejm aufgerüttelt war – hatte Rákosi nichts Besseres zu bieten als den Vorschlag, die Front durch eine Fusion mit der Friedensbewegung, dem Frauenverband und der ungarisch-sowjetischen Gesellschaft zu verstärken, das heißt mit Organisationen, die unter Parteikontrolle standen und alle völlig in Mißkredit geraten waren. Erst nach dem von Mikojan erzwungenen Rücktritt Rákosis versprach der als Ministerpräsident verbliebene András Hegedüs der Nationalversammlung am 31. Juli die Erweiterung ihrer Kompetenzen auf legislativem Gebiet. Aber niemand beachtete dies.

Die Schriftsteller, die Studenten und die revisionistische Strömung

Die Linksdiktaturen haben mit den Rechtsdiktaturen (von der Art des Franco-Regime) und mit den absolutistischen Regimes der Vergangenheit das eine gemein: zu einem bestimmten Zeitpunkt treten die Schriftsteller, Journalisten, Künstler und Studenten als Vorboten, Pioniere und dynamische Verfechter eines sozialen und politischen Tauwetters hervor. Das ist nicht weiter verwunderlich. Trotz den grundlegenden Unterschieden in der Struktur haben autoritäre Systeme, ob nun kommunistischer oder reaktionärer Prägung, eine auffallende Ähnlichkeit: sie dulden keine Opposition. (12) Eine strenge Zensur wacht darüber, daß jeder Ausdruck der Unzufriedenheit, jede Kritik am herrschenden System und dessen Vertretern im Keime erstickt werden.

Oppositionsgruppen gibt es nur noch im Exil oder im Untergrund (oder in den Gefängnissen). Die studentische Jugend wird rigoros erfaßt und einer ständigen Beeinflussung unterworfen. Sobald aber der Druck der Obrigkeit nachläßt, die Zensur sich lockert, sobald die führenden Männer Zeichen von Zögern und Schwäche erkennen lassen, sind die Schriftsteller und die jungen Intellektuellen unter den ersten, die die Lage selbständig überdenken; sind sie doch schon von ihrem Beruf her dazu bestimmt, kritisch zu denken, Kritik zu üben und Diskussionen zu führen. Gewiß hat es immer Schriftsteller, Künstler und junge Leute gegeben, die der Macht dienten, besonders wenn diese Macht im Aufstieg begriffen, von Glanz umgeben ist und dem schöpferischen Geist ein – wenn auch begrenztes – Tätigkeitsfeld eröffnet. Wenn diese Macht aber im Lauf der Jahre erstarrt, wenn sie ein dogmatisches und reaktionäres Gesicht zeigt und dabei keine Angst mehr einflößt, dann werden die ernüchterten Intellektuellen der Schwere ihrer Ketten gewahr. Dann fühlen sie den Wunsch, frei zu denken und zu sprechen, sich von aller Vormundschaft zu befreien, und dies treibt sie dazu, der vom Regime so lange verachteten und zum Schweigen verurteilten Meinung Bahn zu brechen.

Der hervorstechendste Zug des Stalinismus im Vergleich mit anderen Formen des Despotismus bestand darin, daß der Stalinismus ja auf eine echte revolutionäre Bewegung zurückging, wodurch ihm die Mitarbeit zahlreicher Linksintellektueller, Marxisten, aber auch Nichtmarxisten gesichert war. In der ersten Zeit hatte der Stalinismus in den Volksdemokratien auch die Intelligenz für sich gewonnen und einen nicht unbeträchtlichen Teil der Jugend für sein großartiges Programm der radikalen Umformung der Gesellschaft begeistert und mobilisiert. Die kommunistischen Intellektuellen, die Führer der Jugendorganisationen sahen sich in einer tragenden Rolle beim Aufbau des Sozialismus. Und aus ihnen setzte sich der imposante Parteiapparat zusammen. Sogar jene, die weder Staats- noch Parteifunktionäre geworden waren, verpflichteten sich, »der Partei bei der Erziehung des Volkes zu helfen«. (13) Viele Intellektuelle widmeten sich dieser Aufgabe voll und ganz und mit Überzeugung. »Als ich mich der Revolution anschloß«, schrieb 1956 ein stalinistischer polnischer Schriftsteller, der Revisionist geworden war, »da wußte ich, wozu ich mich verpflichtete ... nicht nur völlig überzeugt von der Reinheit der Sache, sondern vor allem von deren Größe ... Eine neue sozialistische Moral, eine neue Ästhetik, neue Sitten, ein neuer Mensch, eine neue Welt ... Bisher hatte keine Ideologie sich für so viel Neues verbürgt.« (14) Gewiß, die materiellen und moralischen Vorteile, die den in Agenten der Propaganda umgewandelten Schriftstellern, Künstlern usw. zugesichert wurden, lockten auch viele Opportunisten an. Äußerlich unterschieden sie sich aber in nichts von den Überzeugten. Natürlich nahmen auch unter den Überzeugten »die törichte Eitelkeit, die Sucht nach billigem Ruhm und unverdienten Privilegien« immer mehr zu, während »das Interesse am Leben der gewöhnlichen Leute immer mehr nachließ, an einem Leben, das armseliger, stiller ... aber im Grunde wahrhafter ... war«. (15)

Der Anstoß zu einer Änderung, nämlich dazu, »die gewöhnlichen Leute« nicht nur als Propagandaobjekte zu behandeln, sondern auch als Subjekte, die auf etwas Achtung Anrecht hatten, kam nicht – das muß unterstrichen werden – von seiten der Intellektuellen. Er kam von oben, von der Sowjetführung, die eingesehen hatte, daß sie die Verbindung mit einer Bevölkerung verloren hatte, die das Übermaß an Zwang, der ständige Druck immer teilnahmsloser machten und deren Gehorsam immer mechanischer geworden war. Der mächtige Propagandaapparat lief leer. Die Beziehungen zwischen Regierenden und Regierten ähnelten denen von Besatzern und Besetzten, wie sie Vercors in seinem »Schweigen des Meeres« beschrieben hat. Chruschtschow wollte mit der Entstalinisierung vor allem das Eis brechen, das Volk zum Sprechen bringen und ihm wieder Hoffnung machen, daß seine Wünsche erfüllt würden.

Diese allmähliche und reibungslose Wiederbelebung der öffentlichen Meinung war aber in der UdSSR leichter durchführbar als in den Staaten Mitteleuropas. In der Sowjetunion war das Regime fast vierzig Jahre alt, und die Menschen waren hinlänglich bearbeitet worden, um nicht außer Rand und Band zu geraten. In Mitteleuropa dagegen war die Demokratie erst einige Jahre zuvor und auf von außen kommenden Befehl abgewürgt worden, und viele bekannte Schriftsteller und Künstler hatten trotz Aufforderung und Drängens der Regierung eine bescheidene, aber würdige Zurückgezogenheit der Teilnahme am offiziellen Kult vorgezogen. Vor diesen stumm Gebliebenen mußte die Eiferer des Stalinismus nach der Selbstkritik der Führung, nach der Aufdeckung der Verbrechen Stalins das Gefühl beschleichen, das Gesicht verloren zu haben. Allem zum Trotz, gegen jede bessere Einsicht, hatten sie Stalin gepriesen und das Glück der Menschen, hatten Tito, Rajk und Slánský geschmäht. Sie hatten ihrem Gewissen Gewalt angetan, gelogen, verdreht ... alles *»ad maiorem Dei gloriam«*. Diesem Gott war aber von seinen Hohepriestern die Maske vom Gesicht gerissen worden, er war nur noch ein Götze. Man muß lesen, was 1956 in Ungarn und Polen erschienen ist (16), um den Abscheu ermessen zu können, die Scham, die Reue, die die einst stalinistischen Schriftsteller damals ergriff. Ihre moralische und intellektuelle Krise hat sie zu einem Überdenken geführt, das viel radikaler, viel ungestümer war, als die Obrigkeit es gewünscht hätte. Sie wurden von nun an geringschätzig »Revisionisten« oder »moderne Revisionisten« genannt, in Erinnerung an die Polemiken zwischen Bernstein und Kautsky um die Jahrhundertwende. Diese Benennung wurde sehr oft mißbraucht. Ab 1957 wurden die jugoslawischen Führer als Revisionisten angeklagt; sie wehrten sich heftig dagegen, denn *ihr* Revisionist ist Djilas. Chruschtschow, der sich für den Vertreter der Orthodoxie schlechthin hielt, wurde schließlich von Chinesen und Albanern als Revisionist gebrandmarkt. Gomułka lieferte 1957 einen großen Kampf, um seiner rebellischen Intellektuellen Herr zu werden, was die Führer in Prag und Ostberlin aber nicht hinderte, ihn des Revisionismus zu verdächtigen. Einige der von den aufständischen Intellektuellen gepredigten Ideen übernahmen später die Orthodoxen. Die Definition des »Revisionismus« ist umso schwieriger, als dieser vor allem in literarischen Werken, in Gedichten, Essays und Zeitungsartikeln zum Ausdruck kam, ohne sich zu einer regelrechten Doktrin zu entwickeln. Er war eher eine Geisteshaltung als ein System, eine im Parteiapparat entstandene dissidente Strömung – so etwa, wie der Protestantismus aus der Mitte des Klerus hervorgegangen ist – mit dem Bestreben, Lenins Lehre durch eine Rückkehr zu den geistigen Quellen des

Kommunismus neu zu beleben. Nach der Kritik des Stalinismus gingen die Revisionisten daran, den Leninismus kritisch zu überprüfen, um dann entweder, wie Djilas und auch Imre Nagy, bei einem reformistischen sozialdemokratischen Pluralismus haltzumachen oder, wie einige polnische Intellektuelle, bei einem idealistischen, nationalrevolutionären Linkssozialismus. Wollte man eine Liste der wichtigsten, von den Revisionisten vorgebrachten Thesen aufstellen, könnte man diese unter folgenden Titeln zusammenfassen:

Verwerfung der Diktatur des Proletariats. Diese Diktatur ist nach Ansicht der Revisionisten nichts anderes als die Diktatur der Partei und muß zur Bürokratisierung führen. In Polen verbreitete Julian Hochfeld die von Rosa Luxemburg an den autoritären Ideen Lenins geübte Kritik. Der Diktatur stellen die Revisionisten die sozialistische Demokratie gegenüber.

Zweifel an der historischen Mission des Proletariats. Ist die Arbeiterklasse für eine führende Rolle geschaffen? wird in »Po Prostu« gefragt. Die Revisionisten unterstreichen die Führungsrolle der Intelligenz.

Internationalismus. Das wichtigste Charakteristikum des Revisionismus ist sein Protest gegen das »Fehlen völliger Gleichheit« mit der Sowjetunion. Die polnische und die ungarische Opposition berufen sich gerne auf Togliatti, wenn sie »neue Beziehungen aufgrund vollkommener Brüderlichkeit, von Gleichen zu Gleichen« predigen. Alle Revisionisten bisher waren verkappte nationale Kommunisten. Sie erkannten weder die Ausschließlichkeit, ja nicht einmal die Überlegenheit des sowjetischen Vorbildes an.

Ablehnung der Zensur. Auf geistigem Gebiet weisen die Revisionisten die Führung durch die Partei kategorisch zurück. Sie kämpfen für die völlige Autonomie der kulturellen Organisationen, in denen Kommunisten und Nichtkommunisten brüderlich zusammenarbeiten. Sie stellen die Wahrheit über das Parteiinteresse.

Auf wirtschaftlichem und sozialem Gebiet ist der Revisionismus gegen die zentralistische Planung und für eine Dezentralisierung eingetreten. Seine Erfolge darin haben die Erschütterungen des Jahres 1956 überdauert. (17) Die ganz besondere Stärke lag aber in der eigentlich anarchosyndikalistischen Idee der Arbeiterräte, die die polnischen Arbeiter und Intellektuellen im Juni 1956 wieder aufgegriffen hatten, um daraus das Kernstück der demokratischen Erneuerung zu machen. Die Revisionisten haben auch der Soziologie zu neuem Aufschwung verholfen, indem sie die Meinungsumfragen populär machten, die bis dahin unbekannt waren und durch die die Vorrechte der »neuen Klasse« unfähiger und anspruchsvoller Bürokraten angeprangert wurden.

Auf dem Gebiet der Ästhetik bedeutet der Revisionismus den Bruch mit dem sozialistischen Realismus, die Rückkehr zu den Traditionen der Avantgarde und die Reintegration des kulturellen Lebens in den Westen.

Auf philosophischem Gebiet – hier hat der Revisionismus in dem Polen Leszek Kołakowski einen repräsentativen Denker – steht an erster Stelle die Wiederentdeckung der moralischen Quellen des Sozialismus unter den Ruinen des Vulgärmaterialismus. »Wir sind nicht deshalb Kommunisten, weil wir im Kommunismus eine historische Notwendigkeit sehen, sondern deshalb, weil wir für die Unterdrückten gegen die Unterdrücker eintreten ... für die Verfolgten gegen ihre Verfolger. Jede Wahl ist praktisch eine Entscheidung für die wirklichen, für die moralischen Werte.« In diesen wenigen Zeilen drückt sich der ganze philosophische Revisionismus aus, der, nach den Worten Adam Schaffs – des orthodoxen polnischen Marxisten, der sich später, wie der Franzose Garaudy, den Abtrünnigen anschloß –, das Ergebnis »einer Verbindung von Kantscher Philosophie und Existentialismus« ist.

Das wesentliche Charakteristikum der revisionistischen Bewegung von 1956, das man auch bei den progressiven tschechoslowakischen Intellektuellen 1967/68 wiederfindet, ist das tiefempfundene Gefühl einer inneren Befreiung, das leidenschaftliche Suchen nach Wahrheit und Gerechtigkeit und die ungestüme Hoffnung auf Erneuerung, die, dank der Presse, den Klubs, den Parteiorganisationen usw., unter den Intellektuellen und Studenten immer mehr um sich griffen und im Sommer 1956 auch breitere Schichten erreichten.

Zu diesem Zeitpunkt trennt sich das Schicksal Polens und Ungarns von dem der Tschechoslowakei – wo die Entstalinisierung bis 1963 verzögert wird –, Ostdeutschlands und Bulgariens. In Polen und Ungarn bilden sich oppositionelle Gruppen, die der Parteiführung Widerstand leisten. In diesen Gruppen stehen die Vereinigungen der Schriftsteller an der Spitze. Der polnische Verband entfernt schon am 23. April die Stalinisten Putrament und Kruczkowski aus seiner Leitung und scheut sich nicht, eine Erneuerung der Parteileitung zu fordern. Im ungarischen Schriftstellerverband stand die Mehrzahl seit Oktober 1955 mit Rákosi auf Kriegsfuß seit jenem, von den bekanntesten kommunistischen Schriftstellern und Künstlern unterschriebenen Protestschreiben gegen die gewaltsame Einmischung der Partei in das literarische Leben.

In Ungarn und mehr noch in Polen waren die wichtigsten literarischen Zeitschriften in Händen der oppositionellen kommunistischen Schriftsteller, deren Leserschaft 1956 beträchtlich zugenommen hatte. Die Auflagenzahl der Budapester Literaturzeitung stieg von 8000 auf 30.000. In Polen fanden die Exemplare von »Nowa Kultura«, »Przegląd Kulturalny«, »Życie Literackie« und »Twórczość« reißenden Absatz.

Auch die Tages- und Wochenpresse und der Rundfunk verbreiteten die revisionistischen Ideen in immer weiteren Kreisen. Ein Großteil der Journalisten unterstützte die Reformen. Während der Jahre 1954 bis 1956 sah sich Rákosi gezwungen, 46 von den 52 Mitarbeitern des Parteiorgans »Szabad Nép« auszuwechseln. Einer der entlassenen Journalisten, Miklós Gimes, verlangte als erster öffentlich die vollkommene Rehabilitierung Rajks und die Bestrafung Rákosis. In Polen hat die Tageszeitung »Życie Warszawy« viel dazu beigetragen, die Öffentlichkeit wachzurütteln.

Schließlich gab es eine Unmenge von Klubs, die an jene erinnern, die die Französische Revolution angekündigt haben. Der erste und berühmteste dieser Klubs in Ungarn, der Petöfi-Kreis, war nach dem Dichter der Revolution von 1848 benannt. Der Kreis wurde Ende 1955 gegründet und sollte den jungen Intellektuellen als Treffpunkt dienen. Die Versammlungen des Kreises wurden eine Zeitlang vom Zentralkomitee genau überwacht. Nach dem XX. Parteitag der KPdSU gewann der Kreis aber größere Selbständigkeit; seine Versammlungen zogen immer mehr Publikum an. Am 14. Juni nahmen 1600 Personen an einer Diskussion über Philosophie teil. Der alte György Lukács, der immer wieder Schikanen ausgesetzt gewesen war, stellte sich (ohne deshalb seine »orthodoxe« Vergangenheit zu leugnen) an die Spitze des Kampfes gegen den unproduktiven Dogmatismus. Am 27. Juni waren 6000 Zuhörer bei einer Diskussion über die Pressefreiheit anwesend, in deren Verlauf die kommunistischen Schriftsteller Tibor Déry und Tibor Tardos die völlige Aufhebung der Zensur und den Rücktritt Rákosis verlangten. Drei Tage später wurden die beiden Schriftsteller aus der Partei ausgeschlossen und die Zusammenkünfte des Kreises eingestellt. Rákosi ließ das Zentralkomitee einen strengen Beschluß gegen die »Hitzköpfe« fassen. Aber achtzehn Tage danach war seine Herrschaft zu Ende.

In Polen scharte sich die unbotmäßige Jugend zuerst um die Wochenzeitschrift »Po Prostu«, die von Eligiusz Lasota geleitet wurde. Der beliebteste Versammlungsort für Diskussionen war der Klub Tordu, der in der Provinz viele Zweigstellen besaß. Im April 1956 wurde ein Zentrum für die Zusammenarbeit zwischen den Klubs gegründet. Rege Tätigkeit herrschte auch im »Verband der polnischen Jugend«, aus dem die aktivsten Teile aber gegen Ende des Sommers austraten, um einen neuen Verein zu gründen. Auch die Katholiken trafen Anstalten, sich in einer eigenen Organisation zusammenzuschließen. Die Universitäten von Budapest und Warschau, die Technischen Hochschulen wurden gleichfalls zu Zentren der gärenden Unruhe, der die Parteiführung nicht Herr zu werden vermochte.

Zum Unterschied von Ungarn, wo die Reformbewegung sich bis Oktober fast nur auf die intellektuellen und studentischen Kreise beschränkte, hatten die Revisionisten in Polen auch einige

Anhänger in der Arbeiterschaft. So wurde zum Beispiel das Parteikomitee in der Automobilfabrik Żerań in Warschau schon im Frühjahr 1956 ein Zentrum der Diskussionen und Anregungen. Die Antistalinisten waren anfangs in der Minderzahl, aber, unterstützt von der zunehmenden Kritik in der Presse, brachten sie die Leitung des Komitees schließlich an sich. Bei der Versammlung der Parteikader in Warschau im April 1956 forderten die Delegierten von Żerań – in Gegenwart der verblüfften Mitglieder des Politbüros – »schnelle demokratische Umwandlungen, größere Pressefreiheit ... und das Bündnis mit der UdSSR auf einer gesünderen Basis«.

Zum erstenmal zeigte das »Fußvolk« den Ehrgeiz, auf die Parteipolitik Einfluß zu nehmen. Innerhalb der antistalinistischen kommunistischen Kader von Żerań ist also damals ganz spontan die Idee zum Durchbruch gekommen, an die große Tradition der Arbeiterräte anzuknüpfen, die ihre Glanzzeit ja zu Beginn der russischen Revolution hatten. Diese Idee fand überall sofort Anklang und wurde von der Wochenzeitschrift der polnischen Jugend »Po Prostu« mit dem Hinweis auf die jugoslawischen Arbeiterräte weit verbreitet. Gegen Ende des Sommers nahmen die Arbeiter von Żerań mit den »revolutionären« (so nannten sie sich) Studenten der Universität Verbindung auf. Im September konstituierten sich dann in den Fabriken Żerań und WFM in Warschau die ersten Arbeiterräte. Allmählich stellte sich auch die Warschauer Parteiorganisation um.

Gewiß, die Ansichten der Arbeiter von Żerań waren viel radikaler als die der Führer der gemäßigten Liberalen und der Gomułkisten. Als jedoch im Oktober die Sturmflut losbrach, waren sie für jene die entscheidende Unterstützung, um den Aufruhr in Schranken zu halten. Hierin liegt zum Teil der Schlüssel für den Erfolg Gomułkas und für den Mißerfolg Nagys, denn Nagy fehlte sowohl im Parteiapparat wie in den Fabriken die wohlorganisierte Basis, auf die er sich stützen hätte können. (18)

Alarmsignal Posen

»Anscheinend war das Maß voll.«
Gomułka

Am 28. Juni 1956 ist Posen (Poznań) eine Neuauflage von Kronstadt, Pilsen und Ostberlin, eine Vorahnung von Budapest. Der kurze Aufruhr, der in dieser Stadt ausbricht, ist ein Alarmsignal und zugleich Anlaß zur Polarisierung: nach »Posen« werden die Liberalen noch liberaler, die Stalinisten noch stalinistischer. Der Machtkampf verschärft sich zusehends. Einige möchten den ruhmreichen Geächteten, Gomułka, zum Schiedsrichter des Kampfes machen. Andere wollen sich an den Kreml wenden. Unter diesen Umständen ist die Haltung der gemäßigt stalinistischen Gruppe um Ochab von entscheidender Bedeutung.

Warum haben sich diese Zwischenfälle gerade in Posen ereignet und nicht in einer anderen Industriestadt? Die Unzufriedenheit der Arbeiter war ja fast überall spürbar. Die der Posener Arbeiter war vielleicht größer als anderswo und die Fähigkeit der dortigen Behörden zur Beschwichtigung geringer. In den ZISPO-(Cegielski-)Maschinenwerken, in denen 15.000 Arbeiter beschäftigt waren, herrschte schon seit 1955 Unruhe. Sie war – wie bei den Arbeitern in Ostberlin drei Jahre zuvor – durch die Erhöhung der Produktionsnormen hervorgerufen worden, die zur Folge hatte, daß die bis dahin schon elenden Löhne noch um ungefähr 3,5 Prozent reduziert wurden. Die Arbeiter hatten auch drückende Steuerlasten zu tragen, und die wegen der schlechten Rohstoffzufuhr erforderlichen Arbeitsunterbrechungen beraubten sie eines Teiles ihrer Entlohnung. Die Fabriksleitung wies alle Klagen ab. Die Parteiorganisation, die immerhin 38 Prozent der Arbeiter umfaßte, konnte ebensowenig helfen wie die Gewerkschaft, die völlig bürokratisiert und schon seit langem nicht mehr gewohnt war, die Interessen der Arbeiter zu verteidigen.

Am 25. Juni begab sich eine Abordnung, die sich zum Großteil aus Mitgliedern der Partei und des Betriebsrates zusammensetzte, nach Warschau, um die Beschwerden der Arbeiter vorzubringen. Der Minister für Motorenindustrie, Tokarski, empfing die Abordnung, erklärte sich aber außerstande, Abhilfe zu schaffen. Die Abgesandten antworteten, daß bei einem Mißerfolg ihrer Mission die enttäuschten Arbeiter streiken würden. Dann werde man ihnen Panzer schicken, erklärte Tokarski. Die Abordnung benachrichtigte Posen vom Verlauf der Besprechungen und machte sich auf den Rückweg, als die Arbeiter von ZISPO – in Warschau hatte sich das Gerücht über die Verhaftung der gesamten Abordnung verbreitet – die Arbeit niederlegten und geschlossen zum Rathaus marschierten, um dort die Liste ihrer Forderungen zu unterbreiten. Sie trugen Transparente, auf denen sie Brot verlangten, Preissenkungen und Lohnerhöhungen. Der Aufmarsch verlief zuerst friedlich und in völliger Ordnung, als sich aber der Zug dem Stadtzentrum näherte (in dem sich anläßlich der »Posener Messe« viele Ausländer aufhielten), schwollen die Reihen durch den Zustrom von Tausenden anderer, vor allem jugendlicher Arbeiter an. Die Gemüter erhitzten sich, die Menge wurde drohend, die Parolen wurden immer aufrührerischer: »Freiheit, Brot und Gerechtigkeit! ... Nieder mit der UdSSR! ... Nieder mit der sowjetischen Besatzung! ... Befreit Kardinal Wyszyński! ... Gebt uns unsere Religion zurück!« Die Demonstranten sangen patriotische, religiöse und sozialistische Lieder. Vergebens versuchte die Miliz, sie zu zerstreuen. Eine Demonstrantengruppe stürmte das Polizeigebäude und bewaffnete sich. Andere Gruppen gingen auf die Rundfunkstation und das Gerichtsgebäude los, brachen die Gefängnisse auf. Ein Teil der Manifestanten, unter der Führung von »bewaffneten Provokateuren«, zog zum Gebäude des Sicherheitsdienstes, um dort angeblich verhaftete Personen zu befreien. So wie vier Monate später in Budapest ist es schwer festzustellen, wer das Feuer eröffnet hat. Kurz nach Mittag erschienen Panzer der Armee, gefolgt von Einheiten der Inneren Sicherheit und der Miliz. Am Abend war der Aufstand niedergeschlagen. Am nächsten Tag säuberte die Truppe die letzten Widerstandsnester. Man zählte 54 Tote, etwa 300 Verwundete. Ungefähr 320 Personen wurden verhaftet. (19)

Hat die rasche Niederschlagung des Posener Aufstandes Polen im Oktober 1956 nicht vor einer Katastrophe bewahrt, wie sie sich in Ungarn ja ereignet hat? In Budapest haben die ungarischen Truppen gezögert, einzugreifen, haben sich mit der Menge verbrüdert; das Eingreifen der Sowjets hat Öl ins Feuer gegossen, und der große Brand war da. Daß der Posener Aufstand nicht auf andere Städte übergriff, ist wahrscheinlich dem schnellen und energischen Eingreifen der polnischen Armee zu verdanken. Posen blieb eine begrenzte und interne Angelegenheit. Übrigens zog die Parteiführung aus den Ereignissen kluge Schlüsse: Cyrankiewicz sprach von »Provokation« und »Umtrieben imperialistischer Agenten«. Deren Ziel sei gewesen, »zu verhindern, daß die Regierung die gerechtfertigten Forderungen der Arbeiter erfüllt«. Und deshalb, betonte der Minister, »werden die blutigen Zwischenfälle von Posen die Bemühungen von Partei und Regierung nicht aufhalten können... unser Leben zu demokratisieren und die gesteckten Ziele zu erreichen, denn unsere Hauptsorge ist die rasche Hebung des Lebensstandards der arbeitenden Bevölkerung«.

Cyrankiewicz wollte offensichtlich alle Versuche der Stalinisten, die Zwischenfälle auszunützen, um wieder an die Macht zu gelangen, im Keim ersticken. Die Presse schilderte die Posener Ereignisse so, daß man den Zustand ermessen konnte, in dem das Land sich befand. Die Arbeiter waren unzufrieden, entmutigt, sich selbst überlassen. Oft wurden ihnen altgewohnte Vorteile, die sie in hartem Kampf errungen hatten, vorenthalten. Ihre Lebensbedingungen waren »mehr und mehr dazu angetan, eine feindselige Agitation zu begünstigen«. Und die Parteiorganisationen konnten da nicht gut energisch dagegen sein, »da ja die Forderungen der Arbeiter im großen und ganzen berechtigt waren«. (20) Es stellte sich auch heraus, daß die angebliche Tätigkeit ausländischer Agenten in das Reich der Fabel gehörte. »Bis jetzt konnten keinerlei Anzeichen für die Tätigkeit irgendeiner Spionage-Organisation entdeckt werden... Erst im Verlauf der Zusammenstöße haben sich Anzeichen von einer Organisation bemerkbar gemacht, haben sich einzelne Personen zu Gruppen formiert, haben diese Gruppen untereinander Kontakt aufgenommen.« (21) In Ungarn trugen sich die Dinge dann genauso zu. Explosivstoff war vorhanden, und so kam es zur Explosion. Zwischen dem »Staat« und seinen Bürgern klaffte ein solcher Abgrund, daß man ohne Übertreibung von einer prärevolutionären Lage sprechen kann. »Das Maß war voll«, sagte Gomułka später. »Über dieses Maß kann man nie ungestraft hinausgehen.«

Die Sowjets, Chruschtschow selbst, erkannten die Gefahr und reagierten nervös. Würde der Westen nicht den Zustand ausnützen wollen, der durch die Lockerung der Kontrolle entstanden war? In der bereits erwähnten Erklärung des sowjetischen ZK vom 30. Juni tritt diese Besorgnis zutage. Die gesamte Presse der kommunistischen Länder, mit Ausnahme der jugoslawischen, klagte in bezug auf die Posener Ereignisse imperialistische Agenten an und rief zur Wachsamkeit auf. Die Warschauer Stalinisten stimmten in diese Anklagen ein und kritisierten Cyrankiewicz' Nachgiebigkeit gegenüber den Revisionisten.

Die verschiedenen Auffassungen der beiden Flügel der polnischen Führung prallten auf der Siebenten Plenarsitzung des ZK vom 18. bis zum 28. Juli heftig aufeinander. Der Kreml bewies sein Interesse durch die Entsendung Bulganins und Marschall Schukows, die unter dem Vorwand der Teilnahme am Nationalfeiertag (22. Juli) gekommen waren.

Die Sowjetführung sympathisierte naturgemäß mit den »Harten«, den Natolinisten, die Moskau bedingungslos ergeben waren und mit dem Botschafter Ponomarjow in ständigem Kontakt standen. Durch diese Unterstützung ermutigt, schlug ihr Führer, Zenon Nowak, dem ZK ein Aktionsprogramm vor: Stärkung der Verbindung mit der UdSSR, energische Unterdrückung der unbotmäßigen Intellektuellen, (demagogische) Versprechen an die Arbeiter (Hebung des Lebensstandards um 50 Prozent!), schließlich als Krönung des Ganzen die Säuberung des Partei- und Staatsapparates auf nationaler, genauer, auf rassischer Basis. Wieder einmal wollten die Natolinisten die Juden zu Sündenböcken machen. Sie, die Gomułkafeinde, trieben ihren Zynismus so weit, daß sie Gomułkas Aufnahme ins Politbüro vorschlugen. (22) Hofften sie, Gomułka auf ihre Seite zu ziehen? Oder wollten sie lediglich die Liberalen in Verlegenheit bringen? Tatsächlich zögerten Cyrankiewicz und seine Freunde noch, sich an den Mann zu wenden, der allein genügend Prestige und Energie hatte, um die Autoritätskrise zu beenden, die das Land erschütterte. Sie fürchteten, die Sowjets zu verärgern, die in Gomułka nach wie vor den nationalen Abweichler, einen potentiellen Tito sahen. So begnügte sich das Zentralkomitee mit einer halben Maßnahme. Der völlig rehabilitierte Gomułka wurde wieder in die Partei aufgenommen. (Dies wurde am 4. August bekanntgegeben.) Seine Position sollte aber erst später bestimmt werden. So ging wertvolle Zeit verloren.

Alle Entscheidungen des Siebenten Plenums trugen den Stempel des Unvollständigen, des Provisorischen. Das Politbüro wurde durch die Aufnahme einiger Gemäßigter erweitert: Rapacki, Gierek, Roman Nowak als Vollmitglieder, Jędrychowski und Stawiński als Kandidaten. Man beschloß, es weiter »tauen« zu lassen und den Kampf gegen die Bürokratie fortzusetzen. Das Zentralkomitee hatte im neuen Programm die Hebung des Lebensstandards, die Entwicklung des Handwerks, den Aufschwung der Landwirtschaft und die Arbeitermitbestimmung in den Fabriken versprochen. Von dem Problem jedoch, das die öffentliche Meinung und Gomułka selbst als ausschlaggebend betrachteten, war nicht die Rede: die Beziehungen Polens zur Sowjetunion. So hat das Plenum trotz der unleugbaren Fortschritte versäumt, jenen »psychologischen Schock« hervorzurufen, der unerläßlich geworden war, um das Vertrauen des Landes in seine Führer wiederherzustellen. Auch in diesem Punkt war die Lage in Polen Ende Juli 1956 ähnlich der in Ungarn nach dem Sturz Rákosis und *mutatis mutandis* jener Anfang 1968 in der Tschechoslowakei nach der Demission Novotnýs als Parteichef. Teilweise Zugeständnisse, bloße Versprechungen einer Besserung genügten nicht mehr. Die Lage konnte nur mit kühner Initiative stabilisiert werden, mit tiefgreifenden Veränderungen und wirklich weitgehenden Zugeständnissen an die nationalen und demokratischen Prinzipien.

5. Die Oktoberrevolutionen von 1956

Der polnische Oktober: eine Revolution in Schranken

Gomułkas Machtübernahme war aufregend und eigenartig. Einerseits trug den Verurteilten des Jahres 1948 die geradezu revolutionäre Stimmung des Volkes empor, das in Gomułka das Symbol nationaler Unabhängigkeit und demokratischer Erneuerung sah, andererseits unterstützten ihn die Liberalen und die mittlere Gruppe des Parteiapparats, weil sie erwarteten, daß er der Unruhe Herr werden und die Grundfesten des Regimes retten würde. Polens Chance – wenn man es Chance nennen kann, Bürgerkrieg und fremder Intervention um den Preis des Verzichts auf die ursprünglichen revolutionären Ziele zu entgehen – lag darin, daß sich das Volk *in extremis* einstimmig für einen charakterstarken Mann erklärte, der über großes Prestige verfügte. Polens Chance lag darin, daß Gomułka und seine Anhänger – und das ist der Unterschied zu den Ereignissen in Ungarn – in der Volksbewegung bereits Elemente einer Organisation vorfanden, Hilfskräfte, die ihnen dann im Augenblick der großen Entscheidung auch zur Seite standen.

Freilich, die wichtigsten Initiatoren der Bewegung verfolgten Ziele, die von denen Gomułkas, dieses autoritären Mannes der Mitte des Parteiapparats, verschieden waren. Für sie hatte das Wort »Demokratisierung« einen weiterreichenden, tieferen Sinn als für Gomułka, einen revolutionären Sinn, der vielleicht naiv und utopisch war. Die erste Etappe aber bei der Verwirklichung ihrer nationalen und liberalen Bestrebungen mußte der Sturz der verhaßten Regierung sein, die radikale Ausschaltung der polnischen Stalinisten und aller Symbole der Unterwerfung des Landes. Um sich Gomułkas später bedienen zu können, wollten sie ihm zuerst helfen, sich seiner Gegner zu entledigen, die auch die ihren waren. Gomułka hat sie »hineingelegt«, denn, einmal an die Macht gelangt, hat er sich zwar bemüht, das Leben der Polen erträglicher zu gestalten, hat jedoch sein möglichstes getan, um Ordnung, Autorität und das Monopol der Partei wiederherzustellen, den politisch-militärischen Apparat für sich zu gewinnen und die Russen zu beruhigen.

Das Polen Gomułkas ist nicht der Staat geworden, von dem die begeisterten Intellektuellen und Arbeiter in jener denkwürdigen Nacht vom 19. auf den 20. Oktober 1956 geträumt haben, in jener Nacht, als, wie Jan Kott sagte, niemand in Warschau schlief. Polen ist nicht das geworden, was die Jugend gewünscht hat, die von der Hoffnung auf einen echten Sozialismus erfüllt gewesen ist. Polen ist aber einige Jahre lang, zumindest solange die wirtschaftlichen Schwierigkeiten und die Abnützung des neuen Mannes nicht wirksam wurden, ein Land gewesen, das seiner Tradition eher entsprach und auf geistigem Gebiet sehr viel freier war als die übrigen kommunistischen Staaten. Letzten Endes hat aber die Entwicklung Polens nach 1958 die Vergänglichkeit einer Befreiung gezeigt, die nicht auf soliden Garantien beruht.

Die denkwürdige Nacht vom 19. auf den 20. Oktober war durch die Begegnung, genauer, das Aufeinanderprallen der Hauptakteure des Dramas gekennzeichnet: hier die Volksbewegung im Alarmzustand, dort die liberalen Führer, die eine Lösung der Krise durch die Berufung Gomułkas erhofften. Gomułka selbst, dann die polnischen Stalinisten auf der Suche nach ihrem verlorenen Staatsstreich, schließlich die Sowjets, die sich nach einigem Zögern entschlossen, alles auf eine Karte zu setzen, und damals noch nicht ahnten, welch großen Nutzen sie später daraus ziehen würden.

Vor allem einmal die Volksbewegung: Die Unruhe, der Druck der öffentlichen Meinung steigerten sich nach der Siebenten Plenarsitzung des ZK im Juli immer mehr, obgleich Parteileitung und Regierung eine fieberhafte Tätigkeit entwickelten, um die Initiative wieder an sich zu reißen. Am 13. August werden für den 16. Dezember allgemeine Wahlen angekündigt. Die Regierung erhält von der UdSSR einen neuen Kredit von hundert Millionen Rubel, der Preis der an die Russen gelieferten polnischen Kohle (der bis dahin ein Zehntel des Weltmarktpreises betragen hat) wird erhöht, Tausende Polen, die nach Kriegsende in der UdSSR zurückgehalten worden sind, dürfen heimkehren. Der Sejm beschließt in seiner Sitzung vom 5. bis 12. September ein Gesetz, das den Strafvollzug den Polizeibehörden entzieht und wieder dem Justizministerium überträgt. General Komar, einstiger Widerstandskämpfer jüdischer Abstammung, der ein Opfer der stalinistischen Säuberungen geworden ist, wird zum Kommandanten des »Korps der inneren Sicherheit« ernannt. Sein Name bot eine Garantie für die wirkliche Entstalinisierung innerhalb dieser Organisation. Dem Prozeß gegen die Aufständischen von Posen, der am 23. September beginnt, dürfen zahlreiche westliche Journalisten beiwohnen; er überrascht durch die Milde der Urteile. Die Verhandlungen, die mit bis dahin unbekannter Freimütigkeit geführt werden, bewegen die öffentliche Meinung. Dies alles ist aber nur dazu angetan, die Vorkämpfer für eine radikale Reform zu ermutigen, und schließlich gelingt es den Revisionisten sogar, in das Heiligtum der Parteipresse vorzudringen. Die theoretische Monatsschrift »Nowe Drogi« veröffentlicht in ihrer Septembernummer einen Artikel des Philosophen Kołakowski »Die Intellektuellen und die kommunistische Bewegung«, in dem der Autor auf wenig orthodoxe Weise die Rolle der Intelligenz unterstreicht, zu der diese beim »Wiederaufbau des Marxismus« berufen sei.

Ende August pilgert fast eine Million Katholiken nach Tschenstochau (Częstochowa), um der Mutter Gottes zu huldigen, die dreihundert Jahre zuvor zur Schutzpatronin Polens erwählt worden ist. Die Demonstration des polnischen Katholizismus verläuft in völliger, in andächtiger Ruhe. Sie ist ein Beweis für die Stärke und wachsame Gegenwart der Kirche. Anfang September, am Ende der Ferien, beginnen die Unruhen an der Universität aufs neue. Die antistalinistischen Studenten kommen am Ende einer lebhaften Diskussion über die politische Lage zu dem Schluß, »so kann es nicht weitergehen«. Die Parteiorganisation an der Universität war bereits völlig in den Händen der Revisionisten, die den Sekretär des Parteikomitees der Automobilfabrik Żerań zu ihren Versammlungen einluden. Arbeiter und Studenten, begeistert von dieser wiedergefundenen Verbrüderung, diskutieren eifrig über alles: über die wirtschaftliche und politische Lage und über den Kommunismus an sich. Auch in die Gewerkschaften kommt Leben. Bei der Versammlung ihres Zentralkomitees, am 20. und 21. August, wird der stalinistische Leiter Żółkiewski ausgepfiffen, weil er stets die Interessen des Staates und nicht die der Arbeiter verteidigt habe. Am 30. September schlägt »Po Prostu« die Errichtung von Arbeiterräten als Basis einer künftigen »echten Arbeiterdemokratie« vor. Der Einfluß der Agitatoren von Żerań hatte im Warschauer Parteikomitee bereits die Oberhand und griff auf die Industriezentren in der Provinz über. Und alle forderten die Rückkehr Gomułkas.

Die Verhandlungen mit diesem zogen sich jedoch in die Länge. Von den Liberalen gedrängt, sich klar zu äußern, steigerte Gomułka seine Forderungen. Er verlangte, unverzüglich zum Ersten Sekretär der Partei ernannt zu werden und das Politbüro zu erneuern; er begnügte sich nicht mehr mit der Demission von Hilary Minc, die am 9. Oktober erfolgte, sondern forderte auch jene des Marschalls Rokossowski und dessen Rückberufung in die Sowjetunion. Letzteres berührte die Beziehungen zur UdSSR. Anfang September begab sich Ochab nach Peking, um dort am Parteikongreß teilzunehmen. Er hatte Unterredungen mit Mao Tse-tung, mit Tschu En-lai und mit Mikojan, der die KPdSU vertrat. Es scheint, daß Tschu En-lai Ochab zur Fortsetzung der Politik der Emanzipierung ermutigte, auch auf die Gefahr hin, die Sowjets dadurch zu verstimmen. Das entsprach zu diesem Zeitpunkt auch völlig der Anschauung Maos, der, ohne deshalb die »führende Rolle« der UdSSR und die Notwendigkeit einer Verstärkung des Blocks bestreiten zu wollen, für alle Parteien, ob an der Macht oder nicht, echte Unabhängigkeit verlangte. (1)

Wie dem auch sei, bald nach seiner Rückkehr nach Warschau willigte Ochab in die von den Liberalen vorgeschlagene Lösung ein. Sie hieß Gomułka. Als sich das Politbüro am 15. Oktober versammelte, um das Achte Plenum des ZK vorzubereiten, nahm Gomułka an der Sitzung teil. Das Zentralkomitee wurde für den 19. Oktober einberufen. So hatte Gomułka acht Jahre und ein paar Tage nach seiner Absetzung als Generalsekretär der Partei, achtzehn Monate nach seiner Freilassung, kaum zwei Monate nach seiner Rehabilitierung, das Ziel erreicht. Dieses Ziel hieß einfach, den Faden dort wieder anzuknüpfen, wo er 1948 abgerissen war. Am 20. Oktober gab der neue alte starke Mann sein Programm bekannt.

Fast wäre er dazu nicht imstande gewesen, hatten doch einige über Gomułkas Unnachgiebigkeit aufgebrachte Führer der Natolin-Gruppe aus Furcht, Gomułkas Aufstieg würde sie in »politische Leichen« verwandeln, einen Umsturz geplant. Sie hatten ihre Freunde im Kreml verständigt, und die hatten das polnische Politbüro für den 17. Oktober nach Moskau beordert. Aber der die Gefahr ahnende Ochab hatte die Einladung unter dem Vorwand abgelehnt, er könne auf keinen Fall die ZK-Sitzung am 19. Oktober verschieben. Der Schriftsteller und ehemals nationalradikale Politiker Piasecki, Gründer und Führer der katholischen »Pax«-Bewegung und Anhänger der Natolinisten, hatte in einem am 7. Oktober veröffentlichten Artikel gedroht, daß, wenn dauernd von Demokratisierung die Rede sei statt von Verantwortlichkeit, »wir eine Situation hervorrufen werden, die uns unter Umständen dazu zwingen wird, der Staatsräson ganz brutal zum Sieg zu verhelfen«. Und die würde jener Lage sehr ähneln, »in der der Ausnahmezustand proklamiert wird«. Die Stalinisten hatten auf Rokossowski gebaut, auf General Witaszewski und einige andere großteils russische Armeegenerale. (2)

Und nun zu den dramatischen Ereignissen im einzelnen: Die Stalinisten wollen das Zentralkomitee vor vollendete Tatsachen stellen. Daher verhaften sie am Vorabend der Versammlung ungefähr siebenhundert Persönlichkeiten des gegnerischen Lagers. Die Liste dieser siebenhundert wird aber vom Komitee von Żerań abgefangen, das die Bedrohten warnt, so daß diese rechtzeitig ihre Wohnungen verlassen können. Einige Armee-Einheiten unter dem Kommando stalinistischer Generale setzen sich bereits in Marsch auf die Hauptstadt. Die Opposition jedoch, die sich um Gomułka schart und deren aktivste Zentren das Parteikomitee von Warschau, die Żerań-Fabrik und die Gruppe »Po Prostu« (das Sprachrohr der »Jungen Intelligenz«) sind, beginnt mit einer Art totaler Mobilisierung. Bereits am 17. wird die Parole ausgegeben, alle Straßendemonstrationen zu vermeiden, die als Vorwand für den Einsatz der bewaffneten Macht verwendet werden könnten. Man versucht auch mit allen

Mitteln, wie Rundfunk, Presse, dem zur Verfügung stehenden Apparat, die Studenten der Technischen Hochschule von ihrem geplanten Treffen abzuhalten. Die Żerań-Fabrik stellt ihre Wagen zur Verfügung, um die Parteiorganisationen in den einzelnen Stadtvierteln, in den Fabriken, an den Fakultäten zu warnen. Die liberalen und Gomułka treuen Führer sichern sich die Hilfe der Geheimpolizei; die der Sicherheitstruppen unter General Komar haben sie bereits. Es zeigt sich, daß zahlreiche Armeeoffiziere mit der Opposition sympathisieren und sich weigern, die Befehle der Stalinisten auszuführen. Wenn diese den Coup trotzdem versuchen wollen, tun sie es bereits auf verlorenem Posten. Es sei denn, die Sowjetarmee greift auf ihrer Seite ein. Die Entscheidung liegt also bei Moskau.

Am Morgen des 19. Oktober, einige Stunden vor Beginn des Achten Plenums des polnischen Zentralkomitees, trifft auf dem Militärflughafen Boernerowo eine höchst eindrucksvolle sowjetische Abordnung ein: Chruschtschow, Mikojan, Molotow, Kaganowitsch, Marschall Konjew (Oberkommandierer der Truppen des Warschauer Paktes) in Begleitung von elf Generalen in Galauniform. Die Sowjets sind, gelinde gesagt, nicht erwartet worden. Zwei Tage zuvor hat Ochab Chruschtschow, der ihm seine Absicht, nach Warschau zu kommen, mitteilt, vorgeschlagen, diese Reise erst nach Abschluß des Achten Plenums zu unternehmen. Aber Chruschtschow hat es eilig, er fürchtet, die Kontrolle über seine Partei zu verlieren. Seine stalinistischen Gegner sind wieder laut geworden und werfen ihm vor, seiner Aufgabe nicht gewachsen zu sein. Der sowjetische Generalstab, von Vertrauensmännern in Polen gewarnt, ergreift vorbeugende Maßnahmen. Man erfährt von Truppenkonzentrationen und -bewegungen in Ostdeutschland und der UdSSR nahe der polnischen Grenze. In Warschau heißt es, daß sowjetische motorisierte Einheiten, die in der Nähe von Breslau (Wrocław) stationiert sind, gegen die Hauptstadt vorrücken. Das Gerücht geht um, daß Marschall Rokossowski den unter seinem Kommando stehenden polnischen Einheiten den Befehl erteilt hat, sich den sowjetischen Streitkräften anzuschließen, um den Aufstand niederzuschlagen.

Trotz dieser schwerwiegenden Nachrichten tritt das polnische Zentralkomitee wie vorgesehen zusammen und führt in Eile seine

Neukonstituierung durch. Gomułka und drei seiner Verbündeten, Spychalski, Łoga-Sowiński und Kliszko, werden in das Komitee aufgenommen. Die Kandidatur Gomułkas für den Posten des Ersten Sekretärs wird bekanntgegeben. Dann unterbricht das Komitee die Arbeit, um die Verhandlungen mit den Sowjets zu beginnen. Dazu sind Gomułka, Ochab, Gierek, Zawadzki, Cyrankiewicz, Rapacki und auch Rokossowski ausersehen, dessen Stellung ja ein Hauptpunkt der sowjetisch-polnischen Unterredung ist.

Es sieht so aus, als hätte die Sowjetführung infolge der von ihrem Botschafter und den Natolinisten erhaltenen Informationen und beim Gedanken an einen etwaigen Abfall Polens und die Gefährdung der sowjetischen Sicherheitszone in Europa einen Augenblick den Kopf verloren. Die Sowjets hatten kein Vertrauen zu Gomułka; sie fürchteten, der Aufruhr im Volk könnte die Partei überrumpeln und das Fundament des Regimes erschüttern. Chruschtschow und Mikojan waren sich in diesen Befürchtungen mit den »Harten«, Molotow und Kaganowitsch, einig, ebenso mit Konjew, der schon 1953 in der Berliner Krise bewiesen hatte, daß er entschlossen war, der Sowjetunion die Eroberungen des Zweiten Weltkrieges zu erhalten.

Die Sowjetführer hofften, daß der militärische Aufmarsch seine Wirkung nicht verfehlen werde; sie wußten, daß ein bewaffnetes Eingreifen in Polen für sie Komplikationen mit dem Westen, mit Jugoslawien, sogar mit China zur Folge haben würde. Sie wären aber sicherlich nicht davor zurückgeschreckt, wenn ihnen das Risiko der Nichtintervention (wie zwei Wochen später in Ungarn) größer erschienen wäre als das einer Intervention.

Deshalb waren die Verhandlungen mit der polnischen Delegation, die rücksichtslos geführt wurden und die ganze Nacht vom 19. auf den 20. Oktober dauerten, von entscheidender Bedeutung. Die Arbeiter in der Żerán-Fabrik und in den meisten anderen Fabriken Warschaus waren in höchster Alarmbereitschaft. Die Straßen der Hauptstadt waren leer, aber hinter den in tiefer Dunkelheit daliegenden Fassaden war alles wach. »Warschaus Herz schlug in der Technischen Hochschule im gleichen Rhythmus wie in Żerań.« Tausende aufmunternder Botschaften von Arbeitern und Studenten hatte das Zentralkomitee erhalten.

Diese nationale Einstimmigkeit war es, die es Gomułka und Ochab ermöglichte, dem russischen Druck standzuhalten. Der sowjetischen Machtentfaltung stellten sie als Abschreckung entgegen: die Unterstützung durch die Arbeiterklasse und durch jene Institutionen, die in den kommunistischen Ländern die Grundpfeiler der Regierung sind – die Geheimpolizei, die Grenztruppen und das »Korps der inneren Sicherheit«.

In den Verhandlungen konnten sich Gomułka und Ochab auf den dramatischen Beschluß berufen, der einige Stunden zuvor von der Parteiorganisation des Żerań-Werkes gefaßt worden war: »Wir sind dem Volkswillen auf Leben und Tod verbunden ... Wir bekämpfen alle, die glauben, unsere Demokratisierung sei eine erste Etappe auf dem Weg zu einer Rückkehr der bourgeoisen Demokratie.« Gewiß, Ochab hatte den Sowjets nicht verschwiegen, daß die polnische Auffassung von der Entstalinisierung sich von der Moskaus unterscheide, wo die Polen für »zu autoritär und dogmatisch« gehalten wurden. Aber davon abgesehen, erklärten er und Gomułka entschlossen, die Entwicklung in den Grenzen des Leninismus zu halten und dem Vordringen der »reaktionären Bourgeoisie« zu widerstehen. Das gleiche galt für das Problem der nationalen Unabhängigkeit. Gomułka ließ sich weder durch Beleidigungen noch durch Beschuldigungen einschüchtern und verkündete die Richtlinien, die von nun an – dem Kreml genehm oder auch nicht – für die Beziehungen zwischen den beiden Parteien gelten sollten:

»Es ist Sache unseres Zentralkomitees, und nur die seine, zu entscheiden, wer unserem Politbüro angehört ... Ich glaube nicht, daß die Zusammensetzung der Führungsspitze irgendeiner kommunistischen Partei Gegenstand von Diskussionen mit einer Bruderpartei sein kann.« Das war eine Stellungnahme, die mit der Haltung Chruschtschows auf dem XX. Parteitag übereinstimmte und den mit Belgrad über die Unabhängigkeit und Gleichheit der Parteien sowie die Nichteinmischung unterzeichneten Erklärungen völlig entsprach. In der Praxis aber forderte die Sowjetführung als oberste Hüterin der Interessen des sozialistischen Lagers das Recht auf Überwachung und letzte Entscheidung weiterhin für sich.

Gomułka versagte diesem Recht seine Anerkennung. Auch im

Fall Rokossowski gab er nicht nach. Er versicherte aber den Sowjets, daß er nicht daran denke, die strategischen Interessen der UdSSR anzutasten oder Polen aus dem Warschauer Pakt austreten zu lassen; mehr denn je sei er davon überzeugt (und werde auch die Öffentlichkeit davon überzeugen), daß nicht nur Polens nationales Interesse, sondern auch die grundlegende ideologische Solidarität die Aufrechterhaltung, ja die (auf gesünderer Grundlage vorgenommene) Verstärkung des Bündnisses mit der UdSSR und den anderen sozialistischen Staaten erfordere.

Die späteren Ereignisse haben bewiesen, daß Gomułka vollkommen aufrichtig und auch imstande war, sein Wort zu halten. War es ihm damals geglückt, die Russen zu überzeugen? Er hat sie zumindest wankend gemacht. Am Morgen des 20. Oktober kehrte die sowjetische Delegation nach Moskau zurück. Ein kurzes Kommuniqué verkündete, die Unterredungen würden demnächst in der sowjetischen Hauptstadt fortgesetzt werden. Die Truppenbewegungen wurden verlangsamt, schließlich eingestellt. Das Zentralkomitee nahm seine Arbeit wieder auf. Gomułka hielt eine Rede, die in die Geschichte der internationalen kommunistischen Bewegung eingegangen ist. (3) Es war eine Art polnische Ergänzung zu Chruschtschows Geheimbericht, eine strenge Anklagerede gegen die »Satellitisierung« und Stalinisierung Polens und eine Demonstration für die Legitimität verschiedener Sozialismus-Modelle. Unveränderlich am Sozialismus sei nur das Streben nach der Beseitigung der Ausbeutung des Menschen durch den Menschen. »Die Wege, die zu diesem Ziel führen, können verschieden sein und sind es auch. Das Vorbild des Sozialismus muß nicht das gleiche sein. Es kann so sein wie in der UdSSR; es kann so sein, wie wir es in Jugoslawien sehen; es kann auch ganz anders sein.«

Was nun den polnischen Weg betrifft, so umriß Gomułka in großen Zügen *sein* Modell: Abkehr von der beschleunigten Kollektivierung der Landwirtschaft (unter Beibehaltung des endgültigen Zieles der Sozialisierung auf der Basis freier Vereinbarungen); Religionsfreiheit (unter der Bedingung der Unterstützung der Volksdemokratie durch die Kirche); Entwicklung der »sozialistischen Demokratie«; Wirtschaftsreformen. Dieses Programm hat Gomułka einen Monat später in einer Rede in allen Einzelheiten entwickelt. Aber schon am 20. Oktober war er darauf bedacht, die Grenzen der Liberalisierung, so wie er sie sich vorstellte, abzustecken:

»Wir werden es niemandem gestatten, aus dem Prozeß der Demokratisierung zum Schaden des Sozialismus für sich selbst Nutzen zu ziehen. An der Spitze des Demokratisierungsprozesses steht unsere Partei.«

Im Hinblick auf die Beziehungen zur Sowjetunion müsse die Vergangenheit vergessen werden, »in der sich nicht immer alles so zugetragen hat, wie es wünschenswert gewesen wäre«. Die Beziehungen der sozialistischen Staaten zueinander müßten nach dem Prinzip völliger Unabhängigkeit und völliger Autonomie jedes Staates reorganisiert werden. Antisowjetische Einstellung sei in Polen aber nicht möglich. »Wir werden niemals gestatten, daß den Lebensinteressen des polnischen Staates und der Sache des Aufbaus des Sozialismus in Polen Schaden zugefügt wird.«

Das Zentralkomitee gab diesem Programm seine Zustimmung und wählte das neue Politbüro, in dem die Freunde Gomułkas – der endlich zum Ersten Sekretär ernannt worden war – die Mehrheit besaßen. (4) Nun mußte Gomułka zeigen, ob er die Stimmung des Volkes, die ihn zum Gipfel getragen hatte, in den vorgesehenen Grenzen zu halten verstand, jene Stimmung, die in den kommenden Tagen in helle Begeisterung ausartete und, durch die Ereignisse in Ungarn noch verstärkt, keine Grenzen mehr kennen wollte. Das Plenum war noch nicht beendet, da übertraf die Zahl an Entschließungen, Vorschlägen, Aufrufen und Briefen, die aus dem ganzen Land beim Zentralkomitee einlangten, alles Dagewesene. Die Offiziersschüler der Militärakademie begrüßten Gomułkas Ernennung. Ihre Versammlung wurde zum Signal für eine wahre Lawine von Zusammenkünften in ganz Polen. Am 24. Oktober konnte Gomułka sich eine Vorstellung über die im Lande herrschende Stimmung machen: Als er in einer Monsterversammlung auf dem riesigen Platz vor dem Stalin-Palast erklärte, die Sowjettruppen müßten so lange in Polen bleiben, wie die Militärbasen der NATO in Westdeutschland bestünden, da wurden seine Worte mit eisigem Schweigen aufgenommen. Aus einigen Städten, insbesondere aus Breslau (Wrocław) und Gleiwitz (Gliwice) in Schlesien wurden antisowjetische Zwischenfälle gemeldet. Viele Polen meinten, die Revolution habe eben erst begonnen. Es hat auch tatsächlich nicht viel gefehlt, und es wäre gekommen wie in Ungarn, wo ja das unüberlegte Eingreifen der Sowjettruppen in der Nacht vom 23. auf den 24. Oktober den Aufstand hervorgerufen hat. Gomułka und sein Team bewiesen jedoch außergewöhnliche Energie und taktische Geschicklichkeit, um den angesammelten Explosivstoff zu entschärfen und Partei, Armee und alle Schichten der Bevölkerung von der absoluten Notwendigkeit des Maßhaltens und der Berücksichtigung der sowjetischen Interessen zu überzeugen. Gleichzeitig unternahmen sie alles, um vom Kreml als vollwertige und unersetzliche Unterhändler akzeptiert zu werden. In diesem doppelten Bemühen fanden sie bei Chinesen und Jugoslawen Unterstützung und kamen dem Wunsch der Sowjets entgegen, die um jeden Preis verhindern wollten, daß die am 23. Oktober ausgebrochene ungarische Feuersbrunst auch auf Polen übergriff. Revolutionäres Feuer in Ungarn *und* Polen hätte verheerende Folgen gehabt. Am Beispiel des ungarischen Aufstands erkannten die Sowjets die Chance, die ihnen die Existenz einer organisierten Opposition in Polen bot, nämlich die Möglichkeit, einen vernünftigen Kompromiß zu schließen. Der Sieg Gomułkas mußte ihnen plötzlich als das kleinere Übel erscheinen und die am 20. Oktober für die polnische Krise erzielte Lösung als vorbildhaft für die Lösung des ungarischen Problems.

Die veränderte Einstellung des Kremls fand ihren Ausdruck in der Erklärung der Sowjetregierung vom 30. Oktober, die Peking und Belgrad freudig begrüßten, weil sie unbestreitbar von einem Geist der Versöhnung gegenüber den nationalen und demokratischen Bestrebungen der Polen und Ungarn zeugte, wenn sie auch die Bedingung enthielt, daß »die gerechte und fortschrittliche Arbeiterbewegung«, die mit den »in den Beziehungen zwischen sozialistischen Ländern begangenen Verletzungen und Fehlern« unzufrieden war, die Grenzen achte, die Gomułka selbst gesetzt hatte. Die Sowjetregierung erklärte sich bereit, die Wirtschaftsbeziehungen mit den sozialistischen Ländern »auf der Basis der Prinzipien der nationalen Souveränität, des gegenseitigen Vorteils und der Gleichberechtigung« zu überprüfen und mit den Signatarmächten des Warschauer Paktes »die

Frage der auf deren Territorium befindlichen sowjetischen Truppen neu zu überdenken«. Im Augenblick war aber am wichtigsten, »den reaktionären Kräften des Auslands und im Inneren nicht zu gestatten, die Grundlagen des Regimes der Volksdemokratie zu erschüttern«, die Einheit des sozialistischen Lagers zu zerstören und den durch die Vereinbarungen von Jalta und Potsdam festgelegten *Status quo* in Frage zu stellen.

Das war eine Sprache, die auch Gomułka beeindrucken mußte, erschreckte doch auch ihn der Feuerschein aus Budapest und das Gespenst eines zugleich antisowjetischen und antikommunistischen Aufstandes. So stark auch seine Verstimmung über die Herren im Kreml gewesen sein mag, und was er auch über die Opportunität des ersten sowjetischen Eingreifens in Ungarn gedacht hat, in einem Punkt stimmten die Interessen Gomułkas mit denen der Sowjets überein: ein Abfall Ungarns mußte verhindert, Imre Nagy und Kádár, die damals noch zusammen marschierten, mußte geholfen werden, damit sie die Lage mit zwar weitgehenden, aber begrenzten Zugeständnissen stabilisierten. In der Absicht, eine Lösung à la Gomułka zu erzielen, sandte das polnische Zentralkomitee zwei seiner Mitglieder, Starewicz und Naszkowski, einen Freund Ochabs, nach Budapest. Zawadzki hat in einer am 6. November gehaltenen Rede auf diese geheime Mission angespielt (ein ehemaliger Mitarbeiter Nagys hat darüber berichtet).

Am 2. November erklärte sich das polnische ZK mit »den ungarischen Arbeitern und allen jenen, die an ihrer Seite für die soziale Demokratisierung kämpfen« solidarisch und sprach sein Vertrauen der Arbeiterklasse aus, »die imstande sein werde, die Macht des Volkes ohne die Notwendigkeit eines Eingreifens von außen zu verteidigen«. Das Scheitern aller Stabilisierungsversuche, der Bruch des vom Aufstand mitgerissenen Nagy mit den von Kádár zu Hilfe gerufenen Sowjets war ein harter Schlag für Gomułka. Die stürmische Reaktion der polnischen öffentlichen Meinung auf die zweite sowjetische Intervention in Ungarn schuf neuerlich die drohende Atmosphäre schwerer Unruhen. Andererseits konnte Gomułka (siehe seine Rede vom 4. November auf der Konferenz der Führungskader der Partei) Ungarn als Beispiel anführen, um dem polnischen Volk den Kompromiß des

20. Oktober als den einzig gangbaren Weg zu seinem Heil erscheinen zu lassen. Die Niederschlagung des ungarischen Aufstandes, bei der der Westen tatenlos zuschaute, hat die Sinnlosigkeit jeder »maximalistischen« Hoffnung unter den gegebenen Umständen hinlänglich gezeigt. Wenn die Partei geschlossen hinter Gomułka, hinter seiner gemäßigten Politik stand, war sie für Polen die Garantie gegen die Rückkehr des Stalinismus und gegen jede fremde Intervention. Der Gedanke lag nahe, daß die ungarische Tragödie Polen völlig isolieren und gegenüber dem vereinten Druck der Sowjets und aller Stalinisten viel empfindlicher machen würde – eine Befürchtung, die Gomułka lange nicht loswerden konnte. Letzten Endes aber hat ihre Ursache Gomułka zur Konsolidierung seiner Macht verholfen, oder anders ausgedrückt: dank einem klugen Balanceakt zwischen dem Druck von außen und der Meinung des Volkes hat Gomułka seine Macht konsolidiert.

Und gestützt auf die Sympathien der Bevölkerung gelang es Gomułka, ein gewisses Maß an Souveränität für die polnische Führung zu erringen, das immerhin genügte, um Rokossowski und alle russischen Generale der polnischen Armee unverzüglich zu entlassen, die am meisten kompromittierten Persönlichkeiten aus dem ZK auszuschließen und eine ganze Reihe liberaler Reformen durchzuführen, die das Polen der kommenden Jahre wesentlich anders aussehen lassen sollten als die übrigen kommunistischen Länder, Jugoslawien ausgenommen. Diese Reformen waren: Verzicht auf die rasche Kollektivierung (Ende 1956 blieben nur 1700 von 10.600 Kollektivwirtschaften bestehen); Erweiterung des der privaten Initiative (Kleinhandel, Handwerk) gelassenen Spielraums; Befreiung des Kardinals Wyszyński und Verständigung mit dem Episkopat; Schaffung eines Wirtschaftsrates zur Ausarbeitung eines neuen Modells für die Planwirtschaft; Anerkennung der Arbeiterräte (deren Befugnisse aber zunehmend wieder eingeschränkt wurden); Erhöhung der Gehälter und Löhne; Aufwertung des Sejm (ohne allerdings eine organisierte Opposition zu gestatten); eine viel aktivere und freiere Presse und ein Hochschulwesen ohne sowjetische kulturelle Bevormundung; eine im Hinblick auf Kontakte mit dem Westen selbständigere Diplomatie (Beginn von Verhandlungen mit den

Vereinigten Staaten über Wirtschaftshilfe). Gomułka, der mit der Angst der Polen vor dem mächtigen, leicht zu verstimmenden und zum Eingreifen allzeit bereiten östlichen Nachbarn operierte, fiel es nicht schwer, den am 18. November in Moskau ausgehandelten Modus vivendi durchzubringen, der zwar das Verbleiben sowjetischer Truppen (wenn auch unter der Kontrolle der polnischen Regierung) bestätigte, aber auch zahlreiche Vorteile enthielt, und zwar: Annullierung der polnischen Schulden, die sich auf zwei Milliarden Rubel beliefen; Eröffnung eines neuen Kredits; Zusage einer Lieferung von 1,400.000 Tonnen Getreide.

Die Wahlen vom Januar 1957 wurden zum Volksentscheid für Gomułka, der nun aber die Kontrolle der Partei über sämtliche Institutionen wiederherstellte und verstärkte – auch auf die Gefahr hin, den Großteil seiner einstigen ultrademokratischen und revisionistischen Anhänger vor den Kopf zu stoßen. Gomułka gab Polen eine relativ tolerante und pragmatische (um nicht zu sagen, opportunistische), zugleich aber autoritäre Regierung, die seinen eigenen politischen Vorstellungen und seinem Charakter entsprach.

Der ungarische Oktober: eine niedergeschlagene, aber keine vergebliche Revolution

Voraussetzungen und Möglichkeiten sind analog gewesen. Und doch haben die polnische und die ungarische Erhebung zu so verschiedenen Ergebnissen – dort Kompromiß und hier Katastrophe – geführt. Und sie haben schließlich im entstalinisierten Kommunismus wieder zueinander gefunden. Bei näherer Betrachtung erscheint die Frage berechtigt, ob das Schicksal Polens und Ungarns nicht auswechselbar gewesen wäre, ob Gomułka nicht das Los Nagys oder Kádárs beschieden gewesen wäre, wenn die polnische Bevölkerung in der Nacht vom 19. auf den 20. Oktober 1956 gegen die Sowjettruppen zu kämpfen begonnen hätte; und umgekehrt: ob Nagy unter günstigeren Umständen nicht zum Gomułka Ungarns geworden wäre. Alles hing, scheint es, nur an einem Faden, und Polen wäre in einen allgemeinen Aufstand hineingeschlittert. Und auch nur an einem

Faden hing es, und Ungarn wäre dem Aufstand entgangen. Dennoch, man darf nicht von Zufall sprechen angesichts einer Entwicklung, bei der sich die günstigen Faktoren für eine friedliche Lösung auf der einen, die ungünstigen auf der anderen Seite seit langem angesammelt hatten.

Polen konnte das Eingreifen der Sowjets vermeiden, weil: 1. die polnische KP sich schon im April 1956 als Einheit erwiesen hatte, die imstande war, relativ unabhängig von der Sowjetführung zu handeln; 2. das nationale Interesse Polens die Aufrechterhaltung des Bündnisses mit der UdSSR erforderte; und 3. das Ausmaß der von der Gomułka-Gruppe gewünschten Entsatellitisierung und Entstalinisierung nicht unvereinbar war mit den Zielen des Kremls. Im Gegensatz dazu hat die Entwicklung in Ungarn das sowjetische Eingreifen geradezu herausgefordert, weil: 1. die ungarische KP sich auch nach dem XX. Parteitag als unfähig erwiesen hat, durch eine unabhängigere Politik im Volk Sympathien zu gewinnen; 2. ihr nationales Interesse die Ungarn den Maßstab an Österreich, Finnland oder Jugoslawien legen ließ; und 3. die von der Mehrheit der Ungarn gehegten und geäußerten Wünsche den strategischen und ideologischen Zielen der Sowjetunion diametral gegenüberstanden.

Ein sehr großer Teil der Verantwortung für die ungarische Tragödie fällt auf Mátyás Rákosi, den am meisten gehaßten Handlanger Stalins, auf einen Mann, für den die Unterdrükkung, sogar nach Ansicht seiner nächsten Mitarbeiter, zur Manie geworden war. (5) Die Nachricht vom Posener Aufstand dient ihm als Vorwand für eine vorbeugende Aktion gegen die Intellektuellen. Am 30. Juni beruft er das Zentralkomitee und läßt es eine angeblich von der Gruppe um Imre Nagy organisierte, »gegen Partei und Volksdemokratie gerichtete Opposition« anklagen und verurteilen. Déry und Tardos werden aus der Partei ausgeschlossen, der Petöfi-Kreis wird aufgefordert, seine Zusammenkünfte einzustellen. Rákosi ist das aber noch nicht genug. Er setzt alles daran, die Arbeiter der großen Fabriken gegen die rebellischen Intellektuellen zu mobilisieren, die er als »Agenten der Bourgeoisie« anprangert. Die Arbeiter verlangen aber, besser informiert zu werden, sonst könnten sie die Maßnahmen gegen den Petöfi-Kreis nicht gutheißen. Rákosi beabsichtigt nun, die

Wortführer der Opposition, unter ihnen auch Nagy, verhaften und ihre Zeitungen einstellen zu lassen. Diese Absicht Rákosis entbehrt zwar nicht der Logik vom rein ungarischen Standpunkt aus, sie entspricht aber keineswegs dem vom Kreml vorgesehenen Verlauf der Entstalinisierung. Am 17. Juli treffen Mikojan und Suslow in Budapest ein. Die Entscheidung, die sie von den Ungarn verlangen, ist ein getreues Spiegelbild der innerhalb der sowjetischen Führung herrschenden Kräfteverhältnisse und läßt Chruschtschows Wunsch erkennen, sich an die Abmachungen mit Tito zu halten: Rákosi muß zurücktreten. Aber ein anderer, kaum weniger verhaßter Stalinist, Ernö Gerö, folgt ihm als Erster Parteisekretär nach. Halbe Maßnahmen, die die Rákosi-Anhänger entmutigen und die Opposition in keiner Weise zufriedenstellen. Diese Wahl, die auch Tito mißfällt, ist unvernünftig. Daran ändert auch die Aufnahme einiger Männer der Mitte ins Politbüro nur wenig. Diese sind: János Kádár und György Marosán (einst Opfer Rákosis) sowie Károly Kiss (ein eher gemäßigter Stalinist). Kádár wird zum Stellvertreter Gerös im ZK-Sekretariat ernannt. War die Rückberufung József Révais, des Kulturdiktators der Stalin-Ära, ins Politbüro als Gegengewicht gegen Kádár gedacht? Das neue Politbüro ist zu heterogen, um leistungsfähig zu sein. Es verspricht zwar die Beschleunigung der Rehabilitierungen und die Aufwertung des Parlaments, es beschließt aber auch die Fortsetzung der Kollektivierung und besteht auf der Priorität der Schwerindustrie. Die Konzessionen gehen jedenfalls nicht so weit wie die Beschlüsse des Siebenten polnischen Plenums. Während die polnische Führung nach Posen von Moskau Abstand zu gewinnen sucht, hängen Gerö und Genossen, die von Mikojan eingesetzt worden waren, ganz von Moskau ab. Daß Nagy übergangen worden ist, vermehrt sein Ansehen; immer mehr gruppieren sich Liberale und Patrioten um seine Person. Kádár wäre zum Brückenschlag zwischen der Partei und Nagy zwar ebenso imstande wie Ochab in Polen, er teilt aber den Verdacht des Parteiapparats im Hinblick auf Nagy und seine aus revisionistischen Intellektuellen gebildete Umgebung; wahrscheinlich hält er sich selbst für geeigneter, Chruschtschows Ideen zu verwirklichen.

Gleich nach seiner Wahl tritt Gerö gegen das vom Petöfi-

Kreis bekundete Vorhaben auf, ein »zweites politisches Zentrum« zu bilden, das im Gegensatz stünde »zum einzigen wirklichen politischen Zentrum des Landes«, zum Zentralkomitee. Tatsächlich ist die Autorität des Zentralkomitees erschüttert. Andererseits hemmen die Zweifel Imre Nagys die Organisierung der Opposition. Nagy möchte entgegen den Vorschlägen einiger Freunde keine Fraktion bilden. Nagys »legalistische« Auffassung findet ihren Niederschlag in einem Brief, den er am 4. Oktober an das ZK richtet. (6) Er bezeichnet sich darin als Anhänger »des leninistischen Prinzips des demokratischen Zentralismus« und betont die Notwendigkeit der »ideologischen und politischen Einheit der Partei«. Nagy hofft, den Parteiapparat von seiner Loyalität überzeugen zu können; er glaubt, daß sein Platz »innerhalb der Partei« ist, »in deren Mitte ich fast vierzig Jahre meines Lebens verbracht habe und in deren Reihen ich mit allen meinen Kräften gekämpft habe, entweder mit der Waffe in der Hand ... mit Worten oder mit der Feder, für die Sache des Volkes, des Vaterlands und des Sozialismus«. Gomułka hat nicht anders gedacht, aber das hat ihn nicht gehindert, seine Rückkehr zur Macht mit organisatorischen Mitteln, durch Kontaktnahme mit dem Parteikomitee in Warschau, mit den Chefs von Polizei und Armee, vorzubereiten. Nagy hat sich einzig auf die Partei verlassen, auf eine Partei, die sich im Zustand fortschreitender Zersetzung befand.

Während der drei Monate, die zwischen der Umbildung im Juli und dem 23. Oktober vergehen, steigert sich die Unruhe immer mehr, die Konfusion nimmt zu, die Krise vertieft sich; es bilden sich aber nicht, wie in Polen, in der Führung oder in der Opposition genügend starke Gruppen, die die Ereignisse lenken hätten können. Die Wortführer erweisen sich nicht als wirkliche Führer. Anfang September lehnt der Schriftstellerkongreß den Mehrstufenplan ab, den im Namen der Parteiführung Gyula Kállai, ein Freund Kádárs, vorgelegt hat. Die Schriftsteller fordern »die totale Freiheit der Literatur«. Ihre Versammlungen verwandeln sich in eine Art »États généraux« der Nation. Daß die Schriftstellerrevolte straflos bleibt, beweist die Machtlosigkeit der Regierung; dieser Umstand trägt zum prärevolutionären Klima bei und verstärkt die allen Intellektuellen aller

Zeiten eigene Illusion, es genüge, die Wünsche des Volkes zu formulieren, um den Gang der Ereignisse zu ändern.

Der Petöfi-Kreis nimmt seine Diskussionen wieder auf, Debattier-Klubs entstehen in allen Universitätsstädten. Die Tatenlosigkeit der Behörden gegenüber diesem Erwachen der Geister, die von Gerö zugebilligten Konzessionen werden für das genommen, was sie sind: Zeichen der Schwäche und der Ratlosigkeit.

Nach anfänglicher Weigerung gewährt die Parteiführung am 6. Oktober Rajk und drei anderen völlig rehabilitierten Genossen ein Staatsbegräbnis. Mehr als 300.000 Personen ziehen durch die Straßen Budapests: Studenten, Angestellte, Schriftsteller, Arbeiter, Handwerker, Parteimitglieder, Parteilose. Die Polizei befürchtet Unruhen, ähnlich denen in Posen. Es ereignet sich aber nicht der geringste Zwischenfall, nicht ein Ruf wird laut. Imre Nagy geht an der Spitze des Zuges, er umarmt Rajks Witwe. Der disziplinierte Charakter dieser Kundgebung bedeutet einen Erfolg für die Veranstalter – Nagy-Anhänger. Ist damit nicht der Beweis erbracht worden, daß die Opposition sehr wohl imstande ist, die Massen zu mobilisieren, sie aber auch unter Kontrolle zu halten? Welch gute Gelegenheit für die Parteiführung, schnell zu handeln und durch eine demonstrative Geste die Versöhnung zwischen Partei und Volk zu demonstrieren!

Aber den ungarischen Führern fehlt es an Vorstellungskraft. Sie sind mit eigenartiger Blindheit geschlagen. Nichts ist ein besserer Beweis für ihren Mangel an Einsicht in die Realität als der lange Aufenthalt Gerös und seiner nächsten Genossen Ende September/Anfang Oktober in der Sowjetunion. Gerö, der ehemalige hohe Funktionär der Komintern, glaubt weiter fest daran, daß die ungarischen Probleme nur in Moskau gelöst werden können. In Sotschi hat er mehrere Unterredungen mit Suslow und Mikojan, dann macht Chruschtschow ihn mit Tito bekannt. Chruschtschow ist der Meinung, Tito könne durch die moralische Unterstützung des Teams Gerö-Kádár (wobei er auch schon an Kádár als den kommenden Parteiführer gedacht haben mag) zur Beruhigung und Stabilisierung der ungarischen Verhältnisse beitragen. (7) Als Beweis seines guten Willens und im Bestreben, das nach den Posener Ereignissen etwas erschütterte sowjetisch-jugoslawische Einvernehmen zu festigen, gibt Tito schließlich nach und lädt Gerö, den Feind von gestern, nach Jugoslawien ein. Man geht wohl nicht fehl in der Annahme, daß Tito Gerö dazu gebracht hat, Imre Nagy kurz danach wieder in die Partei aufzunehmen; das ermöglicht diesem die Rückkehr an die Macht.

Am 14. Oktober begibt sich Gerö in Kádárs Begleitung nach Belgrad. Am 23. kommt er zurück, ohne den geringsten politischen Nutzen aus dieser Reise gezogen zu haben. Inzwischen gehört Ungarns Aufmerksamkeit zur Gänze den tragischen Ereignissen in Polen. Die Ungarn sehen in Gomułkas Sieg über die Stalinisten und die Sowjets ein Vorbild. Der Ablauf der Ereignisse in Polen läßt sie glauben, es sei nun möglich, den »ungarischen Weg zum Sozialismus« zu verwirklichen, vorausgesetzt, die Parteileitung nützt die Gelegenheit und handelt schnell. Trotz des Eindrucks von Schwäche, Ratlosigkeit und Geistesabwesenheit, den das Zentralkomitee hervorruft, denkt kein einziger unter den Führern des Petöfi-Kreises daran, den Rahmen einer Reform des kommunistischen Regimes zu überschreiten. Die zehn Punkte des Programms des Petöfi-Kreises vom 22. Oktober haben nichts Revolutionäres an sich. Darin wird verlangt: der rasche Zusammentritt des Zentralkomitees unter Teilnahme von Imre Nagy; die Reorganisation der Patriotischen Volksfront (deren sich Imre Nagy ja schon einmal als Brücke zwischen Partei und Volk bedienen wollte); die Autonomie der Fabriken (in Nachahmung des jugoslawischen Systems der Selbstverwaltung); die Absetzung Rákosis und ein öffentlicher Prozeß gegen den Oberst der Politischen Polizei Vladimir Farkas (Sohn Mihály Farkas'); schließlich »eine noch engere Verbindung mit der UdSSR« (aber) »auf der Basis des leninistischen Prinzips völliger Gleichheit«.

Den Petöfi-Kreis könnte man die »Gironde« der Entstalinisierung nennen. Die »Jakobiner« finden sich unter den Studenten, deren am gleichen Tag formulierte Forderungen nicht so maßvoll sind: Abzug der Sowjettruppen; Abhaltung freier Wahlen unter Teilnahme verschiedener Parteien; Revision des gesamten Wirtschaftssystems »unter Berücksichtigung der für Ungarn gegebenen Voraussetzungen«. Die Studenten rufen für den 23. Oktober zu einer großen Solidaritätskundgebung mit Polen auf; dieser Aufruf wird öffentlich an Häusern angeschlagen.

Und damit fing es an. Zuerst wurde die Kundgebung vom Innenministerium verboten. Die Schriftsteller, der Petöfi-Kreis, die Studenten schickten mehrere Abordnungen zum Sitz des Zentralkomitees, um die Widerrufung dieser Entscheidung zu erreichen. Man verbrachte Stunden mit unnützen Diskussionen, während der Aufmarsch praktisch schon begonnen hatte. Gerö war am Morgen dieses Tages von Belgrad zurückgekehrt. Er wollte scharf vorgehen. Andere leitende Funktionäre redeten ihm zu, nachzugeben. Die Nagy-Anhänger befürchteten eine Provokation. Imre Nagy selbst war nicht in Budapest und kam erst gegen Mittag zurück. Bald nach ein Uhr wurde das Verbot aufgehoben. Die Solidaritätskundgebung am Denkmal von Joseph Bem, dem polnischen General der ungarischen Revolution von 1848, verlief ruhig, aber sie nahm kein Ende. Die ganze Bevölkerung war auf der Straße. Arbeiter aus den Vororten strömten herbei. Die »Bremsen« versagten, das politische Vakuum, das durch das Fehlen jeglicher Autorität entstanden war, wurde nun von einer ungeordneten Menge ausgefüllt, die »etwas Entscheidendes« erwartete, »etwas Großes und sehr Bedeutendes«. Vorschläge wurden da und dort laut, ganz spontane Ausrufe. Geht und holt Imre Nagy! Zerstört das Stalin-Denkmal! Besetzt den Rundfunk! Hißt die Nationalflagge, weg mit dem Zeichen der Volksrepublik! Noch war jedoch nichts wirklich Unwiderrufliches geschehen, nichts, was eine Gruppe entschlossener Männer nicht in Schranken halten, in Ordnung bringen hätte können. Aber statt die Hand auch nur eines solchen energischen Mannes zu spüren, wurde die Menge mit einer Rede abgespeist, mit der vom Rundfunk übertragenen ungeschickten Rede Gerös, der immer wieder hervorhob, was Ungarn der Sowjetunion schulde, und die Kundgebung als nationalistisch und chauvinistisch hinstellte. Sowohl durch ihren Inhalt wie durch all das, was nicht gesagt wurde, mußte diese einfältige Rede die Verwirrung und Gereiztheit der Menge steigern.

In den Abendstunden kommt es zu einer Schießerei in der Nähe des Rundfunkgebäudes. Wer hat zuerst geschossen? Das wird sich wahrscheinlich nie mehr feststellen lassen. Tatsache ist jedenfalls, daß die Politische Polizei, die berüchtigte AVH, sich unfähig erwiesen hat, die Menge zu zerstreuen; daß die Regierung sich nicht auf die Armee verlassen konnte; daß das in aller Eile und unter dunkel gebliebenen Umständen einberufene Zentralkomitee den Kopf verlor und zwei widersprüchliche Entscheidungen getroffen hat: die Ernennung Imre Nagys zum Ministerpräsidenten (unter Belassung Gerös als Parteichef) und den Appell an die sowjetische Garnison, die Ordnung wiederherzustellen.

Der weitere Verlauf der Ereignisse ist zu bekannt, als daß er hier nochmals in allen Einzelheiten wiederholt werden müßte. (8) Ich werde mich auf die Punkte beschränken, die für das volle Verständnis des Dramas unerläßlich sind und vor allem die Handlungen der drei Akteure beleuchten: Imre Nagy, die Sowjetführung und das aufständische Volk.

Imre Nagy wollte der Mann der Reform sein, des friedlichen Übergangs. Die Verwirklichung dieses Vorhabens setzte aber das ordentliche Funktionieren des Machtapparates voraus, dessen Steuer Nagy zu ergreifen gedachte. Das Erscheinen sowjetischer Panzer in den Straßen Budapests enthüllte jedoch schlagartig die totale Machtlosigkeit von Staat und Partei und deren antinationalen Charakter. Von jetzt an galt der nationale und demokratisierte Kommunismus als reine Schimäre. Von den Ereignissen bereits überholt, versucht Nagy das menschenmögliche, um das von Gerö angerichtete Unheil wieder gutzumachen, um Bedingungen herzustellen, die einen neuen Anfang ermöglichen und die ursprünglichen Ziele mit den Wünschen des Volkes in Einklang bringen könnten. Das Volk aber entzieht sich in der Nacht vom 23. auf den 24. Oktober jeglicher Kontrolle. In einem wilden Durcheinander toben sich Leidenschaften aus und wollen Träume wahr werden. Sich selbst überlassen, bemüht sich Nagy, die Handlungsfreiheit wiederzuerlangen. Er versucht, den Druck zu mildern, sich Gerös und seiner Helfershelfer zu entledigen, die Sowjets zum Rückzug, die Aufständischen zur Mäßigung zu überreden, bittet Sowjets und Aufständische, Vertrauen zu ihm zu haben und ihn als Vermittler zu akzeptieren. Das Hauptziel, das er verfolgt, ist die Aufrechterhaltung der Ordnung. Es dauert mehrere Tage, bis es für ihn feststeht, daß es sich nicht um einzelne Zwischenfälle handelt, was da berichtet wird, sondern um eine Revolution, einen nationalen Aufstand gegen die Fremdherrschaft, gegen das totalitäre Regime und für die Demokratie. Ebenso wie Kádár, wie Gerö, wie alle anderen, hat er zuerst gedacht, daß die Unruhen von wenigen jungen Hitzköpfen ausgehen, vielleicht vom Westen inszeniert worden sind, vor allem aber, daß es möglich sein werde, ihrer schnell Herr zu werden, indem man sie einfach totlaufen lasse.

Am Abend des 24. treffen die Abgesandten des Kremls, Mikojan und Suslow, in der ungarischen Hauptstadt ein. Sie scheinen Nagys Argumenten zugänglich, geben zu, der Appell an die Sowjettruppen sei falsch gewesen, und erklären sich zu weitgehenden Zugeständnissen bereit. Gerö wird abgesetzt, Kádár nimmt seine Stelle ein. Die Bevölkerung wird aufgefordert zu beflaggen. Der Wortführer der Schriftsteller, der Sekretär des Petöfi-Kreises, fordert die Aufständischen auf, die Waffen niederzulegen und sich hinter Imre Nagy und Kádár zu stellen. Die Verhandlungen über die Bildung einer repräsentativeren Regierung beginnen. Allem Anschein nach erringt Nagy bei den Sowjets einen Erfolg. Aber es ist ein Erfolg ohne Folgen. Er wird zunichte gemacht durch das Übergreifen des Aufruhrs auf die Provinz, durch das Andauern der Straßenkämpfe, durch den Zerfall der Partei, die Passivität der Verwaltung. Der Streik, der am 24. Oktober in Budapest begonnen hat, dehnt sich immer weiter aus. Sowjetische Panzer und AVH sind nicht imstande oder zögern, die Widerstandsnester zu beseitigen, die sich in der Hauptstadt gebildet haben: in der Corvin-Passage, in der Kilian-Kaserne. In fast allen Provinzstädten geht die Macht – manchmal nach blutigen Zusammenstößen mit der AVH, zumeist aber friedlich – in die Hände der Revolutionskomitees und der Arbeiterräte über, die im allgemeinen mit der Person Imre Nagys einverstanden sind, jedoch glauben, ihm ihre Bedingungen vorschreiben zu können.

Die neue Regierung, deren Zusammensetzung Nagy am 27. Oktober bekanntgibt, stößt auf Skepsis, erweckt kein Vertrauen. Sie enthält zu viele vom früheren Regime übernommene Männer, die als Anhänger Rákosis gelten. Je mächtiger der patriotische Aufschwung wird, je mehr die Öffentlichkeit, die so lange geschwiegen hat, zu Wort kommt, umso radikaler werden die Forderungen. Das plötzliche Schwinden des Zwanges erweckt einen fieberhaften Enthusiasmus. Für die Dauer einiger Tage fühlen sich die Ungarn auf wunderbare Weise frei. Der Überschwang der Jugend ist ansteckend. Die Nation findet wieder zu ihrer Einheit in der Forderung nach Unabhängigkeit, freien Wahlen und dem Abzug der Sowjettruppen.

Nagys Lage wird immer auswegloser. Einerseits ist er loyaler Kommunist, realistischer Patriot und fühlt sich an den Kompromiß gebunden, den er mit Mikojan und Suslow geschlossen hat und mit dem er im wesentlichen zufrieden ist. Andererseits steht er unter dem Druck der verschiedenen Komitees, mit denen er Verhandlungen begonnen hat. Die Einsätze werden immer höher. Täglich willigt Nagy in neue Zugeständnisse ein, in der Hoffnung, auf diese Weise die Ordnung wieder herzustellen. Er versucht, die Situation wieder in die Hand zu bekommen, indem er den Aufruhr quasi legalisiert, den Polizeitruppen befiehlt und die Russen ersucht, das Feuer einzustellen, den Aufständischen Vertrauen schenkt, wie zum Beispiel dem Oberst Maléter. Nachdem er sich der Männer Rákosis während der ersten Tage des Aufstands entledigt hat, wird er aber zur Geisel der Aufständischen. In den Unterredungen mit diesen wird er noch von dem Ansehen getragen, das er genießt. Er spricht für die Staatsräson, über reale Macht verfügt er nicht mehr. Der Ministerpräsident muß sich den Tatsachen beugen: die Herrschaft der Einheitspartei und der Kommunismus haben im ganzen Land keinen Rückhalt im Volk. Sie sind nur die Folge der russischen Machtstellung. Vom Mißerfolg der ersten sowjetischen Intervention ermutigt, rechnet das Volk gar nicht mehr mit dieser Macht. Es glaubt, die Sowjetarmee besiegt zu haben. Wollte nun Nagy nicht um eine energischere Intervention ansuchen – was der Verleugnung seiner Überzeugung gleichgekommen wäre –, so mußte er in der Reorganisierung der politischen Parteien die alleinige Rettung erblicken. Er hofft, die Führer der Bauern und der Sozialdemokraten, die über politische Erfahrung verfügten, würden ihm beistehen im Wettlauf gegen die extremistischen, unverantwortlichen Elemente, die ihn überrumpeln und das Land in etwas hineinziehen wollen, was unter den gegebenen Umständen nur ein Abenteuer sein konnte.

Am 30. Oktober verkündet Nagy die Rückkehr zu »einem

Regierungssystem, gegründet auf der demokratischen Zusammenarbeit der verbündeten Parteien, so wie es schon 1945 bestanden hat«. Nach seiner Meinung ist ein Mehrparteiensystem nicht unvereinbar mit der Aufrechterhaltung einer sozialistischen Wirtschaft. Die Führer der einstigen demokratischen Koalition, die jetzt wieder auftauchen, geben ihm diesbezüglich beruhigende Versicherungen. Aber wie berauscht durch die Wiedererlangung der Demokratie, gehen die Wortführer des Aufstandes noch weiter und verlangen den Austritt aus dem Warschauer Pakt, die völlige Unabhängigkeit, die Neutralität. Nagy leistet ihnen einige Tage lang Widerstand, dann gibt er nach und beschleunigt so sein Verderben und das Mißlingen des Aufstands.

Die letzten Etappen des Dramas bleiben im Dunkel. Man weiß nur so viel, daß Mikojan und Suslow am 29. Oktober nach Budapest zurückgekehrt sind und eine Erklärung der Sowjetregierung mitgebracht haben, die am folgenden Tag veröffentlicht wird. Sie scheint den Kompromiß vom 25. Oktober zu bestätigen. Nun stellen aber die Einführung des Mehrparteiensystems und die bevorstehende Aufkündigung des Warschauer Paktes die Sowjetführung vor eine neue, äußerst heikle Situation. (9) Chruschtschow hat später, im Dezember 1959 in Budapest, zugegeben, daß damals im Kreml bezüglich des einzuschlagenden Weges keine Einigkeit geherrscht hat. »Einige Genossen waren der Ansicht, die Intervention könnte schlecht ausgelegt werden.« Es ist allerdings nicht verwunderlich, daß die Argumente für eine Intervention die Oberhand behalten haben. Der Kreml hatte allen Grund, anzunehmen, der ungarische Aufstand könnte, falls er nicht energisch unterdrückt würde, eine Kettenreaktion hervorrufen. Die Parteiführer in Prag, Ostberlin, Bukarest und Sofia haben ja bereits im Aufstieg Gomułkas und in der Toleranz gegenüber den polnischen Revisionisten eine Gefährdung für die Festigkeit ihres Regimes gesehen. Ein neutrales Ungarn, mit einem Parlament, westwärts orientiert, würde allen Völkern des Ostens als eklatantes Beispiel für die Reversibilität der Geschichte erscheinen. In diesem Punkt waren sogar die Chinesen, die sonst jedem »Großmachtchauvinismus« feindlich gegenüberstanden, der gleichen Meinung. Sie hatten mit Nagy sympathisiert, solange sie der Überzeugung waren, er werde Herr der Lage bleiben und einem nationalen Kommunismus zum Sieg verhelfen. Durch sein Überwechseln zur parlamentarischen Demokratie ist Nagy auch in ihren Augen zum Konterrevolutionär geworden. So unterstützte Mao Tse-tung zwar weiterhin Gomułka gegen die Russen, drängte diese aber, den ungarischen Aufstand unverzüglich niederzuschlagen. Dadurch, daß Mao in diesem Punkt mit den Tschechoslowaken, Ostdeutschen usw. übereinstimmte, lieferte er den Sowjets die internationalistische Rückendeckung, derer sie dringend bedurften.

Die sowjetischen Militärs, deren Selbstbewußtsein durch die in Budapest erlittene Schlappe verletzt worden war, drängten in die gleiche Richtung. Sicher, Ungarn besaß für die Sowjetunion nicht die gleiche strategische Bedeutung wie Polen. Sein Verlust ohne Gegenleistung wäre aber den Spielregeln der sowjetischen Strategie zuwidergelaufen. Und Chruschtschow, der sich den Angriffen der Stalinisten ausgesetzt sah, die ihm vorwarfen, durch seinen Bericht auf dem XX. Parteikongreß die ganze Krise ausgelöst zu haben, wollte nicht als »Liquidator« erscheinen. Hinzu kam, daß die Meinungsverschiedenheiten, die gerade in diesen Tagen zwischen den Amerikanern einerseits, Franzosen und Engländern andererseits über das Suez-Unternehmen ausgebrochen waren, das Risiko einer sowjetischen Intervention beträchtlich verminderten. Die Sowjetdiplomaten in den Hauptstädten des Westens hatten bald herausbekommen, daß trotz aller Anteilnahme für die ungarischen Aufständischen kein einziger Staat eine militärische Aktion für Ungarn unternehmen würde. Und so rollten bei Tagesanbruch des 4. November 1956 die um Budapest konzentrierten Sowjetpanzer feuernd gegen die Hauptstadt vor. Einige Stunden zuvor waren die Bevollmächtigten der Regierung Nagy – Verteidigungsminister Maléter und Generalstabschef István Kovács – ins sowjetische Hauptquartier berufen worden. Dort sollten sie die am 1. November begonnenen Unterhandlungen fortführen und – wurden verhaftet.

Zur Absetzung der Regierung Nagy, deren Gesetzmäßigkeit außer Zweifel stand, zur Niederschlagung des Aufstands, dessen Stärke nicht in den Waffen lag, sondern im wiedergefundenen Nationalbewußtsein, glaubten sich die Sowjets auch durch den Warschauer Pakt berechtigt, der, wie der Sowjetdelegierte beim

Sicherheitsrat betonte, die UdSSR ermächtigte, »Ungarn gegen jede subversive Tätigkeit zu schützen«. Einen Appell in diesem Sinne hatte Moskau von János Kádár erhalten, der bereits am Morgen des 4. November über den Rundfunk seinen Bruch mit Nagy und die Bildung einer »revolutionären Arbeiter- und Bauernregierung« bekanntgegeben hatte. Kádár verurteilte nicht die am 23. Oktober ausgelöste Bewegung, deren »edles Ziel es war, den von Rákosi und seinen Helfershelfern gegen Partei und Demokratie begangenen Verbrechen ein Ende zu setzen und die Unabhängigkeit und nationale Souveränität zu verteidigen«. Aber, so erklärte er, »die Ausnützung dieser Bewegung durch konterrevolutionäre Elemente, denen die Regierung Imre Nagy keinen wirksamen Widerstand entgegensetzte, hat die sozialistischen Errungenschaften, den Volksstaat, die Macht der Arbeiter und Bauern, ja sogar die Existenz des Landes in Gefahr gebracht«. Daher sei es notwendig, eine neue Regierung zu bilden, die »im Interesse der Arbeiterklasse, im Interesse des Volkes und des ganzen Landes« die Befehlshaber der Sowjetarmee um Hilfe ersuche, »um die dunkeln reaktionären Kräfte zu vernichten und Ruhe und Ordnung im Lande wieder herzustellen«.

Das Umschwenken Kádárs kam überraschend. Hatte er nicht eben erst am 1. November im Budapester Rundfunk eine Rede gehalten, in der er die Umbildung der Partei ankündigte und den Aufstand verherrlichte? Bei näherer Betrachtung liefert aber diese Rede – die er kurz vor seiner heimlichen Abreise in die Ukraine, wo er die Gegenregierung bildete, gehalten hatte – den Schlüssel für seine Kehrtwendung. Darin gibt es tatsächlich den Passus von der dramatischen Wahl, die das Volk hatte »zwischen der Auswertung unserer Errungenschaften und dem Anschluß an die Konterrevolution«. Zweifellos hat Kádár den Ausdruck Konterrevolution in rein kommunistischem Sinn verwendet. Mußte ihm, dem Mann des Parteiapparats, der im Kult der Partei aufgewachsen war, nicht jede Beeinträchtigung von deren Vormachtstellung als konterrevolutionär erscheinen? Andererseits ist es Tatsache, daß die ungarische Erhebung nach dem 28. Oktober mehr und mehr antikommunistischen Charakter annahm. Nach dem Rückzug der Sowjettruppen veranstalteten einzelne Extremisten unter den Aufständischen auf die AVH-Männer eine regelrechte Jagd, die sich manchmal auch auf Parteiaktivisten erstreckte. In den Fabriken und bei den Behörden begann eine antikommunistische Säuberung, die paradoxerweise noch lange nach der Niederschlagung des Aufstands weiterging. Nachdem die demokratischen Parteien wiedererstanden waren und die Arbeiterräte – eine Schöpfung der Volkserhebung – festen Fuß gefaßt hatten, erschien es nicht so unwahrscheinlich, daß sich ein souveränes Ungarn sozialistische *und* demokratische Einrichtungen geben und einem Wiedererstehen des Horthy-Regimes, das sich nur noch eine Minderheit wünschte, widersetzen würde. Nagy und seine Freunde hatten diese konstruktive Entwicklung erhofft. Aber für Kádár, für Münnich, für alle, die sich ihnen angeschlossen hatten, war eine solche Entwicklung unannehmbar. Sie mißbilligten, sie verurteilten die Übergriffe des Rákosi-Regimes, sie waren bereit, Chruschtschow auf dem Weg der Entstalinisierung, die »oben« beginnen sollte, zu folgen, aber sie konnten nicht anders, als die sowjetische Entscheidung gutzuheißen, nach der der Sturz der Einheitspartei und der Abfall Ungarns um jeden Preis verhindert werden mußten. Zugegeben, Kádár hoffte – wie Nagy –, die Ergebenheit gegenüber der Partei und die Loyalität gegenüber der Sowjetunion mit dem ungarischen Patriotismus, genauer Nationalismus, dessen Stärke ihm bewußt war, verbinden zu können. Aber in der Stunde der Entscheidung gab er dem Parteiinteresse den absoluten Vorrang vor der nationalen Unabhängigkeit. Und das Parteiinteresse erforderte – egal, welche unmittelbaren oder künftigen Nachteile das haben mochte – den Appell an die Sowjets um Intervention.

Die genaue Kenntnis von Kádárs Beweggründen ist für das Verständnis der Ereignisse ebenso wichtig wie die der Motive der sowjetischen Führung. Während der Intervention wurde die Aufmerksamkeit der ganzen Welt vor allem von der Brutalität des Eingreifens und den verlogenen Rechtfertigungen gefesselt. Viele meinten darin den totgeglaubten Stalinismus wiederzuerkennen. Es stellte sich aber später heraus, daß dieses Mal die stalinistischen Methoden der Unterdrückung nicht angewendet wurden, um den Stalinismus wieder aufzurichten, sondern um an seine Stelle ein Chruschtschowsches System zu setzen, ähnlich dem von Gomułka, wenn auch mit dem Unterschied, daß am neuen

Regime in Ungarn immer der Makel haften würde, von Moskaus Gnaden und Moskaus Panzern eingesetzt worden zu sein.

Bis ins kleinste vorbereitet, hat die sowjetische Intervention binnen kürzester Zeit den Widerstand der Aufständischen gebrochen. Diese verfügten ja nur über wenige befestigte Stellungen, über wenig Munition und Organisation. Die in den Kasernen befindlichen Truppen der regulären, großteils von stalinistischen Offizieren befehligten Armee blieben während der ersten Phase der Erhebung passiv; sie griffen nur im Endstadium sporadisch ein. Auf alle Fälle war das Kräfteverhältnis sehr ungleich. Es waren die Arbeiter einiger großer Budapester Fabriken, Csepel und Dunapentele vor allem, und die Bergarbeiter von Fünfkirchen (Pécs), die am längsten Widerstand leisteten. Sie kämpften um der Ehre willen und aus Verzweiflung. Das Land eignet sich nicht für einen Guerillakrieg. Die Hoffnung auf westliche Hilfe, die einen Teil der Bevölkerung erfüllte, brach bald zusammen. Und doch hat die nationale Einigkeit, die sich in diesen Oktobertagen gezeigt hat, die militärische Niederlage überdauert. Sie fand ihren Ausdruck im Generalstreik und ihren Wortführer im zentralen Arbeiterrat von Groß-Budapest, der sich am 14. November gebildet hatte und mehrere Wochen lang wie eine zweite Macht im Staate handelte, Vertreter einer entwaffneten Nation, die aber der Regierung Kádár einig gegenüberstand, einer Regierung, die sich sichtlich schämte, daß sie sich nur auf die sowjetischen Panzer stützen konnte.

»Arbeiter- und Bauernregierung« nannte sich diese Regierung, hatte aber weder mit der Arbeiterklasse noch mit den Bauern die geringste Verbindung. Es war Kádárs großer Wunsch, sein Programm populär zu machen, ein Programm, das fast Punkt für Punkt mit Ausnahme des Mehrparteiensystems und der Forderung nach Neutralität dem Regierungsprogramm Nagys entsprach. Die Vertreter der Arbeiterschaft versuchten die Schwäche von Kádárs Position, dessen Suche auch nur nach einem Minimum an gesetzlicher Basis auszunützen, um ihm Konzessionen zu entreißen – inklusive der Rückkehr Nagys. Diese wäre eine Bestätigung für den politischen Sieg des mit Waffen niedergeschlagenen Aufstandes gewesen. Die Vertreter der demokratischen Koalitionsparteien, die Schriftsteller, die Kádár ebenfalls für seine Sache zu gewinnen trachtete, sie bewiesen die gleiche Unerschütterlichkeit. Schließlich verlor Kádár die Geduld; Anfang Dezember ließ er die Führer des zentralen Arbeiterrates verhaften; die Unterdrückung wurde mit verdoppelter Stärke weitergeführt. (10) Nagy und seine Gefährten waren am 4. November in die jugoslawische Botschaft geflüchtet. Nachdem sie diese gegen die Zusage der Straffreiheit verlassen hatten, wurden sie nach Rumänien deportiert. Die Politische Polizei erstand neu. Aus den härtesten Rákosi-Leuten wurden »Arbeitermilizen« gebildet. Und so lernten die Ungarn wieder die Furcht kennen, von der sie sich im Oktober befreit hatten. Die Begeisterung wich der Resignation, die nationale Romantik der Enttäuschung, der bitteren Wirklichkeit. Dann, nachdem die Opposition endgültig geschlagen und das Volk völlig demoralisiert war, bewies Kádár Virtuosität. Auf den Ruinen der Träume seiner Landsleute und mit einem Appell an deren realistische Einsicht errichtete er ein progressives und vorsichtig liberales System, das in der Tat erheblich weniger drückend war als das Regime Rákosis und Gerös, dessen Pendant die tschechoslowakischen und rumänischen Nachbarn noch viele Jahre ertragen mußten. (11)

6. »Heilige Allianz« gegen Revisionismus und Nationalkommunismus

»Unruhige Zeiten sind eine böse Sache, aber sie können uns dazu anspornen, aus ihnen zu lernen ... So kann eine böse Sache zur Quelle von etwas Gutem werden.« Mit diesen Worten kommentierte Mao Tse-tung im Februar 1957 die Ereignisse in Ungarn und griff damit auf einen Ausspruch Lao-tses vor 2000 Jahren zurück. Das »Gute« der ungarischen Revolution war nach Maos Ansicht die Festigung des Solidaritätsgefühls unter den Kommunisten angesichts der Umsturzgefahr, von der sie ja alle bedroht waren. Die erste Reaktion der meisten Oststaaten war der Wunsch, sich enger zusammenzuschließen und die Einheit wiederherzustellen, die 1956 ins Wanken geraten war: zuerst durch die Entstalinisierung, dann durch Posen, Warschau und Budapest. Wieder einmal – wie bereits 1928, 1939 und 1948 – fanden sich die Kommunisten nach einer Periode des Einlenkens, der Versuche zur Zusammenarbeit mit der nichtkommunistischen Linken, der Öffnung nach dem Westen hin, letzten Endes isoliert, angefeindet, verachtet. Der drohende ungarische Abfall ließ sie wieder zur Gewalt greifen, die Gewalt führte sie zur Ideologie, zur Versteifung im Dogmatischen. Streben nach Einheit bedeutet auch Streben nach einheitlicher Interpretation des Marxismus-Leninismus.

Es zeigte sich aber sehr bald, daß zwar alle, von Ulbricht über Chruschtschow und Tito bis Mao, über die Notwendigkeit des Zusammenschlusses der gleichen Meinung waren, aber die verschiedene Entwicklung der einzelnen Länder und Parteien war schon zu weit fortgeschritten, als daß man sich über den Weg zu diesem Zusammenschluß einigen hätte können. Die Debatte über die aus der ungarischen Revolution zu ziehenden Lehren – dem Albaner Enver Hoxha fiel die ehrenvolle Aufgabe zu, sie in der

»Prawda« vom 8. November 1956 zu beginnen – führte gar bald zu einer Suche nach Sündenböcken und ließ den Streit zwischen Stalinisten und Antistalinisten wieder aufleben. Für die meisten Verfechter des »Internationalismus«, das heißt der bedingungslosen Unterordnung unter die UdSSR, war das Wiederaufleben der Orthodoxie vor allem Vorwand für die Stärkung der Polizeidiktatur. Bei den Chinesen verbarg sich dahinter der wachsende Ehrgeiz, die Sowjets aus ihrer Stellung zu verdrängen und dem kommunistischen Lager eine kollektive Führung mit einer gegen die friedliche Koexistenz gerichteten Strategie zu geben. Wie dem auch sei, der 1956 entstandenen gemeinsamen Front der russischen, osteuropäischen und chinesischen Stalinisten gelang es, Gomułka und Tito voneinander zu trennen und den Entscheidungen der in Moskau im Dezember 1957 tagenden internationalen Konferenz den Stempel einer Neoinquisition aufzudrücken, was im Vergleich mit den Beschlüssen des XX. Parteitags der KPdSU ein ausgesprochener Rückschritt war.

Die Hinrichtung Imre Nagys im Juni 1958 war der spektakulärste Sieg dieser eigenartigen »Heiligen Allianz«, die sich nicht nur mit aller Schärfe gegen die »echten« Revisionisten und Titoisten richtete, sondern auch gegen Chruschtschow und (was Peking betrifft) darauf abzielte, die UdSSR vom Westen wieder zu trennen.

Die stalinistische oder neostalinistische Offensive verlief jedoch im Sand, weil die gesteckten Ziele nicht erreichbar waren. Es ist nicht zur Wiederherstellung der Einheit unter sowjetischer Führung gekommen – wie es der Wunsch der tschechischen, französischen, ostdeutschen und bulgarischen kommunistischen Führung war –, und auch nicht zu einer, wie Mao sie predigte und bei deren Zustandekommen der Kreml seine Vorrechte in den strategischen Entscheidungen weitgehend mit China hätte teilen müssen.

Letzten Endes hat gerade wegen der Meinungsverschiedenheiten bezüglich der einzuschlagenden Richtung, wegen der Ideologisierung das Streben nach Einheit nur zu einer Verschärfung der Gegensätze geführt. Drei Jahre nur nach der Verurteilung Jugoslawiens wegen seiner Weigerung, sich der

Parteidisziplin des kommunistischen Lagers zu unterwerfen, lehnen sich China und Albanien gegen die Hegemonie Moskaus auf. So nähert sich der Kreml neuerdings Jugoslawien und bemüht sich, die Verbindung mit den europäischen Volksdemokratien auf realistischerer Basis enger zu gestalten. Die zentrifugalen Kräfte jedoch, die der chinesisch-sowjetische Konflikt in Bewegung gesetzt hat, wirken fort.

Der Nationalkommunismus am Pranger

»Alle, die vielleicht glaubten, die Tschechoslowakei würde den Weg einer vagen Liberalisierung, einer zweifelhaften Demokratisierung einschlagen ... haben sich gründlich getäuscht«, erklärte Novotný im April 1957 in Preßburg. Die tschechoslowakische Führung war stolz darauf, vom ersten Augenblick an die ungarische Affäre richtig beurteilt zu haben. Zu einem Zeitpunkt, da nicht nur die Warschauer Zeitungen, sondern sogar die chinesischen noch mit Sympathie von den Ereignissen in Ungarn schrieben, hatte die Prager Presse bereits deren »konter-revolutionären« Charakter »durchschaut«. Budapest diente als Vorwand, um die Überwachung durch die Polizei zu verstärken, jeder Kritik, jeder Diskussion ein Ende zu machen. Die Maßregelung der Intellektuellen wurde Kopecký anvertraut, der sich schon während der Anti-Tito-Kampagnen vor 1953 ausgezeichnet hatte, ferner Vladimír Koucký und Jiří Hendrych. Sie widmeten sich dieser Aufgabe bis 1968 im Geiste einer Orthodoxie, die dem Dogmatismus eines Suslow oder eines Ponomarjow in nichts nachstand.

Novotný war mit Ulbricht der Meinung, daß Gomułka unter Druck gesetzt werden müsse, damit er daranginge, »der Tätigkeit der Reaktion in Polen ein Ende zu setzen und der Fülle falscher Ideen entgegenzutreten, die bis in die Reihen der Partei Eingang gefunden haben«. Auch nach dem Verbot des Organs der polnischen Revisionisten, »Po Prostu«, verminderte sich die Entrüstung der kommunistischen tschechoslowakischen Bürokratie über die gemäßigte Haltung Warschaus nicht.

Prag stand auch in den vordersten Reihen des Kampfes um

die Wiederherstellung der Einheit im sozialistischen Lager und in der internationalen Bewegung – einer Einheit, die absolut sein sollte. Die tschechoslowakische Führung war empört über einen Artikel in der theoretischen Zeitschrift der polnischen Partei »Nowe Drogi« vom 14. Dezember 1956, in dem eine aufrichtige Aussprache über Meinungsverschiedenheiten innerhalb der kommunistischen Parteien vorgeschlagen wurde: Interpretation des Stalinismus, Beurteilung des jugoslawischen Experiments, Zentralismus oder Polyzentrismus, ungarischer Aufstand und sowjetische Intervention. Nach Ansicht Prags waren Meinungsverschiedenheiten unter »wahren Kommunisten« unmöglich. Einige Tage nach dem Erscheinen jenes polnischen Artikels veröffentlichten Novotný und Ulbricht einvernehmlich eine Erklärung, in der sie den »nationalen Kommunismus« als die schwerstwiegende Häresie verurteilten; sie verkündeten: »Die unerschütterliche Freundschaft mit der UdSSR ist die Voraussetzung für den Sieg des Sozialismus in jedem Land«; sie begrüßten die sowjetische Intervention in Ungarn und riefen zur Wachsamkeit auf. Am 22. Januar 1957 unterzeichneten die Prager Parteiführer eine ähnliche gemeinsame Erklärung mit der französischen KP. Der Kern der vorbehaltlos prosowjetischen Kampffront war gebildet. Noch im Januar trat sie anläßlich eines Zusammentreffens der sowjetischen, bulgarischen, tschechischen, rumänischen und ungarischen Führung in Budapest in Erscheinung. Zweck dieser Begegnung war die Stärkung der Position Kádárs. Die Polen ließen sich entschuldigen.

Nirgends, nicht einmal in Moskau, stießen die polyzentrischen Ideen Togliattis und Titos auf so erbitterten Widerstand wie bei den tschechoslowakischen Führern, die am liebsten gesehen hätten, wenn die Komintern auferstanden wäre. Man täte jedoch unrecht daran, wollte man den wütenden Internationalismus der Tschechen einzig ihrer Ergebenheit gegenüber der Sowjetunion oder ihrer Treue dem Andenken Stalins zuschreiben. Diese Ergebenheit und Treue verbanden sich bei ihnen mit dem Mißtrauen, das ihnen Chruschtschow und die undurchsichtige Politik des Kremls einflößten. Die Quelle des tschechoslowakischen Stalinismus lag in der Mentalität der damaligen Führer: alles Männer, die sich von unten hinaufgearbeitet hatten und die nun ihre

Herrschaft auf einfachen und soliden Prinzipien aufbauen und sichern wollten. In diesem Punkt waren die kommunistischen Funktionäre die Erben jener hausbackenen und etwas engstirnigen Beamten aus den Zeiten des Habsburgerreiches. Genau wie diese neigten sie dazu, Liberalismus mit Anarchie zu verwechseln und die Intellektuellen mißtrauisch zu betrachten. Chruschtschow hatte mit seiner Rede über Stalin und seinen Avancen gegenüber Tito die Prager »schockiert«. Deshalb wahrten sie, zwar um die Fahne unbedingter Treue geschart, dem Kreml gegenüber Distanz und zögerten nicht, ideologisch oder innenpolitisch Initiative zu zeigen: zum Beispiel im November 1957, als sie nach dem Tod Zápotockýs Novotný zum Präsidenten der Republik machten, ihm dabei aber den Posten des Ersten Parteisekretärs beließen. »Es ist vom politischen Gesichtspunkt aus angezeigt, die Funktion des Staatschefs und die des Parteichefs in einer Person zu vereinen«, erklärte damals Ministerpräsident Široký im Parlament. In der UdSSR gab man damals jedoch noch der kollektiven Führung den Vorzug. Chruschtschow als Parteichef teilte bis März 1958 mit dem Regierungschef Bulganin die Macht. So war es gewissermaßen die Tschechoslowakei, die der Sowjetunion den Weg wies.

Chruschtschow sah ein, daß es in seinem Interesse läge, sich ein Team zu verpflichten, das Beweise für seine innere Geschlossenheit, Loyalität und politische Geschicklichkeit geliefert hatte. Als er sich nach Ausschaltung der Gruppe Molotow-Malenkow im Juli 1957 nach Prag begab, konnte er sich Novotný gegenüber nicht genug tun an Freundschaftsbezeigungen. Innerlich zog er sicher Tito vor, der ein profilierterer Charakter war, ideenreich, wenn auch nicht leicht zu behandeln. Aber als treuer Diener des Sowjetstaates erkannte er den Wert eines Mannes der Ordnung, der zwar keine glänzenden, dafür aber solide Qualitäten besaß. Die gleichen Überlegungen bestimmten auch seine Gewogenheit gegenüber Kádár, Schiwkow oder Maurice Thorez. Weniger Erfolg hatte er mit Enver Hoxha und später mit Gheorghiu-Dej.

Die Regierung in *Sofia* reagierte auf den ungarischen Aufstand ebenso heftig wie jene in Prag. Das ungarische Drama veranlaßte die Bulgaren, Moskau wieder einmal ihrer unbedingten Ergebenheit zu versichern. Die bulgarische Partei war es, die die alte Devise ausgab: »Die Haltung gegenüber der UdSSR und der KPdSU ist das Kriterium und der Prüfstein für den proletarischen Internationalismus.« Diese Neuauflage internationalistischer Verpflichtungen, die der Kreml sogleich mit der Gewährung einer Wirtschaftshilfe belohnte, war freilich auch mit der Verstärkung der Kontrolle über das Land verbunden. »Die Organe für die Diktatur des Proletariats sind in Bulgarien vorhanden. Ihre Macht nimmt ständig zu«, verkündete Schiwkow in einer Rede am 28. November 1956. Gleichsam als Beweis für diese Worte nahm die Polizei mehrere tausend Personen, angeblich Gegner des Regimes, in Präventivhaft. Der Ministerpräsident Jugow zog über die »Hooligans« an der Universität her, die – einige Wochen vor dem Budapester Aufstand – die Verminderung der Pflichtvorlesungen über Marxismus-Leninismus gefordert hatten. Den Intellektuellen wurde nahegelegt, sich den Vorschriften der Partei zu unterwerfen. Diese neuen Verschärfungen waren allerdings von einigen materiellen Erleichterungen begleitet: Erhöhung der Alterspension, der Familienbeihilfen, der Mindestgehälter und der Arbeitslosenunterstützung.

Für die *albanischen* Führer war die ungarische Tragödie nur die Bestätigung dessen, was sie ja von Anfang an gewußt haben wollten, die Bestätigung des »heimlichen Einverständnisses zwischen Tito und den Imperialisten«. Die Abkühlung der Beziehungen zwischen Moskau und Belgrad nach dem 4. November war in Tirana mit sehr großer Erleichterung aufgenommen worden. Nachdem Hoxha monatelang von Moskau gedrängt worden war, sich Jugoslawien zu nähern und den liquidierten »Titoisten« Koci Xoxe zu rehabilitieren, erlebte er nun die Genugtuung, schon am 8. November 1956, Ehrengast der »Prawda« zu sein. Er benützte dieses Forum dazu, alle jene anzugreifen, »die neue Formen des Sozialismus erfinden wollen und sich weigern, sich von der Erfahrung der Sowjetunion leiten zu lassen«. Hoxha war aber so unvorsichtig, im selben Artikel zu erklären, daß der Nachdruck, mit dem »gewisse Leute« auf ihrer Souveränität und Unabhängigkeit bestünden, von einer »reaktionären und bourgeoisen Ideologie« herrühre. Sein Freund, der Ministerpräsident Mehmet Shehu, betonte zur gleichen Zeit: »Die albanische

Regierung hat niemals die geringste sowjetische Einmischung in die Angelegenheiten des Landes festgestellt.« Fünf Jahre später, nach dem Bruch mit Moskau, forderte Hoxha die Souveränität und beschuldigte die Sowjets, schon im Frühjahr 1956 den stärksten Druck auf ihn ausgeübt zu haben.

In Albanien folgten, wie in Bulgarien, dem Bekenntnis zur Orthodoxie Repressionsmaßnahmen, deren spektakulärste die am 23. November 1956 von Radio Tirana gemeldete Verurteilung und Hinrichtung von drei Tito-Anhängern war, die für eine Annäherung an Jugoslawien eingetreten waren: Liri Gega, Mitglied des Politbüros (Chruschtschow behauptete auf dem XXII. Parteikongreß, sie sei schwanger gewesen, als man sie trotz sowjetischer Intervention hinrichtete), General Dali Ndreu und Petar Bulatović. So erwies sich Hoxha, der scheinbar so Gehorsame, als recht autonomer und sehr brutaler nationaler Despot, als wahrer Erbe der allmächtigen Paschas, die einst sein kleines Vaterland im Namen der Hohen Pforte regiert hatten.

Die *rumänischen* Führer reagierten mit mehr Fingerspitzengefühl auf die Ereignisse in Ungarn. Gheorghiu-Dej befand sich im Augenblick des Budapester Aufstandes in Jugoslawien. Sehr zuvorkommend behandelt, versöhnte er sich mit Tito, und wenn es auch übertrieben war, von seiner »Bekehrung« zu dessen Ideen zu sprechen, so nahm er von Belgrad doch den Eindruck »einer soliden Basis für die dauerhafte Festigung der brüderlichen Bande zwischen den beiden Ländern« mit (Scînteia, 9. November 1956). Wahrscheinlich unter Titos Einfluß bemühte sich Gheorghiu-Dej, die durch die Budapester Ereignisse in seinem Land, vor allem unter der ungarischen Minderheit in Siebenbürgen, entstandene Aufregung mit Zugeständnissen statt verstärkter Unterdrückung zu beenden. Er wartete bis 1958. Erst nach der Hinrichtung Imre Nagys nahm er eine regelrechte »Säuberung« unter den Intellektuellen vor, die 1956 und 1957 Forderungen gestellt hatten. Dej war der erste KP-Chef, der sich gleich nach dem Aufstand nach Budapest begab, um János Kádár seine moralische und materielle Hilfe anzubieten (einen Kredit von sechzig Millionen Rubel). Kádár dankte ihm dafür 1958 mit dem offiziellen Verzicht Ungarns auf alle territorialen Ansprüche gegenüber Rumänien.

Man muß sich jedoch davor hüten, das Bild eines Gheorghiu-Dej aus dem Jahr 1963, als er sich dem sowjetischen Integrationsanspruch energisch widersetzte, in die Vergangenheit zu projizieren. Ende 1956 war Rumänien noch von Sowjettruppen besetzt, die sogar verstärkt wurden, nachdem es in mehreren Städten, so in Klausenburg (Cluj), Neumarkt (Tîrgu Mureş), Temesvár (Timişoara) und auch in Bukarest, zu Sympathiekundgebungen für die ungarischen Aufständischen gekommen war. Doch darf man annehmen, daß es die Erfahrungen von Ende 1956 waren, die Gheorghiu-Dej zu denken gegeben und ihn veranlaßt haben, seine Abhängigkeit gegenüber Moskau dadurch abzuschwächen, daß er die Basis seiner Macht erweiterte und die internationale Lage seines Landes verbesserte.

Liest man die Reden und Artikel der Bukarester Führer von damals, so ist man von den zahlreichen Hinweisen auf China überrascht, das Gheorghiu-Dej im September 1956 anläßlich des chinesischen Parteikongresses besucht hatte. Der Ministerpräsident Chivu Stoica war es, der als erster am 23. März 1957 in einer Rede vor der Nationalversammlung die Formulierung verwendete, die man bis 1959 so oft aus dem Munde der Führer der Oststaaten hören konnte: »Die Länder des sozialistischen Lagers unter der Leitung der Sowjetunion und der Volksrepublik China.« Das klang, als nähme China im sozialistischen Lager einen privilegierten Platz ein. Bei derselben Gelegenheit sprach Stoica aber auch den Wunsch nach intensiveren Wirtschafts- und Kulturbeziehungen zu Frankreich und Italien aus, »denen wir durch traditionelle Freundschaft und Zusammenarbeit verbunden sind, ebenso wie den anderen Völkern lateinischen Ursprungs in Europa und Südamerika, mit denen uns ein gemeinsamer Schatz an Kultur, Sitten, Gebräuchen und Traditionen verknüpft«. Diese Betonung des lateinischen Ursprungs Rumäniens war etwas ganz Neues nach der jahrelangen Russomanie. Theoretisch tadelten die rumänischen Führer den Nationalkommunismus und warfen, zwar freundschaftlich, aber energisch, den Jugoslawen vor, zwischen Internationalismus und nationaler Souveränität einen Widerspruch zu sehen, in Wirklichkeit schickten sie sich an, sich mit dem Nationalbewußtsein des Volkes auszusöhnen. Ohne die Strenge der Polizeidiktatur zu mildern, ohne die Parteikontrolle zu vermindern, ohne die Lobreden auf die weise Führung der UdSSR einzustellen, suchte Gheorghiu-Dej die Annäherung an die national Gesinnten, die in den vergangenen Jahren so rigoros unterdrückt worden waren. Abgesetzte Universitätsprofessoren erhielten ihre Lehrstühle wieder, zum Schweigen verurteilte Schriftsteller durften wieder publizieren, ehemaligen Berufsoffizieren wurden Ruhegehälter angewiesen. Nach und nach, fast unmerklich, wurde der rumänische Kommunismus national, allerdings nicht ohne Nachteile für die jüdische, die ungarische und die deutsche Minderheit. Der industrielle Aufschwung des Landes hat diese Umkehr, die in ihrem Ausmaß ja erst einige Jahre später sichtbar wurde, sehr erleichtert. Ende 1956 war die Industrieproduktion gegenüber 1938 bereits um 330 Prozent gestiegen. Der Lebensstandard war immer noch beträchtlich niedriger als in der Tschechoslowakei oder in Ungarn, aber die Tüchtigkeit der Regierung bei der Industrialisierung beeindruckte die Bevölkerung und im besonderen die technische Intelligenz, die bisher skeptisch und zutiefst antikommunistisch gewesen war. (1)

Mao Tse-tung gegen Tito

Die für den hier behandelten Zeitabschnitt bezeichnendste Tatsache war das Vordringen des chinesischen Einflusses in die Volksdemokratien Osteuropas, das die durch innere Machtkämpfe hervorgerufene Schwäche des Kremls ermöglichte. Gewiß, die sowjetische Intervention in Ungarn war für alle Völker des Ostens eine spürbare Lektion gewesen; sie erneuerte die Furcht und belebte den Respekt vor der Macht der UdSSR; sie befreite die Führer von der Angst, im Falle einer Krise von Moskau geopfert zu werden. Dieselben Führer hatten aber das Zögern des Kremls und die Festigkeit Pekings in der Stunde der Entscheidung nicht vergessen. Das moralische Prestige der Sowjetführung hatte an Gewicht verloren, das der Chinesen war gestiegen. Nach der Krise flammte der Streit im Kreml zwischen Chruschtschow und seinen Widersachern wieder auf. Erst im Juni 1957 wurde er einigermaßen beigelegt. In der Zwischenzeit

– in der gerade ein energischer Steuermann notwendig gewesen wäre – blieben die Regierungen der Volksdemokratien im ungewissen über den Kurs, den der Kreml einschlagen würde.

Es ist nicht verwunderlich, daß Mao Tse-tung, der seit Anfang 1956 Chruschtschows Initiativen mit Besorgnis verfolgte, die Gelegenheit wahrnahm, um sich für die gemeinsame Sache, sowohl theoretisch wie praktisch, einzusetzen und sich in der Debatte über die Ursachen und Lehren der ungarischen Erhebung zum Schiedsrichter zu erheben; standen doch seit damals die meisten kommunistischen Führer Osteuropas, wie nach der Kominformkrise, gegen Belgrad.

Die jugoslawische Führung befand sich nach der ungarischen Erhebung in einer mißlichen Lage. Tito hatte sich bei einem geheimen Treffen mit Chruschtschow und Mikojan von diesen überreden lassen, sein Einverständnis zur sowjetischen Intervention zu geben. Richard Loewenthal meint aber, daß es ungerecht wäre, Tito und seine Mitarbeiter des Verrats an der ungarischen Demokratie zu beschuldigen, da sie ja Kommunisten und nicht Demokraten seien und folglich nicht Prinzipien verraten können, die niemals die ihren waren. (2) Feststeht, daß Belgrad Imre Nagy unterstützt hat. Aber dieser hatte durch sein Bekenntnis zum Mehrparteiensystem die Trennungslinie zwischen Tito und Djilas überschritten, zwischen der »Einparteien-Demokratie« und der parlamentarischen Demokratie. So stand letzten Endes der Chruschtschow-Mann Kádár Tito näher als Nagy. Er bedeutete zumindest das geringere Übel. Für Tito war es nun wichtig, den Schaden aus seiner Stellungnahme zugunsten der Sowjets, die die jugoslawische Öffentlichkeit kritisierte, nach Möglichkeit zu begrenzen und die dank seiner Zusammenarbeit mit Chruschtschow 1955 und 1956 gewonnenen Positionen zu halten. Sein Plan war, gemeinsame Sache zu machen mit Gomułka, mit Chruschtschow – der von Molotow und Suslow in die Enge getrieben wurde – und mit den italienischen Kommunisten, um ein Überhandnehmen der Stalinisten zu verhindern. Diesen Plan legte Tito vielleicht etwas zu freimütig in einer am 11. November 1956 in Pola gehaltenen Rede dar: er versicherte Kádár seiner Unterstützung, griff aber zugleich die unentwegten Stalinisten in Prag, Tirana, Paris usw. an und rief die polnischen Genossen zur Zusammenarbeit auf. Kardelj ging in einer Rede vor der Nationalversammlung am 7. Dezember noch weiter: er beklagte es, daß die Regierung Kádár »fruchtlose Versuche des Wiederaufbaus der Partei« unternehme, statt sich auf die Arbeiterräte zu stützen, die doch aus dem Proletariat hervorgingen.

Diese Kritiken riefen einen allgemeinen Sturm der Entrüstung hervor. Die orthodoxen Führer sahen darin einen neuen Beweis für den »Fraktionismus« und den »Interventionismus« Belgrads. Da griff Peking ein, indem es in der »Volkszeitung« vom 29. Dezember »Neue Überlegungen über die historischen Erfahrungen der Diktatur des Proletariats« veröffentlichte, eine Zusammenfassung der Schlüsse, die das Politbüro der chinesischen KP aus den ungarischen Ereignissen gezogen hatte. Im nachfolgenden die wichtigsten Punkte aus diesem bedeutsamen Dokument:

1. Peking widerspricht Tito, nach dessen Meinung die ungarische Erhebung als echte Volksbewegung begonnen habe und erst später von der Reaktion mißbraucht worden sei. Peking teilt den Standpunkt der Stalinisten: Der internationale Imperialismus hat bei diesen Ereignissen »eine grundlegende und entscheidende Rolle« gespielt.

2. Peking gibt Stalins Fehler zu (Tendenz zum Großmachtchauvinismus, ungerechte Einmischung in die inneren Angelegenheiten der verbrüderten Länder und Parteien), verbürgt sich aber dafür, daß die KPdSU imstande sein würde, ihre Fehler zu verbessern, ohne daß es deshalb zu einem »Kampf zwischen Antistalinisten und Stalinisten« kommen müsse. »Wenn man unbedingt von Stalinismus sprechen will, dann kann man auch sagen, daß Stalinismus vor allem Kommunismus ist, Marxismus-Leninismus.«

3. Peking macht sich zum Verteidiger der Parteien, die Tito als Stalinisten angegriffen hat: diese Angriffe könnten nur zu einer Spaltung in der Bewegung führen.

4. Kardelj habe mit seiner Verherrlichung der Arbeiterräte, die in die Hände der Konterrevolutionäre gefallen seien, das

Maß überschritten. »Man kann die sozialistische Demokratie nicht gegen die Diktatur des Proletariats ausspielen.«

5. Peking unterstreicht zwar, daß die kommunistischen Parteien ihre Unabhängigkeit bewahren müßten und daß sie aufgrund »echter und nicht nur rein formeller Beratungen zur Einheit von Anschauungen und Handlungen gelangen« sollten, erklärt aber, daß die UdSSR »stets der Mittelpunkt der internationalen kommunistischen Bewegung bleibt« und daß sich das internationale Proletariat solidarisch um sie zusammenschließen sollte.

Es ist verwunderlich, daß Mao Tse-tung – in dem man von Anfang an einen potentiellen Tito Asiens sah – so entschieden Partei ergriff für die moskauhörigen Stalinisten und gegen die jugoslawischen Verteidiger der Unabhängigkeit der kommunistischen Staaten. Chinas Stellungnahme mangelte es jedoch nicht an Logik. Mao wies zwar die Hegemonie des Kremls zurück, war aber deshalb nicht weniger Anhänger einer strengen Disziplin im kommunistischen Lager und einer einheitlichen, für alle verpflichtenden Strategie. Für ihn hatten Einheit und Solidarität absolute Priorität; alle sozialistischen Länder sollten sich zu einem gemeinsamen Block zusammenschließen, um dem Druck des Imperialismus besser Widerstand leisten zu können. Der Status eines neutralen Verbündeten, wie Tito ihn forderte, erschien Mao absurd, Titos Einfluß auf Chruschtschow verhängnisvoll, Belgrads gute Beziehungen zu den Westmächten verdächtig, die Proselytenmacherei in der Dritten Welt gefährlich. Andererseits hoffte Mao nicht ohne Grund, aus dem den Oststaaten gegen die Einmischung des Kremls gewährten Schutz moralischen und materiellen Nutzen zu ziehen. Die Tschechoslowakei und Ostdeutschland konnten ihm gegebenenfalls einen Teil der nötigen Industrieausrüstung liefern, Jugoslawien nicht. Seine Abneigung gegen Tito wuchs mit der Zeit.

Mao betont die Solidarität, die »gemeinsame Grundlage« der Leninschen Lehre, und schlägt eine gemeinsame »Plattform« für das sozialistische Lager und die internationale Bewegung vor. Um sie Wirklichkeit werden zu lassen, unternimmt Tschu En-lai

Anfang Januar 1957 eine Rundreise durch Osteuropa. Gleich nach der Ankunft in Moskau am 7. Januar hat der chinesische Ministerpräsident eine Unterredung mit einer Delegation aus der DDR unter der Führung Grotewohls, und es gelingt ihm mühelos, die Deutschen zu seinen Anschauungen zu bekehren. Am 10. Januar trifft er mit Kádár zusammen, der sich glücklich zeigt, daß ihn die große Bruderpartei aus dem Fernen Osten so unterstützt, haben die Anhänger Nagys China doch lange Zeit als *ihren* Freund und Protektor angesehen. Dann fährt Tschu nach Warschau, wo sich seine Mission aber als viel heikler erweist. Der sowjetisch-polnische Vertrag vom 18. November 1956 hatte nicht die ganze Verstimmung zwischen dem Kreml und Gomułka zerstreuen können. Dieser konzentrierte alle seine Bemühungen auf die Festigung seiner Machtposition. Moskau, Prag und Ostberlin drängten ihn jedoch dazu, mit den Revisionisten endlich Schluß zu machen und die Einheit mit dem kommunistischen Lager zu betonen. Gomułka hoffte, beim Abgesandten Mao Tse-tungs Verständnis und Unterstützung zu finden. Darin wurde er teilweise enttäuscht. Kaum dem Flugzeug entstiegen, bringt Tschu En-lai ihn in Verlegenheit, indem er die Ereignisse in Ungarn als »imperialistisches Manöver« verurteilt und die »Solidarität der sozialistischen Länder mit der Sowjetunion an der Spitze« betont – Formulierungen, vor deren Anwendung Gomułka sich wohl hütet, um die polnische Öffentlichkeit nicht vor den Kopf zu stoßen. Gegenüber der These von der Führerrolle der UdSSR bleibt Gomułka fünf Tage lang, bis zum Ende der Gespräche, völlig unzugänglich. Hinsichtlich Ungarns gibt er jedoch schließlich nach. Obwohl das am 16. Januar veröffentlichte Kommuniqué weder eine Verurteilung Imre Nagys noch die Billigung der sowjetischen Intervention enthielt, wie Tschu En-lai dies gewünscht hätte, verkündete es doch die Unterstützung der Regierung Kádár. Dies bedeutete ein gewichtiges Zugeständnis Gomułkas im Hinblick auf die Feindseligkeit der polnischen Öffentlichkeit gegenüber einer Regierung, die in ihren Augen nicht national war. Gewiß, Gomułka erhielt als Gegenleistung von Tschu En-lai das Versprechen chinesischer Unterstützung in seinem Widerstand gegen die Einmischung des Kremls, der immer noch nicht zugeben wollte, daß er, Gomułka, doch am besten die Taktik beurteilen konnte, die für die besonderen Verhältnisse in Polen einzuschlagen war.

Die Unterredungen von Warschau haben zwar nicht alle Meinungsverschiedenheiten zwischen den beiden Parteien ausgeräumt – schien sich im Frühjahr 1957 eine Achse Peking–Warschau abzuzeichnen, so versteifte sich Maos Haltung gegenüber den Revisionisten im Sommer –, aber sogar auf dem Höhepunkt des chinesisch-sowjetischen Konfliktes, als Gomułka sich dem Standpunkt Moskaus näherte, blieben die chinesisch-polnischen Beziehungen höflich und rücksichtsvoll, wahrscheinlich aufgrund des gemeinsamen Mißtrauens gegen den »Chauvinismus« jener Großmacht, die Polen von China geographisch trennte und unter der beide in der Vergangenheit zu leiden hatten.

Chruschtschows Sieg und seine Nachwirkungen

Diese Großmacht war jedoch in völliger Umwandlung begriffen. Ende Juni 1957 brach die Krise aus, die seit November 1956 im Kreml geschwelt hatte. Im Präsidium in die Minderheit gedrängt, brachte Chruschtschow seinen Streit mit Molotow, Malenkow und Kaganowitsch vor das Zentralkomitee, in dem seine Anhänger und Schützlinge die Majorität besaßen. Und das Zentralkomitee entschied in der vom 22. bis zum 29. Juni dauernden Tagung für Chruschtschow. Der Sieg des Ersten Sekretärs über seine Gegner, die zur »parteifeindlichen Gruppe« erklärt wurden, wurde sofort als der Sieg der »vom XX. Kongreß gebilligten Richtung« hingestellt. Wieder einmal bedienten sich Chruschtschow und seine Anhänger des Themas der Entstalinisierung, um ihre Popularität in der UdSSR zu vergrößern und die Aktionen der sowjetischen Diplomatie zu erleichtern. Die am Ende der Tagung angenommene Resolution warf Molotow und seinen Gefährten vor, sich den inneren Reformen und der internationalen Entspannung widersetzt zu haben. Sie tadelte Molotows feindselige Einstellung gegen die Versöhnung mit Jugoslawien, gegen den Abschluß des Staatsvertrages mit Österreich, seine Verneinung der »Möglichkeit, Kriege unter den gegebenen Verhältnissen zu vermeiden ... sowie der Möglichkeit verschiedener Wege zum Sozialismus in den verschiedenen Staaten ... Die Genossen Molotow, Kaganowitsch und Malenkow sind Gefangene veralteter Ideen und Methoden, sind Dogmatiker und Sektierer.«

Diese neuerliche Verurteilung des Stalinismus zeigte deutlich den Unterschied in der Entwicklung der UdSSR und jener der meisten anderen kommunistischen Länder, China mitinbegriffen, dessen Führer eher zur Versteifung tendierten. Chruschtschows Vorgehen hätte eigentlich zu einer neuerlichen Entfremdung zwischen Moskau und den anderen Hauptstädten des kommunistischen Blocks führen müssen. Wenn dem nicht so war, dann hauptsächlich deshalb, weil Chruschtschow sich beeilte, den stalinistischen Führern Beweise seines guten Willens zu liefern, vor allem den Rumänen und Bulgaren, die unter dem Vorwand, dem Beispiel des Kremls zu folgen, mit Säuberungen gegen »Parteifeinde« vorgingen. In *Sofia* benützte Todor Schiwkow die Gelegenheit, um Tschankow, einen »Harten«, aus dem Politbüro auszuschließen und sich eines anderen gefährlichen Rivalen, Terpeschew, eines notorischen »Titoisten«, zu entledigen.

In *Bukarest* tat Gheorghiu-Dej das gleiche und bootete Josif Chisinevschi und Miron Constantinescu aus der Führung mit der am 2. Juli 1957 veröffentlichten Begründung des Zentralkomitees aus, sie hätten sich sowohl aus Dogmatismus wie auch aus übertriebenem Liberalismus der Parteilinie widersetzt, sie hätten die Sicherheitsorgane angegriffen und die Diskussion über den XX. Parteikongreß vereiteln wollen. Gheorghiu-Dej, der Molotow viel näher stand als Chruschtschow, gedachte dabei vor allem die eigene Machtposition zu festigen und den Einfluß Moskaus auf die rumänische Parteiführung zu verringern. Deshalb wandte er sich an einen seiner alten Freunde, Ion Gheorghe Maurer, um ihm das Außenministerium anzuvertrauen. Der ehemalige Rechtsanwalt Maurer hatte 1944 die Befreiung Dejs aus dem Gefängnis erwirkt. Obwohl er 1945 Mitglied des ZK geworden war und bis 1948 auch Ministerposten innegehabt hatte, war er in der späten Stalin-Ära im Schatten gestanden. Erst 1956 tauchte er wieder auf. Maurer stand im Ruf, ein fähiger und umgänglicher Mann zu sein, bei dem die Festigkeit der politischen Überzeugung nicht zum Puritanismus eines Sektierers ausgeartet war. Er hat in den folgenden Jahren den neuen Stil der rumänischen Politik mitgeprägt, der so glänzende Erfolge eintrug. (3)

In *Ungarn* ist es die mittlere Gruppe um Kádár, der die Wandlungen im Kreml zugutekommen. Kádárs stalinistische Gegner vom 4. November, zum Beispiel József Révai, hatten mit dem Sieg Molotows gerechnet. Die Niederlage ihres Protektors raubte ihnen die letzte Hoffnung auf eine Rückkehr Rákosis. Aber Kádár beeilte sich, die Öffentlichkeit auch davon zu überzeugen, daß er nicht die Absicht habe, seine Haltung gegenüber den »Revisionisten«, den Anhängern Nagys, zu ändern. Gleichsam als Rechtfertigung seiner Unnachgiebigkeit berief sich Kádár auf das Beispiel Mao Tse-tungs, der trotz seiner Toleranz-Kampagne »Laßt hundert Blumen miteinander blühen! Laßt hundert Schulen miteinander streiten!« eine rigorose Säuberung unter den Revisionisten begonnen hatte.

In *Warschau* wurde der Sturz Molotows, jenes Mannes, der als Symbol der sowjetischen Hegemonie galt, mit einer Genugtuung aufgenommen, die Gomułka zu dämpfen bemüht war. Einer seiner Freunde, Łoga-Sowiński, sprach die Hoffnung aus, die Ereignisse von Moskau würden »die Chancen der Demokratisierung nicht nur für Polen, sondern auch für die anderen sozialistischen Staaten vergrößern«.

Tito schien dies für *Jugoslawien* gleichfalls zu glauben. Er schlug Chruschtschow vor, den Ende 1956 unterbrochenen Dialog wieder aufzunehmen. Die beiden Staatsmänner trafen einander Anfang August in Bukarest. Zuvor jedoch hatte sich Chruschtschow nach Prag begeben, um das an der Macht befindliche Team zu beruhigen. Er selbst zog die für die geplante Annäherung an Tito vorgesehenen Grenzen, als er in einer öffentlichen Rede die Jugoslawen kritisierte. Es sei anmaßend, wenn sie ihre Arbeiterräte – eine den tschechoslowakischen Bürokraten besonders verhaßte Einrichtung – als Vorbild hinstellten. »Wir erkennen an, daß es verschiedene Wege gibt«, sagte er, »am wichtigsten ist aber der Hauptweg.« Womit Chruschtschow zu verstehen gab, daß er die Einheit des Blocks unter der Ägide des Kremls, unterstützt von den treuesten Parteien, über alles andere stellte.

Man darf dabei nicht vergessen, daß Chruschtschow dank der Hilfe »hegemonistischer« Elemente, etwa Suslows und Marschall Schukows, gerade über die Opposition im Kreml gesiegt hatte. Deshalb auch bemühte er sich, den Argwohn zu zerstreuen, der wegen seiner Sympathien für Tito sowohl in Moskau wie in den Hauptstädten der Oststaaten gegen ihn aufgekommen war. Sein Ziel, das er mit Unterstützung der Prager erreichen wollte, war, Jugoslawien mittels einer wendigen und gewinnenden Politik in sein Lager zu ziehen.

Tito machte sich damals anscheinend noch Illusionen über Chruschtschows Liberalismus und Pluralismus und die eigene Möglichkeit, die Politik der UdSSR und der Volksdemokratien zu beeinflussen. Weil er Chruschtschow bei der Festigung seiner Position helfen wollte, hatte er ihm in Bukarest erhebliche Konzessionen gemacht; er hatte versprochen, an der für November nach Moskau einberufenen internationalen Konferenz persönlich teilzunehmen, und er hatte versprochen, die Deutsche Demokratische Republik anzuerkennen. (Diese im September erfolgte Anerkennung verursachte den Abbruch der diplomatischen Beziehungen durch Bonn und verstimmte die Westmächte.)

Als Tito aber einige Wochen nach dem Treffen vom Plan der auf der internationalen Konferenz zu fassenden Entschlüsse erfuhr, wußte er, daß Chruschtschow ihn getäuscht hatte. Sowjets und Chinesen hatten den Plan gemeinsam ausgearbeitet, worüber allein schon Tito nicht erfreut war. Zudem trug dieser Plan weit mehr den Stempel von Mao Tse-tungs dogmatischem und angriffslustigem Geist als von Chruschtschows Flexibilität. Die Urheber waren zwar vorsichtig genug gewesen, nichts von der Führerrolle der UdSSR, geschweige denn etwas vom Wiedererstehen der Komintern verlauten zu lassen, um die Jugoslawen, Polen und Italiener nicht vorzeitig zu erschrecken. Das Dokument betonte aber die internationalistische Disziplin in einer Art, die Tito übertrieben fand. Es war ein brutaler Text ohne Nuancen, im Geiste des kalten Krieges abgefaßt, Jugoslawien wurde vor die Wahl gestellt: entweder Warschauer Pakt oder Anklage wegen Revisionismus. (4) Tief enttäuscht widerrief Tito seine persönliche Teilnahme an der Moskauer Konferenz und beauftragte Kardelj und Ranković, in Moskau gleich zu Beginn klarzumachen, daß Jugoslawien die gemeinsame Erklärung nicht unterschreiben werde, wenn nicht bedeutende Änderungen vorgenommen würden.

Die Moskauer Konferenz von 1957 und die Kampagne gegen Jugoslawien

Im November 1957 feierte die Sowjetunion mit großem Pomp den 40. Jahrestag der Oktoberrevolution. Am Rande der Feierlichkeiten trat im geheimen die Erste Internationale Konferenz der kommunistischen Parteien seit Auflösung der Komintern zusammen. Es fanden zwei kurz aufeinander folgende Konferenzen statt: die Konferenz der an der Macht befindlichen Parteien, die vom 14. bis 16. November dauerte und in der nach langen Debatten eine gemeinsame Erklärung als neue Charta der Bewegung angenommen wurde, auf der aber die Unterschrift der Jugoslawen fehlte; und dann eine Konferenz der 68 kommunistischen Parteien (von den 75 Parteien, die die Bewegung im Jahr 1957 mit 44 Millionen Mitgliedern umfaßte). Diese Konferenz beschloß ein Friedensmanifest, das von Sowjets und Polen vorbereitet worden war und das auch die Jugoslawen, die die Brücken nicht ganz abbrechen wollten, unterzeichneten. (5)

Mao Tse-tung spielte auf dieser Konferenz die Hauptrolle. Chruschtschow schien sich zugunsten Suslows, des Chefideologen und Spezialisten für die Beziehungen zu den Bruderparteien, im Hintergrund halten zu wollen. Dieser setzte dem chinesischen Drängen, das übrigens von den militantesten Stalinisten des Ostens – Ulbricht, Hoxha, Schiwkow und Hendrych – unterstützt wurde, keinen oder nur wenig Widerstand entgegen. Maos Ziel war ein zweifaches: den zentralistischen Aspekt der Erklärung so hart zu formulieren, daß ein Kompromiß mit den Jugoslawen ausgeschlossen war, und zweitens, die Erklärung so militant revolutionär zu halten, daß den Sowjets die Hände gebunden wären, ja sie sogar in eine offensive Strategie hineinmanövriert würden. Mao erwies sich als äußerst geschickter Taktiker: Niemand forderte mit größerem Nachdruck die Anerkennung der »führenden Rolle« der UdSSR. Tatsächlich war er es aber, der auf dieser Konferenz die Majorität umgruppierte und manipulierte.

Von den Jugoslawen getrennt, von Kádár nur lau unterstützt, sah sich Gomułka in die Defensive gedrängt. Unter Berufung auf die inneren Schwierigkeiten und die Haltung der Bevölkerung, die auf alles, was den Anschein hatte, nationale Interessen zu beeinträchtigen, sehr empfindsam reagierte, versuchte er, einige Nuancierungen in das »Schema« Internationalismus zu bringen. Seine Einwände wurden jedoch nicht berücksichtigt. Wir brauchen einen Führer, sagte Mao Tse-tung, fügte aber gleich hinzu, die chinesische Partei sei einer solchen Rolle »nicht würdig«. »China ist ein großes Land, es hat jedoch nur wenig Industrie. China besitzt nicht einmal ein Viertel von einem Sputnik, während die Sowjetunion schon zwei hat. Ohne die Sowjetunion wären wir alle von anderen Staaten erobert worden.« Schließlich wurde die führende Rolle der UdSSR an der Spitze des sozialistischen Lagers verkündet. Die Konferenz beschloß, daß die Prinzipien der Gleichheit, der Unabhängigkeit, der Souveränität, der Nichteinmischung, die von Polen und Jugoslawen besonders betont worden waren, nicht genügten, um die Beziehungen zwischen den einzelnen kommunistischen Ländern und Parteien klar zu definieren. Die Solidarität zwischen diesen müsse ihren Ausdruck in einer engen Zusammenarbeit, in einer brüderlichen gegenseitigen Hilfe finden.

Der zentralistischen, von Mao geführten Majorität gelang es auch, ihren Ansichten über die Frage des Dogmatismus und des Revisionismus Geltung zu verschaffen. Auch in diesem Punkt schlug Gomułka, der wirklich keiner zärtlichen Gefühle für die revisionistischen Intellektuellen seines Landes bezichtigt werden konnte, eine nuanciertere Formulierung vor, wonach Dogmatismus und Revisionismus als zwei gleichermaßen gefährliche Abweichungen gelten sollten. Man könnte annehmen, daß er in diesem Punkt bei den Sowjets Unterstützung gefunden hätte, die doch eben erst den Dogmatiker Molotow aus dem Kreml verbannt hatten. Aber Suslow schloß sich Mao und Ulbricht an, laut denen es keinen Vergleich geben durfte zwischen dem Dogmatismus, dieser keineswegs schwerwiegenden Abweichung, und dem Revisionismus, diesem Ausdruck bourgeoiser Ideologie, der »die revolutionären Energien lähmt und auf die Wiederherstellung des Kapitalismus abzielt«.

Damit Chruschtschow das Gesicht wahren konnte, wurde die Strategie der »Volksfront« vom XX. Parteitag nicht desavouiert. Nichtsdestoweniger bedeutet die Konferenz von Moskau die Rückkehr zur Strategie der Jahre 1947 bis 1953, »Klasse gegen Klasse«, »Lager gegen Lager«, »Kampf gegen den inneren Feind« und Verteidigung der Diktatur des Proletariats. Der Krieg ist nicht unvermeidlich, verkündet sie und nimmt die Formulierung des XX. Kongresses wieder auf; dennoch: »Solange es einen Imperialismus gibt, gibt es eine Kriegsgefahr« – ein Satz, den Mao gerne anwendet. Und Mao war es, der in die Erklärung den Satz aufnehmen ließ: »Wenn der Imperialismus einen Krieg entfesseln sollte, dann wird es der Imperialismus sein, der vernichtet werden wird.«

Maos diesbezügliche Aussprüche erregten allgemeines Unbehagen. Der chinesische Parteichef wies auf die Verschiebung der Kräfteverhältnisse zugunsten des sozialistischen Lagers hin, weshalb man nicht zögern dürfe, auch einiges Risiko für die Expansion des Weltkommunismus auf sich zu nehmen. Auf keinen Fall dürfe man sich durch die atomaren Erpressungsversuche der Vereinigten Staaten einschüchtern lassen (dieser versteckte Vorwurf war an die Sowjets gerichtet). China, erinnerte Mao, zähle sechshundert Millionen Einwohner. Selbst wenn die Hälfte davon im Kriegsfall umkäme, blieben immer noch dreihundert Millionen übrig, um auf den Ruinen ein sozialistisches, aufblühendes und glückliches China aufzubauen. Ein wahrhaft apokalyptischer Optimismus, der – mit Ausnahme Hoxhas – die Führer der Oststaaten erschreckte. Maos Unvorsichtigkeit bei der Ausführung seiner »abenteuerlichen« Ideen hat es Chruschtschow später erleichtert, den chinesischen Einfluß zurückzudrängen und die freiwillige, meist nachträglich erfolgte Zustimmung der Regierungen der Volksdemokratien für seine vorsichtigere und wendigere Außenpolitik zu erlangen, die deswegen jedoch durchaus nicht ein einkalkuliertes Risiko ausschloß – man denke an Kuba 1962.

Maos auf der Moskauer Konferenz errungener Erfolg war also vorübergehend. Es ist ihm zwar gelungen, das Prinzip durchzusetzen, daß die Strategie des internationalen Kommunismus nicht, wie bis dahin üblich, vom Kreml allein bestimmt werden solle, sondern gemeinsam, nach bi- und multilateralen Beratungen. Aber Mao hat sich in der Annahme geirrt, er könne durch diesen Schachzug die Außenpolitik der UdSSR und des gesamten kommunistischen Lagers in *seine* Richtung lenken.

Wahrscheinlich aus Furcht vor Beeinträchtigung ihrer Handlungsfreiheit wiesen die Sowjetführer alle Pläne für eine Wiederherstellung der Internationale zurück, die ihnen vor allem von den Franzosen und Tschechoslowaken nahegelegt worden war. Sie zogen es vor, die Bewegung zu kontrollieren, ohne sich mit einem Kontrollinstrument zu belasten. Sie gaben gerade noch ihre Zustimmung zur Gründung einer internationalen Zeitschrift mit dem Titel »Probleme des Friedens und des Sozialismus«. Diese Zeitschrift kam unter der Leitung des Sowjetrussen Rumjanzew in mehreren Sprachen heraus und brachte höchst offizielle ideologische Artikel. Sie hatte nie großen Einfluß. 1962 verließen die Chinesen den Redaktionsstab.

Das wichtigste Ergebnis der Moskauer Konferenz war zweifellos die ideologische Wiederaufrüstung der kommunistischen Kader, die während der Krise von 1956 etwas aus dem Gleichgewicht geraten waren. In Moskau war der leninistische Glaube an die unvermeidliche Revolution und an die Diktatur des Proletariats wiederbelebt worden. Aber die Bestätigung und Aufwertung der doktrinären Auffassungen ging natürlich auf Kosten einer realistischen Einschätzung der Probleme, die der Lösung harrten. Die Ideologen hatten weiterhin Vorrang vor den Pragmatikern. Außerdem lieferte die theoretische Verurteilung des Revisionismus den führenden Stalinisten einen willkommenen Vorwand, um Kritik zum Schweigen zu bringen. Die logische Folge: eine neuerliche antijugoslawische Kampagne.

In der Moskauer Erklärung wurden die Jugoslawen allerdings nicht als Revisionisten apostrophiert. Chruschtschow hoffte nach der Konferenz immer noch, Tito bekehren zu können. Den Vorwand für die neu entfesselte Kampagne lieferten die Jugoslawen selbst. Verärgert über die seiner Meinung nach erfolgte Ausrichtung Chruschtschows auf Peking und die Stalinisten und dessen Verlassen der Linie des XX. Parteitages, betraute Tito die besten Theoretiker seiner Partei, vor allen Kardelj und Vlahović, mit der Aufgabe, für den Kongreß des Bundes der Kommunisten Jugoslawiens im April 1958 ein Programm vorzubereiten, das die Quintessenz des jugoslawischen Weges, des entstalinisierten Marxismus-Leninismus, enthalten sollte. Der Entwurf zu diesem Programm wurde am 13. März veröffentlicht. Er enthielt nichts Neues. Alle kannten bereits die jugoslawischen Thesen über das Absterben des Staates, die Gefahren der bürokratischen Zentralisierung, die Verschiedenheit der Wege, das Mitbestimmungsrecht der Arbeiter als Grundlage der sozialistischen Demokratie usw. Trotz aller Mäßigung gegenüber der UdSSR, trotz der häufigen Bezugnahme auf die »gemeinsame Basis« wirkte der Programmentwurf wegen der Betonung der Gleichheit und Unabhängigkeit der Parteien, der Nichteinmischung in die inneren Angelegenheiten, wegen der Verteidigung der Politik des Nicht-Engagements der jugoslawischen Partei, wegen der bedingungslosen Verurteilung des Stalinismus und Monolithismus wie eine Entgegnung auf die Moskauer Erklärung, wie ein Manifest des Polyzentrismus, kurz, wie eine Herausforderung, die der Kreml nicht gut unbeantwortet lassen konnte. Bereits am 5. April ließ Chruschtschow Tito wissen, daß er nicht beabsichtige, zum Kongreß der jugoslawischen KP eine Delegation zu entsenden und daß er eine Widerlegung des Programms veröffentlichen werde. Um den drohenden Bruch abzuwenden, schlug die jugoslawische Führung Abänderungen vor. Diese wurden jedoch als unzureichend beurteilt. Am 19. April veröffentlichte der Moskauer »Kommunist« eine scharfe Kritik des Programmentwurfs, in der die Jugoslawen erstmals seit 1955 des »Nationalkommunismus« beschuldigt wurden.

Auf dem einige Tage später in Laibach (Ljubljana) abgehaltenen Parteikongreß verteidigten Tito, Kardelj, Ranković und Koča Popović ihre Ideen und wiesen »die Versuche, sich in die jugoslawischen Angelegenheiten einzumischen«, zurück. Die Würfel waren gefallen. Diesmal kam das Signal zur Hexenjagd aus Peking und nicht aus Moskau. Am 5. Mai warf die »Volkszeitung« den Jugoslawen vor, den Sozialismus verraten zu haben, und erinnerte daran, daß die Kominform-Resolution von 1948 noch gelte, die den jugoslawischen Revisionismus verdamme, der durch die gegenwärtige Haltung Belgrads bestätigt werde. Das

Signal für den Ausbruch neuer Schimpftiraden war ertönt. Sie kamen von allen Seiten, vor allem aus Sofia, aus Tirana, aus Prag. Auch Chruschtschow ließ sich zu Handlungen hinreißen, die wahrscheinlich über seine Absichten hinausgingen. Hatte nicht er Stalin vorgeworfen, die ideologischen Streitigkeiten sogar in die Beziehungen der Regierungen untereinander hineingetragen zu haben? Nun annullierte die Sowjetregierung unter chinesischem Druck am 27. Mai den 285-Millionen-Dollar-Kredit, den sie Jugoslawien 1956 versprochen hatte. Anfang Juni reiste Chruschtschow nach Sofia und verurteilte dort in einer großen Rede den jugoslawischen Revisionismus, den er mit dem Trojanischen Pferd verglich, und ließ durchblicken, daß die jugoslawische Führung als Gegenleistung für die amerikanische Hilfe Wühlarbeit gegen die kommunistischen Länder leiste. Chruschtschow scheute nicht davor zurück, sich selbst zu widersprechen. Hatte er nicht einige Wochen zuvor in einer Botschaft an Eisenhower zu verstehen gegeben, daß die UdSSR von den Vereinigten Staaten gern einen langfristigen Kredit annehmen würde? Hatte er nicht ein Auge zugedrückt, als die Polen amerikanische Hilfe verlangten und erhielten?

Gleichfalls in Sofia und öffentlich tadelte Chruschtschow Jugoslawien wegen seiner Rolle im ungarischen Aufstand. Während dieses »konterrevolutionären Putsches« sei die jugoslawische Botschaft in Budapest »zum Treffpunkt all jener geworden, die den Kampf gegen die Regierung der Volksdemokratie begonnen hatten«, und dann zum »Asyl der kapitulierenden und verräterischen Gruppe um Imre Nagy und Losonczy«. Schon damals schien Imre Nagys Schicksal besiegelt. Schon einige Tage zuvor hatte das ungarische Parteiorgan »Népszabadság« die Ansicht vertreten, daß »der Revisionismus unweigerlich zum Verrat führt, wie der Fall Imre Nagy beweist«.

1949 hat der Kampf der »orthodoxen« Moskauer gegen die nationalistische Häresie im Prozeß gegen den Ungarn Rajk gegipfelt, der damals für Tito herhalten mußte. 1958 ist es wiederum ein Ungar, Imre Nagy, der zum Sündenbock gemacht wird. Alles deutet darauf hin, daß die Entscheidung, ihm den Prozeß zu machen und ihn zu verurteilen – trotz der gegenteiligen Versprechungen Kádárs von 1956 –, nicht in Budapest gefallen ist (Kádár konnte kein Interesse haben, die Öffentlichkeit zu provozieren), sondern auf internationaler Ebene, möglicherweise auf der Konferenz der Staaten des Warschauer Pakts Ende Mai in Moskau. Nur aus Rücksicht auf die Jugoslawen hatte der Kreml diesen Prozeß so lange verschoben. Von den Chinesen war er mit ganz besonderem Nachdruck verlangt worden (wahrscheinlich um Chruschtschow neue Schwierigkeiten zu bereiten). Nun aber, da sich die Beziehungen zu Jugoslawien verschlechtert hatten, wagte oder wünschte Chruschtschow nicht mehr, einen Mann zu schützen, dem er selbst zur Macht verholfen hatte.

Am 17. Juni 1958 teilte die ungarische Telegraphenagentur in einem kurzen Kommuniqué die Hinrichtung Nagys und dreier seiner Mitarbeiter mit. Die Pekinger Presse jubelte: Welch eine gute Nachricht! Auch die Organe Prags, Sofias und Tiranas gaben ihrer Genugtuung Ausdruck. Polen fügte sich. Ungarn war wie vom Schlag gerührt angesichts der Tragödie einiger seiner besten Söhne. Schreckerstarrt, gedemütigt, machtlos. (6)

Mit der Hinrichtung Imre Nagys hatte Chruschtschow seine Orthodoxie und seine Entschlossenheit im Kampf gegen den Revisionismus mehr als bewiesen. Gleich danach tat er sein möglichstes, um diesen Justizmord in Vergessenheit geraten, ihn eher als das Ende eines Kapitels in der Geschichte erscheinen zu lassen denn als ein Signal für die Intensivierung des kalten Krieges. Im Juli nahm er am SED-Parteikongreß teil, auf dem er die Jugoslawen lang und breit angriff und Tito vorwarf, zwischen Moskau und Peking Zwietracht säen zu wollen. Gleichzeitig aber gab er den Bruderparteien zu verstehen, sie sollten die antijugoslawische Kampagne in vernünftigen Grenzen halten. Wahrscheinlich war sich Chruschtschow damals schon klar, daß er selbst es war, den Mao Tse-tung in der Person Titos treffen wollte. Auf alle Fälle stand die gegen Jugoslawien geführte Kampagne der Intoleranz im Gegensatz zur Taktik der »Volksfront«, die im Hinblick auf die Sozialisten und Progressiven des Westens und die der Dritten Welt wieder angewendet wurde. Tito selbst fehlte es nicht an Informationen über die in den chinesisch-sowjetischen Beziehungen aufgetretenen Schwierigkeiten. In der Voraussicht, daß Chruschtschow in diesem Streit die

Hilfe der ganzen Welt, inklusive Jugoslawiens, brauchen würde, verübelte er diesem die vielen Beleidigungen nicht. Ab Oktober 1958 war der Kontakt zwischen Moskau und Belgrad wieder hergestellt, und beide Seiten führten die Polemik gedämpfter. In den folgenden Jahren bemühte sich Tito, seine Position gegenüber Moskau zu stärken; er erlangte vom Westen neue Kredite und unternahm eine Reise nach Afrika und Asien zur Belebung des Klubs der Blockfreien, dem auch Nehru, Nasser und Sukarno angehörten.

Radikale Kollektivierung mit Ausnahme Polens

Die spektakulärste Folge der auf der Moskauer Konferenz festgelegten Offensiv-Taktik war in den meisten Oststaaten die Wiederaufnahme des Wettlaufs in der Kollektivierung der Landwirtschaft. Die zeitliche Übereinstimmung dieses Ereignisses mit dem »großen Sprung vorwärts« und dem Experiment der Volkskommunen in China war nicht zufällig. Die beiden Bewegungen waren vom selben »voluntaristischen« Geist beseelt und von ständiger Gärung, stürmischem Fortschritt, permanenter Revolution erfüllt, deren Mittelpunkt sich nun aber in Peking und nicht mehr in Moskau befand. Aber ganz unabhängig vom chinesischen Einfluß war der Sprung in die Kollektivierung eine Folge der neuen Dynamik, der »Gegenreformation« des europäischen Kommunismus. Mit Ausnahme Gomułkas, der seinem Prinzip der freiwilligen Kollektivierung treu geblieben war, glaubten die übrigen Führer der Oststaaten mit der Zurückdrängung des Revisionismus die Zeit gekommen, um die letzten Stätten des Privateigentums zu beseitigen, deren Weiterbestand, wie sie meinten, die Gefahr eines Wiedererstehens des Kapitalismus in sich barg. Bei den Chinesen war der »große Sprung« von 1958 auch Ausdruck des Strebens, sich von der UdSSR zu unterscheiden, sie auf dem Weg zum Kommunismus zu überholen. Die Oststaatenführer trachteten eher danach, sich dem russischen Vorbild möglichst anzugleichen.

Der doppelte Einfluß – chinesischer und russischer – trat besonders bei den *Bulgaren* in Erscheinung, die sich nach Vollendung der Kollektivierung im Oktober 1958 ebenfalls zu einem

»großen Sprung vorwärts« anschickten und das Plansoll der Industrieproduktion von 1957 bis 1962 von 60 Prozent auf 100 Prozent hinaufschraubten. Die Landwirtschaft sollte 1959 die Produktion verdoppeln und 1960 im Vergleich mit 1958 verdreifachen (Zahlen, die nicht erreicht wurden). Eine gewaltige Konzentration der Kollektivwirtschaften begann. Ihre Zahl wurde bei einer durchschnittlichen Bodenfläche von 7000 Hektar von 3450 auf 680 herabgesetzt. Wie in Peking wurde ein dreißig oder vierzig Tage dauernder Arbeitsdienst organisiert. Außerdem übernahmen die Bulgaren die Chruschtschowsche Verwaltungsreform von 1957.

In *Ungarn* waren mehr als 60 Prozent der Kolchosen 1956 aufgelassen worden; nach dem Aufstand machten die Kollektivwirtschaften nur 10 Prozent des Ackerbodens aus. Kádárs Hauptsorge war es gewesen, die Bauernschaft zu neutralisieren; er hatte deshalb die Kollektivierung vorübergehend eingestellt und sogar auf die Zwangsablieferungen an den Staat verzichtet. Ende 1958 fühlte sich jedoch die Regierung wieder stark genug, um neuerlich an die Kollektivierung heranzugehen. Einige Linkskommunisten unter der Führung des prochinesischen Dögei wollten diese Bewegung beschleunigen. Die Rechten befürchteten aber wirtschaftliche Rückschläge und stellten die polnische Vorsicht als Beispiel hin. Kádár wählte den »goldenen Mittelweg«; er beschloß, die Kollektivierung mit einer klugen Verbindung aus Überredung und Zwang zu verwirklichen. 1961 war fast aller Boden kollektiviert.

Das gleiche galt für *Ostdeutschland:* 1960 wurde von 38 Prozent auf 80 Prozent »hinaufkollektiviert«. In *Rumänien* war der Prozeß 1962 beendet.

Die Chinesen waren auf den Anstoß, den sie zu diesen neuen Fortschritten der Sozialisierung gegeben hatten, nicht wenig stolz, war doch Maos Grundsatz bestätigt worden: Zuerst Politik, dann Produktion. (In Westeuropa hatte die landwirtschaftliche Produktion von 1945 bis 1960 eine Steigerung von 25 Prozent erfahren, während jene der Oststaaten ungefähr auf dem Vorkriegsniveau verblieben war.) Mao versuchte, die volksdemokratischen Länder noch weiter mitzuziehen. Auf einer Gartenbauausstellung in Ostdeutschland im Juni 1960 pries der

Vertreter Pekings die Volkskommunen als »die höchste Form der landwirtschaftlichen Produktionsgenossenschaften«. Seinen Ausführungen wurde höflich widersprochen.

Wie bereits erwähnt, hielt sich *Polen* von dieser Bewegung fern. 1957 waren von den mehr als 10.000 Kollektivwirtschaften des Jahres 1956 nur noch 1700 übriggeblieben. 87 Prozent des Ackerbodens befanden sich in bäuerlichem Privatbesitz, 12 Prozent waren in Staatsgütern zusammengefaßt, und nur 1 Prozent waren Kolchosen nach sowjetischem Vorbild. Nichts war Gomułka fremder als die großen in Peking geplanten Umwälzungen. Während aber die Sowjets die Volkskommunen als ein antimarxistisches Experiment kritisierten, betrachtete sie Gomułka als ein der historischen Entwicklung Chinas eigenes Phänomen. Er teilte auch nicht Chruschtschows und anderer Ansicht, daß die Kollektivierung der Landwirtschaft für die Festigung des sozialistischen Regimes unerläßlich sei. So setzte Polen, obwohl es an der nach Einheit strebenden und antirevisionistischen Bewegung der Jahre 1957 bis 1959 teilnahm, sein eigenes, halb orthodoxes, halb dissidentes Experiment, seinen Mittelweg innerhalb des kommunistischen Blocks fort. (7)

7. Der Konflikt Moskau–Peking und die Volksdemokratien

Auf der Konferenz von 1957 ist die Synthese zwischen der von den Sowjets gepredigten These der friedlichen Koexistenz und der chinesischen Antithese des bis zum äußersten geführten Kampfes gegen den Imperialismus hergestellt worden. Die Synthese hat aber nicht lange gehalten. Die Übereinstimmung der sowjetischen und chinesischen Interessen und Pläne erwies sich als viel schwerer erreichbar, als man ursprünglich angenommen hatte. Die Chinesen fanden in Moskau nicht das erhoffte Verständnis für ihre territorialen Forderungen (Formosa, Indien), die sowjetische Wirtschaftshilfe erschien ihnen unzureichend, die Verweigerung der Atombombe durch die UdSSR verstimmte sie tief, Chruschtschows Alleinvertretungsanspruch für das ganze kommunistische Lager, seine Politik der Annäherung an die Vereinigten Staaten erschienen ihnen unerträglich. Mao kam ohnedies angesichts der im wesentlichen konservativen Sowjetführung mehr und mehr zur Überzeugung, daß er selbst, daß die Volksrepublik China zur Wahrung der revolutionären marxistisch-leninistischen Tradition berufen seien. Mochte die UdSSR auf technischem, industriellem und militärischem Gebiet hundertmal mächtiger sein – das revolutionäre Ideal, die revolutionäre Theorie waren nach Peking abgewandert. Mao wagte den ideologischen Konflikt, den er im April 1960 durch die Veröffentlichung seiner Broschüre »Es lebe der Leninismus!« auslöste, im Vertrauen auf die Macht der Lehre Lenins. Mao identifizierte sich mit dem Lenin des Kampfes gegen die sozialdemokratischen »Opportunisten« der II. Internationale. Wie der Gründer des ersten kommunistischen Staates, ließ auch er sich durch die Tatsache, in der Minderheit zu sein, nicht einschüchtern und rechnete fest damit, dank seiner Überzeugungskraft und der Macht der Wahrheit, für deren alleinigen Verkünder er sich hielt, die Mehrheit zu erlangen.

Es stellte sich jedoch bald heraus, daß die Haltung der kommunistischen Regierungen Osteuropas im Streit Moskau—Peking nicht von der Ideologie bestimmt wurde, sondern vom Staatsinteresse beziehungsweise von den Interessen der führenden Gruppen. Was Wunder, wenn sich die Oststaatenführer da lieber der Sache der Sowjets anschlossen, wobei sie freilich vom Streit der Großen auch profitieren, das heißt, die eigene geringe Handlungsfreiheit möglichst erweitern wollten.

Chruschtschows Strategie der Koexistenz war den Interessen der Oststaaten näher als die von den Chinesen angepriesene Politik. Die Politik der UdSSR in Europa war nämlich im wesentlichen defensiv, sie zielte auf eine Beibehaltung des Status quo ab, und infolgedessen auf den Schutz und die Konsolidierung der aus dem Zweiten Weltkrieg hervorgegangenen kommunistischen Regierungen. Die chinesische Politik war im Gegensatz dazu expansiv und mit einem Risiko verbunden, das die Staatsführer des europäischen Ostens nicht eingehen wollten. Sie lief darauf hinaus, die UdSSR und deren Satelliten als zusätzliche Hilfe im Kampf gegen die Vereinigten Staaten zu benützen, den China dynamischer und aggressiver zu führen beabsichtigte. Der Übereinstimmung der Oststaaten mit den Zielen der sowjetischen Außenpolitik lag aber auch – vor allem in der DDR und in Polen – die Angst zugrunde, Opfer eines Kuhhandels zwischen Ost und West zu werden, zwischen Moskau und Washington, Moskau und Bonn, Moskau und Belgrad. Dagegen war jede Unterstützung willkommen, auch die Chinas, das sich ja gern als Vorkämpfer für die Interessen des kommunistischen Lagers gegen die egoistischen Interessen der UdSSR zeigte. (1)

Der Kreml bekam jedenfalls seit 1958 und stärker noch nach 1964 den Druck zu spüren, den Ostberlin und Warschau ausübten, um ihn zu einer energischeren Politik gegenüber Westdeutschland zu bewegen. Dieser Druck hätte aber wahrscheinlich nicht mit der gleichen Aussicht auf Erfolg ausgeübt werden können, wenn nicht auch China die Sowjetunion bearbeitet, beunruhigt und behindert hätte.

Die Führer der Oststaaten (mit Ausnahme Albaniens, für das

Koexistenz hauptsächlich die Annäherung an Jugoslawien bedeutete, die es über alles fürchtete) waren sich der Abhängigkeit von der Sowjetunion in bezug auf die eigene Existenz voll bewußt. Diese Abhängigkeit hob Gomułka im Januar 1963 in einer Rede auf dem SED-Parteikongreß hervor: »Kein kommunistisches Land kann dem Druck der kapitalistischen Einkreisung Widerstand leisten ohne die Sowjetunion.« Auf der Konferenz von 1957 hatte Mao Tse-tung mit dem gleichen Argument seine Zustimmung zu der führenden Rolle der Sowjetunion untermauert. Seither hatte er aber seine Ansicht, die übrigens in diesem Punkt niemals völlig positiv gewesen war, geändert. Jetzt war er der Meinung, der sowjetische atomare Schirm wäre ihm zwar im Falle eines nicht provozierten Konflikts mit den USA sicher, aber ausschließlich in diesem Fall. Das Fundament des chinesischen kommunistischen Regimes erschien Mao bereits so solid, daß er die Folgen einer Isolierung nicht fürchten zu müssen glaubte. Die Oststaaten waren in dieser Beziehung viel verwundbarer (wenn auch zum Beispiel die Rumänen und dann die Tschechoslowaken allmählich erkannten, daß sie es weniger waren als die anderen). Aber der Wunsch, beschützt zu werden, ist noch lange nicht das gleiche wie die Notwendigkeit, sich zu unterwerfen. Mit Ausnahme von Novotný und Schiwkow, die beide durch und durch prosowjetisch eingestellt waren, wünschte kein einziger Führer der Volksdemokratien, zur zentral gesteuerten Disziplin von ehedem zurückzukehren. Alle waren darauf bedacht, sich die mehr oder weniger weitreichende Autonomie zu erhalten, die sie nach dem Tode Stalins, teilweise dank dem von China und auch von Jugoslawien ausgeübten Druck, erworben hatten. Alle mußten fürchten, Moskau könnte über den Umweg der Verurteilung der chinesischen Häresie und des chinesischen Nationalismus versuchen, seine Hegemonie wieder aufzurichten. Dies erklärt auch, warum die kommunistischen Führer Osteuropas – wiederum mit Ausnahme Novotnýs und Schiwkows – sich zwar offiziell mit Moskau solidarisch erklärten, jedoch nicht zögerten, Chruschtschow heimlich Hindernisse in den Weg zu legen, als er zum Bruch mit China und zu dessen Exkommunikation aufrief.

Die osteuropäischen Staaten waren weder daran interessiert,

daß sich die UdSSR mit dem chinesischen Dogmatismus aussöhnte, weil sie dann die Hände frei hätte für die widerspenstigen europäischen Verbündeten, noch auch daran, daß sie sich völlig von China lossagte, was sie dazu triebe, im Westen eine Kompensation zu suchen. In ihrem Interesse lag, daß dieser Konflikt möglichst lange dauerte, zwangen die wachsamen Augen der Chinesen den Kreml doch, sich davor zu hüten, noch einmal einen Schritt in Richtung Revisionismus zu tun, und außerdem Peking keinen Anlaß zu Anklagen wegen Hegemoniegelüsten zu bieten. Denn jede gute Note, die die Sowjets aus Peking erhielten, würden sie selbst mit neuen Konzessionen bezahlen müssen.

Solcherart gab es eine gewisse Interessengemeinschaft zwischen den Oststaaten und China, und es wäre erstaunlich gewesen, hätte diese nicht auf die eine oder andere Weise auf ihre Politik abgefärbt (wohlwollende Neutralität der Rumänen, Vermittlungsversuche der Polen usw.). Und als Mao Tse-tung in einem Gespräch mit japanischen Sozialisten im Sommer 1964 so weit ging, die Annexionen der UdSSR zu verurteilen, und dies mit heftigeren Ausdrücken, als man sie jemals in Washington oder Paris gehört hatte, als er an Bessarabien erinnerte, das die Sowjets Rumänien genommen hatten, und die deutschen Ostgebiete, die Moskau annektiert beziehungsweise als Kompensation an Polen abgetreten hatte, da reagierten Moskau und Ostberlin empört, während sich Bonn still freute und die Rumänen ihre Befriedigung kaum verbergen konnten. (2)

Auf wirtschaftlichem Gebiet waren die Oststaaten ebenso abhängig von der UdSSR (bzw. auf dem Weg einer vorsichtigen Emanzipation) wie auf politischem. Ihr Handel war hauptsächlich auf die Sowjetunion ausgerichtet; die Wirtschaftshilfe, die sie von Moskau in Form von Investitionskrediten noch zu erhalten hofften, war unvergleichlich bedeutender als die Unterstützung, die China im Falle eines Überlaufens zu Mao hätte bieten können – sieht man von dem kleinen Albanien ab, dessen Bedürfnisse leicht zu befriedigen waren. Trotz all seiner Fehler, die die Oststaaten aus bitterer Erfahrung kannten, entsprach das sowjetische Modell, besonders seit sich der Kreml um dessen Verbesserung bemühte, diesen Ländern weit mehr als das chinesische Modell, wenn dieses auch manchem Parteiveteranen oder jungen schwärmerischen Kommunisten faszinierend erscheinen mochte. Letzten Endes trug Peking mit seinen übertriebenen Forderungen selbst dazu bei, daß sich die Oststaaten mit der Sowjetunion solidarisch erklärten. Osteuropa hatte in nicht zu übersehendem Maß (freilich auch nicht ohne Gewinn) zur Industrialisierung Chinas beigetragen. Seit 1958 forderte Peking aber eine Steigerung dieser Unterstützung, ohne zu bedenken, daß die osteuropäischen Regierungen gezwungen waren, die wachsenden Bedürfnisse der eigenen Bevölkerung zu befriedigen. Russen und Tschechen warfen den Chinesen vor, die asiatischen Volksrepubliken auf Kosten der weiter entwickelten Länder aufholen lassen zu wollen. Chinas Haltung, mochte sie vom Standpunkt der internationalistischen Brüderlichkeit auch vertretbar sein, erschien Moskau und Prag jedenfalls absurd und unannehmbar.

Die am weitesten industrialisierten Länder des Ostens jedoch, vor allem die DDR und die Tschechoslowakei, waren alles andere als begeistert, daß sie aus Solidarität mit der UdSSR auf Aufträge eines Kunden verzichten sollten, mit dem sie bis dahin recht zufrieden gewesen waren. Pankow zeigte sich ganz besonders betroffen wegen des Vorteils, den der westdeutsche Handel aus der Abkühlung der chinesisch-ostdeutschen Beziehungen ziehen konnte.

Schließlich kam den Oststaaten sehr gelegen, daß die Chinesen zäh gegen die sowjetischen Methoden kolonialistischer Ausbeutung ankämpften und gegen den Druck, den Moskau für gewöhnlich ausübte, um »billig einzukaufen und teuer zu verkaufen«. Die Chinesen sagten das laut, was die Satelliten nur zu flüstern wagten. Sie klagten die Sowjetunion, die »von den Bruderländern einseitig fordert, sich ihren Bedürfnissen zu unterwerfen«, des »nationalen Egoismus« an; sie verlangten »die wirtschaftliche Zusammenarbeit auf dem Prinzip völliger Gleichheit und gegenseitigen Vorteils«. Dadurch erwiesen die Chinesen allen Verbündeten der UdSSR einen unschätzbaren Dienst. (3) Sie zeigten den Oststaaten den rechten Weg. Sie lieferten vor allem den Rumänen die theoretischen Argumente, mit denen diese ihr Recht auf eine differenzierte Wirtschaft verteidigten.

Alles in allem hat Pekings Auflehnung gegen die politischen und wirtschaftlichen Hegemonieansprüche Moskaus die Emanzipation der Oststaaten gefördert, mit mehr Erfolg jedenfalls, als die Auflehnung des kleinen Jugoslawien gegen Stalins Zugriff im Jahr 1948. In ihren anderen Komponenten – Verteidigung Stalins, marxistisch-leninistisches Dogma, Antirevisionismus, antijugoslawische Propaganda – hat die Ideologie Maos im allgemeinen (Albanien ausgenommen) in den führenden Kreisen der Volksdemokratien bedeutend weniger Widerhall gefunden.

Selbst die stalinistischen Führer Ulbricht, Novotný, Schiwkow und Gheorghiu-Dej, die sich 1956/57 Mao angeschlossen hatten, gaben die Notwendigkeit zu, die Methoden zu ändern und das Regime den verschiedenartigen politischen und wirtschaftlichen Gegebenheiten anzupassen. Am wichtigsten war ihnen, daß sie selbst, ohne sowjetische Einmischung, Art und Tempo ihrer Anpassung an die Reformen Chruschtschows bestimmen konnten. Die Verdammung Stalins fiel ihnen nicht besonders schwer, wenn sie nur die eigene Stellung und Autorität wahrten, was ihnen Moskau, gewitzigt durch die Erfahrungen von 1956, nun auch zugestand. Die Bevölkerung der Oststaaten warf Chruschtschow nicht so sehr vor, Stalin entthront zu haben, sondern auf halbem Wege stehengeblieben zu sein. Die Bevölkerung war für den Revisionismus; sie zog den Gulasch-Sozialismus, den ihnen Chruschtschow 1964 in Budapest angeboten hatte, der permanenten Revolution (und dem Elend und dem Terror) vor, die der doktrinäre Purismus eines Mao Tse-tung bedeutete.

In den Parteien der Oststaaten gab es weit weniger »Chinesen« als in den bürgerlich beeinflußten KPs Frankreichs und Italiens. (4) Im August 1968 aber war die Öffentlichkeit in diesen Ländern von der Heftigkeit der chinesischen Proteste gegen die Okkupation der Tschechoslowakei stark beeindruckt.

Der albanische Nationalstalinismus

Als einziges unter den sozialistischen Ländern Europas hat Albanien sich bedingungslos für China entschieden und es sogar zum völligen Bruch mit der Sowjetunion kommen lassen – und dies zwei Jahre, bevor der Konflikt Moskau–Peking allgemein bekanntgeworden ist. Wie läßt sich der Abfall dieses kleinsten der Satelliten erklären, dieses Albaniens, das den Stalin- und UdSSR-Kult mit mehr Eifer gepflogen hat als alle anderen?

Drei Faktoren haben im Fall Albaniens besonderes Gewicht: Die Albaner hatten mehr als alle anderen Oststaaten davor Angst, der Chruschtschowschen Koexistenz-Politik zum Opfer zu fallen und als Tauschobjekt für eine Annäherung der UdSSR an Jugoslawien und Griechenland benützt zu werden. Seit 1955 war nämlich, wie ich bereits hervorgehoben habe, Enver Hoxha fast ständig dem Druck Moskaus ausgesetzt, das von ihm eine Änderung seiner Politik forderte; im April 1956 hätte er zugunsten der Anhänger Chruschtschows fast seine Stellung verloren. Infolgedessen hatte sich Hoxha unter den Schutz Mao Tse-tungs gestellt, bei dem er volles Verständnis für seinen glühenden Stalinismus und Antititoismus fand. Als 1960 die Stunde der Entscheidung gekommen war, geboten Hoxha Ehre, persönlicher Vorteil, vielleicht auch das nationale Interesse, Mao vorbehaltlos Treue zu geloben.

Dies wurde ihm aufgrund der ja recht primitiven Zustände in der albanischen Gesellschaft und Wirtschaft erleichtert. Es war zwar für das Land ein Schock, plötzlich ohne russische, tschechische und bulgarische Hilfe dazustehen, die seine Existenz gesichert und eine – wenn auch langsame – Aufwärtsentwicklung ermöglicht hatte. Die nun nötige Umstellung auf eine Wirtschaftshilfe aus China bedeutete aber weder für Peking noch für Tirana ein unlösbares Problem. Für Albaniens territoriale Sicherheit bürgten paradoxerweise auch weiterhin seine Nachbarn Jugoslawien, Griechenland und Italien, die lieber den Status quo beibehalten als sich auf eine Teilung einlassen wollten, die sie ja nur miteinander verfeinden konnte. Außerdem konnte Hoxha an die nationalen Gefühle seiner Landsleute appellieren, an die angeborene Streitlust der Albaner. So hat er den Stalinismus nationalisiert und den Maoismus »albanisiert«.

Man muß allerdings auch die Tatsache hervorheben, daß die Entscheidung Hoxhas für Peking ihm von den Russen geradezu aufgezwungen worden ist. Er hatte lange hin und her manövriert, um den Bruch mit Moskau zu vermeiden. Ursprünglich wollte er bloß mit Pekings Unterstützung eine bessere Ausgangsposition für sein Feilschen und seine Erpressungen erreichen. Was die

Trennung beschleunigte, waren die demütigenden, wahrhaft stalinistischen Methoden, die Chruschtschow anwendete, um die bedingungslose Kapitulation der Albaner zu erzwingen.

Erinnern wir uns der Ereignisse, die zu dieser merkwürdigen Feindschaft zwischen dem mächtigsten und dem schwächsten unter den kommunistischen Ländern geführt haben. Im Juni 1959 begibt sich Chruschtschow in Begleitung Marschall Malinowskis nach Tirana. Es kommt zu gegenseitigen Höflichkeitsbezeigungen und spektakulären Freundschaftsbeteuerungen. Chruschtschow verspricht, die sowjetische Wirtschaftshilfe zu erhöhen, und wertet die strategische Bedeutung Albaniens dadurch auf, daß er droht, so wie in Bulgarien auch in Albanien Raketenbasen zu errichten, für den Fall, daß Griechenland und Italien dies den Vereinigten Staaten auf ihrem Boden gestatten würden.

Doch schon im Herbst 1959 zeigen sich die ersten Wolken am Himmel der Freundschaft: Der Kreml ist mit dem »chinesischen« Ton gewisser Erklärungen und Artikel aus Tirana unzufrieden. Im Januar 1960 besucht Mikojan die albanische Hauptstadt in geheimer Mission. Die Chinesen haben später behauptet, er sei dort hingeschickt worden, um die albanische KP gegen China aufzuhetzen. Dieser Besuch dürfte bei der albanischen Führung tatsächlich einen gewissen Unruheprozeß ausgelöst haben. Etliche Persönlichkeiten – Liri Belishova, ihr Gatte Maqo Çomo, der Konteradmiral Sejko, der Vorsitzende der Kontrollkommission Koço Tashko – protestierten gegen die einseitig prochinesische Orientierung Hoxhas und warnten die Partei vor den Folgen eines Zwistes mit der UdSSR.

Hoxha wußte sehr wohl, daß diese seine Kritiker mit Zustimmung, wenn nicht auf Aufforderung des Kremls handelten. Er reagierte mit der ihm eigenen Schnelligkeit und Brutalität. Er ließ die Aufrührer verurteilen und stieß sie aus dem Zentralkomitee aus.

Mittlerweile versuchte Chruschtschow, der sich an der Spitze einer sowjetischen Delegation nach Bukarest begeben hatte, um am Kongreß der rumänischen KP teilzunehmen, die Anwesenheit von Vertretern der meisten Parteien dazu auszunützen, um eine Geheimkonferenz zu improvisieren und auf dieser die Wühlarbeit der Chinesen anzuprangern. Am Vorabend der Versammlung ließ er an die anwesenden Delegationen ein Informationsschreiben verteilen, in dem er die von Mao Tse-tung in der Broschüre »Es lebe der Leninismus« aufgestellten Thesen schonungslos kritisierte. (Im April 1960 veröffentlicht, wurde diese Broschüre noch im Frühjahr in Hunderttausenden Exemplaren in allen kommunistischen Ländern verteilt.) Auf der geheimen Konferenz verurteilte Chruschtschow dann mit nie dagewesener Heftigkeit Maos Nationalismus, Abenteuerlust und Trotzkismus. Der Pekinger Delegierte, Peng Tschen, der damals als Führer des »harten« Flügels der chinesischen Partei galt (im Mai 1966 wurde er als Opportunist und Revisionist abgesetzt), leistete Chruschtschow und den anderen Delegierten mutig Widerstand, unterstützt nur vom albanischen Delegierten, Hysni Kapo, der gegen die vom Sowjetführer angewendete »Putschtaktik« protestierte, mit der Chruschtschow die Konferenz zur Verdammung des chinesischen Standpunktes bringen wollte. »Die bei dieser Versammlung aufgeworfenen Probleme sind so umfangreich, daß sie äußerst sorgfältig, völlig kaltblütig und in kameradschaftlichem Geiste auf einer Konferenz sämtlicher Parteien besprochen werden sollten.« (5)

Die offene Unterstützung der Chinesen durch die Albaner erschien Chruschtschow als Gipfel der Unverschämtheit. Am 13. August rief er Hoxha nach Moskau. Dieser lehnte jedoch (wahrscheinlich von Peking dazu ermutigt) ab. Wenig später reiste Maurice Thorez mit dem Auftrag nach Tirana, Hoxha umzustimmen. Er wurde hinauskomplimentiert. Man kann sich unschwer die Spannung vorstellen, die zwischen der UdSSR und Albanien im September bei der Versammlung der Vereinten Nationen herrschte. Chruschtschow erschien in Begleitung von Kádár, Schiwkow, Novotný und Gheorghiu-Dej. Hoxhas Vertreter, Mehmet Shehu, wurde boykottiert. Seine Isolierung war umso auffallender, als Chruschtschow Tito zum erstenmal seit 1957 umarmte. Hoxha und Shehu nahmen an der im November in Moskau tagenden Konferenz der 81 Kommunistischen und Arbeiterparteien teil, die sich in Abwesenheit Maos, der Chruschtschow nicht wiedersehen wollte, mit den chinesisch-sowjetischen Beziehungen befaßte. Vor Beginn der Konferenz, die am 9. November beginnen sollte, dann aber auf den 12. verschoben wurde, hatte der sowjetische Parteichef die Albaner in den Kreml gerufen. Laut Chruschtschow haben sich Hoxha und Shehu während dieser Unterredung wie »Provokateure« betragen. Hoxha behauptet, Chruschtschow habe ihm voll Zorn gesagt: »Es fällt mir leichter, mit Macmillan zu einer Verständigung zu gelangen als mit Ihnen.« (6)

Hoxha ergriff am 16. November das Wort. Verglichen mit seiner Rede war die schon sehr ätzende des Chinesen Teng Hsiao-ping ein Muster an Mäßigung. Nie zuvor war die Sowjetführung im eigenen Haus mit so viel Lärm und solcher Wut angegriffen worden. Mit seiner Kritik an den Beschlüssen des XX. Parteitags, an der Entstalinisierung und an Chruschtschows Außenpolitik wiederholte Hoxha die extremsten chinesischen Thesen. Einen wirklichen, den größten Skandal rief er jedoch hervor, als er auf die sowjetisch-albanischen Beziehungen zu sprechen kam. Er warf den Russen vor, sie hätten sich für die prochinesische Haltung des albanischen Vertreters auf der Bukarester Konferenz rächen wollen, indem sie den Albanern, deren Land von einer außergewöhnlichen Trockenheit heimgesucht worden war, die versprochenen 10.000 Tonnen Getreide verweigerten. »Das ist ein unerträglicher Druck. Die sowjetischen Ratten können sich sattfressen, während das albanische Volk Hungers stirbt ...« Außerdem hätten sich die Sowjets »brutal in die Angelegenheiten der albanischen Partei eingemengt«, um diese, wie Chruschtschow gesagt habe, dazu zu zwingen, »zwischen 200 Millionen Russen und 650 Millionen Chinesen zu wählen«.

Der erste Sprecher, der nach Hoxha das Wort ergriff, Luigi Longo, der Führer der italienischen Delegation, nannte die Äußerungen des Albaners »nicht nur illoyal, sondern auch infantil«. Und Thorez erklärte: »Die Mitglieder unserer Delegation haben die Intervention (Hoxhas) mit einem Gefühl der Scham angehört. Als militante Kommunisten haben sie eine solche Sprache noch nie gehört, weder in den Versammlungen ihrer Partei noch auf den Konferenzen der internationalen kommunistischen Bewegung ... Der Weg, den die Delegation der albanischen Partei einschlägt, ist ein recht gefahrvoller Weg ...«

Am nächsten Tag verließen Hoxha und Shehu »auf spektakuläre Weise die Konferenz und demonstrierten so ihre Weigerung, über die kollektive Meinung der Bruderparteien nachzudenken«. (Chruschtschow auf dem XXII. Parteikongreß.)

Während die Konferenz der 81 Parteien nach langem Hin und Her zu einem chinesisch-sowjetischen Kompromiß führte (der übrigens nicht von langer Dauer war), blieben die sowjetisch-albanischen Beziehungen ausgesprochen schlecht. Am 21. Dezember 1960 feierte Tirana – eine neue Herausforderung an Chruschtschow – mit großem Pomp Stalins Geburtstag. Moskau bemühte sich, die Albaner zur Vernunft zu bringen, indem es den wirtschaftlichen Druck verstärkte. Anfang 1961 wurden die sowjetischen Spezialisten, die in der albanischen Industrie gearbeitet hatten, zurückberufen. (Aus China waren sie bereits im vergangenen Sommer abgezogen worden.) Die Wirtschaftsverhandlungen zwischen den beiden Staaten wurden abgebrochen, da Moskau das neue Abkommen »auf höchster Partei- und Regierungsebene« besprochen haben wollte, was einem Befehl an Hoxha zu einem Canossa-Gang gleichkam. »Die Sowjetregierung stellt diese Fragen auf falsche Art, im Widerspruch zum Geist der Beziehungen zwischen sozialistischen Staaten, was wir nicht zulassen können«, war die Antwort des albanischen Zentralkomitees.

Auf dem albanischen Parteikongreß im Februar 1961 war der Kreml durch Pjotr Pospelow vertreten, der den Dogmatismus und das Sektierertum geißelte und zur Einigkeit aufrief. Der Kongreß antwortete ihm mit Hochrufen auf Stalin. Als einziger unter den Geladenen zollte der chinesische Delegierte »der Reinheit von Hoxhas Doktrin« vorbehaltlose Anerkennung. Am 26. April verständigte Kossygin, damals Erster Stellvertretender Ministerpräsident, die albanische Regierung offiziell von der Einstellung der sowjetischen Hilfe. Die Albaner protestierten gegen »die Ausdehnung ideologischer Divergenzen ... auf wirtschaftliches, politisches und militärisches Gebiet«. Kurz vor dem XXII. Parteitag der KPdSU sandten sie an das sowjetische ZK einen Brief, in dem sie auf »die brutalen antimarxistischen Handlungen von N. Chruschtschow und seiner Gruppe« hinwiesen.

Die Albaner taten auch alles, damit ihre Anschuldigungen den Führern der Bruderparteien nicht unbekannt blieben. Die Chinesen machten aus ihrem Einverständnis mit Tirana kein Geheimnis mehr. Chruschtschow wußte also, daß ein Schweigen seinerseits als Zeichen der Schwäche ausgelegt werden würde. Nun wollte er der chinesischen Führung zeigen, daß er ungeachtet seines Wunsches, den Bruch zu vermeiden, nicht länger gewillt war, die andauernde Propaganda gegen seine Person und seine Politik zu dulden. Darum beschloß er, ein Exempel zu statuieren und auf dem XXII. Kongreß die Albaner öffentlich zu verurteilen und über sie auch die Chinesen zu treffen.

Der 17. Oktober 1961 ist ein Datum, das man sich merken sollte. Es ist der Tag, an dem Chruschtschow die albanische Führung der antisowjetischen Haltung bezichtigte und das große Schisma innerhalb der kommunistischen Bewegung auslöste. Drei Tage später ermahnte Tschu En-lai Chruschtschow: »Jede öffentliche und einseitige Verurteilung einer Bruderpartei«, erklärte er in belehrendem Ton, »ist eine Bedrohung der Einheit des sozialistischen Lagers. Es ist ganz unmöglich, in der Tatsache, daß die zwischen Bruderparteien und Bruderstaaten stattfindenden Diskussionen offen vor dem Feind ausgebreitet werden, eine ernstzunehmende marxistisch-leninistische Haltung zu sehen.« Am selben Tag ging das albanische Zentralkomitee in einer in Tirana veröffentlichten Erklärung noch weiter und klagte Chruschtschow an, »die Moskauer Erklärung von 1960 in grober Weise verletzt« zu haben, die zur Regelung von Streitfragen zwischen den Parteien doch brüderliche Besprechungen vorsah. »Wir werden vor den verleumderischen Angriffen, Erpressungen und Unterdrükkungsversuchen des N. Chruschtschow und der anderen weder zurückweichen noch uns ihnen unterwerfen.«

Am 27. Oktober antwortete Chruschtschow in seiner Schlußrede dem bereits abgereisten Tschu En-lai, der vorher noch einen riesigen Kranz auf dem Sarkophag Stalins, »des großen Marxisten-Leninisten«, niedergelegt hatte: »Wir teilen die Besorgnis der chinesischen Genossen, wir schätzen ihr Streben nach Stärkung der Einheit. Wenn die chinesischen Genossen bereit wären, sich um eine Normalisierung der Beziehungen zwischen der albanischen Partei und den Bruderparteien zu bemühen ... niemand ist geeigneter als sie.« Dann ließ er eine neue Schmährede gegen die Albaner los, die sich »durch Gewalttätigkeit und Willkür an der Macht halten« und innerhalb ihrer Partei »eine abnormale und ungesunde Atmosphäre« dulden. »Der Tag wird kommen, an dem die albanischen Kommunisten, das albanische Volk dazu Stellung nehmen wird. Dann werden die albanischen Führer sich zu verantworten haben für allen Schaden, den sie ihrem Land und ihrem Volk zugefügt haben.«

Dies war das Signal zu einer zügellosen Polemik, die einen Vorgeschmack der zwei Jahre darauf folgenden heftigen Wortgefechte zwischen Chinesen und Sowjets bot. Nachdem die albanische Botschaft in Moskau Dokumente über den Streit verbreitet hatte, entschloß sich die Sowjetregierung zum Abbruch der diplomatischen Beziehungen mit Albanien. Es zeigte sich also wieder einmal, daß die Annahme des sozialistischen Systems nicht auch die zwischenstaatlichen Beziehungen regelte. Man hatte Stalin und Berija vorgeworfen, den sowjetisch-jugoslawischen Bruch von 1949 durch ihre despotischen Methoden veranlaßt zu haben. Nun verursachte Chruschtschow, der große Entstalinisierer, der Ankläger Stalins und Berijas, einen neuen Bruch zwischen zwei sozialistischen Staaten, und dies auf einem Kongreß, den er, um seine Gegner im Inneren auszuschalten, zu einer neuerlichen Kampagne gegen Stalin und die Stalinisten benutzt hatte. (7) Schon auf der Bukarester Konferenz hatten die Chinesen Chruschtschow vorgeworfen, in der Diskussion eine »patriarchalische, willkürliche und despotische Haltung« einzunehmen. Freilich, die marxistisch-leninistische Ideologie erschwerte die Regelung von Meinungsverschiedenheiten durch die gegensätzlichen Auslegungen, die sie ermöglichte, und die doktrinären Leidenschaften, die sie entfachte. Der »Papismus« des Kremls, seine Anmaßung, das geistige Oberhaupt des Weltkommunismus zu sein, machte seinen »Cäsarismus«, seinen Anspruch auf die Führung des Bündnisses der sozialistischen Staaten, noch verbohrter, noch unduldsamer. Der widerspenstige Verbündete wurde auch, ja vor allem, als Häretiker bekämpft. Wenn die Sowjetregierung auch – etwa in der Erklärung vom 30. Oktober 1956 – die Gleichheit und Unabhängigkeit der kommunistischen Parteien und Regierungen theoretisch anerkennt – zur Verwirklichung ihrer Prinzipien hat sie noch einen langen Weg vor sich.

Albanien hatte sich also als Satellit der UdSSR losgesagt, sich in die Abhängigkeit von China begeben und sich unter dessen Schutz gestellt. Für die Führung in Peking war der albanische Abfall eine Prestige-Frage gewesen. Sie hatte beweisen wollen, daß sie imstande sei, ihre Anhänger zu unterstützen und zu verhindern, daß diese, wie Jugoslawien, ins feindliche Lager übergingen. So hatte sie Tirana bereits im Februar 1961 einen Kredit von 125 Millionen Dollar zum Ankauf von Industrieausrüstung gewährt. Mit den 13,75 Millionen Dollar, die bereits früher bewilligt worden waren, machten diese Kredite den Ausfall wieder wett, den die Aufkündigung der sowjetischen und osteuropäischen Wirtschaftshilfe verursacht hatte. (8) Die sowjetischen Spezialisten wurden durch chinesische ersetzt. Chinas Anteil am Gesamthandel Albaniens, der 1960 4,3 Prozent betragen hatte, machte 1964 46,6 Prozent aus. Albanien ist arm gewesen und ist noch immer arm. Es ist hermetisch gegen jeden westlichen und auch osteuropäischen Einfluß abgeschlossen. Für seine Führer ist es eine große Befriedigung, daß sie mit dem »großen chinesischen Bruder« im ideologischen Gleichschritt marschieren, daß sie ein Brückenkopf Pekings in Europa und bei der UNO Wortführer jenes revolutionären Geistes sind, den zuerst die Jugoslawen, dann die Sowjets und ihre Satelliten »verraten« haben, dessen Triumph aber nach ihrer Meinung nicht lange auf sich warten lassen wird. Dieses Warten auf den großen Tag, auf das Jüngste Gericht, die verbissene Ablehnung jedes Kompromisses mit dem »imperialistisch-revisionistischen« Satan geben dem puritanischen, stagnierenden Dasein, dem Zwangsregime, das den Albanern von ihren Führern auferlegt wird, einen fast religiösen Anstrich. In keinem anderen kommunistischen Land ist der Kontrast zwischen der Theorie (die sich für die fortschrittlichste der Welt hält) und der so weit zurückgebliebenen Realität so frappierend wie im Land Enver Hoxhas.

Rumänien gewinnt Abstand

Den Abfall Albaniens hatte der durch die chinesische Herausforderung äußerst aufgebrachte Kreml mit seiner Forderung der bedingungslosen ideologischen Einheit veranlaßt. Der zunehmenden Lösung und Emanzipierung Rumäniens, dem Ursprung und der Entwicklung dessen, was man als rumänischen Nationalkommunismus bezeichnen kann, liegt der Widerstand gegen Moskaus Forderung der wirtschaftlichen Integration zugrunde. Die »Entsatellitisierung« Rumäniens ist umso bemerkenswerter, als es sich diesmal um einen unmittelbaren Nachbarn der Sowjetunion handelt und die Rumänen während der ersten fünfzehn Jahre nach dem Krieg die anscheinend unterwürfigsten und ergebensten von allen Satelliten der UdSSR gewesen sind. Nach dem Abfall Jugoslawiens und Albaniens hat das Abrücken Rumäniens gezeigt, daß mit der Zeit »die Balkanisierung des Kommunismus die Oberhand gewann über die Kommunisierung des Balkans«. (9)

Gewiß, die ideologischen und persönlichen Faktoren, die den albanischen Abfall hervorgerufen hatten, spielten auch bei den Rumänen eine Rolle. Die rumänischen Führer hatten genauso wie Enver Hoxha Chruschtschows Entstalinisierungsdruck zu spüren bekommen. Auf Gheorghiu-Dejs Geschicklichkeit in der Verteidigung seiner Position habe ich bereits hingewiesen: Mit Worten stimmte er den Sowjets zu, die Taten setzte er nach seinem Kopf. Dank den Säuberungen der Jahre 1952 und 1957 gelang es dem rumänischen Partei- und Regierungschef, den Zusammenhalt seines Teams zu stärken. Er war einer der ersten Führer eines Satellitenstaates, der die Möglichkeit erkannte, den chinesisch-sowjetischen Konflikt dazu zu benützen, um sich selbst und seinem Land größere Handlungsfreiheit zu verschaffen, zuerst auf wirtschaftlichem Gebiet und dann, wie J. F. Brown sagt, »von einer brillanten Improvisation zur anderen«, auf kulturellem Gebiet und in der internationalen Politik.

1961 stießen die wirtschaftlichen Ambitionen der Bukarester Führung mit den sowjetischen Interessen zusammen. Zu diesem Zeitpunkt nämlich (Moskauer Konferenz vom 3. bis 5. August 1961) hatte Chruschtschow, angespornt von den Erfolgen des Gemeinsamen Marktes und besorgt über die aufgetretenen zentrifugalen Tendenzen, vorgeschlagen, den Rat für gegenseitige Wirtschaftshilfe (COMECON), der 1949 ins Leben gerufen worden war, zu einem wirklichen Instrument der Planung, Spezialisierung und Aufteilung der internationalen Arbeit auszubauen. Im Gegensatz zu der im Westen weitverbreiteten Annahme hatte sich die Wirtschaft der Oststaaten auf autarker Basis entwickelt, unabhängig voneinander, und war vor allem mit der UdSSR durch Handelsverträge von mehr oder weniger langer Laufzeit verbunden. Nach dem Autarkie-Muster der Sowjetunion bemühte sich jedes Land, seine Industrie zu entwickeln und immer unabhängiger zu werden, wobei die Rentabilität der neu gegründeten Industrien die geringste Sorge war. So hatten Rákosi und Gerö aus Ungarn ein »Land des Eisens und des Stahls« machen wollen. Die rumänische Planung hatte den gleichen Weg eingeschlagen, der aufgrund des Reichtums des Landes an Bodenschätzen eine besonders schnelle Entwicklung gestattete. 1958 steigerte sich die Industrieproduktion – eine Rekordzahl – um 9,5 Prozent im Vergleich zu 1957; geplant gewesen war nur eine Zunahme um 7,5 Prozent. Für 1959 sah die Regierung eine Zunahme von 10 Prozent vor; wieder wurde die Berechnung durch eine Zunahme von 11,1 Prozent übertroffen. Die Stahlproduktion war im gleichen Jahr um 52 Prozent gestiegen. Auf dem III. Parteikongreß erklärte Dej in Gegenwart Chruschtschows voll Stolz: »Unser Land hat auf dem Wege der wirtschaftlichen und sozialen Entwicklung einen Riesenschritt vorwärts getan, es hat den Grund gelegt für einen noch rascheren Fortschritt.« Die Experten hatten einen neuen, sehr ehrgeizigen Fünfjahresplan ausgearbeitet, nach dem die Industrieproduktion 1965 das Doppelte des Umfangs von 1959 erreichen sollte. Der neue Plan umfaßte neben dem Bau eines wichtigen Stahlwerks in Galatz (Galaţi) – mit einer vorgesehenen Jahresproduktion von vier Millionen Tonnen – die Entwicklung der chemischen Industrie, der Schiffswerften, der Erzeugung von Werkzeugmaschinen, von Traktoren, von Einrichtungen zur Erdölgewinnung usw.

Nun, da die Rumänen alle Kräfte anspannten, um ihren Plan auszuführen, kam Chruschtschow zu dem Schluß, daß sich die kommunistischen Staaten nur dann im Wettstreit mit dem Westen behaupten könnten, wenn sie sich auf die Spezialisierung verlegten, was nur mit einer übernationalen Planung durchzuführen sei. Die Ostberliner und Prager Fachleute hatten dies bereits 1958 vorgeschlagen. Die DDR und die Tschechoslowakei hatten das größte Interesse daran, daß die Industrie der Nachzügler keine Konkurrenz würde. Ihre Delegierten unterstützten folglich mit Begeisterung die von Chruschtschow im August 1961 und später auf der Gipfelkonferenz des COMECON im Juni 1962 unterbreiteten Vorschläge für eine Integration. Die Bulgaren und Polen zeigten sich zurückhaltender. Die Chinesen spitzten – aus der Ferne – die Ohren. Von jetzt an konnte man die Demarkationslinie, die innerhalb des COMECON die mehr oder weniger entwickelten Länder von den unterentwickelten trennte, nicht mehr übersehen. Trotz allem Fortschritt war aber Rumänien immer noch unterentwickelt. Seine Industrieproduktion betrug 1962 nur 36 Prozent von der Produktion der DDR. Im selben Jahr belief sich das Nationaleinkommen Rumäniens pro Kopf auf 45 Prozent von dem der Tschechoslowakei und der Deutschen Demokratischen Republik. (10) Nach Ansicht der rumänischen Wirtschaftsexperten hätte die Annahme der sowjetischen Integrationspläne durch Bukarest zur Folge gehabt, daß Rumänien den höher entwickelten Ländern des Blocks gegenüber untergeordnet geblieben wäre, jenen Ländern, denen die Rumänen vorwarfen, ihnen Industrieprodukte und -material zu höheren als den Weltmarktpreisen zu verkaufen, wobei die Qualität der Produkte oft zu wünschen übrig ließ. Während der folgenden COMECON-Tagungen im November und Dezember 1962 leisteten die rumänischen Experten dem sowjetischen, tschechischen und ostdeutschen Druck erfolgreich Widerstand.

Als der rumänische Delegierte beim COMECON, Alexandru Birladeanu, im März 1963 dem ZK in Budapest über den letzten Stand der Integrationsdebatten berichtete, beschloß dieses einstimmig, daß Rumänien seiner Zusammenarbeit mit den anderen sozialistischen Staaten »die Prinzipien der nationalen Souveränität und Unabhängigkeit, der Gleichberechtigung, der brüderlichen Hilfe und des gegenseitigen Vorteils« zugrunde legen wolle. Diese Prinzipien drückte zwar bereits die Erklärung der 81 kommunistischen Parteien auf der Moskauer Konferenz des Jahres 1960 aus, die einen Kompromiß darstellte – den letzten zwischen China und der Sowjetunion. Aber die Anspielung der Rumänen hierauf enthielt viel Zündstoff.

Im Juli 1963 schließlich, auf der COMECON-Gipfelkonferenz in Moskau, waren die Rumänen mit ihren Wünschen am Ziel.

Angesichts des rumänischen Vetos fanden sich die Sowjets und ihre Anhänger damit ab, daß sie die geplante Wirtschaftsintegration vorläufig zurückstellen mußten. Das Abschlußkommuniqué besagte, daß bilaterale Besprechungen ... »die beste Grundlage bildeten für die multilaterale Koordinierung der Pläne«. Genau das hatten die Rumänen vorgeschlagen.

Gheorghiu-Dej hatte einen glänzenden Sieg davongetragen; er hatte die Umwandlung des COMECON in eine übernationale Autorität verhindert und damit einen Präzedenzfall für die wirtschaftliche (und später politische) Umstrukturierung des gesamten Blocks geschaffen. Wenn es 1957 die Chinesen gewesen sind, die die sowjetische Hegemonie über die internationale kommunistische Bewegung zerschlagen haben (11), so haben sechs Jahre später die Rumänen spürbar an der sowjetischen Vorherrschaft in Osteuropa gerüttelt.

Zu einem anderen Zeitpunkt hätten die Sowjets diesen Schlag wahrscheinlich nicht so leicht hingenommen. Aber Ende 1962/Anfang 1963 hatte Chruschtschow schwerwiegende Gründe, sich zu mäßigen und jeden neuen Skandal zu vermeiden. Die Nachwirkungen der Kuba-Krise waren noch nicht abgeklungen, die Beziehungen zu den Chinesen näherten sich zusehends dem Bruch. Die wirtschaftlichen und politischen Repressalien waren ohne Erfolg geblieben. Unter diesen Umständen waren die Mittel begrenzt, über die die UdSSR verfügte, um Rumänien zur Vernunft zu bringen. Die Anwendung militärischer Mittel, wie 1956 in Ungarn, kam nicht in Frage; die rumänische Herausforderung bedeutete keine direkte Gefahr für die sowjetischen strategischen Interessen. Eine Verstärkung des wirtschaftlichen Druckes hätte die Rumänen dazu gebracht, entweder dem Beispiel Albaniens zu folgen oder, wahrscheinlicher noch, sich dem Westen in die Arme zu werfen, mit dem sie seit 1959 ja intensivere Wirtschaftsbeziehungen hatten. Das Risiko, das die Rumänen gegenüber der UdSSR auf sich nahmen, war nicht größer als jenes, das zur gleichen Zeit das Frankreich de Gaulles eingegangen war, als es sich gegen die amerikanische Hegemonie auflehnte. Beide Entwicklungen waren durch jenes Klima internationaler Entspannung erleichtert, wenn nicht gar hervorgerufen worden, das erlaubte, die Bande der Solidarität zu lockern, ohne daß dies eine unmittelbare Gefahr für die Sicherheit der in Frage kommenden Länder bedeutete.

Bekanntlich ist es das Anfang August 1963 in Moskau abgeschlossene Atomteststoppabkommen gewesen (Verbot von Atomversuchen im Weltraum, in der Atmosphäre und unter Wasser), das den Abbruch der Parteikontakte zwischen Moskau und Peking bewirkt hat. Rumänien hatte Moskau dabei, wenn auch ohne übertriebenen Eifer, unterstützt. (1967/68 war Rumänien dann in bezug auf die sowjetisch-amerikanischen Pläne für einen Atomwaffensperrvertrag zurückhaltender.) Aber aus der heftigen Polemik, die der Unterzeichnung des Teststoppabkommens folgte, in dem Mao vor allem ein Mittel zur Verhinderung des Aufstiegs Chinas in die Reihe der Atommächte sah, hielt sich Rumänien im Gegensatz zu den übrigen kommunistischen Staaten Europas heraus. Die neutrale Haltung Rumäniens hatte sich übrigens schon im Juni 1963 gezeigt, als die Chinesen ihr »25-Punkte-Programm« veröffentlichten, in dem ihre Anklagen gegen das Hegemoniestreben Moskaus in aggressivem Ton zusammengefaßt waren. Dieses »Programm« enthält auch recht deutliche Anspielungen auf die Unstimmigkeiten zwischen Bukarest und Moskau im Hinblick auf die wirtschaftliche Integration. Kein kommunistischer Oststaat hatte von diesem Dokument Kenntnis, in der UdSSR war es verboten worden. Die rumänische Presse hingegen veröffentlichte lange Auszüge daraus.

Im Gegensatz zur UdSSR und ihren Parteigängern, die ihren Handel mit China bedeutend einschränkten, hat Rumänien ihn seit Ende 1962 gesteigert. Im März 1963 nahm Bukarest die diplomatischen Beziehungen zu Albanien wieder auf, die nach dem sowjetisch-albanischen Bruch von 1961 praktisch aufgehört hatten.

Während sich der chinesisch-sowjetische Konflikt immer mehr zuspitzte, bezogen die Rumänen einen Standpunkt, der große Ähnlichkeit mit dem der Vietnamesen hatte, die ja auch zu beiden streitenden Parteien gute Beziehungen unterhalten wollten. In einem in der Zeitschrift »Probleme des Friedens und des Sozialismus« im November 1963 veröffentlichten Artikel verurteilte Ministerpräsident Maurer – obgleich er sich mit den Zielen der Außenpolitik der UdSSR (friedliche Koexistenz) solidarisch erklärte – jede öffentliche und grobe Polemik (von welcher Seite auch immer) und predigte die Versöhnung durch geduldige und höfliche Verhandlungen. Als die Sowjets im Februar 1964 einen Bericht veröffentlichen wollten, den Suslow dem Zentralkomitee über den Konflikt mit China vorgelegt hatte und in dem eine »energische Entgegnung« auf die spalterischen Aktionen der Chinesen verlangt wurde, griffen die Rumänen ein und baten den Kreml, die Veröffentlichung des Berichts zu verschieben und das Resultat eines letzten Vermittlungsversuches abzuwarten, den sie in Peking gern unternehmen wollten. Maurer fuhr zu Mao Tse-tung, der ihn äußerst liebenswürdig empfing, aber auf seinem Standpunkt beharrte. Doch auch dieser Mißerfolg ließ die Rumänen ihre Versöhnungsabsichten nicht aufgeben. Sie wehrten sich weiter gegen die Forderung des Kremls nach einer internationalen Konferenz, auf der China aus dem kommunistischen Lager ausgestoßen werden sollte und für die die Sowjets bereits die Zustimmung der anderen Volksdemokratien, mit Ausnahme Jugoslawiens, erhalten hatten.

Gheorghiu-Dej befürchtete, die Verurteilung und Isolierung Chinas würden für Moskau nur die erste Etappe auf dem Weg zu weiterer Straffung der Disziplin und des Zusammenhalts im kommunistischen Lager sein. Diese Befürchtung teilten auch Gomułka, Togliatti und andere kommunistische Führer; aber bei keinem von ihnen beeinflußte sie die Politik so maßgebend wie bei Maurer. Dieser antwortete auf den sowjetischen Druck mit einer Entschließung des Zentralkomitees, die in Bukarest am 27. April 1964 veröffentlicht und sogleich als die Unabhängigkeitserklärung Rumäniens angesehen wurde. »Jeder sozialistische Staat«, heißt es darin wörtlich, »besitzt das souveräne Recht, Formen und Methoden seiner sozialistischen Struktur auszuarbeiten, zu wählen und zu verändern ... Kein Staat besitzt das Recht, seine eigenen Interessen als allgemeine Interessen hinzustellen ... Es kann keine Partei der Väter und keine Partei der Söhne geben, keine übergeordnete und keine untergeordnete Partei, es gibt nur eine große Familie kommunistischer Parteien und Arbeiter mit gleichen Rechten.«

Ein Jahr lag zwischen den 25 Punkten Pekings und ihrem getreuen Echo, der rumänischen »Unabhängigkeitserklärung«. Die besondere Geschicklichkeit der Bukarester Führer bestand darin, daß diese ihren Standpunkt auf so ruhige und objektive Art, ohne Spur einer Polemik vorbrachten, daß die Sowjets – wollten sie sich nicht selbst widersprechen – sie schwer öffentlich zurechtweisen konnten. Und dies umso weniger, als die Rumänen (die bei dieser Taktik auch in den kommenden Jahren blieben) darauf bedacht waren, jeden Schritt der Emanzipierung mit Freundschaftsbeteuerungen und Versicherungen ihrer marxistisch-leninistischen Glaubenstreue zu verbinden. Chruschtschows Druck, seine Versuche, eine innerparteiliche Opposition gegen Gheorghiu-Dej aufzubauen, bewirkten nur die Absage des rumänischen Parteichefs, am »Familienfest« teilzunehmen, das zur Feier von Chruschtschows siebzigstem Geburtstag inszeniert werden sollte. Tito – der Anfang Juni 1964 eine kurze Zusammenkunft mit Chruschtschow in Leningrad gehabt hatte – besuchte Dej in Temesvár und bemühte sich anscheinend, die beiden Männer einander wieder näherzubringen, aber vergeblich. Sowohl rumänischer- wie sowjetischerseits hütete man sich aber, diese persönliche Verstimmung auf die Beziehungen zwischen den beiden Regierungen abfärben zu lassen. Im Juli begab sich Maurer nach seiner Aufsehen erregenden Reise nach Paris in die UdSSR, wo er herzlich empfangen wurde. Anläßlich der Feierlichkeiten zum 20. Jahrestag der Befreiung Rumäniens »legitimierte« Mikojan dann in Bukarest die rumänischen Ansprüche, indem er erklärte: »Die Freundschaft und Zusammenarbeit zwischen den Völkern und Parteien der Sowjetunion und der Volksrepublik Rumänien beruhen auf den unverletzbaren Prinzipien des Marxismus-Leninismus, des sozialistischen Internationalismus, der gegenseitigen Achtung der nationalen Unabhängigkeit und Souveränität, der Gleichberechtigung und (woran den Rumänen am meisten lag) der Nichteinmischung in die inneren Angelegenheiten.«

Je mehr Dej das Feld seines unabhängigen Handelns erweiterte (im Mai 1964 hatte er den Wirtschaftler G. Marin offiziell in die Vereinigten Staaten geschickt), desto mehr merkte er, wie die Zustimmung im Lande wuchs. Dies ermutigte ihn, die Emanzipierung auf kulturelles Gebiet auszudehnen. Die Historiker wurden aufgefordert, die Geschichte der Befreiung des Landes neu zu schreiben und die Rolle des Widerstandes im Inneren und die Teilnahme rumänischer Truppen am Kampf gegen die Hitlerarmee hervorzuheben. Schon im September 1963 hatte die rumänische Regierung die Schließung des Gorki-Instituts verfügt, des russischen Kulturzentrums in Rumänien. Der Russisch-Unterricht hörte auf, obligatorisch zu sein und wurde dem anderer wichtiger Sprachen gleichgestellt. 1964 – wahrscheinlich als Antwort auf den sowjetischen Druck zugunsten der schlecht behandelten ungarischen Minderheit in Siebenbürgen – rollten die Rumänen das Problem Bessarabien wieder auf – jenes von der UdSSR 1940 annektierte Land zwischen Pruth und Dnjestr –, indem sie eine in Vergessenheit geratene Schrift Karl Marx' veröffentlichten, in der dieser die Annexionen der russischen Zaren verurteilt. Daraufhin beeilte sich Mao Tse-tung – es war schon die Rede davon –, zwischen den Gebietsansprüchen der Rumänen und seinen eigenen territorialen Forderungen an die UdSSR eine Verbindung herzustellen. In Bukarest wollte man jedoch die Dinge nicht weiter treiben und begnügte sich mit der diskret vorgebrachten neuerlichen Bekräftigung eines historischen Anspruchs.

Gewiß, Rumänien ist auch nach dem Tode Gheorghiu-Dejs im März 1965 eine von der kommunistischen Partei geführte Volksdemokratie geblieben. Aber die herrschende Partei, deren Zahl sich zwischen 1955 und 1966 durch den Zustrom einer neuen Generation mehr als verdoppelt hat, »rumänisiert« sich. Sie ist seit damals nicht mehr die »rumänische Abteilung der moskowitischen Internationale«, sondern eine eigenständige Macht, eine solide Stütze des rumänischen Nationalismus. Fast unmerklich hat sich in der Propaganda, im Unterrichtswesen, ja im täglichen Leben der Akzent von der Solidarität des Blocks zu den nationalen Interessen hin verschoben. Und 1968 hat die Logik der »Entsatellitisierung« zur Ablehnung der stalinistischen Methoden sogar jenes Mannes geführt – Gheorghiu-Dejs –, der diese Bewegung einst ausgelöst hatte. Eine gleichartige Umwandlung hat auch in Jugoslawien stattgefunden. Aber bei den Jugoslawen haben die ideologische Begeisterung und der Wunsch, ein neues politisches und wirtschaftliches Modell anstelle des hinfällig gewordenen stalinistischen zu schaffen, die Oberhand behalten, während die Rumänen weniger Vorliebe für die Theorie als für das pragmatische Handeln zeigten. Gheorghiu-Dej hat sich sicherlich von Titos Experiment beeindrucken lassen, an Wendigkeit hat er sein Vorbild übertroffen. Rumäniens allmähliches Abrücken, seine schrittweise Loslösung – das Werk Gheorghiu-Dejs und seiner nächsten Mitarbeiter und Nachfolger Maurer und Ceauşescu – wird in die Geschichte eingehen als das Beispiel einer diplomatischen Aktion, die mit ebensoviel Offenheit wie Ausdauer und einem sehr guten Gespür für die gegebenen Möglichkeiten geführt worden ist. (12)

8. Liberalisierung im Zeichen Chruschtschows

Der albanische Abfall und die schrittweise Loslösung Rumäniens waren die Folge des chinesisch-sowjetischen Konflikts und der Anstrengungen des Kremls, seinen ideologischen und wirtschaftlichen Einfluß auf die widerspenstigen Volksdemokratien zu verstärken. Albanien und Rumänien blieben aber Einzelfälle. Die übrigen Oststaaten scharten sich um das sowjetische Banner. Womit nicht gesagt ist, daß nicht auch die führenden Persönlichkeiten dieser Länder bei aller Unterstützung der großen Linien von Chruschtschows Außenpolitik versucht haben, ihre ja geringe Handlungsfreiheit zu sichern oder zu erweitern. Das Hauptziel ihrer Politik in den Jahren 1960 bis 1964 war jedoch nicht die nationale Unabhängigkeit, sondern war die Lösung von Problemen der Innenpolitik und vor allem von Problemen der wirtschaftlichen Neugestaltung und Zusammenarbeit.

Wenn diese Staaten *grosso modo* den sowjetischen Weg, den Weg Chruschtschows, akzeptiert haben, so deshalb, weil er der eigenen Entwicklungsstufe und den Schwierigkeiten, die sie zu überwinden hatten, entsprach. Es war dies der Weg der Entstalinisierung, auf dem Chruschtschow am XXII. Parteitag der KPdSU im Oktober 1961 ein Stück weitergegangen war. Gewiß, Michel Tatu hat, kaum widerlegbar, aufgezeigt, daß Chruschtschows Bestreben, der Mann der inneren und äußeren Entspannung zu sein, nicht frei war von demagogischen Hintergedanken und daß die neuen Attacken vor und auf dem XXII. Kongreß gegen den Stalinismus und die Stalinisten vor allem dem Wunsch entsprungen sind, die persönliche Machtstellung zu festigen. (1) Die Methoden, deren er sich gegen Molotow und andere gefährlichere, weil der Macht näher stehende Gegner bediente, waren noch die altgewohnten Methoden der Intrigen und der Verleumdung. Tatsache ist aber, daß trotz aller Widersprüche und Einschränkungen die auf dem XXII. Parteikongreß festgesetzte Politik den 1956 vom XX. Kongreß begonnenen Kurs bestätigt und all denen Argumente und ideologische Waffen geliefert hat, die aus Gründen der Ethik oder der Opportunität den Stalinismus verwarfen und für eine mehr oder minder weitgehende Liberalisierung der Parteidiktatur eintraten.

Die »liberalisierende« Wirkung der Sowjetpolitik wurde dann vor allem in zwei Ländern fühlbar: in Ungarn und in der Tschechoslowakei. In Ungarn nahm Chruschtschows Sieg auf dem XXII. Kongreß Kádárs stalinistischen Gegnern die letzte Hoffnung auf eine Rückkehr der Anhänger Molotows zur Macht. In der Tschechoslowakei ermutigte er jene Genossen, die innerhalb der Partei auf eine Reform des Systems drängten. In Polen, das 1956 das Höchstmaß der Entstalinisierung erreicht hatte, handelte es sich eher darum, das Erreichte zu wahren, als noch Weiteres anzustreben. Die ostdeutschen Führer betrieben die Entstalinisierung weiterhin nur mit Worten und beschränkten die Reformtätigkeit auf die Wirtschaft. Bulgarien schließlich machte ein paar schüchterne Versuche, ohne daß man deswegen von einem – politischen wie kulturellen – echten Tauwetter sprechen könnte.

János Kádár und die Liberalisierung Ungarns

Kádár hatte nicht bis Ende 1961 gewartet, um den »Neuen Kurs« zu beginnen, der aus Ungarn – praktisch, wenn auch nicht theoretisch – das nach Polen am meisten liberalisierte kommunistische Land machte. Die Richtlinien für die neue Politik waren bereits auf dem ungarischen Parteikongreß im November/Dezember 1959 festgelegt worden, auf dem der von Chruschtschow stark unterstützte Kádár seine Stellung wesentlich gefestigt hatte. Mehr als jeder andere Führer in Osteuropa zog Kádár aus Chruschtschows Freundschaft Nutzen. Dieser war dankbar dafür, daß Kádár das in ihn gesetzte Vertrauen gerechtfertigt hatte; war damit doch bewiesen, daß die Autorität der Partei nach den Erschütterungen von 1956 auch ohne einen neuen Stalinismus wiederhergestellt werden konnte.

Kádárs Ziel war der Brückenschlag zwischen der kommunistischen Regierung und der Bevölkerung (hauptsächlich der Intelligenz), die ihm noch immer nicht verziehen hatte, daß er während des Aufstandes die Sowjetarmee um Intervention ersucht hatte. Verschiedene Umstände waren für eine Entspannung günstig. Erstens einmal die wirtschaftliche Konsolidierung des Landes: dank sowjetischer Hilfe, dank auch der wesentlichen Verringerung des Militärbudgets konnte der Lebensstandard erheblich erhöht werden; das Pro-Kopf-Einkommen der Bevölkerung war 1960 um 20 bis 35 Prozent höher als 1956. Zweitens konnte die Partei, das Werkzeug der Macht schlechthin, den früheren Mitgliederstand wieder erreichen (96.000 Mitglieder im Dezember 1956, 402.000 im Dezember 1959 und 512.000 im Dezember 1962) und gewann auch einen gewissen Zusammenhalt. (Die Stalinisten und die Revisionisten hielten sich die Waage; das Gros der Partei bestand freilich eher aus Opportunisten.) Drittens hatte sich unter den Intellektuellen, die seit 1955 ja als Wortführer der nationalen und demokratischen Wünsche galten, eine realistische, einem Kompromiß zuneigende Tendenz herausgebildet. Einer der im Lande am meisten geschätzten Schriftsteller, László Németh, brachte 1962 ein Theaterstück heraus, »Die Reise«: Der Held, ein alter, national gesinnter Professor, kehrt nach einer Reise durch die Sowjetunion mit der Überzeugung zurück, sein Land müsse allen Trugbildern entsagen und sich seine Existenz im gegebenen Rahmen einrichten, unter der Bedingung, daß auch die Regierung guten Willens ist. Nicht alle Intellektuellen sind allerdings dieser Ansicht gewesen. Aber immer mehr Leute sahen ein, daß es für das Land aussichtslos, ja sogar gefährlich sei, auf die Dauer eine völlig negative Haltung einzunehmen. Schließlich schien der XXII. Parteikongreß die Hoffnung auf eine friedliche Weiterentwicklung jenes Staates, von dem Ungarn ja abhing, zu rechtfertigen. Seltsamerweise begann Chruschtschow, der für die Intervention von 1956 verantwortlich gewesen war, drei oder vier Jahre später in Ungarn populär zu werden.

Unter diesen Umständen gab Kádár grünes Licht für das dritte »Tauwetter« in Ungarn (das erste war 1953, das zweite 1956 erfolgt), indem er in einem »Prawda«-Artikel vom 26. Dezember 1961 erklärte: »Der Despotismus ist kein sozialistisches

Phänomen« und den berühmten Ausspruch tat: »Wer nicht gegen uns ist, der ist mit uns.«

Die Liberalisierungspolitik Kádárs umfaßte drei wichtige Entscheidungen, die, zusammengenommen, einen politischen Klimawechsel hervorgerufen haben:

1. Die einstigen Kulaken und wohlhabenden Bauern durften in die Kolchosen eintreten, wodurch die furchtbare Diskriminierung aufhörte, deren Opfer oft die erfahrensten Bauern geworden waren, die man zu wahren Parias gemacht hatte.

2. Die in der Schulausbildung vorhandene Diskriminierung der Kinder der früheren Bourgeoisie und sogar der Intelligenz, von denen nur wenige die Universität erreicht hatten, wurde aufgehoben.

3. Immer mehr Nichtkommunisten wurden auf hohe Posten in Verwaltung und Wirtschaft berufen.

Unter diesen drei Maßnahmen verursachte die letzte die heftigste und hartnäckigste Opposition im Inneren eines Parteiapparats, in dem zahlreiche »Arbeiterkader«, die sich wegen ihrer politischen Verdienste und nicht wegen ihrer Kompetenz dort befanden, auf starke Unterstützung zählen konnten. Jugoslawien kannte diesen »Klassenkampf« bereits seit langem, die Tschechoslowakei sollte ihn in Kürze kennenlernen. Aber Kádár und sein Team ließen trotz mancher Bande der Solidarität, die zwischen ihnen und den alten Genossen bestanden, nicht locker: »Die Partei unternimmt alle Anstrengungen, um einen Zustand zu erreichen, in dem die leitenden Stellen in Industrie, Landwirtschaft, Verwaltung und Kultur mit den fähigsten Personen besetzt werden.« (Népszabadság, 3. Juni 1962.) Dies bedeutete einen Umschwung im sozialen Leben Ungarns: Kompetenz und Qualifikation haben von nun an den Vorrang vor dem ideologischen Konformismus. Das war freilich mehr Theorie als Realität. Die Schalthebel verblieben in den Händen der Kommunisten, und angestellt wurden nach Möglichkeit Personen, die zugleich Experten und Linke waren.

Es ist jedoch Tatsache, daß in den Jahren 1962/63 die Beziehungen zwischen Kommunisten und Nichtkommunisten eine zunehmende Entspannung erfuhren. Die Intellektuellen zogen den größten Nutzen aus der neuen Politik. Kádár hat viel getan, um ihre nationalen Gefühle zu schonen. Die meisten Schriftsteller, die nach dem Aufstand verurteilt worden waren, Déry, Hay, Zelk und Tardos, waren durch die teilweise Amnestie vom April 1960 auf freien Fuß gesetzt worden. Die Amnestie vom März 1963 öffnete auch dem besten politischen Denker des zeitgenössischen Ungarn, dem Soziologen István Bibo, der unter Imre Nagy Minister gewesen war, die Gefängnistore. Durch einen vom Zentralkomitee im August 1962 gefaßten Beschluß wurden Rajk und 190 Opfer von Rákosis Säuberungen endgültig rehabilitiert; Rákosi, Gerö und siebzehn andere Hauptverantwortliche des Stalinismus in Ungarn wurden aus der Partei ausgeschlossen und Károly Kiss, Vorsitzender der Kontrollkommission der Partei, seines Postens enthoben, weil er sich der Entstalinisierung widersetzt hatte. Die neue Industriestadt Sztálinváros – das Nowa Huta Ungarns – wurde in Dunaújváros umbenannt. Mit wachsender Freizügigkeit genehmigte die Regierung Pässe für Auslandsreisen und traf Vorbereitungen für eine Wiederbelebung des Fremdenverkehrs, der sich in den kommenden Jahren dann auch entsprechend entwickelte. Die Zensur wurde gelockert; die Verlagshäuser wurden ermächtigt, eine beträchtliche Zahl an Übersetzungen westlicher Werke zu veröffentlichen; der Spielplan von Kinos und Theatern wurde aufgefrischt; einige ausgezeichnete Zeitschriften – wie »Nagyvilág« und »Új Irvas« – machten die Öffentlichkeit mit den besten Werken der modernen Weltliteratur bekannt.

Der VIII. ungarische Parteikongreß, der im November 1962 stattfand, war eine Bestätigung der neuen Tendenz, deren Früchte das offizielle Ungarn einzuheimsen begann, und dies nicht nur im Inneren, sondern auch auf internationaler Ebene. Anfang 1963 verschwand Ungarn als Problem, das die Vereinten Nationen beschäftigte. Im Juli besucht U Thant Budapest; im Herbst wird Kádár nach Belgrad eingeladen und versöhnt sich mit Tito. Im September 1964 unterzeichnet die Budapester Regierung ein Abkommen mit dem Vatikan, das zwar das Problem Kardinal

Mindszenty, der am 4. November 1956 in der Botschaft der Vereinigten Staaten Zuflucht gesucht hat, offen läßt, durch das aber die Frage der Ernennung neuer Bischöfe und der Leistung des Treueides des Klerus an die Regierung geregelt wird. Und so gewährt man nach und nach jenen 1956 besiegten Ungarn – wie ein emigrierter Schriftsteller, Paul Ignotus, sagte – »viele Freiheiten, wenn auch nicht die Freiheit«. Und ein slowakischer Journalist ließ seine Landsleute recht nachdenklich werden, als er nach einem Besuch Ungarns nicht ohne Übertreibung schrieb: »Dort trägt die Freiheit den Namen Sozialismus, und Kádár ist der populärste Mann des Landes.« (2)

Erstes Tauwetter in der Tschechoslowakei

Die Entwicklung der Volksdemokratien ist voller Widersprüche, zum Beispiel »besteht keine Wechselbeziehung zwischen dem Ausmaß an Liberalisierung und dem Ausmaß an Unabhängigkeit nach außen hin«. (3) Das zwar liberalisierte, aber sehr abhängige Ungarn war der Nachbar eines immer unabhängiger werdenden, aber sehr wenig liberalen Rumänien. Oder: vergleicht man die Geschichte Ungarns und der Tschechoslowakei in den Jahren 1960 bis 1964, so tritt klar zutage, daß sich Wirtschaftslage und politisch-kulturelles Tauwetter nicht wie Ursache und Wirkung verhalten. Während in Ungarn Kádárs Experiment der Entstalinisierung durch die Konsolidierung der Wirtschaft und die Wiederherstellung der Parteiautorität ermöglicht wurde, war es in der Tschechoslowakei, gerade umgekehrt, die Verschlechterung der wirtschaftlichen Lage zwischen 1961 und 1963, die zum Ausbruch des schon lange fälligen Tauwetters geführt hat. Zur selben Zeit haben in Polen die wirtschaftlichen Schwierigkeiten zur Verstärkung des Autoritarismus der Regierung geführt.

Bis 1961 beschränkte sich die Entstalinisierung in Prag auf Reden und ein paar unbedeutende Verfügungen. Trotz der 1956 erfolgten Einsetzung einer Kommission, die damit beauftragt war, die stalinistischen Prozesse von 1949 bis 1952 zu überprüfen, war nichts Ernstliches geschehen, um die Opfer der Säuberung zu rehabilitieren, und noch weniger, um die Verantwortlichen zu bestrafen, von denen ein Großteil noch an der Macht war. Diese Immobilität der Führung stieß auch auf manche Schwierigkeiten: Die Intellektuellen waren tief verstimmt, daß ihr Land so lange zögerte, dem Beispiel der Sowjetunion, Polens und sogar Ungarns zu folgen. Diese Klagen wären aber wahrscheinlich ohne Widerhall geblieben, wenn die Rezession in der Wirtschaft nicht die Zahl der Unzufriedenen vergrößert und Meinungsverschiedenheiten in der Parteiführung hervorgerufen hätte. Denn die Steigerung der Produktion, die 1960 ihren höchsten Stand erreicht hatte (11,7 Prozent), verlangsamte sich 1961 (8,9 Prozent), sank weiter 1962 (6,2 Prozent) und hörte 1963 ganz auf. Die Dezentralisierungsmaßnahmen von 1958, die der Wirtschaft einen neuen Aufschwung geben sollten, erwiesen sich als unzureichend. (4) Der dritte Fünfjahresplan, der am 1. Januar 1961 begonnen worden war, mußte im Sommer 1962 aufgegeben werden. Bis zur Festsetzung der Richtlinien für einen Siebenjahresplan begnügte man sich mit der Ausarbeitung eines provisorischen Plans für 1963. In den Jahren 1961/62 waren in den Industriezentren Fleisch, Gemüse, Obst und Butter knapp, eine Folge der Kollektivierung der Jahre 1959/60, die durch die Unbilden des Wetters noch verschärft worden war. Dieser Stillstand der Wirtschaftsexpansion in einem so hochindustrialisierten Land, das bis dahin als das Schaufenster kommunistischer Tüchtigkeit gegolten hatte, überraschte die Führer und erschütterte das Vertrauen der Massen in die Überlegenheit des sozialistischen Systems. Das Unbehagen drang allmählich bis in die höchsten Parteikreise vor. Die davon erfaßten Funktionäre schlossen sich, so scheint es, um Rudolf Barák zusammen, den Innenminister und Stellvertretenden Ministerpräsidenten, einen ehrgeizigen, energischen und hochbegabten Mann, von dem es hieß, Chruschtschow höre auf ihn und er stehe der Reform wohlwollend gegenüber. Die »antistalinistischen« Beschlüsse des XXII. Parteitags der KPdSU ermutigten diese »Fronde« zu handeln.

Aber wieder einmal bewies Novotný in der Verteidigung seiner bedrohten Position außerordentliche Geschicklichkeit. Gleich nach dem sowjetischen Parteikongreß trat er vor das Zentralkomitee als der eifrigste Verfechter von Chruschtschows Ideen. Er kündigte die Abtragung des in Prag errichteten gigantischen Stalindenkmals an und unterschob dem toten Gottwald alle Schuld. Er, Novotný, habe zur Zeit der großen Säuberungen nichts zu sagen gehabt. Es dauerte nicht lange, und der Parteichef entfernte im Februar 1962 Barák aus dem Innenministerium – erste Etappe auf dem Weg zu dessen gänzlicher Kaltstellung. Im Juni 1962 wurde Barák verhaftet und der »Sabotage« und »illegalen Manipulation mit Staatseigentum« angeklagt. Novotný beschuldigte Barák auch, er habe die Macht an sich reißen wollen, und ließ ihn im August 1962 von einem Militärgericht zu fünfzehn Jahren Gefängnis verurteilen. So entledigte sich Novotný seines bedeutendsten Rivalen, der ihm besonders gefährlich erscheinen mußte, weil er kraft seiner Stellung als Vorsitzender der Untersuchungskommission für die Säuberungen Zugang zu beträchtlichem, Novotný und seine Freunde schwer belastendem Material hatte. (5)

Chruschtschow – den Novotný dadurch für sich einnahm, daß er seine Integrationspläne vollauf unterstützte – tat nichts, um seinen Schützling Barák zu retten. Aber trotz seines Sieges in Prag konnte Novotný nicht verhindern, daß der Meinungsumschwung in der slowakischen KP immer weiter um sich griff. Der Reformismus der slowakischen Intellektuellen hatte nicht nur liberale, sondern auch nationale Wurzeln. Ob sie nun Kommunisten waren oder nicht, die Slowaken verziehen den tschechischen Zentralisten nicht, 1949 die Kampagne gegen Tito in Moskau ausgenützt zu haben, um die letzten Spuren der slowakischen Autonomie zu beseitigen, die Prag ihnen nach dem Krieg als Lohn für den zwar niedergeschlagenen, aber ruhmvollen Volksaufstand des Jahres 1944 zuerkannt hatte. Die neue Verfassung von 1960, die der Tschechoslowakei die Bezeichnung »Sozialistische Republik« verlieh (die anderen kommunistischen Länder nannten sich noch mit Ausnahme der UdSSR »Volksrepublik«), bestätigte die Unterordnung der Slowakei unter Prag. Diese Unterordnung empfand die Mehrzahl der slowakischen Kommunisten als sehr schmerzlich, denn sie versetzte sie in eine peinliche Lage vor ihren eigenen Landsleuten, die, ohne Separatisten zu sein, den Gedanken an eine autonome Slowakei im Rahmen des tschechoslowakischen Staates nicht aufgegeben hatten. Die einzige Chance, ihre Popularität wiederzuerlangen, lag darin, sich von dem Schandfleck, nicht national zu sein, reinzuwaschen. Deshalb bemühten sie sich um die Rehabilitierung jener führenden slowakischen Kommunisten, die nach 1950 wegen ihres Patriotismus verurteilt worden waren. So fiel bei der Avantgarde der Partei, den Intellektuellen, der Kampf gegen den Stalinismus mit dem Kampf um die Rehabilitierung der autonomistischen Kommunisten zusammen, und der wieder war nichts anderes als ein Kampf um die slowakische Autonomie. Unter Berufung auf den XX. und XXII. sowjetischen Parteikongreß begannen sie den Kampf gegen die Prager Vorherrschaft, um aus der Tschechoslowakei in Erweiterung des Kaschauer Programms vom April 1945 »einen Staat zweier Nationen mit gleichen Rechten« zu machen (oder wieder zu machen). In diesem Kampf fanden die slowakischen Intellektuellen viel Verständnis in den liberalen Kreisen Prags, und dem vereinten Druck gab dann im Dezember 1962 der XII. Parteikongreß insofern nach, als er das Zentralkomitee beauftragte, binnen vier Monaten die Revision der Prozesse von 1950 bis 1954 abzuschließen.

Nun brach das so lange Zeit verzögerte Tauwetter an. Auf dem Schriftstellerkongreß im März 1963 hielt der slowakische kommunistische Schriftsteller Ladislav Mňačko eine ergreifende Rede, in der er Selbstkritik übte, weil er seinerzeit die Verhaftung von Clementis und Novomeský begrüßt hatte, und seine Schriftsteller-Genossen aufforderte, »die Wahrheit, die ganze Wahrheit« zu sagen. Einige Tage später forderte der slowakische Journalist M. Hysko in der Preßburger »Pravda« den Rücktritt des Ministerpräsidenten Široký und anderer für die Säuberungen verantwortlicher Männer. Novotný gab wohl in manchem nach – der Erste Sekretär der slowakischen KP, Bacílek, der zur Zeit der Slánský-Affäre Sicherheitsminister gewesen war, wurde abgesetzt –, bemühte sich aber, der Unruhe Herr zu werden. Er erteilte der »Pravda« eine strenge Rüge, weil sie den Artikel Hyskos gebracht hatte, und erklärte, weder Slánský noch die »bourgeoisen Nationalisten« Preßburgs würden rehabilitiert werden. Seine Drohungen jagten jedoch niemandem Angst ein. In Wirklichkeit hatte die Partei die Kontrolle über die Zeitschriften des Schriftstellerverbandes – »Literární noviny« (Prag) und »Kultúrný život« (Preßburg) – verloren, die im

Mai in einem gemeinsamen Manifest proklamierten: »Die Schriftsteller sind das lebende Gewissen der Nation.« Das war eine Kampfansage. Der so lange unterdrückte Geist der Kritik war entfesselt, der so lange unterdrückte Zorn wollte sich abreagieren.

Im September errang die Opposition einen bedeutenden Sieg: Novotný setzte Široký ab. Der neue Ministerpräsident, der Slowake Jozef Lenárt, stand im Ruf, ein gemäßigter Mann und Anhänger einer »kontrollierten Liberalisierung« zu sein. Zuvor, am 22. August 1963, hatte das Oberste Gericht die Rehabilitierung von Slánský, Clementis und siebzig anderen in Justiztragikomödien verurteilten Personen bekanntgegeben. (Es war freilich eine unvollkommene Rehabilitierung, da die Anklagen wegen Gesetzes- und Amtsmißbrauchs gegen Slánský aufrecht blieben.) Schließlich erklärte das tschechoslowakische Zentralkomitee, daß der Vorwurf des »bourgeoisen Nationalismus«, der 1950 erhoben und seither gegen die Führer der slowakischen Partei aufrechterhalten worden war, völlig ungerechtfertigt sei.

Die Slowaken hatten gewonnen, ihr Streben nach Autonomie war rehabilitiert worden. Der Sieg war zwar alles eher als vollständig, denn wenn auch die Kompetenzen des slowakischen Nationalrats (Parlaments) in der Folge etwas erweitert wurden, die Entscheidung in wichtigen Fragen blieb weiterhin Prag vorbehalten. Der Antagonismus hatte jedoch an Schärfe verloren, da die zentralen Behörden von nun an den slowakischen Forderungen mehr Beachtung schenkten.

Seine Beschwichtigungspolitik gegenüber Preßburg erlaubte es nun Novotný, die Lage für einige Zeit auf der Basis eines *Modus vivendi* zwischen der Partei und den reformistischen Kreisen zu stabilisieren. Die der Intelligenz gewährten Konzessionen hielten deren Radikalisierung auf. Innerhalb weniger Monate brachte die Tschechoslowakei ihre Verspätung auf Polen und Ungarn wieder ein: die Machtbefugnisse der Zensur wurden eingeschränkt, die Kontakte mit dem Westen erleichtert, die künstlerische Betätigung nach und nach vom Terror der Ideologen befreit. Die Folge davon war eine Renaissance der Literatur, des Theaters, des Filmschaffens, der schönen Künste. Historiker, Soziologen, Philosophen durften wieder bis dahin untersagte Themen bearbeiten.

Gleichzeitig zwang die prekäre Wirtschaftslage (defizitäre Zahlungsbilanz; sinkende Produktivität der Investitionen, 1963 ein Sechstel von 1950; Anhäufung von Vorräten unverkäuflicher Waren; Arbeitskräftemangel) die Novotný-Gruppe, die in der Wirtschaft ebenso orthodox war wie in der Ideologie, eine Umwandlung des Plansystems vorzunehmen. Anfang 1963 wurden die Angriffe des Wirtschaftlers R. Selucký gegen die groben Fehler des Plans von Novotný noch zornig zurückgewiesen. Einige Monate später stieß die recht ähnliche Kritik eines Evžen Löbl (des rehabilitierten Opfers des Slánský-Prozesses), eines Ota Šik, der zum Leiter des Wirtschaftsinstituts der Akademie der Wissenschaften ernannt worden war, schon auf größeres Verständnis. Ende 1963 kam eine Konferenz der besten Wirtschaftsexperten zu dem Schluß, daß es notwendig sei: 1. den Plan nicht mehr als Ziel, sondern nur als Mittel anzusehen; 2. die Wirtschaft unter das Gesetz von Angebot und Nachfrage zu stellen; 3. sich die in den kapitalistischen Ländern erarbeiteten Methoden der Gebarung zum Vorbild zu nehmen und der Wirtschaftspolitik der Regierung eine wissenschaftliche Basis zu geben.

Dies war der Beginn eines langen, von den Progressiven geführten Kampfes für eine radikale Reform der Wirtschaftsstrukturen, eines Kampfes, der aufgrund der schwierigen Lage des Außenhandels 1965 die erste Stelle in der Politik der Tschechoslowakei einnehmen sollte.

1963/64 besteht Novotnýs Taktik in Konzessionen, um das Wesentliche zu bewahren: seine persönliche Macht und die Macht des Apparats. Aber seine Politik der halben Maßnahmen, die zwischen vorwärts und rückwärts schwankt und der jegliche Phantasie, vor allem aber Aufrichtigkeit fehlen, führt zum fortschreitenden Abbröckeln seiner Autorität. Der einmal erwachte Geist der Kritik ist immer schwerer in Schranken zu halten. Nach und nach erstreckt sich das »In-Frage-Stellen« auch auf die internationalen Beziehungen. Die Parteifunktionäre beteuern weiterhin, daß die enge wirtschaftliche Zusammenarbeit mit der Sowjetunion und den anderen kommunistischen Ländern »von lebenswichtiger Bedeutung ist«, aber sie geben unter dem Druck der Wirtschaftsfachleute bereits zu, daß die Tschechoslowakei oft in die Lage versetzt worden ist, zu teuer einzukaufen und zu billig zu verkaufen, und daß die »Stalinisierung« die Entwicklung des Landes verzögert habe, da durch sie der 1945 geplante »tschechoslowakische Weg« verschlossen worden sei. Die tschechoslowakische KP unterstützt mit gleichem Eifer wie früher alle Initiativen Moskaus (vor allem hinsichtlich der Verurteilung der chinesischen Häresie), Novotný bleibt bis zuletzt (wie Kádár) eine Säule unter den Getreuen Chruschtschows, aber das offizielle Parteiorgan erklärt sich bereits gegen das »Satellitentum« und stellt die »wachsende Unabhängigkeit der Partner der UdSSR« fest. Die Tage des tschechoslowakischen Isolationismus sind gezählt. Im September 1963 besucht – erstmals seit 1947 – ein tschechoslowakischer Außenminister, Václav David, übrigens ein hundertprozentiger Anhänger Novotnýs, London. Zur gleichen Zeit wird der Eiserne Vorhang bei Preßburg einen Spalt aufgetan. Da dieser Versuch gut ausging, das heißt keine Massenflucht zur Folge hatte, wurden auch andere Grenzübergänge geöffnet. 1964 sieht man in den westlichen Reisebüros zum ersten Male Plakate: »Besucht die Tschechoslowakei!« Kafka wird als tschechischer Schriftsteller rehabilitiert. (6)

Stabilisierung und Niedergang in Polen

Die Auswirkungen des XXII. Parteitags der KPdSU auf Polen lassen sich mit jenen auf Ungarn und die Tschechoslowakei nicht vergleichen. Der Kongreß hat den Intellektuellen höchstens Anlaß zu einigen illusionslosen Überlegungen über Ursprung und soziale Wurzeln des Stalinismus gegeben. Zur gleichen Zeit, da Chruschtschow den Ungarn »kleine Freiheiten« zugestand und die Tschechoslowaken in moralischer Entrüstung und Reformträumen schwelgten, schienen sich die autoritären Züge der polnischen Regierung zu verhärten.

Die polnische Politik der Jahre 1958 bis 1964 ließ das Autoritäre, ja scheinbar Diktatorische am Charakter Gomułkas erkennen, sein Mißtrauen gegenüber den Intellektuellen und dem bourgeoisen Westen, seine Vorliebe für starke Männer, sein Festhalten an den Prinzipien von Lenins Kommunismus. Eine

Rückkehr zu den stalinistischen Methoden kam für ihn allerdings nicht in Frage. Gomułka lehnte auch weiterhin den Terror, den ideologischen Kult und den Fanatismus ab. Aber wie einst Piłsudski – nicht umsonst hatte er den Beinamen »der rote Piłsudski« – glaubte er, nur mit Hilfe einer starken Regierung den angeborenen Hang seines Volkes zur Anarchie in Grenzen halten zu können. Nicht von Machttrieb, sondern von einem gesunden Instinkt zur Macht war dieser rauhe, wortkarge und bescheidene Mann erfüllt; er wollte dem Staat dienen, er identifizierte sich mit ihm, er war die personifizierte Staatsraison.

Ende 1958 wird Gomułka von Chruschtschow überrumpelt, der, zwar in Gomułkas Gegenwart, aber ohne diesen vorher davon informiert zu haben, sein nicht ungefährliches Berlin-Ultimatum verkündet. Aber von da an nähert sich Gomułka allmählich wieder dem Sowjetführer, der seinerseits die Autonomie der polnischen Führung respektiert und sogar die Entkollektivierung in Polen zuläßt, während er die anderen Oststaaten drängt, die Kollektivierung zu Ende zu führen. In dieser »Vernunftehe« wahrt Gomułka Distanz und behält sich in der Außenpolitik sogar ein gewisses Maß an Freiheit vor. So nimmt er zum Beispiel 1958 nicht am antijugoslawischen Kreuzzug teil; trotz der chinesischen und albanischen Angriffe wegen seiner Landwirtschaftspolitik und seiner Konzessionen an die katholische Kirche bricht er 1961 nicht mit Tirana und versucht, mit Peking korrekte Beziehungen aufrechtzuerhalten. Als infolge der Kuba-Krise die Beziehungen zwischen der UdSSR und China Anfang 1963 vor dem Abbruch stehen, vermittelt Gomułka und ermahnt beide Parteien zur Mäßigung und zur Beendigung der offenen Polemik. Nach dem Mißerfolg dieses Versöhnungsversuchs stellt er sich auf die Seite Moskaus, aber nicht vorbehaltlos. Die polnische Haltung zu der von Moskau vorgeschlagenen internationalen Konferenz ähnelt der Italiens, Rumäniens und Jugoslawiens: keine prinzipielle Opposition, aber die Konferenz muß sorgfältig vorbereitet werden, denn es gilt, die Einheit wiederherzustellen, nicht erneut zu exkommunizieren. (7) Gomułka ist bereit, den Sowjets bei der Stärkung der Solidarität im kommunistischen Lager zu helfen, aber er ist auf der Hut. Moskaus Hegemonieansprüche sind nicht vergessen.

Gomułkas Hauptsorge galt der Sicherheit seines Landes gegen die Bundesrepublik Deutschland. 1957 legte der polnische Außenminister Adam Rapacki den Vereinten Nationen einen Plan für ein atomfreies Mitteleuropa vor, der, wenn er das Deutschlandproblem nicht lösen konnte, doch wenigstens die polnische, von den Russen unabhängige Präsenz in der internationalen Arena demonstrieren sollte. Die Weigerung des Westens, diesen Plan ernst zu nehmen, dürfte Gomułka in seiner Überzeugung bestärkt haben, daß es zur polnischen Ostorientierung keine Alternative gibt. 1959 machte er einen Strich unter die Zwistigkeiten der letzten Jahre und begann, sich Ostdeutschland und der Tschechoslowakei zu nähern. Sein Ziel war eine engere politische und wirtschaftliche Zusammenarbeit zu dritt, wollte er doch einen solideren und wenn möglich weniger von den Russen abhängigen Damm gegen den »deutschen Revanchismus« errichten. (8) Die nach dem Oktober 1956 ins Auge gefaßte Annäherung an den Westen stagnierte, hatte sich doch nur Frankreichs Präsident de Gaulle für die Oder-Neiße-Grenze ausgesprochen. Die Beziehungen zu den Vereinigten Staaten waren höflich und kühl geblieben. Polen nahm zwar gern die amerikanische Hilfe an (1957 bis 1963 Kredite von 538 Millionen Dollar für den Ankauf von landwirtschaftlichen Überschußgütern, darüber hinaus acht Millionen Dollar für kulturelle Zwecke), aber Gomułka war stets darauf bedacht, daß diese Hilfe, vor der sowohl die Russen (trotz des Murrens der anderen Volksdemokratien) wie die Chinesen die Augen schlossen, keine politischen oder ideologischen Gegenleistungen nach sich zog.

Polen befand sich in andauernden wirtschaftlichen Schwierigkeiten, was weder seiner Diplomatie noch seiner Entwicklung im Inneren förderlich war. Dabei hatte das Land 1956 einen ausgezeichneten Anfang zu einer Strukturreform gemacht. Die einzelnen Punkte dieser Reform, die vom »ökonomischen Beirat« im Dezember 1956 vorgelegt und von der Regierung im Juli 1957 genehmigt worden waren, enthielten ein neues Modell, dessen Grundlage die Unabhängigkeit der einzelnen Unternehmen war, deren Leitung Managern anvertraut werden sollte, die gemeinsam vom Staat und den aus den Oktoberunruhen hervorgegangenen Arbeiterräten ernannt werden sollten; auch die Neufestsetzung der Gehälter und eine neue rationelle Preisgestaltung wurden verlangt. Diese Reform aber, die auf den Ideen Oskar Langes, des Erfinders der »sozialistischen Marktwirtschaft«, fußte (9), wäre nur um den Preis einer radikalen Reorganisation realisierbar gewesen, für die eine dazu nötige ideologische Reife noch fehlte. Die stückweise und zusammenhanglos begonnene Realisierung erhöhte die Verwirrung allenthalben. 1959 berief Gomułka die zur Natolin-Gruppe zählenden ehemaligen Minister Szyr und Tokarski, rigorose Anhänger des Staatsmonopols, in die Wirtschaftsleitung, damit sie Zentralisierung und Disziplin wieder einführten. Die Folge war ein System, das weder Fisch noch Fleisch war und durch das weder das Außenhandelsdefizit beseitigt (eine Folge teils der Preissenkung bei Kohle, dem wichtigsten Ausfuhrartikel, teils der schlechten Qualität der polnischen Ausfuhrprodukte) noch die Produktivität und der Lebensstandard erhöht wurden. In den Fabriken wurden die Arbeiterräte, denen man jeden Schwung genommen hatte, schrittweise von Ersatzorganisationen verdrängt, die vom Parteiapparat kontrolliert wurden, keine wirklichen Kompetenzen besaßen und für die Lohnempfänger uninteressant waren.

Ende 1962 sah sich die Regierung zur Bekämpfung der Inflation gezwungen, strenge Sparmaßnahmen zu ergreifen. Das Investitionsprogramm für 1963 wurde um die Hälfte reduziert; die Preise für Kohle, Strom und Gas wurden erhöht. Von 1956 bis 1959 waren die Löhne zwar um 38 Prozent gestiegen, das Niveau war aber immer noch sehr niedrig, besonders bei nichtqualifizierten Arbeitern, bei Beamten, Lehrern und Angestellten. Die auf eine schnelle Hebung des Lebensstandards gesetzten Hoffnungen schwanden dahin. Die Notlage begünstigte Spekulation, Devisenhandel und Diebstahl öffentlichen Eigentums, zwang zur Suche nach zusätzlichen Verdienstmöglichkeiten und griff die Arbeitsmoral an.

Nur die Bauernschaft hatte wirklich von der Liberalisierung profitiert. Von den mehr als 10.000 Kollektivwirtschaften des Jahres 1956 gab es 1963 nur noch 1500, die 1,1 Prozent der gesamten landwirtschaftlichen Produktion stellten. Doch erfuhr diese dank der intensiveren Arbeit der Bauern 1961 eine Steigerung um 32 Prozent, so daß die Ausfuhr landwirtschaftlicher

Produkte verdoppelt werden konnte, die ungefähr 60 Prozent des Nationaleinkommens in harter Währung ausmachte. Um die Produktivität zu steigern, entschloß sich die Regierung zu großzügigen Investitionen, die die Kulaken begünstigte. Eine andere glückliche Maßnahme war die Aufhebung der Verbote, von denen besonders der Kleinhandel und das Handwerk betroffen gewesen waren. 1961 gab es in Polen 1900 private Läden; die Zahl der Handwerker stieg von 96.000 im Jahr 1956 auf 136.000 im Jahr 1962.

In der Innenpolitik traten die gemäßigten Ex-Stalinisten der Puławy-Gruppe, die 1956 eine entscheidende Rolle gespielt hatte, immer mehr in den Hintergrund, ohne daß deswegen die Stalinisten zurückgekehrt wären. 1959 verließ Jerzy Morawski das Politbüro und Bieńkowski, als zu wenig energisch, das Unterrichtsministerium. Im Juli 1963 wurde der Führer der Gruppe, Roman Zambrowski, zur Demission gezwungen. Im selben Jahr verloren zwei andere Mitwirkende beim »Polnischen Frühling im Oktober«, W. Matwin und Roman Werfel, ihre Spitzenpositionen im Breslauer Parteikomitee.

Die einen traten in den Hintergrund, andere stiegen auf. Diese anderen waren die »Partisanen« des Generals Moczar, der zum Innenminister ernannt wurde, großteils einstige Widerstandskämpfer, die unter Bierut in Vergessenheit geraten waren, ja sogar im Gefängnis gesessen hatten. Was sie untereinander verband, das war eine Geisteshaltung, in der sich kommunistischer Dogmatismus, Hang zum Autoritären, demagogischer Nationalismus mit antisemitischen Tendenzen, Verachtung der liberalen Intellektuellen und Kult der Armee auf recht kuriose Weise vermengte.

Gomułka bediente sich der »Partisanen«, indem er ihnen einflußreiche Posten in Armee und Sicherheitskorps anvertraute. Er beförderte auch einige reuige »Natolinisten«, wie etwa Szyr, Tokarski, Gede und den General Witaszewski, stützte sich aber vor allem auf Männer, die ihm persönlich ergeben waren: E. Ochab, E. Gierek, Sekretär des Kattowitzer Parteikomitees, ein energischer und ehrgeiziger Mann, dann der Gewerkschafter Łoga-Sowiński, der Parteiideologe Zenon Kliszko, Jędrychowski, der Mann der Wirtschaft, und der zum Marschall avancierte

Spychalski. Die früheren Sozialisten Cyrankiewicz und Rapacki, die den rechten Flügel bildeten, wurden auch 1959 und 1964 wieder ins Politbüro gewählt, aber ihr Stern war im Sinken. In diesem Zusammenspiel von verschiedenartigen Charakteren und Begabungen, hatte – zumindest bis 1968 – ein Mann stets das letzte Wort, Gomułka, der das Gleichgewicht zwischen beiden Gruppen geschickt aufrechtzuerhalten verstand.

Die Partei selbst, deren Mitgliederzahl von 1,100.000 im Jahr 1959 auf 1,500.000 im Jahr 1964 angestiegen war, schien ebenso geeinigt wie fügsam und ohne Dynamik, seit die Folgen des revisionistischen Virus beseitigt waren. Dem Wettstreit der Ideen war die Skepsis gefolgt. Einige unentwegte Stalinisten versuchten, unter Maos Fahne wieder zusammenzufinden. Ihr Anführer Mijał brachte vor dem Junikongreß 1964 ein demagogisches Pamphlet in Umlauf, in dem er den Opportunismus und das Versagen der seit 1956 verfolgten Politik sowie die Verbürgerlichung des Landes verurteilte. »Nur die Kapitalisten leben gut«, schrieb er. »Unter Stalin hatten die Menschen wenigstens die Hoffnung, eines Tages besser zu leben. Jetzt haben sie diese Hoffnung nicht mehr.« Auf dem Kongreß hatten die »Spalter« keine Chance, Verhaftungen wurden vorgenommen. Mijał gelang die Flucht nach Albanien, wo er die Gründung einer Gegenpartei ankündigte. Eine andere oppositionelle Strömung ging von Kuron und Modzelewski (dem Sohn des früheren Außenministers) aus, deren Ideologie von der einstigen »Arbeiteropposition« (gegen Stalin) und vom Trotzkismus geprägt war. Im November 1964 zum erstenmal verhaftet, dann freigelassen, setzten die beiden einen »Offenen Brief« in Umlauf, der nach einer interessanten Analyse der polnischen Entwicklung die Arbeiterklasse zu einer »antibürokratischen Revolution« für die Erneuerung der Arbeiterräte aufrief, die allein die Befreiung des Proletariats ermöglichten. 1965 neuerlich verhaftet, wurden Kuron und Modzelewski zu drei Jahren Gefängnis verurteilt, was in den Kreisen der Intellektuellen einige Aufregung verursachte. Die Arbeiterklasse blieb jedoch gleichgültig gegenüber einem Aufruf, der sie vermutlich nur teilweise erreichte, und die an der Politik interessierten Studenten kehrten sich eher dem Revisionismus und den westlichen Anschauungen zu.

Die Beziehungen zwischen der Parteiführung und den Intellektuellen verschlechterten sich immer mehr. Gomułka ging jetzt vor allem gegen die Revisionisten vor, da sie in seinen Augen die Stabilisierung im Lande und die Zusammenarbeit mit anderen kommunistischen Staaten gefährdeten, die eine Ansteckung fürchteten. 1962 wurden der Tordu-Klub, dieses Forum der freien Diskussionen, aufgelöst, Kołakowski angegriffen und zwei Zeitschriften beschlagnahmt. Adam Schaff versuchte den Abgrund durch die vorsichtige Aufnahme einiger revisionistischer Ideen in die orthodoxe Lehre zu überbrücken, sein Versuch scheiterte jedoch am Radikalismus der einen und an der Verständnislosigkeit der anderen (Schaffs spätere Auffassung, die der der damaligen Gegner recht nahe kam, wurde von der Parteiführung als revisionistisch und kosmopolitisch abgelehnt). Im Juli 1963 rügte Gomułka die Intellektuellen wegen ihres mangelnden Verständnisses für die realistischen Ziele der Partei, und General Moczar warnte sie vor dem verderblichen Einfluß des Westens.

Gewiß, so hervorragende Gelehrte wie Ossowski und Szczepański verhalfen der Soziologie, Lange, Kurowski, Brus und Lipiński den Wirtschaftswissenschaften zu neuem Aufschwung; das polnische Filmschaffen, das Theater, die Entfaltung der abstrakten Kunst, die Renaissance in der Architektur zeugten von der Vitalität des polnischen Geistes. Im kulturellen Austausch mit dem Westen setzte sich Polen an die erste Stelle unter den sozialistischen Staaten, was nicht ohne Einfluß auf die Entwicklung der UdSSR und anderer Oststaaten blieb. Aber jeden Augenblick stießen Schriftsteller, Gelehrte und Künstler gegen administrative Hindernisse und Schikanen. 1964 beklagten sich 34 der Berühmtesten schriftlich bei Cyrankiewicz. Der Inhalt des Briefes gelangte in den Westen und wurde dort veröffentlicht. Die offizielle polnische Presse schrieb aufgeregt »Verrat«, Sanktionen wurden angeordnet, Intellektuelle unter den Parteimitgliedern aufgefordert, sich von den Rebellen zu distanzieren. Die Wogen glätteten sich zwar wieder, aber ein breites Unbehagen blieb zurück.

Letzten Endes war es die Kirche, der die ideologische Schwäche der Partei und die geistige Lähmung der Linken zugute kam. Der Katholizismus konnte seine Stellung als erste geistige Macht des Landes festigen. Die Koexistenz zwischen Kirche und Regierung, die 1956 begonnen hatte, war natürlich nicht frei von Zwischenfällen, 1961 verlangte Kardinal Wyszyński die Einsetzung einer parlamentarischen Kommission, die die Verstöße des Staates gegen den *Modus vivendi* untersuchen sollte. Er stieß auf taube Ohren, durfte aber mit anderen polnischen Bischöfen am Vatikanischen Konzil teilnehmen. Keine der beiden Seiten hatte ein Interesse daran, es zu einem offenen Konflikt kommen zu lassen. Die Tatsache jedoch, daß die Kirche den Kampf um die Seelen gewonnen hatte (bei einer 1960 durchgeführten Befragung hatten sich 78 Prozent der Jugend als überzeugte Katholiken und nur 12 Prozent als Kommunisten bekannt), verstärkte das Gefühl der Unsicherheit und der Isolierung in der Führungsschicht und damit auch die einer Fortsetzung der Liberalisierung feindlichen Tendenzen. (10)

Langsames und vorsichtiges Bulgarien

Von allen kommunistischen Oststaaten hat Bulgarien sein Geschick am engsten mit dem der Sowjetunion verknüpft. Es ist daher nicht verwunderlich, daß sich der XXII. Parteitag der KPdSU auf die bulgarische Führung am spektakulärsten ausgewirkt hat: Tscherwenkow wurde gestürzt. Dieser Nachfolger Dimitrows an der Spitze Bulgariens war, wie erwähnt, schon einmal im April 1956 in Ungnade gefallen. Aber dank der soliden Unterstützung durch die politischen und militärischen Kader im eigenen Land war es Tscherwenkow möglich gewesen, seine Stellung in kurzer Zeit wieder zu festigen. 1957 zum Minister für kulturelle Angelegenheiten ernannt, brachte er die ein Tauwetter befürwortenden Intellektuellen bald zum Schweigen. Als er 1958 ins Politbüro zurückkehrte, zwang er sowohl dem Parteichef Todor Schiwkow als auch dem Ministerpräsidenten Jugow seine eigene »Linie« auf.

In der Kampagne gegen Belgrad war Tscherwenkow – nach dem Albaner Hoxha, aber mit mehr Fingerspitzengefühl – der Militanteste und wurde von Mao Tse-tung entsprechend unterstützt. Nach einem Besuch in China (September 1958) begeisterte

Tscherwenkow die bulgarischen Genossen zu einem »großen Sprung vorwärts« nach chinesischem Muster: die Ziele des Plans wurden erhöht; mittels Mobilisierung der kollektivierten Bauernschaft sollte die landwirtschaftliche Produktion bis 1959 verdoppelt, 1960 verdreifacht und das Tempo der Industrialisierung so beschleunigt werden, daß der laufende Fünfjahresplan zwei Jahre früher erfüllt sein würde. Damit der Kreml diese Begeisterung nicht falsch verstehe, unterzeichnete Schiwkow mit Ulbricht im Oktober 1958 ein Kommuniqué, in dem jeder Gedanke an einen »eigenen Weg« als Häresie zurückgewiesen und die führende Rolle der UdSSR hervorgehoben wurde. In erster Linie richtete sich dieses Kommuniqué gegen das Polen Gomułkas und das Jugoslawien Titos, tadelte es doch jene, die Wirtschaftshilfe vom kapitalistischen Westen annahmen. Im Januar 1959 wurde die bulgarische Wirtschaft in Anlehnung an die neuesten Reformen Chruschtschows reorganisiert.

Aber schon vor Jahresende 1959 hatte es sich gezeigt, daß die ehrgeizigen Ziele des abgeänderten Planes nicht erreicht werden konnten. Trotz wahrhaft übermenschlicher Anstrengungen stieg die landwirtschaftliche Produktion nur um 18 Prozent. Man gab klein bei und bemühte sich, diese Niederlage zu verbergen. Die Warnungen Moskaus vor den chinesischen Verlockungen fielen jetzt auf fruchtbaren Boden, da Bulgarien zur Fortsetzung seiner Industrialisierung, die ja Ehrensache der Partei war, mehr als je zuvor die Hilfe der UdSSR brauchte. (11) Die wirtschaftliche Abhängigkeit von der Sowjetunion trug dazu bei, den Einfluß der sowjetophilen, insbesondere der Chruschtschow-freundlichen Fraktion in Sofia zu erhöhen. Wie würde der Kreml die Seitensprünge von 1958/59 am ehesten verzeihen? Während die albanische Führung geschlossen hinter Hoxha, dem neuen Nationalhelden, stand, boten die Bulgaren dem Sowjetführer ihren Minister Tscherwenkow als Sündenbock an. Auf der Sitzung des ZK am 28. und 29. November 1961 war es soweit. Tscherwenkow wurde ausgestoßen. Schiwkow stimmte Lobeshymnen auf Chruschtschow an und verteidigte ihn gegen den albanischen Vorwurf, durch die Nichtverwirklichung der Drohung eines Separatfriedens mit der DDR einen kapitulationsähnlichen Rückzug angetreten zu haben. Der albanische Vorwurf hatte in den bulgarischen Parteikadern tatsächlich einen gewissen Widerhall gefunden, unterhielten diese doch gute Beziehungen zu Ulbricht und standen jeder neuen Konzession an den Westen feindlich gegenüber.

Es gab aber auch viele Genossen, die Tscherwenkows Abgang bedauerten, weil sie fürchteten, Chruschtschow könnte der Partei eine Milderung der Diktatur vorschreiben. Und Schiwkow mußte ihre Meinung berücksichtigen. Deshalb beschränkte sich die Entstalinisierung mit Ausnahme einiger persönlicher Racheakte und einiger Namensänderungen in der Prominentenliste auf theoretische Verurteilungen des Dogmatismus. Im Mai 1962 kam Chruschtschow nach Sofia, um Schiwkow den Rücken zu stärken, über seine Schwierigkeiten mit China zu klagen und die bulgarischen Besorgnisse wegen seiner neuerlichen Annäherung an Tito zu zerstreuen. Schiwkow war verständnisvoll und gefügig und machte einen Mann zum stellvertretenden Verteidigungsminister, der während des Krieges als Partisanenführer an der jugoslawischen Front freundschaftliche Beziehungen zu Jugoslawien aufgenommen hatte – General Transki.

Diese Ausrichtung auf die Politik Moskaus fand aber nicht allgemein Beifall. Die verschiedenen Meinungen stießen hart aufeinander. Der für August 1962 festgesetzte Parteikongreß mußte auf November verschoben werden.

Der Kongreß trat mitten in der Polemik Moskau–Peking und aus Anlaß der Kuba-Krise zusammen. Auf Chruschtschows und Suslows Unterstützung bauend, unterwarf sich Schiwkow einer Abstimmung. Diesmal war es Jugow, der der Feindseligkeit gegen die Politik der Entspannung, eigensüchtiger Ziele und der Komplizität mit Tscherwenkow angeklagt, als Ministerpräsident abgesetzt und aus dem Zentralkomitee ausgestoßen wurde. Schiwkow sagte sich öffentlich von Albanern und Chinesen los, was einen heftigen Protest des Pekinger Delegierten zur Folge hatte.

Nach dem Kongreß übernahm der Parteichef auch das Amt des Ministerpräsidenten, um – im Einvernehmen mit Chruschtschow – ungestört eine vorsichtige Reformpolitik betreiben zu können. Zusätzlich stärkte er seine Position noch dadurch, daß er einige rehabilitierte Kostow-Leute berief, zum Beispiel den früheren Industrieminister Petko Kunin und den Agronomen Tschernokolew, die 1961 verurteilt worden waren. Als aber einige Intellektuelle, durch die Milderung der Zensur ermutigt, anspruchsvoller zu werden begannen, rief sie Schiwkow mit Chruschtschows Unterstützung brutal zur Ordnung. Chruschtschow war besorgt über die Unruhe unter den Intellektuellen, die er in der UdSSR ja selber heraufbeschworen hatte. Bei sich hatte er schon im März 1963 hart durchgegriffen. Im April war nun sein Vertrauensmann Iljitschow nach Sofia gekommen, um hier ähnliches zu veranlassen.

So blieben die der literarischen Betätigung in Bulgarien gesteckten Grenzen ebenso eng gesteckt wie in Ostdeutschland oder Rumänien. Der Romancier und Dramatiker Emil Manow wurde wegen seines Stückes »Der Irrtum Abels« (1963), in dem er das ewige Problem des Kampfes gegen die Ungerechtigkeit sehr pessimistisch behandelte, streng gerügt. (12) 1964 erklärte der neue Präsident des Schriftstellerverbandes, Dimitur Dimow, die Vorbilder des sozialistischen Realismus als unverändert gültig.

Langsam, aber sicher begann jedoch auch Bulgarien, dieses Portugal des östlichen Lagers, sich dem Fortschritt zu erschließen und aus seiner Isolierung herauszutreten. Die Kontakte mit Jugoslawien waren wiederhergestellt worden. Ende Juni 1964 normalisierte Sofia nach schwierigen Verhandlungen auch seine Beziehungen zu Athen. Die Idee der Solidarität der Balkanvölker wurde wieder aufgegriffen, und die Bulgaren brachten es sogar fertig, die Schriftsteller aller Balkanländer um denselben Tisch zu versammeln, inklusive Türken und Albaner. Anstrengungen wurden auch für die Erweiterung des Fremdenverkehrs unternommen: 200.000 Gäste 1961, 250.000 im Jahr 1962. Die meisten kamen aus befreundeten Ländern, aber es waren auch schon westdeutsche, französische und englische unter ihnen, und es sollten ihrer immer mehr werden.

In den großen Diskussionen (1962/63) über den vom COMECON einzuschlagenden Kurs stimmte Bulgarien für eine enge Zusammenarbeit mit der UdSSR und den anderen sozialistischen Ländern. Das Hauptproblem Bulgariens war dem Rumäniens ähnlich: Wie kann ein von der Landwirtschaft lebendes Land in einen Industriestaat umgewandelt werden? Aber zum

Unterschied von Rumänien besitzt Bulgarien wenig Bodenschätze, zudem hatte der Nationalkommunismus 1949 durch die Ausschaltung der Kostow-Gruppe einen Schlag erlitten, von dem er sich nicht mehr erholte. Die Ausrichtung auf die UdSSR erwies sich übrigens als lukrativ. Für den Kreml war es eine Prestigefrage, die bulgarische Treue großzügig zu belohnen. 1964 gewährte die UdSSR Sofia für den neuen Fünfjahresplan 1966 bis 1970 einen weiteren Kredit von 530 Millionen Rubel. Große Vorhaben konnten in Angriff genommen werden. Bulgarien ging auch daran, den Warenaustausch mit der DDR, mit Frankreich, Großbritannien und Italien zu intensivieren. Schiwkow begann sich für die Reformpläne von Professor Liberman zu interessieren; die Zügel in der Kollektivwirtschaft wurden gelockert und die Bauern ermuntert, die Produktion auf ihren eigenen Parzellen zu erhöhen (9 Prozent des Ackerlandes deckten 27 Prozent des Fleischkonsums, 50 Prozent des Eierbedarfes usw.). (13)

Die DDR auf der Suche nach ihrer Existenzberechtigung

1960 sagte Walter Ulbricht voraus, das kommende Jahr werde für die Deutsche Demokratische Republik von entscheidender Bedeutung sein. Dies traf auch zu. Zwar wurde Ulbrichts Hoffnung, die Sowjets zum Abschluß eines Separatfriedens mit der DDR zu bringen, enttäuscht, da der Kreml von einem Fait accompli doch absah, das ihn in ernste Schwierigkeiten mit den Vereinigten Staaten bringen hätte können. Aber Chruschtschow ließ Ulbricht am 13. August 1961 freie Hand: Die »Mauer« entstand, die Ost- und Westberlin voneinander trennt. Damit wurde eine Wunde geschlossen, die für die DDR eine Ursache dauernder Schwäche und Unsicherheit gewesen war. Zwischen 1949 und 1961 waren mehr als 2,700.000 Menschen durch die offene Tür Berlin nach Westdeutschland geflohen. Dieser ständige Aderlaß, dieser Verlust an schwer ersetzbaren Kräften – Facharbeiter, Techniker, Landwirte, Ärzte und Krankenpfleger – hatte jede Wirtschaftsplanung fragwürdig gemacht. Jetzt war die Tür verriegelt, ebenso fest, wenn nicht noch fester als die Grenzen der übrigen Oststaaten. Und der Westen hatte sich nicht gerührt.

Es war ein heftiger Schock für die Deutschen zu beiden Seiten des Eisernen Vorhangs. Die Trennung war nun total. Die Mauer schien ein Beweis für den illusorischen Charakter aller Träume von der Wiedervereinigung zu sein. Sicher, die DDR war noch immer kein Staat wie jeder andere. Es fehlte ihr die historische, demokratische und sogar revolutionäre Legitimität. Sie war unter Mißachtung des von den kommunistischen Staaten für die Völker anderer Kontinente geforderten Selbstbestimmungsrechtes entstanden und verdankte ihre Existenz hauptsächlich einem fremden Willen, dem Willen einer Macht, der China bald Hegemoniegelüste vorhalten sollte. Aber die DDR war da. Und die Mauer verhinderte nun die Massenflucht. So war 1961 für die Ostdeutschen das, was das Experiment von 1956 für die Ungarn gewesen war: eine Lehre. Eine Lehre, daß die Realität anders ist als der Traum – und daß Macht vor Recht geht. Die Regierung Ulbricht machte sich die große Enttäuschung zunutze und stärkte sowohl ihre Macht im Inneren als auch ihr internationales Ansehen, vor allem bei den Oststaaten.

Unter diesen Umständen hatte der Impuls, den der XXII. sowjetische Kongreß der Entstalinisierung gegeben hatte, in Ostdeutschland keine Folgen. Das Zentralkomitee der SED, das am 28. November 1961 in Berlin zusammentrat, betonte auch sofort, daß das Problem der Entstalinisierung für die DDR überhaupt nicht existiere, da der Personenkult hier nie habe Fuß fassen können, weil alle durch einen solchen Kult hervorgerufenen Mißstände rechtzeitig beseitigt worden seien. Nach den Säuberungen der vorhergehenden Jahre besaß Ulbrichts Team, das sich aus seinem »Kronprinzen« Erich Honecker, Willy Stoph, Hermann Matern und Alfred Neumann zusammensetzte – alles harte und zuverlässige Männer –, eine bemerkenswerte Homogenität. Die ostdeutsche Führung schloß sich vorbehaltlos der Verurteilung des »Dogmatikers« Enver Hoxha an, aber diese Bezeichnung wurde in Ost-Berlin als Synonym für die Auflehnung gegen Moskaus Außenpolitik interpretiert. Weder das kulturelle Tauwetter in der Sowjetunion, dessen Grenzen ihm übrigens bekannt waren, noch die Konzessionen, die den Intellektuellen in Polen, Ungarn und der Tschechoslowakei gemacht worden waren, konnten Ulbricht dazu bringen, seine starre Haltung zu ändern.

In keinem anderen Oststaat – mit Ausnahme Albaniens – war der Druck der Führung auf das geistige Leben so andauernd und so lähmend wie im Lande von Karl Marx, der seine literarische Karriere mit einer Verurteilung der Zensur begonnen hatte. Der marxistische Philosoph Ernst Bloch (geb. 1887), Bert Brechts Freund und Gefährte im Exil in den Vereinigten Staaten, der 1956 seinen Lehrstuhl verloren hatte und auch nicht das Geringste publizieren durfte, sah sich 1961 zur Flucht nach Westdeutschland gezwungen. 1963 wurde Professor Robert Havemann, Chemiker und Philosoph, als Revisionist angeklagt und verlor seinen Posten, weil er innerhalb seiner Partei eine »freie und offene Diskussion« verlangt hatte. Im selben Jahr wurden mehrere anerkannte kommunistische Schriftsteller, Stefan Heym, Willi Bredel, Stephan Hermlin, Opfer einer Säuberung, die im Schriftstellerverband durchgeführt wurde. Selbst Anna Seghers und Arnold Zweig hatten Schwierigkeiten mit der Zensur. Er werde es nicht dulden, erklärte Ulbricht, daß falsche, gefährliche und verderbliche Ansichten unter dem Vorwand des Kampfes gegen den Stalinismus ins Volk getragen werden, die nur darauf abzielten, die Politik von Partei und Regierung zu erschüttern und deren Werk zu zerstören. (14) Auf der in Prag stattfindenden internationalen Konferenz über das Werk Franz Kafkas widersetzten sich die ostdeutschen Teilnehmer (die unter den engstirnigsten Literaturkritikern ausgewählt worden waren) heftig der Rehabilitierung des Autors von »Der Prozeß«, der in ihren Augen wegen seines Pessimismus und seines Mangels an »Realismus« einfach unannehmbar war. Die Diktatur der intoleranten Ideologen wurde in Ost-Berlin mit einer Heftigkeit ausgeübt, gegen die Novotnýs und Hendrychs Kontrolle über die literarische Tätigkeit in der Tschechoslowakei, zumindest zwischen dem Frühjahr 1963 und dem Sommer 1967, wie ein Muster an liberaler Großzügigkeit erscheinen mußte.

Im Gegensatz dazu genossen die Männer der Wirtschaft seit 1962 eine bevorzugte Behandlung. Dies erklärt sich, wie in der Tschechoslowakei, vor allem aus internen Gründen: mit den alten Methoden war Ulbrichts Programm nicht zu realisieren. Und Ulbricht hatte versprochen, bereits 1961 den Stand der Produktion Westdeutschlands zu erreichen. In Wirklichkeit war die

Zuwachsrate in der Industrieproduktion der DDR – trotz aller den Verbrauchern auferlegten Einschränkungen – von 12,4 Prozent im Jahr 1959 auf acht Prozent im Jahr 1960 und 6,2 Prozent 1961 gesunken. Es war aber gerade das Industrie-Potential der DDR, das höchstentwickelte des Ostblocks, auf das Ulbricht sich stützen wollte, um einen bevorzugten Platz in der sozialistischen Familie zu erringen. Die Wirtschaftsleistung sollte auch – mangels einer anderen Basis – als Grundlage der Legitimität seines Regimes dienen. Um wirklich leistungsfähig zu sein, mußte die DDR aber ihr Wirtschaftssystem reformieren. Nach dem VI. Kongreß der SED im Januar 1963, auf dem Chruschtschow die Chinesen vergeblich aufgerufen hatte, einen ideologischen Waffenstillstand zu schließen, berief Ulbricht namhafte Wirtschaftsexperten ins Politbüro: Erich Appel, Günther Mittag, Herbert Jarowinski, Margarete Müller u. a. (15) Bald wurde die DDR zum bedeutendsten Laboratorium für die Ideen Libermans. Den verstaatlichten Unternehmungen (VEB), die 1961 65 Prozent aller Industrieprodukte hergestellt hatten, wurde eine weitgehende Autonomie für die technologische Forschung, die Detailplanung und den Warenabsatz zugestanden. Diese Reorganisation trug, wenn sie auch nicht sämliche Fehler des Bürokratismus ausmerzen konnte, seit 1964 ihre Früchte. Bis dahin eingeengte Energien und Fähigkeiten konnten sich frei entfalten, Freude am Wettbewerb kam auf, es entstand so etwas wie ein wirtschaftlicher Patriotismus, der auf fremde Besucher Eindruck machte und das Prestige der DDR tatsächlich hob.

Aufgrund der wachsenden Bedeutung der ostdeutschen Wirtschaft konnte Ulbricht trotz aller politischen, militärischen und wirtschaftlichen Abhängigkeit die Sonderinteressen seiner Regierung in Moskau mit mehr Autorität vorbringen. Innerhalb des COMECON traten die Ostdeutschen, zusammen mit den Tschechoslowaken, als die leidenschaftlichsten Befürworter der Integration auf, und niemand verurteilte schärfer als sie den Nationalismus und die Autarkiewünsche der Rumänen. Ihre Stellung hatte in dieser Hinsicht die größte Ähnlichkeit mit jener der Westdeutschen im Gemeinsamen Markt. Die DDR hatte die Folgen der Integration am wenigsten zu fürchten. Im chinesisch-sowjetischen Konflikt hatte sich Ulbricht als erster schon 1960 an die Seite der UdSSR gestellt. Aber in Anbetracht des Handels mit China (seit 1959 nahm die DDR den zweiten Platz unter den ausländischen Handelspartnern Chinas ein) hielt Ulbricht die Polemik in Grenzen und schickte Fachleute nach China, nachdem Moskau, um auf Peking Druck auszuüben, die sowjetischen Experten abberufen hatte. Unauffälliger als Gomułka und aus anderen Gründen (vor allem aus Furcht, China könnte die von der DDR angestrebten Aufträge der Bundesrepublik zukommen lassen) arbeitete Ulbricht darauf hin, daß der Bruch und ein Übergreifen des ideologischen Konflikts auf die zwischenstaatlichen Beziehungen vermieden werde.

Ulbricht hatte aber außer wirtschaftlichen Interessen (wie Rumänien und Polen) politische Gründe, um Peking zu schonen: die Unterstützung, die China ihm vielleicht auch nur, um eine Annäherung zwischen der UdSSR und den Vereinigten Staaten zu verhindern, in seiner Berlin-Politik und seinem Wunsch nach Abschluß eines Sonderfriedens gewährt hatte. Die nach der Kuba-Krise zwischen Washington und Moskau eingetretene Entspannung, die im Atomsperrvertrag von 1963 ihren Ausdruck fand, erfüllte Ulbricht mit Besorgnis, fürchtete er doch – übrigens genau wie die westdeutsche Regierung –, diese Annäherung geschähe auf seine Kosten. Mehr als je zuvor brauchte die DDR Verbündete. Deshalb näherte sich Ulbricht Gomułka und setzte die antichinesische Polemik auf Sparflamme. Freilich, die Genugtuung, die er persönlich und als Führer der DDR empfand, als er aufgefordert wurde, seine Unterschrift unter den Atomsperrvertrag zu setzen, wurde durch die Amerikaner und Briten gedämpft, die erklärten, die Unterschrift dürfe nicht als erster Schritt zu einer Anerkennung der Deutschen Demokratischen Republik aufgefaßt werden. Ulbricht erwartete eine energische Reaktion des Kremls. Der Kreml aber schwieg. Dieses Schweigen wurde sofort von Peking herausgestrichen und interpretiert als »de-facto-Anerkennung der Bonner Regierung als einzige Vertretung Deutschlands« durch den Kreml (»Volkszeitung« vom 23. August 1963). Das Organ der SED, »Neues Deutschland«, warf den Chinesen sofort vor, Zwietracht zwischen der UdSSR und der DDR säen zu wollen. Aber allem Anschein nach kam es Ulbricht gelegen, daß Peking aussprach, was er selbst dachte.

Wahrscheinlich um die chinesischen Anschuldigungen zu widerlegen und um die Führung der DDR zu beruhigen, beschloß Moskau im Juni 1964, als Ersatz für den nicht zustande gekommenen Separatfrieden einen Freundschaftsvertrag mit der DDR zu unterzeichnen. Wieder einmal mischten sich die Chinesen ein und machten sich zum Sprecher der übergangenen Ostdeutschen; der Vertrag, hoben sie hervor, erkenne die DDR nicht ausdrücklich als selbständigen Staat an, er sage auch nichts über den Status West-Berlins als selbständiger politischer Einheit aus. Wenig später, als Adschubej, der Schwiegersohn Chruschtschows, in dessen Auftrag die Bundesrepublik bereiste und sich unvorsichtig über den Gesundheitszustand Ulbrichts und die Möglichkeit einer Ablöse geäußert hatte, verdoppelte die chinesische Presse ihre Angriffe gegen Moskau und warf Chruschtschow vor, er wolle Ostdeutschland »verschachern«. Suslow und Breschnjew glaubten, diese Angriffe parieren zu müssen, und erneuerten die Garantie- und Solidaritätsversprechen, die sie der DDR gegeben hatten. (16) Falls Chruschtschow tatsächlich daran gedacht hat, seine Deutschland-Politik zu ändern, um eine Entspannung mit Bonn herbeizuführen, dann sind die Anklagen aus Peking für Ulbricht und alle Chruschtschow-Gegner eine wertvolle Hilfe gewesen. In diesem Punkt eben findet man in der Politik der DDR das »rumänische« Element – wie Gheorghiu-Dej konnte Ulbricht durch den chinesisch-sowjetischen Konflikt seine Stellung stärken, ja sogar Druck ausüben, um nicht zu sagen erpressen, und ein gewisses Ausmaß an Unabhängigkeit erlangen. In gleicher Weise und mit ebensoviel Geschick wie Zynismus nützte er dann 1968 den heillosen Schrecken aus, den das demokratische und nationale Erwachen der Tschechoslowakei einem schwankenden, unentschlossenen Kreml eingejagt hatte, um sowohl seine persönliche Stellung wie den Einfluß der DDR auf die strategischen Entscheidungen des Lagers zu stärken. (17)

9. Die Volksdemokratien nach Chruschtschow

Am 16. Oktober 1964 meldet die »Prawda« die aus »Gesundheitsgründen« erfolgte Demission des Nikita Sergejewitsch Chruschtschow und die Ernennung seiner Nachfolger: Leonid Iljitsch Breschnjew als Partei- und Aleksej Nikolajewitsch Kossygin als Regierungschef. Ein Kapitel der Geschichte der UdSSR nach Stalin ist abgeschlossen.

Waren die Führer der Oststaaten auf dieses Ereignis vorbereitet? Gomułka – bei dem in diesen Tagen Kádár zu Gast war – hat behauptet, nicht überrascht gewesen zu sein, da Chruschtschow selbst ihm seinen Wunsch, sich in nächster Zeit zurückzuziehen, mitgeteilt habe. Außerdem habe Breschnjew, der sich noch kurz vor der entscheidenden ZK-Sitzung in Ostberlin befand, einigen, wenn nicht allen Bruderparteien von den Vorbereitungen zur Absetzung Chruschtschows berichtet. Das Kommuniqué der SED, das Chruschtschows Sturz meldete, sprach jedoch von Überraschung und Erregung. Zweifellos haben die meisten Führer der Volksdemokratien um die Spannung im Kreml gewußt, die beinahe schon im Februar 1964 zu Chruschtschows Rücktritt geführt hätte. Sie dürften aber das große Ereignis nicht schon im Herbst erwartet haben.

Sei dem wie immer, das Schicksal der Regierenden von Ostberlin bis Sofia war zu sehr mit dem Chruschtschows verbunden, als daß dessen Nachfolge nicht allen Anlaß zur Besorgnis gegeben hätte. Dies galt besonders für Kádár, Novotný und Schiwkow, die dem gestürzten Woschd (Führer) persönlich verpflichtet waren und fürchten mußten, seine Absetzung könnte ihre eigene Autorität erschüttern. Ihre erste Sorge war denn auch, die Bedeutung des Moskauer Ereignisses abzuschwächen, das sie als »innere Angelegenheit« der Sowjetunion hinstellten. Kádár, Novotný,

Ulbricht und Gomułka erledigten dies nicht ohne Eleganz – eleganter jedenfalls als Chruschtschows Nachfolger –, indem sie die Verdienste des Mannes würdigten, »dem die Abschaffung des Personenkults zu verdanken ist . . .«. (1) Novotný vor allem brachte seine Unzufriedenheit über die Art der Absetzung Chruschtschows zum Ausdruck, und die französischen Kommunisten standen ihm darin nicht nach.

Vor einem war ihnen allen nun bang: daß der Personenwechsel im Kreml das Signal für eine wesentliche Änderung der Sowjetpolitik sein könnte. Breschnjew und Kossygin beeilten sich, die Führer der Oststaaten diesbezüglich zu beruhigen; sie erklärten ihnen, die Ausschaltung Chruschtschows sei nicht die Folge von Divergenzen in bezug auf die Generallinie, sondern der Unzufriedenheit, die seine Extratouren und seine Mißachtung der Prinzipien der kollektiven Führung hervorgerufen hätten, zu der er sich doch auf dem XXII. Parteitag feierlich verpflichtet habe. Chruschtschow sei zwar gegangen, der von ihm eingeschlagene Kurs werde aber fortgesetzt. Breschnjew und Kossygin nahmen sich die Mühe, Gomułka persönlich aufzusuchen, um ihm alle gewünschten Versicherungen zu geben. Die Parteichefs der anderen Oststaaten, mit Ausnahme Novotnýs, der noch eine Zeitlang verärgert war, erhielten die gleichen Beteuerungen in Moskau, wo sie an den Feiern zum Jahrestag der Oktoberrevolution teilnahmen. Und so trat allmählich Beruhigung ein, und es schien, als habe sich nichts in den Beziehungen des Kremls zu den osteuropäischen Staaten geändert. Doch stellen sich zwei Fragen: Inwieweit hat Chruschtschows Politik gegenüber den Volksdemokratien zu seinem Sturz beigetragen? Und welche Nachwirkungen hatte sein Sturz auf die weitere Entwicklung dieser Länder?

Die erste Frage ist in Anbetracht des Geheimnisses, das die Sitzung des Zentralkomitees vom 13. auf den 14. Oktober 1964 umgibt, kaum zu beantworten. Informationen über den Inhalt der von Suslow vor dem ZK gehaltenen »Anklagerede« ist allenfalls zu entnehmen, daß Chruschtschows »bedauerliche Haltung« gegenüber Gheorghiu-Dej eine Rolle spielte, den Chruschtschow während ihres letzten Zusammentreffens »brutal behandelt« haben soll. (2) Nicht um die Sowjetpolitik gegenüber Rumänien ging es, die ja (wie die Politik gegenüber China) von der gesamten Sowjetführung beschlossen worden war, es ging einfach um Chruschtschows Benehmen, um seine wiederholten Zornesausbrüche, die nun auch zur Entzweiung mit Gheorghiu-Dej geführt hatten. Chruschtschows Nachfolger haben versucht, den Dialog mit Dej wieder aufzunehmen und die Beziehungen zu Bukarest zu normalisieren. Das ist ihnen auch vorübergehend gelungen. Nach 1966 aber hat der hartnäckige Widerstand der Rumänen gegen die Pläne einer Verstärkung des Warschauer Paktes die alte Spannung zwischen Moskau und Bukarest wieder aufleben lassen. Und im Sommer 1968, während der Intervention in der Tschechoslowakei, hat sie ihren Höhepunkt erreicht.

Man habe Chruschtschow auch nicht so sehr die Mission seines Schwiegersohns Adschubej nach Bonn (18. Juli bis 2. August 1964) übelgenommen, als vielmehr die Art, in der dieser seinen Auftrag ausführte. (3) In Wahrheit hat Chruschtschow freilich mit seiner Politik der Annäherung an die Bundesrepublik Deutschland (wie Berija im Juni 1953) an »eine sakrosankte Bastion der sowjetischen Außenpolitik« gerührt (4) und ist auf den Widerstand jener recht starken Gruppe gestoßen, die Ulbricht gegen alle Angriffe bedingungslos unterstützte, jede Konzession in Ostdeutschland verweigerte und Chruschtschows Plan eines Bonn-Besuches, um »das Eis zu brechen«, mißbilligte. Ulbricht hat jedenfalls durchblicken lassen, daß es zwischen Chruschtschows Deutschland-Plänen und dessen Absetzung sehr wohl einen Zusammenhang gebe. (5)

Von den Folgen des Wechsels im Kreml dürfte die am schwersten wiegende die neuerliche Verminderung des Moskauer Prestiges gewesen sein. Welche Erklärungen Moskau auch immer gegeben hat, das Ereignis ist als Palastrevolution gewertet worden. Was Wunder, wenn die Führer der Oststaaten bemüht waren, sich vom Kreml so weit zu distanzieren, daß sie von den Wechselfällen in der UdSSR möglichst wenig berührt würden. So hat Ulbricht daran erinnert, daß er niemals Chruschtschows Ratschläge zum Landwirtschaftsplan befolgt habe. Kádár hat bis Ende Juni 1965 gewartet und erst dann das Amt des Ministerpräsidenten seinem Freund Kállai abgetreten, damit ihm niemand vorwerfen könne, sich die neue Zwei-Mann-Führung in der Sowjetunion zum Vorbild genommen zu haben.

Der von Breschnjew und Kossygin zwischen 1964 und 1966 praktizierte neue Stil – »weniger Worte, mehr Taten« –, ihr vorsichtiger und nüchterner, um nicht zu sagen schüchterner Realismus (besonders am Anfang) begünstigten diese Emanzipierungstendenzen und ermöglichten die Konzentration auf die eigenen Probleme. Im Gegensatz zu Stalin war Chruschtschow kein »Gott«, kein »Idol« gewesen, und das erleichterte den Übergang zur neuen Führung bedeutend. Die Zeit des Kults und der schwungvollen demagogischen Reden war vorbei. Auf die Improvisationen des begeisternden Tribuns folgte ein bürokratischer Konservativismus, der objektiv und unpersönlich blieb und sich einen wissenschaftlichen Anstrich gab. (6) Dieser Klimawechsel mißfiel nicht in Ländern, in denen die Ablösung der dogmatischen, aus der Schule des Stalinismus hervorgegangenen Führer durch zwar autoritäre, aber pragmatische Verwaltungsfunktionäre bevorstand – Biszku in Ungarn, Verdet in Rumänien, Černík in der Tschechoslowakei, Gierek in Polen –, die alle die oberste Sprosse nicht mit Moskaus Hilfe, sondern aus eigenem erklimmen wollten. Breschnjew und Kossygin gewannen mit ihrer Taktik der »vereinigten antiimperialistischen Front« ein wenig von dem im Fernen Osten verlorenen Boden zurück, und zwar in Vietnam und Nordkorea. Aber weder die Jugoslawen noch die Rumänen ließen sich wieder an die Kandare nehmen; sogar die Tschechoslowakei, dieses Bollwerk unbedingter Treue, begann für die Beziehungen zur UdSSR »eine neue Konzeption« zu finden. (7)

Die Emanzipierung und Differenzierung der Oststaaten tritt nun bei allen großen Problemen nach 1964 in Erscheinung: in der chinesischen Frage; in der Organisation des Warschauer Paktes und des COMECON; in den Beziehungen zum Westen und in der Deutschlandfrage; in der Krise im Vorderen Orient; und schließlich in der Beurteilung der Entwicklung in der Tschechoslowakei.

Die Differenzierung tritt auch auf wirtschaftlichem und ideologischem Gebiet zutage. Die einzelnen Parteikongresse (der XIII. tschechoslowakische im Juni 1966, der IX. bulgarische im November 1966, der IX. ungarische Ende November/Anfang Dezember 1966) behandeln als Hauptthema die Wirtschaftsreformen. Zwei Experimente, das eine, gewagtere, jugoslawische und das andere, vorsichtigere, sowjetische Libermans, dienen als Beispiele, auf die sie sich gegebenenfalls berufen können; jede Regierung ist aber bemüht, sich vor allem nach den eigenen Interessen zu richten. Im Sommer 1967 macht sogar Rumänien, wo die zentralistische Tradition am stärksten verankert ist, den Versuch einer Dezentralisierung. In Wirklichkeit freilich wird den kommunistischen Führern ihre Handlungsweise von wirtschaftlichen Machtfaktoren diktiert, die sich ihrer Kontrolle entziehen; sie sehen sich einer ganz neuen Situation gegenüber, die in den weniger entwickelten Ländern des Blocks sowohl die Industrialisierung als auch die unvermeidliche Wiederaufnahme der Handelsbeziehungen mit den kapitalistischen Ländern verursacht hat. Das solange in sich abgeschlossene System bricht auseinander, jenes System, das noch bis kurz zuvor die sozialistische Wirtschaft zwar geschützt, sie jedoch gar nicht – oder nicht genügend – angespornt hat, den technologischen Standard weiterzuentwickeln. (8) Besonders in der Tschechoslowakei waren die allzu lange verheimlichten Übelstände dieses Systems am stärksten fühlbar – und dies vor allem wegen der wirtschaftlichen Abhängigkeit vom Ausland.

Was aber für die Tschechoslowakei gilt, das gilt *mutatis mutandis* auch für die übrigen volksdemokratischen Länder. Alle bekommen sie den Stachel der ausländischen Konkurrenz zu spüren, mag diese nun kommunistisch oder kapitalistisch sein; ein Zurück scheint kaum noch möglich (es sei denn, man opfert die Wirtschaft nach dem Beispiel der chinesischen »Kulturrevolution« der Politik). Die Erfordernisse des Außenhandels waren es vor allem anderen, die aus der Reform des Wirtschaftssystems für die Führungsspitzen des Ostens eine Frage auf Leben und Tod machten; denn mit der zentralistischen Planung konnten die nun auftretenden schwierigen Probleme nicht mehr gelöst werden.

Die von den einzelnen Regierungen in den Jahren 1965 bis 1967 ergriffenen Maßnahmen zur Wirtschaftsreorganisation werden im II. Teil, 6. Kapitel, dargestellt. Hier soll die Schwierigkeit hervorgehoben werden, mit der die kommunistischen Führer zu kämpfen hatten, um den Geist der Kritik und der Erneuerung auf das Gebiet der Wirtschaft zu beschränken und zu verhindern, daß die Wirtschaftsreformbewegung die Macht der Partei unterhöhlte. Einige Technokraten, Vorkämpfer dieser Reform, wie zum Beispiel der ungarische Wirtschaftsexperte István Friss, waren der Ansicht, daß die durch eine starke Regierung gesicherte politische Stabilität und die unbestrittene Autorität der Partei die günstigsten Vorbedingungen für den Erfolg des neuen Versuchs seien. (9) In Jugoslawien jedoch und dann in der Tschechoslowakei herrschte nach langwierigen politischen Auseinandersetzungen die Meinung vor, daß nur eine tiefgreifende Demokratisierung das für den wirtschaftlichen Wiederaufbau günstige Klima schaffen könne.

Die Jahre 1966 bis 1968 sind in den Volksdemokratien Jahre politischer Kämpfe, in denen hinter den Antagonisten – hier »Progressive«, dort »Konservative« – die Interessen und ehrgeizigen Wünsche von zwei sozialen Gruppen (ich vermeide zu sagen: Klassen) sichtbar werden: auf der einen Seite die technische Intelligenz, auf der anderen Seite der Parteiapparat (das Establishment), die neue kommunistische Klasse. Und ganz im Hintergrund eine neue Arbeiterklasse: unbekannt, amorph, entpolitisiert und so lange manipuliert, die aber – und dies ist eine der großen Lehren der tschechoslowakischen Krise – aufwachen und sich in Bewegung setzen kann: für Reformen und gegen fremde Einmischung.

Die Anfangssituation ist die gleiche in Jugoslawien, in Polen, in der Tschechoslowakei, ja sogar in der UdSSR: In der Krise, deren Ursache das Nachhinken der politischen und ideologischen Entwicklung auf die der Wirtschaft ist, geben wieder einmal die Intellektuellen, vor allem die kommunistischen Intellektuellen, den Ton an, sie sind Volkesstimme. Das ist nicht weiter verwunderlich: Die Allgemeinheit hat keine andere Möglichkeit, ihre Meinung auszudrücken, ihre Forderungen vorzubringen, als eben etwa den Verband der Schriftsteller oder den der Journalisten, für die sich die Parteikontrolle etwas gelockert hat, oder die Parteizellen an der Universität, in denen der hundertmal unterdrückte kritische Geist immer wieder aufersteht. Gewiß, die Schriftsteller, Journalisten und Künstler genossen in Polen, in der Tschechoslowakei und in Ungarn nach der Chruschtschow-Ära nicht geringe Freiheiten in der

Meinungsäußerung. »Bei uns ist der Sozialismus offen für alle progressiven Ideen«, erklärte ein Verteidiger des polnischen Regimes, W. Sokorski. »Was braucht Ihr denn noch? Welche Freiheit verlangt Ihr noch?« (10) Die Intellektuellen verlangten etwas Unerfüllbares. Sie verlangten die Politik von Partei und Regierung ungestraft kritisieren und über alle lebenswichtigen Probleme des Landes frei diskutieren zu dürfen, sie verlangten als Opposition anerkannt zu werden. Das war unvereinbar mit der Wahrung des Parteimonopols. Während nun zuerst in Jugoslawien, dann auch in der Tschechoslowakei die Liberalisierung an Boden gewann, entwickelten sich das von »Partisanen« beherrschte Polen, die DDR und Bulgarien im entgegengesetzten, antiliberalen, einschränkenden Sinn.

Die Richtung, die diese drei Länder einschlugen, fiel mit der von der Sowjetunion gewählten zusammen. Im Kreml wuchs der Einfluß neostalinistischer Elemente nach der Ausschaltung Chruschtschows beträchtlich. Der Prozeß gegen A. D. Sinjawskij und J. M. Daniel im Februar 1966 leitete eine ideologische Versteifung ein, deren deutlichstes Merkmal die enge Zusammenarbeit der konservativen Ideologen und Bürokraten – Pospelow, Fedossejew, Rumjanzew, Grischin, Michajlow und Jurij Schukow – mit den imperialistischen Militärs war. Die dynamischesten Vertreter waren da die Marschälle Gretschko und Jakubowskij sowie General Jepischew, der Anfang 1962 die politische Leitung der Sowjetarmee übernommen hatte. Diese Kreise nützten geschickt die große Angst der sowjetischen Bürokratie einerseits vor den Reformbestrebungen der Intellektuellen, andererseits vor dem wiedererwachenden Nationalismus zuerst in Rumänien, später in der Tschechoslowakei. Sie bliesen zum Generalangriff gegen alle jene, die hofften, das Werk des XX. und des XXII. Parteitags fortsetzen zu können. Sie begannen mit Stalins Rehabilitierung.

Diese Entwicklung in der UdSSR, die parallel lief zu der in Polen, in der DDR und in Bulgarien (Kádárs Ungarn, noch immer gelähmt von den Erinnerungen an 1956, nahm eine Zwischenstellung ein), schuf die Voraussetzung für jenen neuen Internationalismus, der in der tschechoslowakischen Krise die konservativen, autoritären, antiliberalen kommunistischen Regimes zu einer »Heiligen Allianz« vereinte, die schließlich zuerst zur politischen, dann zur militärischen Intervention in der Tschechoslowakei und zu einer Einschüchterungskampagne gegen Jugoslawien und Rumänien führte.

1956 stand die Sowjetunion allein, als sie in Ungarn intervenierte, um einen nationalen Aufstand niederzuschlagen. 1968 fand sie drei entschlossene und beflissene Bundesgenossen – die DDR, Polen und Bulgarien – und einen passiven und unglücklichen – Ungarn –, als sie verhinderte, daß sich die Tschechoslowakei zu einem neuen Vorbild für einen demokratischen und nationalen Kommunismus entwickelte. Der »internationale« Charakter der Intervention erklärt sich aus der Tatsache, daß sich die Kreml-Führung, gereizt durch die chinesische und rumänische Herausforderung, in der DDR, in Polen und Bulgarien auf führende Gruppen stützen konnte, denen die Ausmerzung des liberalen, prowestlichen Ansteckungsherdes Tschechoslowakei als eine Frage auf Leben und Tod erschien. In diesem Sinne hatten die Chinesen nicht unrecht, als sie sagten, daß die Intervention in der Tschechoslowakei nicht die Tat konventioneller Imperialisten, sondern von »Sozial-Imperialisten« gewesen sei, die die Klassensolidarität der Parteiapparate verbunden habe. (11)

10. Die zweite jugoslawische Revolution

In den Jahren 1961 bis 1967 sind fast alle kommunistischen Länder in Bewegung. Der Verfall des monopolistischen, von Stalin ererbten bürokratischen Systems schreitet immer schneller voran. Einer nach dem anderen lassen sich die sozialistischen Staaten auf eine Wirtschaftsreform ein, überdenken ihre politischen Strukturen, ihre Beziehungen zur Sowjetunion. Die kommunistischen Parteien versuchen ihre Rolle in der Diktatur des Proletariats neu zu bestimmen.

In zwei Staaten jedoch, den beiden Polen der kommunistischen Welt – Jugoslawien und China –, nimmt die Bewegung solche Ausmaße an, daß es nicht übertrieben erscheint, hier von einer zweiten Revolution zu sprechen. Die Gleichzeitigkeit der von Mao ausgelösten großen proletarischen Kulturrevolution von 1965 und der großen jugoslawischen Reformbewegung ist kein Zufall.

Trotz aller Unterschiede in der geopolitischen Situation und in der Entwicklungsstufe, trotz der scheinbar unüberwindlichen Gegensätze in der Doktrin war diesen beiden kommunistischen Staaten von Anfang an eine Dynamik gemein, eine revolutionäre Begeisterung und Phantasie, die sie von ihren ängstlicheren Bruderländern unterschieden. Titos Jugoslawien war, die Maos China, aus einem Bürgerkrieg hervorgegangen; die Führungsspitzen beider Staaten waren von echt nationalen Kräften an die Macht gebracht worden und deshalb für eine Satellitenrolle wenig geeignet, im Gegenteil, sie glaubten sich verpflichtet, selbständig Versuche zu wagen und Entwicklungsmodelle auszuarbeiten, die sich von denen der Sowjetunion unterschieden.

Gewiß, hier trennen sich die Wege: Jugoslawien hat sich mit seinen Arbeiterräten und seiner Selbstverwaltung seit Beginn der fünfziger Jahre zum Vorkämpfer eines reformierten Kommunismus gemacht, es hat der privaten Initiative immer größeren Spielraum gewährt und sich westlichem Einfluß erschlossen. China hat nach 1958 den entgegengesetzten Weg eingeschlagen. Es fühlt sich als Avantgarde des Internationalismus und Hüter der revolutionären Ziele, ist unversöhnlich gegenüber dem Westen und lebt in einem Zustand permanenter Mobilisierung und Militarisierung. Ab 1955 nähert sich Jugoslawien der Sowjetunion, deren Führung sich in einem gewissen Maß von der jugoslawischen Art der Entstalinisierung beeindrucken hat lassen. China jedoch entfernt sich von der UdSSR und erklärt sich als entschiedener Gegner nicht nur des russischen Hegemonismus, sondern auch jeglichen ideologischen oder praktischen Revisionismus. Diese beiden entgegengesetzten Versuche führen jedoch zu Krisen, die einander auffallend ähnlich sind, vor allem darin, daß sie die überragende Rolle der Partei in Frage stellen. In China hat der von Liu Schao-tschi und Teng Hsiao-ping geleitete Parteiapparat sich noch lange nach der Verdammung des sowjetischen Opportunismus der sowjetischen Organisationsmethoden und Denkkategorien bedient. Aber der Wurm sitzt in der Frucht; der Stalinismus der chinesischen Apparatschiks trägt den Keim von Chruschtschows Revisionismus in sich, und die Maoisten haben recht, als sie den sehr orthodoxen Liu Schao-tschi als den »chinesischen Chruschtschow« bezeichnen.

In Jugoslawien akzeptierte zwar der Parteiapparat im Prinzip die Reformen der Liberalen, die weiter gingen als die Chruschtschows und die von Liu zwischen 1961 und 1965 der technischen Intelligenz und den Bauern gemachten Konzessionen, aber er wachte eifersüchtig über seine totalitären Privilegien und dachte durchaus nicht daran, seine Stellung als Staat im Staate aufzugeben. Auch in China war der Parteiapparat ein Hindernis für Maos großangelegten Plan, einen völlig eigenständigen Kommunismus zu schaffen, eine Art permanenten Kriegskommunismus, der auf völliger Gleichheit basieren, antibürokratisch und antiintellektuell sein sollte. In Jugoslawien vereitelte der Ballast des Parteiapparates die Entfaltung der Fähigkeiten und eine wirksame Dezentralisierung.

Schließlich gab es in China und in Jugoslawien ein Problem,

das dazu beitrug, den Konflikt der Richtungen zu verschärfen und ihn bis an die Grenze des Bruches zu treiben – das Problem der Nachfolge. 1966 war Tito vierundsiebzig, Mao Tse-tung dreiundsiebzig Jahre alt; beide Führer zeigten Zeichen von Müdigkeit; beide besaßen ein Prestige, an das keiner ihrer Mitarbeiter herankam. Sie waren und sind das Symbol und die Bürgen für die Einheit von Partei und Staat. Sie standen und stehen über allem Parteihader. Unterhalb gab es nur Rivalitäten zwischen einzelnen und Gruppen, die um die Gunst der obersten Führer wetteiferten und schon, das heißt noch bei Lebzeiten der Führer, Vorbereitungen trafen, um den eigenen Ideen Geltung zu verschaffen. »Erinnert Euch das nicht an das, was sich um Stalin begeben hat?«, so fragte Tito seine Mitarbeiter auf dem Höhepunkt der Krise von 1966. »Meiner Meinung nach ist die Ähnlichkeit ziemlich groß«, fügte er hinzu. Tatsächlich ähnelte die Situation in Jugoslawien und in China in diesen Jahren jener im Kreml in der Zeit vor Stalins Tod. Stalin hatte, um die einzelnen Gruppen im Zaum zu halten und die Zukunft des Regimes zu sichern, sein Vertrauen in Berija gesetzt, den Chef jener Geheimpolizei, »deren außerordentliche Tüchtigkeit und außergewöhnliche Kompetenz« das wahre Rückgrat der sowjetischen Macht bildeten. (1) Mao Tse-tungs Berija hieß Lin Piao, der sowohl Polizei wie Armee unter Kontrolle hatte. Titos Berija war Ranković, Gründer und Chef der gefürchteten UDBA. Mao wählte Lin Piao, der nicht zögerte, eine gleichmacherische und antibürokratische Revolution zu entfachen, um seinem politisch-militärischen Apparat alle anderen Apparate des Landes zu unterwerfen, inklusive den der Partei. Tito hingegen opferte Ranković. China steuerte auf eine Variante des Totalitarismus zu, in der die Manipulierung der Individuen und der Massen eine nie dagewesene Meisterschaft erreichen sollte. Jugoslawien hatte es sich zum Ziel gesetzt, den »aufgeklärten Absolutismus« seines Führers mit einem bisher unbekannten Ausmaß an individueller Freiheit zu vereinen. In beiden Fällen weckte der Kampf Kräfte, die jeder Kontrolle zu entgleiten drohten und die Gefahr einer Auflösung des Staates in sich bargen. In beiden Fällen hätte die zweite Revolution zu unerwarteten Ergebnissen führen können, zu bisher unbekannten Regierungsformen, die, wie das von der Tschechoslowakei begonnene Experiment einer sozialistischen Demokratie, durch ihr Gelingen oder Scheitern allen kommunistischen Ländern, ja allen Ländern der Erde als Lehre gedient hätten.

Die Anfänge der zweiten jugoslawischen Revolution lassen sich bis zu Beginn des Jahres 1961 zurückverfolgen. Zu diesem Zeitpunkt ergreift die liberale Führung etliche Maßnahmen, die zusammen mit der ab 1950 nach und nach verwirklichten Dezentralisierung der stagnierenden Wirtschaft zu einem neuen Aufschwung verhelfen sollen: Erweiterung der Kompetenzen der Arbeiterräte; Freigabe der Preise, ein neues Kreditsystem, in dem die Banken allmählich den Staat ersetzen sollen. Zur Vergrößerung der Erfolgschancen nimmt Jugoslawien weitgehend westliche Hilfe in Anspruch. Die Vereinigten Staaten gewähren eine Anleihe von 100 Millionen Dollar, der Internationale Währungsfonds eine Anleihe von 75 Millionen Dollar; eine westliche Staatengruppe weitere 100 Millionen Dollar. Im Januar 1961 gewährt der Entwicklungsfonds der Vereinten Nationen drei weitere Anleihen von insgesamt 27,7 Millionen Dollar, im Februar eine Anleihe von 6,1 Millionen Dollar; die Weltbank eine Anleihe von 30 Millionen Dollar, die mittels Abwertung des Dinar (750 Dinar anstelle von 300 für einen Dollar) die fortschreitende Integration Jugoslawiens in den internationalen Markt erleichtern soll.

Dieser Versuch hätte einen Zeitraum von mehreren Jahren benötigt. Aber schon bei den ersten Übergangsschwierigkeiten will Tito nicht weitermachen. Wahrscheinlich ist der alte Parteichef doch besorgt wegen der Folgen. Denn die Wirtschaftsreform kann nur Erfolg haben, wenn sich die Wirtschaft nicht nur theoretisch, sondern tatsächlich der Kontrolle der Partei entzieht. Bis dahin hat Jugoslawien in einem mühsam gehaltenen Gleichgewicht gelebt: totalitäre Strukturen und eine Art polyzentrischer Bürokratismus haben kurioserweise koexistiert; der westliche Einfluß und die Freundschaft mit der Sowjetunion haben zwar nicht *de jure*, aber *de facto* die Aufrechterhaltung des kommunistischen Regimes gesichert. Die konsequente Durchführung der Reformen hätte dieses Gleichgewicht stören und Jugoslawien ins westliche Lager hinüberschwenken lassen können. Tito zeigt sich den Argumenten der Konservativen in seiner Umgebung mehr und mehr aufgeschlossen und beginnt energisch abzubremsen. Die antiamerikanische Haltung, die er auf der Konferenz der Blockfreien im September 1961 in Belgrad einnimmt, enttäuscht den amerikanischen Botschafter George Kennan; die Beziehungen zu Washington werden gespannt. Im November hält Tito in Skopje eine Rede, in der er die führende Rolle des Bundes der Kommunisten Jugoslawiens (BKJ) herausstreicht. Die Entwicklung der Dinge in der Sowjetunion nach dem XXII. Parteikongreß, auf dem Chruschtschow sich der Herausforderung Maos stellt, ruft Tito die Rolle in Erinnerung, die er in der internationalen kommunistischen Bewegung als wertvoller Bundesgenosse, wenn nicht sogar Berater des Kremls, spielen könnte. Der Augenblick erscheint ihm gekommen, um eine Zusammenarbeit wieder aufzunehmen, die infolge der Ereignisse in Ungarn abgebrochen worden ist. Im April 1962 kommt Gromyko nach Belgrad, wo ihm ein sehr freundlicher Empfang bereitet wird; im September empfängt Tito Breschnjew, der damals sowjetisches Staatsoberhaupt war; im Dezember begibt sich Tito nach dem durch die Kuba-Krise hervorgerufenen Durcheinander nach Moskau, wo er sein Prestige zugunsten Chruschtschows einsetzt. »Wir stehen«, sagte er nach seiner Rückkehr, »in der internationalen kommunistischen Bewegung an der Seite der antidogmatischen Kräfte.«

Dieser Umstellung in der Außenpolitik entspricht ein Linksruck in der Innenpolitik. Eine Versammlung des Exekutivkomitees (Politbüros) des Bundes der Kommunisten im März 1962 ist der Anlaß zu einem heftigen Aufeinanderprallen von Liberalen und Konservativen. Tito ergreift für die Konservativen die Partei. Vier Jahre später wird bekannt, daß die hypergeheimen Besprechungen des Politbüros, in denen jeder alles vorbrachte, was er auf dem Herzen hatte, von den Leuten Ranković' aufgezeichnet worden sind, der sich dieses Materials bei Gelegenheit zu bedienen gedachte: 1962 ahnt aber auch Tito noch nichts von diesen Machenschaften; er hat zu Ranković vollstes Vertrauen. Im Juni hält er in Split eine Rede, die seine Versteifung gegen die Intellektuellen und Liberalen erkennen läßt. Im Dezember begleitet Ranković – und nicht Kardelj, den die Russen nicht mögen – den jugoslawischen Staatschef nach Moskau, und im Juni 1963, als die höchsten Instanzen im Sinne der neuen Verfassung vom 7. März 1963 umgebildet werden, macht Tito Ranković zum Vizepräsidenten der Republik, während Kardelj sich mit dem Posten eines Präsidenten der Bundesversammlung begnügen muß und der Serbe Stambolić – damals Anhänger Ranković' – zum Chef der Bundesregierung ernannt wird. Es ist klar, Tito will Ranković zu seinem Nachfolger machen.

Diese Wahl – Ranković ist Serbe – ist aber folgenschwer. Sie verschärft den Kampf der einzelnen Richtungen, weil nun die alten latenten nationalen Gegensätze zwischen Serben auf der einen, Kroaten und Slowenen auf der anderen Seite hervorbrechen. Nicht umsonst haben Liberalisierung und Dezentralisierung und prowestliche Orientierung ihre stärkste Anhängerschaft unter den Slowenen und Kroaten, den westlichsten der Südslawen. Die Liberalen gehen zum Gegenangriff über. Vor Beginn des VIII. Parteikongresses bemüht sich Ranković, alle vor vollendete Tatsachen zu stellen. Unter dem Vorwand, Tito die auf ihm lastenden Aufgaben teilweise abzunehmen, tatsächlich aber, um seine eigene Position zu stärken, will er sich zum Generalsekretär des BKJ ernennen lassen. Im Exekutivkomitee kommt ihm jedoch Kardelj, der die drohende Gefahr erkannt hat, zuvor. »Ich bin ermächtigt zu erklären«, soll dieser gesagt haben, »daß Slowenien von seinem verfassungsmäßigen Recht auf Austritt Gebrauch machen wird, wenn Tito nicht an der Spitze unserer Föderation verbleibt.« Bakarić schließt sich ihm an. Zu diesem Zeitpunkt spaltet sich die serbische Führung: Stambolić, Todorović (Vizepräsident der Bundesversammlung), Milentije Popović erklären sich für Tito und die Reform. Der Kongreß bestätigt Titos Autorität, dem Ovationen wie nie zuvor zuteil werden. Von links beginnt das Pendel wieder nach rechts hin auszuschlagen. Chruschtschows Sturz, der die Unbeständigkeit des Kremls zeigt, schwächt die Position des russophilen Flügels. Dies umso mehr, als klar wird, daß Jugoslawien nicht mit einer wesentlichen Wirtschaftshilfe aus Moskau rechnen kann. Die wirtschaftliche Situation hat sich aber verschlechtert. Die Devisenreserven sind erschöpft. Die Inflation nimmt immer größere Ausmaße an, viele Industriebetriebe arbeiten nur mit halber Kapazität, die Zahl der Arbeitslosen wächst.

Angesichts dessen kommen Kardelj und Bakarić – ohne auf die Bedenken der Konservativen einzugehen – auf die Wirtschaftsreform von 1961 zurück und beginnen mit einer wirklichen Marktwirtschaft. Gemäß der »großen Wirtschaftsreform« 1965 behalten die Unternehmungen 71 Prozent (anstatt 51 Prozent) der Nettoproduktion zurück; die sogenannten »politischen« Fabriken, das heißt die, die ohne Rücksicht auf Rentabilität geschaffen und beibehalten worden sind, müssen sich entweder anpassen oder verschwinden; der Dinar wird neuerlich abgewertet (1250 Dinar für 1 Dollar), um den Export anzukurbeln; bis 1968 soll jede Preiskontrolle abgeschafft sein; die Rolle der Banken wird klarer definiert; die Industrialisierung der unterentwickelten Gebiete wird einem zentralen Fonds für die bedürftigsten Gegenden übergeben. Diesmal von der Seriosität des Programms überzeugt, gewähren die Experten des Internationalen Währungsfonds einen neuen Jahreskredit von 80 Millionen Dollar, um den Dinar zu stützen, und machen die 60 Millionen Dollar der früheren Anleihe frei, die aufgrund der Nichterfüllung der von Jugoslawien 1961 übernommenen Verpflichtungen zurückbehalten worden ist. Wiederum zeigen sich die Vereinigten Staaten bereit, das jugoslawische Experiment zu subventionieren: Sie liefern 1,350.000 Tonnen Getreide, gewähren einen langfristigen Kredit von 86 Millionen Dollar und 40 Millionen Dollar zum Ankauf von Industrieausrüstung, weiters ein Moratorium für die Rückzahlung von 17 Millionen Dollar Schulden bei der Export-Import-Bank. Auch Italien erklärt sich zur Gewährung eines Kredits bereit. Das Experiment läuft an. Seine Urheber sind sich des Risikos bewußt: Schließung von ungefähr 2000 Fabriken, massive Entlassungen, Zunahme der Arbeitslosigkeit, Preissteigerungen. Der Erfolg aber, so denken sie, ist dieses Risiko wert und wird nach einer Übergangszeit von zwei bis drei sehr schweren Jahren alle Mühe lohnen. Vorausgesetzt, daß die geplanten Maßnahmen für die Gesundung und Rationalisierung der Wirtschaft loyal und energisch ausgeführt werden.

Die Konservativen setzen jedoch alles daran, um aus der durch die Reform hervorgerufenen Verwirrung und Unordnung Nutzen zu ziehen und die Reform zu sabotieren. In einer ZK-Sitzung Ende Februar 1966 greifen Ranković und seine Anhänger

– die Mehrzahl der serbischen und montenegrinischen Mitglieder des ZK – die neue Wirtschaftspolitik unter dem Vorwand an, daß sie vor allem die Kroaten und Slowenen begünstige. Aber die Reformer halten stand, und Tito neigt sich ihrer Seite zu. Im März tritt das Zentralkomitee noch zweimal zusammen, ohne die Debatte endgültig zu entscheiden. In beiden Lagern bereitet man sich auf die Kraftprobe vor. Die Liberalen wenden das von der neuen Verfassung vorgeschriebene Rotationsprinzip an, um ihre Position im Apparat zu stärken und die Anhänger Ranković' (darunter Innenminister Lukić) zu entfernen. Dies wäre sicherlich nicht gelungen, wenn Tito, Kardelj und Bakarić nicht die Unterstützung des kroatischen Generals und Verteidigungsministers Ivan Gošnjak, des Chefs der militärischen Abwehr, Krajačić, und der obersten Kader der Geheimpolizei in Kroatien und Slowenien gehabt hätten, von denen sich die meisten den liberalen Führern ihrer Republik angeschlossen haben.

Ranković hat anscheinend Titos für den Herbst vorgesehene Reise in den Fernen Osten abwarten wollen, um ihm einen ähnlichen Streich zu spielen wie jenen, mit dem die Widersacher Nkrumahs diesen gestürzt haben. Tito soll von diesen Plänen gerade zu der Zeit erfahren haben, als er dank der militärischen Abwehr daraufkam, daß ihn Ranković mit Hilfe von Abhörgeräten sowohl in seinen Amtsräumen wie in seiner Privatwohnung in Belgrad und in Agram (Zagreb) überwacht hatte. Jetzt entschloß sich Tito zuzuschlagen.

Vor dem für den 16. Juni einberufenen Politbüro überführt Tito Ranković. Der beteuert seine Unschuld, bietet aber seine Demission an. (2) Eine Kommission aus sechs Mitgliedern, die sich aus den Repräsentanten der sechs Republiken zusammensetzt, wird mit der Untersuchung betraut. Diese ist am 22. Juni beendet und stellt die persönliche Verantwortung Ranković' fest, der des Fraktionismus, des Chauvinismus, des Mißbrauchs der Polizei und der Konspiration angeklagt wird. Das Zentralkomitee wird für den 1. Juli nach Brioni einberufen.

Es war die dramatischste Sitzung in der Geschichte des kommunistischen Regimes in Jugoslawien. Sie wurde von Tito eröffnet, der tief erschüttert Anklage erhob gegen den Mann, dem er während so vieler Jahre all sein Vertrauen geschenkt hatte und dem er jetzt vorwerfen mußte, ihn durch die »Bildung einer fraktionellen Gruppe zur Erlangung der Macht« verraten zu haben. Hierauf legte der Vorsitzende der Untersuchungskommission, der Mazedonier Crvenkovski, seinen Bericht vor, ein Dokument von höchstem Wert für die Zeitgeschichte, beweist es doch, daß in diesem entstalinisierten Jugoslawien, in diesem Land der Arbeiterselbstverwaltung mit der demokratischsten Verfassung, in diesem scheinbar so liberalen Jugoslawien die Geheimpolizei Ranković' seit vielen Jahren einen Staat über dem Staat gebildet hat, eine geheime Regierung, die der Kontrolle Titos, des Zentralkomitees und des Parlaments völlig entgangen ist. »Die Sicherheit des Staates ist das Monopol weniger Personen geworden«, heißt es in dem Dokument. Der Genosse Marko (Aleksandar Ranković) habe sich für »die Verkörperung des Zentralkomitees« gehalten. Er habe seine Kontrolle über die ganze Gesellschaft ausgedehnt, »bis zu den höchsten Spitzen«. Mit der Hilfe von Svetislav Stefanović, dem Vorsitzenden der Kommission für Innenpolitik des Bundes-Exekutivrates, habe Ranković Männer des Sicherheitsdienstes in alle Verwaltungsbehörden bis in das Außenministerium eingeschleust, ohne die betreffenden Ministerien überhaupt zu fragen. »Dies alles beweist«, bekräftigte Crvenkovski, »daß gewisse grundlegende Normen ..., Normen, wie sie in unserer Gesellschaft errichtet und entwickelt worden sind, in bedeutsamer Weise vernachlässigt, mißachtet und ungenügend gefördert wurden.«

Niemals bisher – nicht einmal in der UdSSR nach der Liquidierung Berijas – war der Polizeicharakter des kommunistischen Staates auf so nachdrückliche Art enthüllt worden. (Dabei hatte man bei dieser Gelegenheit die nicht weniger wichtige Rolle des militärischen Nachrichtendienstes übergangen.) Es ist verständlich, daß Tito, wie er in seiner Schlußrede am 2. Juli gestand, lange gezögert hat, diesen Kampf aufzunehmen, denn, bemerkte er sehr richtig, es sei ungewiß, »welche Wirkung dies auf die inneren Verhältnisse und die Entwicklung des Landes habe, wie unser Volk dies alles beurteilen würde und ebenso das Ausland, wo unser Land einen ... guten Ruf hat«. (3)

Tatsächlich war Titos Präventivschlag, der Rankovič ausschaltete, nicht ungefährlich für das Regime. Da war einmal die

Gefahr, die im Schlag gegen die Geheimpolizei selbst lag, gegen dieses unentbehrliche Werkzeug eines Einparteienstaates, mit dem allein jeder Versuch einer oppositionellen Organisation im Keim erstickt werden kann. Die Sieger wußten dies. Und deshalb bestand der Ankläger darauf, daß die »Kritik sich nicht gegen den Geheimdienst in seiner Gesamtheit richtete«, deshalb faßte Crvenkovski eine »Umwandlung der Sicherheitspolizei in eine moderne Organisation« ins Auge, deren Aufgabe »der Schutz des sozialistischen Systems und der Unabhängigkeit unseres Landes« sein sollte. Unter diesem Aspekt hat der gegen die Geheimpolizei geführte Schlag in Jugoslawien eine ähnliche Bedeutung wie die Reorganisation der sowjetischen Geheimpolizei nach Berija: Die Autonomie der Organisation war es, die zerstört werden mußte. Von jetzt an war die UDBA der Kontrolle der Regierung und des Zentralkomitees unterstellt. Und was vom Standpunkt der Entwicklung Jugoslawiens noch wichtiger erscheint: Die Filialen der UDBA in den einzelnen Republiken sollten der Partei und der Regierung dieser Republiken unterstellt werden. So verlor die »großserbische« Richtung das mächtigste Werkzeug ihrer Herrschaft.

Von eben daher kam aber die andere Gefahr, deren man sich sogleich bewußt wurde: Ein bedeutender Teil der serbischen Öffentlichkeit (sogar Leute, die die UDBA haßten) betrachtete die Ausschaltung Ranković' als eine Niederlage Serbiens. Man mußte Ranković zuvorkommen, damit er diese Stimmung nicht ausnützte, um sich wieder in den Sattel zu schwingen. So taten Kardelj und Bakarić gut daran, nicht gar zu laut zu triumphieren. Man säuberte zwar Zentrale und Zweigstellen der UDBA gründlich, da aber die Führung des Bundes der Kommunisten Jugoslawiens (BKJ) auch die Serben zufriedenstellen wollte, wurden zwei Führer der serbischen Partei, Todorović und Milentije Popović, als Nachfolger Ranković' berufen — Todorović im Sekretariat des BKJ, M. Popović, der frühere Außenminister, wurde zum Vizepräsidenten Jugoslawiens ernannt.

Tito bemühte sich, auch die Sowjets zu beruhigen, die vielleicht fürchteten, Ranković' Abgang sei der Anfang einer Kehrtwendung nach Westen. Ende September kam Breschnjew nach Belgrad und brachte eine Anleihe von 160 Millionen Dollar für den

Ankauf von Ausrüstungsgütern mit. Er wurde äußerst freundlich aufgenommen, aber trotz dem neuerlichen Beweis des guten Willens von seiten des Kremls beharrte Tito auf seiner Absage, an einer neuen internationalen Konferenz der kommunistischen Parteien teilzunehmen.

Wahrscheinlich um die Russen nicht zu verärgern und um den Serben keinen Märtyrer zu schenken, begnügte man sich damit, Ranković aus Partei und Bundesversammlung auszustoßen. Zwar wurde er für schuldig befunden, dennoch wurden er und seine engsten Mitarbeiter amnestiert.

Der Weg für die große Reform von 1965 schien nun offen. In Wirklichkeit waren aber noch nicht alle Hindernisse beseitigt. Der Schlag gegen die Geheimpolizei hatte die Grundfesten des Regimes tatsächlich erschüttert. Der Augenblick für eine Reorganisierung des Staates auf neuer Basis, für eine Stabilisierung war gekommen. Es war kein Zufall, daß Bakarić, der sich bis 1966 den revisionistischen, um die Agramer Zeitschrift »Praxis« gescharten Intellektuellen gegenüber sehr nachsichtig gezeigt hatte, die Aktion gegen Ranković nun dazu benützte, um gegen die Mitarbeiter der Zeitschrift vorzugehen. Das Blatt mußte eingestellt werden (freilich nur vorübergehend, denn acht Monate später tauchte es wieder auf). Einige Wochen danach wurde der junge Schriftsteller russischer Abstammung, Mihajlov, der eine bemerkenswerte Arbeit über das geistige Leben in der Sowjetunion verfaßt hatte, in Zara (Zadar) verhaftet, weil er eine »djilasistische« Zeitschrift herausbringen wollte. Bakarić und Kardelj und ihre serbischen politischen Freunde Popović und Todorović wollten damit hervorheben, daß sie alle zwar Anhänger der Dezentralisierung und Demokratisierung seien, deshalb aber keineswegs Anhänger der parlamentarischen Demokratie des Westens. Obgleich die jugoslawischen Führer in den Beziehungen zu den Intellektuellen weit mehr Geschicklichkeit bewiesen als zur selben Zeit Gomułka oder Novotný, verzichteten sie niemals auf die Kontrolle über das Nachrichtenwesen. (4)

Im Juli 1966 bestimmte das Zentralkomitee eine Kommission von vierzig Mitgliedern, die einen Plan zur Reorganisierung des Bundes der Kommunisten ausarbeiten sollte. Dieser Plan wurde in Form verschiedener »Thesen« im April 1967 präsentiert.

Schon vor seinem Erscheinen hatte in der Presse eine umfang- und lehrreiche Diskussion über die Rolle begonnen, die dem BKJ in einem weitgehend dezentralisierten Jugoslawien zukommen sollte. Ich werde bei der Behandlung der politischen Strukturen der Oststaaten darauf zurückkommen. Hier genügt festzuhalten, daß trotz all der beabsichtigten Umwandlungen (Crvenkovski schlug sogar vor, die Bildung von Fraktionen innerhalb der Partei zu erlauben) die meisten führenden Männer die von der marxistisch-leninistischen Tradition gezogenen Grenzen nicht überschreiten wollten. Bei Tito war der Wunsch, die leninistische Auffassung von der Macht nicht aufzugeben, am stärksten ausgeprägt. Und dies nicht nur aus innerstaatlichen Gründen; Tito wollte auch den Platz seiner Partei in der großen Familie der kommunistischen Parteien behalten. Darum traf er sich seit Anfang 1967 häufiger mit den Führern der Bruderparteien. Nachdem er Luigi Longo, Ceauşescu und Schiwkow besucht hatte, begab er sich Ende Januar nach Moskau und suchte auf der Rückreise Kádár auf. In bezug auf die damals diskutierten Probleme – Einberufung eines neuen »Konzils«, Konferenz der europäischen kommunistischen Parteien im April 1967 in Karlsbad (Karlovy Vary) – blieb Tito unnachgiebig. Wie Ceauşescu wollte er sich seine diplomatische Handlungsfreiheit nicht durch neue Verpflichtungen einschränken lassen. Diese Weigerung sollte jedoch zu keiner Isolierung Jugoslawiens führen, und die von der »Prawda« am 20. Februar 1967 gebrachten sachten Einwände bezüglich der Reformpläne der jugoslawischen Partei ließen Tito sicherlich nicht gleichgültig. (5) Aus den 1967 veröffentlichten Thesen über die Reorganisierung der Partei geht hervor, daß sich sogar die Liberalsten aus Titos Umgebung darin einig waren, das Einparteiensystem beizubehalten, die Kompetenzen der Partei aber zugunsten der Machtbefugnisse aller sozialistischen Kräfte, der Gewerkschaften ebenso wie der Republik-Parlamente, zu verringern. In diesem Punkt wurden auch erhebliche Fortschritte gemacht. Im Dezember 1966 gab es deshalb in Slowenien eine Krise, wie es sie unter einem kommunistischen Regime noch nie gegeben hatte: Weil er im Parlament überstimmt worden war, demissionierte der Ministerpräsident Janko Smole. Diese Entscheidung rief umso größere Aufregung hervor, als er es unterlassen hatte, das Zentralkomitee von seinem Schritt vorher in Kenntnis zu setzen. Gemäß den drei Monate zuvor von Kardelj verkündeten Vorschriften waren »die Regierung gegenüber der Nationalversammlung, die Kommunisten jedoch gegenüber den Parteiinstanzen verantwortlich«. Erst nach einem mit dem Zentralkomitee und dem Parlament ausgehandelten Kompromiß zog Smole seine Demission zurück. Die Abgeordneten der Bundesversammlung, die im Juni 1967 gewählt wurden, nahmen ebenfalls ihre neuen Rechte sehr ernst und übten Kritik an der Regierung. Aber die genaue Definition der entsprechenden Befugnisse von Bundesregierung, Partei, den Republik-Parlamenten und den Selbstverwaltungsorganen fehlte noch, ebenso die Ausarbeitung des neuen föderalistischen Modells, das die Kompetenzen der Regierung und Parteien der einzelnen Republiken auf Kosten der Zentralgewalt beträchtlich vergrößern sollte. (6)

Während die Diskussion über die Reform von Partei und Staat noch in vollem Gange war, erschien Titos Macht größer denn je. Tito dürfte während der Krise im Vorderen Orient (Mai/Juni 1967) nach eigenem Gutdünken gehandelt haben, als er sich ohne Vorbehalt (jedenfalls mit weniger Vorbehalt als die Sowjets) auf die Seite der Araber stellte. Seine persönliche Freundschaft mit Nasser mag da mitgespielt haben; die enge Verbindung mit der Vereinigten Arabischen Republik gehörte ja seit Jahren zum Fundament von Titos Außenpolitik.

Tito sah im Sieg Israels, der auf den Militärputsch in Griechenland gefolgt war, gleichsam den Beginn einer neuen amerikanischen Aktion zur Kräfteverschiebung im Vorderen Orient und auf dem Balkan – und als Folge davon die Handlungsfreiheit des kommunistischen Jugoslawien bedroht. Er hielt es daher für nötig, die Liberalen zu bremsen und sich mehr auf die Konservativen zu stützen: die Armee, die große Familie der Veteranen aus dem Partisanenkrieg, die durch Ranković' Absetzung getroffen worden war, und die neu organisierte politische Polizei, deren Bedeutung im Kampf gegen die Infiltration ausländischer Geheimdienste in etlichen »Borba«-Artikeln (31. Oktober, 1. und 2. November 1967) hervorgehoben worden war. Ein Vertreter der Veteranengruppe, General Miloš Sumonja, wurde von Tito am 1. August 1967 zum Generalstabschef ernannt. Es ist nicht weiter verwunderlich, daß im Augenblick der zweiten Revolution in Jugoslawien (genau wie in China, wo die Partei ja auch gespalten war) das politische Gewicht der Armee zunahm, wenn dies auch nicht, wie in China, mit der regelrechten Beschlagnahme des Verwaltungsapparates verbunden war. Man konnte die Tendenz zur Dezentralisierung, zur Teilung der Macht, feststellen – und zugleich die Tendenz, Jugoslawien ein Präsidialsystem zu geben. Bis zur Stärkung und Erneuerung der Partei würde sich die Staatsgewalt auf die Armee als Symbol der Staatseinheit stützen.

Andererseits konnte man Anfang 1968 erneut eine Abkühlung in den Beziehungen zwischen Moskau und Belgrad bemerken. Die Jugoslawen haben nicht nur dem Druck des Kremls wegen ihrer Teilnahme an den Vorbereitungen zu einem neuen »Konzil« widerstanden, sie haben auch ihrer Besorgnis über die Präsenz sowjetischer Seestreitkräfte im Mittelmeer Ausdruck gegeben. Und schließlich haben sie bezüglich der »Demokratisierung« in der Tschechoslowakei und der in Polen erfolgten antiintellektuellen Säuberung einen Standpunkt eingenommen, der das genaue Gegenteil des Kreml-Standpunkts war. Die Unterredungen, die Tito anläßlich eines kurzen Aufenthaltes in Moskau Ende April mit der Sowjetführung hatte, brachten keine Annäherung. Angeblich hat Tito zu verstehen gegeben, daß er jede Intervention, jeden Druck auf die Tschechoslowakei als schwerwiegenden Fehler ansehe und nicht zögern werde, diesen zu bekämpfen. Gleichzeitig wurden die Kontakte zwischen Belgrad und Bukarest enger, und diese vertiefte Freundschaft fand im Mai ihren Ausdruck durch Besuche von Bakarić in Rumänien und von Ceauşescu in Jugoslawien. Wenn auch die rumänische Führung nicht alle »internen« Aspekte der Liberalisierung von Prag guthieß, so war sie sich doch darüber klar, welche Vorteile sie aus dem Erfolg einer unabhängigeren, ihrer eigenen ja ähnlichen, tschechoslowakischen Außenpolitik ziehen könnte. Gleichsam als Gegengewicht gegen den »Block der fünf Unerschütterlichen« – UdSSR, Polen, DDR, Ungarn und Bulgarien – begannen Jugoslawien, Rumänien und die Tschechoslowakei eine Dreiergemeinschaft zu bilden, die wie ein Wiederaufleben der »Kleinen Entente« aus der Zwischenkriegszeit aussah. (7)

Die jugoslawische Führung bewies größere Fähigkeiten in der Diplomatie als in der Wirtschaft, deren Lage besorgniserregend blieb. Die drakonischen Maßnahmen, die 1966/67 gegen die Inflation ergriffen worden waren, verlangsamten fühlbar die Industrieproduktion (die Zuwachsrate fiel von 8 Prozent im Jahre 1965 auf 4 Prozent im Jahr 1966; 1967 auf 5,6 Prozent) und verursachten ein Ansteigen der Arbeitslosigkeit (344.000 Anfang 1968). Die Einführung der Marktwirtschaft wirkte hier mit einer anderswo unbekannten paläokapitalistischen Wildheit. Andererseits ließ die von Experten der OECD Ende 1967 aufgestellte Bilanz die positiven Aspekte der Entwicklung erkennen: ein besseres Verhältnis zwischen Angebot und Nachfrage; eine bessere Zahlungsbilanz; eine größere Produktivität; eine bessere Verwendung der Investitionen. (8) Die einem Zustrom westlichen Kapitals wohlwollend gegenüberstehenden Kreise gewannen zusehends an Einfluß unter dem Motto: »Es ist besser, Kapital zu importieren, als Arbeitskräfte zu exportieren.«

In dieser fast chaotischen Umwandlung aller politischen, wirtschaftlichen und sozialen Strukturen war Tito einfach unersetzlich – als oberster Richter, als der, der alles zusammenhielt. Der alte Staatschef konnte im Juni 1968 sein nach wie vor sehr großes Prestige in die Waagschale werfen, als sich die Belgrader Studenten, aufgestachelt von der Studentenrevolte in Frankreich, erhoben. Im Gegensatz zu den »enragierten« Studenten in Frankreich lehnten die meisten jugoslawischen Jungrebellen die bestehende Gesellschaftsordnung und das Regime in seiner Gesamtheit nicht ab. Ihre Forderungen waren eine seltsame Mischung – und zugleich ein Spiegel der bestehenden Verhältnisse – von »maoistischen« Gleichheitsidealen und liberalen Ideen à la Djilas. Die Studenten forderten, die soziale und politische Praxis solle mehr Ähnlichkeit mit den Prinzipien haben, mit denen die Führung sie rechtfertigte; die sozialistische Republik solle »sozialer« sein: gerechtere Verteilung der Arbeit; Sanktionen gegen die Neureichen, die »rote Bourgeoisie«; Sofortmaßnahmen zur Beseitigung der Arbeitslosigkeit und für die Anstellung junger Techniker; die sozialistische Republik solle aber auch freier und demokratischer sein: Demokratisierung der Partei und der Informationsmittel; Rede- und Versammlungsfreiheit; Ausdehnung der Selbstverwaltung auf die Hochschulen (die ihre autoritäre Struktur beibehalten hatten).

Ebenso wie in Frankreich bestand die Gefahr, daß der Aufruhr der Studenten auch andere Schichten, daß er die Arbeiterklasse erfaßte, die genügend Grund zur Unzufriedenheit hatte; daß der Nationalitätenstreit neu aufflammen könnte. Nun, Tito hat der Krise die Stirn geboten, er hat sie mit staunenswerter Überlegenheit gemeistert. Anstatt gegen die Studenten aufzutreten, erkannte er die meisten ihrer Forderungen als begründet an. »Ich verspreche euch«, sagte er in seiner am 9. Juni vom Fernsehen übertragenen Rede, »mich voll dafür einzusetzen, daß eure Probleme gelöst werden. Ihr müßt mir aber dabei helfen. Wenn ich nicht imstande bin, die Sache in Ordnung zu bringen, kann ich nicht mehr auf meinem Posten verbleiben.« Die Studenten reagierten mit Begeisterung auf diesen Beweis väterlichen Verständnisses, auf diesen energischen und zugleich herzlichen Ton. Übrigens trug ihre Protestbewegung bereits am 5. Juni die ersten Früchte: Der Bund der Kommunisten Serbiens beschloß an diesem Tag, die höheren Einkommen höher zu besteuern, die Mindestgehälter zu erhöhen, die Selbstverwaltung der Hochschulen in Angriff zu nehmen und den Studenten eine Vertretung im Parlament zuzugestehen.

So haben die jugoslawischen Studenten, im Streben nach einem eigenen politischen Profil, der ausschließlich mit Machtproblemen und Wirtschaftsfragen beschäftigten Führung die »soziale« Mission des sozialistischen Regimes erfolgreich in Erinnerung gebracht. Das Hauptproblem Jugoslawiens jedoch gilt es noch zu lösen. Es muß eine Klammer gefunden werden, so fest, daß Einheit und Entwicklung des föderalistisch aufgebauten Staates nicht gefährdet sind. Denn eines Tages wird jener Mann, den ein glückliches Schicksal Jugoslawien geschenkt hat, nicht mehr sein. In dieser Beziehung hat die sowjetische Invasion in der befreundeten Tschechoslowakei im August 1968 als Katalysator gewirkt. Die Wiederaufnahme der Kampagne gegen Tito durch die UdSSR, Polen und Bulgarien, das Wiederaufgreifen des mazedonischen Problems durch Sofia, die Drohung mit einer Intervention gegen die »Dissidenten« des Balkans – »wenig wahrscheinlich, aber möglich«, wie Tito sagte (Rede in Pola,

23. September 1968) – haben mit einem Schlag allen Jugoslawen klargemacht, wie notwendig sie Einheit und Solidarität brauchten. Wieder einmal waren die jugoslawischen Völker erwacht und bereit, für die Verteidigung ihres wertvollsten Gutes zu kämpfen: für ihre nationale Unabhängigkeit. (9)

11. Die tschechoslowakische Tragödie

Eine friedliche Revolution

Zwanzig Jahre nach dem »Coup de Prague«, der kommunistischen Machtergreifung, dem Beginn des kalten Krieges, der Europa in zwei feindliche Blöcke gespalten hat, bietet die Tschechoslowakei der Welt das unerwartete und faszinierende Schauspiel eines politischen, ideologischen und sozialen Erwachens, eines stürmischen und doch disziplinierten Sich-Bewußt-Werdens, dessen Bedeutung weit über den nationalen Rahmen hinausgeht.

Am 5. Januar 1968 verlor Antonín Novotný den Posten des Ersten Sekretärs der KPTsch. Die daraufhin einsetzende Entwicklung, die die Tschechoslowakei, diesen bis dahin scheinbar solidesten Pfeiler der kommunistischen Ordnung in Osteuropa, erschüttern sollte, schien zunächst nur als Fortführung der allzu lange aufgeschobenen Entstalinisierung. Der Zusammenbruch der persönlichen Macht Novotnýs hatte in Prag und in Preßburg (Bratislava) eine »liberalisierende« Wirkung, ähnlich der, die Rákosis Sturz im Sommer 1956 in Ungarn und zur selben Zeit die vorübergehende Schwäche der Parteiautorität in Polen hervorgerufen hatten. Wie in diesen beiden Ländern zwölf Jahre zuvor traf auch in der Tschechoslowakei das Streben nach Demokratisierung mit dem Wiedererwachen nationaler Traditionen zusammen. Aber die tschechoslowakische politische Elite, die diesen Erneuerungsprozeß ausgelöst hatte und ihn leitete, konnte sich auf die Erfahrungen der Ungarn und Polen stützen, das heißt, sie suchte sowohl einen unkontrollierten Ausbruch wie ein langsames Versanden zu vermeiden.

Die Vielseitigkeit der tschechoslowakischen Bewegung, ihre Mittlerrolle zwischen West und Ost erklären sich sowohl aus der geopolitischen Lage des Landes wie durch die hohe Stufe seiner geistigen und technischen Entwicklung und durch seine anscheinend unzerstörbare liberale und demokratische Tradition. Diese Tradition stand in tiefem Gegensatz zu der bürokratischen und totalitären Art, die die kommunistische Führung, in ihrem Stalinkult, ihrer blinden Ergebenheit gegenüber der Sowjetunion und ihrem Dogmatismus befangen, dem sozialistischen System nach der Machtergreifung aufgezwungen hatte. Die Tschechen und Slowaken, schrieb einer der Wegbereiter des Erwachens, der Historiker und Ideologe Edo Friš, gehörten zu den Völkern, die mit der Vergangenheit lebten. Die Geschichte sei allgegenwärtig, zugleich Mahnung und Antrieb. (1) Diesem historischen Bewußtsein der Tschechen und Slowaken, ob sie nun Kommunisten waren oder nicht, entsprach das zentralistische, monopolistische, von Gottwald ein- und von Novotný weitergeführte System jedenfalls nicht. Es entsprach nicht der nationalen Eigenart, wie sie in der Ersten Republik oder während des slowakischen Nationalaufstandes 1944 oder in den ersten drei Nachkriegsjahren zur Geltung gekommen war. Das System wurde als ein Fremdkörper empfunden.

Die Erneuerung, das politische Erwachen Anfang 1968, hat viele Ursachen; die eigentliche ist aber wohl der aus dem tiefsten Inneren kommende Drang der Tschechen und Slowaken, ihre verwischte und zurückgedrängte Eigenart wiederzugewinnen und die Kontinuität zwischen Vergangenheit und Zukunft wiederherzustellen. Dieser Drang ist, wie wir gesehen haben, allen vom Krieg und der sowjetischen Besitzergreifung heimgesuchten Völkern gemeinsam, er hat fast alle kommunistischen Parteien Osteuropas – zu verschiedener Zeit und auf verschiedenen Wegen – dazu gebracht, daß sie sich als die die nationalen Interessen verkörpernde Macht behaupten wollen. Was die Entwicklung in der Tschechoslowakei von der in anderen Volksdemokratien unterscheidet, das sind die zahlenmäßig besonders starke kommunistische Partei und eine Richtung, die versucht, Demokratisierung und Entstalinisierung gleichzeitig durchzuführen – und dies unter völlig realistischer Berücksichtigung der internationalen Situation, der heiklen geopolitischen Lage des Landes als der »vorgeschobenen Bastion des sozialistischen Blocks« und der wesentlichen

Interessen jener Macht, die für sich die Hegemonie beansprucht. Novotnýs Nachfolger hatten den Ehrgeiz, das zu erreichen, was der von der Sturmflut des Volksaufstandes mitgerissene Imre Nagy und der große Bremser der Lebenskräfte seines Landes, Gomułka, verfehlt hatten: ein Vorbild zu schaffen für einen pluralistischen und nationalen, dauerhaften und erfolgreichen Sozialismus.

Die Krise von 1967/68

Der Ursprung der Krise, die zur schrittweisen Ausschaltung Novotnýs und der Stalinisten um ihn geführt hat, geht bis in die Zeit nach dem XII. Parteikongreß der KPTsch (Dezember 1962) zurück. Erinnern wir uns, daß Novotný sich damals unter dem Druck der Wirtschaftler und Intellektuellen der Partei und der slowakischen Kader, die die neue Entstalinisierungswelle in der UdSSR und die sowjetisch-amerikanische Entspannung ermutigten, kompromißbereiter gezeigt hat; der Despotismus wechselt sein Gewand, er wird liberaler. Eine zwar unvollständige Rehabilitierung, die jedoch ziemlich weite Parteikreise erfaßt, läßt so manche Überlebenden der Säuberungen von 1949 bis 1954 wieder zu Wort kommen. Das fast erloschene geistige und künstlerische Leben flackert wieder auf, der Geist der Kritik erwacht in Prag (im Schriftstellerverband, an der Parteihochschule, am Institut für Parteigeschichte und am Wirtschaftsinstitut), in Brünn (rund um die Zeitschrift »Host do domu«) und in Preßburg (wo sich der Einfluß der großen Rehabilitierten – Husák, Novomeský, Löbl und Friš – bemerkbar macht).

In den Jahren 1963 bis 1967 bemühen sich Novotný und seine Mitarbeiter – Dolanský, Hendrych, Kolder und Koucký –, das politische Leben auf dem Niveau der 1963 erreichten halben Liberalisierung im Gleichgewicht zu halten, wobei die Vormachtstellung der Partei im wesentlichen gewahrt bleibt. Nun aber laufen die Wirtschaftsexperten um Professor Ota Šik dagegen Sturm: sie fordern Maßnahmen zur Dezentralisierung und Rationalisierung, gegen die Stagnation und das Sinken des Lebensstandards. Der Bevölkerung, vor allem aber der Intelligenz, wird dieses Zurückbleiben umso fühlbarer, als sie dank dem Fremdenverkehr, dem Handel und Kulturaustausch mit Österreich, Westdeutschland und den anderen westlichen Staaten Vergleiche ziehen können. Sie machen den Dirigismus und die Unfähigkeit der Kader dafür verantwortlich, die zum Großteil aufgrund ihrer Verläßlichkeit und ihres ideologischen Konformismus und nicht aufgrund ihrer Eignung ausgewählt worden sind.

Anfang 1967 beginnt die Regierung mit einer Wirtschaftsreform, die ein Kompromiß zwischen den reformistischen Bestrebungen und der zentralisierten Planung ist und deren Ausführung von Anfang an von den Konservativen behindert, ja sabotiert wird. Das Unbehagen wächst und wächst, als sich Novotný im Februar und März bemüht, die ideologische Harmonie mit der Sowjetunion wiederherzustellen, wo die Neoschdanowisten und Antirevisionisten die Oberhand gewinnen. Sinjawskij und Daniel sind verhaftet, Solschenizyn ist dem verstärkten Druck der Zensur ausgesetzt. Die Ernennung eines dogmatischen Bürokraten, Havlíček, zum Leiter der Ideologie-Kommission des ZK und die wiederholten Mahnungen Hendrychs an die Filmleute, Schriftsteller und Journalisten, die Oberhoheit der Partei nicht zu vergessen, zeigen deutlich, wie fragwürdig die 1963 errungenen Vorteile sind und daß die Diktatur mit der freien Entfaltung von Kunst und Wissenschaft eben unvereinbar ist.

Als sich während des Konflikts im Vorderen Orient Regierung und offizielle Propaganda vorbehaltlos der proarabischen Politik der UdSSR anschließen, steigert sich die unter den Intellektuellen herrschende Gereiztheit. Die plumpe antizionistische Propaganda verletzt nicht nur jedes Empfinden für Gerechtigkeit und Maß, sie erinnert auch an die antisemitischen Ausfälle zur Zeit des Slánský-Prozesses und zeigt im Vergleich mit der maßvollen und neutralen Haltung der Rumänen nicht nur den Mangel an Würde, sondern wieder einmal die Abhängigkeit der Prager Führung. Für die meisten Tschechoslowaken bestand kein Zweifel über die Berechtigung Israels, sich, und sei es durch einen Angriff, gegen die drohende Vernichtung zu wehren.

Auf dem Schriftstellerkongreß Ende Juni 1967 in Prag kritisieren mehrere Redner die Politik der Regierung. Pavel Kohout vergleicht das Schicksal Israels mit dem der Tschechoslowakei nach dem Münchner Abkommen. Jan Procházka, ZK-Kandidat und früherer Novotný-Intimus, verliest einen an die Parteileitung gerichteten Brief, in dem gegen die Anti-Israel-Kampagne protestiert wird. Einige Wochen nach dem Kongreß verläßt der slowakische Schriftsteller Ladislav Mňačko seine Heimat, geht nach Israel und klagt in der westlichen Presse die Unterwürfigkeit und die antisemitischen und rückschrittlichen Tendenzen der Prager Regierung an, worauf ihm seine Staatsbürgerschaft aberkannt wird. (Diese Maßnahme wird im März 1968 zurückgenommen und Mňačko kehrt zurück.)

Dieser Kongreß stellt einen Wendepunkt in den Beziehungen zwischen Schriftstellern und Staatsgewalt dar. Zum erstenmal sind es die Schriftsteller, die sich mit dem Mut von Desperados an die Spitze des Angriffs gegen die Führung stellen. Die Resolution, die nach langen Debatten mit Hendrych gefaßt worden ist, zeigt bereits einen bedeutenden Vorstoß der Liberalen: es wird in ihr an jene Demokratie und Freiheit erinnert, die die Tschechoslowakei vor dem Kriege gekannt hat, als sich die hervorragendsten Vertreter der tschechischen und slowakischen Literatur frei für den Sozialismus entschieden hätten. Ab 1949 sei die schöpferische Tätigkeit eingeengt und für die Propaganda mißbraucht worden. Unerträglich sei die Identifizierung von Ideologie und Kultur in trivialer Zweckgebundenheit. Auf diese Resolution gestützt, forderten mehrere Schriftsteller die Änderung des Pressegesetzes von 1967, das, wie der Dramatiker Ivan Klíma behauptete, viel weniger progressiv war als das hundert Jahre früher von Kaiser Franz Joseph erlassene. Kohout las den Brief des von der Zensur verfolgten Solschenizyn vor, den dieser im Mai an den sowjetischen Schriftstellerverband gerichtet hatte, und der junge, ungestüme L. Vaculík richtete eine unerbittliche Anklage gegen das System, dessen größtes Verbrechen seiner Meinung nach darin bestand, eine Nation von Staatsbürgern in eine Herde von ausdruckslosen und verängstigten Untertanen verwandelt zu haben. Er forderte die Revision der Verfassung von 1960, damit die Staatsbürger gegen die Übergriffe der Staatsgewalt geschützt würden. (2)

Zu anderer Zeit und an anderem Ort wären so respektlose und aufrührerische Reden mit Verhaftung und strengen Strafen geahndet worden. Nichts illustrierte aber besser Novotnýs wankende Autorität als die Diskrepanz zwischen der rein verbalen Verurteilung und der relativen Milde der gegen die Rebellen beschlossenen Maßnahmen: Man begnügte sich mit einem Disziplinarverfahren, aufgrund dessen das Zentralkomitee im September Vaculík, Liehm und Klíma aus der Partei ausschloß und Procházka seiner Funktion als ZK-Kandidat verlustig erklärte. Das Organ der Schriftsteller, »Literární noviny«, wurde der Aufsicht des Ministeriums für Kultur und Information unterstellt; es stellte sein Erscheinen bald ein und wurde durch eine neue Wochenschrift ersetzt, die von den Schriftstellern und der Öffentlichkeit boykottiert wurde. Unter dem Namen »Literární listy« erschien es dann im Februar 1968 neu.

Das war zu viel oder zu wenig nach diesem so ereignisreichen Sommer; nach dem selbstgewählten Exil Mňačkos und dem Prozeß gegen den jungen Schriftsteller Jan Beneš, der wegen seiner Kontakte zur Emigration zu fünf Jahren Zuchthaus verurteilt worden war; nach dem niemals aufgeklärten Tod des Vizepräsidenten einer amerikanisch-jüdischen Organisation, Jordan, der die Tschechoslowakei besucht hatte; und nach etlichen Zwischenfällen an der österreichischen Grenze, die eine Polizei inszeniert hatte, die sich anscheinend der Kontrolle durch die Regierung entziehen wollte.

Novotný hoffte immer noch, die Schriftsteller in die Knie zu zwingen, wenn er ihre Organistion auflöste und die Tätigkeit der Verlagshäuser einschränkte, von denen sie ihr Einkommen bezogen. Als er jedoch zur Tat schreiten wollte, spaltete sich das Parteipräsidium. Den Harten – Chudík, der Vorsitzende des slowakischen Nationalrats, gehörte dazu – standen Dolanský und andere gegenüber, die, wie etwa Kolder und Černík, zur Milde rieten. Hendrych schwankte, und der slowakische Parteichef Dubček unterstützte weiter die slowakischen Liberalen und Autonomisten, die sich um die Zeitschrift »Kultúrny život« scharten. Die Debatten über eine stärkere oder schwächere Repression; über die Wirtschaftsreform, deren erste Maßnahmen eine Inflationswelle ausgelöst hatten; über eine neue Definition der Rolle der Partei und über das Ausmaß an Autonomie, das die Slowaken verlangten, beschleunigten den Zerfall der monolithischen Einheit der Parteiführung. Die ersten Anzeichen einer Krise machten sich in der Sitzung des Zentralkomitees vom 30. auf den 31. Oktober bemerkbar. Damals stellte sich Dubček an die Spitze der Opposition und griff Novotný wegen seiner Methoden an. Dieser bezeichnete ihn in seiner Entgegnung recht ungeschickt als »bourgeoisen Nationalisten«. Das war der Tropfen, der das Faß zum Überlaufen brachte. (3) Die auf persönliche Anordnung Novotnýs erfolgte brutale Unterdrückung einer Studentendemonstration, die nicht aus politischen Gründen begonnen hatte, erhöhte die Abneigung gegen den Partei- und Staatschef, dessen Ablösung, zumindest vom Posten des Ersten Sekretärs, nun offen gefordert wurde. Die Anti-Novotný-Fraktion – Professor Goldstücker, der Wortführer der Schriftsteller, die rehabilitierten Parteiveteranen Smrkovský, Kriegel, Švermová und Josef Pavel – kam regelmäßig im Institut für Parteigeschichte zusammen und sicherte sich einen Rückhalt im Parteiapparat, in der Presse, im Rundfunk und an der Universität. (4)

Da sich Novotný durch die Verbindung der liberalen tschechischen Gruppe mit den slowakischen Autonomisten unter Führung Dubčeks und Husáks bedroht fühlt, wendet er sich an Breschnjew. Der sowjetische Parteichef trifft am 8. Dezember in Prag ein. Aber alles, was Breschnjew erreicht, ist die Unterstützung Novotnýs durch den Ministerpräsidenten Lenárt, die Minister David (Äußeres) und Lomský (Verteidigung). Breschnjew will sich nicht in Parteiangelegenheiten einmischen, gibt jedoch zu bedenken, daß angesichts der internationalen Lage – Spaltungstaktik Bonns; Notwendigkeit, die Nordflanke des Warschauer Paktes zu verstärken; Demonstration des Zusammenhalts angesichts der kommenden Konferenz in Budapest – ein Wechsel in der tschechoslowakischen Führung »ein Fressen« für die feindliche Propaganda wäre. Man antwortet ihm aber, daß die Machtkonzentration in Novotnýs Händen, auch vom Standpunkt der internationalen Bewegung, einen Anachronismus darstelle. Die wiederholten Fehler Novotnýs schwächten, sagt man, das Prestige der Partei.

Am 19. Dezember tritt das Zentralkomitee zusammen; die Stimmung ist gespannt. Das Parteiparlament, dereinst ein williges Werkzeug in Novotnýs Händen, beginnt plötzlich dem in zwei gleich starke Gruppen geteilten Präsidium gegenüber als Schiedsrichter aufzutreten. Die Sprecher der Opposition, vor allem Ota Šik und der Rektor der Karls-Universität Stárý, fordern die Trennung der Gewalten, die Reorganisation der Polizei usw. Zielscheibe immer schärferer Kritik, entschließt sich Novotný, den einige seiner nächsten Genossen fallen lassen, unter ihnen Hendrych und Koucký, zu einer gemäßigten Selbstkritik und erklärt sich zum Rücktritt bereit, wenn die Einheit der Partei um diesen Preis erhalten bliebe.

Am 21. Dezember gönnt sich das Zentralkomitee in Anbetracht der bevorstehenden Weihnachtsfeiertage eine Pause, um bis zum 3. Januar alles in Ruhe zu überdenken. Eine vorbereitende Kommission von zwölf Mitgliedern, die sich aus den Vertretern der großen Organisationen zusammensetzt, wird damit beauftragt, das Präsidium bei der Lösung der Krise zu unterstützen. Novotný setzt alles daran, um diesen Waffenstillstand auszunützen. Mit Hilfe Mamulas, des Chefs der ZK-Abteilung 8, der für die Parteipolitik in der Armee, in den Sicherheits- und Justizorganen verantwortlich ist, versucht er, die Volksmiliz, diese »Privatarmee der Partei«, für sich zu mobilisieren und den Sowjetbotschafter Tscherwonenko für sich zu gewinnen. Der Chef der Parteiorganisation im Verteidigungsministerium, General Šejna, bereitet einen gemeinsamen Schritt der Militärs beim Zentralkomitee vor, den Bewegungen der Panzertruppen in Richtung Hauptstadt begleiten sollen.

Die Situation ähnelt jener in Polen im Oktober 1956 vor der Wahl Gomułkas. Die Freunde Dubčeks und der Liberalen, General Dzúr, der stellvertretende Verteidigungsminister, und Generalleutnant Prchlík, der Chef der politischen Hauptverwaltung der Armee, leiten jedoch einen Gegenzug ein, der dieses Komplott vereitelt, dessen Organisatoren, wie einst Rákosi und die polnischen »Natolinisten« im Jahre 1956, die Verhaftung der Führer der Opposition ins Auge gefaßt hatten. In Preßburg verlangt man in Versammlungen Novotnýs Demission. Im Zentralkomitee, das seine Arbeiten am 3. Januar wieder aufnimmt, schlägt die vorbereitende Kommission eine Kompromißlösung vor: Novotný soll seinen Posten als Parteichef aufgeben, aber weiterhin Präsident der Republik bleiben. Nach einem letzten vergeblichen

Rettungsversuch von Novotnýs Freunden wird dieser Vorschlag angenommen. In einer Nachtsitzung, vom 4. auf den 5. Januar, bestimmt das ZK, das zwischen Lenárt, dem Kandidaten der Novotný-Anhänger, und Černík, dem Kandidaten der Liberalen, wählen soll, einen dritten Mann, Alexander Dubček, zum Nachfolger Novotnýs an der Spitze der Partei.

Diese Wahl erweist sich als äußerst klug. Gemäßigter und integrer Kommunist, in gleichem Maße auf die Unterstützung durch den Parteiapparat und durch die öffentliche Meinung bedacht, bringt Dubček den Prager Liberalen die Stimmen der slowakischen Autonomisten. In einem am 31. Dezember in der Preßburger »Pravda« veröffentlichten Artikel legt er sein Programm vor. »Wir erleben«, schreibt er, »einen historischen Wendepunkt, einen Übergang zu einer neuen Form der sozialistischen Gesellschaft ... Wir müssen aller Anmaßung, allem Subjektivismus den Kampf ansagen und die Versuchung, den Einfluß der Partei auf die Gesellschaft geltend zu machen, von uns weisen.« In einer vom Rundfunk am 1. Februar verbreiteten Rede drückt er sich noch genauer aus: »Die Partei ist für das arbeitende Volk da, sie hat weder oberhalb noch außerhalb der Gesellschaft zu stehen, sondern muß ein integrierender Bestandteil von ihr sein. Demokratie bedeutet nicht nur das Recht und die Möglichkeit, seine Meinung auszudrücken, sondern auch die Berücksichtigung dieser Meinung durch die Regierenden, die Möglichkeit für jeden, an den Entscheidungen wirklich teilzuhaben.«

In Wahrheit freilich wurde die Öffentlichkeit während der ganzen Krise von den Entscheidungen ferngehalten, die die Zukunft der Nation betrafen. Nur durch den ausländischen Rundfunk konnten sich die Tschechen und Slowaken über die Vorgänge innerhalb des Plenums informieren. Aber der erbitterte Kampf gegen die Anhänger Novotnýs, die weit davon entfernt waren, ihre Sache aufzugeben, zwang die Dynamischsten des progressiven Parteiflügels, Smrkovský, Císař u. a., die Auseinandersetzung vor dem Volk auszutragen, um zu beweisen, daß es, abgesehen von allen personalpolitischen Veränderungen, um eine bedingungslose Absage an die totalitären Methoden der Vergangenheit ging. Mit Begeisterung stellten sich die Schriftsteller, die Goldstücker zum Präsidenten gewählt hatten, die Journalisten von Presse, Hörfunk und Fernsehen, die endlich von der Zensur befreit waren, in den Dienst der Kampagne. Niemals zuvor hatte sich die Elite der Meinungsbildung, die Intelligenz, die die Novotný-Leute bei den Arbeitern als Neo-Bourgeoisie anschwärzten, so nahe am Ziel gefühlt, am Ziel der Machtübernahme. Das nie gekannte Gefühl der Freiheit bemächtigte sich der jungen Geister, sehr ähnlich jenem, das die ungarische und polnische Elite 1955/56 und ein Teil der jungen französischen Intellektuellen im Mai 1968 erlebt hatten, mit dem Unterschied jedoch, daß dieses Aufwallen auf die einzelnen Gruppen der Intelligenz beschränkt blieb, daß dieses politische Erwachen, dieser Aufeinanderprall von Altem und Neuem keine Unordnung und keine Übergriffe zur Folge hatte.

Der gewaltlose Charakter der tschechoslowakischen Erneuerung verdient näher betrachtet zu werden. Er erklärt sich zweifellos aus der sehr vorsichtigen, überlegten, maßvollen nationalen Eigenart und den demokratischen Traditionen, die nach zwanzig Jahren scheinbarer Absenz plötzlich wieder da waren und leidenschaftlich und doch maßvoll zum Ausdruck kamen. Innerhalb von zwanzig Jahren ist in der Tschechoslowakei eine neue Generation herangewachsen, vom System geformt und in Unkenntnis der Vergangenheit, eine Generation, die kaum etwas vom Widerstand gegen die Nationalsozialisten, nur wenig vom slowakischen Aufstand und nichts von den vielen verfolgten, verurteilten und politisch toten Männern wußte. T. G. Masaryks Werke standen auf dem Index, und niemand in der Schule oder im Komsomol sprach von Jan Masaryk und dessen tragischem Tod. Eine der ersten Studentenkundgebungen in Prag nach Novotnýs Demission war eine Wallfahrt zu den Gräbern der beiden Masaryk auf dem kleinen Friedhof von Lany, sechzig Kilometer von Prag.

Der hervorstechendste Zug dieser ergreifenden Begegnung mit der Vergangenheit war die Vorliebe für Diskussionen über die Gewalt. Was in Prag und Preßburg vor sich ging, war eine Revolution hinter geschlossenen Türen. Wochen hindurch waren die Straßen nach der Arbeit menschenleer. Alles befand sich in Versammlungen, nicht nur die Kommunisten in den Parteizellen und -komitees, sondern auch Schriftsteller und Gelehrte, Gewerkschafter und Bauern, Studenten und Journalisten, Männer der Wirtschaft und Opfer des Terrors, alte Kämpfer und Pioniere. Die Führungen der einstigen 1948 unterdrückten politischen Parteien, die Organisationen, die bis jetzt nur als Aufputz und Alibi gedient hatten, der Klerus der verschiedenen Religionsgemeinschaften, sie alle arbeiteten jetzt zusammen für die gleiche Sache, reorganisierten sich, entledigten sich der in Mißkredit geratenen Verantwortlichen und schmiedeten Pläne für die Zukunft.

So ging die Initiative zur Gesetzgebung, die so lange Zeit Monopol der Parteispitze gewesen war, wieder auf Menschen über, von denen jeder frei und ohne Furcht vor Repressalien seine Forderungen und Beschwerden vorbringen konnte. Es ist zweifellos ein großes historisches Verdienst Alexander Dubčeks, daß er die Stabilisierung auf später verschob, alle Bemühungen für die Wiedererlangung der Redefreiheit ungehindert duldete und wie ein zum Liberalismus bekehrter Monarch dem Bürgersinn und der Klugheit des Volkes vertraute. Denn dieses Volk, vor allem die Bewohner Böhmens und Mährens, waren links eingestellt. In der ČSSR gab es im Gegensatz zu Ungarn und Polen 1956 die Gefahr einer Ausnützung der Ereignisse durch Elemente der Rechten und äußersten Rechten nicht.

Dies hat aber Novotnýs Anhänger nicht gehindert, im In- wie im Ausland auf die Gefahren hinzuweisen, die aus der Ermutigung der »antisozialistischen Kräfte« und der Aufdeckung aller Verfehlungen des alten Regimes und der zahlreichen Justizmorde entstünden und die die »Errungenschaften« des Februar 1948 bedrohten. Die Definition jener »Kräfte« blieb jedoch vage: da waren Intellektuelle dabei, wie zum Beispiel der Philosoph Ivan Sviták und der Schriftsteller Josef Havel, die für die Notwendigkeit der Zulassung einer Oppositionspartei eintraten; da gab es den Versuch eines neuen Zusammenschlusses der ehemaligen Sozialdemokraten; oder Forderungen, die auf eine Auflösung der Arbeitermiliz und die Neuschaffung der Sokoln, wie es sie vor dem Krieg gab, abzielten; oder die Verbreitung von Meldungen und Meinungen durch Presse und Rundfunk, die die Partei in Mißkredit brächten und die Russen herausforderten. In einer ZK-Sitzung Ende März gab ein Novotný-Anhänger eine düstere Schilderung vom Zusammenbruch der Autorität der Partei: In einzelnen Fabriken hätten die Arbeiter den Direktor vor die Tür gesetzt; an anderen Orten drohte man mit der Entlassung ehrlicher Beamter; Stimmen erhöben sich für die Wiederaufnahme privater Unternehmen mit weniger als fünfzig Angestellten; der Geist der Rache gehe um, Richter erhängten sich usw. (5) Im Laufe der auf die Plenarversammlung vom Januar folgenden Monate setzten Novotný und seine Freunde alles daran, um die panische Angst auszunützen, die die Redefreiheit der »Neuen Klasse« der Bürokraten einflößte, die fürchteten, ihre Privilegien zu verlieren und über ihre Taten Rechenschaft ablegen zu müssen. Diese Klasse, die sich mit der prosowjetischen Richtung identifizierte, übte immer noch einen nicht zu unterschätzenden Einfluß auf die Arbeiter aus. Sie setzte auch ihre Hoffnungen auf die Sowjets, die ihrer Meinung nach den Triumph des Revisionismus in der Tschechoslowakei nicht gerade zu einem Zeitpunkt dulden konnten, da sie im eigenen Land jeden Versuch einer Auflehnung unterdrückten und der Einfluß der Neostalinisten größer wurde.

Dubček im Kreuzfeuer

Die Sowjetführer, die überrascht waren und besorgt, die Tschechoslowakei könnte ihrer bis dahin unbeschränkten Herrschaft entgleiten, übten auf Dubček und sein Team ständigen Druck aus. Zuerst hatten sie zugunsten Novotnýs interveniert, dann, als sie erkannten, daß dieser endgültig jegliche Autorität eingebüßt hatte, zugunsten der Konservativen, die sich aber wie Bil'ák, Dubčeks Nachfolger als slowakischer Parteichef, und Kolder, Indra, Švestka und andere mehr oder weniger aufrichtig Dubček unter der Bedingung angeschlossen hatten, daß dieser, bis auf kleinere Konzessionen, die Herrschaft der Partei aufrechterhalte und eine Presse zur Ordnung rufe, deren Freiheit sie empörte.

Ich komme im 4. Kapitel auf die Art und die verschiedenen Etappen dieses Druckes zurück, der zugleich ideologischer, politischer, wirtschaftlicher und militärischer Natur war und nach der vom tschechoslowakischen Parteipräsidium erfolgten Ablehnung des Ultimatums der fünf Warschauer-Pakt-Mächte vom 15. Juli in der Invasion und Okkupation des Landes gipfelte. Hier soll nur hervorgehoben werden, daß der neue Parteichef Dubček seit der Dresdener Konferenz vom 23. März, auf der er die erste ernsthafte Zurechtweisung erhalten hatte, ständig hin und her gerissen war zwischen der Solidarität mit der Sowjetunion und den anderen Verbündeten und dem vorwärts drängenden Flügel seiner eigenen Partei. Die Sowjets verlangten von ihm, daß er die Bewegung bremse und auf keinen Fall die Grenzen überschreite, die der liberalste unter den kommunistischen Führern, János Kádár, mit dem Einverständnis des Kremls bei der Liberalisierung Ungarns gesetzt hatte. Auf der anderen Seite drängten die tschechoslowakischen Progressiven Smrkovský, Císař, Špaček usw., die der große Widerhall auf ihr Vorgehen ermutigte, den Parteichef, die Erneuerung energischer voranzutreiben, alle Überreste der Novotný-Ära zu beseitigen und das Experiment einer eigenständigen Demokratisierung mutig zu beginnen.

Dubček selbst hoffte, als erstes seine eigentlich maßvollen Pläne auf der Basis des Januar-Kompromisses in die Tat umzusetzen. Er wollte eine Politik der Mitte betreiben und das Gleichgewicht halten zwischen dem konservativen Flügel der Partei, den die Russen unterstützten, und dem radikalen Flügel. Er wollte die Russen zufriedenstellen und seine Tschechen und Slowaken nicht verärgern. Nach jeder Begegnung mit Breschnjew (im Januar und Februar) und den »Fünf« des Warschauer Paktes (im März) tat er sein möglichstes, um zu bremsen, an die realen Gegebenheiten zu erinnern und zur Geduld zu mahnen. Jeder Bremsversuch, jeder Stabilisierungsversuch Dubčeks, jeder Vorstoß der Konservativen riefen jedoch bei den Progressiven, die die fast einstimmige Unterstützung von Presse und Bevölkerung genossen, immer heftigere Reaktionen hervor, die schließlich ein langsames, aber stetiges Abweichen Dubčeks und seiner Freunde – Černík, Kriegel, Mlynář – vom mittleren Weg zur Folge hatten. Aufgrund dieser Dialektik der inneren Entwicklung, des Kampfes zwischen Liberalen und Konservativen, in dem jene immer stärker wurden, wurde auch Dubček, sich selbst wohl kaum bewußt, radikaler. Gewiß, er glaubte die Wahrheit zu sagen, als er den »Fünf« in Dresden erklärte, die Partei behalte im großen und ganzen die Kontrolle über die Lage und es bestehe trotz »gewisser negativer Entwicklungen im Lande«, vor allem bei der Presse, kein Grund zur Sorge. Die Parteiführung beherrschte die Situation jedoch nur in dem Maß, als sie die Ziele der Erneuerung zu ihren eigenen machte. Und je mehr Dubček das Vertrauen des ganzen Landes gewann, umso mehr verlor er das der Sowjets und ihres Lagers. Seine eigene Entwicklung erinnert an das Schicksal Imre Nagys im Jahr 1956. Auch Nagy war, wie ich bereits hervorgehoben habe, anfänglich ein Kommunist des Mittelwegs; die Ereignisse waren es, die aus ihm *nolens volens* einen populären, einen nationalen Führer machten. Einen ähnlichen Wandlungsprozeß machte Dubček in den Monaten von März bis August 1968 durch.

Im Januar war er noch bereit, mit einem sich etwas im Hintergrund haltenden Novotný zusammenzuarbeiten. Dieser rechnete aber weiter auf die Unterstützung der Russen und wollte sich nicht damit abfinden, eine Nebenrolle zu spielen und seine Niederlage als endgültig hinzunehmen. Er versuchte seine Stellung zurückzuerobern, indem er die Arbeiter gegen die liberalen Intellektuellen aufhetzte, die er als Totengräber des Sozialismus und als Anstifter einer Wiedererrichtung des Kapitalismus hinstellte. Als General Šejna, ein Schützling Novotnýs und Freund von dessen Sohn, im Februar in den Westen floh, starteten die Novotný-Gegner eine großangelegte Gegenoffensive. Am 15. März sah sich Novotný gezwungen, die Absetzung zweier Männer seines Vertrauens zu unterzeichnen: des Innenministers und des Generalprokurators. Eine Woche später mußte er als Präsident der Republik demissionieren. (Was die »Fünf« veranlaßte, Dubček sofort nach Dresden zu rufen.) Am 28. des gleichen Monats bestimmte das Zentralkomitee einstimmig General Ludvík Svoboda, der noch T. G. Masaryks und Beneš' Generation angehörte, als seinen Kandidaten für die Würde des Staatspräsidenten. Die Nationalversammlung bestätigte die Wahl, die von der Öffentlichkeit als Wendepunkt im Leben des Landes angesehen wurde. Das Zentralkomitee trat darauf am 6. April wieder zusammen und nahm das »Aktionsprogramm der Partei« an das in allen seinen Abschnitten den Widerspruch enthält, einerseits die Öffentlichkeit wachrütteln, andererseits die Autorität der Partei festigen zu wollen. (6)

Der hervorstechendste Punkt in diesem Programm, das den bezeichnenden Titel »Der tschechoslowakische Weg zum Sozialismus« trägt, ist der Verzicht der kommunistischen Partei nicht auf ihre führende Rolle, denn diese wurde als Garantie für eine progressive sozialistische Entwicklung von neuem bekräftigt, sondern auf die ausschließliche und totalitäre Macht, die sie seit 1948 innehatte.

»Die kommunistische Partei«, heißt es darin, »stützt sich auf die freiwillige Unterstützung durch die Menschen. Sie verwirklicht ihre führende Rolle nicht dadurch, daß sie die Gesellschaft beherrscht, sondern dadurch, daß sie der freien, fortschrittlichen und sozialistischen Entwicklung am treuesten dient. Sie kann sich ihre Autorität nicht erzwingen, sondern muß sie immer aufs neue durch ihre Taten gewinnen ... Ziel der Partei ist es nicht, ein universeller ›Verwalter‹ der Gesellschaft zu werden, alle Organisationen und jeden Schritt im Leben durch ihre Direktiven zu binden ... Die Politik der Partei darf nicht dazu führen, daß die kommunistischen Bürger das Gefühl haben, in ihren Rechten und Freiheiten durch die Partei eingeschränkt zu werden ...«

Die Verfasser des Programms, das die Feder des Juristen Zdeněk Mlynář verrät, Dubčeks »grauer Eminenz«, gingen nicht so weit, daß sie einen ausgesprochenen Pluralismus, eine wirkliche Konkurrenz, eine gesetzlich verankerte Opposition zugelassen hätten. Aber sie befürworteten eine klare Trennung der Machtbefugnisse von Partei und Regierung, wobei letztere dem Parlament gegenüber, das man sich repräsentativer und dynamischer wünschte, mehr Verantwortung zu tragen hätte; sie befürworteten ein System des »Gegengewichts«, das vor allem auf der Erneuerung der Nationalen Front basieren sollte, jenes Rests der großen Koalition der Jahre 1945 bis 1948. Das Programm sah eine teilweise Emanzipation der nichtkommunistischen Parteien der »Front« vor, die ermächtigt sein sollten, wenn schon nicht eine Opposition zu bilden, so doch zumindest Ansichten auszusprechen. Ebenso wurden die »Interessengruppen« – die Gewerkschaften, die neue nationale Organisation der bäuerlichen Genossenschaften, die Jugendbewegung, die Vereinigungen der

Schriftsteller und Künstler – aufgerufen, einen »direkten Einfluß auf die Politik des Staates auszuüben«.

Gewagter waren die Ideen zur Informationspolitik. »Wir müssen Schluß machen mit den verspäteten, entstellten und unvollständigen Informationen«, hieß es da. Es wurde versprochen: die Zensur abzuschaffen (dieses Versprechen wurde am 25. Juni 1968 durch die Novelle zum Pressegesetz eingelöst); das Recht auf Auslandsreisen zu garantieren; die Opfer der Willkür vergangener Jahre zu rehabilitieren und zu entschädigen; den Sicherheitsapparat des Staates zu säubern und zu reorganisieren, der nicht länger »zur Lösung innerpolitischer Fragen und Gegensätze in der sozialistischen Gesellschaft verwendet werden darf«. Das Programm umfaßte auch den erfolgreichen Abschluß der Dezentralisierung und die Demokratisierung der Wirtschaft, ferner die Normalisierung der Beziehungen zwischen Staat und Kirche, schließlich ein neues Verfassungsgesetz, durch das, den Wünschen der Slowaken entsprechend, der Staat in eine Tschecho-Slowakische Föderative Sozialistische Republik umgebaut werden und die Minderheiten weitgehende Autonomie erhalten sollten.

»Wir wollen an den Aufbau eines neuen, zutiefst demokratischen und den tschechoslowakischen Bedingungen entsprechenden Modells der sozialistischen Gesellschaft herangehen.«

In dem Programm wurde tatsächlich vorgeschlagen, die Diktatur der Partei durch die Heranziehung von repräsentativen Liberalen zu mildern. Die Verwirklichung des Programms wurde am 8. April einer neuen Regierung unter Oldřich Černík anvertraut, in der die mittlere Gruppe in der Überzahl war, in der es aber auch einige progressive Vertreter gab (die man in der Tschechoslowakei »Rechtskommunisten« nannte). Deren prominentester, Ota Šik, wurde zum stellvertretenden Ministerpräsidenten ernannt. Die Ernennung des seinerzeit verurteilten und gefolterten Generals Pavel zum Innenminister bedeutete eine Garantie für die energische Ausführung der Säuberungsmaßnahmen im Sicherheitsdienst.

Am 18. April wählte die Nationalversammlung mit 148 gegen 68 Stimmen den Tribun der Erneuerung, Josef Smrkovský, zu ihrem Präsidenten. Dieser beglückwünschte sich nicht ohne Humor dazu, daß zumindest die 68 Abgeordneten, die gegen ihn gestimmt hatten, bewiesen hätten, »daß die Zeit, in der ein Votum nicht die wirkliche Meinung derer ausdrückte, die es abgaben, bereits weit zurück liegt«. Diese Wahl enthüllte jedoch den fiktiven Charakter der Einstimmigkeit, mit der das Zentralkomitee einige Wochen zuvor das neue Parteiprogramm genehmigt hatte. Die Meinung wurde laut, Dubček begehe einen Fehler, wenn er mit einem Zentralkomitee und einer Nationalversammlung regieren wolle, deren Mitglieder zum größten Teil ihre Stellung Novotný und seinem Apparat verdankten. Sogleich nach der Sitzung der Nationalversammlung sprach Císař, ebenfalls ein führender Progressiver, den Wunsch aus, das ZK solle zur Gänze erneuert werden; das war aber nur durch eine vorzeitige Einberufung des Parteikongresses möglich. In den folgenden Wochen kam es auf den regionalen Parteikonferenzen zu einem erbitterten Kampf zwischen den beiden Richtungen.

Die feindselige Haltung Polens und der DDR

Die Annahme des Aktionsprogramms bedeutete trotz dessen gemäßigtem Charakter einen großen Erfolg für die Liberalen der KPTsch. Sie verbriefte die Errungenschaften der vorangegangenen Monate, vor allem die Presse- und Meinungsfreiheit. Hauptsächlich aus diesem Grund beobachteten nicht nur die Sowjets, sondern auch die polnische und ostdeutsche Führung die Entwicklung in der Tschechoslowakei mit einer an Panik grenzenden Besorgnis. Es war die Angst vor der Ansteckung, die ihre Reaktionen veranlaßt hat. Die Mehrzahl der Führer des Ostens glaubte nicht an die Möglichkeit einer Demokratisierung des Kommunismus; sie hielten Dubčeks Forderung, den Sozialismus zu humanisieren, ihm ein »menschliches Antlitz« zu geben, für absurd und beleidigend. Wenn sich in Prag eine revisionistische Regierung behauptete, dann war es vorbei mit den Neostalinisten und Neoschdanowisten in der DDR, in Polen und Bulgarien, und die liberalen Tendenzen würden in allen Oststaaten einen vielleicht entscheidenden Auftrieb erhalten.

Die Entwicklung in der Tschechoslowakei riß vor allem einen tiefen Abgrund auf zwischen diesem Land und *Polen*, das einen völlig entgegengesetzten Weg einzuschlagen begann. Anfang 1968 war die weitere Aufführung von Mickiewicz' »Ahnenfeier« mit der Begründung verboten worden, die Inszenierung des Stückes sei provozierend, die zarenfeindliche Einstellung des Autors werde in Antisowjetismus verkehrt. Das Verbot hatte Studentendemonstrationen hervorgerufen. Die Warschauer Studenten und die sich ihnen anschließenden Professoren und Schriftsteller hatten, fasziniert vom Prager politischen Frühling, geglaubt, ihr Schritt werde das Signal für ein ähnliches nationales und demokratisches Erwachen in ihrem Lande sein. Das Gegenteil aber trat ein. Moczar und sein Kreis schienen auf diese Gelegenheit gewartet zu haben, um zum Angriff überzugehen und sich bessere Ausgangspositionen für den Kampf um die Gomułka-Nachfolge zu sichern. Die Besetzung der Warschauer Universität durch die Miliz verwandelte die relativ ruhigen Proteste in einen brutal niedergeschlagenen Aufstand. Die »Partisanen« bedienten sich wiederum der aus der Zeit der »Schdanowschtschina«, der Prozesse von 1952, wohlbekannten Slogans und schrieben die Unruhe unter Studenten und Intellektuellen sofort den Umtrieben einer »dem zionistischen Zentrum nahestehenden Verschwörergruppe« zu, »die einen Staatsstreich vorbereitet«. (7) Sie begannen eine große Säuberungsaktion, die den Parteiapparat, die Presse, den Rundfunk, das Filmwesen und die Universität betraf und deren erste Opfer liberale Kommunisten jüdischer Abstammung waren, die des Zionismus beschuldigt wurden. Dies war ein aufgelegter Unsinn in einem Land, in dem die ungefähr 30.000 von den drei Millionen der Vorkriegszeit noch übriggebliebenen Juden (Zehntausende waren zwischen 1945 und 1957 nach Israel oder in den Westen emigriert) hinreichend bewiesen hatten, daß ihre Entscheidung für Polen das Gegenteil von Zionismus war. Der Antizionismus diente aber nur als Vorwand. Er gestattete den »Partisanen«, den latenten Antisemitismus aufzuwecken, der jetzt auf die Arbeitermassen übergriff, auf eine Arbeiterklasse, die sich durch den Zustrom von Hunderttausenden politisch wenig gebildeter und leicht manipulierbarer Bauern erneuert hatte. Immer weitere Kreise ziehend, verwandelte sich die antizionistische Kampagne in eine gegen alle Liberalen und Revisionisten gerichtete Säuberung, die nicht einmal Gomułkas Umgebung verschonte.

Vom Angriff der »Partisanen« überrascht, versuchte Gomułka Zeit zu gewinnen; er versuchte, sich an die Spitze der Bewegung zu stellen, um diese im Zaum halten zu können. In einer Rede am 19. März verlangte er von der Partei, sie möge einen Unterschied machen zwischen den zionistischen Juden, die auswandern sollten, den kosmopolitischen Juden, die hier bleiben könnten, aber von allen Ämtern und jeder Verantwortung ferngehalten werden sollten, und schließlich den patriotischen und kommunistischen Juden, die so wie andere brave Polen behandelt werden sollten. Die »Partisanen« taten zwar so, als gingen sie auf Gomułkas Wünsche ein, setzten ihre Kampagne aber fort. Gierek, der Chef der Technokraten, schien diese Bewegung zu unterstützen, deren Programmpunkte außer Antisemitismus noch Antirevisionismus, ein (gegen die Bundesrepublik und insgeheim gegen die UdSSR gerichteter) chauvinistischer Patriotismus und Dogmatismus waren. Eine Bewegung also, die wie die rote Variante der »Herrschaft der Obersten« vor dem Kriege wirkte und dem Staatsstreich-Regime vom April 1967 in Griechenland ähnelte. (8)

Die Warschauer Ereignisse riefen lebhafte Reaktionen in Prag und Preßburg hervor, wo die Studenten und Intellektuellen öffentlich ihre Solidarität mit den Opfern der Repression in Polen zum Ausdruck brachten. Auch die Presse hielt sich nicht zurück, den rückschrittlichen Charakter der vom Nachbarland eingeschlagenen Richtung anzuprangern. Daraus entstand eine Polemik, die zu einer Abkühlung nicht nur der Beziehungen zwischen den Parteien, sondern auch in der Diplomatie führte.

Gomułka, der vom Antiliberalismus verblendet war, vergaß alle Ideen und Versprechen vom Oktober 1956 und trieb zur bewaffneten Intervention in der Tschechoslowakei. Ulbricht und Genossen sahen in der tschechoslowakischen Demokratisierung nichts anderes als ein »hysterisches Geschrei ... über Meinungs- und Pressefreiheit, eine Haltung, die tatsächlich nichts anderes ist als ein Lob der bourgeoisen Demokratie ...«. (9) Die *Ostdeutschen* gingen als erste von kritischen Hinweisen auf die Entwicklung in der Tschechoslowakei zu persönlichen Attacken gegen einzelne Mitarbeiter Dubčeks, besonders Smrkovský und den Wirtschaftsexperten Šnejdárek, über. Im Mai konnte sich die tschechoslowakische Öffentlichkeit ein Bild von der Einstellung der führenden Kreise Ostdeutschlands zu den Ereignissen in der Tschechoslowakei machen, und zwar dank einem von »Literární listy« veröffentlichten vertraulichen Dokument, das für die Aktivisten der DDR bestimmt war: Die KPTsch sei praktisch ohne Macht. Die treuen Kommunisten seien aus den höchsten Staatsämtern weggejagt worden, ihre Stellungen hätten Feinde von Partei und Volk besetzt ... Helfer des Imperialismus ... Die Konterrevolution mache sich in der Tschechoslowakei breit und die Prinzipien einer Rückkehr zum bourgeoisen Regime hätten sich in das Aktionsprogramm der KP eingeschlichen ... Unter dem Vorwand der Pressefreiheit habe man der Konterrevolution Tür und Tor geöffnet. Diese Politik habe bereits zahllose ehrliche Kommunisten zum Selbstmord getrieben. Der Weg sei frei für antisowjetische Propaganda ... Die von den tschechoslowakischen Repräsentanten abgegebenen Versicherungen ihrer Freundschaft zur UdSSR und den sozialistischen Verbündeten seien wertlos, da diese Leute nicht länger die Kontrolle über die Entwicklung im Inneren ihres Landes besäßen. Ebenso unkontrolliert sei die Lage an der tschechoslowakischen Grenze, über die ohne jede Behinderung Klassenfeinde und imperialistische Agenten eindrängen. Die Entwicklung sei an einem Punkt angelangt, an dem sie aufhöre, eine innere Angelegenheit der Tschechoslowakei zu sein. Die Möglichkeit, die das gegenwärtige Regime der Infiltration feindlicher Agenten auf das Territorium des Warschauer Paktes biete, bedrohe die Sicherheit aller Mitgliedstaaten. Die sozialistischen Länder könnten nicht untätig zusehen ...

Die offiziellen *sowjetischen* Stellen bedienten sich einer nuancierteren Ausdrucksweise, zumindest in der Öffentlichkeit. Noch im Mai gaben Dubček und seine Mitarbeiter, General Svoboda, Císař, Hájek und Smrkovský, die Hoffnung nicht auf, den Kreml davon überzeugen zu können, daß das Bündnis mit der UdSSR und den anderen sozialistischen Ländern für sie unverletzlich bleibe und daß sie nichts anderes wünschten, als der Innen- und Außenpolitik des Landes ein Profil zu geben, das den spezifischen politischen, wirtschaftlichen und kulturellen Interessen der Tschechoslowakei eher entspräche und es ermöglichen würde, das durch die Amtsführung der Novotný-Ära in Mißkredit geratene Regime zu festigen. Es zeigte sich aber immer mehr, daß Dubček und Breschnjew nicht die gleiche Sprache redeten.

Verschärfung der Krise nach dem Mai-Plenum

Ende Mai trat das tschechoslowakische Zentralkomitee zusammen; die Atmosphäre war gespannt. Konservative und Liberale stießen äußerst heftig aufeinander. Dubček war entschlossen, den Sowjets auf der Basis des Gentlemen's Agreement, das er kurz zuvor mit Kossygin getroffen hatte, einige beruhigende Zusagen zu machen: Der Beschluß, den er dem Plenum vorlegte, enthielt einige Einschränkungen des Aprilprogramms. Dubček hob hervor, daß die führende Rolle der Partei nicht in Frage gestellt werden dürfe, daß keine Oppositionspartei geduldet werde, daß die Partei die antisozialistischen und rechtsgerichteten Kräfte bekämpfen werde. In zwei Punkten jedoch war es den Liberalen gelungen, ihre Bedingungen durchzusetzen, die in Wirklichkeit die den Sowjets gemachten Konzessionen annullierten. Nach einer ergreifenden Intervention Husáks, der mit Novotný persönlich abzurechnen hatte, wurde dieser nicht nur aus dem ZK ausgeschlossen, es wurde auch seine Parteimitgliedschaft und die von sechs Hauptverantwortlichen der stalinistischen Säuberungen – Bacílek, David, Köhler, Rais, Široký und Urvalek – suspendiert, »bis zur Klärung ihrer Verantwortung in den Prozessen der Jahre 1948 bis 1954«. Der zweite Punkt war die Einberufung des 14. außerordentlichen Parteikongresses für den 9. September.

Den Kongreß einberufen bedeutete unter den gegebenen Umständen nichts anderes, als die Auseinandersetzung zwischen den tschechischen Liberalen und den durch Mittelsmänner vertretenen Sowjets vor die breite Masse der Aktivisten zu bringen und die 1,700.000 tschechoslowakischen Kommunisten zu Schiedsrichtern zu machen. Das ganze Land wurde vom Wahlfieber geschüttelt: Jedermann wußte, daß von den für den Kongreß gewählten Abgeordneten das Schicksal des tschechoslowakischen Experiments abhing, da diese Delegierten die neue Parteiführung zu wählen und über deren Programm zu entscheiden hatten. Deshalb hatten Novotný-Anhänger und Konservative, wie Indra, Kolder, Švestka u. a., vor dem ZK-Plenum im Mai alles versucht, um eine vorzeitige Einberufung des Kongresses zu verhindern. Nachdem dessen Datum festgesetzt worden war, kam es zu einem Wettlauf mit der Zeit. Die konservativen Elemente versuchten verzweifelt und mit letzten Kräften, alle Anhänger zu mobilisieren, auf die sie im Parteiapparat, in der Verwaltung, in der Arbeitermiliz noch zählen konnten. Es war völlig klar, daß sie von außen dazu ermutigt wurden. Die Liberalen antworteten aber auf die Mobilisierung der Stalinisten mit einer Gegenmobilmachung, zu der ein von den »Literární listy« und drei anderen Tageszeitungen am 27. Juni veröffentlichter Aufruf mit dem Titel »Zweitausend Worte« das Signal gab. Dieser Aufruf richtete sich nicht nur an die Kommunisten, sondern auch an die breite Masse der Bevölkerung, um alle zum großen Kampf gegen die alte Macht aufzufordern, zu einem Kampf, der nicht mehr nur an der Spitze ausgetragen würde, sondern in jeder Fabrik, in jedem Büro, in den Organisationen der Nationalen Front, der städtischen Komitees usw. Die Unterzeichner des Aufrufes forderten die wachsame und kampfbereite Mitarbeit der Massen, um die Ausschaltung aller jener durchzusetzen, »die ihre Macht mißbraucht, das öffentliche Eigentum geschädigt, ehrlos und grausam gehandelt haben. Man muß Methoden ausfindig machen, um sie zum Abgang zu veranlassen. Zum Beispiel: öffentliche Kritik, Resolutionen, Demonstrationen ... Streik und Boykott.« Kommissionen sollten geschaffen werden, um die Meinungsfreiheit zu verteidigen. Schließlich – und diese Stelle rief bei den Sowjets die größte Aufregung hervor – erwähnten die Unterzeichner des Aufrufs zum erstenmal offen die Möglichkeit eines »Eingreifens ausländischer Kräfte« und gaben der Regierung zu verstehen, daß sie »notfalls mit der Waffe hinter ihr stehen werden«, solange sie das tun werde, wozu sie beauftragt worden sei.

Die »Zweitausend Worte« riefen bei den tschechoslowakischen Konservativen und mehr noch bei den Sowjets einen wahren Sturm der Entrüstung hervor. Die Moskauer »Prawda« vom 11. Juli sah darin »eine gemeinsame Plattform für alle die

Kräfte, die in der Tschechoslowakei und jenseits ihrer Grenzen unter dem Deckmantel von allerlei Geschwätz über Liberalisierung, Demokratisierung usw. versuchen, die ganze Geschichte der Tschechoslowakei seit 1948 auszulöschen, die tschechoslowakische Partei zu diskreditieren, deren führende Rolle zu leugnen usw.«. Der Kreml verlangte von Dubček, gegen die Schuldigen mit aller Strenge vorzugehen. Dubček antwortete, das Parteipräsidium berate die Angelegenheit, der Aufruf werde streng verurteilt, und es würden energische Maßnahmen ergriffen werden. (10) Wenn aber Dubček und Ministerpräsident Černík den Aufruf auch offiziell als inopportun und übertrieben verwarfen, so gaben sie die gute Absicht seiner Urheber doch zu und weigerten sich, wie immer geartete Sanktionen zu ergreifen. Die Abgesandten des konservativen Flügels der Partei, die in die Fabriken gingen, um die Arbeiter gegen die angeblich antisozialistischen Intellektuellen aufzuhetzen, wurden oft recht grob abgewiesen. In vielen großen Fabriken bildete man Komitees für die Verteidigung der Pressefreiheit.

Ende Juni/Anfang Juli war der Erneuerungsprozeß nicht mehr Sache der Intelligenz allein, sondern war zur Aufgabe von Intelligenz *und* Arbeitern geworden. Zweifellos hat dazu der immer stärker werdende Druck der Sowjets beigetragen. Und wie Arbeiter und Intellektuelle, so fanden auch Aktivisten und Nichtkommunisten, Tschechen und Slowaken über alles Trennende hinweg und voll patriotischer Gefühle in der Verteidigung der Souveränität von Partei und Nation zusammen. Die Kraft dieser Solidarität trat Mitte Juli zutage, als das Zentralkomitee auf das Ultimatum der »Fünf« zur allgemeinen Überraschung wie ein Mann für die Antwort stimmte, die Dubček vorgeschlagen hatte und die die Forderungen der »Warschauer« zurückwies. Darf man daraus schließen, das ganze Zentralkomitee habe sich zum patriotischen Sozialismus bekehrt? Nein, denn wenigstens ein Drittel des ZK bestand aus Novotný-Leuten und Neokonservativen, von denen etliche ein paar Wochen später nicht zögerten, sich der Besatzungsmacht zur Verfügung zu stellen. Aber am 18. Juli hatte niemand den Mut, sich durch ein Votum gegen Dubček der Verachtung durch das ganze Land auszusetzen. In gewissem Sinne wurden die Parteigänger der

Sowjets von der erdrückenden Mehrheit ihrer Landsleute terrorisiert.

Diese fast vollkommene Übereinstimmung hatte – das sei hervorgehoben – nichts Antikommunistisches an sich. Das ZK-Präsidium übertrieb in seiner Antwort auf den Warschauer Brief nicht, in der vom »wachsenden Ansehen der neuen demokratischen Politik der Partei bei der überwiegenden Menge der Arbeiter und der absoluten Mehrheit der Bevölkerung« die Rede ist. Tatsächlich hatte sich der überwiegende Teil der Bevölkerung für die Abschaffung der Zensur und für die Meinungsfreiheit ausgesprochen. Und tatsächlich unterstützte die Bevölkerung die kommunistische Partei, die beweisen wollte, daß sie fähig sei, die politische Führung auf andere Weise auszuüben als mit bürokratischen Maßnahmen und Polizeimethoden. (11) Diese Übereinstimmung war auch nicht, noch nicht, antisowjetisch. Gewiß, auch in der Tschechoslowakei waren Stimmen laut geworden, die für die Neutralität plädierten, die Mehrzahl der politisch Interessierten jedoch, inklusive der Liberalen, war realistisch genug, um einzusehen, »daß es unmöglich ist, das Gleichgewicht der Kräfte in Europa zu ändern, ohne einen europäischen Konflikt heraufzubeschwören«. (12) Die Tragik des »Prager Frühlings« liegt eben darin, daß Führung, Aktivisten und die öffentliche Meinung bis zuletzt, bis zum 20. August, geglaubt hatten, die Russen würden den Reformern ein gewisses Maß an Verständnis entgegenbringen, weil es in der Tschechoslowakei doch keine Animosität gegen die UdSSR gab und weil doch kein verantwortlicher Politiker ernstlich an den Austritt aus dem Bündnis dachte. Führer und Geführte wollten nicht wahrhaben, daß diese Politik für die Sowjets und ihre Verbündeten unannehmbar war, da »sie eine Gefahr für das gesamte sozialistische System darstellt«.

Die besetzte Tschechoslowakei

Dies aber war der Fall. Was in der Tschechoslowakei vorging, war für die Russen beunruhigender als der ungarische Aufstand. Hätte es Unruhen, Aufruhr, Ausschreitungen gegeben, der

Vorwand zum Eingreifen hätte auf der Hand gelegen. Versuche sowjetischer und ostdeutscher Agenten, die Bevölkerung zu provozieren, hatten jedoch zu nichts geführt. Die Presse antwortete mit großer Zurückhaltung auf die Attacken der sowjetischen Zeitungen, die nicht einmal mehr vor führenden Persönlichkeiten der Partei haltmachten. Als die Sowjetführung aber nach der negativen Antwort auf den Warschauer Brief scheinbar nachgab und das tschechoslowakische Präsidium zu einem Zweiertreffen einlud, das Ende Juli in Čierna an der Theiß an der slowakisch-ukrainischen Grenze stattfinden sollte, hatte der am 26. Juli in den »Literární listy« veröffentlichte Aufruf, Dubček zu unterstützen, im ganzen Land eine Sturzflut begeisterter und entschlossener Zustimmung zur Folge. Die gesamte Bevölkerung, Tschechen und Slowaken, Arbeiter und Intellektuelle, Angestellte und Bauern, Menschen jeglichen Alters, Männer und Frauen standen wie ein Mann auf, um in improvisierten »Wahllokalen« ihre Unterschriften abzugeben. Das war eine spontane Volksabstimmung zugunsten Dubčeks und seines Programms und gegen die Rückkehr zu den alten Methoden, gegen die fremde Einmischung. Wie hätten die führenden Persönlichkeiten des Landes, so ängstlich, gemäßigt oder realistisch sie auch gewesen sein mögen, diesem ungeheueren Aufruf widerstehen können, der aus den tiefsten Tiefen der nationalen Seele zu ihnen drang!

Für die Sowjets allerdings war diese spontane Bewegung ein neuer Beweis für die Subversion, die Gegenrevolution. Hätte man der Entwicklung in der Tschechoslowakei freien Lauf gelassen, dann wäre, ihrer Meinung nach, der Kongreß vom 9. September zum Triumph der Liberalen geworden, die KPTsch hätte sich in eine demokratische, revisionistische, nationalkommunistische Partei gewandelt, die schon aufgrund der realistischen Einstellung ihrer Führung eine Außenpolitik à la Rumänien verfolgt hätte. War der beste Beweis dafür nicht die Ungeduld, mit der die Allgemeinheit den seit langem angekündigten und auf die Zeit nach der Konferenz von Preßburg verschobenen Besuch Marschall Titos und Ceauşescus, dieser Symbole der Unabhängigkeit, erwartete?

Wenn die tschechoslowakische Führung wenigstens einen Beweis ihrer Loyalität dadurch erbracht hätte, daß sie sich mit der dauernden Anwesenheit verbündeter Truppen entlang der Westgrenzen des Landes einverstanden erklärte, wie die Sowjetmarschälle Gretschko und Jakubowskij seit Monaten dringend forderten! Das kam jedoch nicht in Frage. Im Gegenteil, die Führung wiederholte immer wieder, und jetzt auch in aller Öffentlichkeit, die tschechoslowakische Armee sei stark genug, um allein den Schutz der Grenzen zu übernehmen. Generalleutnant Prchlík ging auf einer Pressekonferenz sogar so weit, die Revision des Warschauer Pakts zu verlangen. Die Erklärungen Prchlíks riefen in der UdSSR einen Proteststurm hervor. Zur Beschwichtigung wurde Prchlík knapp vor der Konferenz von Čierna seines Postens enthoben. Diese Geste wurde aber von Moskau als ungenügend betrachtet; die Sowjets wußten, daß der tschechoslowakische Verteidigungsminister, General Dzúr, Prchlíks Anschauung teilte.

Von nun an war die Sowjetführung, nicht etwa um einer Konterrevolution in der Tschechoslowakei zuvorzukommen, wohl aber um zu verhindern, daß ihr die Kontrolle über das Land entgleite, entschlossen, um jeden Preis einen tschechoslowakischen Kádár zu finden, der, wie der Ungar, genügend Mut hätte, der öffentlichen Meinung zu trotzen und sich an die Sowjets um Unterstützung zu wenden, damit der sowjetische Einfluß wiederhergestellt werde. Dies war wahrscheinlich auch der Grund, warum der Kreml die Initiative zur Einberufung der zwei aufeinanderfolgenden Konferenzen von Čierna und Preßburg ergriff. Die tschechoslowakische Führung sollte gespalten, Dubček, Smrkovský und die übrigen Liberalen, die als »Rechtsopportunisten« bezeichnet wurden (»Prawda« vom 22. August), sollten isoliert und Prag und Preßburg Verpflichtungen auferlegt werden, die dem Warschauer Ultimatum nicht nachstünden.

Alles verlief so, als ob zur Zeit der Konferenzen von Čierna und Preßburg die Entscheidung für eine Intervention im Prinzip schon getroffen worden wäre und nur noch die Details und das Datum festgesetzt werden müßten. (13) Für die militärische Seite der Invasion scheinen die Pläne schon von langer Hand vorbereitet gewesen zu sein; die Manöver der Monate Juni und Juli hatten es den sowjetischen Militärs erlaubt, die letzten Vorkehrungen zu treffen, wodurch sich der technisch einwandfreie Einsatz der Streitkräfte vom 21. August erklärt, der die Besetzung der Tschechoslowakei zu einer der größten und erfolgreichsten militärischen Demonstrationen der Nachkriegszeit machte.

In psychologischer und politischer Hinsicht war das Unternehmen jedoch ein totaler Mißerfolg. Nicht daß die Sowjets, die auf die Tschechoslowakei einfach das Schema »Budapest 1956« anwenden wollten, keine Kollaboranten gefunden hätten. Sie hatten, wenn auch mehr schlecht als recht, Männer ihres Vertrauens an wichtigen Stellen verteilt. (14) Der oberste Sicherheitschef Salgovič stand in ihren Diensten, der, vom genauen Zeitpunkt der Invasion rechtzeitig in Kenntnis gesetzt, Vorkehrungen treffen konnte, um die Landung der Sowjeteinheiten zu erleichtern. Sie konnten auch auf den Sicherheitschef von Prag, Molnar, und auf etliche andere Polizeibeamte zählen. Es ist wahrscheinlich, ja fast sicher, daß auch mehrere Mitglieder der Parteiführung von der geplanten Invasion informiert waren. In diesem Lichte kann auch der am 20. August, dem Vortag der Invasion, veröffentlichte Artikel des Chefredakteurs von »Rudé právo«, Oldřich Švestka, eines bekannten Neokonservativen, als psychologische Vorbereitung für den geplanten politischen Umschwung angesehen werden. Švestka schrieb von »ernsten Gründen zur Besorgnis«; er tadelte die Kampagne, die darauf abziele, »ehrliche und tüchtige Männer in Mißkredit zu bringen«; er warf »gewissen Journalisten« vor, »um die verantwortlichen Politiker und Funktionäre ein Klima moralischer, sozialer und politischer Auflösung zu schaffen«. Die gleiche Zeitung druckte zum Beweis hiefür ein in Brünn verbreitetes Flugblatt ab, in dem die Auflösung der Arbeitermilizen verlangt wurde. Das alles mußte den Eindruck erwecken, als sei die Tschechoslowakei von einer Art antikommunistischem Pogrom bedroht. Der Hilferuf, dieser anonyme Appell, den die »Prawda« am 21. August veröffentlichte und den Švestka tags darauf vergeblich in seiner Zeitung abzudrucken versuchte, war im gleichen Geiste abgefaßt.

Die politischen Umstände der Invasion bleiben in vielen Einzelheiten noch unklar. Anscheinend war Dubček trotz Andeutungen, die ihm Kádár bei einer geheimen Zusammenkunft am 15. August gemacht hatte, auf die Ereignisse nicht gefaßt. Er dürfte gedacht haben – und mit ihm der Großteil der tschechoslowakischen Politiker –, daß die Sowjets einen längeren Nervenkrieg beginnen, Gewaltanwendung jedoch wegen der verheerenden Folgen, die eine militärische Intervention auf ihre Beziehungen zum Westen, zu Jugoslawien und Rumänien sowie auf die internationale kommunistische Bewegung hätten, nicht wagen würden. (15)

Dubček soll am Abend des 20. August durch einen mysteriösen Telefonanruf (von der tschechoslowakischen Botschaft in Moskau?) benachrichtigt worden sein, daß der Coup unmittelbar bevorstehe. Er befand sich zu diesem Zeitpunkt in einer Versammlung des Präsidiums, in der Piller, Bil'ák und Indra plötzlich zum Angriff gegen seine Politik übergingen. Indra soll ihm »Personenkult« vorgeworfen haben. Durch den Telefonanruf gewarnt, unterbrach Dubček die Diskussion und verfaßte einen Aufruf an »das gesamte Volk der ČSSR«. (16) In dem Aufruf, der nach einer Abstimmung 7 zu 4 (die vier waren Švestka, Indra, Kolder und Bil'ák) angenommen wurde, verurteilte das Präsidium die Invasion als »Akt, widersprechend nicht nur den Grundprinzipien der Beziehungen zwischen den sozialistischen Staaten, sondern auch als eine Bestreitung der Grundnormen des internationalen Rechts«. Die Bürger und das Militär wurden jedoch aufgefordert, Ruhe zu bewahren und den »einrückenden Truppen« keinen Widerstand zu leisten.

Nach der Versammlung begibt sich Dubček in das Zentralkomitee, wohin Smrkovský, Špaček und Kriegel ihm folgen, die, wie er, nicht gewillt sind, sich den vollendeten Tatsachen zu beugen. Černík beruft in aller Eile die Regierung ein. Mittlerweile werden Prag und alle anderen neuralgischen Punkte des Landes mit einem Minimum an Blutvergießen besetzt. Einzig bei der Besetzung des Prager Rundfunks kommt es zu einem heftigen Zusammenstoß. Der Sitz des Zentralkomitees ist eines der ersten öffentlichen Gebäude, das die Russen umzingeln. Salgovič' Polizei verhaftet dort Dubček, Černík, Smrkovský und Kriegel, die gezwungen werden, in Handschellen stundenlang mit dem Gesicht zur Wand zu stehen. Dann werden sie in ein ukrainisches Gefängnis abtransportiert. Jetzt gilt es, eine »revolutionäre Arbeiter- und Bauernregierung« nach Kádár-Muster einzusetzen. Indra, von dem man in Warschau schon im April munkelte, er sei der für die Nachfolge Dubčeks bestimmte Mann, ist bereit, die Regierung zu übernehmen. Vom Oberkommandierenden der Invasionstruppen, dem Sowjetgeneral Pawlowskij, und vom sowjetischen Botschafter in Prag, Tscherwonenko, sowie von Kolder und Švestka begleitet, begibt er sich auf den Hradschin zu Präsident Svoboda. Dieser soll seine Ernennung bestätigen, so wie es István Dobi zehn Jahre zuvor in Ungarn getan hat. Aber hier stößt man auf die ersten Schwierigkeiten. Der alte Mann, Held der Sowjetunion, den Marschall Konjew in seinen Kriegserinnerungen als einen wahren Volkshelden, einen der tapfersten Männer, die er je gekannt habe, einen echten Soldaten im besten Sinn des Wortes beschreibt (17), wäre vielleicht gern ein zweiter Masaryk, ein zweiter Hácha aber will er nicht sein. Er erklärt sich als Hüter der Souveränität, protestiert gegen die Invasion, verlangt Dubček und Černík zu sprechen und weist seinen Besuchern die Tür.

Ein ähnlicher Mißerfolg erwartet die Verschwörer im Zentralkomitee. Ungefähr fünfzig seiner Mitglieder kommen am späten Nachmittag des 21. August im Hotel Praha zusammen. Von sowjetischen Offizieren begleitet (die im Saal verbleiben), versuchen Indra, Kolder, Bil'ák und Barbírek (der Rundfunk, der nach mehrstündiger Unterbrechung seine Meldungen von einem Geheimsender aus wiederaufgenommen hat, bezeichnet sie als »Kapitulanten«), ihre Kollegen für die Idee der Kollaboration mit den Russen zu gewinnen. Völlig unschlüssig, hin und her gerissen zwischen dem Wunsch, die UdSSR zufriedenzustellen, und der Angst, vom Volk verachtet zu werden, zögern die meisten, sich ihnen anzuschließen. Der am Ende der Versammlung angenommene Beschluß läßt diesen Zustand der Unsicherheit klar erkennen. Es ist ein Aufruf, die Ruhe zu bewahren, ein Treuebekenntnis zum Aktionsprogramm der Partei und die Zurückweisung jeder Wiederkehr zu den Verhältnissen vor dem Januar 1968. Gleichzeitig wird in vagen Ausdrücken »Kontaktnahme« mit der Besatzungsmacht empfohlen. Die prosowjetische Verschwörergruppe erläßt nun, gestützt auf diesen Passus des

Aufrufs, an alle regionalen Organisationen die anonyme Weisung, mit den Kommandanten der Warschauer-Pakt-Truppen Kontakt aufzunehmen. Diese Aufforderung wird von den betreffenden Stellen aber sofort zurückgewiesen. Das nordböhmische Komitee antwortet mit einer vom Rundfunk verbreiteten Botschaft, in der vor allem »der Rückzug der Invasionstruppen« gefordert wird: »Wir sind ein souveräner Staat, der imstande ist, mit eigenen Kräften die Entwicklung des Sozialismus, unsere Sicherheit und unsere Verpflichtungen unseren Verbündeten gegenüber zu gewährleisten... Wir unterstützen das durch Dubček vertretene Zentralkomitee, die durch Černík vertretene Regierung, das durch Smrkovský vertretene Parlament, die von Kriegel vertretene Nationale Front sowie den Präsidenten der Republik, Svoboda.« Ähnliche Erklärungen geben fast alle Parteiorganisationen ab.

Der legale Widerstand

Schon am 21. August hatten mehrere Parteiorganisationen den Beschluß gefaßt, für den nächsten Tag in Prag den 14. außerordentlichen Parteikongreß einzuberufen, der ja ursprünglich für den 9. September vorgesehen war. Der geheime Zusammentritt dieses Kongresses in der Maschinenfabrik ČKD in Gegenwart von 1095 von 1543 gewählten Vertretern und unter dem Schutz der Arbeitermiliz war ein Meisterwerk der Organisation, ein großartiger Erfolg des Widerstandsgeistes. Er bewies, daß sich die KPTsch in acht Monaten von Grund auf gewandelt, daß sie aufgehört hatte, ein willenloses Werkzeug in den Händen der Führung zu sein. (18) Sie weigerte sich, die Rolle einer Kollaborationspartei zu spielen, und zog es vor, eine Partei des legalen Widerstandes zu sein. Einer der Sprecher auf diesem geheimen Kongreß, Martin Vaculík, ehemaliger Novotný-Anhänger und Erster Sekretär des Prager Parteikomitees, der sich zu Dubček bekehrt hatte, tadelte heftig die Haltung Bil'áks, Indras, Pillers und anderer, die »die Okkupation als Realität akzeptieren und dabei die andere Realität vergessen, nämlich die klare und einstimmige Ablehnung der Bevölkerung«.

Der Kongreß, dessen Beschlüsse von allen Geheimsendern

verbreitet wurden, wählte ein neues Zentralkomitee, in dem keine tatsächlichen oder mutmaßlichen »Kollaborateure« mehr saßen. Das Zentralkomitee bestimmte ein neues Präsidium von achtundzwanzig Mitgliedern und ein neues Sekretariat mit progressiver Mehrheit. Dubček wurde als Erster Sekretär bestätigt; interimistisch wurde ein junger, aus dem Arbeiterstand hervorgegangener Professor, Zdeněk Šilhan, mit der Geschäftsführung betraut. Für den 23. August, 12 Uhr, wurde ein einstündiger Generalstreik beschlossen. Der Generalstreik fand in außergewöhnlicher Einstimmigkeit statt.

Derselbe Geist des Widerstandes zeigte sich auch in den verschiedensten politischen Institutionen, deren von der ehemaligen Parteiführung eingesetzte Funktionäre keinerlei repräsentativen Charakter besaßen, die aber in der Stunde der Entscheidung, bei dieser einzigartigen Gelegenheit, sich in den Augen der Bevölkerung zu rehabilitieren, soviel Würde, Entschlossenheit und Mut bewiesen, wie es an ihrer Stelle frei gewählte und wirklich repräsentative Organisationen nicht besser hätten tun können. Nach dem ersten Schock waren sie alle schnell wieder gefaßt; die Regierung, das Präsidium der Nationalversammlung, der tschechische Nationalrat, der slowakische Nationalrat, die Nationale Front, die Gewerkschaften sandten Botschaften über den Rundfunk und in der Presse, verurteilten die Intervention, protestierten gegen die Verletzung der tschechoslowakischen Souveränität und forderten den Abzug der Truppen und die Befreiung der verhafteten Führer.

Vom Moskauer Kompromiß zur Normalisierung

Seit dem Abend des 22. August wußten die Sowjets, daß ihr Plan für eine politische Lösung der Krise gescheitert war. Darum nahmen sie einigermaßen erleichtert auch den Vorschlag Präsident Svobodas an, der sich in Begleitung von Gustav Husák, Verteidigungsminister Dzúr und dem nichtkommunistischen Justizminister Kučera nach Moskau begeben wollte. Svoboda wurde in Moskau mit allen dem Präsidenten eines verbündeten Landes gebührenden Ehren empfangen. Die Russen hatten jedoch Vorsorge getroffen, den Verhandlungen einen weiteren Rahmen zu geben, und ließen außer der von der tschechoslowakischen Regierung und Nationalversammlung beauftragten Abordnung auch Bil'ák, Piller und Indra kommen, die eben erst vom außerordentlichen Kongreß »verstoßen« worden waren. Hatte der Kreml immer noch Hoffnung, Svobodas Einverständnis zur Bildung einer Quisling-Regierung zu erlangen? Wenn ja, dann wurde er wieder enttäuscht. General Svoboda verlangte als Vorbedingung für jede Verhandlung die Teilnahme Dubčeks, Černíks, Smrkovskýs und Kriegels. Schließlich erreichte er dies auch. Dubček und seine Leidensgefährten wurden nach Moskau gebracht, dann erst begannen die Verhandlungen, die am 26. August zur Unterzeichnung des »Moskauer Abkommens« führten, dessen vollständiger Text nie veröffentlicht worden ist.

Smrkovský war es, der nach der Rückkehr der Delegation nach Prag am offensten von dem Dilemma sprach, in dem sich die tschechoslowakischen Unterhändler befanden: »Wir hätten jede Kompromißlösung ablehnen und den Dingen ihren Lauf lassen können bis hin zur Einsetzung eines langwährenden Okkupationsregimes ... Niemals haben wir aus den Augen verloren, das möchte ich betonen, daß der Moment kommen kann, da man jeden Vergleich zurückweist und zu den Waffen greift, um die fremden Truppen von seinem Gebiet zu verjagen ...« Sie hätten aber als Staatsmänner handeln müssen und deshalb hätten sie den Kompromiß als Ausweg gewählt.

In Anbetracht von Dubčeks, Svobodas und ihrer Genossen Charakter und politischer Vergangenheit war jede andere Wahl von Anfang an so gut wie ausgeschlossen. Als er von der Invasion erfuhr, soll Dubček ausgerufen haben: »Wie ist denn das möglich? Wie können sie mir das antun? Mir, der sein ganzes Leben der Zusammenarbeit mit der UdSSR gewidmet hat! Das ist die Tragödie meines Lebens!« Es war auch wirklich eine Tragödie für einen Mann, der zu Vermittlung und Versöhnung geschaffen war und sich nun zwischen den Machtwillen der UdSSR und den Wunsch nach Unabhängigkeit eines Volkes gestellt sah – eine Aufgabe, der er unter den gegebenen Umständen nicht gewachsen war. Die Verteidigung der Unabhängigkeit eines Landes – die Haltung der Rumänen und der Jugoslawen während dieser tragischen Monate hat es bewiesen – setzt die

Bereitschaft zum bewaffneten Widerstand, zu einem radikalen, totalen Bruch voraus. Für die tschechoslowakische Führung war diese Möglichkeit jedoch von allem Anfang an ausgeschlossen. Obwohl Dubček bei den Sowjets auf eine Mauer von Verständnislosigkeit gestoßen ist, hat er die »geistige Nabelschnur«, die ihn an den Kreml band, nie durchschnitten. Nach dem 21. August dürfte Dubček klargeworden sein, daß auch die Sowjets ihn brauchten, wenn auch nur vorübergehend, er scheint sich zum Ziel gesetzt zu haben, von der Januar-Politik, vom großen Traum eines humanistischen und demokratischen Sozialismus, zu retten, was noch zu retten war – gemeinsam mit dem Volk, das ihm seine Treue in den verflossenen Monaten so rührend bewiesen hatte.

Das Abkommen von Moskau ließ jedoch nach allem, was davon in die Öffentlichkeit drang, nur wenig Spielraum für ein selbständiges politisches Handeln. Das Abkommen war ein Diktat, das durch einige Konzessionen ohne jede Garantie kaum gemildert wurde.

Die Tschechoslowakei wurde nun einer Vormundschaft, einer strikten Überwachung unterworfen. Gewiß, das Abkommen besagte ausdrücklich, daß das Militär und die »anderen Organe« sich nicht in die inneren Angelegenheiten der Tschechoslowakei einmischen und die Armeen der Verbündeten nach und nach zurückgezogen würden, »sobald jede Gefährdung des Sozialismus beseitigt ist«. Der illusorische Charakter dieser Versprechungen trat aber in den folgenden Wochen klar zutage. Wenn sich auch die Besatzungstruppen im großen und ganzen jeder Einmischung enthielten, so übte doch die Sowjetunion durch ihre Diplomaten und ihre Presse einen ständigen Druck auf die tschechoslowakische Führung aus; bis in Einzelheiten wurden die Maßnahmen zur »Normalisierung« vorgeschrieben. Überdies erzwangen die Sowjets Mitte Oktober auch die Unterzeichnung eines »Vertrages über die zeitweilige Stationierung von Truppen des Warschauer Paktes auf dem Boden der ČSSR«. Dieser Vertrag war die Gegenleistung für den Abzug von etwa 600.000 Besatzungssoldaten, und durch ihn wurde die Präsenz der UdSSR in der ČSSR institutionalisiert und die Invasion des Landes im nachhinein legalisiert. Das, wogegen sich Dubček und Genossen seit

März mit so viel Energie gewehrt hatten, war eingetreten: die Tschechoslowakei war besetztes Gebiet *sine die*.

Das Moskauer Abkommen wurde zur Grundlage unaufhörlicher Einmischungen. Der Kreml forderte von der tschechoslowakischen Führung, energisch gegen die konterrevolutionären Kräfte vorzugehen (konterrevolutionär war in Moskauer Sicht alles, was nicht streng »linientreu« war), die Zensur wieder einzuführen, die nichtkommunistischen Organisationen, wie zum Beispiel den »Klub 231« (der die seinerzeit nach dem Paragraphen 231 des Strafgesetzbuches Abgeurteilten umfaßte), den »Klub der engagierten Nichtparteimitglieder«, zu verbieten, die Minister abzusetzen, die sich, wie Ota Šik und Jiří Hájek, zur Zeit der Invasion im Ausland befanden und dort als unzulässig erachtete Erklärungen abgegeben oder sich, wie der Innenminister Josef Pavel, allzu erfolgreich den Anweisungen der Besatzungsmacht widersetzt hatten. Dubček mußte den 14. Kongreß für ungültig erklären und die Entfernung von Leuten verhindern, die der Kreml als »dem Marxismus-Leninismus und dem proletarischen Internationalismus fest verbunden« ansah. Diese Verfügung wurde nach neuerlichen sowjetisch-tschechoslowakischen Besprechungen Anfang Oktober noch verschärft. Dubček mußte sich nun auch verpflichten, innerhalb der Partei- und Staatsorganisationen nur dem Kreml genehme Personen anzustellen.

Die Gefahr, die Dubček und seine Mitarbeiter nach der Unterzeichnung des Abkommens bedrohte, bestand darin, das Vertrauen der Partei und der tschechoslowakischen Bevölkerung zu verlieren, ohne deshalb das der Russen, Ostdeutschen, Polen und Bulgaren zu gewinnen, die die Tschechoslowakei weiterhin verdächtigten, Hintergedanken zu haben und ein doppeltes Spiel zu treiben. Sie hatten eine ungeheuer undankbare Aufgabe übernommen, bei der sie von Anfang an die Verlierer waren, denn alles, was sie unternahmen, um der Bevölkerung zu beweisen, daß das Januar-Programm im wesentlichen gültig bleibe, mußte die Russen verstimmen, und alles, was sie taten, um diesen gefällig zu sein, stieß auf mehr oder weniger lebhaften Widerspruch in den eigenen Reihen.

Paradoxerweise hat die politische Situation in der Tschechoslowakei am Ende der ersten Phase der »Normalisierung« (Ende

Oktober 1968) eine gewisse Ähnlichkeit mit jener vor dem Eingreifen der »Fünf« des Warschauer Paktes. Auf der einen Seite beginnen die konservativen Elemente, die bedingungslos prosowjetischen ehemaligen Novotný-Anhänger, die der geschlossene Widerstand vom August demoralisiert und gelähmt hat, wieder öffentlich aufzutreten, diesmal mit der unverhohlenen Unterstützung der Sowjets. Auf der anderen Seite erheben Journalisten, Schriftsteller, Künstler, Wissenschaftler, die studierende und die Arbeiterjugend, die regionalen und städtischen Parteiorganisationen, die Arbeiter der großen Fabriken, durch die Ereignisse politisch erstaunlich rege, ihre Stimme und verlangen von Dubček, wie in den Monaten Juni/Juli, sich den Konservativen energisch zu widersetzen, den Parteikongreß einzuberufen, die Demokratisierung voranzutreiben und Wahlen vorzubereiten.

Und so trat einer der merkwürdigsten Aspekte der tschechoslowakischen Krise zutage. Die Sowjets verfügten, um dieser Krise Herr zu werden, in Wirklichkeit nur über das Schema »Ungarn 1956«. Nach dem 21. August waren, so wie vorher, alle ihre Anstrengungen darauf gerichtet, einen tschechoslowakischen Kádár zu finden. Am 21. August hatten sie diesem Schema nicht folgen können, da es in der Tschechoslowakei im Gegensatz zum Ungarn des Jahres 1956 kein politisches Vakuum gab und Widerstand und Wille zur Demokratisierung von der kommunistischen Partei selbst ausgingen. Der stellvertretende Außenminister der UdSSR, Kusnezow, ein geschickter Diplomat, der Anfang September nach Prag kam, um eine befriedigende Lösung zu finden, mußte einsehen, daß das größte Hindernis für eine Lösung à la Kádár die kommunistische Partei selbst bildete. Die Partei war es, die gesäubert werden, die man wieder in den Griff bekommen, umschulen mußte. Gegen die Kader und Massen der Partei mußte der Apparat der Unterdrückung in Bewegung gesetzt werden. Dies widerstrebte der Sowjetführung aber aus Prestigegründen, da sie vor der internationalen kommunistischen Bewegung das Gesicht nicht ganz verlieren wollte. Der Kreml zog zu guter Letzt vor, die Lage »reif« werden zu lassen, die Führer untereinander zu verfeinden, Zwietracht zu säen und Resignation zu verbreiten. (19)

II. Teil
Strukturen und Tendenzen

I. Widersprüche des kommunistischen Systems

Der fundamentale Widerspruch

Am Anfang des in diesem Band behandelten Zeitraums steht der Slánský-Prozeß, der die Elite der KPTsch dezimiert hat, den vorläufigen Höhepunkt bildet die militärische Intervention der fünf Staaten des Warschauer Paktes in der Tschechoslowakei »zur Verteidigung des Sozialismus«. (1) So verschieden auch die internationale politische Lage 1952 und 1968 gewesen ist, so zeigen die beiden Ereignisse doch ähnliche Strukturen und Tendenzen.

Der Slánský-Prozeß ist – wie ich am Beginn dieser Arbeit geschildert habe – eine Folge der von Stalin großangelegten Offensive des Kominform gegen das Jugoslawien Titos. 16 Jahre später fühlt sich dasselbe Jugoslawien angesichts der Sowjetinvasion in der Tschechoslowakei, mit der es eine ideologische Verwandtschaft verbindet, bedroht und fürchtet als nächstes Land »dran« zu sein. Und die Presse der UdSSR, Ostdeutschlands, Polens und Bulgariens ergeht sich gegen den »jugoslawischen Weg« wieder in Anschuldigungen wegen Antisozialismus, Verrat und Begünstigung des Imperialismus – in Anschuldigungen, die man nach 1955 endgültig begraben geglaubt hat.

Die Volksdemokratien, die man auf dem Weg (und sei es im Zickzack) zur Entspannung und Normalisierung gewähnt hat, sehen sich in ihrer Geschichte urplötzlich um zwanzig Jahre zurückversetzt.

Einige Wochen vor der Intervention der »Fünf« in Prag schrieb eine jugoslawische Zeitung zum 20. Jahrestag der Unterzeichnung der Kominformresolution: »Stalin war der Meinung, er könne sich im Namen der sowjetischen kommunistischen Partei und der UdSSR mit vollem Recht in die inneren Angelegenheiten der anderen Parteien und der anderen sozialistischen Länder einmischen. Was er übrigens auch tat. Er betrachtete den von der UdSSR zum Sozialismus eingeschlagenen Weg als allgemeingültig und verbindlich für alle. Das stalinistische Credo wurde den anderen Parteien aufgezwungen ... Wer als erster riskierte, Richtigkeit und Berechtigung dieser Postulate der stalinistischen Politik zu bezweifeln, scheute den Bannfluch nicht. Wir waren diese ersten.« (2)

Die Jugoslawen hatten 1948 das Glück, die ersten gewesen und mit Exkommunizierung, Blockade und vier Jahre dauernder Verleumdungskampagne davongekommen zu sein. Das Schlimmste verhinderten sie dank der Entschlossenheit ihrer Führer, die die von NKWD-Agenten angezettelte Verschwörung vereitelten und alle Einmischung zurückwiesen; außerdem fürchtete Stalin, durch einen bewaffneten Überfall internationale Komplikationen heraufzubeschwören, insbesondere das Einschreiten des Westens zum Schutze Titos. (3) Wenn aber Stalin das Ausscheiden Jugoslawiens aus dem Lager scheinbar gelassen hinnahm und es als Ausstoßung hinstellte, so reagierte er seine Niederlage in einer unerbittlichen Herrschaft in den anderen Oststaaten, vor allem in der Tschechoslowakei, im Slánský-Prozeß ab. Damals trat der fundamentale Widerspruch des sozialistischen Systems zutage, der sich zwischen eine sowjetische Hegemonie *sui generis* (da sie zugleich imperialistisch und ideologisch ist) und die Tendenz der kommunistischen Parteien und Staaten drängt, die Unabhängigkeit zu gewinnen bzw. zurückzugewinnen.

Die Jugoslawen waren auch die ersten Kommunisten, die auf den imperialistischen Charakter der Sowjetpolitik hinwiesen, indem sie das Kind beim Namen nannten. »Die UdSSR«, sagte Tito einige Monate vor dem Tod Stalins auf dem VI. Kongreß seiner Partei, »begann mit ihrer imperialistischen Expansionspolitik bereits am Vorabend des letzten Weltkrieges, als sie den Pakt mit Hitler abschloß und mit ihm Interessensphären einteilte, über fremdes Territorium herfiel ... Und diese Politik wurde nach dem Weltkrieg fortgeführt ... Sobald es sich um ein sozialistisches Land handelt, versucht die UdSSR die Anwendung ihrer imperialistischen Methoden mit der angeblichen Notwendigkeit zu rechtfertigen, daß die kleinen sozialistischen Länder oder Volksdemokratien ihre Interessen (bis zur Opferung ihrer Unabhängigkeit) denen der Sowjetunion, der führenden Macht des Sozialismus, unterordnen ... im Interesse der Weltrevolution. In Wirklichkeit hat diese Knechtung der kleinen Völker, wie die Knechtung Polens, dann Rumäniens, Ungarns, Bulgariens, der Tschechoslowakei usw. beweist, nur ein Ziel – und das ist nicht die Weltrevolution, sondern die Weltherrschaft, die Herrschaft der imperialistischen Macht UdSSR über die anderen Völker.« (4)

Nach dem Tod Stalins und besonders nach der Büßerfahrt Chruschtschows nach Belgrad im Jahre 1955 mäßigten die Jugoslawen, zum Teil aus taktischen und opportunistischen Gründen, zum Teil aus Überzeugung (da Tito an die Aufrichtigkeit der Erklärungen Chruschtschows über die Normalisierung der Beziehungen zwischen den sozialistischen Ländern geglaubt hatte) ihre Kritik am sowjetischen Imperialismus. Diese wurde dafür mit noch größerer polemischer Heftigkeit von den Chinesen aufgenommen. In ihrem am 14. Juni 1963 an das sowjetische Zentralkomitee gerichteten Schreiben klagten die Führer Pekings die UdSSR an, »Großmachtchauvinismus« zu betreiben, »die Bruderstaaten ihren Bedürfnissen zu unterwerfen, Druck auszuüben, um ihren Willen anderen aufzudrängen« – und Mao Tse-tung ging im Juli 1964 in einer Unterredung mit japanischen Anhängern sogar noch weiter als Tito 1952 und warf den Russen vor, »sich nach dem Zweiten Weltkrieg eines Teiles Rumäniens, Ostdeutschlands, Polens und Finnlands bemächtigt zu haben ... alles annektiert zu haben, was nur annektiert werden konnte«. (5)

Im August 1968 fanden sich China und Jugoslawien, die ein ideologischer Abgrund trennte und die völlig gegensätzliche Wege zum Sozialismus eingeschlagen hatten, und brandmarkten beide die Okkupation der Tschechoslowakei als einen Akt imperialistischer Aggression und als Eingriff in das Recht der Völker auf Unabhängigkeit. Wenn sich der Widerspruch zwischen der Hegemonie und dem Drängen auf Unabhängigkeit schon während der Krisen 1948 bis 1952 bemerkbar gemacht hat, so hat die militärische Intervention der Sowjetunion in Ungarn im Jahre 1956 und noch mehr die Invasion in der Tschechoslowakei zwölf

Jahre später seine Verschärfung und Vertiefung zum Ausdruck gebracht. Und zwar so stark, daß man neue politische, wirtschaftliche und soziale Umschichtungen vorhersagen konnte. (6)

Die spezifischen Wege und der Stalinismus

Auf der einen Seite steht der Wille der Sowjetführung, in der Einflußsphäre, die sie sich nach dem Zweiten Weltkrieg geschaffen hat, die Rolle des Gendarmen zu spielen – auf der anderen Seite der Wunsch der politischen Elite nach einem der Tradition und den Möglichkeiten des eigenen Landes entsprechenden Sozialismus.

Und wieder ist es die Tschechoslowakei, deren jüngste Geschichte meine Ausführungen am besten veranschaulicht. Das im April 1968 auf Anregung Alexander Dubčeks angenommene neue Programm der KPTsch wurde, wie schon erwähnt, in Form einer Broschüre mit dem bedeutungsvollen Untertitel »Der tschechoslowakische Weg zum Sozialismus« veröffentlicht. Dieses Programm, das einen der Gründe für die militärische Intervention der UdSSR lieferte, knüpfte an das Programm der Partei nach dem Zweiten Weltkrieg an. Der damals von Gottwald und seinen Leuten befürwortete Plan eines »tschechoslowakischen Weges zum Sozialismus« ging von der Überzeugung aus, daß die spezifische Lage der Tschechoslowakei – weit fortgeschrittene Industrialisierung, hohe Kultur, demokratische Tradition, Vorhandensein einer mächtigen KP, erhoffte Unterstützung von seiten der UdSSR – einen friedlichen und parlamentarischen Übergang zum Sozialismus ermöglichen und die Diktatur des Proletariats ersparen werde. Der Plan sah die Beibehaltung der wichtigsten demokratischen Einrichtungen vor, Verzicht auf brutale Kollektivierungsmethoden, behutsames Vorgehen gegen Kleinhändler und Handwerker, religiöse Toleranz, künstlerische Freiheit usw.

Im Gegensatz zur allgemeinen Meinung war es nicht der »Coup de Prague« vom Februar 1948 – das heißt die Niederlage der nichtkommunistischen Parteien, die diesen von KP, Gewerkschaften und Arbeitermilizen zugefügt wurde –, der das Ende des »tschechoslowakischen Weges« einläutete. Die Anweisung zur völligen Änderung des Standpunktes, der Methoden und Vorstellungen kam von Stalin durch Vermittlung des Kominform. Als die tschechoslowakischen Führer am 28. Juni 1948 bei der Exkommunizierung Jugoslawiens mitmachten, unterzeichneten sie (und die übrigen kommunistischen Parteien) mit der Resolution das Todesurteil für ihr Recht auf Selbständigkeit und Unabhängigkeit. Die Verdammung Jugoslawiens kam der Anerkennung eines Interventionsrechts der UdSSR gleich. Der ideologische Deckmantel für diese Änderung – es handelte sich in der Tat um eine Souveränitätsverlagerung – war die berühmte Theorie Stalins von der »unvermeidlichen Zuspitzung des Klassenkampfes während der Zeit des sozialistischen Aufbaus«, jene Theorie, auf die sich Terror und Stalinisierung stützten und die Chruschtschow auf dem XX. Parteitag so heftig verurteilte.

Der Slánský-Prozeß war, wie E. Löbl mit Recht sagt, in Wirklichkeit ein Prozeß gegen die Politik der KPTsch 1945 bis 1948. Die Schlüsselstelle des Prozeßprotokolls lautete: »Das staatsfeindliche Zentrum um Slánský dachte sich, ebenso wie die Titoisten in Jugoslawien, die sogenannte Theorie von dem besonderen tschechoslowakischen Weg zum Sozialismus aus, um seine wahren Ziele zu verdecken. Unter dem Deckmantel dieser Theorie – was eigentlich die Wiederherstellung des Kapitalismus in der Republik bedeutete – verwirklichte das Zentrum seine Vorbereitungen zum Umschwung der Verhältnisse in der Tschechoslowakei nach Titos Muster und unter der Leitung englischer und amerikanischer Imperialisten.« Löbl legte überzeugend dar, daß dieser im Prozeß angeprangerte »besondere Weg« das politische Konzept Gottwalds war, die vom Parteikongreß bestätigte Politik der gesamten Parteiführung. (7) Slánský und seine Mitarbeiter waren nur Sündenböcke. So sollten auch Dubček, der als »Rechtsopportunist« bezeichnet wurde, und die gesamte Führung der KPTsch, deren im Aprilprogramm festgelegte Politik und die Bemühungen, ein eigenes Sozialismus-Modell zu schaffen, durch die Intervention getroffen und vernichtet werden. Die Okkupation der Tschechoslowakei war ein mit anderen Mitteln geführter Slánský-Prozeß gegen ein ganzes Land, ein ganzes Volk. Sie war die Tat einer Großmacht, die sich nicht mit der dominierenden Position über die kleinen Nationen begnügt, sondern diesen auch ihre Regierungstechnik, die Technik der Bewußtseinsbildung und die Produktionstechnik aufzwingen will.

Der Stalinismus letzter Prägung kann als das Ergebnis einer ungeheuren Anstrengung definiert werden, den Widerspruch zwischen dem sowjetischen Hegemonismus und dem Autonomismus der zu Satelliten degradierten Staaten durch Zwang und ideologische Kunstgriffe zu überwinden. Die Methoden, die nach der Oktoberrevolution dazu gedient haben, die Sowjetunion zu einem Ganzen zu machen, sie zu zentralisieren, sind nach 1948 auf den gesamten Block übertragen worden. So entstand ein zugleich theoretisches und praktisches System, das sich auf alle politischen, wirtschaftlichen, sozialen und kulturellen Tätigkeiten der zu einem zusammenhängenden Ganzen vereinigten Länder erstreckte und dessen Grund»gesetz« und höchstes Streben die Zwangsintegration war.

Drei Faktoren haben diese Expansion des Stalinismus in den Oststaaten ermöglicht.

Erstens das internationale Kräfteverhältnis, durch das nach den Abkommen von Jalta und Potsdam die Staaten Mittel- und Osteuropas dem Druck der Sowjets ausgesetzt sind. Die UdSSR hat Ostdeutschland militärisch besetzt und Truppen in Polen, Ungarn und Rumänien stationiert (aus Rumänien wurden sie erst 1958 abgezogen). Die Tschechoslowakei (bis 1968) und Bulgarien sind der militärischen Besetzung nur deswegen entgangen, weil der Kreml geglaubt hat, sich in diesen beiden traditionell russenfreundlichen Ländern auf völlig ergebene kommunistische Parteien verlassen zu können.

Der zweite wichtige Faktor der Stalinisierung ist ideologischer Art. Er beruht auf der Überzeugung der meisten Kommunistenführer, daß es zwischen den Spielarten des Weltkommunismus und dem Sowjetstaat, der doch dessen Zentrum und Führer war, keine Interessenkonflikte geben könne. Diese von der stalinisierten Kommunistischen Internationale ererbte Überzeugung ging mit der Idee Hand in Hand, daß der erste sozialistische Staat das einzig gültige Modell für alle Länder darstelle, die den Weg zum Sozialismus einschlugen.

Der dritte, vielleicht entscheidendste Faktor für den Erfolg der

Stalinisierung war die sowjetische Geheimpolizei. Mit ihrer Unterstützung hat Stalin seine persönliche Diktatur bis zur letzten Konsequenz ausgeübt. Als er aus außenpolitischen Gründen beschloß, die Oststaaten vollständig zu integrieren, war es ganz normal, daß er mit dieser Aufgabe jene sowjetische Institution betraute, die in der UdSSR für die Aufrechterhaltung des Systems sorgte. Die Polizei übernahm es also, jene autochthonen Kommunistenführer (Gomułka und Spychalski in Polen, Kostow in Bulgarien, Rajk und Nagy in Ungarn, Clementis, Husák, Löbl in der Tschechoslowakei und Pătrăşcanu in Rumänien) unschädlich zu machen, die versucht hatten, das patriotische Experiment von 1945 bis 1948 fortzusetzen.

Die Diversifikation

Wenn die Geschichte der Volksdemokratien von 1945 bis 1953 heute als eine gewaltige Bewegung der Integration, der Vereinheitlichung, Zurückdrängung und Einschränkung erscheint, so zeugt die Geschichte der Jahre 1953 bis 1968 von einer gegensätzlichen Bewegung. Es ist die Geschichte eines immer härteren, bald versteckt, bald offen geführten Kampfes zwischen den konservativen Kräften und jenen, die nach Wiedererlangung der nationalen und sozialen Gleichheit streben. Wenn auch die Sowjetunion, die zweite militärische Großmacht der Welt, die hegemonistische Macht des Warschauer Paktes, immer noch die Bühne beherrscht und ihr Gesetz aufzwingt, so finden die Länder mit volksdemokratischem System doch nach und nach ihr eigenes Gepräge wieder.

15 Jahre nach dem Tode Stalins behauptet sich Jugoslawien als ein Land, dem es trotz seiner ungeordneten inneren Entwicklung gelungen ist, in einer Welt, wo allein eigene Atomwaffen völlige Souveränität zu garantieren scheinen, ein bemerkenswert großes Stück Unabhängigkeit zu bewahren. Rumänien hat die Position eines unbequemen, quasi-unabhängigen »Verbündeten« erobert, die mit jener Frankreichs im Rahmen des atlantischen Verteidigungsbündnisses vergleichbar ist. Ein drittes Balkanland, Albanien, nimmt im Warschauer Pakt die Stelle eines

Herausforderers an, die an die Kubas gegenüber den Vereinigten Staaten erinnert. Die Führer dieses kaum zwei Millionen Einwohner zählenden Landes, die sich unter den moralischen und finanziellen Schutz des fernen China gestellt haben, machen nicht nur dem russischen Hegemonismus (dem es nicht gelungen ist, sie zu unterwerfen) ständig den Prozeß, sondern auch dem angeblichen Revisionismus der sowjetischen Führung. Ungarn ist nach seinem unglücklichen Sezessionsversuch von 1956 wieder zu einem Satelliten geworden, der allerdings mit etwas Rücksicht behandelt und als Muster eines aufgeklärten »Patriarchalismus« hingestellt wird. Polen, Bulgarien und die DDR, die durch die Errichtung der Mauer im Jahre 1961 konsolidiert wurde, gestalten ihre Zugehörigkeit zur und Solidarität mit der UdSSR in einer Art, die ihre spezifischen Interessen als Nationalstaaten berücksichtigt. Bleibt noch die Tschechoslowakei, die nach fast 20 Jahren bedingungsloser Treue und freiwillig auferlegter Disziplin den Zorn und die Intervention des Großen Bruders heraufbeschworen hat, weil sie ihre Innen- und Außenpolitik zwar unter Einhaltung der eingegangenen Verpflichtungen, aber im Sinn der tschechischen und slowakischen Tradition neu orientieren wollte. Die militärische Besetzung des Landes hat allerdings nicht genügt, um den zusammengewachsenen Patriotismus der Tschechen und Slowaken zu besiegen.

Die Entwicklung ist von sowjetischen Interventionen, Rückschlägen und Rückschritten gezeichnet; dennoch geht die Hauptbewegung in Richtung Emanzipation und Unabhängigkeit; fast unmerklich verlagert sich das Schwergewicht von dem, was vereint, zu dem, was trennt, von unfreiwilliger internationalistischer Solidarität zu einer neuen Ordnung, die auf der Souveränität der Nationalstaaten basiert. Wenn man den sowjetischen Einfluß auf die Oststaaten als Kolonialismus bezeichnen kann, so erscheint die Geschichte der Zeit nach Stalins Tod als europäische Version der Entkolonialisierung.

Muß die antihegemonistische, nationale Strömung in nationale Liberalisierung münden, muß der Parteimonopolismus von pluralistischen Strukturen abgelöst werden? Das hängt von den jedem Land eigenen Bedingungen, dem Entwicklungsniveau, den Traditionen, der Vitalität und der Ideologie der nationalen kommunistischen Parteien ab. Mehrere Staaten (Ungarn, Polen, Tschechoslowakei) wurden gleichzeitig (1948) um ihre Souveränität und ihre demokratischen Institutionen gebracht. Es überrascht daher nicht, daß in diesen Ländern das nationale und das demokratische Streben eng verbunden sind und eine Rückkehr zum politischen Pluralismus der Zeit vor 1948 selbst von kommunistischen Führern und Theoretikern befürwortet werden konnte. Ohne so weit zu gehen, auf die führende Rolle und das ideologische Monopol der Partei zu verzichten, ist in allen Oststaaten mit Ausnahme Albaniens, das seine stalinistischen Strukturen vollständig beibehalten hat, ein gewisses Maß an Liberalisierung, sind »sozialdemokratische« Elemente verwirklicht worden. Aber die Lage ändert sich von Land zu Land und von Jahr zu Jahr. So wurde 1963 das Ungarn Kádárs von den tschechischen und slowakischen Intellektuellen eine Oase freier schöpferischer Tätigkeit genannt; 1968 stellte sich die Tschechoslowakei zum Entzücken der einen und zur Entrüstung der anderen an die Spitze der sozialistischen Demokratisierung. Das zwischen 1956 und 1959 erstaunlich freie Polen hat sein Gesicht verhärtet und trotz Gomułka die Züge einer Art »roten Faschismus« angenommen. Bulgarien und die DDR haben Regimes, die unter dem Deckmantel eines unnachgiebigen Marxismus-Leninismus immer mehr »gewöhnlichen autoritären Regierungen gleichen, wie es sie auch in anderen Teilen der Welt gibt«. (8) Rumänien hat ein Regime, das bestrebt ist, sich zu technokratisieren und seine Volksbasis durch Appellieren an Nationalstolz und nationale Ambitionen zu verbreitern.

Ob es sich nun um den Aufbau der Wirtschaft oder die Lage der Bauern handelt, die Rolle der Intelligenz oder die Entwicklung des kulturellen Lebens, die Öffnung nach dem Westen oder die Beziehungen mit den Kirchen – das, was ins Auge springt, ist die große Verschiedenheit der Methoden und der jeweiligen Lage. Bevor ich den Sinn der Bewegung und ihre Antriebskräfte darlege, muß ich auf den Ursprung und die Art der ersten Impulse zur Entstalinisierung hinweisen und die Hauptkräfte dessen analysieren, was in den Augen der Betroffenen als wünschenswerter Fortschritt erscheint: Beendigung des Satellitendaseins, Modernisierung, Demokratisierung. Die Kohäsionskräfte, die Institutionen und Organisationen (Warschauer Pakt, COMECON, Internationale Kommunistische Bewegung) werden in einem eigenen Kapitel behandelt.

Die Anregung zur Normalisierung kam von der UdSSR

Das sowjetische Regierungs-, Wirtschaftsführungs- und Denkmodell hat sich als schwer anwendbar auf die kleinen und mittleren Oststaaten erwiesen, die sich mit viel fortschrittlicheren politischen und sozialen Strukturen auf den Weg zum Sozialismus machten als seinerzeit Rußland. (9) Trotzdem kamen die ersten Anregungen zu einer Änderung des Systems (wie ich im ersten Teil dieses Bandes dargelegt habe) nicht von den Oststaaten selbst. Diese waren nach fünfjähriger Abhängigkeit und Manipulierung völlig entkräftet. In den Augen von Führern und Bevölkerung erschien das System verhängnisvoll. Fasziniert von der Allmacht Stalins, waren sie zur Eigeninitiative unfähig.

Unter diesen Bedingungen konnte die Anregung zu einer Verbesserung nur von oben kommen, von dem einzigen unabhängigen Entscheidungszentrum, dem Kreml. Die Entstalinisierung trug, wie vorher die Stalinisierung, den russischen Stempel. Die Überprüfung der eigenen Regierungsmethoden und Wirtschaftsführung durch die Sowjetführer nach Stalin wirkte auf die Oststaaten als Impuls zur inneren Entspannung, kollektiven Führung, Einschränkung der Machtbefugnisse der politischen Polizei und zum Einschlagen eines neuen Kurses à la Leninscher NEP (Neue Ökonomische Politik). Die Kremlbosse, die daran gewöhnt waren, die eigenen Interessen mit denen ihrer Untertanen zu identifizieren, waren überzeugt, daß die zum Ausbau der Macht in der UdSSR vorgesehenen Verbesserungen auch für die Oststaaten passen müßten. Aber die Entstalinisierung, die ohne Befragung der Betroffenen vorgenommen wurde, hat sowohl die Autorität des Kremls wie die der zur Selbstkritik aufgeforderten Führer erschüttert. Sie hat unmittelbare Krisen (Ungarn, Polen), Krisen mit Zeitzündung (Tschechoslowakei) und die Distanzierung einiger stalinistischer Führer (Albanien, Rumänien) vom Kreml verursacht.

Im großen und ganzen hat sich der mit dem Namen Chruschtschow verbundene Reformismus dahingehend ausgewirkt, daß sich die kommunistischen Parteien der Volksdemokratien der eigenen nationalen kommunistischen Traditionen bewußt geworden sind.

In der Sowjetunion spekuliert der Kommunismus seit langem mit den patriotischen Gefühlen. Stalins »Sowjetpatriotismus« ist diesbezüglich der Höhepunkt gewesen; die kühnsten Expansionsträume der Zaren sind Wirklichkeit geworden. »Der sowjetische Chauvinismus war der Zement, der die soziale Struktur inmitten der großen Umwälzung 1956 bis 1964 zusammengehalten hat.« (10)

Der Einfluß Jugoslawiens und Chinas

Die Stalin nachfolgenden Sowjetführer haben bestimmt nie daran gedacht, vom Hegemonismus abzurücken und irgendeinem der kommunistischen Länder Osteuropas die ganze Souveränität zurückzugeben. Sie wollten die Vorherrschaft aufrechterhalten, nur mit anderen Mitteln, flexibler und gewisse Interessen der Satelliten scheinbar berücksichtigend. Wenn sie auf dem Weg des »Neoimperialismus« oder »Neokolonialismus« weiter gegangen sind als vorgesehen, so wegen des Druckes sowohl Jugoslawiens wie Chinas, die beide zu einer Umwandlung des Imperiums in eine Gemeinschaft souveräner sozialistischer Länder drängten. Unter dem Druck Maos hat die UdSSR ab 1954 die Gemischten Gesellschaften, diese kolonialen Ausbeutungsinstrumente, aufgelöst. Die Versöhnung der UdSSR mit Jugoslawien – dem sozialistischen Land, das außerhalb ihres Lagers stand – hat einen Präzedenzfall geschaffen, dessen historische Bedeutung den anderen kommunistischen Ländern nicht entgangen ist. Die von der UdSSR 1955 anläßlich der Unterzeichnung der Belgrader Erklärung bestätigten Grundsätze haben sie alle betroffen. Durch die Anerkennung der Vielzahl der sozialistischen Wege, des Rechtes Jugoslawiens auf Unabhängigkeit und die Rehabilitierung Titos haben die Sowjetführer den Anstoß zur Rehabilitierung aller Nationalkommunisten gegeben (Rajk, Kostow, Gomułka

– 1956, Clementis, Husák – 1963, Pătrăşcanu – 1968), die verurteilt worden waren, weil sie sich geweigert hatten, das sowjetische Modell des Sozialismus als verbindlich anzuerkennen. Theoretisch kam die UdSSR also auf das zurück, was Lenin vorgeschwebt war: »Der Sozialismus wird das Endziel aller Völker sein, aber um dahin zu gelangen, werden nicht alle den gleichen Weg einschlagen.«

Die fünf Grundsätze von Bandung (nationale Unabhängigkeit, Souveränität, Gleichberechtigung, territoriale Unverletzbarkeit, Nichteinmischung in innere Angelegenheiten) haben ebenso wie der in Belgrad zustande gekommene pluralistische Grundsatz tiefe und dauerhafte Auswirkungen in den Volksdemokratien gezeitigt. Diese Grundsätze sind von Tschu En-lai und Nehru zur Verbesserung der Beziehungen zwischen Ländern mit verschiedenem Regime vorgeschlagen worden. Die Neohegemonisten haben behauptet, daß bei sozialistischen Ländern diese Grundsätze »überholt und daher unnütz« seien. Sie anwenden zu wollen, hieße sich von einem »chauvinistischen Nationalismus« beeinflussen zu lassen. (11) In diesem Sinne muß man auch die Erklärungen Chruschtschows auf dem XX. Parteitag zum »neuen sozialistischen Typ der internationalen Beziehungen« verstehen, die seiner Meinung nach bereits in der »Gemeinschaft der sozialistischen Staaten« angewendet würden. »Diese Beziehungen«, sagte er, »sind durch die völlige Gleichberechtigung, die aufrichtige Freundschaft und die brüderliche Zusammenarbeit auf politischem, wirtschaftlichem und kulturellem Gebiet gekennzeichnet sowie durch den gegenseitigen Beistand beim Aufbau eines neuen Lebens. Sie sind durch die Art des Wirtschaftssystems der Länder aus dem sozialistischen Lager gekennzeichnet, durch ihre gleichen Grundinteressen und ihr großes, ihr höchstes Ziel, die Errichtung des Kommunismus; schließlich auch noch durch die gemeinsame marxistisch-leninistische Anschauung der kommunistischen und Arbeiterparteien.«

Der zweite Teil dieser Erklärung schränkte die Bedeutung des ersten freilich ein. Chruschtschow war zu Lockerungen und Dezentralisierungsmaßnahmen bereit. Aber 1956, anläßlich der Krisen in Polen und Ungarn, war zu sehen, daß er nach wie vor dem Kreml das Recht vorbehielt – nötigenfalls auch durch eine militärische Intervention –, die Souveränität der sozialistischen Länder abzugrenzen, den Schiedsrichter bei ihren innenpolitischen Divergenzen zu spielen und einen Abfall zu verhindern.

Unter dem gemeinsamen Druck der Volksbewegungen, der Chinesen und Jugoslawen steckte der Kreml im Herbst 1956 noch weiter zurück. (12) In der sowjetischen Regierungserklärung vom 31. Oktober 1956 wurde den Volksdemokratien all das zugestanden, was die UdSSR 1955 nur hinsichtlich Jugoslawiens gelten hatte lassen. Es seien diesen Ländern gegenüber Fehler begangen worden, der Grundsatz von der »Gleichberechtigung in den Beziehungen zwischen den sozialistischen Staaten« sei verletzt worden. Die Sowjetregierung sei jedoch »bereit, mit den Regierungsvertretern der anderen sozialistischen Staaten Maßnahmen zur Entwicklung und Stärkung der wirtschaftlichen Bande zwischen sozialistischen Staaten zu erwägen, um jede Möglichkeit eines Verstoßes gegen die Grundsätze der nationalen Souveränität ... und der Gleichberechtigung auszuschalten«. (13)

Diese Erklärung, die die Chinesen als neue Charta der innerkommunistischen Beziehungen begrüßten, diente als Basis für den polnisch-sowjetischen Kompromiß und die Wiedereinsetzung eines zwar autoritären, aber »ent-rákosisierten« kommunistischen Regimes in Ungarn. Aber kaum war die Herbstkrise von 1956 beigelegt, versuchten die Sowjets, ihre Konzessionen einzuschränken, wenn auch nicht in Polen, wo es Gomułka gelang, das Errungene zu festigen, so doch in den anderen Volksdemokratien. Chruschtschow hat 1957 nach der Niederschlagung des Ungarnaufstandes Kádár-Ungarn sofort als »unabhängigen Staat mit einer unabhängigen Regierung, der unabhängige Politik betreibt«, bezeichnet. (14) Ich habe bereits geschildert, mit welcher Geschicklichkeit der Kreml die große Angst der kommunistischen Führer vor dem Anschwellen der revisionistischen und prowestlichen Welle in Polen und Ungarn ausgenützt hat, um – und diesmal mit der bedingten Unterstützung Chinas – alle Volksdemokratien noch fester in den Griff zu bekommen. Die 1957 nach der internationalen kommunistischen Konferenz von den Vertretern der machthabenden Parteien unterzeichnete Erklärung (Jugoslawien verweigerte die Unterschrift) war insofern ein Erfolg für die UdSSR, als die führende Rolle der KPdSU bestätigt und zum Kampf gegen die »Überreste des bourgeoisen Nationalismus und des Chauvinismus« aufgerufen wurde (wobei natürlich jede Forderung nach Unabhängigkeit als bourgeoise und chauvinistische Geisteshaltung ausgelegt wurde). Die Solidarität der sozialistischen Länder sei die Garantie für ihre Souveränität. In der Erklärung wurde auch an Lenin erinnert, nach dem die Grundprinzipien des Kommunismus den besonderen Bedingungen jeder Nation angepaßt werden müßten. Jede Übertreibung und Überschätzung dieser Eigenheiten wurde aber verurteilt. Der Kommunismus wurde wiederum als universelle Lehre bekräftigt, deren berufenste Hüterin die UdSSR sei.

Aber die gemeinsame Ideologie, die der supranationalen, internationalistischen Einheit als Klammer hätte dienen sollen, widerstand den Interessen- und Meinungsdifferenzen nicht, die sich zunehmend zwischen der Sowjetunion und ihrem großen asiatischen Partner bemerkbar machten. Seit 1960 haben die Albaner und Chinesen dem Kreml ungefähr unter den gleichen Bedingungen, mit den gleichen Worten und mit der gleichen Heftigkeit wie 1948 die Jugoslawen und noch viel heftiger als Imre Nagy getrotzt, zu dessen Hinrichtung wegen Antisowjetismus im Jahre 1958 sie beigetragen hatten. Nachdem Chruschtschow die albanischen Führer auf dem XXII. Kongreß (Oktober 1961) mit dem Bannfluch belegt hatte, beschuldigten diese die Sowjets, den proletarischen Internationalismus zu verraten und »mit arroganten und patriarchalischen Methoden die leninistischen Prinzipien der Konsultation und der Gleichberechtigung mit Füßen zu treten«. Tirana klagte die Russen an, versucht zu haben, »ihre Ansichten der Partei und dem Staat Albanien durch alle Arten von wirtschaftlichem, politischem und militärischem Druck, durch Drohungen und eine Blockade aufzuzwingen«. (15)

Durch die Abspaltung Albaniens fünf Jahre nach dem gescheiterten Versuch der Ungarn war der Mißerfolg des Kremls, die Struktur der Gemeinschaft den neuen Bedingungen anzupassen, offenkundig geworden. Die auf proletarischen Internationalismus zurechtfrisierten sowjetischen Interessen mit den einzelnen nationalen Interessen auf einen Nenner zu bringen war also ebenso schwierig, wenn nicht noch schwieriger als die Übereinstimmung der Interessen des atlantischen Lagers mit den besonderen Interessen einiger seiner Mitglieder. Die Besetzung der Tschechoslowakei im August 1968 illustrierte diese Schwierigkeit in tragischer Weise.

Unangenehme Folgen der Koexistenz: die Entwicklung zum Polyzentrismus

Auch nach Stalin war das Modell der Beziehungen zwischen den sozialistischen Staaten durch die Teilung der Welt in zwei Lager gekennzeichnet. Aber die fortschreitende Entspannung, die Konsolidierung und Stärkung der westeuropäischen Staaten, hat zu einer Aufweichung der monolithischen Blöcke geführt. Der schleppende Fortschritt der UdSSR auf wirtschaftlichem Gebiet, die politischen Mißerfolge in Kuba und Berlin, die Umstände, die zum Sturz Chruschtschows führten, und das chinesische Schisma haben zum Autoritätsverlust des Kremls beigetragen und die Unabhängigkeitsbewegung beschleunigt.

Das Beispiel Rumäniens und der Tschechoslowakei zeigt, daß diese Entwicklung so gut wie unabwendbar war, denn starke Integrations- und Interventionsbestrebungen riefen nur noch stärkere nationalistische und antihegemonistische Gegenströmungen hervor. Der Konflikt zwischen Bukarest und Moskau entstand aus wirtschaftlichen und nicht aus ideologischen Differenzen. Die Wirtschaft diente den nationalen Ressentiments als Kristallisationspunkt. Der in der Erklärung vom April 1964 dargelegte rumänische Standpunkt ist sichtlich von den chinesischen »Vorschlägen« vom Juni 1963 inspiriert; wie vorher Peking, so regte auch Bukarest, aber in weniger aggressivem Ton, »ein qualitativ neues System der Beziehungen« an, das auf den Grundsätzen der Unabhängigkeit, der nationalen Souveränität, der Gleichberechtigung usw., kurz, auf den Grundsätzen des proletarischen Internationalismus basieren sollte. Um den doktrinären Polemiken nach Art der Chinesen, Albaner und Sowjets ein Ende zu bereiten, wurde in der rumänischen Erklärung bekräftigt, daß »keine Partei die Bruderpartei, mit der sie nicht einer Meinung ist, als antimarxistisch bezeichnen darf«.

Der Ex-Ultrastalinist Gheorghiu-Dej, der Verfasser dieser Erklärung, ist also zum gleichen Schluß gekommen (und sein

Nachfolger Ceaușescu hat sich daran gehalten) wie der Ungar Imre Nagy und die radikalsten polnischen Revisionisten von 1956, nämlich, daß die unabhängige Nation (genauer der Nationalstaat) für den Fortschritt der Gesellschaft unerläßlich ist. Das ehemalige internationalistische Modell, mit dem die UdSSR unter und nach Stalin so großen Mißbrauch getrieben hat, gilt nicht mehr: Nicht der (supranationale und zentralistische) Sozialismus garantiert die Unabhängigkeit, sondern die errungene Unabhängigkeit ermöglicht die Entfaltung der Nation im Sozialismus und kann als Ausgangspunkt und Basis für regionale Gruppen und eine internationale Ordnung dienen.

Aber auch in der Sowjetunion hat das nationale Interesse die Oberhand über die ideologische Solidarität gewonnen. 1931 unterstrich Stalin den nationalen Charakter des Bolschewismus mit folgenden Worten: »Wollt ihr, daß unser sozialistisches Vaterland ... seine Unabhängigkeit verliert? Wenn nicht, dann müssen wir unserer Rückständigkeit so rasch wie möglich ein Ende bereiten.« In diesem Sinn verkündete Chruschtschow 1959, daß »das sowjetische Volk nur dann seine internationalistische Aufgabe erfüllt, wenn es bei sich den Kommunismus errichtet«. Aber Stalin und Chruschtschow haben Schule gemacht; auch die Jugoslawen, Albaner, Rumänen und als zuletzt Hinzugekommene die Tschechoslowaken geben vor, den Marxismus-Leninismus ihren eigenen Bedürfnissen und Interessen anzupassen. Nicht umsonst ist gegen Dubčeks Anhänger die Anschuldigung – zugleich Rechtfertigung der Intervention – vorgebracht worden, »die Außenpolitik westlich orientieren, sie von der Politik der UdSSR unabhängiger machen zu wollen«. (16)

Der Marxismus-Leninismus erkannte den Nationalismus als progressive Form nur insoweit an, als er auf die Zerstörung der Kolonialreiche abzielte und den Westmächten schadete.

Der gegen die sowjetische Hegemonie gerichtete Nationalismus hingegen ist »die Hauptwaffe der internationalen Reaktion gegen die Einheit der sozialistischen Länder«. (17) Diesbezüglich macht sich aber ideologische Unsicherheit bemerkbar. Nach und nach haben sogar einige sowjetische Theoretiker zugegeben, daß die »optimistischen, vereinfachten, bürokratischen Formeln« von früher nicht mehr passen. »Eine neue Situation ist entstanden«, schrieben 1966 die »Iswestija«, »eine Situation, die verlangt, die marxistisch-leninistischen Prinzipien schöpferisch anzuwenden ... wie aber die nationalen Staatsinteressen jedes sozialistischen Landes mit denen des gesamten Systems übereinstimmen? Wie die verschiedenen Interessen der Staaten untereinander in Einklang bringen? Wie das Nationalbewußtsein, den Nationalstolz auf die sozialistische Integration hin orientieren?« (18)

Das ist das eigentliche Problem. Man wird dabei an die Auffassung des österreichischen Marxisten Otto Bauer über das Nationalitätenproblem Österreich-Ungarns erinnert, die er vor einem halben Jahrhundert in einer Diskussion mit seinem nationaler gesinnten sozialistischen Genossen Karl Renner ausgedrückt hat. Bauer war der Meinung, daß nach einer langen Periode der Unterdrückung die Befreiung nicht einfach durch einen Wechsel der Zentralgewalt herbeigeführt werden könne; jede neue Synthese beginne mit einer »negativen Bewegung«, mit der Trennung der Nationen, die unabhängige Staaten bildeten.

Souveränität, Solidarität und das Recht zur Intervention

Wenn das Hauptziel der kommunistischen Staaten Osteuropas die Wiedererlangung der von Stalin zerstörten Souveränität geworden ist, so bemüht sich die Sowjetunion, die errungenen Positionen zu halten und eine Auffassung vom Recht zur Intervention durchzusetzen, wonach »den Grundsätzen des Internationalismus und der Verteidigung der historischen Errungenschaften des Sozialismus« der absolute Vorrang vor der Souveränität der einzelnen sozialistischen Länder einzuräumen ist.

Diese neue Auffassung wurde zum erstenmal direkt in dem Brief formuliert, den die Warschauer »Fünf« – UdSSR, DDR, Ungarn, Polen und Bulgarien – Mitte Juli 1968 an die KPTsch richteten. Die kommunistischen Parteien seien nicht nur ihrer eigenen Arbeiterklasse gegenüber verantwortlich, sondern auch gegenüber der internationalen Arbeiterklasse, der internationalen kommunistischen Bewegung, und sie könnten sich dieser Verpflichtung nicht entziehen. (19)

Eines der Ziele – wenn nicht sogar das Hauptziel – der Preßburger Konferenz vom 3. August 1968 war es, die widerspenstigen tschechoslowakischen Parteiführer und Regierungsmitglieder zum Eingeständnis zu bringen, daß »die Verteidigung der Errungenschaften des Sozialismus in jedem sozialistischen Land die gemeinsame Angelegenheit aller Länder dieses Systems ist«, was nichts andres hieß, als daß die sozialistischen Verbündeten das Recht zur Intervention hätten, wenn sie die Lage in einem Bruderland (wie in der Tschechoslowakei mit ihrem neuen Kurs) für unvereinbar mit ihren Interessen hielten. (20) Diese Anmaßung wurde noch durch folgende Stelle in der gleichen Erklärung unterstrichen: »Die Bruderparteien stellen sich fest und entschlossen in unerschütterlicher Solidarität und mit größter Wachsamkeit gegen die Umtriebe des Imperialismus und aller antikommunistischen Kräfte, die die führende Rolle der Arbeiterklasse und der kommunistischen Parteien schwächen wollen. Sie werden niemals und niemandem gestatten, einen Keil zwischen die sozialistischen Staaten zu treiben.« (21)

Nach der Intervention bemühte sich die Sowjetpresse sehr, um glaubhaft zu machen, daß die Verbündeten mit der Besetzung der Tschechoslowakei nur ihren gemeinsam in Preßburg eingegangenen Verpflichtungen nachgekommen seien. Sowjetische Ideologen vollbrachten kasuistische Kunststücke, um zu beweisen, daß die vom Vertrag von Warschau garantierten Grundsätze der Souveränität, der Wahrung der Unabhängigkeit usw., die von der Preßburger Erklärung erneut bestätigt wurden, vom »Klassen«standpunkt aus interpretiert werden müßten, das heißt, daß »es in einer Klassengesellschaft kein klassenloses Recht gibt« (Welche Klasse? könnte man fragen) und daß die »Fünf« gegen eine kommunistische Partei interveniert hätten, die »den Interessen der anderen Parteien nicht Rechnung getragen und sich von ihren internationalen Verpflichtungen entfernt hat«. (22)

Die Chinesen waren zwar die ersten, aber keineswegs die einzigen, die den »züchtigen« marxistisch-leninistischen und internationalistischen »Schleier« zerrissen, den die Sowjets und ihre Interessenpartner über eine brutale Handlung breiten wollten, die die Weltmeinung mit seltener Einstimmigkeit als nackte Aggression empfand. Diesmal erschien Tschu En-lais Analyse der Ereignisse sogar denjenigen einzuleuchten, die die oft entstellenden Vereinfachungen, die dem maoistischen Denken eigen sind, ablehnen. »Die Sowjetführung«, sagte der Ministerpräsident Volkschinas am 23. August 1968 in der rumänischen Botschaft in Peking (ohne die geringste Einwendung der Gastgeber), »hat sich genauso wie Hitler bei seinem Angriff auf die Tschechoslowakei und wie der amerikanische Imperialismus in seinem gegenwärtigen Angriff auf Vietnam benommen ... Die Sowjetführung«, fügte er noch hinzu, »ist schon lange in Sozial-Imperialismus und Sozial-Faschismus ausgeartet.« (23)

Die Sowjets haben, um die tschechoslowakische sozialistische Demokratie zu zerschmettern und ihre Führer zu demütigen, tatsächlich Methoden angewandt, die an die Hitlers 1938 und 1939 erinnern. In Erinnerung an das Münchner Abkommen und seine Folgen haben die jungen Tschechen und Slowaken Hakenkreuze auf die sowjetischen Panzer und Lkws gemalt. Die sowjetische Politik von 1968 zeigt teilweise eine frappierende Ähnlichkeit mit der Politik des Reichs: Versuche, die Tschechen und Slowaken zu trennen; Drohung mit der Aufspaltung des Landes durch die Schaffung einer unabhängigen Slowakei; Appelle an die 5. Kolonne; Heranziehen der Ungarn und Polen neben den Ostdeutschen zur Besetzung eines Landes, gegen das sie einen alten Groll hegen; Drohung mit Militärverwaltung und Protektorat; schließlich noch die durch das Wort »antizionistisch« kaum verschleierte antisemitische Demagogie, die sich bereits in Polen bewährt hat. (24)

Man könnte bei der Suche nach Analogien noch weiter gehen und den unmittelbar nach der Besetzung der Tschechoslowakei auf Rumänien und Jugoslawien ausgeübten Druck als eine Wiederholung der Expansionsbestrebungen des Hitlerreiches auf dem Balkan betrachten. Werden nicht auch dort die antirumänischen Ressentiments der Ungarn (wegen Siebenbürgens) und antijugoslawischen Ressentiments der Bulgaren (wegen Mazedoniens) ausgenützt? (25) Mir scheint, daß diese Analogien nicht zufällig sind, sondern daß der deutsche Imperialismus im russischen Imperialismus aufgegangen ist. Die Tatsache, daß das erste Opfer dieser Fusion ein Land gewesen ist, dessen Bürger sich seit langem als die Brüder und privilegierten Schützlinge der UdSSR wähnten, zeigt zwar, daß sich die Gegensätze im Sowjetimperium verschärft haben, aber auch, daß der Kreml mit seinen militaristischen und »nationalsozialistischen« (laut Peking: »sozialimperialistischen«) Mitteln wieder einmal den Sieg davongetragen hat.

Was immer man darüber auch gesagt haben mag, die militärische Intervention in der Tschechoslowakei läßt sich vernünftig nicht mit realen Staatsinteressen erklären, mit einer wirklichen Gefahr, die Tschechoslowakei zu »verlieren«. Die wirkliche Gefahr, die die Tschechoslowakei Dubčeks darstellte, war, daß sie die Privilegien der bürokratischen und antiliberalen Regimes der UdSSR, Polens und Ostdeutschlands in Frage stellte. Die Intervention in der Tschechoslowakei konnte nur als Panik erklärt werden; sie war eine Flucht nach vorn, in die Willkür und Gewalttätigkeit, die Flucht der bürokratischen Klasse, die die Sowjetunion regiert und auf die die Bürotechnokraten Ostdeutschlands in den sechziger Jahren zunehmend Einfluß gewonnen haben. (26)

Eine reaktionäre Macht

1888 hatte Friedrich Engels die Meinung vertreten, daß die Zerstörung der österreichisch-ungarischen Monarchie eine Katastrophe für die europäische Zivilisation wäre, wenn sie vor dem Triumph der russischen Revolution erfolgte. Dreißig Jahre später schien der Zerfall der Monarchie diese Prophezeiung zu bestätigen. Folgte er nicht der russischen Revolution und dem Zusammenbruch des Zarenreiches auf dem Fuß? Auf den Ruinen der Monarchie begannen die Völker Mittel- und Osteuropas ein unabhängiges Leben zu leben. Aber der prekäre Charakter dieser Unabhängigkeit machte sich schon in den dreißiger Jahren bemerkbar, als Hitlerdeutschland in bezug auf den Donauraum und den Balkan seine Lebensraum-Forderungen anmeldete.

Die Beteiligung der Sowjetunion am großen Kampf gegen Hitler hat die meisten Europäer die Tatsache vergessen lassen, daß der großrussische Imperialismus nach Revolution und Bürgerkrieg unter dem ideologischen Deckmantel des Marxismus-Leninismus wiedererstanden und am Vorabend des Zweiten Weltkrieges nur allzu geneigt gewesen ist, sich mit dem deutschen

Imperialismus in die Beherrschung des Donau- und Balkanraumes zu teilen. Später, nach der alles zerstörenden Einmischung Stalins 1948 bis 1953, ließ Chruschtschow – trotz der Affäre Ungarn, die zur Not als historischer Unfall interpretiert werden kann – die Hoffnung auf eine Liberalisierung des Sowjetsystems keimen, die wiederum eine Entsatellitisierung ermöglichen würde.

Die tschechoslowakische Tragödie hat diese Hoffnungen zunichte gemacht. Diesmal hat die Sowjetunion ihre Gewalt nicht gegen ein Volk eingesetzt, das – wie die Ungarn 1956 – sich seines kommunistischen Regimes hätte entledigen wollen, sondern gegen eine kommunistische Partei und Regierung, die sich das Ziel gesteckt hatten, die politische und wirtschaftliche Struktur zu erneuern und den Mechanismus des Bündnisses zu verbessern. Die Affäre Tschechoslowakei hat enthüllt, daß der sowjetische Hegemonismus für die Entfaltung der in der Herrschaftssphäre der UdSSR liegenden Länder ein Hindernis und eine Gefahr darstellt, die beide nicht minder groß sind als der zaristische Expansionismus und Interventionismus des 19. und der nazistische Imperialismus des 20. Jahrhunderts. Der exkommunistische Schriftsteller Claude Roy hat vielleicht am radikalsten »die Lehre aus den Tatsachen« gezogen: »Der Sowjetstaat ist ... weder sozialistisch noch ein Volksstaat, weder demokratisch noch revolutionär, verbreitet, wie Bertolt Brecht schrieb, einen penetranten Gestank ... Eine oligarchische Regierung, eine Bürokratie von Privilegierten, identifiziert die Interessen ihrer Kaste mit dem nationalen Interesse und dem Wohl des Volkes ... Der Sowjetstaat ist nur die plumpe Karikatur des sozialistischen Projektes; das den sogenannten ›Volks‹demokratien vorgeschlagene berühmte sowjetische Modell hat genau den Wert des berühmten Prokrustesbettes ... da, wo die marxistischen Arturo Ui, die Breschnjew oder Gretschko heißen, vorübergehen, wächst kein sozialistisches Gras mehr.« (27) Nach den Völkern der Volksdemokratien, die schon so viele Jahre die bittere Erfahrung machen, haben nun auch die Kommunisten und Progressiven des Westens zu verstehen begonnen, daß das von der Sowjetunion in die Länder Mittel- und Osteuropas getragene System die Benennung »sozialistisch« zu Unrecht trägt.

2. Nationales Erwachen

»Ein Gespenst geht um in der Welt – das Gespenst des Nationalismus«, schrieb Pierre Hassner in einer exzellenten Studie über »Nationalismus und internationale Beziehungen«. (1) Diese Feststellung gilt für die Oststaaten genauso wie für die Entwicklungsländer und mehr als für den Westen. Das Abbröckeln des internationalistischen Mythus, das ansteckende Erwachen des Nationalgefühls, die Unabhängigkeitsbestrebungen, die von Budapest bis Tirana, von Bukarest bis Prag reichen, werfen nicht nur für die hegemonistische Macht, die nach 1966 mit immer größerer Nervosität und Versteifung darauf reagierte, sondern auch für die Parteien, Regierungen und Völker der Volksdemokratien Probleme auf. Es geht um Verhalten und Ideologie der Kommunistenführer, die dem bürgerlich-nationalen Erbe gegenüber neu Stellung beziehen müssen; es geht um die Beziehungen der Nationalitäten untereinander und schließlich um die in diesen Ländern lebenden Minderheiten.

Die kommunistischen Staaten, das nationalistisch-bourgeoise Erbe und die Idee einer Föderation

Das nationale Erwachen äußerte sich in den Oststaaten vor allem in einer Rückkehr zur Tradition, zur nationalen Geschichte. Diese Rückkehr zu den Quellen, die eine verständliche Reaktion auf die Uniformierung und die Russifizierung der Jahre 1948 bis 1953 war, wirkte sich in einer Wiederbelebung nicht nur der nationalen Werte, sondern auch der ehemaligen Rivalitäten aus und der Suche nach geeigneten Mitteln zu deren Beilegung.

Die kommunistischen Staaten Mittel- und Osteuropas haben

die Nachfolge jener bourgeoisen und nationalistischen Staaten angetreten, die angeblich aufgrund des Wilsonschen »Selbstbestimmungsrechtes« in den Verträgen von Versailles und Trianon 1919 bis 1920 gebildet worden waren. Ungarn war der große Leidtragende, da es zwei Drittel seines historischen Territoriums an die Tschechoslowakei, Rumänien und Jugoslawien verloren hatte, die fortan mit dem Problem starker ungarischer Minderheiten belastet waren. Während der Zwischenkriegszeit kristallisierte sich das Nationalgefühl der Ungarn immer mehr um die Forderung nach einer Revision der »ungerechten Verträge«. Auch die ungarischen Kommunisten konnten sich schwerlich dem Druck dieser einmütigen Forderung entziehen. Unmittelbar nach dem Zweiten Weltkrieg erhofften Rákosi und Gerö einige Grenzkorrekturen ähnlich der, die Horthy 1940 dank Hitlers Schiedsspruch auf Kosten der Slowakei und Rumäniens zugestanden erhalten hatte. Diese Hoffnungen erschienen insofern begründet, als die Russen und die Kommunistische Internationale die territorialen Bestimmungen der Verträge von 1919/20 immer als ungerecht bekämpft hatten. Aber 1945 erklärte sich Stalin – nach der Annexion Bessarabiens und der Karpato-Ukraine – mit den bestehenden Grenzen zufrieden, und die Westmächte zeigten sich auch nicht bereit, den ungarischen Argumenten nachzugeben. Daher sah Osteuropa, diesmal aber unter der Ägide der UdSSR, territorial fast wieder so aus wie in der Zeit vor 1938. Die ungarischen Kommunisten mußten sich dem *Fait accompli* beugen; sie standen der Ausweisung Zehntausender Landsleute aus der Slowakei ohnmächtig gegenüber, die kollektiv für das Verhalten der ungarischen Truppen während des Krieges verantwortlich gemacht wurden; sie mußten auch hilflos zusehen, wie ihre Landsleute in Siebenbürgen schikaniert wurden.

Auch im 19. Jahrhundert waren die Ungarn, die als erste die Fahne der nationalen Unabhängigkeit gegen Österreich gehißt hatten, die großen Verlierer. (2) 1849 war der Kampf Kossuths um ein unabhängiges und liberales Ungarn von den Streitkräften des Kaisers von Österreich und des Zaren mit Unterstützung von Tschechen, Slowaken, Rumänen und Kroaten niedergeschlagen worden, die in Kossuth nur den Vertreter des »Herrenvolkes« sahen, das sie sozial und national unterdrückte. 1919 ließen

Tschechen und Rumänen mit Hilfe der Entente den von Lenin gutgeheißenen Versuch des Kommunisten Béla Kun scheitern, sein Land durch die Umwandlung in eine Sowjetrepublik vor der Zerstückelung zu retten. 1945 wurden die Ungarn erneut geschlagen, als sie, wie schon erwähnt, aus Siebenbürgen und der Südslowakei vertrieben wurden. Und 1956 waren sie wieder die Besiegten: Der von dem Nationalkommunisten Imre Nagy geleitete Aufstand für die Unabhängigkeit wurde von der Roten Armee niedergeschlagen – unter dem Applaus der Nachbarregierungen, die fürchteten, nicht nur von dieser liberalen Tendenz erfaßt, sondern auch ein Opfer des zunehmenden territorialen Revisionismus der Madjaren zu werden.

Diese zahlreichen Wunden haben das ungarische Nationalbewußtsein in einen tiefen Pessimismus getrieben, der seinen Niederschlag in der zeitgenössischen Literatur (siehe das Werk Gyula Illyés') findet und sich in einer Bevölkerungsabnahme äußert, die die Behörden und die intellektuelle Elite in Sorge versetzt. (3) Diese Wunden erklären auch die Verwirrung Kádárs und seiner Genossen angesichts des nationalen Erwachens der Nachbarvölker – eines Erwachens, das vor allem bei den Slowaken und Rumänen antiungarische Züge angenommen hat. Im Gegensatz zu den Führern der anderen Volksdemokratien können die ungarischen Politiker, die das Handikap der Erinnerungen an 1956 tragen, das Nationalgefühl ihres Volkes nicht ausnützen, um an Popularität zu gewinnen, da der ungarische Nationalismus zu eng mit Antisowjetismus und den gegen die Nachbarn gerichteten Forderungen verbunden ist. In den im sozialistischen Lager und der internationalen kommunistischen Bewegung von den »nationalistischen« chinesischen, albanischen, rumänischen und tschechoslowakischen »Häresien« angeregten Debatten haben die ungarischen Vertreter eine »internationalistische«, gewagt prosowjetische Haltung eingenommen. Damit haben sie sich ebenso nachdrücklich gegen ihre »nationalistischen« Nachbarn gestellt, wie das Ungarn Horthys sich gegen die Tschechoslowakei Beneš', das Rumänien Titulescus und das Jugoslawien König Alexanders gestellt hatte. (4)

Dadurch daß Kádár den Nationalismus und Chauvinismus der anderen Ostregierungen bekämpfte, entledigte er sich der

Schuld, die er 1956 der Schutzmacht gegenüber auf sich geladen hatte. (5) Aber selbst die Historiker und Schriftsteller, die als authentische Sprachrohre des Nationalgefühls betrachtet werden, sind der Meinung, daß die Rettung für die Ungarn in der Überwindung des hochmütigen und ausländerfeindlichen Nationalismus der Vergangenheit liegt (was sie aber nicht mit der Unterwerfung unter eine hegemonistische Macht verwechselt sehen wollen). Diese Anschauung versuchten die ungarischen Delegierten auf den Historikerkonferenzen der Jahre 1964 bis 1968 ihren Kollegen der anderen Oststaaten verständlich zu machen. Sie regten »die Selbstkritik jeder Nation am eigenen Chauvinismus« an und traten dafür ein, »nicht nur das reaktionäre bourgeoise Erbe des Krieges zu liquidieren ... sondern auch die nationalistische Kurzsichtigkeit des demokratischen bourgeoisen Erbes«.

Für die Slowaken und Rumänen war die ungarische Revolution von 1848 eine »vom Chauvinismus infizierte Revolution«. Die Slowaken nämlich stellten Kossuth, der für die Ungarn Vorkämpfer und Symbol des liberalen Nationalismus war, L'udevít Štúr, den Begründer des slowakischen Nationalismus, gegenüber, dessen 150. Geburtstag die Slowakei 1965 groß feierte. Enttäuscht von Kossuth, für den es politisch überhaupt keine Slowaken gab, hatte sich Štúr mit Wien gegen die ungarische Revolution verbündet. Die Ungarn berufen sich auf Marx und Engels, die den Kampf Kossuths unterstützt und die Slawen verdammt haben, weil sie mit dem reaktionären Österreich gemeinsame Sache machten. Die slawischen und rumänischen Historiker haben aber nicht ohne Grund hervorgehoben, daß sich Marx und Engels, die über den aristokratischen und herrschsüchtigen Charakter selbst der liberalsten Ungarn falsch informiert waren, geirrt hatten. Die Diskussionen, die in der Presse fortgesetzt wurden, haben an »nie verheilte Wunden« gerührt und den »gleichsam mythologischen Haß« der Slowaken gegen ihre einstigen Herren neu entfacht. (6)

Der Streit griff schnell auf die Probleme der Revolution von 1848 über, und schließlich ging es um den Zusammenbruch der österreichisch-ungarischen Monarchie. Die ungarischen Historiker warfen die Frage auf, ob man nicht im Lichte der Erfahrungen der letzten fünfzig Jahre »die Zerstörung der Integrationsfaktoren« der alten Monarchie als Fehler betrachten müsse. Wäre es für die Sicherheit und Unabhängigkeit der Völker nicht besser gewesen, anstatt unabhängige, voneinander getrennte bourgeoise Staaten zu schaffen, das Imperium durch eine Föderation zu ersetzen? Das war, wie im vorigen Kapitel gesagt, nicht nur eine theoretische Frage, sondern für die osteuropäischen Völker eine Frage der Existenz. Als Antwort erinnerten die ungarischen Historiker daran, daß die Idee einer Föderation nicht allein von österreichischen und ungarischen Liberalen und Sozialdemokraten wie Otto Bauer und Oszkár Jászi befürwortet worden war, sondern daß Lenin selbst im November 1918 gehofft hatte, daß es den Nationalitäten der Monarchie gelingen werde, ihre Kontroversen beizulegen, und sie gemeinsam für eine sozialistische Donauföderation kämpfen würden.

Diese Reminiszenz der Ungarn hat offensichtlich einiges Verständnis bei den Sowjets gefunden. So meinte Professor Turok mit dem Hinweis auf die föderalistische Lösung der Bolschewiken, die der »Zersplitterung« des Zarenimperiums zuvorgekommen seien, daß die Zerteilung Österreich-Ungarns mehr Probleme geschaffen als gelöst habe. Bei den Sowjets errät man aber nur allzu leicht, daß sie sich des Namens Stalin und des föderalistischen Prinzips nur in der Absicht bedienen, die Neonationalismen zu bekämpfen, die die Hegemonie der Russen in Gefahr bringen. Bei den Ungarn hingegen spiegelt die übrigens wesentlich vorsichtigere Verwendung des Wortes Föderalismus die tiefe Hoffnung auf eine Lösung wider, die dem ungarischen Patriotismus ein Ziel gäbe, ohne daß dadurch Argwohn und Feindseligkeit der Nachbarn erregt würden.

Diese Idee war und ist bei den Intellektuellen Ungarns jedenfalls so stark verbreitet, daß sich auch die Führer dafür interessieren mußten, die die Idee von der Zusammenarbeit im Donauraum sehr vorsichtig in Umlauf brachten. Die Gelegenheit dazu hatte das politische Tauwetter zwischen Budapest und Wien im Anschluß an den Besuch des österreichischen Außenministers Kreisky gegeben. Kurz danach sprach Kádár vor jungen Kommunisten von der »Schicksalsgemeinschaft der Nationen des Donauraums, die sich vereinigen oder gemeinsam zugrunde gehen müssen«. 1965 schlug der ungarische Außenminister János

Péter in Wien eine Gipfelkonferenz der Donaustaaten vor. Zwei Jahre später wurde Bundeskanzler Klaus mit außergewöhnlicher Herzlichkeit in Budapest empfangen. Die ungarische Presse billigte vorbehaltlos seine Erklärung, daß die Zusammenarbeit im Donauraum »eine wichtige Vorbedingung für die europäische Zusammenarbeit vor allem auf wirtschaftlichem Gebiet« sei. (7)

Ein halbamtlicher Sprecher, Tibor Pethö, griff die Idee Klaus' auf, bekräftigte, daß »der Weg eines europäischen Sicherheitssystems über die Errichtung regionaler Gruppen zur Zusammenarbeit führt«, und schlug eine engere Zusammenarbeit zwischen den Donaustaaten Österreich, Tschechoslowakei, Ungarn und Jugoslawien im Rahmen der Donaukommission vor, der Österreich 1960 beigetreten war. Diese Kommission beschränkt ihre Tätigkeit nicht auf die technischen Probleme der Schiffahrt, sondern hat auch einige große Projekte wie den Rhein-Main-Donau-Kanal, den Donau-Oder-Kanal oder ein Schleusensystem am Eisernen Tor ausgearbeitet.

Das Ziel der ungarischen Initiative war klar: Heraus aus der Isolierung und die Öffentlichkeit zufriedenstellen, die wegen der passiven Haltung der Regierung ungeduldig war. (8) In einer Debrecziner Zeitung konnte man lesen: »In unserem Land war jede Erwähnung einer Zusammenarbeit im Donauraum während mehr als zehn Jahren wegen der dogmatischen Vorurteile und der angeblich antisowjetischen Spitze der Idee tabu ... Es ist Zeit, davon abzurücken.« (9) Das Buch eines Historikers über die Föderationsprojekte der Vergangenheit war ein ebenso großes politisches Ereignis wie die Veröffentlichung der Memoiren des Grafen Károlyi, die lange Zeit verboten waren und aus denen die neue Generation erst von den Bemühungen dieses Staatsmannes um die Annäherung der Völker des Donauraums erfuhr. (10)

Nichts zeigt das beständige Mißtrauen der Oststaaten besser als das geringe Echo, das der ungarische Appell dort gefunden hat. Der Besuch Kádárs bei Novotný im Oktober 1967 ließ zwar die Beziehungen zwischen den beiden Ländern als »nicht getrübt« erscheinen, aber man rührte nicht an die Donauidee. Zu dieser Zeit hatte für die Tschechen die Verstärkung der »Nordflanke« des Warschauer Paktes durch eine engere Zusammenarbeit mit Polen und Ostdeutschland noch den Vorrang. Nur ein alter slowakischer Historiker, Daniel Rapant (Nichtkommunist und seit 1949 ohne Lehrstuhl), brach eine Lanze für »ein föderalistisches und neutralisiertes Donauimperium« – als Kompensation und Gegengewicht gegen ein wiedervereintes Deutschland, das er auch neutralisiert haben wollte. (11) Für die große Mehrheit der offiziellen Historiker und Ideologen der Oststaaten war bis 1968 die Errichtung der unabhängigen Staaten auf den Ruinen der Monarchie eine absolute Notwendigkeit. Die Föderalisierung der Donaustaaten erschien ihnen als ein »Hirngespinst«. Erst nach dem Schock, den die Tschechoslowakei im Sommer 1968 erlitten hatte, drang die föderalistische Idee vor. Publizisten wie Budin, der Leiter des »Reportér«, und Historiker wie Karel Bartošek machten dann den Vorschlag, die Föderalisierung bis zu einer Balkan-Donau-Föderation auszudehnen.

Man braucht kein Prophet zu sein, um diesem Konzept eine große Zukunft vorauszusagen trotz des Sieges des sowjetischen Hegemonismus 1968. Führt der Weg Ost- wie Westeuropas zu Unabhängigkeit oder minimaler Abhängigkeit gegenüber den Supermächten nicht notwendigerweise über regionale Zusammenarbeit und Zusammenschluß? Tito und Dimitrow hatten dies bereits 1947 erfaßt, aber nach dem brutalen Abwürgen ihres Föderationsversuches wachte der Kreml nach dem alten Grundsatz *divide et impera* darüber, daß die Volksdemokratien voneinander getrennt blieben. »Einerseits«, schrieb der Tscheche V. Kotyk, Autor der bisher besten im Osten erschienenen Arbeit über die Entwicklung des sozialistischen Lagers, »wurden die Beziehungen zwischen den Volksdemokratien und der UdSSR intensiviert, andererseits entstand eine Art Isolationismus, ein Provinzialismus der Volksdemokratien.« (12) 1948 hatte die UdSSR alle kommunistischen Länder zum Boykott Jugoslawiens aufgerufen. 1956 zollten Tschechen, Slowaken und Rumänen der sowjetischen Intervention in Ungarn Beifall; Ostdeutsche und Tschechen drückten ihr Mißfallen am nationalen Erwachen der Polen aus; nach 1958 taten sich besonders Bulgaren und Albaner bei der neuen antijugoslawischen Kampagne hervor. 1963 wurde die rumänische Politik von Ostdeutschen und Bulgaren offen verurteilt, von Tschechen und Ungarn etwas zurückhaltender; im August 1968 schließlich nahmen Ostdeutschland, Polen, Ungarn und Bulgarien an der militärischen Intervention gegen die Tschechoslowakei teil, und dies trotz (oder wegen) der Sympathien, die das tschechoslowakische Experiment in weiten Kreisen ihrer Bevölkerung genoß.

Aber obwohl die Sowjetunion für das Voneinander-getrennt-Sein eintrat, konnte man jetzt — abgesehen von der schüchternen »Donauinitiative« — auch Anzeichen einer Kontaktaufnahme, von Solidarität bemerken, beispielsweise die rumänische Anregung zur Zusammenarbeit auf dem Balkan und die spektakuläre, wenn auch nur sehr kurzlebige rumänisch-jugoslawische Annäherung im Sommer 1968.

Der im August 1954 von Jugoslawien, der Türkei und Griechenland unterzeichnete Balkanpakt war nicht von langer Lebensdauer. Er diente dem zu dieser Zeit durch die sowjetische Blockade isolierten Jugoslawien nur als momentaner Ausweg, um sich eine Verbindung zum Atlantikpakt zu sichern. Sofort nach der Versöhnung Jugoslawiens mit der Sowjetunion waren die militärischen Aspekte des Paktes nicht mehr von großer Bedeutung, und Anfang 1959 hörte er praktisch auf zu existieren.

Mittlerweile hatten die Rumänen die Initiative ergriffen. Der Appell des Außenministers G. Stoica zu einer Annäherung auf dem Balkan (1957) erfolgte ebenso wie der Rapacki-Plan im Rahmen der sowjetischen Friedensoffensive und war daher nicht wirksam. Das gleiche gilt für den Plan Stoicas — der Balkan als atomwaffenfreie Zone —, der 1959 wieder aufgegriffen wurde und dessen großer Fürsprecher bei den Vereinten Nationen 1960 der Bulgare Schiwkow war.

Aber seither hat sich die Lage sowohl im Osten — Emanzipation der rumänischen Politik — wie im Westen — Nachlassen der atlantischen Disziplin — geändert. J. Djerdja, ein einflußreiches Mitglied der jugoslawischen Führung, hat festgestellt, daß »die nationale und politische Emanzipation Bedingungen schafft, die bessere Beziehungen zwischen Staaten mit verschiedenen Systemen erlauben«. (13) Da die Jugoslawen ihre Aufmerksamkeit inneren Schwierigkeiten widmen mußten, wirkten die Rumänen am aktivsten. Nach dem Regierungsantritt

Ceauşescus (1965) wurden die Kontakte zwischen Bukarest und Sofia intensiviert. Gleichzeitig gestalteten sich auch die Beziehungen zwischen Sofia und Belgrad und zwischen Bukarest und Belgrad herzlicher, und Bulgaren wie Rumänen vergaßen ihre Feindschaft gegen Türkei und Griechenland. Unter diesen Bedingungen fand die Aufforderung Ceauşescus, aus dem Balkan eine »Zone des Friedens« zu machen, ein ganz anderes Echo als früher. Der rumänische Parteichef sagte im August 1966 in Sofia, die Geschichte habe gezeigt, daß die so oft von den imperialistischen Mächten ausgebeuteten Balkanvölker zusammenarbeiten müßten. War das nicht die Idee eines Titulescu, eines Nicola Iorga, deren Namen die Bukarester Presse immer öfter und voller Achtung brachte, die Idee vom »Balkan den Balkanvölkern«?

Parallel zu ihren diplomatischen Bemühungen taten sich Rumänen, Bulgaren und Jugoslawen auch zusammen, um das Komitee für Zusammenarbeit und gegenseitiges Verständnis der Balkanvölker zu reaktivieren. Dieses nach dem Krieg gegründete Komitee ist übrigens das einzige Organ, zu dem die Albaner ihre Beziehungen nicht abgebrochen haben. Im Juni 1964 beschloß eine Schriftsteller-Versammlung die Gründung eines Balkanverbandes der Schriftsteller und die Herausgabe einer gemeinsamen Zeitschrift. Im Dezember 1965 fand in Bukarest ein Treffen von Balkanjournalisten statt. Seither nehmen Treffen aller Art – Mediziner-, Wissenschaftler-, Sportlertreffen – ständig zu. (14) 1967 machten sich die ersten Anzeichen eines »Tauwetters« zwischen Albanern und Jugoslawen bemerkbar. 1968, nach den Ereignissen in der ČSSR, führte die Gefahr einer sowjetischen Intervention auch auf dem Balkan trotz der ideologischen Divergenzen und der fortdauernden territorialen Streitigkeiten zu einer Annäherung der beiden Länder.

Die neuerliche Ausrichtung Bulgariens auf die Sowjetpolitik hat freilich, besonders gegen Ende 1967 – wie der Staatsstreich in Griechenland –, gezeigt, wie schwach die Bande der Solidarität der Balkanländer waren. Zum 90. Jahrestag der Unterzeichnung des Vertrages von San Stefano (durch den Großbulgarien ganz Mazedonien erhielt) hat die (ferngelenkte) bulgarische Presse die Polemik gegen Jugoslawien wieder aufleben lassen. Der sowjetische Druck auf die Tschechoslowakei ab März 1968 schuf eine Situation, die die Fronten der Zwischenkriegszeit erkennen ließ: auf der einen Seite eine neue Kleine Entente zwischen der Tschechoslowakei, Rumänien und Jugoslawien, die zögernd Unterstützung im Westen suchte; auf der anderen Seite die ehemaligen Satelliten des Reichs nun unter dem Schutz des Kremls – die Ungarn und Bulgaren schlossen sich den Neupreußen Ostdeutschlands und dem von »roten Obersten« regierten Polen an, um mit Liberalismus und Revisionismus »das Gespenst des Nationalismus« zu bekämpfen, das zweifellos keine Wahnidee, sondern die bedeutendste Antriebskraft für die Entwicklung der Oststaaten ist. (15)

Nationalisierung der kommunistischen Parteien und Desavouierung der Komintern

Das »bourgeois-nationalistische« Erbe übernehmen, die nationalen Interessen wahren, aus den kommunistischen echt nationale Parteien machen – dies ist die Haupttendenz der kommunistischen Parteien des Ostens in dem hier behandelten Zeitraum. Die Kommunisten schrieben die Geschichte ihrer Partei um, indem sie auf Stalin, die Komintern und die Führer von damals die Verantwortung für all das abwälzten, was zur nationalen Meinung in Widerspruch gestanden war und sie als simple Agenten der Sowjets hatte erscheinen lassen.

Im November 1966 verurteilten in Belgrad polnische, tschechoslowakische und jugoslawische Historiker die ihren Parteien von der stalinistischen Komintern während des ersten Jahres des Zweiten Weltkrieges aufgezwungene Politik, die ihnen untersagt hatte, den Kampf gegen die faschistische Aggression aufzunehmen. (16) Die rumänischen Führer gingen noch weiter und verurteilten die Politik ihrer Partei schon in den Anfängen, als diese dem rumänischen Nationalismus ins Gesicht schlug und unter der Führung von Männern ungarischer (Elek Köblös 1924–1932) und bulgarischer Abstammung (Boris Stefanov 1932–1940) für die konsequente Anwendung des Grundsatzes der Selbstbestimmung und gegen die Diktatfriedensverträge kämpfte, obwohl diese Rumänien ja Bessarabien und Siebenbürgen eingebracht hatten. In einer aufsehenerregenden Rede am 7. Mai 1966 anläßlich des 45. Jahrestages der Gründung der Kommunistischen Partei Rumäniens stellte sich Ceaușescu feierlich gegen die Resolutionen des dritten, vierten und fünften Kongresses der Komintern, die »Rumänien zu Unrecht als typischen Vielvölkerstaat beurteilten, der durch die Annexion einiger ausländischer Territorien geschaffen wurde«. Die rumänischen Führer sind der Meinung, daß der Gehorsam gegenüber den »falschen« Direktiven der Komintern (die bis in Lenins Zeit zurückreichen) »die Partei von der Masse des Proletariats, von den Bauern, von den fortschrittlichen Intellektuellen isoliert... und somit gehindert hat, die Rolle des Vorkämpfers für die wahren nationalen Interessen des rumänischen Volkes zu spielen«. (17) Diese rückwirkende Selbstkritik, die im neuen »Handbuch der Parteigeschichte« und dann von der Resolution des Zentralkomitees vom 26. April 1968 erörtert wurde und durch die neunzehn während der großen stalinistischen Säuberungen in Rußland ermordete Führer sowie der Nationalkommunist Pătrășcanu – ein Opfer Gheorghiu-Dejs 1954 – rehabilitiert wurden, übte Ceaușescu für die Öffentlichkeit, um sie von der Aufrichtigkeit seiner Bekehrung zur nationalen Tradition zu überzeugen. Die Erinnerung an die von Moskau an der rumänischen Partei begangenen Verbrechen diente dazu, »den Abstand zu rechtfertigen, den man... zusehends von Moskau nahm«. (18)

Die gleiche Tendenz des Sich-rückwirkend-Lossagens findet man bei den polnischen Kommunisten, die ebenfalls die Komintern für die anfänglich »falsche Orientierung« der Parteipolitik verantwortlich machen. (19) Erfüllt von den Prinzipien Lenins und den Weisungen der Internationale gehorchend, haben die polnischen Kommunisten seinerzeit den Nationalismus Piłsudskis bekämpft und die Rückgabe Oberschlesiens, Pommerns und sogar Danzigs an Deutschland sowie der polnischen Ukraine an die russische Ukraine gefordert. Diese Haltung wird gegenwärtig als »sektiererisch« verurteilt. Die Warschauer Regierung, bemüht, den polnischen Nationalismus ausschließlich gegen Deutschland zu richten, ist stolz darauf,

»Polen jene Grenzen zurückgegeben zu haben, die es bei der Gründung des Staates hatte«. (20)

All diese Selbstkritik entbehrt nicht einer objektiven Grundlage. Die Politik der jungen kommunistischen Parteien der Oststaaten war von einem Internationalismus beeinflußt, der auf der Überzeugung beruhte, daß die proletarische Revolution automatisch die Quellen der nationalen Konflikte und Rivalitäten zuschütten werde. Die Unterschätzung der nationalen Gefühle und Ressentiments hat sicherlich dazu beigetragen, aus der polnischen und rumänischen Partei kleine Sekten zu machen. Aber an dem Elan, mit dem nach 1918 Kommunisten, Sozialisten und Demokraten darangingen, den zugleich konstruktiven und destruktiven Nationalismus hinter sich zu lassen, war nicht alles falsch. Die Faszination, die die bolschewistischen Gewaltmethoden auf die Kommunisten der Oststaaten ausübten, ihre Feindseligkeit gegenüber den Sozialdemokraten und den gemäßigten Demokraten hatten sie vom Rest der Nation ebenso, wenn nicht noch mehr als ihr internationalistisches Glaubensbekenntnis, getrennt. Es deutet einiges darauf hin, daß die kritische Überprüfung der Vergangenheit durch die Kommunisten, dieses »Zurück zu den Quellen«, zur Wiederentdeckung der internationalistischen, demokratischen und föderalistischen Traditionen ihres jeweiligen Landes führen wird. In der Tschechoslowakei, wo die KP, beeinflußt von der Komintern, von starrer Ablehnung des tschechoslowakischen Staates zum »Tschechoslowakismus« (Zentralismus) übergegangen ist, hat man am Vorabend des politischen Frühlings einen der Gründer der Partei, Bohumír Šmeral, rehabilitiert, der sich ab 1921 für eine föderative Organisation dieses mehrere Nationalitäten umfassenden Staates mit weitreichender Autonomie für die Slowakei und die Karpato-Ukraine ausgesprochen hatte. (21) Die zentralistische Ideologie, zu der Gottwald die KP angeregt hatte, war eine Quelle ständiger Schwäche; sie hatte den Ludaken (nationalklerikale Partei Hlinkas) ermöglicht, das Führungsmonopol der nationalen und autonomistischen slowakischen Bewegung einzunehmen. Sehen wir also, welche Folgen das nationale Erwachen auf die Vielvölkerstaaten im Innern gehabt hat.

Der Schock der Entstalinisierung brachte nicht nur den Gegensatz zwischen dem sowjetischen Hegemonismus und den nationalen Interessen der kommunistischen Staaten zutage, sondern auch den »Tschechoslowakismus« und den »Jugoslawismus«.

Die *Prager* Führer nach 1948 nutzten die Zentralisierungstendenzen des Kominform, um die von den Slowaken nach dem Aufstand von 1944 errungene Autonomie zunichte zu machen. 1949 bis 1950 wurde die slowakische Parteiführung von den als »Bourgeois-Nationalisten« bezeichneten Autonomisten »gesäubert«. Für die große Mehrheit der Slowaken, ob sie nun Kommunisten waren oder nicht, war diese Säuberung eine offenkundige Ungerechtigkeit, eine Verletzung des »Kaschauer Programms« von 1945, nach dem die neue Tschechoslowakei nicht eine Neuauflage der ČSR vor München werden sollte, sondern ein auf zwei gleichberechtigten Nationen begründeter Staat, ein Staat der Tschechen und der Slowaken.

Gewiß, die Slowakei zog große Vorteile aus der von Prag aus gelenkten Industrialisierung. Aus einem relativ unterentwikkelten Gebiet, wo die Landwirtschaft vorherrschte, verwandelte sie sich in eine Industrie- und Landwirtschaftsprovinz mit modernen Stahlwerken und Raffinerien und einer mächtigen mechanischen Industrie. Aber dieser Aufschwung hat in den Augen der Slowaken keineswegs das wettgemacht, was sie als Unterdrückung ihrer nationalen Identität betrachteten. Daher kamen die seit langem zurückgedrängten Ressentiments gegen Prag bei den ersten Anzeichen einer Lockerung 1963 zum Ausbruch. Die slowakische öffentliche Meinung forderte einstimmig die Rehabilitierung von Clementis, Husák, Novomeský und Šmidke, die Wiedererlangung der 1950 verlorenen Autonomie und die Abberufung der slowakischen Führer (Bacílek, Široký u. a.), die mit Prag gegen die autonomistische Strömung zusammengearbeitet hatten. Das Zögern Novotnýs brachte die Slowaken zur Verzweiflung. »Heute ist das Nationalbewußtsein in der Slowakei hypersensibel und irritiert«, schrieb ein Preßburger Journalist. (22) »Wir begegnen oft Mißtrauen und antitschechischen Vorurteilen dort, wo es diese vorher nicht gegeben hat.«

1964 wurde ein erster Schritt vorwärts getan, als die KP-Führung offiziell »die Individualität der Slowakei, ihr Recht auf Selbstbestimmung und freie nationale Entwicklung auf allen Gebieten« anerkannte. Aber das Problem war deswegen nicht gelöst. Der energischste Wortführer der autonomistischen Strömung innerhalb der slowakischen Partei, G. Husák, verlangte »die Schaffung staatlicher Institutionen zum Schutz der Kleinsten und Schwächsten vor Unterdrückung ... und zum Schutz vor der einseitigen Interpretation der Gleichheit und der diskriminierenden hegemonistischen Bemühungen der stärkeren Führernation«. (23) Die Slowaken gaben sich nicht mehr damit zufrieden, nur »den Posten eines Vizepräsidenten zu bekleiden und nur zu einem Drittel in der Verwaltung beteiligt zu sein«; sie wollten »absolut gleiche Partner sein, eine Nation, die noch in vielerlei Hinsicht ihre Individualität vervollkommnen muß«. (24) Die Forderungen dehnten sich auch auf die Wirtschaft aus: Die Slowaken machten geltend, daß ihr Agrarpotential noch lange nicht voll ausgenützt sei, da es an geeigneten Investitionen fehle und die Prager Planer der günstigen geographischen Lage der Slowakei nicht Rechnung getragen hätten. Die sowjetischen Rohstoffe seien näher und beträchtliche Reserven an Arbeitskräften vorhanden. (25)

Nach dem Sturz Novotnýs, der durch die Verbindung der slowakischen Autonomisten mit den tschechischen Progressiven bewirkt worden war, triumphierte die Bewegung über alle Schwierigkeiten. Die Ernennung des Slowaken Alexander Dubček, eines gemäßigten Anhängers der Föderalisierung, zum Parteichef, war eine Garantie für den Erfolg. Das ZK-Plenum beschloß im April 1968 einstimmig, die Verfassung von 1960 zu ändern und das Land »symmetrisch« neu zu bauen.

Unter symmetrischer Organisation verstand man die Schaffung »nationaler slowakischer und tschechischer Organe mit gleichem Auftrag, gleicher Auffassung und gleichem Statut«. Die Bundesversammlung sollte aus zwei Kammern bestehen — aus einer Volkskammer und einer Nationalitäten-Kammer, die gemäß dem Wortlaut des Föderalisierungsgesetzes vom Oktober 1968 die gleiche Zahl tschechischer und slowakischer Abgeordneter umfassen sollte. Das Land sollte drei Regierungen haben:

eine tschechische, eine slowakische und eine Bundesregierung, wobei die Ministerpräsidenten der nationalen Regierungen stellvertretende Ministerpräsidenten der Bundesregierung sein sollten. Die logische Folge dieser Änderung war der Aufbau einer tschechischen KP für Böhmen-Mähren, da die slowakische KP nach dem Januar 1968 praktisch autonom geworden war. (Bis dahin hatten die tschechischen Kommunisten zur tschechoslowakischen Partei gehört.)

Das war nun tatsächlich eine tiefgreifende Reform der Institutionen, ein totaler Bruch mit dem von der Sowjetunion offerierten zentralistischen Modell, das als Föderalismus getarnt war. Es ist daher verständlich, daß die Ausarbeitung der zukünftigen Verfassung, mit der paritätische Kommissionen betraut wurden und die die Presse genauestens verfolgte, im Frühjahr 1968 zu Spannungen zwischen Prag und Preßburg geführt hat. Tschechische Liberale warfen den Slowaken vor, vom nationalen Problem förmlich besessen zu sein und der Föderalisierung einen solchen Vorrang gegenüber der Demokratisierung einzuräumen, daß sich etliche ehemalige stalinistische Führer dank ihrem Anschluß an den Autonomismus Vasil Bil'áks an der Macht halten konnten. (26) Slowakische Wortführer, wie Vladimír Mináč und Laco Novomeský, die beide Freunde Husáks waren, antworteten mit Bitterkeit und erinnerten daran, daß sie die Entstalinisierung 1963 in Preßburg ausgelöst hätten. Außerdem warfen sie den tschechischen Liberalen vor, die Föderalisierung – die die einzige demokratische Lösung des nationalen Problems wäre – nur als »slowakische Angelegenheit« zu betrachten. (27)

Die Diskussion über Föderalisierung und Demokratisierung, die ein wiederaufkommender Antisemitismus komplizierte, führte ab April zu einer Spaltung der slowakischen Elite: Nach ihrem Bruch mit der fortschrittlichen Gruppe »Kultúrný život« gaben Novomeský und seine politischen Freunde eine noch nationalistischere und eher antiliberale Wochenzeitschrift heraus, deren Artikel die Moskauer »Prawda« bereitwillig abdruckte. (28) Im Sommer 1968 war dem Kreml jedes Mittel recht, um die antitschechischen und antiliberalen Ressentiments der slowakischen Autonomisten auszunützen, und die »Fünf von

Warschau« unterstrichen in ihrem Brief an die tschechoslowakische Führung, daß ihre Kritik sich nicht »auf die Regelung des Problems der Beziehungen zwischen Tschechen und Slowaken auf der gesunden Basis brüderlicher Zusammenarbeit im Rahmen der sozialistischen Republik der Tschechoslowakei« beziehe. Aber unter dem zunehmenden Druck, dann der sowjetischen Intervention scheint die Sorge um die Souveränität des Staates bei der Mehrheit der Slowaken die Oberhand über die partikularistischen Beschwerden und die Vorbehalte gegenüber dem neuen Kurs gewonnen zu haben. Der slowakische Parteikongreß, der Ende August in dem von den Russen besetzten Preßburg zusammentrat, entfernte den »Kollaborateur« Bil'ák aus der Parteiführung und wählte Gustav Husák an seine Stelle. Dies sah prosowjetisch aus, da Husák dem »Abkommen« von Moskau gegenüber eine offensichtlich realistischere Haltung als Dubček einnahm, aber er durfte selbst in dieser schwierigen Zeit die Meinung seiner Landsleute nicht außer acht lassen. Und diese verwarfen zum Großteil die Idee einer Prag gegenüber autonomen Slowakei, da diese dafür — analog der gegenüber Hitler »unabhängigen« Slowakei Tisos — ein Protektorat der Sowjetunion werden würde. »Die letzten vier Wochen (nach der Besetzung des Landes) haben den einmütigen Willen der Tschechen und Slowaken bewiesen, sich in einem gemeinsamen tschechoslowakischen Staat zu entwickeln«, erklärte am 18. September Čestmír Císař, der trotz der massiven Kritik der Russen Präsident des tschechischen Nationalrats blieb. Die Intervention der Fünf jedenfalls behinderte die Föderalisierungsbewegung nicht, sie beschleunigte sie sogar.

In *Jugoslawien* waren es ebenfalls Zentralisierungstendenzen, die die nationalen Konflikte wieder aufleben ließen. Die Kommunisten hatten dem Land nach dem Krieg zwar die Struktur einer Föderation verliehen, diese wurde aber von der äußerst zentralistischen Organisation von Partei, Polizei, Armee und den wichtigsten Wirtschaftssektoren behindert. Die Machtkonzentration in Belgrad — das zugleich die Hauptstadt der jugoslawischen Föderation und der Republik Serbien war — schien den Serben eine Vormachtstellung einzuräumen, obwohl die anderen Nationalitäten in den Regierungsorganen stark vertreten waren.

Im Sinne Titos hat der (vorwiegend serbische) »Jugoslawismus« den Föderalismus verdrängt, den Tito gern als Übergang betrachtete, der zur Fusion der Nationalitäten, zur Schaffung einer wirtschaftlich, politisch und kulturell geeinten jugoslawischen Nation führen sollte. (29) Noch 1963 verfocht Tito die Idee von der »integrierten jugoslawischen Kultur«. Die Führer des Bundes der Kommunisten (BKJ) in Laibach und Agram bekamen noch jahrelang den Druck der Intellektuellen zu spüren, die ihnen vorwarfen, die Interessen Kroatiens und Sloweniens nicht energisch genug gegen den Belgrader Zentralismus zu vertreten, der für sie eine neue, kaum verbesserte Version des »Jugoslawismus« König Alexanders war. (30)

Die Verschärfung des Nationalismus machte sich zuerst in der Wirtschaft bemerkbar. Auf der einen Seite beklagten sich Slowenen und Kroaten darüber, durch Planwirtschaft und keinerlei Einfluß auf die Verteilung der Investitionen in ihrer Entwicklung benachteiligt worden zu sein. Auf der anderen Seite warfen Bosnier, Mazedonier und Montenegriner den Kroaten und Slowenen vor, sie »auszubeuten«. (31)

Das Problem war insofern komplex, als sich das neue Jugoslawien aus zwei industriell und technisch ziemlich fortgeschrittenen (Kroatien und Slowenien) und aus vier effektiv unterentwickelten Republiken (Serbien [32], Bosnien-Herzegowina, Mazedonien und Montenegro) zusammensetzte. Die Führer des Landes bemühten sich, diese Ungleichheit nach und nach zum Verschwinden zu bringen, indem sie die relativ hochentwickelten Republiken zur Industrialisierung der unterentwickelten Gebiete heranzogen. Der Abstand zwischen den entwickelten und den rückständigen Republiken hat sich vielleicht verringert. (33) Aber die kroatischen und slowenischen Wirtschaftsfachleute sind der Meinung, daß – wegen der fehlerhaften Planung – dieser Fortschritt von ihren Ländern zu teuer bezahlt worden sei. In Montenegro, Mazedonien und Serbien seien viel zu viele Fabriken errichtet worden, während die kroatischen und slowenischen Spitzenindustrien stagnierten. Die Slowenen und Kroaten fühlten sich zugunsten der weniger entwickelten Schwesternationen ausgebeutet, deren oft nicht kompetente Führer einen bedeutenden Teil der ihnen zur Verfügung gestellten Kredite verschleuderten. (34) Dies ist der Hauptgrund, warum die kroatischen und slowenischen Politiker Bakarić und Kardelj zu Vorkämpfern der Wirtschaftsreform und der Dezentralisierung wurden, nach der die entwickelten Republiken frei über ihr Nationaleinkommen verfügen sollten, wenn sie ihren Beitrag für das Gesamtbudget und den Finanzierungsfonds geleistet hätten. Aber die von den Kroaten und Slowenen geforderte wirtschaftliche Dezentralisierung war ohne politische Dezentralisierung kaum durchführbar. Ein großer Teil der Serben, der hinter Ranković stand, betrachtete aber die kroatisch-slowenischen Projekte als Bedrohung der Position Serbiens. 1966 fehlte nicht viel, und der Kampf für und gegen die Reform wäre in einen nationalen Konflikt ausgeartet. Es kam damals nicht dazu; das bedeutete einen großen Erfolg für Tito, aber auch für Kardelj und Bakarić, denen es gelungen war, Ranković aus dem Feld zu schlagen und die fortschrittlichsten Serben für ihre Sache zu gewinnen.

Bakarić und Kardelj wußten sehr wohl, daß ein antiserbisches Jugoslawien genausowenig lebensfähig sein würde wie es das antikroatische Jugoslawien der Vorkriegszeit gewesen war. Ihr Ziel war laut Bakarić »die Föderalisierung der Föderation«. Um dieses Ziel zu erreichen, glaubten die kroatischen und slowenischen »Liberalen« an zwei Fronten kämpfen zu müssen: gegen den zentralisierenden Jugoslawismus (auch Unitarismus genannt) und gegen die separatistischen Strömungen. Daraus erklärt sich die heftige Reaktion der kroatischen Partei auf das im März 1967 von den Schriftstellern und Intellektuellen veröffentlichte Memorandum, worin die vollständige Trennung der kroatischen von der serbischen Literatursprache gefordert wurde. Gegen die Urheber dieses Memorandums, das eine Welle der Empörung in Serbien ausgelöst hatte, wurden Sanktionen ergriffen. Bakarić war nicht damit einverstanden, daß die Intellektuellen über seinen Kopf hinweg, unabhängig von Partei und Regierung, handelten und das Tempo nicht einhielten, das er der Entwicklung diktieren wollte. Einige Monate später, anläßlich der Gespräche über die Umgestaltung des BKJ und die Einberufung der Parteikongresse der Republiken 1968 – vor dem Gesamtkongreß –, wollten die kroatischen und slowenischen Führer die Kompetenzen der Republiken sehr erweitern, ohne die Grundlagen der Föderation zu erschüttern. Nach ihren Plänen sollte jede Republik ein Landesverteidigungssekretariat haben. Die Hauptschwierigkeit, die noch gelöst werden mußte, lag darin, die sehr divergierenden Wirtschaftsinteressen der entwickelten und der unterentwickelten Republiken auf einen Nenner zu bringen. Die sowjetische Intervention in der Tschechoslowakei und der auf Jugoslawien ausgeübte politische und militärische Druck erinnerten die Nationen des Landes in geeigneter Weise an die dringend notwendige Solidarität. Anfang September 1968 wurden an den Grenzen zu Ungarn, Rumänien und Bulgarien »Verteidigungskomitees« gebildet. Wie zur Zeit des Partisanenkampfes fanden sich Slowenen und Mazedonier, Kroaten und Serben unter der Herrschaft Titos vereint, um, wenn nötig mit der Waffe in der Hand, das Recht ihres gemeinsamen Landes auf »einen eigenen Weg zum Sozialismus« zu verteidigen. (35)

Das Schicksal der nationalen Minderheiten

Einer der schwarzen Punkte des stalinistischen Systems in den Volksdemokratien war die Intoleranz und der Herrschergeist der Bürokratie der ethnischen Mehrheit gegenüber den zahlreichen Minderheiten – und das, obwohl die Verfassung die gleichen Rechte für alle Nationalitäten garantierte. Es überraschte daher nicht, daß das Wiedererwachen des Nationalismus bei der staatstragenden Nation so gut wie überall auch die Minderheiten in Bewegung gesetzt hat, die ihrerseits eine gewisse verwaltungsmäßige und kulturelle, ja sogar wirtschaftliche Autonomie forderten. Spannungen, Ressentiments, Konflikte, die man schon lange begraben glaubte, brachen wieder hervor, allerdings nicht überall gleich stark. In Rumänien und Bulgarien verschlechterte sich das Schicksal der Minderheiten, zumindest in der ersten Zeit, in Jugoslawien und der Tschechoslowakei dagegen dürfen die Minderheiten ziemlich weitgehend an der neuen Entwicklung teilhaben.

Auf die 1,5 Millionen Ungarn in *Rumänien*, von denen die meisten in Siebenbürgen leben, das bis 1918 zu Ungarn gehörte, übten die Zentralbehörden ab 1958 zunehmend Druck aus. (36)

Die 1952 geschaffene autonome madjarische Region (79 Prozent Ungarn, 20,5 Prozent Rumänen) wurde 1960 so umgebildet, daß einige fast rein ungarische Distrikte unter rumänische Verwaltung kamen und rumänische Distrikte der umbenannten Maros-Autonomen Ungarischen Region angeschlossen wurden, die dadurch ihren ungarischen Charakter verlor. (37) 1959 lösten die Zusammenlegung der alten Universität Klausenburg (Cluj) mit der rumänischen Universität und die Auflösung der berühmten Schule von Nagyenyed (Aiud) Unruhe aus. 1962 ließen einige führende ungarische Intellektuelle aus Siebenbürgen ein Memorandum in den Westen gelangen, in dem sie sich bitter über die systematische Zerstörung ihrer nationalen Region beklagten (38)

Die rumänische Regierung rechtfertigte ihre Maßnahmen mit wirtschaftlichen und administrativen Gründen. Einzeln wurden die Ungarn natürlich nicht diskriminiert; im Gegenteil, sie hatten in der Staatsverwaltung und in der Wirtschaft gute Posten inne. Etwa 250.000 von ihnen hatten sich in Bukarest niedergelassen. Theoretisch wurde die kulturelle Tätigkeit der Ungarn nicht mehr gebremst als die der Rumänen. Das Lehrsystem an den Grund- und höheren Schulen war auch weiterhin von einem gewissen »Sprachliberalismus« gekennzeichnet. Aber als ethnische Gruppe, die an ihrer Sprache, ihrer Tradition, ihrer Kultur, ihren Verbindungen mit Ungarn hing, beklagte sich die ungarische Minderheit, schikaniert und vom Mutterland isoliert zu werden. Ihre Beschwerden fanden ein weites Echo in Ungarn, wo man Kádár vorwarf, nichts gegen die Assimilationspolitik Bukarests unternommen zu haben. Um diese Spannungen zu mildern, betonte Ceauşescu auf seinen zahlreichen Reisen in die autonome Region »die gleichen Rechte und Möglichkeiten für alle Bürger, unabhängig von ihrer Nationalität«, und forderte die Bewohner Siebenbürgens auf, den alten Streit beizulegen.

Durch die Ende 1967 beschlossene Reorganisation der Verwaltung wurden zwei »Komitate«, Hargita und Maros (Mureş), geschaffen. (39) Die Ungarn wurden mehr als bis dahin an der Verwaltung beteiligt, die industrielle Entwicklung der Region wurde forciert. Dank dieser entgegenkommenden Politik und der Nichtteilnahme Rumäniens an der Invasion in die ČSSR, die die Ungarn Siebenbürgens gemeinsam mit ihren rumänischen Landsleuten verurteilten, konnte die Regierung Ceauşescu–Maurer angesichts des sowjetischen Drucks Ende Sommer 1968 auf die wirkliche Loyalität und Unterstützung der ungarischen Minderheit zählen. (40)

Die Ungarn bilden auch in der *Tschechoslowakei* (540.000 Ungarn 1961 neben 67.000 Polen, 55.000 Ukrainern und 140.000 Deutschen) die stärkste Minderheit. Die meisten Ungarn leben in der Südslowakei. Ihre Situation ist insofern paradox, als es ab 1950 oft die Zentralbehörden Prags waren, die sie vor dem »Chauvinismus« der slowakischen, sowohl antitschechisch wie antiungarisch eingestellten Lokalbehörden geschützt haben. Die Verfassung von 1960 hat die Rechte der ungarischen Minderheit bestätigt, die zu diesem Zeitpunkt über ungefähr zwanzig Zeitungen, über Verlage, zahlreiche Schulen und einen ziemlich aktiven Kulturverein (»Csemadok«) verfügte. In den darauffolgenden Jahren wurden die Ungarn in der Slowakei wieder benachteiligt, die Kenntnis der tschechischen und der slowakischen Sprache wurde unumgänglich für einen verantwortungsvollen und lohnenden Posten.

Ab 1963 haben der erneuerte slowakische Nationalismus und die autonomistische Strömung das Mißtrauen und den Groll von früher wieder aufleben lassen. Sogar liberale Slowaken, die in bezug auf die Tschechen für unbedingte Gleichheit eintreten, zeigen sich den Ungarn gegenüber herrschsüchtig und voller Verachtung. Die Ungarn aber, die sich mit ihrer Kultur und ihrer Vergangenheit sehr verbunden fühlen und vom Mutterland weniger isoliert sind als die in Rumänien lebenden Ungarn, haben der Slowakisierung heftigen Widerstand geleistet und ihren nationalen Zusammenhalt bewahrt. In einer im März 1968 in Preßburg veröffentlichten Resolution forderte »Csemadok« für die halbe Million Ungarn des Landes »wirtschaftliche, politische und kulturelle Freiheit«, Teilnahme am politischen Leben, eine Reform des Unterrichtswesens, den Bau von Schulen und einer ungarischen Universität. (41) Diese Forderungen stießen bei den Slowaken aber auf taube Ohren. Die Slowaken erinnerten an die »tausendjährige Unterdrückung durch die Ungarn«. Aber nach und nach wurde den slowakischen Führern klar, daß sie den Ungarn nicht gut verwehren konnten, was sie im Namen der

Gerechtigkeit für sich selbst von den Tschechen forderten. So berücksichtigten die Kommissionen, die mit der Ausarbeitung der Föderationsverfassung beauftragt waren, nicht nur die Interessen der ungarischen, sondern auch der deutschen, ukrainischen, polnischen Minderheit und sogar die der Zigeuner.

Jugoslawien ist ein weit größeres Mosaik als die Tschechoslowakei – es setzt sich gar aus fünfzehn Völkern und Nationalitäten zusammen. Jugoslawien ist auch das Land, in dem mit Beginn des kommunistischen Regimes die Rechte der Minderheiten zumindest formell am besten gewahrt wurden. Die 500.000 Ungarn, die in der Autonomen Provinz Vojvodina leben, nennen blühende kulturelle Einrichtungen ihr eigen, haben Zeitschriften mit hohem Niveau, eigene Radiosendungen und viele Schulen. Das Gebiet hat von der Dezentralisierung profitiert; die Ungarn leben dort in Frieden neben ihren serbischen und slowakischen Landsleuten und stehen mit dem Mutterland unbehindert in Verbindung.

Die bedeutendste Minderheit in Jugoslawien sind die 1,100.000 Skipetaren (Albaner), die zum Großteil (67 Prozent) in der Autonomen Provinz Kosovo (früher Kosovo und Metohija, abgekürzt Kosmet) leben, die ebenso wie die Vojvodina ein Teil der Republik Serbien ist. Die Autonomie der dort lebenden Albaner wurde freilich aufgrund der albanisch-jugoslawischen Spannungen und der antijugoslawischen Propaganda Tiranas sehr stark in Mitleidenschaft gezogen. Die Polizei Ranković' stand bereit, um jede Regung des albanischen Nationalismus im Keim zu ersticken. Das Mißtrauen Belgrads erklärt teilweise auch die Unterentwicklung dieses Gebietes, dessen Bodenschätze (70 Prozent der Blei- und Zink-, 50 Prozent der Braunkohlenvorkommen) bisher kaum gefördert worden sind. Die Entscheidungen des Plenums auf Brioni im Juni 1966 haben aber die Wortführer der Minderheit ermuntert, »die wirkliche Anerkennung« der Rechte der Albaner in Jugoslawien zu fordern. Der gemäßigte Teil der albanischen Intelligenz ist für die Entwicklung im Rahmen des dezentralisierten Jugoslawien und für die Zusammenarbeit mit den anderen Einwohnern der Provinz, Serben, Türken und Montenegrinern, um zwischen Jugoslawien und Albanien »als Brücke zu dienen«. Der Vertreter der albanischen Minderheit im Präsidium des BKJ, Fadil Hoxha, hat sich in den am 5. und 18. Oktober 1967 abgegebenen Erklärungen in diesem Sinne ausgedrückt.

Die Reformversprechen aus Belgrad scheinen aber zu spät gekommen zu sein. Ermutigt durch die alle Republiken überschwemmende nationalistische Welle und durch Tirana, forderten die Radikaleren, mit Rezak Salja, dem Generalprokurator der Provinz, an der Spitze, daß im Rahmen der jugoslawischen Föderation eine autonome sozialistische Republik Albanien geschaffen werde. Diese solle außer Kosovo das mehrheitlich von Albanern bewohnte Westmazedonien (Gebiet um Tetovo) umfassen. Die Bewegung zugunsten dieser Forderung wurde Ende 1968 immer stärker. In Priština und Tetovo brachen Unruhen aus. Daraufhin lehnten Belgrad und noch viel energischer Skopje die Forderungen der Albaner ab und warfen ihnen vor, den »chauvinistischen« Weisungen Enver Hoxhas zu gehorchen und die Autonomie nur als Sprungbrett zum Anschluß an Albanien zu betrachten. (42)

Zwischen Jugoslawien und Bulgarien (und auch zwischen Jugoslawien und Griechenland) gibt es nach wie vor den Zankapfel des mazedonischen Problems. Am Ende der Balkankriege 1912 und 1913 wurde Mazedonien, um das sich Jahrhunderte hindurch Griechen, Byzantiner, Bulgaren, Serben und Türken stritten, zwischen Serbien, Bulgarien und Griechenland aufgeteilt. Bulgaren und Griechen verneinen die Existenz einer mazedonischen Nation, Belgrad hat die Existenz eines mazedonischen Volkes nach dem Zweiten Weltkrieg offiziell anerkannt. Die 1,045.000 in Jugoslawien lebenden Mazedonier (1961) bilden eines der sechs Völker, die in einer eigenen Republik leben. 1947 waren die von Belgrad unterstützten mazedonischen Nationalisten der Verwirklichung ihres großen Traumes nahe: der Bildung eines mazedonischen Staates im Rahmen der von Tito und Dimitrow geplanten Balkanföderation – Vereinigung von Jugoslawisch-Mazedonien und Bulgarisch-Mazedonien, wozu später noch der griechische Teil hinzukommen sollte. Das wahre Ziel der kommunistischen Helfer im griechischen Bürgerkrieg (1946–1949) war die Gründung der Föderation und des geeinten mazedonischen Staates. Aber der Einspruch Stalins gegen dieses Projekt, der Ausschluß

Jugoslawiens aus dem Kominform und der Mißerfolg des griechischen Aufstandes (bei dem viele griechische Mazedonier mitgekämpft hatten) machten diese Hoffnungen zunichte. (43) Seit damals wies die bulgarische Regierung jeden Föderationsplan und jeden Vorschlag einer territorialen Umbildung zurück.

Unter der jugoslawischen Ägide hat Mazedonien einen bedeutenden wirtschaftlichen und kulturellen Aufschwung genommen: es verfügt über 164 höhere Schulen; an der Universität von Skopje sind 12.000 Studenten immatrikuliert. Die mazedonische Kirche unter dem Patriarchen von Belgrad hat eine gewisse Autonomie errungen und bemüht sich mit Unterstützung der politischen Führer der Republik um völlige Unabhängigkeit. Im Februar 1967 ist in Skopje eine Akademie der Wissenschaften gegründet worden. Der mazedonische Nationalismus ruht gegenwärtig auf einer soliden Grundlage, von der aus er auf die beiden Nachbarländer Bulgarien und Griechenland ausstrahlt.

Das Ziel der mazedonischen Führer Jugoslawiens ist die Anerkennung der mazedonischen Nation durch Sofia und Athen und die kulturelle Autonomie für die Mazedonier in Bulgarien und Griechenland. Die beiden Nachbarländer lehnen diese Forderung aber kategorisch ab, was wieder Anlaß zu ständig neuen Polemiken und Spannungen gibt. Beim Besuch einer Schriftstellerdelegation aus Jugoslawisch-Mazedonien in Sofia im November 1966 hat der Präsident des bulgarischen Schriftstellerverbandes abgelehnt, das Kommuniqué zu unterzeichnen, da es ihm in bulgarisch und mazedonisch vorgelegt worden war. Die mazedonische Sprache, behauptete er, existiere nicht, sie sei mit dem Bulgarischen identisch. Er regte an, das Kommuniqué in zwei Sprachen abzufassen: in bulgarisch und serbokroatisch. Die mazedonischen Schriftsteller waren empört und warfen die Türen hinter sich zu. Polemik loderte wieder auf, und zwar genau zu dem Zeitpunkt, da Tito und Schiwkow sich um eine Annäherung bemühten. Die jugoslawische Presse bemerkte, daß bei der bulgarischen Volkszählung von 1967 nur 8000 Mazedonier gezählt wurden, während 1958 eine Zahl von 17.800 angegeben worden war. »Was ist aus den anderen geworden?« fragte die »Borba« (9. Februar 1967). Die Mazedonier warfen den Bulgaren auch vor, die Übersetzung von mazedonisch geschriebenen Werken in den Volksdemokratien zu behindern. Die 1968 in Bulgarien abgehaltene San-Stefano-Gedächtnisfeier – nach dem Vertrag hatte das heutige Jugoslawisch-Mazedonien für ein paar Monate zu Bulgarien gehört – rief in Skopje und Belgrad heftige Reaktionen hervor, da ein in der UdSSR erschienenes Geschichtsbuch in dieser Angelegenheit eine probulgarische Haltung einnahm. (44)

Während der tschechoslowakischen Krise im Sommer 1968 haben die Führer in Skopje mit noch größerer Vehemenz als die Belgrader die Teilnahme der bulgarischen Armee an der Besetzung der Tschechoslowakei verurteilt, da sie darin »ein sehr aufschlußreiches Beispiel für die Ziele der antijugoslawischen und antimazedonischen Kampagne, die zur Zeit in Bulgarien läuft«, sahen. (45)

Die Bulgaren haben auch Schwierigkeiten mit der türkischen Minderheit (750.000, das sind 10 Prozent der Bevölkerung), die jedem Assimilierungsversuch widerstanden hat. 1951 wurden 154.000 Türken aus der Dobrudscha in die Türkei repatriiert, aber Ankara schloß bald die Grenze, da es nicht alle Immigranten aufnehmen konnte. Die meisten der in Bulgarien lebenden Türken sprechen auf die Propaganda nicht an, die sie zum Bekenntnis zu Bulgarien als Heimatland und zum Verzicht auf die türkische Nationalität bewegen will. Dieser Widerstand gegen die Bulgarisierung entspringt zum Teil wirtschaftlichen und religiösen Gründen: Der türkische Bauer steht der Kollektivierung besonders feindselig gegenüber, er hält am Islam fest, und die gegen den Islam und die Türkei gerichteten Pressekampagnen haben ihn abgestoßen.

Die Juden der Oststaaten und der Antisemitismus

Im Vergleich zu den Problemen der doch recht starken nationalen Minderheiten ist das Judenproblem nur ein Randproblem, da in den Oststaaten insgesamt nur 250.000 Juden gezählt werden. (46) Es wäre sogar unrichtig, von einem Judenproblem im Sinn des ungarischen oder mazedonischen Problems zu sprechen, da die meisten Juden, die die Nazi-Massaker überlebt haben, in ihrem Geburtsland geblieben sind (obwohl sie emigrieren hätten können) und sich nicht als Nationalität betrachten, sondern sich integrieren möchten. »Sie sind nur der Herkunft nach Juden«, konnte man in »Rudé právo« lesen, »da ihre Vorfahren die jüdische Religion hatten; aber sie fühlen sich als ... Tschechen, Ukrainer oder Slowaken und sind im allgemeinen Atheisten.« (47) Wir haben es also weniger mit einem Judenproblem als mit dem Problem des Antisemitismus zu tun. Daher kann die von den Regierungen diesem Problem gegenüber eingenommene Haltung als »Test« für den Grad der Liberalisierung dienen. (48)

Gegenüber Juden, die ihren Glauben oder die kulturelle Tradition ihrer Ahnen pflegen möchten, haben sich die Behörden der Volksdemokratien im großen und ganzen wesentlich toleranter gezeigt als die sowjetischen Behörden. In Polen subventionierte die Regierung den »kulturellen und sozialen Verein der Juden«, der 1967 noch 7500 beitragzahlende Mitglieder zählte (ungefähr ein Drittel der Juden) und eine Zeitung (die »Volksstimme«, 6000 Exemplare) sowie Bücher in Jiddisch herausgab. Bis 1968 existierte in Polen – und auch in Rumänien – ein jiddisches Theater, das Auslandstourneen unternahm. Die religiöse jüdische Gemeinschaft Polens zählte 7000 Mitglieder. In Rumänien waren es 72 religiöse Gemeinschaften mit 300 Synagogen und ungefähr 40 Schulen. Die gottesfürchtigen ungarischen Juden besitzen 34 Synagogen, ein Seminar, eine hervorragende Bibliothek, ein Museum, ein Spital usw. Die jüdischen Gemeinschaften in diesen Ländern dürfen im Gegensatz zu den sowjetischen Juden mit dem Jüdischen Weltkongreß Kontakte pflegen. (49)

Aber alle diese Gemeinschaften gehen unter. Die jüdische Jugend hat kein Interesse daran. Der Antisemitismus, dem das Wiedererwachen des Nationalismus nach 1953 neue Impulse verlieh, richtet sich weniger gegen die traditionsgebundenen Juden, die allmählich verschwinden, als vielmehr gegen die assimilierten Juden. Und zwar aus mehreren Gründen. Erstens einmal wegen der Tatsache, daß in den meisten dieser Länder der militante Nationalismus stets eng mit dem Antisemitismus verbunden war. Zum anderen sind die traditionellen wirtschaftlichen und sozialen Quellen des volkstümlichen Antisemitismus noch lange nicht von der Entwicklung der letzten zwanzig Jahre aufgesogen. Es gibt noch viel Ungleichheit, und wenn auch die kommerzielle und industrielle Konkurrenz verschwunden ist, so kämpft man jetzt um privilegierte Stellen. Dieser Kampf um die Macht, um leitende Stellen in der Wirtschaft, im Parteiapparat, in der Diplomatie, in der Presse, an der Universität usw. ist die Hauptquelle des wiederausbrechenden Antisemitismus.

An dieser Stelle muß auch der Anteil der Intellektuellen und Arbeiter jüdischer Abstammung an der Verbreitung des Marxismus und der Bildung der kommunistischen Parteien in den Oststaaten erwähnt werden. Nach dem Krieg saßen in den Parteiführungen und Regierungen – vor allem in Polen, Ungarn, Rumänien und auch in der Tschechoslowakei – ziemlich viele Juden, was den reaktionären Feinden der neuen Regimes ermöglichte, diese im NS-Vokabular als »jüdische Bolschewiken« zu bezeichnen.

Die Abneigung gegen den Kommunismus ist zweifellos der unterdrückenden, antinationalen und antidemokratischen Parteipolitik zuzuschreiben. Aber für einige »autochthone« Führer, denen die Förderung einiger ihrer jüdischen Genossen ein Dorn im Auge war, war die Versuchung groß, sich dadurch beliebt zu machen, daß sie alle Schuld den Juden in die Schuhe schoben. Wie sehr hat doch der Kreml anläßlich des Slánský-Prozesses Führer wie Gottwald, Gheorghiu-Dej, Ulbricht und sogar den Juden Rákosi gedrängt, den hinter den Namen Antizionismus oder Antikosmopolitismus versteckten Antisemitismus als Waffe im Kampf um die Macht zu verwenden und ihrer Regierung damit ein »nationaleres« Aussehen zu geben. Die Verschärfung der Cliquenkämpfe und diversen Strömungen durch die Entstalinisierung, die Suche nach Sündenböcken für die in der Vergangenheit begangenen Fehler und das Wiedererwachen des Nationalgefühls haben den Antisemitismus nur verschlimmert. In Polen war um die Zeit des XX. Kongresses die Frage der Bekleidung gehobener Posten durch Juden eines der Hauptdiskussionsthemen in der Partei. (50) Die von Chruschtschow unterstützte Natolin-Gruppe drohte gern mit dem jüdischen Schreckgespenst, um die Revisionisten und Gomułka-Leute zu diskreditieren, unter denen sich enttäuschte ehemalige jüdische Stalinanhänger befanden. Später kamen die von General Moczar und R. Strzelecki angeführten »Partisanen« mit den gleichen Argumenten gegen die Liberalen. Der polnische Philosoph Adam Schaff forderte in einem 1965 veröffentlichten Buch vergebens eine »Erziehungskampagne«, um »diese typische Form der Rassenpolitik, den Antisemitismus, zu bekämpfen«. Um diese Gefahr zu bannen, genüge es, die Dinge bei ihrem Namen zu nennen. Die meisten Kritiker seines Buches waren der Meinung, daß die Besorgnis Schaffs übertrieben sei und daß man es nur mit sporadischen und vereinzelten Unmutsäußerungen, mit einer »Randerscheinung« zu tun habe. (51) Ein Kollege des Philosophen, Professor Chałasiński, ging sogar so weit, zu fragen, ob Schaffs internationalistischer Humanismus und Ablehnung jeglichen Nationalismus nicht von seiner jüdischen Abstammung und Verwandtschaft herrührten. (52)

Der arabisch-israelische Krieg vom Juni 1967 rückte das Judenproblem in der Tschechoslowakei und in Polen in den Vordergrund. In der Tschechoslowakei rief die heftige, von der Regierung inszenierte Anti-Israel-Kampagne Empörung bei den liberalen Intellektuellen hervor, die den »besonderen Eifer« bei der Denunzierung Israels und des Zionismus mit dem Überleben des Geistes aus dem Slánský-Prozeß erklärten, dessen Verantwortliche (allen voran Novotný) nicht alle kaltgestellt worden waren. (53) Infolge dieser Proteste veröffentlichten die Prager Behörden immer mehr Artikel und Erklärungen, die beweisen sollten, daß die Verurteilung des israelischen Angriffs nichts mit Antisemitismus zu tun habe. Aber der mysteriöse Tod Jordans, des Vizepräsidenten des Joint Committee, dessen Leiche man aus der Moldau barg, ließ das Unbehagen erneut aufkommen.

In Warschau haben die pro-israelischen Kundgebungen Gomułka sehr verstimmt. Er erinnerte daran, daß er sich niemals gegen eine Ausreise der polnischen Juden nach Israel gestellt habe, machte den »zionistischen Kreisen« heftige Vorwürfe und betonte, daß »jeder Bürger Polens nur eine Heimat haben soll, nämlich Polen«. (54) Wenig später wurde unter anderem in der Luftwaffe und in der Presse eine antijüdische Säuberung durchgeführt. »Von heute auf morgen wurde jeder polnische Jude automatisch Zionist allein deshalb, weil er, wie alle Menschen guten Willens auf der ganzen Welt, sich weigerte, Israel als

Aggressor anzuerkennen.« (55) Zudem dürfte die Angst der Regierung mitgespielt haben, daß die pro-israelischen Sympathien in antisowjetische Kundgebungen ausarten könnten. Die Beweggründe der »Partisanen«, die Anfang 1968 patriotische Kundgebungen der Studenten benutzten, um ein richtiges Pogromklima zu schaffen, waren weniger selbstlos. Für sie ging es darum, unter dem Vorwand des antizionistischen Kampfes das Steuer von Partei und Staat an sich zu reißen und auch die letzten Spuren revisionistischen und liberalen Einflusses zu verwischen (Abberufung der besten Wirtschaftswissenschaftler des Landes, der Professoren Bauman und Brus). Die den »Partisanen« ergebenen Journalisten – wie Władysław Machejek, der Chefredakteur der »Życie Literackie« in Krakau – schoben den Opfern der Säuberungen die Schuld zu, und zwar mit Worten, die aus dem »Stürmer« entnommen sein könnten: »Menschen mit zwei Gesichtern und zwei Vaterländern, die die nationalen Werte verhöhnen ...« (56)

Erschreckt vom Echo des Auslandes und den zahlreichen persönlichen Tragödien, die die antisemitische Raserei der »Partisanen« im Land heraufbeschwor, versuchte Gomułka zu bremsen. Aber das Unrecht war bereits geschehen, die »Partisanen« hatten Polen in der Hand und gaben ihm wieder den Ruf, eine Nation von Antisemiten zu sein. Hunderte Juden hatten entmutigt und geschlagen das Land verlassen. General Moczar aber, der sich wegen »des Schlags, den die Fünf der Konterrevolution versetzt haben«, glücklich schätzte, schrieb die ganze Krise einem »imperialistischen, revisionistischen und zionistischen Komplott« gegen den Sozialismus und die Unabhängigkeit der Nationen zu ... Wenn der Antisemitismus einst von Bebel als »Sozialismus der Armen im Geiste« bezeichnet werden konnte, so zeigt das Beispiel Polens ganz deutlich, daß der Neoantisemitismus der »Nationalismus der Polizisten« ist, der Ersatz für wahren Patriotismus und die Demokratie, wie er von den rückschrittlichsten kommunistischen Elementen und jenen vorgeschlagen wird, die von der hegemonistischen Macht am ärgsten unterjocht sind. (57)

3. Der Zauber des Westens

Traditionen, politische und wirtschaftliche Interessen, Fremdenverkehr

Zwei Phänomene kennzeichnen die Entwicklung der Oststaaten seit dem Tod Stalins: das nationale Wiedererwachen und die Wiederaufnahme der Kontakte mit dem Westen – das beinahe völlige Verschwinden des Eisernen Vorhanges, der zur Zeit Stalins die Welt des Ostens von der des Westens getrennt hat. Auf den Isolationismus, den Argwohn, den kalten Krieg folgte eine Periode der Annäherung, des Austausches, beginnender Zusammenarbeit. Nach und nach verlagert sich das Schwergewicht von dem, was trennt, zu dem, was näherbringt und vereint.

Die Sowjetregierung, die sich für die Fortsetzung der Entspannungspolitik entschieden hatte, konnte die Volksdemokratien nicht daran hindern, ihrem Beispiel zu folgen und ihrerseits die Beziehungen zu den Westmächten zu normalisieren. Von nun an war alles eine Frage der Grenzen, die nicht überschritten werden durften.

Die Zusammenarbeit mit dem bourgeoisen Westen war nur soweit geduldet, als dadurch die interkommunistische Solidarität nicht gefährdet wurde. In diesem Sinne warnte die »Prawda« am 4. Februar 1966 die Volksdemokratien vor den »Versuchungen des Westens«. »Mehr denn je«, hieß es da, »sind Einheit und Wachsamkeit der sozialistischen Länder unerläßlich, um den ideologischen Ablenkungen zu widerstehen.« (Diese Warnung war speziell an Rumänien gerichtet.)

Die Haltung der Regierungen der Oststaaten angesichts der durch die Kontaktaufnahme mit dem Westen auftretenden Probleme war von einer gewissen Zweigleisigkeit gekennzeichnet. Da ist zuerst die Angst vor Infiltration, vor Subversion und vor Verstärkung des liberalen Einflusses. Diese Angst ist den Vereinigten Staaten gegenüber besonders groß. Der tosende Empfang, den die Polen Vizepräsident Nixon und dann Robert Kennedy bereitet hatten, ließ die Anziehungskraft ermessen, die die Supermacht Amerika als Gegengewicht zur sowjetischen Vormachtstellung ausübt. Selbst in den Vereinigten Staaten war man sich darüber klar, welcher Gefahr sich die Satellitenstaaten damit aussetzten, in ihrem Überschwang dem Westen so schnell und so weit entgegenzukommen und dadurch den Kreml in Alarmbereitschaft zu versetzen. (1) Die amerikanischen Politiker, belehrt von der 1956 erteilten Lektion, schienen keine falschen Hoffnungen mehr erwecken zu wollen. Sie wollten »eine nach Moskau weiterführende Brücke« zu den Oststaaten schlagen, ohne den Status quo zu erschüttern. Aber der Kreml schien von der Aufrichtigkeit dieses Umschwunges nicht ganz überzeugt zu sein oder gab zumindest vor, es nicht zu sein. Als im Januar 1965 Präsident Johnson seine Zufriedenheit darüber ausdrückte, daß die Nationen des Ostens nun nach und nach ihre Identität wiederfänden, protestierten die »Iswestija« mürrisch. Die Sowjets verdächtigten die Amerikaner, hinter den neuen Ausdrücken »Brücke« und »friedliche Entwicklung« nur den ungebrochenen Willen zur Abspaltung der Satellitenstaaten zu verbergen, und zögerten 1968 nicht, die »Offensive der konterrevolutionären Kräfte« in der Tschechoslowakei »den imperialistischen Geheimdiensten« in die Schuhe zu schieben. (2)

Aber unabhängig vom ideologischen Antagonismus hatten und haben sowohl die Regierenden als auch die Staatsbürger der Oststaaten Grund, dem Westen zu mißtrauen, sich von ihm zu distanzieren. Bei den Tschechen, selbst bei den liberalsten, ist die Erinnerung an das Diktat von München noch wach. Den Polen ist die Nichterfüllung der vor dem Zweiten Weltkrieg von den Alliierten ihrem Land gegenüber eingegangenen Verpflichtungen noch im Gedächtnis. Die Abkommen von Teheran, Jalta und Potsdam sind nicht in Vergessenheit geraten; die Ungarn konnten 1956, die Tschechoslowaken 1968 die Grenzen der Solidarität mit dem Westen ermessen. Das nach wie vor ungelöste Deutschlandproblem, die Nichtanerkennung der Oder-Neiße-Grenze durch die Westmächte (mit Ausnahme Frankreichs), das Zögern Bonns, das Münchner Abkommen als von Anfang an für null und nichtig zu erklären, behindern auch weiterhin die politische Annäherung.

Trotz alledem zieht es die Völker des Ostens, vor allem ihre geistige Elite, unaufhaltsam in Richtung Westen. (3) Diese gewaltige Strömung, die einzudämmen die Regierungen sehr bemüht sind, erklärt sich in erster Linie aus der Tatsache, daß bei den meisten Ostvölkern die sentimentale Verbundenheit mit dem Westen ein Teil des nationalen Erbes ist. Jahrhunderte hindurch hatte sich die Elite der mittel- und osteuropäischen Länder in Paris, London und Rom politisch und kulturell inspirieren lassen. Die durch den Stalinismus aufgezwungene Trennung vom Westen war als Mißachtung einer natürlichen Strömung empfunden worden.

Außerdem ließ die Erfahrung mit dem Stalinismus einige Führer sogar erkennen, daß die exklusive Ausrichtung des politischen, wirtschaftlichen und kulturellen Lebens auf die UdSSR ein großer Fehler war. Das nationale Interesse erfordert zumindest die Schaffung einer gewissen Ausgewogenheit in den Ost-West-Beziehungen – ein Wunsch, den die Jugoslawen als erste ausgedrückt haben (»Politik gleichen Abstandes«); er hat auch die Außenpolitik Gomułkas beeinflußt (Rapacki-Plan), die der Rumänen und schließlich – leider mit bösen Folgen – die der Tschechoslowaken. »Das Bündnis mit den sozialistischen Ländern«, erklärte mir Außenminister Jiří Hájek, »schließt eine gewisse, möglichst harmonische Polyphonie nicht aus.« (4) »Die Außenpolitik der Tschechoslowakei«, schrieb 1965 ein tschechoslowakischer Experte, »muß der geographischen Lage des Landes im Herzen Europas Rechnung tragen, dem Treffpunkt der beiden Systeme, den traditionellen Beziehungen zwischen der Tschechoslowakei und den anderen europäischen Staaten sowie der Tatsache, daß die tschechoslowakische Kultur ein Teil des großen Stroms europäischer Kultur ist.« (5)

Die wirtschaftlichen Erfordernisse

Unter all den Gründen für eine Öffnung nach dem Westen haben wirtschaftliche Überlegungen den entscheidendsten Einfluß ausgeübt. Eines der Grunddogmen des Stalinismus war der Glaube an die Überlegenheit des sozialistischen Wirtschaftssystems über das kapitalistische System in der industriellen und technischen Entwicklung. Der von einer allgemeinen Krise bedrohte und der Massenverarmung wehrlos ausgesetzte Kapitalismus befinde sich mitten im Verfall. Aber dieser Glaube stand auf tönernen Füßen. »Der Kapitalismus«, schrieb ein tschechoslowakischer Wirtschaftswissenschaftler, »ist nicht auf der Entwicklungsstufe zur Zeit der Analysen Lenins stehengeblieben. Der Kapitalismus hat sich weiterentwickelt. Es ist unsere Kenntnis vom Kapitalismus, die rückständig ist.« (6) Man mußte sich von den Tatsachen überzeugen lassen: Selbst die am weitesten entwickelten kommunistischen Länder wie die Tschechoslowakei sind im Vergleich mit den fortgeschrittenen Ländern des Westens im Hintertreffen, und dieser Rückstand betrifft nicht nur die Spitzenindustrie (chemische, mechanische, elektronische Industrie), sondern auch die Industrieorganisation und -planung. Es sei ausgeschlossen, daß ein sozialistischer Wirtschafts- und Planungsexperte an den in den großen Unternehmen Westeuropas und der Vereinigten Staaten angewandten Führungsmethoden vorbeigehe, sagte einer der Vorkämpfer der tschechoslowakischen Reform. (7)

Die Öffnung zum Westen und ihre Grenzen

Es ist also verständlich, daß die von den Wirtschaftsexperten provozierten Regierenden die Entspannungspolitik der UdSSR und die westlichen Annäherungsversuche zum Anlaß nahmen, sich mit dem Westen zu versöhnen. Diese durch das wirtschaftliche Interesse und die notwendige Modernisierung unerläßlich gewordene Annäherung brachte trotz aller Gefahren auch den Vorteil einer gewissen internationalen Anerkennung mit sich, die wieder das Prestige der Regierenden im Inland erhöhte. Somit normalisierten sich die Beziehungen sowohl auf diplomatischer wie auf wirtschaftlicher und kultureller Ebene ab 1964 zusehends. Sogar die Beziehungen zu den Vereinigten Staaten besserten sich. Im November 1965 beschloß Washington, seine diplomatischen Vertretungen in Ungarn, Rumänien und Bulgarien in den Rang von Botschaften zu erheben und umgekehrt (Frankreich hatte dies schon Ende 1963 getan). Aber die Amerikaner waren zu sehr vom Vietnamkonflikt in Anspruch genommen, von den Problemen Lateinamerikas, Asiens und Afrikas, um in Osteuropa aktiv zu werden. Und die Regierungen der Oststaaten fanden die Annäherung an die westeuropäischen Länder für weniger gefährlich.

Im Westen hat nur das Frankreich General de Gaulles die Gunst der Stunde erkannt. Frankreich hat nicht nur keinerlei politische oder ideologische Bedingung zur Wiederanknüpfung des Dialogs gestellt, sondern auch durch sein Bemühen, den nordamerikanischen Einfluß in Europa abzuschwächen, durch seine Stellungnahme im Vietnamkrieg und im Nahost-Konflikt sowie durch seine Abkühlung gegenüber Bonn den Kreml und die Oststaatenführer beruhigt, ja es erschien ihnen eigentlich als Verbündeter. War nicht Frankreich die einzige und erste Westmacht, die seit 1959 die Unantastbarkeit der Oder-Neiße-Grenze anerkannte? Stemmte es sich nicht auch heftig gegen jede Art atomarer Bewaffnung in Deutschland? Die Rumänen vor allem machten für ihre Unabhängigkeitspolitik das Beispiel Frankreichs, die gaullistische Idee vom »Europa der Vaterländer« geltend.

Aber die Grenzen der französisch-osteuropäischen Annäherung wurden im September 1967 anläßlich der Polenreise de Gaulles offenbar. Der General ließ sich die französisch-polnische Freundschaft gewissermaßen durch eine »Volksabstimmung« bestätigen, aber gegen die Überzeugung der polnischen Führung, daß der Weiterbestand und die Stärkung der DDR für Polen lebenswichtig sei, richtete er nichts aus. Es gelang ihm auch nicht, Gomułkas Mißtrauen gegenüber der Bonner Politik und der wenn auch in weiter Ferne liegenden Wiedervereinigung Deutschlands zu zerstreuen. Den Äußerungen de Gaulles, der die Lockerung und Auflösung der militärischen Blocks befürwortete, hielten die polnischen Führer den Wert entgegen, den für sie das Bündnis mit der UdSSR und den anderen Staaten des Warschauer Paktes habe, »dieser Pfeiler der Politik Polens«. Der Besuch in Zabrze, dem ehemaligen Hindenburg in Oberschlesien, und die Rede de Gaulles, in der er diese Stadt als »die schlesischste der schlesischen und polnischste der polnischen Städte« bezeichnete, haben die Gastgeber sehr erfreut. Aber den von de Gaulle geäußerten Wunsch, Polen solle sich »nicht von einem riesigen ausländischen Apparat absorbieren lassen«, und seinen Appell an den inneren Ruf Polens nach Unabhängigkeit hatte man zensuriert, da de Gaulle damit ja Gomułka widersprach, der den polnischen Nationalismus niederhalten und ihn ausschließlich gegen Deutschland gerichtet wissen wollte. Dem revisionistischen Multizentrismus de Gaulles zogen die polnischen, ungarischen und bulgarischen Führer – wie übrigens auch die Atlantik-Politiker – den konservativen Polarismus vor, der ihrer Meinung nach die internationalen Beziehungen wirksamer kontrollieren und Konflikte schon im Keim ersticken lasse. (8) Nur bei den Regierungen Belgrads und Bukarests fand die gaullistische Botschaft vollen Anklang; für sie »sind die Ideale von nationaler Freiheit nicht ungültig, sie haben im Gegenteil einen tieferen und weiteren Sinn erhalten«. (9)

Kulturelle Wiedervereinigung

Wenn auch die polnische Zurückhaltung und das Vorgehen der Warschauer-Pakt-Staaten gegen die Tschechoslowakei eher die Hindernisse hervorheben, so hat doch die kulturelle Wiedervereinigung der beiden Teile Europas beträchtliche Fortschritte gemacht. Die abstrakte Kunst, der neue Roman, das Theater Ionescos, die Werke Becketts, Sartres, Adamovs, Albees, Dürrenmatts und Peter Weiß' haben in Polen, Ungarn und der Tschechoslowakei ihren Einzug gehalten. Ein tschechoslowakischer Kulturkritiker konnte ohne Übertreibung sagen, daß »das Repertoire der Prager Theater viel repräsentativer als das ... der Pariser Bühnen ist«. (10) Der neue polnische, tschechische, jugoslawische und ungarische Film ist in den westlichen Hauptstädten wohlwollend aufgenommen worden. In Prag wie in Warschau, in Belgrad wie in Budapest nimmt man den Existentialismus, den Personalismus, den Strukturalismus verschiedener Provenienz auf;

man probiert die gewagtesten Formen der Kunst aus bis zu Happenings und Pop-art. Die lange verbotenen soziologischen Untersuchungen haben der öffentlichen Meinung geholfen, sich ihrer Macht bewußt zu werden. Die anglo-amerikanische »Kremlologie« hat den Anstoß zu historischer Forschung und selbstkritischer Untersuchung der jüngsten Vergangenheit gegeben. Selbst die marxistische Soziologie wurde dank dem stimulierenden Austausch mit dem »offenen Marxismus« der Franzosen und Italiener reaktiviert, mit dem Gedankengut eines Gramsci, Henri Lefèbvre, Roger Garaudy, Lucien Goldmann, Edgar Morin, Pierre Fougeyrollas, Kostas Axélos, C. Wright Mills usw.

Zwischen den beiden Teilen Europas herrscht ein immer regeres Kommen und Gehen von offiziellen Delegationen aller Art, von Wirtschaftsexperten, Technikern, Wissenschaftlern, Journalisten. Die Zahl der Round-table-Gespräche, der internationalen Gespräche, Messen und Ausstellungen nimmt zu. Die Tendenz zur Vereinigung erstreckt sich auch auf die Mode, die Freizeit usw. Am auffallendsten ist sie jedenfalls auf dem Gebiet des Fremdenverkehrs.

Die dynamische Rolle des Fremdenverkehrs

Auch auf diesem Gebiet hat die Wirtschaft angespornt. Die Regierungen des Ostens scheuen keine Mittel, um sich die für den Ankauf von Patenten und Ausrüstungsgütern notwendigen Devisen zu verschaffen. Jugoslawien hat den Weg vorgezeigt. Es war das erste kommunistische Land, das den Risiken und Unannehmlichkeiten die Stirn bot, die der Übergang vom Isolationismus zur Politik der offenen Tür, zu erfolgreicheren und liberaleren Regimes, für jede Diktatur mit sich bringt. Das jugoslawische Experiment war ein Erfolg. Ab 1960 hat der Fremdenverkehr einen derartigen Aufschwung genommen, daß Jugoslawien wegen seiner relativ niedrigen Preise neben Italien und Spanien zu einem der einladendsten Länder Europas geworden ist. 1963 zählte man in Jugoslawien 1,700.000 Touristen; 1965 2,600.000 – davon 560.000 Bundesdeutsche; 1966 12,000.000, die dem Land 230 Millionen Dollar einbrachten, was das Defizit der Handelsbilanz beinahe ausgeglichen hat.

Dem Beispiel Jugoslawiens sind Ungarn, Rumänien, Bulgarien, die Tschechoslowakei und Polen unverzüglich gefolgt. (11)

Vom Wiedererstehen bzw. Erstehen der Fremdenverkehrsindustrie profitieren sogar Bürger, die nicht über die Mittel verfügen, in den Westen zu reisen. In der Stalinära war es für einen Tschechen genauso schwierig, die Ferien in Ungarn oder Jugoslawien zu verbringen, wie einen Paß für Frankreich zu erhalten. Die kommunistischen Länder waren voneinander isoliert. Der Paß war kein Recht, sondern ein Privileg, die Erlangung eines Visums äußerst schwierig. Aber all das beginnt sich zu ändern. »Die Reiselust ist über unser Land wie ein Sommergewitter hereingebrochen«, schrieb ein tschechischer Journalist. (12)

Die bedeutendste Auswirkung dieser Vermehrung der Kontakte mit dem Ausland und vor allem mit Westeuropa war die, daß die Bürger der Oststaaten genauer ihre eigene Lage und den Entwicklungsstand ihres Landes einschätzen konnten. Wenn auch einige durch einen verlängerten Aufenthalt im Westen nicht nur dessen Glanz kennenlernten, sondern auch die Fehler und Widersprüche, die Unausgeglichenheit und die Unsicherheit der westlichen Zivilisation (13), so waren die Osteuropäer im großen und ganzen doch für Fortschritt, Wohlstand und Freiheit äußerst empfänglich. Die Tschechen empfanden es am schmerzlichsten, von Ländern so weit übertroffen worden zu sein, deren Produktivität und Lebensstandard vor und sogar nach dem Krieg den ihren ähnlich gewesen waren. (14) Die Führung hat es nicht leicht, begreiflich zu machen, daß dieser Rückstand nicht nur auf die schlechten Methoden der zentralisierten Verwaltung zurückzuführen ist, sondern auch auf die Verpflichtung zur Hilfe an weniger entwickelte sozialistische Länder und »nationale Befreiungsbewegungen« sowie auf die unerläßlichen militärischen Ausgaben. Nach der Presse zu urteilen, verbirgt der Mann von der Straße seine Skepsis gegenüber diesen Argumenten jedenfalls nicht.

Die Bevölkerung der Oststaaten neigt dazu, die Verantwortung für den eigenen Rückstand auf die UdSSR abzuwälzen, diesen »Ausbeuter«, und auf eine Wirtschaftsführung, die sich nach dem sowjetischen Modell orientiert hat. Die Kontakte mit dem Westen, nicht zuletzt auf dem Gebiet des Fremdenverkehrs, haben den sowjetischen Einfluß bis zu einem Grad schwinden lassen, der ebenso wie das Erwachen des Nationalgefühls die Führung in Unruhe versetzt. (15)

Zwischen Angst und Anziehung

Das kommunistische Wort für »prowestlich«, für »Überzeugung von der Überlegenheit des Westens« ist »Kosmopolitismus«. Eine in Ungarn unter den 17- und 18jährigen durchgeführte Umfrage ergab, daß die meisten von ihnen zugleich »nationalistisch und kosmopolitisch« eingestellt waren. (16) Ähnliche Feststellungen wurden in Polen, in der Tschechoslowakei unter Novotný und in Bulgarien getroffen. »Die kritiklose Bewunderung des bourgeoisen Westens« wird von den Kommunistenführern als schwere Bedrohung ihres Regimes gewertet: »Der Mythos von der Überlegenheit der westlichen Kultur geht Hand in Hand mit Mißtrauen und der nationalistischen Ablehnung all dessen, was im Osten vor sich geht, mit Ignoranz und Verachtung dessen, was die UdSSR und die anderen sozialistischen Länder vollbracht haben.« (17)

Die konservativen Elemente der kommunistischen Parteien schreiben die Ausweitung des westlichen Einflusses im allgemeinen der subversiven Tätigkeit der Imperialisten zu. Daher die ständigen Warnungen vor Gesprächen mit »zu neugierigen« Ausländern, Appelle an den Nationalstolz, polizeilicher Druck, beschränkte Paßvergabe und Einschränkung der Kontakte mit Touristen. Ein Teil der Führer ist der Meinung, daß die sozialistische Gesellschaft noch nicht genügend gefestigt ist, um auf administrativen Schutz gegen den Einfluß des Westens verzichten zu können. (18) Die anderen aber hoffen, daß die Kombination von diskreter, aber wirksamer Überwachung und verbesserter Propaganda genügen wird, um die Stabilität des Regimes zu sichern, ohne zum Isolationismus der Vergangenheit zurückkehren zu müssen. (19)

Eine zwischen 1965 und 1967 sehr oft zu hörende Parole war: »Keine ideologische Koexistenz mit dem Kapitalismus.« Aber die neuen, anläßlich Vietnams, des Nahost-Konfliktes und der tschechoslowakischen Krise gestarteten Kampagnen sind nicht durchschlagskräftig genug, da die kommunistischen Regierungen selbst wirtschaftlich und technisch im Kielwasser des Kapitalismus treiben, der ihnen seine Werte, seine Organisationsmethoden, seine Neuerungen aufzwingt. (20) Seit in den Oststaaten die Rede ist von Gewinn, Rentabilität, Produktivität, Anwendung fortschrittlicherer (kapitalistischer) Methoden, seit das Konsumfieber den Osten erreicht hat, schwindet die Eigenständigkeit des kommunistischen Systems dahin. (21) Eine der Folgen der Öffnung zum Westen war die Verwischung der vorgegebenen Unterschiede zwischen sozialistischer und kapitalistischer Utopie (siehe Chruschtschows Gulasch-Kommunismus). Das Ideal beider Systeme scheinen Produktivität und Überfluß zu sein.

Die kommunistischen Regimes sind immer mehr bestrebt, ihre Macht dadurch zu legitimieren, daß sie Wohlstand schaffen (und die nationale Unabhängigkeit sichern). Damit begeben sie sich aber auf ein Terrain, wo sie die Mithilfe der gesamten Bevölkerung und besonders die der technischen Intelligenz brauchen, deren prowestliche Orientierung ganz offen hervortritt und sich nicht auf das technologische Gebiet beschränken läßt. Das Ergebnis: der westliche Einfluß nimmt dauernd zu. (22) Was die kulturelle Rückgliederung in den Westen betrifft, so haben sich die Volksdemokratien bereits fühlbar von der UdSSR distanziert, wo die Westorientierung weiterhin von der Partei gebremst und behindert wird. Aus diesem Blickwinkel gesehen, ist Osteuropa trotz des sowjetischen Hemmschuhs dabei, zu jener »Brücke« zwischen den beiden Systemen zu werden, in der zwei seiner besten Söhne, Mihály Károlyi und Jan Masaryk, nach dem Krieg seine Berufung gesehen haben.

4. Kräfte des Zusammenhalts

Die Zentrifugalkräfte: wiedererwachende patriotische Gefühle und das Gefühl der Solidarität mit dem Westen, sind an der Entwicklung der Volksdemokratien am auffälligsten nach 1953. Sie können aber nicht – nach den Ereignissen in Ungarn und Polen 1956 hat die tschechoslowakische Tragödie brutal daran erinnert – die von den kommunistischen Parteien und den von diesen regierten Staaten gegenüber der kommunistischen Bewegung, gegenüber der UdSSR und den anderen sozialistischen Staaten eingegangenen Verpflichtungen ungeschehen machen. Der institutionelle Rahmen dieser Verpflichtungen sind die internationale kommunistische Bewegung, der Warschauer Pakt und auf wirtschaftlicher Ebene der Rat für gegenseitige Wirtschaftshilfe (COMECON).

Die Oststaaten und die internationale kommunistische Bewegung

Auf den beiden großen internationalen Konferenzen 1957 und 1960 in Moskau haben die kommunistischen Parteien aller Volksdemokratien die KPdSU als die führende Partei anerkannt. Im Oktober 1961 haben dieselben Parteien die Verurteilung der albanischen Abweichung und der chinesischen Häresie gutgeheißen. Aber diese Unterstützung war unterschiedlich. Nach dem Ungarnaufstand wurde die Haltung der Führer der Oststaaten in der Frage der internationalen Bewegung von zwei Faktoren bestimmt: von dem Erfordernis des sowjetischen Schutzes und von ihrem Interesse, sich im Rahmen der notwendigen Solidarität eine möglichst große Autonomie zu sichern. Wenn aber der materielle, politische und militärische Schutz der kommunistischen Regimes nur von der Sowjetunion gewährleistet werden konnte (in dieser Hinsicht waren Jugoslawien und Albanien Ausnahmen, die aber nur die Regel bestätigten), so wurden jene in ihrem Streben nach einer gewissen Unabhängigkeit von Moskau – zumindest in der Innenpolitik seit 1956 – von der Volksrepublik China gefördert, die ihr möglichstes tat, um die Wiederherstellung der sowjetischen Hegemonie, wie sie bis 1956 bestand, zu verhindern. Dies erklärt, einmal abgesehen von wirtschaftlichen Interessen, die ausgezeichneten Beziehungen der Oststaaten zu China bis 1958. Dann verschärften sich die chinesisch-sowjetischen Beziehungen, und die Führer der Oststaaten mußten sich entscheiden. Sie erklärten sich mehr oder minder mit Moskau solidarisch, wünschten aber einen totalen Bruch mit Peking zu verhindern. Gomułka verfolgte Jahre hindurch diese Politik, das heißt, er bemühte sich, Chruschtschow so weit wie möglich daran zu hindern, die Politik Mao Tse-tungs von der großen Mehrheit der Parteien verdammen zu lassen. Außerhalb des sozialistischen Lagers wurde Gomułka von den Italienern unterstützt, dann, ab 1963, als der polnische Widerstand abzuflauen begann, von den Rumänen, die, obgleich sie der Sache der Einheit ihre Ergebenheit bezeigten, eine neutrale Stellung im Konflikt Moskau–Peking eingenommen hatten.

Als die Annäherung der Sowjets an Peking nach dem Sturz Chruschtschows gescheitert war und sie mit Unterstützung der Tschechen, Bulgaren und Franzosen am 1. März 1965 eine Konferenz in Moskau einberufen hatten, um die chinesischen Rebellen zu »exkommunizieren«, da fehlten die Rumänen (und sechs andere von den 25 eingeladenen Parteien). Das am 10. März veröffentlichte Kommuniqué ließ den Mißerfolg erkennen: Moskau mußte sich damit zufriedengeben, daß eine neue internationale Konferenz zwar gutgeheißen, aber kein Datum festgesetzt wurde; im Kommuniqué wurden besonders die Gleichheit und Unabhängigkeit der Parteien betont; es war weder die Rede von der privilegierten Stellung der KPdSU noch wurde der »Dogmatismus« verdammt.

Diese ihnen von den Italienern, Polen, Kubanern und Engländern aufgezwungene Mäßigung wurde für die Sowjetführer zum

Ausgangspunkt einer neuen Taktik: Sie verzichteten auf das Mittel der Exkommunizierung und setzten alles auf die »antiimperialistische« Einheit. Mit dieser Taktik – die Togliatti bereits in seiner Jalta-Denkschrift (September 1964) empfohlen hatte – sollten die neutralen Parteien zurückgewonnen werden, die sich weigerten, China zu verdammen, aber nicht mit der UdSSR und den anderen Ostparteien brechen wollten.

Die neue Taktik erwies sich als recht brauchbar. Es gelang den Sowjets, einen Keil zwischen die chinesischen und die japanischen Kommunisten und zwischen Peking und Pjöngjang zu treiben. Zudem wurde sie von Gomułka gebilligt. (1) Dieser sprach Anfang 1966 bei den chinesischen und albanischen Führern vor, um sie zur Teilnahme an einer Versammlung zu bewegen, bei der einzig und allein über die durch die Verstärkung der amerikanischen Bombardements notwendig gewordene Koordinierung der Vietnamhilfe gesprochen werden sollte. Albaner und Chinesen lehnten den Vorschlag ab. Eine Einigung mit den »revisionistischen Komplizen des Imperialismus« schien ihnen nicht möglich. Diese Ablehnung kam aber der UdSSR zustatten. Sie machte Gomułka böse, irritierte die Italiener und vergrößerte die Chancen des »Konzils«, das Breschnjew im November 1965 auf dem bulgarischen Parteikongreß erneut vorgeschlagen hatte. Auf dem ungarischen Parteikongreß im Dezember 1966 und dem französischen im Januar 1967 waren die Befürworter des Konzils trotz feiner Unterschiede und Vorbehalte bereits in der Überzahl. Auf dem SED-Parteitag im April 1967 gab Breschnjew bekannt, daß 70 Parteien dem Plan positiv gegenüberstünden.

Inzwischen tagte vom 24. bis zum 27. April in Karlsbad eine Konferenz der kommunistischen Parteien Ost- und Westeuropas. Offiziell sollte die Versammlung, an deren Vorbereitung die polnischen und französischen Kommunistenführer entscheidend mitgewirkt hatten, eine gemeinsame Politik in der Frage der europäischen Sicherheit auf Grundlage der Erklärung des Warschauer Paktes vom Juli 1966 festlegen (die ich im nächsten Kapitel behandeln werde). In Wirklichkeit ging es den neuen sowjetischen Führern um eine Demonstration der Einigkeit. Das Fehlen der Rumänen und Jugoslawen bewirkte freilich das Gegenteil. Die von den Russen, Tschechen, den französischen und italienischen Kommunisten in Bukarest und Belgrad unternommenen Schritte blieben erfolglos. Die Rumänen und Jugoslawen vertraten die Meinung, daß das Problem der europäischen Sicherheit Sache der Regierungen, nicht der kommunistischen Bewegung sei. Tito und Ceauşescu weigerten sich einvernehmlich, sich einer gegen Bonn gerichteten Offensive und einer Kundgebung anzuschließen, in der die Sowjets »den ersten Schritt zu einer Konferenz aller Parteien« sahen.

Mit seiner Absicht, freie Hand zu behalten, geriet Ceauşescu unter stärksten Druck des Kremls und war »Unterwanderungsversuchen« ausgesetzt, wie er kurz nach der Konferenz angedeutet hatte, ohne jedoch Angaben über die Art und den Zeitpunkt zu machen.

In einem von der »Scînteia« am 7. Mai 1967 veröffentlichten Artikel erklärte der rumänische Parteichef: »Die Einigkeit der kommunistischen und der Arbeiterbewegung muß ausgehend von den vielen verschiedenen Bedingungen und Umständen erzielt werden, unter denen die kommunistischen Parteien kämpfen, ausgehend von den von Land zu Land und von Partei zu Partei verschiedenen Aufgaben ... Die einzige, die die Realität kennen kann ... ist die kommunistische Partei jedes einzelnen Landes. Daher sind ihre eigene politische Linie, ihre revolutionäre Taktik und Strategie unveräußerlich.« Einer der jugoslawischen Parteiführer, der Mazedonier Crvenkovski, drückte sich ähnlich aus: »Jede kommunistische Bewegung muß sich in erster Linie an ihre eigene Arbeiterklasse, an ihr eigenes Volk wenden.« (2)

Auf den Appell Breschnjews an Einigkeit und Solidarität antworteten die Rumänen und Jugoslawen, indem sie wieder einmal ihr Recht auf Selbstbestimmung betonten und sich für den »Bilateralismus« aussprachen. Die Meinungsverschiedenheiten bezüglich Pekings wurden von dem immer tiefer gehenden Zerwürfnis zwischen »Solidaristen« und »Autonomisten« in den Hintergrund gedrängt. Zu diesem Zeitpunkt mißbilligten Koucký als Sprecher Prags (3), János Kádár (4) und Todor Schiwkow (5) immer noch höflich, aber bestimmt den »neutralistischen« und »nationalistischen« Standpunkt Rumäniens und Jugoslawiens. Die Gespräche anläßlich des 50. Jahrestages der Oktoberrevolution in Moskau – an denen auch Tito und Ceauşescu teilnahmen – führten zu keiner Beilegung der Differenzen. Was Breschnjew aber nicht hinderte, in seiner Festrede zu erklären, daß die Zeit nun für eine neue internationale Konferenz reif sei. Die Konferenz war für die Sowjetführer einfach zu einer Prestigefrage geworden. Da es dem Kreml nicht gelang, die große Mehrheit der Parteien um sich zu sammeln, um die Chinesen und anderen Diversanten (zu denen 1967 auch schon die Kubaner zählten) ausdrücklich zu verurteilen, schien er sich mit einer Versammlung begnügen zu wollen, bei der sieben von den vierzehn regierenden Parteien (die chinesische, albanische, vietnamesische, nordkoreanische, rumänische, kubanische und jugoslawische) fehlen würden.

Die sowjetischen Bemühungen gingen selbst dann noch in dieser Richtung, als der Internationalismus im Januar 1968 mit Novotný eine der letzten Stützen verloren hatte. Der politische Umschwung in der Tschechoslowakei warf seinen Schatten auf die Vorversammlungen zur internationalen Konferenz, die im Februar und im April 1968 in Budapest abgehalten wurden. (Die erste erlebte den spektakulären Abgang der Rumänen aus Protest gegen die Kritik des arabischen Kommunistenführers Bagdash an ihrer Nahost-Politik.) Die Prager Delegierten erst Koucký, dann Lenárt, nahmen eine Haltung ein, die dem »autonomistischen« Standpunkt sehr ähnlich war. Die Sowjets, die sich für den Internationalismus italienischer Prägung aussprachen, da er der letzte Ausweg schien, um noch irgend etwas von ihrer Führerrolle zu retten, erreichten immerhin, daß das »Konzil« für 25. November in Moskau festgesetzt wurde.

Suslow, der große Organisator der internationalen Konferenz, hat die Krise vom Sommer 1968 bestimmt nicht vorhergesehen, die die Sowjetunion die Theorie von der »berechtigten Intervention« zuerst aufstellen und dann anwenden ließ und die viele kommunistische Parteien, mit den Italienern, Rumänen und Jugoslawen an der Spitze, mißbilligt, verdammt oder zumindest bedauert haben. (6)

Für die Chinesen und Albaner, die sich den Jugoslawen, Rumänen und Italienern in der Verurteilung dieses neuen Beweises des sowjetischen Imperialismus anschlossen, war alles ein »innerrevisionistischer« Konflikt zwischen der »revisionistischen Clique« in Moskau und der »ultrarevisionistischen« Clique in Prag, der sie »beschämende Kapitulation« vorwarfen. Dies zeigt, wie sehr die Chinesen Gefangene ihrer eigenen Mythologie sind, die sie daran hindert, aus der sowjetischen Gesinnungsänderung in Osteuropa und anderswo zu profitieren. (7) Die sowjetische Intervention und die Rechtfertigungs-Propagandakampagne haben nicht den »Revisionismus« des Kremls, sondern die nach wie vor vorhandenen stalinistischen, hegemonistischen Strukturen aufgezeigt, die das hauptsächlich von den Italienern gewünschte *Aggiornamento* der internationalen kommunistischen Bewegung immer noch behindern. Die Sowjetführer blieben den Argumenten Dubčeks und der Reformer gegenüber taub, wonach der Versuch, einen »Sozialismus mit menschlichem Antlitz« zu schaffen, und die Wiedergutmachung der verheerenden Auswirkungen des Coup de Prague von 1948 »zur Entwicklung und Konsolidierung« der kommunistischen Welt beitragen könnten. (8)

Da der Reformismus Dubčeks aber auch zu einer (sicherlich äußerst zaghaften) Lockerung der Bande mit der Sowjetunion geführt hätte, wurde er vom Kreml als bevorstehende Konterrevolution betrachtet, die genauso gefährlich war wie der Ungarnaufstand 1956. Die »Fünf« schreckten nicht davor zurück, Prag ihr Diktat aufzuzwingen, wobei sie vorgaben, »von der internationalen Arbeiterklasse, der internationalen kommunistischen Bewegung« beauftragt worden zu sein. (9)

Die Ergebnisse waren vorherzusehen. Mit einem Schlag waren die Bemühungen Suslows, Ponomarjows, Longos und Waldeck-Rochets um die Regeneration der Bewegung auf neuer Basis hinfällig. (Man sprach übrigens in Prag davon, daß sich Suslow – zweifellos um sein Werk zu retten – in Čierna und Preßburg sehr gemäßigt gezeigt und daß er sich der Intervention widersetzt habe.) Nach dem chinesisch-albanischen und kubanischen Schisma und der Intervention in der Tschechoslowakei drohte eine neue Spaltung: diesmal zwischen dem Block der Orthodoxen und den sich zur Demokratisierung hin entwickelnden westeuropäischen Parteien.

Gewiß, man bemühte sich auf allen Seiten, den Schaden nicht zu groß werden zu lassen. In der Vorbereitungsversammlung in Budapest am 30. September bestanden die Sowjets darauf, den 25. November als Datum für die Abhaltung der internationalen

Konferenz durch »Ausklammern« des tschechoslowakischen Falles aufrechtzuerhalten. Die Italiener, Franzosen usw. benützten aber die Gelegenheit, die Sowjets zu einer Revision ihrer Tschechoslowakeipolitik zu drängen. Die Internationale war für die Russen statt zum Beweis für ihre weltweite Ausstrahlung zu einer Quelle der Kritik geworden. Das neue Konzil lief Gefahr, sich in ein Gericht zu verwandeln, vor dem die Sowjets zum ersten Male als Angeklagte und nicht als Ankläger erscheinen würden. Der Kreml zog daher die Konsequenzen und stimmte der Vertagung zu. (10) Eine neuerliche Vorbereitungsversammlung, die im November in Budapest stattfand (und auf der die Tschechoslowakei durch den »Erzkollaborateur« Bil'ák vertreten war), setzte das Datum der großen Konferenz mit Mai 1969 fest, ohne sich allerdings über Art und Ziele einigen zu können.

»Der Bruch in der Einheit der kommunistischen Bewegung«, schrieb Ende 1967 ein ungarischer Kommunist, »ist leider eine historische Tatsache, die niemand mehr ignorieren kann.« (11) Die Besetzung der Tschechoslowakei scheint dem Glauben an die Vervollkommnung des leninistisch-stalinistischen Internationalismus den Gnadenstoß versetzt zu haben. Die Kluft ist so tief, daß keine Überbrückung mehr möglich erscheint; wer glaubt, den Großteil des internationalistischen Erbes retten zu können, muß wohl oder übel die Lehre radikal revidieren, die Revolution, den Sozialismus und die Demokratie noch einmal überdenken.

Der Warschauer Pakt: Bündnis oder Instrument zur Beherrschung?

Hat die sowjetische Regierung, als sie am 14. Mai 1955 die Vertreter der europäischen Volksdemokratien in Warschau dazu aufforderte, den Vertrag über »Freundschaft, Zusammenarbeit und gegenseitigen Beistand« – genannt Warschauer Pakt – zu unterzeichnen, vorhergesehen, daß dieses Dokument eines Tages dazu dienen könnte, eine militärische Intervention gegen ein widerspenstiges Mitglied zu decken? Es ist möglich. Der Pakt scheint jedoch ursprünglich das Ziel gehabt zu haben, eine vorhandene Situation offiziell anzuerkennen und der Kontrolle der UdSSR über die Streitkräfte und Gebiete der Oststaaten gesetzliche Form zu geben, den von Stalin angewandten »Bilateralismus« zu ersetzen und die »Nationale Volksarmee der DDR« in den gemeinsamen Verband zu integrieren. Ich habe bereits im ersten Kapitel des zweiten Teils dieser Arbeit hervorgehoben, daß der Vertrag eine bewaffnete Intervention auf dem Territorium eines Signatarstaates in keiner Weise rechtfertigt. Die Struktur des Paktes war der NATO nachgeahmt. (12)

Der Vertrag sah die Schaffung eines gemeinsamen Oberkommandos, eines Politischen Beratenden Ausschusses und einiger anderer Hilfsorgane mit Sitz in Moskau vor. (13) Zum Oberkommandierenden wurde der Sowjetmarschall Konjew ernannt, seine Stellvertreter waren die Verteidigungsminister der Teilnehmerstaaten. 1960 wurde Konjew von Marschall Gretschko abgelöst, dem im Juli 1967 Marschall Jakubowskij folgte.

Etwa ein Jahr nach seiner Gründung bewährte sich der Pakt zum ersten Male. Den Versuch Ungarns, aus dem Lager auszubrechen und einen ähnlichen Neutralitätsstatus wie Österreich zu erringen, machte eine sowjetische Intervention zunichte, die von allen Paktmitgliedern gutgeheißen wurde. Die Sowjets sahen sich allerdings gezwungen, mit der neuen polnischen Führung einen Kompromiß zu schließen, da die Polen ihre Armee von der zu auffälligen Vormundschaft der Sowjetarmee befreien wollten. Marschall Rokossowski und 32 höhere Offiziere mit doppelter Staatsbürgerschaft (russische und polnische) wurden in Ehren entlassen und nach Hause geschickt. Ein Freund Gomułkas, Marion Spychalski, der unter Stalin verurteilt worden war, wurde zum Verteidigungsminister ernannt. Die polnische Armee wurde »polonisiert«; die alten Uniformen und die polnische Fahne kamen wieder. Am 18. November 1956 unterzeichneten die UdSSR und Polen ein Abkommen über die Stationierung sowjetischer Truppen. Ähnliche Abkommen wurden auch mit Ungarn, Rumänien und der DDR geschlossen. (14)

1967 betrug die militärische Stärke der Oststaaten 1,200.000 Mann. Ab 1961 wurden die Armeen der Oststaaten mit neuem Material ausgerüstet: mit T-54- und T-62-Panzern, mit Panzerabwehrkanonen, MIG-21-Jagdmaschinen, Bombern, taktischen Raketen usw. (Alles Atomare blieb natürlich weiterhin unter sowjetischer Kontrolle.) Die bestausgerüsteten und bestgeschulten Armeen waren die der Tschechoslowakei, Polens und Bulgariens. Die ostdeutsche Armee ist gut organisiert, aber ihre Loyalität und die der 1956 zerfallenen und danach umorganisierten ungarischen Armee gilt als fragwürdig. (15)

Seit Ende 1962 hat der Warschauer Pakt unter den sowjetischen Prestigeeinbußen gelitten: unter dem Zurückweichen in Kuba, dem Konflikt mit Peking, der Passivität im Vietnamkonflikt und der technischen Überlegenheit der Vereinigten Staaten. (16) Die Emanzipationsgelüste der Rumänen, zuerst nur auf wirtschaftlichem Gebiet, dann auch in der Außenpolitik, haben die Sowjets gewarnt. Der Kreml war nun bemüht, nicht nur mit den USA in der Rüstung mit Interkontinentalraketen gleichzuziehen, sondern gleichzeitig auch das sozialistische Lager zu konsolidieren. Im September 1965 sprach sich Breschnjew in einer Rede in Prag zum ersten Male für eine »Perfektionierung« des Warschauer Paktes aus. Es ging ihm offensichtlich um die Straffung der Lagerdisziplin auf außenpolitischem Gebiet. Die Rumänen wehrten sich. Das Recht auf Unabhängigkeit, das sie für ihre Partei forderten, verlangten sie noch viel nachdrücklicher für ihren Staat. Ceauşescu prangerte in einer Rede am 7. Mai 1966 den »Anachronismus« der militärischen Blöcke und der Militärbasen im Ausland an – und zwar in Worten, die den Einfluß de Gaulles verrieten.

Für Ceauşescu waren die militärischen Blöcke »mit der Unabhängigkeit und der nationalen Souveränität, mit den normalen zwischenstaatlichen Beziehungen unvereinbar«. Daher trat er für die gleichzeitige Auflösung beider Blöcke ein. Die Möglichkeit zur Auflösung der Blöcke enthielt der Warschauer Pakt: Würde die NATO aufgelöst, so würde auch der Pakt seine Existenzberechtigung verlieren. Die Rumänen hüteten sich, eine einseitige Maßnahme zu empfehlen, aber sie profitierten vom Austritt Frankreichs aus der militärischen Organisation des Atlantikpaktes und richteten ihre Politik auf den nahenden Zerfall der Blöcke aus. Bukarest antwortete auch auf den sowjetischen Vorschlag, den Warschauer Pakt durch eine Art ständiges Direktorium zu stärken, im Frühjahr 1966 mit Gegenvorschlägen: Sowjetische Truppen im Ausland sollten nicht länger durch Drittländer erhalten werden; im Oberkommando sollte ein periodischer Wechsel erfolgen und die nukleare Verantwortlichkeit aufgeteilt werden. Das Ziel der Rumänen dürfte weniger die Durchsetzung dieser Vorschläge gewesen sein als vielmehr die Neutralisierung der sowjetischen Absichten, um einer neuen Straffung des Paktes zuvorzukommen. Das ist ihnen auch gelungen.

Die Konferenz des Beratenden Ausschusses des Warschauer Paktes, die im Juli 1966 in Bukarest stattfand, bestätigte den Status quo und traf keine neuen Entscheidungen bezüglich der Reorganisation des Paktes. Die auf der Konferenz zur europäischen Sicherheit gemachten Vorschläge stellten Ulbricht zufrieden, da die Anerkennung der DDR und die Unverletzlichkeit der Grenzen als »fundamentaler Bestandteil« der europäischen Sicherheit dargestellt wurden. Aber sie wurden nicht ausdrücklich zur Vorbedingung einer Annäherung der Mitgliedstaaten an Westdeutschland. (17) Auch das war ein Erfolg für die Rumänen, die für die Normalisierung ihrer Beziehungen mit der Bundesrepublik freie Hand behalten wollten.

Bukarest, das drei Jahre vorher die wirtschaftliche Integration ins COMECON verhindert hatte, war es gelungen, die politische Integration im Rahmen des Warschauer Paktes zu blockieren. Die durch den halben Abfall Rumäniens ausgelöste Krise spitzte sich wegen der Mißstimmigkeiten im Deutschlandproblem, im Nahost-Konflikt und in der Affäre Tschechoslowakei zu.

Das Deutschlandproblem

Die Disziplin innerhalb des Blocks lockerte sich weiter dadurch, daß sich Rumänien über die sowjetischen, polnischen und ostdeutschen Warnungen hinwegsetzte und auf die Sondierung der neuen bundesdeutschen Regierung im Herbst 1966 positiv reagierte, was am 31. Januar 1967 zur Aufnahme normaler diplomatischer Beziehungen mit Bonn führte. Ulbricht drückte unverzüglich sein Bedauern aus, daß Rumänien die Bonner »Alleinvertretungs-Anmaßung« akzeptiert habe. (18) Die Bukarester Presse reagierte auf diesen Vorwurf kühl und unterstrich, daß Rumänien die Existenz zweier deutscher Staaten anerkenne, sich aber weigere, diese Anerkennung zur Bedingung für eine politische Normalisierung zu machen, die doch im Interesse des Friedens stehe. Rumänien lehne die Politik des »alles oder nichts« ab. (19)

Der Kreml verzichtete jedenfalls, sei es aus Ohnmacht oder aus Berechnung, diesen rumänischen Bruch der Solidarität zu dramatisieren. Er überließ die Initiative den Ostdeutschen und Polen, die von der rumänischen Brüskierung ja viel mehr betroffen waren. Vor allem Ulbricht wollte verhindern, daß das Bukarester Beispiel Schule machte. Er wußte, daß das Vordringen der Westdeutschen im Donauraum den wirtschaftlichen Einfluß der DDR schmälern würde, ihn gar verdrängen könnte. Und für Gomułka war die Konsolidierung der DDR ein Hauptziel der polnischen Außenpolitik, die ja vor allem die Wiedervereinigung Deutschlands verhindern sollte. Auf der Konferenz der Außenminister des Blocks, die vom 8. bis 10. Februar 1967 in Warschau in Abwesenheit des rumänischen Ministers stattfand (der durch eine Reise nach Dänemark verhindert war), gingen Polen und Ostdeutsche, von den Russen unterstützt, gemeinsam vor. Die Ungarn, Tschechen und Bulgaren gaben dem Druck nach und billigten die Ulbricht-Doktrin: Der Weg zur Entspannung mit der Bundesrepublik führt über die Anerkennung der DDR durch Bonn, über die Unverletzbarkeit der Grenzen und den Verzicht Bonns auf Atomwaffen. Polen und Ostdeutsche schickten sich auch an, die unter Stalin geschlossenen, aber bereits abgelaufenen bilateralen Verträge durch neue zu ersetzen, die ihre Zusammenarbeit festigen und ihre Außenpolitik im Rahmen des Warschauer Paktes (der zum Zeitpunkt der Unterzeichnung der ersten Verträge 1946 bis 1948 noch nicht bestanden hatte) koordinieren sollten. Polen und die Tschechoslowakei unterzeichneten ihren ersten neuen Vertrag am 1. März 1967. Es folgten der polnisch-ostdeutsche, der tschechoslowakisch-ostdeutsche (im März), der polnisch-bulgarische (April), der ungarisch-ostdeutsche (Mai) und der bulgarisch-ostdeutsche Vertrag (September 1967). Alle diese Staaten unterzeichneten auch einen neuen Vertrag mit der Sowjetunion. (20)

Nur Rumänien distanzierte sich, und die rumänische Partei war die einzige des Blocks, die auf der Konferenz der kommunistischen Parteien Ost- und Westeuropas in Karlsbad nicht vertreten war. Wenn auch das gemeinsame Vorgehen der Sowjetunion, der DDR und Polens die diplomatische Ostoffensive Bonns aufhielt, so zeigten das zwischen Prag und Bonn geschlossene Abkommen über die Errichtung von Handelsvertretungen (August 1967) und die Wiederaufnahme der jugoslawisch-westdeutschen Beziehungen (Januar 1968) doch das Interesse der Oststaaten, vor allem der ČSSR, an einer Annäherung an die Bundesrepublik Deutschland.

Es ist also verständlich, daß der Sturz Novotnýs und die »aktivere Europapolitik« der neuen Führung Unruhe in der DDR hervorgerufen haben, obwohl Dubček und seine Parteigänger wiederholt ihre Loyalität gegenüber dem Pakt betont haben. Es war offensichtlich, daß die liberale öffentliche Meinung in der ČSSR die Führer drängte, eine unabhängigere Politik, vor allem in der Deutschlandfrage, zu betreiben. Schon im Frühjahr 1968 wurden die wirtschaftlichen, finanziellen, kulturellen, wissenschaftlichen und Fremdenverkehrskontakte zwischen der Tschechoslowakei und der Bundesrepublik intensiviert. Unter der Führung Professor Šnejdáreks, des Vorstandes des tschechoslowakischen Instituts für internationale Politik und Wirtschaft, der Westdeutschland mehrmals besuchte, wurden die Möglichkeiten der Wiederaufnahme diplomatischer Beziehungen untersucht. (21) Zur selben Zeit verschlechterten sich die ideologischen Beziehungen zwischen der Tschechoslowakei und Ostdeutschland bzw. Polen zusehends: Die Liberalisierung in der Tschechoslowakei stellte für die absolute Macht Ulbrichts und Gomułkas eine noch viel größere Gefahr dar als die eventuelle Wiederaufnahme diplomatischer Beziehungen zwischen Bonn und Prag. Diese Gefahr mußte gebannt werden, koste es, was es wolle. Ulbricht und Gomułka haben vielleicht eine noch entscheidendere Rolle als die sowjetischen Militärs bei dem beginnenden politischen und militärischen Kesseltreiben gegen die Tschechoslowakei gespielt. Es scheint, daß sie es gewesen sind, die als erste das »Interventionsrecht« vorgebracht haben, durch das der Warschauer Pakt zu einem Aggressions- und Beherrschungsinstrument der regierenden Oligarchien gegen die Völker der Mitgliedstaaten umfunktioniert worden ist. (22) Die militärische und politische »Sorge«

(Gomułka: »Die Tschechoslowakei stand vor dem Bruch mit den sozialistischen Ländern und vor der Neutralisierung ...«) diente nur als Vorwand: Ulbricht und Gomułka forderten seit März immer dringender Truppen des Warschauer Paktes zum Schutz der Westgrenzen der Tschechoslowakei, um die liberalen Kräfte in der Tschechoslowakei einzuschüchtern. Die Ablehnung durch die tschechoslowakische Führung, die Ulbricht am 13. August von Dubček mitgeteilt wurde, dürfte die unmittelbare Ursache für die militärische Intervention gewesen sein.

Die Krise im Nahen Osten

Schon vor der tschechoslowakischen Krise hatte sich innerhalb des Blocks im Sommer 1967 anläßlich der Nahost-Krise mangelnde Disziplin bemerkbar gemacht. Die Sowjetregierung war von Anfang an auf Nassers Seite und wälzte die ganze Verantwortung für den Konflikt auf Israel und seine »Beschützer«, die Vereinigten Staaten und Großbritannien, ab. Mit Ausnahme Rumäniens stießen alle Länder des Blocks, denen sich diesmal auch Jugoslawien anschloß, in des Kremls Horn und brachen nach einem in aller Eile am 9. Juni in Moskau veranstalteten »Gipfeltreffen« wie der Kreml die diplomatischen Beziehungen zu Israel ab. Die Führer Rumäniens veröffentlichten bei diesem Treffen eine Erklärung, die aktive Neutralität erkennen ließ: Bukarest verurteilte Israel nicht als Aggressor, forderte aber den Rückzug der israelischen Streitkräfte in ihre Ausgangsstellungen und sprach sich für Verhandlungen der betroffenen Parteien aus, was dem Wunsch der Israelis und auch dem der Vereinigten Staaten entsprach. Am 17. Juni rief Ceauşescu neuerlich zu Verhandlungen auf. Er bekräftigte Kairo gegenüber, daß »die demokratische Entwicklung und die nationale Einheit der Araber nicht durch Haß und Zwietracht erreicht werden können«, und verlangte von Israel, »auf territoriale Eroberung zu verzichten«.

Dies war ein guter Ausgangspunkt, um Rumänien bei der Generalversammlung der Vereinten Nationen Ende September 1967 den Vorsitz zu sichern. Die Politik Bukarests war weder von besonderer Sympathie für Israel noch von Semitophilie bestimmt (haben sich die rumänischen Juden in den letzten Jahren nicht über Diskriminierung beklagt?), sondern einzig und allein vom nationalen Interesse. Aus dem gleichen Grund hatten die Rumänen im April 1967 mit Israel ein Abkommen über technische und wirtschaftliche Zusammenarbeit geschlossen, unterhielten aber weiterhin gute Beziehungen zur VAR und zu Syrien.

Als die Führer des Ostens einschließlich Titos am 11. Juli ein zweites Mal, in Budapest, zusammentrafen, um ihre Verbundenheit mit der arabischen Sache zu demonstrieren, fehlten die Rumänen. Ihre neutrale Haltung führte zu einer vorübergehenden Abkühlung der rumänisch-jugoslawischen Beziehungen. Tito zeigte sich vor, während und nach der Krise entschlossener proarabisch und besonders für Nasser eingestellt als die Sowjetführer selbst; er billigte ohne Zögern die verwegene Forderung Nassers nach Abzug der UNO-Truppen aus dem Golf von Akaba, ja während der Feindseligkeiten kritisierte die Belgrader Presse die sowjetische Weichheit. Als Tito in Moskau vom Rücktritt Nassers erfuhr, bat er ihn telefonisch, zu bleiben. Die Verteidigung seines bedrohten persönlichen Freundes war für den jugoslawischen Staatschef auch Verteidigung seiner auf Zusammenarbeit mit Belgrad, Kairo und Neu-Delhi ausgerichteten Politik der Blockfreiheit. Der nach dem Militärputsch in Griechenland ausbrechende Nahost-Konflikt dürfte Tito die Existenz eines »amerikanischen Offensivplanes« bestätigt haben, durch den das Kräfteverhältnis im Nahen Osten und in den Balkanländern gestört werden sollte. Er fürchtete auch, daß der Sturz Nassers den Einfluß Maos und Fidel Castros, der sich schon in Algerien und Syrien bemerkbar machte, im Nahen Osten und in Afrika vergrößern würde. Wie seine Vertrauten erklärten, begab er sich aber nicht nach Moskau und Budapest, um sich nach dem Kreml auszurichten, sondern um den Kreml, dessen Schwäche und Zögern ihn erschreckten, aus seiner Gleichgültigkeit zu reißen. Aber all diese Erwägungen konnten die liberale öffentliche Meinung in Jugoslawien nicht beruhigen, die die Solidarität mit den arabischen Radikalen, die den Heiligen Krieg predigten, nicht verstand und befürchtete, daß die Teilnahme Titos am Gipfeltreffen des Warschauer Blocks der erste Schritt zur völligen Angleichung sei. Im Zentralkomitee des Bundes der Kommunisten erhoben sich Stimmen gegen dieses Engagement und für die Existenzberechtigung Israels, die Tito ja in Frage stellte. Unter dem Druck der öffentlichen Meinung und gewarnt durch die verstärkte sowjetische Präsenz im Mittelmeer (23), korrigierte die jugoslawische Regierung ihre Haltung und verwendete sich mit Indien und Äthiopien für eine politische Lösung des Konflikts. 1968 wurden auch die jugoslawisch-rumänischen Beziehungen wieder enger, da beide Regierungen in bezug auf die Krise in der Tschechoslowakei die gleiche Haltung einnahmen.

In den anderen Oststaaten, vor allem in Polen und in der Tschechoslowakei, riefen die hundertprozentig proarabischen Stellungnahmen und der Abbruch der diplomatischen Beziehungen zu Israel ernste Erschütterungen hervor. Neu war, daß die Regierungen nun ihr Vorgehen erklären und sich vor dem Vorwurf der Unterwürfigkeit und Parteinahme hüten mußten. Das Beispiel Rumäniens wirkte ansteckender als einst das Jugoslawiens. Die Schwierigkeiten, die die UdSSR mit dem unbequemen Verbündeten hatte, der sogar Einwände gegen den Vertragsentwurf über die Nichtweitergabe von Atomwaffen erhob, spiegeln die neue Situation wider, die durch die Verstärkung des Wirtschaftspotentials und die Ambitionen der Oststaaten geschaffen wurde, eine Situation, die der Kreml nur dadurch meistern konnte, daß er sein enormes militärisches Potential einsetzte.

Die Tschechoslowakei, der Warschauer Pakt und das »Abkommen« von Moskau

Auf der Gipfelkonferenz in Sofia am 6. März 1968 wurde das »tschechoslowakische Problem«, das heißt das Problem, das der Regimewechsel in Prag verursacht hatte, erstmals vor das Plenum des Warschauer Paktes gebracht. Die Ereignisse in der Tschechoslowakei haben deren Partner in mehrfacher Hinsicht beunruhigt. Da war einmal die Rolle der tschechoslowakischen Armee in der Krise, die zum Sturz Novotnýs führte. Verteidigungsminister Lomský und Generalstabschef Rytíř, die als bedingungslose Freunde der UdSSR bekannt waren, hatten versucht (wußte dies Moskau nicht?), Novotný äußerstenfalls durch einen Panzer-»Marsch auf Prag« zu retten. Mit Hilfe einiger Offiziere der politischen Armeeverwaltung gelang es Dubček, das Komplott zu zerschlagen, woraufhin mehrere prosowjetisch eingestellte Generale ersetzt wurden. Die Flucht General Šejnas, des Sekretärs des Hauptausschusses des ZK im Verteidigungsministerium, eines der Anstifter der Verschwörung, in die Vereinigten Staaten hatte das allgemeine Unbehagen noch vergrößert. Marschall Jakubowskij, der Oberkommandierende des Warschauer Paktes, konnte sich auf einer Informationsreise nach Prag davon überzeugen.

Die tschechoslowakische Krise brach gerade zu dem Zeitpunkt aus, da sich die Sowjets, die Ostdeutschen und die Polen bereit machten, das Verteidigungspotential des Blocks gegen das angebliche »Ansteigen des Neonazismus in der Bundesrepublik« zu verstärken. Jakubowskij und Gretschko gehörten beide zu den »Falken« im Kreml. Jakubowskij, der acht Jahre lang die in der DDR stationierten Sowjettruppen befehligt hatte, kannte das Deutschlandproblem nur allzu gut. Er trat für eine Aufwertung der unter Chruschtschow etwas vernachlässigten sowjetischen Infanterie ein. Auf einer Konferenz der Militärs in Dresden im November 1967 hatte er die Konsolidierung der DDR als das oberste Ziel der UdSSR und des Warschauer Paktes bezeichnet. Seit seiner Ernennung zum Oberkommandierenden des Paktes im Juli 1967 trat Jakubowskij unermüdlich für dessen Verstärkung ein, indem er versuchte, die Regierungen der Mitgliedstaaten von der Notwendigkeit zu überzeugen, ihre Militärausgaben zu erhöhen, damit die Ausrüstung ihrer Armeen auf sowjetisches Niveau gebracht würde. Die DDR kam ihm als erste entgegen und erhöhte ihr Militärbudget von 3,6 Milliarden Mark (5 Prozent des Staatshaushalts) im Jahre 1967 auf 5,8 Milliarden Mark (8,7 Prozent des Gesamtbudgets) im Jahre 1968.

Beim Treffen in Sofia waren die Tschechoslowaken eher zurückhaltend und überließen es Ceaușescu, direkter zu werden. Nachdem dieser das bevorstehende russisch-amerikanische Abkommen über die Nicht-Weitergabe von Atomwaffen kritisiert hatte, warf er den Russen – mit Seitenblick auf die

Tschechoslowakei – anscheinend vor, sich auch weiterhin in die inneren Angelegenheiten der Mitgliedstaaten einzumischen.

Es überrascht daher nicht, daß die Rumänen von den Sowjets nicht zu dem neuen (auf Drängen des über die völlige Ausschaltung Novotnýs entsetzten Ulbricht) einberufenen Gipfeltreffen in Dresden am 23. März eingeladen wurden. Die Dresdner Konferenz war der Beginn einer ganzen Reihe von »Beratungen«, deren Ziel es war, Dubček entweder zu bewegen, sich von seinem Demokratisierungsprogramm loszusagen und zum Beweis seiner Solidarität und Loyalität der Stationierung von Truppen des Warschauer Paktes in der ČSSR zuzustimmen, oder – ihn zu stürzen. »In Ermangelung anderer Rechtsmittel wandte man sich an den Pakt und seine Organisation, sobald die Situation in einem Land der Kontrolle zu entgehen drohte.« (24) Um Dubček gefügig zu machen, versuchte man vielerlei: Ermutigung der Novotný-Anhänger, die sich dem neuen Kurs widersetzten; wirtschaftlicher Druck; der Kreml zog die Verhandlungen über die Gewährung eines 100-Millionen-Dollar-Kredits an die Tschechoslowakei in die Länge; ideologischer Druck, zu dem die »Prawda« das Signal gab, indem sie von antisozialistischen Kräften im ZK der KPTsch sprach und dann einen der ergebensten Mitarbeiter Dubčeks, Čestmír Císař, angriff; schließlich militärischer Druck. Die großen Manöver in Ostdeutschland und Ungarn Ende März waren nur die ersten einer langen Reihe, die bis August andauerte. Die Intervention in der Tschechoslowakei war sozusagen die Krönung.

Bevor es aber soweit war, gab es Einschüchterungs- und Erpressungsversuche. Am 5. Mai wurden Dubček, Černík und Genossen so unter Druck gesetzt, daß sie schließlich der Abhaltung gemeinsamer Manöver in der Tschechoslowakei im Juni zustimmten und sich bereit erklärten, den Pakt zu stärken.

Am 8. Mai hielten die »Fünf« ein Gipfeltreffen ab, von dem die Tschechoslowaken und die Rumänen ausgeschlossen waren. Bei diesem Treffen *en famille* wurde die militärische Intervention als allerletztes Druckmittel besprochen. Kossygin begab sich in die Tschechoslowakei, wo er sich vom 17. bis 25. Mai aufhielt. Die Besprechungen endeten mit einem *Gentlemen's Agreement*, in dem sich Dubček verpflichtete, die Presse zu zügeln und die politischen und Wirtschaftsverhandlungen mit Bonn einschlafen zu lassen.

Das tschechoslowakische Zentralkomitee, das vom 29. Mai bis 1. Juni erneut tagte, traf tatsächlich einige Entscheidungen, um die »Fünf« zu beruhigen, beschloß aber auch, den 14. Parteikongreß für den 9. September einzuberufen. Daß die Wahlen hiezu den Aufstieg der liberalen und patriotischen Kommunisten, die entschlossen waren, dem Druck von außen zu widerstehen, bestätigen würden, war so gut wie sicher. Wollten die Sowjets und ihre Verbündeten ihren Einfluß auf die Tschechoslowakei aber behalten, mußten sie vor dem 9. September handeln. Man verstärkte also den Druck und vermehrte die Provokationen: Die Sowjets weigerten sich trotz gegenteiliger Versprechen, nach Beendigung der Manöver ihre Truppen abzuziehen; hochgespielte Aufregung wegen der »Zweitausend Worte« L. Vaculíks; indirekter Aufruf der »Prawda« (11. Juli) an die »ehrbaren Kommunisten der Tschechoslowakei, sich gegen die konterrevolutionären Umtriebe zu erheben«; Entdeckung angeblich amerikanischer oder westdeutscher Waffendepots; schließlich Aufforderung an Dubček zur Teilnahme an einer neuen Gipfelkonferenz, auf der die Maßnahmen beschlossen werden sollten, die zu seiner Hilfe dringend ergriffen werden müßten.

Diesmal aber sagte Dubček nein. Er erinnerte sich an die Art, in der Tito 1948 die Einladung des Kominform abgelehnt hatte, und schlug, »um Mißverständnisse zu zerstreuen«, bilaterale Treffen vor. Die »Fünf« aber kamen am 14. und 15. Juli in Warschau zusammen und verfaßten den bereits erwähnten Brief an das tschechoslowakische Zentralkomitee, der einem Ultimatum gleichkam. Sein Inhalt war im wesentlichen folgender: Die ČSSR befände sich mitten in einer Konterrevolution, ihre Grenzen seien nicht mehr sicher, auch die Sicherheit der anderen Staaten des Warschauer Paktes sei bedroht. Entweder zeige sich die tschechoslowakische Führung in der Lage, die feindlichen Kräfte zu neutralisieren, dann müsse sie unverzüglich die im Brief vorgeschlagenen dringenden Maßnahmen ergreifen, oder, wenn ihr dazu die Kraft fehle, müsse sie dem Beispiel Kádárs von 1956 folgen und die sozialistischen Länder zu Hilfe rufen.

Am 18. Juli erfolgte die in höflichem, aber festem Ton gehaltene Antwort des ZK-Präsidiums der KPTsch: Weder sei die Lage in der ČSSR konterrevolutionär noch bestehe die Gefahr einer Abspaltung der ČSSR vom Warschauer Pakt. Die Regierung kontrolliere das Land; die große Mehrheit des Volkes vertraue ihr. (25)

Am 20. Juli wird Marschall Gretschko dringend von Algier nach Moskau zurückberufen. Noch am gleichen Tag schreibt der Moskauer »Rote Stern«, daß »die Sowjetarmee die Interessen der Völker, die den Sozialismus aufbauen, wahren wird«. Der Mechanismus ist in Gang gesetzt. Ein letzter Versuch wird unternommen, um ohne Gewalt die Einigkeit und den Widerstand der tschechoslowakischen Führung zu brechen. Aber das Zusammentreffen des sowjetischen und des tschechoslowakischen Präsidiums in Čierna (29. Juli bis 1. August) bringt als einziges Ergebnis – abgesehen von der stillschweigenden Einstellung der Polemik – die Zustimmung der Tschechen zu einer neuen Sechserkonferenz (die »Fünf« mit der Tschechoslowakei, aber ohne Rumänien) am 3. August in Preßburg.

Sollte diese Konferenz die Tschechoslowaken nur irreführen, die bereits an einen Rückzug der Sowjets angesichts ihrer nationalen Einstimmigkeit glaubten? Sollten sie von Ceauşescu und Tito getrennt werden, deren Besuche in Preßburg und Prag mit Ungeduld erwartet wurden? Sollte sie die tschechoslowakischen Führer zur Unterzeichnung eines Textes zwingen, in dem einige Passagen als Annahme des von den »Fünf« am 15. Juli geforderten »Interventionsrechtes« und Verzicht auf Liberalisierung interpretiert werden konnten? Bedenkt man, welchen Gebrauch die Sowjets und ihre Verbündeten von dem Preßburger Abkommen gemacht haben, in dem die »gemeinsame Verteidigung« der sozialistischen Errungenschaften, die »Stärkung der politischen und militärischen Zusammenarbeit innerhalb der Organisation des Warschauer Vertrages«, die »Notwendigkeit eines Kampfes gegen die antisozialistischen Kräfte« und die »Verwendung der Informationsmittel für die Erziehung der Volksmassen im Geist des Sozialismus und des proletarischen Internationalismus« gefordert wurden, erscheint die dritte Frage so gut wie beantwortet. In Ermangelung einer passenden Rechtfertigung (der fiktive Charakter des von der »Prawda« am 21. August veröffentlichten Hilferufes wurde sogar von Fidel Castro angeprangert, der aber die Intervention an sich guthieß) halfen sich die »Fünf« damit, daß sie die Führung der ČSSR beschuldigten, die Abkommen von Čierna und Preßburg über die Verteidigung des Sozialismus in der Tschechoslowakei, über den Kampf gegen die antisozialistischen Kräfte und gegen die Umtriebe des Imperialismus »verletzt und sabotiert« zu haben. (26) Man schreckte nicht einmal vor der Behauptung zurück, Dubček sei in Čierna »mit seinem offen rechtsopportunistischen Standpunkt« in der Minderheit gewesen.

Die Autoren dieses Artikels in der »Prawda«, der von Zynismus und Lügen nur so strotzte, waren fest davon überzeugt, daß Botschafter Tscherwonenko aufgrund der Besetzung des Landes im Präsidium und im Zentralkomitee nun eine starke Minderheit, wenn nicht sogar eine Mehrheit für eine »Kádár-Lösung« gewinnen werde. Drei Tage später – die Bemühungen des Botschafters waren an der Weigerung Präsident Svobodas gescheitert, eine Regierung aus Kollaborateuren zu nominieren, und am Widerstand fast der ganzen Partei, der Staatsverwaltung und der Bevölkerung – fügte sich der Kreml in Verhandlungen mit Dubček und seinen aus dem Gefängnis entlassenen Kollegen. Der einzige Trumpf Svobodas, Dubčeks und ihrer Parteigänger in den »Gesprächen« war ihre Überzeugung, ein einiges Volk hinter sich zu haben und im Moment für die Sowjets unentbehrlich zu sein, die doch davor zurückschreckten, ein verbündetes sozialistisches Land direkt unter Militärverwaltung zu stellen. Die »Gespräche« führten zum 15 Punkte umfassenden »Abkommen« von Moskau, dessen Geheimhaltung die Sowjets aus Scham und Berechnung forderten. (27) Es handelte sich dabei um ein Diktat der Sowjets, das nur durch einige eher scheinbare als wirkliche Konzessionen abgeschwächt wurde. Bei der Unterzeichnung glaubten Dubček und seine Kollegen, das Wesentliche noch retten zu können: die Einheit des Volkes und die Demokratisierung. Das Abkommen hat die Intervention stillschweigend legitimiert; in Punkt 5 hieß es, daß die Truppen der Verbündeten etappenweise abgezogen würden, »sobald die Bedrohung des Sozialismus in der Tschechoslowakei und den sozialistischen Paktstaaten beseitigt ist«. (Er war also bedroht, was nach Unterzeichnung des Abkommens selbst die gemäßigtesten Führer der Tschechoslowaken wie Mlynář fortgesetzt öffentlich bestritten.) Im selben Punkt wurde auf »die Anwesenheit« (man vermied das Wort Besetzung) »der Truppen der fünf sozialistischen Länder« eingegangen und versichert, »daß sich diese Truppen nicht in die inneren Angelegenheiten der Tschechoslowakei einmischen werden«. Aber sofort nach der Unterzeichnung des »Abkommens« begann die Presse der »Fünf«, alle Handlungen der tschechoslowakischen Führung genauestens zu überprüfen und ihr in drohenden Worten vorzuschreiben, was sie für die Normalisierung im Sinne des Kremls tun müsse und was sie nicht tun dürfe.

Auch sonst sahen sich die tschechoslowakischen Führer gezwungen, Verpflichtungen zu unterschreiben, und jede Unterschrift wurde zur Waffe für ihre »Gesprächspartner« gegen sie selbst. Sie mußten versprechen: den »sogenannten 14. Parteitag der KPTsch, der ... in Abwesenheit der Mitglieder des Präsidiums, des Sekretariats ... eingeleitet wurde«, für ungültig zu erklären (Punkt 2), ein Plenum einzuberufen, »um die Fragen der Normalisierung, ... über Maßnahmen zur Festigung aller Glieder der Partei- und Staatsführung zu beraten« und »jene Personen ihrer Funktionen zu entheben, deren weitere Tätigkeit nicht den Erfordernissen der Festigung der führenden Rolle der Arbeiterklasse und der Kommunistischen Partei entspricht« (Punkt 3).

Der Ausdruck »es muß« kehrt ständig wieder: in der Presse, im Radio, im Fernsehen muß den antisozialistischen und antisowjetischen Tätigkeiten ein Ende bereitet werden. Die Tätigkeit verschiedener antisozialistischer Klubs und Organisationen muß verboten werden, ebenso die antimarxistische Sozialdemokratische Partei. Die Partei- und Staatsorganismen müssen Presse, Radio und Fernsehen auf der Basis neuer konkreter Maßnahmen erfassen. In der gegenwärtigen außergewöhnlichen Situation müssen einige provisorische Maßnahmen und Maßnahmen »gegen feindlich eingestellte Einzelpersonen« ergriffen werden (Punkt 4). Die tschechoslowakischen Führer mußten sich außerdem verpflichten (Punkt 7), »jene Funktionäre und Mitarbeiter der Partei, die für die Festigung der Positionen des Sozialismus, gegen die antikommunistischen Kräfte, für freundschaftliche Beziehungen zur Sowjetunion gekämpft haben«, nicht aus ihrer Funktion zu entfernen oder Repressalien gegen sie zu ergreifen, aber »Veränderungen in Partei- und Staatsorganen und -organisationen im Interesse einer Sicherung der Konsolidierung in Partei und Land vorzunehmen« (Punkt 12).

Dubček hat in der Folge versucht, Punkt 3 als stillschweigende Anerkennung der Möglichkeit, seine Politik fortzusetzen, zu interpretieren. Er verfolgte eine »Balancepolitik« und kompensierte die Ausschaltung einiger in Moskau besonders schlecht angeschriebener Führer wie Ota Šik, Josef Pavel, František Kriegel und Čestmír Císař durch die Berufung berüchtigter Konservativer wie Bil'ák, Pavlovský (ehemaliger Handelsminister), Salgovič (stellvertretender Innenminister), Karel Hoffmann (ehemaliger Postminister) und R. Švestka (ehemaliger Chefredakteur von »Rudé právo«), die sich alle ab 21. August in den Dienst der Okkupanten gestellt hatten. Er führte die Zensur ein, lehnte aber eine Säuberung der Presse ab. Er gebot Schweigen, aber keine Gehirnwäsche; er verbot Klubs, ließ aber niemanden verhaften. Er benahm sich wie das Oberhaupt einer ins Untersuchungsgefängnis geworfenen Nation, die, obgleich sie sich der Gewalt beugt, ihre innere Freiheit und ihre Würde bewahren will. Dubček mußte aber bald, zuerst aus der Presse der »Fünf«, dann von Moskau selbst, auf einem neuen Treffen am 2. und 3. Oktober erfahren, daß die Sowjets mit diesen seinen Winkelzügen nicht einverstanden seien. Mit dem am 3. Oktober veröffentlichten Kommuniqué sollte er anscheinend in die Enge getrieben, zu einem Instrument des Kremls gemacht werden, damit er so die Unterstützung seines Volkes verliere. Die tschechoslowakischen Führer mit Dubček an der Spitze gingen vom Widerstand auf tschechische Art zur Unterwerfung auf tschechische Art über und kämpften um jeden Zoll Terrain. Die wütenden Sowjets ereiferten sich in ihrer Presse unablässig über die »absolut falsche« Auffassung der Tschechen von der nationalen Einheit, denn ihre sei »nationalistisch, antisozialistisch und konterrevolutionär« (TASS-Kommentar vom 28. September 1968).

Die historische Bedeutung der tschechoslowakischen Affäre liegt darin, den Völkern und Regierungen der Oststaaten die Unvereinbarkeit des Warschauer Paktes mit den Begriffen »nationale Sicherheit« und »Nichteinmischung in innere Angelegenheiten«, die von eben diesem Pakt garantiert werden, vor Augen geführt zu haben. Alle seit dem XX. Kongreß dem Pluralismus gemachten theoretischen Konzessionen wurden mit einem Schlag aufgehoben. Der sowjetische Außenminister Gromyko, der am 3. Oktober die Intervention vor den Vereinten Nationen verteidigte, bezeichnete die Aktion als »Maßnahme zur Selbstverteidigung« gegen »imperialistische Umtriebe«, was bedeutet, daß der Warschauer Pakt ein Selbstverteidigungsinstrument der Sowjetunion ist, die sich, indem sie sich über das Völkerrecht und die Charta der Vereinten Nationen stellt, das Recht anmaßt, in letzter Instanz zu entscheiden, was sie als wirklichen oder möglichen Anschlag auf die »vitalen Interessen des Sozialismus«, auf die »Grenzen der sozialistischen Gemeinschaft« betrachtet. Albanien reagierte darauf mit seinem Austritt aus dem Warschauer Pakt (von der Nationalversammlung in Tirana am 12. September 1968 verabschiedetes Gesetz), Jugoslawien mit offener, Rumänien mit etwas zurückhaltender Mobilmachung. In der Tschechoslowakei drückte die Meinung vielleicht am besten eine am 24. August von einer Gruppe junger Schriftsteller veröffentlichte Flugschrift aus: »Ein Okkupant ist kein Verbündeter. Für die tschechische und die slowakische Nation gibt es keinen Platz mehr innerhalb des Warschauer Paktes.« Das naturrechtliche Gefühl, das im Leben der Nationen nicht unterschätzt werden darf, ist von nun an auch in der Tschechoslowakei, wie schon seit langem in Ungarn, Polen und Rumänien, die Gegenkraft gegen die völlig einseitige Fesselung an die Sowjetunion. Auf lange Sicht gesehen ist die UdSSR der Verlierer. Der Neutralismus wird siegen.

Der Rat für gegenseitige Wirtschaftshilfe (COMECON): eine erzwungene Integration

War der Warschauer Pakt ursprünglich als Erwiderung auf die NATO gedacht, so wurde der Rat für gegenseitige Wirtschaftshilfe (COMECON) 1949 als Antwort auf den Marshallplan und die OEEC geschaffen, denen die Oststaaten auf Anordnung Moskaus nicht beitreten durften. (28) Das Ziel des COMECON, dem die UdSSR und die europäischen Volksdemokratien mit Ausnahme Jugoslawiens angehörten, war die wirtschaftliche, technische und wissenschaftliche Zusammenarbeit der Mitgliedstaaten. (29) In Wirklichkeit hatte das COMECON zur Zeit Stalins nur als Dekoration bei wirtschaftlichen Operationen auf der Basis bilateraler Abkommen gedient, die eher einer Ausbeutung als gegenseitiger Hilfe gleichkamen. Der kolonialistische Charakter dieser Methoden war zuerst von den Jugoslawen (30), dann von den Chinesen (31) gebrandmarkt worden. Es war nämlich eine ganz besondere Art von Kolonialismus. Die UdSSR, die vor allem ihre durch den Krieg zerrüttete Wirtschaft wieder aufbauen wollte, sog alle Rohstoffe, die sie brauchte, auf: So zwang sie Polen, ihr Kohle zum Preis von 1,25 Dollar pro Tonne zu liefern (13 Millionen Tonnen jährlich von 1947 bis 1950), das heißt zu einem Zehntel des Weltmarktpreises. Die UdSSR hatte auch die Hand auf die Uranvorkommen der Tschechoslowakei, Ostdeutschlands und Ungarns gelegt; über »Gemischte Gesellschaften« kontrollierte sie bekanntlich fast die gesamte Wirtschaft der Oststaaten. Ab 1950 regte die UdSSR die Volksdemokratien zu rascher Industrialisierung an. Sie gewann dabei doppelt: Erstens wurde sie zum privilegierten Rohstofflieferanten dieser Länder und verkaufte ihnen systematisch zu höheren Preisen als den auf dem Weltmarkt üblichen (diese Methode hat den Stalinismus überlebt, denn selbst 1966/67 verkaufte die UdSSR ihr Erdöl der Tschechoslowakei teurer als den kapitalistischen Kunden, etwa Italien); und zweitens kaufte sie die Industrieprodukte der Volksdemokratien zu einem sehr günstigen Preis. (32)

Durch die Aufzwingung ihres Systems gelenkter Industrialisierung fügte die UdSSR ihren Satelliten einen noch größeren

Schaden zu, da dieses System, das auf der einseitigen Entwicklung der Schwerindustrie und der mechanischen Industrie basierte, die besonderen Verhältnisse des jeweiligen Landes einfach ignorierte. So wurde in jedem Land auf lange Zeit das Gleichgewicht gestört; die Zwangskollektivierung führte zu einer Stagnation der Agrarproduktion; die Entwicklung der Leichtindustrie wurde vernachlässigt; die Gehälter und Löhne wurden sehr niedrig gehalten. 1951/52 kam es zu Engpässen: Mangel an industriellen Rohstoffen, Unzulänglichkeit der Energiequellen, Nahrungsmittelknappheit. Und in den Fabrikslagern häuften sich die schadhaften und unverkäuflichen Artikel.

Stalins Nachfolger wollten unbedingt Ordnung schaffen und weckten das COMECON aus dem Schlaf. 1955 begann man mit der Koordinierung der langfristigen Pläne. Diese Arbeiten wurden aber von den Ereignissen des Jahres 1956 unterbrochen, die die Sowjets ja etwas milder stimmten. In der Regierungserklärung vom 30. Oktober 1956 gaben die Sowjets zu, daß auf wirtschaftlicher Ebene »Fehler begangen worden seien«. Kurz darauf entschädigte die UdSSR auf Verlangen Gomułkas Polen für die Verluste, die es aufgrund der Kohlenlieferungen erlitten hatte, und verzichtete auf die Schulden Polens in Höhe von 525 Millionen Dollar. Die Handelsabkommen wurden revidiert, die UdSSR gewährte Ungarn (850 Millionen Rubel 1956 bis 1959), Polen (1,2 Milliarden Rubel), der DDR (420 Millionen Rubel) und Bulgarien (200 Millionen Rubel) bedeutende Kredite. (33)

Im Mai 1958 beschlossen die Partei- und Regierungschefs, dem COMECON zu einem neuen Aufschwung zu verhelfen. Man sprach viel von Spezialisierung, deren Durchführung die Hauptaufgabe des Rates im Dezember 1961 in Warschau war. Die »Grundprinzipien der internationalen und sozialistischen Arbeitsteilung«, die dabei festgelegt wurden, zeugen von dem Bemühen, die Spezialisierung, in der Tschechen und Ostdeutsche ganz groß waren, mit dem Wunsch der weniger entwickelten Länder des Blocks nach einer diversifizierten Industrie in Einklang zu bringen. In der Praxis erwies sich dies als sehr schwierig. Die Chinesen, die die Tätigkeit des COMECON genau verfolgten, ohne ihm anzugehören, waren nicht die einzigen, die feststellten, daß die sowjetischen Vorschläge bezüglich der Arbeitsteilung vor allem die UdSSR und die industrialisierten Länder des Blocks begünstigten, während die weniger entwikkelten Länder Gefahr liefen, zu Rohstofflieferanten und Absatzmärkten für russische, tschechische und ostdeutsche Waren zu werden. Auch die rumänischen Experten waren dieser Meinung. Im Juni 1962 schlug Chruschtschow unter dem Eindruck der gewaltigen Erfolge der EWG auf einer Zusammenkunft der Partei- und Regierungschefs in Moskau die Schaffung einer supranationalen Planungsbehörde vor. Es gelang ihm zwar, die Schaffung eines Exekutivkomitees durchzusetzen, das sich aus den Stellvertretern der Regierungschefs der Mitgliedstaaten zusammensetzt, aber nicht, die Statuten des COMECON zu ändern, dessen Wirksamkeit dadurch beschränkt bleibt, daß seine Entscheidungen nur für die Länder verbindlich sind, die ihnen zustimmen.

Die 1962/63 stattfindenden Gespräche ließen klar erkennen, daß zwischen den reichen und den armen sozialistischen Staaten ein Interessenskonflikt herrschte. Nach Meinung der Rumänen, der Wortführer der armen Staaten, sollte man die Wirtschaft der einzelnen Länder zunächst einmal auf etwa gleiches Niveau bringen und dann erst zur Spezialisierung übergehen. Die rumänischen Experten legten eine Tabelle mit der annähernden Pro-Kopf-Produktion der Industrie im Jahre 1960, bezogen auf die DDR (34), vor:

DDR	100	Rumänien	36
Ungarn	55	Polen	60
Tschechoslowakei	110	Bulgarien	33

Bei einer derartigen Ungleichheit, sagten die Rumänen, könne eine Arbeitsteilung nur auf Kosten der weniger entwickelten Länder gehen. Sie forderten ihre Partner daher im Namen des leninistischen Gleichheitsprinzips auf, sich auf die Nivellierung der sozialistischen Wirtschaft zu konzentrieren. Das hieß für die höher entwickelten Länder, die Erzeugung gewisser Produkte einzustellen, um sie dann zu höherem Preis aus Rumänien oder Bulgarien zu importieren. Die Rumänen befanden sich in einer äußerst günstigen Position: in der Landwirtschaft waren sie Selbstversorger, und das Erdöl vor allem brachte ihnen Geld. Sie zögerten nicht, im Westen die Industrieausrüstungen einzukaufen, die ihnen ihre Partner nicht liefern wollten oder konnten. Daher zeigte der rumänische Import aus sozialistischen Ländern nach 1963 abnehmende Tendenz, der westliche Import hingegen, hauptsächlich aus der Bundesrepublik Deutschland, nahm zu. (35)

Die von den Sowjets vorgeschlagene Integration stieß selbst in Ländern wie der Tschechoslowakei auf Schwierigkeiten. Die autarken Gewohnheiten sind tief verwurzelt. Kein Land gibt gerne seine traditionelle Produktion auf und verläßt sich auf die – qualitativ oft schlechte – Produktion der Partner. (36) Andererseits wurde ziemlich rasch klar, daß die Fortschritte in der Arbeitsteilung, die Intensivierung des Warenaustausches flexiblere Wirtschaftsstrukturen und eine Überarbeitung des Preissystems erforderten. Das System, in dem die Preise von Funktionären festgesetzt wurden und die Wechselkurse nicht weniger künstlich waren, erlaubte kaum die Errechnung komparativer Kosten. Die bilateralen Abkommen waren auf Rubel-Basis abgeschlossen worden. Aber der Rubel war weder konvertierbar noch innerhalb des Gebiets transferierbar. Um dieser Lage abzuhelfen, gründete das COMECON im Januar 1964 die Internationale Wirtschaftsbank mit einem Kapital von 333 Millionen Rubel. Seither gehen die internationalen Zahlungen, die aus gegenseitigen Warenlieferungen und anderen Transaktionen resultieren, über diese Bank, die ihre Konten in transferierbaren Rubeln führt. 1966 wurden die Preise auf Basis der Weltmarktpreise 1960 bis 1964 neu festgesetzt.

Trotz der zahlreichen Schwierigkeiten trugen die Bemühungen des COMECON doch einige Früchte. Der Handel innerhalb der Gemeinschaft stieg zwischen 1950 und 1964 um 500 Prozent und beträgt 60 bis 70 Prozent des gesamten Außenhandels des Blocks. Die mechanische und chemische Industrie profitierten von der Spezialisierung, die bei der mechanischen Industrie 20 Prozent der Produktion und bei der chemischen Industrie ungefähr 2000 Artikel betraf. So erhöhte die Tschechoslowakei ihre Exporte an Werkzeugmaschinen, Lastwagen und Autobussen, Ostdeutschland verkaufte mehr Waggons, Traktoren und Motorräder. Die Ständige Kommission für Transportwesen schuf einen gemeinsamen Güterwaggonpark (93.000 Waggons 1964); weiters wurden 1964 unter Mitwirkung von fünf Ländern des COMECON Phosphorbergwerke und Verarbeitungsfabriken in der UdSSR eingerichtet; in Polen wurde in Zusammenarbeit mit der DDR, der ČSSR und der UdSSR ein Treibstoff- und Energie-Produktionskomplex errichtet. Beim Bau des Zelluloseproduktionskombinats in Braila, Rumänien, halfen die DDR, Polen und die Tschechoslowakei mit.

Die beiden größten Bauvorhaben des COMECON waren die Pipeline »Freundschaft« mit einer Länge von 4500 Kilometer, die russisches Erdöl in die DDR, die ČSSR und nach Ungarn befördert, und die Kupplung des Stromnetzes der einzelnen Länder. Auch die wissenschaftliche und technische Zusammenarbeit wurde gefördert; zwischen 1952 und 1960 zirkulierten ungefähr 38.000 Aktenstücke. In Dubna bei Moskau war schon 1956 ein »Vereinigtes Institut für Kernforschung« entstanden. Ab 1963 wurden zahlreiche Abkommen über Zusammenarbeit zwischen den Mitgliedstaaten geschlossen. Zu den internationalen Wirtschaftsverbänden zählen die »Intermetal«, »Interchem«, »Osmos« (Organisation Baumaschinen) sowie ein Verband der Exportstellen für Spitals- und medizinische Ausrüstungen. (37)

Man begann auch mit der Organisation eines gemeinsamen Arbeitskräftemarktes wegen der Diskrepanz zwischen der DDR, der es an Arbeitskräften mangelt, und Polen (weniger Bulgarien und Ungarn), das einen Überschuß aufweist. Die Ideologie hat die Regierungen lange daran gehindert, diese Frage offen zu diskutieren, da die Vollbeschäftigung von der Propaganda als wesentlicher und entscheidender Vorteil des sozialistischen Regimes, als Symbol seiner Überlegenheit über den Kapitalismus dargestellt wurde. (38) Jugoslawien, wo die in der Wirtschaftsreform ergriffenen Rationalisierungsmaßnahmen zu Massenentlassungen geführt hatten, war das erste sozialistische Land, das die falsche Scham besiegte und beschloß, einen Teil seiner verfügbaren Arbeitskräfte zu exportieren. So erhielten 1965 200.000 bis 250.000 jugoslawische Arbeiter die Genehmigung, Arbeit im Westen zu suchen, hauptsächlich in Österreich, in

Westdeutschland und Frankreich; 1967 betrug ihre Zahl bereits 300.000 (1966 brachten die im Westen arbeitenden Arbeiter Jugoslawien 35 Millionen Dollar ein). Belgrad erklärte sich bereit, seine Arbeiter auch Ostdeutschland und der Tschechoslowakei unter der Bedingung zu leihen, daß ein Teil der Ersparnisse der Arbeitskräfte nach Jugoslawien zurückflösse. Die Tschechoslowakei nahm diese Anregung wohlwollend auf: 1965 wandte sie sich wegen des Baues einer modernen Glashütte an ein jugoslawisches Unternehmen, und »Rudé právo« (28. September 1965) nahm zugunsten des Arbeitskräftetransfers Stellung. Das Blatt gab zu, daß auch in sozialistischen Ländern Arbeitskräftemangel oder -überschuß vorkomme. 1965 wurden 7300 polnische Arbeiter (darunter 6300 Grenzgänger) an die Tschechoslowakei »verliehen« und 600 an die DDR für den Bau des deutschen Abschnittes der »Freundschafts«-Pipeline. Bulgarische Forstarbeiter gingen in die UdSSR. 1967 schlossen Ungarn und die DDR ein Abkommen über den Transfer von etwa 30.000 ungarischen Jungarbeitern. (39) Aber die Regierungen der COMECON-Länder sind noch weit davon entfernt, dieses Problem mit der gleichen Sachlichkeit wie Belgrad anzupacken. (40)

Da die supranationale Planung von den Rumänen blockiert worden ist, wird die internationale Arbeitsteilung auf der Basis langfristiger bilateraler Abkommen gefördert. Dadurch hat die UdSSR die Abhängigkeit aller Volksdemokratien mit Ausnahme Rumäniens beträchtlich verstärkt. (41) So sollte laut dem bulgarischen Plan 1966/67 der Anteil der Sowjetunion am bulgarischen Außenhandel von 57,5 auf 60 Prozent erhöht werden. Bulgarien kauft in der UdSSR mehr als 90 Prozent seines Erdölbedarfs. 1964 hat es von der UdSSR einen neuen langfristigen Investitionskredit in Höhe von 300 Millionen Rubel erhalten. Wir haben bereits festgestellt, daß die Sowjets Bulgarien für seine politische Treue mit Großzügigkeit belohnen. Sie wollen damit beweisen, daß sie entgegen allen chinesisch-rumänischen und jugoslawischen Behauptungen die breite Industrialisierung der weniger entwickelten Länder, die ihr vertrauen, unterstützen.

Die Tschechoslowakei, die DDR und Polen hängen in ihrem Erdölbedarf ebenfalls ganz von der UdSSR ab. (42) Um sich die

Lieferungen auch in Zukunft zu sichern, gewährte Prag der UdSSR 1966 einen 550-Millionen-Dollar-Kredit – zurückzuzahlen in Erdöl –, der zur Erschließung neuer Vorkommen in der Sowjetunion dienen sollte. Die UdSSR bleibt der Getreidehauptlieferant der ČSSR und der Hauptkunde der tschechoslowakischen mechanischen Industrie (Hälfte des Exports). Ihr Anteil am tschechoslowakischen Außenhandel betrug 1965 37,5 Prozent (und insgesamt in den sozialistischen Ländern 73 Prozent). Die DDR zeigte die Tendenz, ihren Handel mit der UdSSR und der Tschechoslowakei auf Kosten jenes mit der Bundesrepublik Deutschland zu intensivieren. (43) Ihre Energieprobleme löste sie mit einem Appell an die UdSSR: Das Anfang 1967 geschlossene Ölabkommen sichert Ost-Berlin wachsende Lieferungen über 20 Jahre. Die UdSSR sorgte ebenfalls mit einem nicht veröffentlichten Abkommen vom Juli 1965 für die Zukunft vor: durch den Bau von Atomkraftwerken in der DDR. Diese beiden Länder sind damit über die einfache Ergänzung hinaus zu wirklich gemeinsamer Arbeit übergegangen, was die Aussicht auf die Wiedervereinigung Deutschlands noch geringer erscheinen läßt. (44) Das gleiche gilt für Ungarn, das 1966 ein Drittel seines Warenaustausches mit der UdSSR (0,1 Prozent vor dem Krieg) abgewickelt hat. Ungarn hat übrigens 1962 ein von Experten bestrittenes Abkommen über den Abbau des einzigen industriellen Rohstoffes, der im Überfluß vorhanden ist, nämlich Bauxit, abgeschlossen. (Mit seinen Reserven von 80 Millionen Tonnen nimmt Ungarn in Europa den zweiten oder dritten Platz ein, in der Welt den vierten oder fünften.) Die ungarische Regierung verpflichtete sich also, ab 1967 steigende Mengen reiner Tonerde, das heißt, bis 1980 330.000 Tonnen an die UdSSR zu liefern. Die UdSSR wiederum liefert Ungarn alles daraus gewonnene Aluminium zurück; die Wertdifferenz muß Ungarn mit zusätzlichen Maschinenlieferungen abgelten. Die diesbezügliche chinesische Meinung (»Das ist reiner Diebstahl«) (45) wird von vielen Spezialisten geteilt, die finden, es wäre für die Ungarn vorteilhafter gewesen, die Aluminiumproduktion selbst aufzunehmen, da sie dafür billigen Strom aus Jugoslawien beziehen könnten. (46)

Die dauernd wachsende Abhängigkeit von der UdSSR rief aus

zwei Gründen Einwände nicht nur der Experten, sondern auch der Öffentlichkeit hervor: die immer enger werdenden Bande drohten alle politischen und kulturellen Emanzipationsbestrebungen zunichte zu machen; sie behinderten ernstlich die Modernisierung, für die auf zahlreichen Gebieten (wie Elektronik) die unerläßliche Ausrüstung nur im Westen gekauft werden konnte. In der Tschechoslowakei, wo der »Hunger nach Modernisierung« am größten war, herrschte nach 1966 in Wirtschaftskreisen die Meinung vor, daß die relative Leichtigkeit, mit der die Tschechoslowakei Jahre hindurch Industrieprodukte auf den vom Block geschützten Märkten und vor allem in der UdSSR verkauft hatte, den technischen Fortschritt gebremst und die tschechische Industrie immer weniger wettbewerbsfähig gemacht habe, und zwar nicht nur dem Westen gegenüber, sondern auch innerhalb des Blocks. Die Rumänen, Bulgaren, Polen, ja die Russen selbst zogen es vor, ihre Agrarprodukte statt der Tschechoslowakei dem Westen zu verkaufen, der ihnen dafür modernere und billigere Industrieprodukte bot. (47)

Die Versuchung aus dem Westen (vor allem Westdeutschlands und Italiens) war groß. Zwischen 1955 und 1965 stieg der Import der COMECON-Länder aus hochentwickelten kapitalistischen Ländern um 247 Prozent, ihr Export in diese Länder aber sank um 169 Prozent (der Gesamtexport stieg nur um 143 Prozent). Und der Warenaustausch innerhalb des COMECON ließ eher nach. (48) Aber die Intensivierung des Handels mit den westlichen Ländern wird – abgesehen von politischen Hindernissen – durch die Beschränkungen der EWG, die den Export von Agrarüberschüssen verhindern, durch den zurückgehenden Bedarf an Rohstoffen, wie etwa Kohle (was vor allem Polen trifft), und den nicht wettbewerbsfähigen Charakter der meisten Industrieprodukte der Oststaaten behindert. 1965 beliefen sich die Maschinenexporte der COMECON-Länder in die kapitalistischen Länder auf 350 Millionen Dollar, Westdeutschland allein aber exportierte im selben Jahr um 613 Millionen Dollar.

Wiederum sind es die Jugoslawen, die ihren Nachbarn das Beispiel für eine direkte Zusammenarbeit zwischen westlichen und sozialistischen Firmen liefern. Diese Zusammenarbeit hat verschiedene Formen angenommen: Kauf von Lizenzen und Verfahren (Verträge der Firmen Fiat und Renault mit mehreren sozialistischen Ländern); gemeinsame Produktion, ohne erst gemeinsame Unternehmen zu schaffen (Vertrag zwischen Nihex, Ungarn, und Dubsan-Nattioghan, England, zur Herstellung von Mühlenausrüstungen); schließlich die Schaffung gemeinsamer Unternehmen: Rumag, Jugoslawien, und Innermann, BRD; Balcancar, Bulgarien, und Japanese Tokyo Trading (Bau von Elektrowagen usw.). Die Regierungen des Ostens drückten eine nach der anderen den Wunsch nach langfristigen Investitionskrediten zur Beschleunigung ihrer Modernisierung aus.

Die Sowjetführer aber betrachteten diese Bewegung mit wachsender Besorgnis. Sie zögerten nicht, die Abhängigkeit ihrer Partner auszunützen, um wirtschaftlichen Druck auszuüben. Ceauşescu beklagte sich im Dezember 1967 über die »Nichterfüllung der langfristigen Wirtschaftsabkommen, was die Planung behindert«; im darauffolgenden Frühjahr drohte die UdSSR, um die unbotmäßige Regierung in Prag in die Knie zu zwingen, mit der Einstellung der Getreidelieferungen. Im Sommer 1968 übte die UdSSR dauernden Druck auf die Tschechoslowaken aus, damit diese westliche Kredite ablehnten – vor allem bundesdeutsche, die ihnen ohne politische Bedingung angeboten worden waren; gleichzeitig verzögerte sie die Gewährung eines Kredites in der Höhe von 400 bis 500 Millionen Rubel in konvertierbarer Währung und warnte die Regierung vor den »revisionistischen« Wirtschaftsplänen Ota Šiks.

Man hat hinsichtlich der sowjetisch-tschechoslowakischen Wirtschaftsbeziehungen nicht grundlos von »Wirtschaftsketten« gesprochen. (49) Einer der größten Vorwürfe Moskaus gegenüber Šik und der Regierung Černík war, »die Wirtschaftsbeziehungen mit der UdSSR auf eine rein kommerzielle Basis zu stellen«, während die Hauptsorge der UdSSR war, ihren Schützlingen zu ermöglichen, »so wenig wie möglich von den kapitalistischen Ländern abzuhängen«. (50) Mit der Okkupation der Tschechoslowakei wurde die sowjetische Wirtschaftskontrolle via COMECON verstärkt. Statt Mechanismus und Kreislauf des COMECON zu revidieren, zog es die UdSSR vor, die tschechoslowakische Wirtschaft in einem Zustand zu erhalten, der an Anämie grenzte. (51)

5. Entwicklung der innenpolitischen Struktur

Demokratisierung, Verstaatlichung und ihre Grenzen

Im Jahre 1953 finden wir in allen Volksdemokratien noch die Machtstrukturen, die mit dem Namen jenes Mannes verbunden sind, der sie ausgearbeitet und sich ihrer bedient hat: Stalin. Die Hauptzüge des stalinistischen politischen Systems sind:

1. *Suprematie der Einheitspartei* (oder hegemonistischen [1] Partei in Ländern, in denen zwar gesetzlich andere Parteien bestehen, die aber nicht wirklich handlungsfähig sind). Diese Suprematie äußert sich derart, daß alle wichtigen Entscheidungen der Partei in Gesetze umgewandelt werden. (2) Der Parteiapparat kontrolliert im Namen des Proletariats alle Behörden, der Staat kontrolliert die Gesellschaft und insbesondere alle Informations- und Erziehungsmittel sowie die Berufsorganisationen.

2. *»Personalisierung« der Macht.* An der Spitze jeder Volksdemokratie stand ein »kleiner Stalin«, umgeben von grauen Eminenzen, seiner »Camarilla« oder seinem »Kabinett«, wie man in Prag sagte, der sich die wichtigsten Entscheidungen vorbehielt – und oft genug auch die unwichtigsten. Dies nannten die Kritiker des Systems »bürokratischen Zentralismus« in Anlehnung an den »demokratischen Zentralismus« Lenins. Die »Personalisierung« ging Hand in Hand mit dem der Partei aufgezwungenen Monolithismus. Ihre Mitglieder mußten die in ihrem Namen getroffenen Entscheidungen diskussionslos gutheißen und ausführen.

3. *Die Vorherrschaft des Polizeiapparates* über den Partei- und Staatsapparat (über den eigentlichen politischen Apparat der Partei, über den Verwaltungsapparat inklusive Regierung, über

das Parlament, die regionale und kommunale Verwaltung, über den Militär- und Wirtschaftsapparat, die Massenorganisationen). Dank der Unterstützung durch den Polizeiapparat hatte die Nummer Eins immer das letzte Wort und war somit in der Lage, ohne Rücksicht auf die Legalität alle Rivalen oder unbequem gewordenen Verbündeten zu »liquidieren«.

4. Diesen allgemeinen Zügen der totalitären stalinistischen Regimes müssen wir in den Volksdemokratien einen besonderen hinzufügen: die Unterwanderung des jeweiligen Apparates durch den streng geheimen *Apparat der politischen Polizei*, der die Kontrolle der Partei und des Staates durch »das Zentrum«, das heißt durch die sowjetische Partei- und Regierungsführung, sicherstellen soll.

Die sowjetische Kontrolle bleibt bestehen

Die sowjetische Intervention in der Tschechoslowakei im Jahre 1968, der eine Verschärfung der kommunistischen Regimes – des sowjetischen, polnischen und ostdeutschen – vorausging, soll auch weiterhin den Glauben vermitteln, daß die von Stalin übernommenen Strukturen im wesentlichen intakt geblieben sind und die hegemonistische Macht den Oststaaten jeden Fortschritt untersagt. Der ganze erste Teil der vorliegenden Arbeit beweist aber, daß dem nicht so ist. Das politische Klima in den Volksdemokratien hat sich seit 1953 sehr gewandelt, wenn auch die Formen, der Inhalt, das Tempo, die Tiefe und die Aussichten der Veränderungen von Land zu Land verschieden sind. So hat sich Ungarn, wo die Parteidiktatur und der sowjetische Einfluß nach der Niederschlagung des Aufstandes wiederhergestellt wurden, schrittweise »liberalisiert« und ist unter Kádár zu einer »aufgeklärten Diktatur« geworden. Polen hingegen, das nach 1956 von allen Nachbarstaaten um sein tolerantes Regime beneidet worden war, ging zu einer Art »Neostalinistischem Sozialfaschismus« zurück. In der DDR hat sich die Diktatur nur insofern verändert, als sie preußischer geworden ist. Das harte Regime Bulgariens wurde etwas milder; das Regime Rumäniens wurde rumänisiert, das Albaniens »sinisiert«. Jugoslawien sucht eine eigene Lösung für seine politischen, nationalen und wirtschaftlichen Probleme. Was in der Tschechoslowakei geschehen ist, habe ich bereits behandelt, werde aber nochmals darauf zurückkommen.

Die Oststaaten machen also eine volle »Entstrukturierung« mit und sind in einer Lage, die nicht mehr gestattet, sie in die Rubrik der »totalitären Staaten« einzureihen gemäß der Definition Djilas', nach der das kommunistische System permanenten Bürgerkrieg zwischen der Partei (oder ihrem soziologischen Substrat, der neuen Klasse) und dem Rest der Bevölkerung bedeutet.

Man darf allerdings die verschiedenen »Substitute« der Demokratisierung, bei denen die Kommunistenführer mit Tito an der Spitze nach 1956 große Erfindungsgabe bewiesen haben, nicht für wirkliche Veränderungen ansehen. Ich möchte nur einige Beispiele zitieren: zuerst das des jugoslawischen Regimes, dessen Dezentralisierungs-, Demokratisierungs- und Selbstverwaltungsmaßnahmen die politischen Beobachter des Westens genauso in Verwunderung versetzten, wie sie die Stalinisten anläßlich der Eliminierung Ranković' erschreckt haben. Im Juli 1966 erfuhr dann die erstaunte Öffentlichkeit, daß während der ganzen Demokratisierung der Apparat der politischen Polizei alle Bereiche, von der Ernennung der Betriebsleiter bis zur Zusammensetzung der Regierung, kontrolliert hat. Gleichzeitig wurde man gewahr, daß trotz der relativ großen Meinungsfreiheit in Jugoslawien die Journalisten, denen diese entscheidende Tatsache bekannt war, sich gehütet hatten, sie aufzudecken, und daß niemand gewagt hatte. Ranković und seinen Geheimdienst vor der offiziellen Verurteilung zu kritisieren. »Vorher«, schrieb Mihajlov, »war man einstimmig für Ranković. Heute ist man einstimmig gegen Ranković.« (3) Die Verhaftung und Verurteilung Mihajlovs bewiesen die Berechtigung seiner Kritik.

Als zweites Beispiel führe ich die Tschechoslowakei vor dem Sturz Novotnýs an, die ab 1963 unter einem fast ebenso liberalen Regime wie das Ungarn Kádárs lebte. Auf dem Schriftstellerkongreß im Juni 1967 brach L. Vaculík nicht ohne Grund das obligatorische Schweigen und brandmarkte die »persönliche

Macht« und die »fundamentale Unsicherheit«. Trotz der feierlichen Erklärungen aber war man weit davon entfernt, »die verfassungsmäßigen Garantien für die einzelnen Bürger« zu gewährleisten. (4) Mit Ausnahme der Tschechoslowakei während ihres liberalen Interludiums und teilweise Jugoslawiens behält in allen kommunistischen Ländern Europas die Parteispitze das Monopol der politischen Entscheidungen, kontrolliert sie die Legislative, die Exekutive und die Judikative, ohne sich der Kontrolle durch die Nation zu unterwerfen. Die Hauptzüge der stalinistischen Strukturen, die ich oben angeführt habe, bleiben bestehen. (5)

Die ständige sowjetische Kontrolle war während der sowjetisch-tschechoslowakischen Krise besonders offenkundig geworden. Einer der Hauptgründe für die Gewaltanwendung gegenüber der Tschechoslowakei war abgesehen von der Angst, die Lage könne der Kontrolle durch die KPTsch entgleiten und der viel reelleren Angst vor Ansteckung, die Gewißheit, daß nach den jugoslawischen, albanischen und rumänischen Führern auch die der neuen Tschechoslowakei die bedingungslos prosowjetisch Eingestellten, die Agenten der Sowjetunion, aus der Parteiführung ausschalten würden. Nach Meinung der Tschechoslowakei war die militärische Aktion durch die nach Moskau gelangte Information beschleunigt worden, daß auf dem für Anfang September 1968 festgesetzten 14. Parteikongreß 75 Mitglieder (von fast 200) des amtierenden Zentralkomitees eliminiert werden würden, darunter alle jene Männer, die Moskau als die seinen betrachtete. Die Belassung dieser Personen auf ihren Posten scheint dem Kreml zur Ausübung seines Einflusses wichtiger gewesen zu sein als die Konsolidierung und die Popularität der KPTsch.

Zahlreiche Fakten bestätigen diese Annahme. So untersagten die 15 Punkte, die die tschechoslowakischen Führer am 26. August 1968 auf Geheiß des Kremls unterzeichnen mußten, Repressalien gegen alle jene Kommunisten, die »gegen die antisozialistischen Kräfte und für freundschaftliche Beziehungen zur Sowjetunion gekämpft haben« (Punkt 7). Personen, die den angeführten Kriterien nicht entsprächen, müßten ihrer Funktionen entbunden werden. Zu diesen Personen zählte auch der

Innenminister, über dessen Arbeit und Aktivitäten eine Untersuchung angeordnet werden mußte. (6) Am 3. Oktober mußten sich Dubček, Černík und Husák auch verpflichten, in den Staats- und Parteistellen nur Leute einzusetzen, die energisch für den Marxismus-Leninismus und den proletarischen Internationalismus eintreten würden.

Der Sinn dieses Diktats wird klar, wenn man damit die Ereignisse in Prag am ersten Tag der Intervention, dem 21. August, in Zusammenhang bringt. An diesem Tag trat der von Botschafter Tscherwonenko neuorganisierte prosowjetische Apparat offen auf und an die Stelle der Gruppe Dubček-Černík-Smrkovský. Dieser Polit-Polizei-Apparat bestand aus einem Parteisekretär, Indra, der bereit war, die Rolle Kádárs zu spielen, aus dem Chef der Geheimpolizei, Salgovič, dem Sicherheitschef von Prag, Molnar, und noch zwei Polizeioffizieren. (7) Der Gruppe gehörten außerdem der Chef des Zentralamtes für das Fernmeldewesen, K. Hoffmann, der durch Abschaltung der Kommunikationsmedien in der Nacht vom 20. zum 21. August den Einmarsch unterstützt haben soll, der ehemalige Chefredakteur von »Rudé právo«, Švestka, sowie Sulek, der (abgesetzte) Direktor der ČTK, an, die versucht hatten, den von den Sowjets fabrizierten Hilferuf zu verbreiten, ferner Vokač, der ehemalige Transportminister. Fügen wir noch die Präsidiumsmitglieder Kolder, Bil'ák, Barbírek, Nový, Jakeš und die ZK-Mitglieder hinzu. Sie alle waren Kollaborateure. (8)

Polizei, Presse, Radio, ein ganzes Netz arbeitete für den großen Bruderstaat. Der Mißerfolg ist drei Faktoren zuzuschreiben: dem Mut Svobodas, der sich weigerte, das *Fait accompli* anzuerkennen; dem Widerstand der Journalisten und Funktionäre, die die Befehle der obengenannten Agenten mißachteten; vor allem aber dem energischen Handeln des Innenministers Josef Pavel, der der Verhaftung entging und mit Unterstützung der großen Mehrheit der Beamten des Innenministeriums und der öffentlichen Sicherheit die Pläne der Verschwörer derart durchkreuzte, daß die Sicherheitsbeamten in Ausführung seiner Weisungen die Journalisten von Rundfunk und Fernsehen und die Schriftsteller schützten sowie bei der Verteilung der illegalen Zeitungen und Flugblätter halfen und die Okkupanten verwirrten. (9)

Das Schicksal der tschechoslowakischen Reformer hat die Grenze gezeigt, die die Sowjets in ihrem Willen, das Machtmonopol zu behalten, der Entwicklung der Oststaaten gezogen haben. Die verjüngte Führung einer erneuerten, zum demokratischen Geist und nationalen Ideal bekehrten kommunistischen Partei hatte geglaubt, ihre Macht durch den Verzicht auf die Rolle eines »Universalverwalters der Gesellschaft« (10) festigen zu können. Weder das Regime der Einheitspartei noch der Kollektivismus noch das Bündnis waren in Frage gestellt worden. Nur die Zensur, das Polizeiregime und – die Versklavung. Dies scheint mir der wesentlichste Punkt, aus dem sich die sowjetische Reaktion, eine Mischung aus Ideologie und imperialistischem Egoismus, erklärt. Es ist Moskau nicht entgangen, daß es das nationale Interesse und die Verteidigung der Souveränität der Partei und des tschechoslowakischen Staates gewesen sind, die es der Reformergruppe um Dubček ermöglicht haben, durch die öffentliche Meinung die führende Rolle der Partei anerkennen zu lassen. (In Jugoslawien, Albanien, Rumänien, auch in China und in Vietnam war es ja nicht anders gewesen.) Dubček hatte gehofft, daß der gefestigte Einfluß und die Popularität der Partei zugleich mit der kategorischen Ablehnung einer organisierten Opposition und einer Treueerklärung an den Warschauer Pakt genügen würden, um die Sowjets zu beruhigen. Es war aber eben genau die Nationalisierung und Popularisierung der Partei, diese außerordentliche Einigkeit von Partei und Volk (im Widerstand gegen die Russen) im Juli/August 1968, und der Verlust der direkten Kontrolle über die tschechoslowakische Partei und den tschechoslowakischen Staat, die der wahre Stein des Anstoßes, der Skandal für den Kreml waren. Eines der Hauptziele, wenn nicht überhaupt das Hauptziel der militärischen Intervention war der Wiederaufbau der von Dubček (vielleicht ohne sein Wissen) abgebauten direkten Kontrolle. (11)

Weniger Unterdrückung

Soviel über das, was bestehen blieb. Was sich geändert hat oder sich, trotz Rückschritten und Intervention, eben ändert, das sind die Parteien selbst, ihre Zusammensetzung, ihr Innenleben; die Methoden, die Vorstellungen von der eigenen Führungsrolle und den Beziehungen zu den verschiedenen Gesellschaftsschichten, die sich ebenfalls geändert haben und nicht mehr passiv sind.

Unter Stalin waren nicht nur die Bevölkerung und die Parteigänger, sondern auch die Führer oft vom – durch Moskau ferngelenkten – Polizeiapparat terrorisiert worden. Mit dem Sturz Berijas begannen sich die kommunistischen Führer zu emanzipieren und versuchten, die Kontrolle der Geheimpolizei wieder in die Hände zu bekommen. Die Eliminierung Ranković' in Jugoslawien, die Revision des Slánský-Prozesses und anderer, auf die die Rehabilitierung und Entschädigung Zehntausender Opfer Gottwalds und Novotnýs in der Tschechoslowakei folgten, waren die aufsehenerregendsten Ereignisse dieser Sanierung des politischen Klimas in den Volksdemokratien, wo das Leben endlich aufhörte, ein Alptraum, kafkaesk, von Angst zernagt zu sein. In vielen Ländern kamen ehemalige Opfer der Repression wieder ans Ruder: Kádár, Gomułka, Spychalski, Smrkovský usw. Aus vielen ehemaligen Inquisitoren machte der Schuldkomplex entschlossene Anhänger der Legalität. Fortschritte im Sinn der inneren Entspannung wurden 1967 sogar in Rumänien und Bulgarien verzeichnet.

Wenn der Polizeidruck im allgemeinen auch nachgelassen hat und die Polizei unter die Kontrolle der Politiker gestellt worden ist, so spielen sich doch die Sicherheitsdienste – wie das sowjetische KGB, das im Dezember 1967 ostentativ den 50. Jahrestag seines Bestehens gefeiert hat – immer noch als Hüter nicht nur der Sicherheit, sondern auch der ideologischen Reinheit auf. Die Polizisten sind die Verbündeten der konservativsten Kräfte, und sie – und die Militärs – gewinnen immer dann an Bedeutung, wenn die Parteiführung mit diversen Strömungen und Gruppen im Konflikt ist. Erinnern wir uns nur an die Entwicklung in der Tschechoslowakei 1967 oder an die in Polen in den Jahren 1966 bis 1968.

Die Sowjetunion selbst hat nach 1953 das Signal zum Niedergang des Monolithismus und der persönlichen Macht gegeben. Nach der Verdammung des Personenkults und seiner Auswüchse wollte man aber die Autorität des Führers wieder festigen, was darauf hinauslief, der gleichen Sache nun einen anderen Namen zu geben. Männern wie Ulbricht, Hoxha, Gheorghiu-Dej und Novotný gelang dies auch bis 1968, anderen nicht. Aber nach dem Tod Stalins und insbesondere nach dem XX. Parteitag der KPdSU konnte man in jeder Partei bis zur Spitze sowohl dogmatische Stalinisten wie extrem progressive Chruschtschow-Reformer finden, die ihre Differenzen oft öffentlich austrugen.

Der Einfluß der wirtschaftlichen und intellektuellen Elite innerhalb der Partei wird immer stärker. Orthodoxe Apparatschiks, die mit der Überwachung der kulturellen Tätigkeiten betraut waren – Adam Schaff in Polen, Hendrych und Koucký in der Tschechoslowakei –, werden für die Ideen empfänglich, die sie bekämpfen sollen. Die Menschen und Überzeugungen sind weniger unwandelbar als man dachte. Nach Djilas und Imre Nagy sind es nun tschechische und slowakische Kommunisten, die den Sprung vom Stalinismus zum humanistischen und demokratischen Sozialismus wagen. Nach dem Abgang Novotnýs veröffentlicht das Organ der KPTsch »Rudé právo« mit Zustimmung der neuen Führung einen Brief 175 alter Parteigenossen, die die Wiederherstellung »einer Atmosphäre des Vertrauens innerhalb der Partei« fordern, die es »jedem Kommunisten gestattet, seine Meinung frei zu äußern«. (12)

Das Abbröckeln der persönlichen Macht, der Zusammenbruch des Glaubens an die Unfehlbarkeit der höchsten Führer (und des Kremls) verursachen eine Entwicklung, in der das Zentralkomitee danach strebt, wenn schon nicht zum Zentrum der Macht, so doch wenigstens zu dem Platz zu werden, wo die inneren Konflikte gelöst werden. In Polen entscheidet 1956 das Zentralkomitee als Schiedsrichter im Konflikt zwischen der Natolin-Gruppe und den Liberalen. In der Tschechoslowakei erhebt sich im Januar 1968 das Zentralkomitee, das sich hauptsächlich aus Anhängern Novotnýs zusammensetzt, gegen diesen und entkleidet ihn schrittweise seiner Funktionen. Welch packendes Schauspiel ist eine Versammlung, die nur eine Wahlmaschine sein soll und plötzlich wiederauflebt, an Umfang gering, wie eine ausgetrocknete Frucht, die man ins Wasser taucht. »Die letzte Sitzung des Zentralkomitees«, schrieb Smrkovský, »hatte mit den vorhergehenden keine Ähnlichkeit mehr. Die Komiteemitglieder sind sich ihrer Verantwortung voll und spontan bewußt geworden.« (13)

Dieses Wiederaufleben, Wieder-an-Persönlichkeit-Gewinnen erfaßt alle. Selbst in dem von Kádár zur Vernunft gebrachten Ungarn hat ein Parteitheoretiker zugegeben, daß das Modell von der Parteieinigkeit stalinistischer Prägung anachronistisch geworden ist. (Es besteht aber weiterhin in der UdSSR.) Ohne dem »revisionistischen Modell« zuzustimmen, das aus der Partei einen »Diskussionsklub« macht, wünscht dieser Theoretiker, die Partei solle zugleich ein Austauschplatz freier Ansichten und ein diszipliniertes Ausführungsinstrument der getroffenen Entscheidungen werden. (14) Der Direktor des Soziologischen Instituts beim ungarischen Zentralkomitee entwickelt diese Idee weiter und bekräftigt, daß es nichts ausmachen würde, wenn in einer Partei verschiedene Auffassungen nebeneinander bestünden, vorausgesetzt, daß die Partei ihre Rolle als Beraterin beibehalte. Die Parteimitglieder müßten die Möglichkeit haben, über »verschiedene Alternativen« zu diskutieren, was natürlich die Möglichkeit einer »gewissen Opposition« in sich berge. (15)

Die Jugoslawen und Tschechoslowaken sind bei der Umwandlung der kommunistischen Partei in eine Partei mit innerer Demokratie am weitesten gegangen. Der Entwurf des neuen Statuts der KPTsch, der am 10. August 1968 veröffentlicht wurde (er war dem ZK kurioserweise von demselben Indra vorgelegt worden, der ein paar Tage später zur Bildung einer Kollaborationsregierung unter dem Schutz der sowjetischen Panzer bereit war), kündigte den Bruch mit dem »bürokratischen Zentralismus« an. Das neue Statut erkannte der Minderheit das Recht zu, ihren Standpunkt darzulegen – der ins Protokoll aufzunehmen sei –, und noch mehr: bei ihrer Meinung zu bleiben. Das neue Statut, das sich zwar an das 1921 von Lenin erlassene Verbot der organisierten Fraktionsbildung hielt, erlaubte der Minderheit sogar, in der Parteipresse zu Wort zu kommen. Es führte außerdem die geheime Wahl auf allen Stufen und ein zeitliches Limit für die Bekleidung verantwortungsvoller Posten ein. (16)

Die Demokratisierung war in die KPTsch schon eingezogen, noch bevor sie durch den neuen Kongreß Gesetzeskraft erlangte. Die Wahlen der Delegierten zum 14. Kongreß, die im Juni stattfanden, waren ein wahres Plebiszit der Partei zugunsten der fortschrittlichsten Thesen und fegten die antidemokratischen Apparatschiks hinweg. Eine im August unter 40.000 kommunistischen tschechischen und slowakischen Parteimitgliedern angestellte Enquete ergab, daß fast die Hälfte damit einverstanden war, die nichtkommunistischen Parteien an der Macht teilhaben zu lassen, und daß 53 Prozent wünschten, der Staat solle auf die direkte Führung der Wirtschaft verzichten. (17) Nach der Invasion bewiesen die regionalen und kommunalen Komitees der KPTsch bei der Organisation der passiven Resistenz Initiative und eine radikalere Gesinnung als die durch die Moskauer Protokolle gebundene Führung. Zahlreiche Lokalkomitees protestierten gegen die von den Sowjets aufgezwungene Absetzung von Führern wie Šik, Pavel, Císař u. a. Dieser demokratische und nationale Aufschwung der Partei hielt lange an. Der Widerstand der Parteiorganisationen trug wie die Aktion der Studenten (Novemberstreik, Selbstverbrennung Jan Palachs im Januar 1969) und vor allem der Arbeitergewerkschaften zum Mißerfolg des von den Realisten (Štrougal, Husák) geplanten »Zur-Vernunft-Bringens« bei und half Dubček, einige Grundzüge des »Prager Frühlings« von 1968 zu bewahren.

Arbeiterpartei oder Partei von Technokraten?

Selbst in Ländern, deren Führer die Demokratisierung abgelehnt haben, hat sich die soziale Zusammensetzung der Parteien durch den Zustrom junger Graduierter, die eher pragmatisch als ideologisch (um nicht zu sagen opportunistisch) dachten, merklich geändert.

Den Kern der kommunistischen Parteien der Stalinära haben Männer der »neuen Klasse«, hauptsächlich Arbeiterkader, Veteranen der Vorkriegspartei (siehe 7. Kapitel des II. Bandes) gebildet. Heute verschwindet die ehemalige »neue Klasse« der Apparatschiks zugunsten der »neuen neuen Klasse« der Spezialisten, Administratoren, Wissenschaftler. (18) Die »revisionistische« Idee, daß der moderne Sozialismus nur von Intellektuellen errichtet werden könne, ist bis in die höchsten Parteikreise vorgedrungen. (19)

Das Organ der ungarischen Partei hat interessantes statistisches Material geliefert. Daraus geht hervor, daß in den Budapester Bezirks-Parteikomitees 46 Prozent der Mitglieder Graduierte sind. (20) Im Bund der Kommunisten Jugoslawiens stellten Beamte und Angestellte 1965 39,2 Prozent der Parteimitglieder gegenüber 14,9 Prozent im Jahre 1947, während der Anteil der Arbeiter 1947 30,3 Prozent und 1965 35 Prozent betrug. Die Zahl der Bauern war überhaupt von 46,9 Prozent auf 7,4 Prozent gefallen. (21)

Diese soziale Umwandlung kann man im Zusammenhang mit den beginnenden ideologischen Veränderungen sehen. Die chinesischen Kritiker täuschen sich dabei nicht: Der Ökonomismus, das heißt die Tendenz, die Politik den wirtschaftlichen Imperativen von Leistungsfähigkeit und Wohlstand unterzuordnen, greift in allen Parteien, inklusive der KPdSU, Platz. Ob man will oder nicht, der Ökonomismus bringt die Übertragung eines Teiles der Entscheidungsgewalt auf die Experten, Manager und Technokraten mit sich, die nicht unbedingt Marxisten sind.

Die Parteien werden national

Ein anderer Aspekt des ideologischen Revisionismus ist das Hereinströmen des Nationalismus, den die von Moskau manipulierten kommunistischen Parteien lange Zeit als bourgeois bekämpft und 1948, 1956 und 1957 sowie 1960 als bösartige Häresie Titos, Maos und Hoxhas verdammt haben. Unter dem Deckmantel »internationalistischer Patriotismus« haben sich alle Parteien bemüht, in der nationalen Tradition Fuß zu fassen. Besonders die Auffassung der Rumänen von der nationalen Mission des Kommunismus, ihr Appell an den Stolz und den nationalen

Widerstand, hat den Führern in Bukarest Anfang der sechziger Jahre und den tschechoslowakischen Führern 1968 ermöglicht, ihre Partei moralisch aufzurüsten und eine Übereinstimmung zwischen ihr und dem Volk zu erzielen.

Erinnern wir uns an die Wutanfälle Moskaus wegen der Bekehrung Dubčeks und der KPTsch zum Patriotismus. Die Führer der UdSSR scheinen die ähnlichen Vorwürfe wegen nationalem Egoismus vergessen zu haben, die ihnen die Chinesen gemacht hatten, als im Oktober 1961 auf Initiative Chruschtschows jenes Programm angenommen wurde, das noch immer in Kraft ist und nach dem aus der KPdSU, der Partei der Arbeiterklasse, eine Partei des ganzen Volkes werden soll. Eines der »Verbrechen« der tschechoslowakischen Führer war es, dieses Programm zu realisieren.

Wiederbelebung von Regierung, Nationaler Front und Parlament

Ein weiteres »Verbrechen« waren die Maßnahmen, die ergriffen wurden, um »aus dem Staat einen wirklichen Rechtsstaat zu machen« (22), Regierung, Nationale Front, Legislative, Judikative, Gewerkschaften und Presse aufzuwerten und sie – trotz Beibehaltung der führenden Rolle der Partei und Verbots jeglicher organisierter Opposition – repräsentativ und offen und kontrollierbar für alle zu machen.

Hier sind zwei Bemerkungen am Platz. Erstens: All das, was die Tschechoslowaken in ihrem Modell von einer sozialistischen Demokratie im Januar vorgeschlagen und im April/Mai 1968 präzisiert haben, existierte theoretisch bereits in allen kommunistischen Ländern. Die Tschechoslowaken und vor allem der sehr gemäßigte Mlynář, der bei der Ausarbeitung des tschechoslowakischen Weges zum Sozialismus eine hervorragende Rolle gespielt hat (23), haben bloß das in ein System gebracht und wahrgemacht, wovon die Führer der anderen kommunistischen Länder (mit Ausnahme Jugoslawiens) nur sprachen.

Zweitens: Die Erfahrung der Tschechoslowaken zeigt, daß sich das Phänomen der Wiedergeburt und Veränderung unter günstigen Umständen mit der gleichen Heftigkeit in allen staatlichen Instanzen und Organisationen wie dem Parlament, den Gewerkschaften, den Jugendorganisationen wiederholen kann. Insofern stimmt es, daß die Unterordnung unter ein einziges Entscheidungszentrum und die Unterdrückung des Pluralismus etwas Anomales sind. Selbst wenn die genannten Organisationen zu Satelliten der Partei herabgewürdigt und zu Mumien werden, bewahren sie sich – besonders da, wo Parlamentarismus und Pluralismus Fuß gefaßt haben – eine gewisse Autonomie, die beispielsweise während einer Autoritätskrise oder in einer Zeit des politischen Übergangs aktiviert wird. Es gibt Momente – sie sind aber außergewöhnlich –, da Menschen und Institutionen erwachen, ihre Ketten abschütteln und sich der Freiheit und Würde erinnern. So hat sich in der Tschechoslowakei ein Lenárt, der als Diener Novotnýs galt, gegen diesen aufgelehnt und ihm vorgeworfen, daß er ihn gehindert habe, das Amt eines Regierungschefs in wirksamer Weise auszuüben. Ein noch besseres Beispiel ist das Verhalten der tschechoslowakischen Nationalversammlung nach dem Januar 1968. Diese war im Juni 1967 auf der Basis des Wahlgesetzes vom 30. November 1966 gewählt worden, dessen Makel bekannt waren. »Ich betrat das Wahllokal«, schrieb eine Mitarbeiterin der »Kulturní noviny«, »bekam meine Wahlkarte und stellte mich der Kommission, die meine Anwesenheit zur Kenntnis nahm. Sollte ich in die Wahlzelle gehen, die in einer Ecke verborgen war? Nein, denn zu viele Augen verfolgten mich. Sollte ich Namen streichen? Nein, wir waren doch alle einer Meinung, und was auch immer geschehen würde, das Resultat würde doch 98 Prozent lauten, die schon im vorhinein feststanden... Solange die Wahlen nicht frei und geheim sind, solange ich nicht frei zwischen Kandidaten wählen kann, ist das eine reine Formalität.« (24)

So also sahen »rein formale« Wahlen aus, aus denen jene Abgeordneten hervorgegangen sind, die Ende März 1968 Novotný als Präsident der Republik verdrängt und an seine Stelle eines seiner Opfer gewählt haben. Dieselben Abgeordneten wählen einige Tage später Smrkovský, einen der Befürworter des neuen Modells, mit 188 gegen 68 Stimmen zum Vorsitzenden; (25) sie stimmen im Juni für die Abschaffung der Zensur, verabschieden das Rehabilitierungsgesetz und arbeiten in den verschiedenen parlamentarischen Kommissionen an der Vorbereitung eines neuen Wahlgesetzes, das eine freiere Wahl ermöglichen, eine verstärkte Teilnahme nichtkommunistischer Parteien sowie die geheime Wahl wiedereinführen sollte. Bei der Invasion führen sie sich in der Mehrzahl so auf, als seien sie echte Volksvertreter. Ein erstaunliches Phänomen, das darauf schließen läßt, daß selbst die methodischste Zähmung der Institutionen den Despotismus nicht im voraus vor dem »Geist der Nation« sichert; einmal wachgerufen, hat die öffentliche Meinung die Macht, diese Institutionen dem Despoten zu entreißen und sie zu Repräsentanten des nationalen Willens zu machen, um friedlich zur Demokratie überzugehen. In diesem geistigen Erwachen haben allerdings Presse, Hörfunk und Fernsehen die entscheidende Rolle gespielt. Novotný wurde von Journalisten gestürzt. Die Presse und der Rundfunk haben die Öffentlichkeit informiert, deren Meinung gebildet, haben ihr wieder Hoffnung gemacht und ihr ermöglicht, zunehmenden Druck auf die Apparate auszuüben. Die Information ist der Hauptkriegsschauplatz zwischen Stalinisten und Neostalinisten einerseits und Liberalen andererseits gewesen. Nicht umsonst haben die Warschauer »Fünf« in ihrem Ultimatum vom 15. Juli vor allem die Wiedereinführung der Zensur gefordert. Um eine Nation zu unterjochen, muß man ihr zuallererst das Wort abschneiden. (26)

Was ich bezüglich der staatlichen und gesellschaftlichen Institutionen festgestellt habe, nämlich, daß sie die Möglichkeit haben, durch sich selbst zu leben und der Kontrolle zu entgehen, gilt auch für die Staaten als solche. Raymond Aron unterstreicht mit Recht in seinem Werk »Frieden unter den Nationen«, daß Stalin dadurch, daß er die Souveränität der Satellitenstaaten formal bestehen ließ, die Tür zur Entsatellitisierung offen ließ. So kam es, daß sich zwanzig Jahre lang internationalistische, Moskau ergebene Parteichefs – Tito, Hoxha, Imre Nagy, Gheorghiu-Dej, Dubček – in Staatsmänner verwandelten, von denen jeder auf seine Art den Unabhängigkeitswillen seines Staates verkörperte.

Was nun den demokratischen Geist betrifft, so sehen sich alle kommunistischen Regimes zu Konzessionen gezwungen, da sich bei ihnen allen das stalinistische System totalitärer Zentralisierung als Hemmschuh herausgestellt und Passivität, Gleichgültigkeit und stumme Feindseligkeit unter der Bevölkerung hervorgerufen hat. Mit »sie« bezeichnen die Menschen des Ostens allgemein die Mitglieder des Parteiapparates. »Wir«, das ist der Rest, das sind alle. Die Trennung zwischen Führern und Geführten ist in den »Volksmonokratien des Ostens« nicht weniger scharf als in den ehemaligen absolutistischen Monarchien. Das Ziel der Reformer war und ist es, die Gemeinsamkeit wiederherzustellen. Dies wollte auch Dubček zum Ausdruck bringen, als er einige Wochen vor seiner Wahl zum Parteichef schrieb: »Die Partei darf nicht außerhalb und nicht über der Gesellschaft leben, sondern muß ihr integrierender Bestandteil sein.« (27) Aber wie die Partei in die Gesellschaft integrieren, wenn man ihr – zumindest auf höherer Ebene – eine Monopolstellung bewahren will? Dieses Problem stellt sich allen absoluten Monarchien, Diktaturen, Monokratien, ob sie sich nun freiwillig liberalisieren oder dazu gezwungen werden.

Laut Meinung vieler politischer Theoretiker des Ostens und des Westens ähnelt dieses Problem der Quadratur des Kreises. Es gibt kein Mittelding zwischen Diktatur und repräsentativer Demokratie. Will die kommunistische Partei ihre Demokratie, so muß sie auf ihre Privilegien verzichten und sich dem Urteilsspruch des Volkes beugen. Diesen Schluß haben die ungarischen politischen Denker 1956 aus ihrer Erfahrung mit dem Personenkult gezogen. Der Parteienpluralismus sei der einzige Schutz gegen den Totalitarismus, die einzige Form, die eine effektive Demokratie sichern könne. (28) Die ungarischen und polnischen Revisionisten dachten daran, die Demokratie durch die Institution der Arbeiterräte zu erweitern, deren Entwicklung es ermöglicht hätte, »den reinen Parlamentarismus zu überholen«.

Dieses ungarisch-polnische Modell einer sozialistischen Demokratie wurde von allen an der Macht befindlichen kommunistischen Parteien einschließlich der jugoslawischen verworfen. Aber nach 1965 beschäftigte es von neuem die Gemüter. Vračar, ein jugoslawischer Theoretiker, faßte die Möglichkeit ins Auge, »ein Zwei- oder Mehrparteiensystem im Rahmen eines starken und gefestigten Sozialismus« zu entwickeln. »Wenn dieses Zwei- oder Mehrparteiensystem die Existenz des Kapitalismus nicht bedroht, sondern ihn im Gegenteil gestärkt hat«, fragt er, »warum sollte das gleiche nicht auch für den Sozialismus gelten?« (29) Ein Jahr später regte Vračar an, die Diktaturen mit einer Einheitspartei sollten zu einem Zweiparteiensystem übergehen. Das Ziel dieser beiden Parteien sollte die Errichtung des Sozialismus sein. »In diesem Fall soll die Mehrheitspartei – die Regierungspartei – einer organisierten Opposition die Stirn bieten. Und die beiden rivalisierenden Parteien sollen erkennen, daß es ihnen nicht möglich sein wird, sich ewig an der Macht zu halten.« (30)

Aber die meisten jugoslawischen kommunistischen Kader mit Tito an der Spitze lehnten wie die liberalsten tschechoslowakischen Kommunisten (Špaček, Smrkovský oder Císař) das Mehrparteiensystem ab, obwohl bereits mehrere westliche Parteien – etwa die Frankreichs, Italiens, Schwedens – die These von der Unvereinbarkeit des Sozialismus mit der Vielheit der Parteien bestritten. (31) Freilich, nichtkommunistische Parteien bestanden formal in mehreren Ländern weiter. In der Tschechoslowakei waren vier nichtkommunistische Parteien bestehen geblieben, die mit der KP die Nationale Front bildeten: die (katholische) Volkspartei des ehemaligen Priesters Plojhar, die Sozialistische Partei (Partei Beneš'), die Partei der nationalen Wiedergeburt (früher Demokratische Partei) und die Freiheitspartei (die letzten beiden nur in der Slowakei); in Polen zwei: die Bauernpartei und die Demokratische Partei sowie eine kleine, erstaunlich unabhängige Gruppe katholischer Abgeordneter (»Znak«-Gruppe), die nach 1956 im Sejm oft recht offene Kritik übte; in Bulgarien die Agrarunion, deren Vorsitzender Trajkow 1964 sogar Staatsoberhaupt wurde; in der DDR die Liberal-Demokratische Partei, die Nationaldemokratische Partei und die Christlich-Demokratische Union.

Aber keine dieser Parteien ist wirklich autonom. Die tschechoslowakischen Reformer haben die nichtkommunistischen Parteien im Rahmen der Nationalen Front wieder hochkommen lassen wollen. (32) Die Parteien Böhmens – die Volkspartei und die tschechischen Sozialisten – haben dieses Entgegenkommen genützt: die »Kollaborateure« an der Spitze, Gesundheitsminister Plojhar bzw. Justizminister Alois Neumann, verlieren ihre Funktionen innerhalb der Nationalen Front. Die Presse beider Parteien erhöht die Auflage. Die Parteien werben wieder um Mitglieder. Welch verheißungsvolle Auferstehung trotz der gesetzten Grenzen! Die Tschechische Sozialistische Partei läßt den Masarykkult wiederaufleben, was die »Prawda« Dubček und den Reformern am 22. August besonders verübelt hat.

Die tschechoslowakischen Führer gingen noch größere Risiken ein, als sie die Tätigkeit einiger neuer Organisationen, wie des »Klubs der engagierten Nichtparteimitglieder« oder des »Klubs 231«, billigten oder vielmehr nicht untersagten, obwohl diese das System und die sowjetische Einmischung oft sehr heftig kritisierten. Wenn auch die Existenz dieser Organisationen sowie der allerdings sehr rasch unterdrückte Versuch der ehemaligen Sozialdemokraten, ihre Partei, die »Sokoln«, wiederzuerrichten, für die »Prawda« ein unerhörter Skandal waren, so brachten sie doch die öffentliche Ordnung und die Autorität der KPTsch niemals in Gefahr.

Wahlen, Parlamente

Die Führer der anderen kommunistischen Staaten gingen viel vorsichtiger daran, »den Menschen ein wirkliches Verantwortungsgefühl wiederzugeben, das Gefühl, beteiligt zu sein an Entscheidungen, an der Lösung wichtiger sozialer Probleme«. (33) Dennoch versuchten auch sie, das Parlament zu reaktivieren, sein Prestige zu heben, was allerdings sehr schwer war, solange die Wahlen, wie in der Tschechoslowakei Novotnýs, unter der Kontrolle der KP vor sich gingen und es nur eine einzige Liste, die von den Kommunisten kontrollierte Nationale Front bzw. Volksfront, gab. (34) Die Regierungen haben denn auch an eine Änderung des Wahlsystems gedacht, um die Anerkennung des Parlaments zu stärken. So hatten in Jugoslawien bei den Aprilwahlen 1967 die Wähler fast überall die Wahl zwischen zwei Kandidaten, und gebietsweise gab es sogar einen heißen Kampf. In Lazarevac (Serbien) beispielsweise wurde ein General, ein Freund Ranković', mit erdrückender Mehrheit gewählt, nachdem er – entgegen den Weisungen der Parteiführung – an das serbische Nationalgefühl appelliert hatte. (35)

Im neuen jugoslawischen System werden die Kandidaten nicht mehr einfach von der Front bestimmt, sondern in »Nominierungsversammlungen« gewählt, wo die Bevölkerung ausdrücken kann, wem sie den Vorzug gibt. In Ungarn konnte man bei den Märzwahlen 1967 nach dem neuen Wahlgesetz versuchshalber in sieben Wahlkreisen zwischen zwei Kandidaten wählen.

Das Polen Gomułkas war 1957 das erste kommunistische Land, in dem es im Sejm zu lebhaften Debatten kam. Aber das herrschsüchtige Verhalten Gomułkas stoppte den demokratischen Aufschwung bald. 1967 bemerkte ein Abgeordneter des »Znak« enttäuscht: »Wir sind nur eine kleine Gruppe und haben keinerlei Einfluß auf die Regierung. Wir wissen auch, daß die wichtigen Entscheidungen nicht im Sejm getroffen werden, sondern in einem anderen Gebäude, tausend Meter von hier.« (Anspielung auf den Sitz des Zentralkomitees der Partei.) In Jugoslawien dagegen begannen die Abgeordneten ihre Rolle ernst zu nehmen und übten seit 1965 oft peinliche Kritik an den Machthabern. Im Dezember 1966 wollte Janko Smole, der Regierungschef Sloweniens, zurücktreten, weil er im Parlament überstimmt worden war; er vergaß aber, das Zentralkomitee von seiner Entscheidung zu unterrichten, was einige Unruhe schuf. In der Tschechoslowakei ermutigte Smrkovský nach seiner Wahl zum Vorsitzenden der Nationalversammlung diese, als wirkliche Repräsentantin der Nation zu handeln: »Die Regierung«, erklärte er, »ist der Nationalversammlung verantwortlich. Wenn diese mit der Arbeit der Regierung und der Minister unzufrieden ist, so ist dies ein Grund für ein Mißtrauensvotum. Wenn die Verfassung in diesem Punkt nicht klar ist, muß sie geändert werden.« (36) Eine derartige Änderung war auch tatsächlich notwendig, da die tschechoslowakische Verfassung von 1960 (wie übrigens alle kommunistischen Verfassungen) die Nationalversammlung als »oberstes Organ der Staatsmacht« und die kommunistische Partei als »führende Macht im Staat« ausweist. Es handelte sich also darum, Rechte und Kompetenzen des Zentralkomitees und des Parlaments genau abzugrenzen. (37)

Das gleiche Problem ergibt sich in bezug auf die Partei, den Staat, die Berufsgruppen und sozialen Organisationen wie Gewerkschaften, Jugend- und Studentenorganisationen, Schriftstellerverbände usw., denen die tschechoslowakischen und jugoslawischen Reformer und ungarischen Theoretiker eine wirkliche Autonomie zurückgeben wollen. (38)

Das rumänische Modell

Während sich die kommunistischen Führungen Jugoslawiens, der Tschechoslowakei und Ungarns zur Trennung der Machtbefugnisse von Partei und Staat, von Partei und sozialen Organisationen entwickelten, lösten die Rumänen das Problem auf ihre Weise. Auf Initiative Ceauşescus stimmte das rumänische Zentralkomitee am 6. Dezember 1967 einer Reform zu, die die orthodoxe These vom Primat der Partei bekräftigte und die Führungsfunktionen Partei und Staat verschmolz. Daß ein und dieselbe Person – Ceauşescu – sowohl Staatschef als auch Parteichef ist, das ist an sich nichts Neues. Diese Kumulierung hat es ebenso in der UdSSR unter Stalin und dann unter Chruschtschow (1958–1964) gegeben wie bis Januar 1968 in der Tschechoslowakei (Novotný) und bis vor kurzem in der DDR (Ulbricht). Es gibt sie weiterhin in Bulgarien und in Jugoslawien. Polen allerdings hat seit 1956, Ungarn seit 1968, die UdSSR seit 1964 und die Tschechoslowakei seit Januar 1968 ein Regime, in dem die Funktionen des Parteichefs und die des Staatsoberhauptes getrennt sind, die Vorherrschaft der Partei aber beibehalten wird.

Die Besonderheit der rumänischen Lösung liegt darin, daß sich diese Kumulierung auf alle Ebenen der Hierarchie erstreckt. Die Mitglieder des ZK-Präsidiums, die die Arbeit der wichtigsten Ministerien – Äußeres, Verteidigung, Polizei und Planung – überwacht hatten, wurden aufgefordert, die Verantwortung für ihren Sektor direkt zu übernehmen. Und so kann ein und dieselbe Person zum Beispiel Bürgermeister und Sekretär des Parteikomitees der Gemeinde sein.

Diese Umorganisierung war zweischneidig. Einerseits sicherte sie dem Parteiapparat die direkte Kontrolle über die Verwaltung und beseitigte dadurch Kompetenzreibereien zweier getrennter und doch parallellaufender Apparate, andererseits aber ermöglichte sie neuen Leuten, graduierten Leuten, die von den Apparatschiks bis dahin in untergeordneten Stellungen gehalten wurden, den Zutritt zu den Schalthebeln der Macht. Der Parteiapparat aber wahrt seine klassischen Vorrechte auf dem Gebiet der Information, der Kultur und der Kaderausbildung. Die Parteispitze lenkt den Staat, die Partei als Massenorganisation ist die Stütze des Staates. Gewerkschaften und Jugendorganisationen werden in den Staat integriert. Diese Verstärkung des staatlichen und autoritären Charakters des Regimes zeigt die Absicht der Gruppe Ceauşescu, dem Druck und den Unterwanderungsversuchen von außen mit einer absolut einigen und disziplinierten Partei und Verwaltung zu begegnen. Man hat auch daran gedacht, den politischen Konsequenzen der Dezentralisierung in der Wirtschaft und der Intensivierung der Westkontakte vorzugreifen, die bei den Intellektuellen und Managern Freiheitsgelüste erwecken könnten.

Abnutzung der Parteien und Alternative Demokratie – Sozialfaschismus

Die größte Gefahr, die die kommunistischen Parteien, unfähig zur demokratischen und nationalen Erneuerung, bannen müssen, ist das Schwinden ihres Prestiges, ihrer Autorität. Die Parteien haben sich im Administrieren abgenutzt, haben sich verbraucht, weil sie glaubten, die Verantwortung für alle Versager, für alle nicht gehaltenen Versprechen und enttäuschten Hoffnungen übernehmen zu müssen. Diese Abnutzung war auch das Hauptthema der tschechoslowakischen, gegen Novotný eingestellten Schriftsteller wie L. Vaculík oder L. Mňačko und war auch von einem polnischen Schriftsteller, W. Machejek, einem Anhänger Moczars, herausgestrichen worden. Das Volk, schrieb er, sei müde und enttäuscht vom schleppenden Fortschritt, verglichen mit der raschen Entwicklung in anderen Volksdemokratien, geschweige denn in den kapitalistischen Ländern. Die Quelle allen Unbehagens sei der Eindruck, die Lebensbedingungen in dem Staat, der den Sozialismus aufbaue, nicht verbessern zu können. Die Partei solle die Korruption und Ungerechtigkeit bekämpfen.

Die Ideen Machejeks erinnern an jene, von denen sich in China die Organisatoren der Kulturrevolution haben leiten lassen, um Massen der Jungen gegen die Privilegien des Regimes und die Liberalen im Namen der Gleichheit und der moralischen Reinigung zu mobilisieren. In Polen, wo der reformistische und revisionistische Elan am Widerstand des Apparates scheiterte und die Wirtschaftsreform auf allgemeine Skepsis stößt, hat der Maoismus das lauteste Echo unter allen Volksdemokratien gefunden.

Die Entwicklung Polens und der UdSSR nach 1966 hat gezeigt, daß man die Bedeutung der neostalinistischen Strömung in den Volksdemokratien nicht unterschätzen darf, wo die alte kommunistische Garde, die Veteranen des Spanienkrieges und der Widerstandsbewegung in Polizei und Armee noch über große Macht verfügen. In Polen ist es General Moczar – dem Lin Piao Polens – gelungen, einen wirksamen politisch-militärischen und Polizeiapparat unter dem Deckmantel »Verband der Kämpfer für Freiheit und Demokratie« (Zwobid) zu bilden. Meister in der offenen Diktatur, »hart und rein«, erfreuen sich die »Partisanen« in Technokraten- und Journalistenkreisen großer Sympathien. Sie bereiten sich darauf vor, die verbrauchten und enttäuschten Führer abzulösen.

Die Gefahr eines Rückfalls besteht sogar in Jugoslawien – hat dort zumindest bestanden, bevor der sowjetische Druck Tito half, den Zusammenhalt wieder zu festigen –, da der andauernde Kampf zwischen Liberalen und Konservativen, der Zerfall der Polizei und das Altern Titos ein gefährliches politisches Vakuum geschaffen und die radikalen Wirtschaftsreformen seit 1965 tiefe Unruhe hervorgerufen haben. In diesem Klima der Ungewißheit und des fieberhaften Suchens nach neuen Strukturen bilden die ehemaligen Widerstandskämpfer den Kern der Partei und des Staates. Die Generale Ivan Gošnjak, Kosta Nagj und Ivo Rukavina kontrollieren die Armee über die Parteiorganisationen in der Armee, die 75.000 Mitglieder zählen. Die Militärs nehmen auch an den Aktivitäten der lokalen Parteiorganisationen in den Städten teil, wo sie stationiert sind. In diesem Jugoslawien, wo die einzelnen Republiken ihre Rechte ständig auf Kosten des Zentrums ausdehnen, ist die Armee die einzige zentralisierte und mächtige Institution. Sie hat von der Unruhe des Staatsstreichs in Griechenland und dem Konflikt im Nahen Osten profitiert; ihre alten und jungen Offiziere fällen oft ein hartes Urteil über den chaotischen Zustand des Landes, über die Fehler der Politiker. (39) Somit stellt sich die Einnahme der Partei und des Landes durch die Armee in dem Fall als Alternative zur Demokratisierung, sollte diese nicht zu einem guten Ende geführt werden.

Dies ist auch der Grund, warum das jugoslawische Experiment ebensoviel Beachtung verdient wie das große Experiment der Tschechoslowakei. 1968 ist die Tschechoslowakei zum Musterland des fanatischen und utopischen Sozialismus geworden. Jugoslawien bleibt das Terrain, wo sich die beiden Möglichkeiten des europäischen Kommunismus einen exemplarischen Kampf liefern, und dies in relativer Unabhängigkeit von der Sowjetunion, die – der 21. August 1968 hat es bewiesen – das Schicksal der anderen Volksdemokratien noch in der Hand hält. Aber dieses Schicksal hängt weitgehend von der Art ab, in der die Führer dieser Länder die Probleme der Wirtschaft lösen werden.

6. Reform der Planung und Wirtschaftsführung

> Die Waffen, womit die Bourgeoisie den Feudalismus zu Boden geschlagen hat, richten sich jetzt gegen die Bourgeoisie selbst.
>
> *Das Kommunistische Manifest, 1847*

Die ersten Verbesserungen

»Die Rationalität der Planwirtschaft sollte nur im Zusammenhang mit allen ihren Zielen beurteilt werden«, schrieb Peter Kende in seiner »Logik der zentralisierten Wirtschaft«. (1) Kende durchleuchtete die nach 1948 in den Volksdemokratien eingeführte und angewendete Planwirtschaft gründlich: die Zentralisierung der Entscheidungen, den Vorrang der Schwerindustrie, die Verachtung des materiellen Stimulans und die Zuflucht zur Ethik, die Aufrechterhaltung der Arbeit-Wert-Theorie usw. usw. Der Hauptgedanke des Systems sei, die Produktion maximal voranzutreiben und einen minimalen Einzelverbrauch zu gewährleisten. Das »Gesetz« von der Entwicklung war von Stalin verkündet worden: »Harmonische und ausgewogene Entwicklung« des Produktionsapparates.

Anfangs schien dieser Mechanismus äußerst wirksam. In den Jahren 1949 bis 1953 stieg in den sechs COMECON-Ländern die Industrieproduktion um 114 Prozent. In einigen Ländern, wie beispielsweise Ungarn, wo der Ehrgeiz der Planer keine Grenzen kannte, waren die Ergebnisse noch eindrucksvoller. Die Schwerindustrie verfünffachte, die mechanische Industrie versiebenfachte 1953 ihre Produktion im Vergleich zu 1938. Das Vertrauen in die Zentralisierung schien gerechtfertigt und eine beträchtliche Anhebung der ursprünglichen Ziele der Fünfjahrespläne zu erlauben. Diese erfolgte 1951 im Zusammenhang mit der Kriegsgefahr wegen des koreanischen Abenteuers.

Aber 1952/53 traten beunruhigende Symptome auf: Nahrungsmittelknappheit, Rohstoffmangel, Mangel an Arbeitskräften, Kapitalmangel. Man wurde sich im Kreml und in Prag, in Budapest und in Berlin allmählich klar, daß die Fünfjahrespläne »ohne wissenschaftliche Analyse und ohne Rentabilitätsrechnung« gefaßt worden waren (Imre Nagy). Aber niemand stellte das System selbst in Frage, auch die härtesten Gegner der stalinistischen Wirtschaftswissenschaftler nicht. Es wurden nur die Methoden und Kalkulationsfehler kritisiert. Malenkow und Imre Nagy brachten die unter Stalin verpönten Ideen Bucharins wieder in Umlauf. Die Thesen, die Nagy (mit Zustimmung des Kremls) dem Zentralkomitee seiner Partei auseinandersetzte (und die sich *mutatis mutandis* bei den meisten anderen Volksdemokratien anwenden ließen), kritisierten die 1949 bis 1953 getroffenen Entscheidungen in folgenden Punkten: Das Tempo der Industrialisierung stand in keinem Verhältnis zu den Reichtümern des Landes; die rasche Expansion der Jahre 1949/50 war durch die Reserven an Arbeitskräften möglich geworden, aber diese Reserven waren rasch erschöpft. 1953 entsprach der ungenügend geförderte Grundstock an Rohstoffen und Energie nicht mehr den Bedürfnissen einer unmäßig aufgeblähten Schwer- und mechanischen Industrie. Das Mißverhältnis zwischen Schwer- und Leichtindustrie einerseits und der Industrie und der stagnierenden Landwirtschaft andererseits wurde zu groß. Dabei wäre es dem Land doch hauptsächlich aufgrund seiner Agrarprodukte möglich gewesen, sich die für die Industrialisierung unerläßliche Ausrüstung zu verschaffen. Die Planer haben aber die Bedeutung der Landwirtschaft unterschätzt, haben nichts investiert, die Bauern durch eine überstürzte Kollektivierung und ein Steuersystem entmutigt, das sie bankrott machte. Die Löhne und Gehälter stiegen viel langsamer als die Preise der Grundnahrungsmittel. Alle diese Faktoren trugen zu einer Senkung des Lebensstandards bei, den man in Ungarn 1953 auf 20 Prozent im Vergleich zu 1948 schätzte. Diese Senkung des Lebensstandards strafte die Versprechen der Planer Lügen, erregte große Unzufriedenheit und wirkte sich unangenehm auf die Produktivität aus. Die Pläne mißachteten den internationalen Kreislauf und ließen die Entwicklung von Konkurrenzindustrien in den sozialistischen Ländern zu, was den Warenaustausch innerhalb der COMECON-Länder immer schwieriger gestaltete und zu einer defizitären Handelsbilanz führte.

Das Ziel des »neuen Kurses« nach Stalin war die Ausmerzung der durch die Überzentralisierung begangenen schwersten Fehler. Die in der DDR, in Ungarn, in der Tschechoslowakei und in Polen ergriffenen Maßnahmen sollten den Lebensstandard heben und das Tempo der Industrialisierung verlangsamen; die für die Landwirtschaft und die Leichtindustrie bestimmten Investitionen wurden etwas angehoben; der Kollektivierung wurde Einhalt geboten; den einzelnen Bauern wurden Steuernachlässe gewährt; Handwerk und Kleinhandel wurden teilweise wieder zugelassen.

Aber die Reformen der Jahre 1953/54 rührten nicht an dem von Stalin übernommenen Planwirtschaftssystem. So fand man nach dem Sturz Malenkows – der den Nagys nach sich zog, bevor dessen Reformen Früchte trugen (März 1955) – rasch mit Ausnahme kleiner Details zu den alten Praktiken zurück. Vor und nach dem Aufruhr in Posen, Budapest und Warschau wurde radikale Kritik am System vor allem in Ungarn (2) und Polen (3) laut. Nichts weniger als eine fundamentale Revision des Planungs- und Führungssystems wurde gefordert; in die verstaatlichte Wirtschaft sollten die Begriffe der Rentabilität, der auf der Basis von Lebenshaltungskosten, Angebot und Nachfrage erstellten Preise wiedereingeführt werden; die Betriebe sollten von den bürokratischen Vorschriften entlastet werden, die ihre Aktivität so stark behinderten.

Die als Revisionisten verurteilten ungarischen Wirtschaftsreformer wurden rasch zum Schweigen gebracht. In Polen hatten die Reformer mehr Glück: Der von Gomułka geschaffene Wirtschaftsrat arbeitete 1957 ein neues Modell der sozialistischen Wirtschaft aus: es sah eine weitgehende finanzielle Unabhängigkeit der Betriebe vor; die Autonomie der Betriebe und die von den Arbeiterräten ausgeübte Kontrolle sollten in Einklang gebracht und Verwaltungsdirektiven durch Wirtschaftsstimulantia ersetzt werden.

Der Hauptfehler der »Programmierer« war es, zu einem Zeitpunkt, da die Bedingungen weder in Polen noch anderswo dafür reif waren, zu hoch hinauszuwollen. (4) Einige der von Lange und seinen Freunden befürworteten Maßnahmen wurden in Kraft gesetzt, aber das Beharrungsvermögen des Planungs- und bürokratischen Apparates war so groß, daß schon bei den ersten Schwierigkeiten die zentrale Kontrolle von neuem verstärkt wurde. Gomułka, der stark antiliberal und den Neuerungstheoretikern gegenüber mißtrauisch war, rief wieder die Befürworter des orthodoxen Dirigismus an die Macht und löste die Arbeiterräte auf. Auch die 1957/58 in der Tschechoslowakei ergriffenen Dezentralisierungsreformen wurden nicht fortgesetzt. Größere Unabhängigkeit auf einem Gebiet wurde auf alle Fälle durch diese oder jene Kontrolle wieder eingeschränkt. Nachdem der große Schrecken des Jahres 1956 überwunden war, schöpften die Führer aller Volksdemokratien neuen Mut aus dem Optimismus, der aus dem Osten kam. Das Pendant zum chinesischen »großen Sprung vorwärts« war eine neue Kollektivierungswelle, die 1962 – mit Ausnahme Polens und Jugoslawiens – zur fast völligen Auflösung der landwirtschaftlichen Einzelbetriebe führte. (5)

Trotz der immer deutlicher werdenden Mißstände blieb das Wirtschaftssystem der Oststaaten bestehen. Und der Mißstände gab es wahrlich genug: die Gleichgültigkeit gegenüber den Herstellungskosten; die Betriebsleiter setzten recht schwache Produktionsziele fest, um sie sicher überschreiten und Prämien kassieren zu können; keinerlei Enthusiasmus und Initiative; die Frustration der Techniker und schlechtbezahlten Arbeiter; der Widerwille gegenüber einer neuen Fabrikation und einer Änderung der Methoden; die stagnierende Agrarproduktion.

Nachlassen des Wachstums

Die Rezession von 1962 mußte kommen, damit – sowohl in der UdSSR wie in den höher entwickelten Volksdemokratien – die Führer einmal Kritik und Vorschläge der Wirtschaftsexperten wirklich zur Kenntnis nahmen. Diese waren diesmal entschlossen, dem Problem auf den Grund zu gehen. Das Sinken der Wachstumsrate der Industrieproduktion, das allen Vorhersagen zuwiderlief, scheint den heilsamen Schock hervorgerufen und die entscheidende Rolle in der Entwicklung des Wirtschaftsdenkens und der Wirtschaftspraxis in den Oststaaten gespielt zu haben. Die durchschnittliche Jahreswachstumsrate der Industrieproduktion der sechs COMECON-Länder (inklusive der UdSSR), die zwischen 1951 und 1955 13,3 betrug, fiel auf 10,4 (1956 bis 1960), dann auf 9 (1961/62). 1963 verlangsamte sich das Wachstum weiter, die Gesamtproduktion der sechs Länder war nur um 7,5 Prozent gestiegen. In den fünf Oststaaten, ohne die UdSSR, war das Absinken noch deutlicher: die Industriewachstumsrate fiel von 11 Prozent 1960 auf 5 Prozent 1963. In der Tschechoslowakei sank die Gesamtproduktion um 0,6 Prozent 1963 im Vergleich zum Vorjahr. 1963 wurde das Plansoll weder in der DDR noch in der ČSSR oder in Ungarn erfüllt. In keinem dieser Länder stieg die Arbeitsproduktivität auf den vom Plan vorgesehenen Prozentsatz. Nur in Rumänien, Bulgarien und Albanien – den drei am wenigsten entwickelten Ländern – ging die Industrieexpansion rasch vor sich. Zum Großteil deshalb, weil diese Länder noch über ausgiebige Arbeitskraftreserven verfügten und die Investitionen 1960 und 1962 beträchtlich erhöht hatten (Rumänien um 46 Prozent). In der UdSSR enthielt der Bericht über die Planerfüllung 1962 – zum ersten Male – keine Angaben über das Anwachsen des Nationaleinkommens.

Bis damals waren die Führer der Satellitenstaaten trotz der Krisen von 1953 und 1956 fest davon überzeugt, daß die Planwirtschaft aufgrund ihrer Fähigkeit, einen beträchtlichen Teil des Nationaleinkommens zu akkumulieren und der Produktion von Produktionsmitteln den Vorrang einzuräumen, ständigen Zuwachs garantiere, noch dazu einen sichtlich schnelleren als die kapitalistische Wirtschaft. (6) Aber 1962 mußten die Kommunistenführer mit Chruschtschow an der Spitze erkennen, daß die Wirtschaft des kapitalistischen Westeuropa viel rascher wuchs als die des sozialistischen Osteuropa. Diese Tendenz verstärkte sich in den folgenden Jahren noch. Zwischen 1955 und 1964 stieg das Bruttonationaleinkommen Osteuropas um 48 Prozent gegenüber 57 Prozent in Westeuropa. Zwischen 1951 und 1964 stieg es in Osteuropa jährlich um 4,9 Prozent, im Westen um 5,4

Prozent (vor allem wegen des raschen Wachstums in der Bundesrepublik Deutschland: 6,8 Prozent). In bezug auf die gesamte Industrieproduktion fällt dieser Vergleich für den Osten freilich weniger ungünstig aus. Wenn wir als Basis 1955 = 100 annehmen, so erreicht die Industrieproduktion 1964 in Osteuropa 185; in Westeuropa 170. Aber diese scheinbare Überlegenheit des sozialistischen Ostens geht vornehmlich auf das Konto der spektakulären Steigerung Rumäniens (244) und Bulgariens (250), während die Tschechoslowakei zwischen 1960 und 1964 stagnierte. Die Entwicklung der Agrarproduktion sieht ziemlich düster aus: 1963 war die Produktion in Westeuropa um 50 Prozent höher als vor dem Krieg; in Osteuropa überschritt sie knapp den Stand von 1934 bis 1938. Nur Bulgarien, Rumänien und Polen haben ihre Produktion erhöht, Polen vor allem aufgrund der Annexion der ostdeutschen Gebiete. Der Pro-Kopf-Verbrauch erreichte 1964 weder in der Tschechoslowakei noch in Ungarn, der DDR und Polen den Vorkriegsstand; alle wurden von Österreich übertroffen, das vor dem Zweiten Weltkrieg erst hinter dreien dieser Länder an vierter Stelle gelegen hatte. Der Pro-Kopf-Verbrauch stieg zwischen 1950 und 1964 in der Tschechoslowakei um 20 Prozent, in Ungarn um 47 Prozent, in Polen um 39 Prozent, in der DDR um 34 Prozent, in Italien um 88 Prozent, in Österreich aber um 100 Prozent, in Westdeutschland gar um 110 Prozent. Diese Zahlen müssen allerdings insofern korrigiert werden, als sie das beträchtliche Anwachsen der Sozialleistungen, der Ausgaben für Bildung und die geringen Freizeitkosten in den Oststaaten nicht berücksichtigen. Aber selbst wenn man diesen Vorteilen Rechnung trägt, die Kluft zwischen dem Lebensstandard im Osten und dem im Westen dürfte sich noch vertieft haben. (7)

Das Problem, vor dem die sozialistischen Länder stehen, ist aber lange nicht so dramatisch wie das, vor dem die unterentwickelten Länder stehen. In jedem von ihnen ist die Industrialisierung angelaufen. Alle haben ein Entwicklungsstadium erreicht, das sie (selbst die am wenigsten entwickelten) unter die mittelentwickelten Industrieländer einreihen läßt. 1964 betrug die durchschnittliche Pro-Kopf-Produktion in den sechs Ländern des COMECON (Albanien und Jugoslawien ausgenommen) 880

Dollar pro Jahr gegenüber 1420 Dollar in den neun westeuropäischen Ländern. Diese Stellung ist nicht schlecht. Die Kommunistenführer wollten aber unbedingt in kurzer Zeit die kapitalistischen Staaten einholen und sogar überholen; der Abstand wurde aber eher größer als kleiner. Und die Wirtschaftsexperten waren nicht die einzigen, die dies bemerkten. Wie bereits gesagt, die Intensivierung des Warenaustausches und des Fremdenverkehrs mit dem Westen hat dazu beigetragen, daß breite Schichten der Bevölkerung das Gefühl der Rückständigkeit und der Unterlegenheit hatten und noch haben. Die Kontakte mit dem Westen haben das Verlangen nach Modernisierung und das kritische Denken angeregt. Die halben Maßnahmen haben sich also umso unzulänglicher erwiesen, als es nicht nur darum ging, die Industrieproduktion um jeden Preis zu erhöhen, sondern auch darum, die Investitionen billiger zu gestalten und die Industrien wettbewerbsfähiger zu machen.

Ein Blick auf die Demographie und das Problem der Arbeitskräfte

In den meisten Oststaaten wird die Aufgabe der Planer noch durch die Frage überreichlich vorhandener oder schlecht eingesetzter Arbeitskräfte kompliziert.

Im großen und ganzen kennen die Volksdemokratien Europas nicht die große und vielleicht unüberwindbare Schwierigkeit, der die unterentwickelten Länder Asiens, Afrikas und Lateinamerikas gegenüberstehen: die immer größer werdende Kluft zwischen dem rapiden Bevölkerungszuwachs und der erschreckend langsamen Entwicklung. Der jährliche Bevölkerungszuwachs in Osteuropa nach dem Krieg ist dem Westeuropas vergleichbar. Das Beschäftigungsproblem tritt in den verschiedenen Ländern in sehr unterschiedlicher Form auf. Die Tschechoslowakei und die DDR (letztere aufgrund der Massenflucht bis 1961) haben – wie die entwickelten Länder des Westens – Mangel an qualifizierten Arbeitskräften gelitten. Bulgarien und Rumänien befinden sich in einem Stadium des *take off*, wo die Industrie Tausende Bauern, die Arbeit in den Städten suchen, mit Leichtigkeit absorbiert. (In Bulgarien begann allerdings 1963 eine leichte Arbeitslosigkeit.) Die Lage in Jugoslawien: Zwischen 1953 und 1965 betrug der jährliche Beschäftigungszuwachs 19 Prozent; hier kamen zu den Industriearbeitern noch die Hunderttausende landflüchtiger Bauern. Aber der Übergang vom »quantitativen Produktivismus« zur Rationalisierung im Jahre 1962 enthüllte den fiktiven Charakter der Vollbeschäftigung. Auch Jugoslawien begann wieder unter Arbeitslosigkeit zu leiden, die sich aufgrund der anhaltenden Landflucht noch verschärfte. (Zwischen 1962 und 1964 betrug der jährliche natürliche Bevölkerungszuwachs 60.000, das Angebot an Arbeitskräften 156.000.) Die Regierung versuchte, diese Schwierigkeit durch die Erlaubnis, ja sogar Organisierung der Auswanderung zu überwinden (8) sowie durch die Konzentrierung der verfügbaren Arbeitskräfte auf die unterentwickelten Tertiärsektoren: Fremdenverkehr, Handwerk und Privathandel. Aber die Auswanderungssperre – wegen der Rezessionsanzeichen in Westeuropa – und das Nachlassen der Wirtschaftsexpansion 1967 enthüllten die Unzulänglichkeit der vorgesehenen Hilfsmittel und verursachten Unbehagen.

Polen befindet sich scheinbar in einer weniger schwierigen – in Wirklichkeit aber viel schwierigeren – Lage. Nach Albanien (28,9 Prozent) ist Polen das Land mit dem höchsten jährlichen Bevölkerungszuwachs: 16,8 Prozent. Die Bevölkerungsexplosion fand dort mit einiger Verspätung statt: 1950: 750.000 Geburten, 250.000 Todesfälle. 1955 wurden in Polen 794.000 Kinder geboren, die 1973 achtzehn Jahre alt sein werden. Die Integrierung von jährlich ungefähr 500.000 Jugendlichen in das Wirtschaftsleben stellt ein großes Problem dar, da die Landflucht (549.000 1959/60) nach wie vor anhält und die Regierung seit November 1963 die Betriebe anregt, sich durch Entlassung der überflüssigen Arbeitskräfte zu sanieren. Die zur Senkung der Geburtenziffer ergriffenen Maßnahmen – Abtreibung 1956 gestattet, 1960 erleichtert, Verbreitung empfängnisverhütender Mittel – stoßen auf leidenschaftlichen Widerstand der Kirche. »Diese Erde kann nicht 30, sondern 50, 60 und sogar 80 Millionen Polen ernähren«, erklärte Kardinal Wyszyński. In diesem Fall ist die katholische Lehre viel strenger als die marxistische Orthodoxie. Ein polnischer Autor hat allerdings und vielleicht mit Recht gesagt: »Es gibt kein sozialistisches Bevölkerungsgesetz. Dieses ist eine Erfindung der Kommentatoren Karl Marx'.« (9)

Die Warschauer Regierung bemüht sich, das Problem zu bagatellisieren. 1966 betrug die Zahl der offiziell als Arbeitslose Eingetragenen nur 58.422. Bei einer realistischeren Schätzung muß diese Zahl verfünffacht werden. Sie wird aber noch zunehmen, es sei denn, die Behörden distanzieren sich von den Rationalisierungsplänen und folglich auch von der vorgesehenen Erhöhung des durchschnittlichen Reallohnes. Diese Bedrohung durch die Arbeitslosigkeit erklärt aber zum großen Teil, warum die Führer zögern, die Reformen konsequent durchzuführen, die logischerweise auch auf die Landwirtschaft ausgedehnt werden müßten, wo der gegenwärtige Stand von 7,2 Millionen Beschäftigten auf 4,5 Millionen herabgesetzt werden müßte.

Ungarn ist der umgekehrten Schwierigkeit ausgesetzt: Das Abfallen der Geburtenziffer hat nach der Legalisierung der Abtreibung 1955 solche Ausmaße angenommen, daß sich die Öffentlichkeit – aus patriotischen Gründen – darüber sehr erregte. (10) Untersuchungen ergaben, daß außer der Empfängnisverhütung und der Abtreibung, die gang und gäbe geworden sind, die erleichterte Scheidung, das Sinken des Lebensstandards, die Wohnungsschwierigkeiten und die Frauenarbeit sowie ein gewisser Pessimismus wegen des nationalen Schicksals zum Niedergang beigetragen haben. Ende 1966 ergriff die Budapester Regierung eine Reihe von Maßnahmen (Erhöhung der Familienbeihilfen, Steuerbegünstigungen), die der Bevölkerungsabnahme ein Ende setzen sollten. Ähnliche Verfügungen wurden aus denselben Gründen in Rumänien und in der Tschechoslowakei getroffen. Gleichzeitig bemühen sich die Regierungen, die Landflucht zu stoppen, die der Landwirtschaft einen großen Teil der jungen Arbeiter entzieht. (11)

Armselige Revision

Aus den bereits angeführten Gründen liegt das Problem des Wirtschaftswachstums in Rumänien anders als in Polen oder

der Tschechoslowakei. In gewisser Hinsicht gleichen die Schwierigkeiten, die die Tschechoslowakei überwinden muß, um ihre Expansion fortzusetzen, denen Englands in den Jahren 1965 bis 1967. Lange Zeit setzte die tschechoslowakische Industrie ihre Produkte ohne Schwierigkeiten auf den Märkten der sozialistischen Länder ab (wie England auf den Märkten des Commonwealth), und ihre Partner verfügten über fast alle Rohstoffe und Nahrungsmittel, die sie benötigte. Qualität und technisches Niveau der tschechoslowakischen Produkte waren gut. Aber die Tschechoslowaken mußten die Vorteile teuer bezahlen, die sie zwischen 1945 und 1962 dank eines Systems genossen hatten, das ihnen beliebig viele Absatzmärkte sicherte, sie aber nicht dazu anhielt, die Landwirtschaft zu modernisieren und ihre Industrieausrüstungen zu perfektionieren. Die Lage hat sich nun von Grund auf geändert: einerseits wurde durch die Entwicklung entsprechender Industriezweige in der UdSSR, in Rumänien und Bulgarien deren Nachfrage nach Produkten der tschechoslowakischen mechanischen Industrie eingeschränkt; die Partner der Tschechoslowakei haben nun die Möglichkeit, sich die gleichen, qualitativ oft besseren, außerdem billigeren Produkte im Westen zu verschaffen; dann verfügen diese Partner immer weniger über die von der Tschechoslowakei verlangten Rohstoffe und Agrarprodukte; und schließlich wurde die Neuorientierung eines Teils des Westhandels durch den technologischen Rückstand und die zu hohen Herstellungskosten der tschechoslowakischen Industrie erschwert.

Auf dem 12. Parteikongreß im Dezember 1962 mußte Präsident Novotný zugeben, daß die Planung die vielschichtigen Probleme nicht gelöst hatte. Die Planer hatten wieder einmal ein Programm entworfen, dessen Ausführung sich vor allem wegen der fehlenden Ausrüstung als unmöglich erwies. »Milliarden Kronen, mit denen wir gerechnet haben, um die Wachstumsrate unserer Produktion zu erhöhen, sind stillgelegt.« (12)

Novotný schloß damit an die Selbstkritik Rákosis aus dem Jahre 1953 an. Nach endlosen Debatten und kritischen Untersuchungen mußten sich auch die tschechoslowakischen Führer von den Tatsachen überzeugen lassen: schuld an den Unzulänglichkeiten waren nicht die Planer: »Das bestehende Plan-

und Kontrollsystem – der Mechanismus selbst – mindert die Effizienz der Wirtschaft und hemmt ihren Fortschritt.« (13) Man begann zu begreifen, daß das auf ein rückständiges Land mit extrem großen Reserven zugeschnittene zentralistische Planungssystem Stalinscher Art zwar so lange positive Resultate brachte, als es um die Quantität ging, daß es aber für die folgende Etappe des »qualitativen Wachstums«, der technologischen Perfektionierung und der Integration in den internationalen Kreislauf ungeeignet war.

Wenige Wirtschaftsexperten haben diese »armselige Revision« so mutig durchleuchtet wie der ehemalige ungarische Rakosi-Anhänger István Friss: »Die Aktivitäten aller Wirtschaftseinheiten eines Landes können nicht von einer Zentralstelle aus kontrolliert werden. Wirtschaftliche Entscheidungen können nur auf Basis profunder lokaler und beruflicher Kenntnisse getroffen werden.« Dies war nichts weniger als die Verdammung des wirtschaftlichen Totalitarismus. Laut Friss lag der Fehler der »Zentralisierer« in der »verfrühten« Anwendung marxistischer Prinzipien sozialer Kontrolle auf ungenügend entwickelte Wirtschaften. Ohne die für eine solche Kontrolle unerläßliche Buchführung hat die Überzentralisierung trotz bestem Willen der Planer zu einer geradezu irrationalen Wirtschaft geführt, die durch fehlenden Weitblick und durch Vergeudung, durch den Mangel an Gütern, die man leicht produzieren hätte können, und durch den Überfluß an Waren, die keiner brauchte, sowie durch erhöhte Investitionskosten gekennzeichnet war. »Der Vergleich der Ergebnisse der wirtschaftlichen und technischen Entwicklung unseres Landes und der der hochentwickelten kapitalistischen Länder fällt sehr zu unseren Ungunsten aus.«

Die polnischen, tschechoslowakischen und ostdeutschen Wirtschaftsfachleute, etwas später auch die Bulgaren und Rumänen, sind zu ähnlicher Einsicht gelangt. Die Notwendigkeit der Dezentralisierung, der Rückkehr zu einer »wirtschaftlicheren Wirtschaft«, mit einem Wort, zu einer Marktwirtschaft, drängte sich auf. Sie regte zu jenen Reformen an, die die Regierungen der Oststaaten seit 1963 begannen. Ulbricht eröffnete den Feldzug mit seinen Anweisungen für das neue Wirtschaftsplanungssystem und die Führung der Nationalökonomie. (14) Ihm folgten die

Polen (15), die Tschechoslowaken (16), die Bulgaren (17), die Ungarn (18) und schließlich die Rumänen. (19)

Die großen Linien der Reform

Der Grundgedanke aller Reformen: Weg mit der zentralistischen Verwaltung der Betriebe; mehr Freiheit und Verantwortung; von den zu schaffenden wirtschaftlichen Mikroorganismen mehr verlangen; Konkurrenz zunächst auf dem einheimischen, dann auf dem internationalen Markt. Die Planung habe überhaupt nur im großen zu erfolgen und nur bei bedeutenden Investitionen einzugreifen. (20)

Will man die 1965 bis 1967 getroffenen Maßnahmen nach Umfang und Gründlichkeit ordnen, so stehen die Jugoslawen, die im Experimentieren einen Vorsprung von zehn Jahren haben, an erster Stelle, gefolgt von den Ungarn und – mit einigem Abstand – Tschechoslowaken und Bulgaren. Die Ostdeutschen, Polen und Rumänen gingen recht vorsichtig ans Werk. Es gibt allerdings einige große gemeinsame Tendenzen:

Qualität geht vor Quantität. Der erzielte Gewinn, der Profit geht über alles.

Den Betrieben wird ein höherer Gewinnanteil zuerkannt (71 Prozent in Jugoslawien, 40 Prozent in Ungarn gegenüber 6 bis 8 Prozent vorher), der für die Selbstfinanzierung (Einführung neuer Techniken) und für die Gründung eines Fonds im Hinblick auf die Beteiligung des Personals verwendet werden kann.

Die Entscheidung über Investitionen obliegt den Betrieben, die, zusätzlich zur Selbstfinanzierung und als Ersatz für die teilweise abgeschafften Subventionen, Bankkredite in Anspruch nehmen (was die Neuorganisierung des Banksystems voraussetzt). In Ungarn müssen 40 Prozent der Investitionen durch Selbstfinanzierung gedeckt werden. In der Tschechoslowakei entfallen 24 bis 60 Prozent auf Bankkredite; der Rest wird vom Staat gedeckt.

Revision der Lohnpolitik: Die Reformer sind entschlossen, mit der Tradition der Nivellierung zu brechen. Die Differenzierung erfolgt in den Betrieben selbst; der Staat beschränkt sich darauf, einen Minimallohn festzusetzen (in der ČSSR 80 Prozent des Lohnes von 1966). Die Kader werden mit Prämien aufgrund der erzielten Gewinne belohnt. In Ungarn können sie bis zu 80 Prozent vom Lohn des leitenden Personals betragen, bis zu 50 Prozent vom Lohn der mittleren technischen Kader und bis zu 15 Prozent von dem der Arbeiter. Bei defizitärer Führung läuft das leitende Personal Gefahr, um 25 Prozent und die mittleren Kader um 15 Prozent verminderte Löhne zu beziehen.

Größere Beweglichkeit der Arbeiter. Nicht notwendige Stellen, ganz unrentable Betriebe werden mehr oder weniger schnell beseitigt.

Preisrevision. In der Tschechoslowakei und in Ungarn hat man drei Preiskategorien eingeführt. Die Preise der Rohstoffe und ungefähr der Hälfte der Konsumgüter werden auch weiterhin vom Staat festgesetzt; für die anderen Konsumgüter wird ein variabler Preis mit Höchst- und Mindestgrenze bestimmt; die Preise der Luxusartikel und der neuen Maschinen sind frei.

Die Staatsbetriebe, die gleiche oder ähnliche Produkte herstellen, werden zur Konkurrenz miteinander aufgefordert, wodurch sie die Qualität ihrer Produkte verbessern und die Preise senken müssen. In den letzten Jahren wurden Konzentrationsmaßnahmen zur Förderung der Serienproduktion ergriffen. In der DDR wurden 1500 Firmen in 85 vertikalen und horizontalen Trusts zusammengefaßt, bevor die horizontalen Betriebe der Kontrolle der Ministerien unterstellt wurden. In Bulgarien zählte man 1965 40 Wirtschaftsverbände mit 650.000 Arbeitern, das waren 35 Prozent der Industrieproduktion. In Rumänien beschloß man im Dezember 1967 die Zusammenlegung in Industrievereinigungen. Die Trusts tendieren aber zu einem Produktionsmonopol und dazu, neue Zentren wirtschaftlicher Macht zu werden; das schränkt die Autonomie der Betriebe, ihre Freiheit, auf dem Markt als Verkäufer und Käufer aufzutreten, ein.

Die Reformer versuchen, die Vorrechte des Staates (oder der Partei) zu wahren, um die »allgemeinen Interessen der Gesellschaft« geltend zu machen, das Tempo und die großen Linien der nationalen und regionalen Entwicklung zu bestimmen, das Mißverhältnis der Einzeleinkommen zu beseitigen, den Preisanstieg zu überwachen usw. Der Staat kann jederzeit eingreifen, um die Reformen zu korrigieren. Die Wirtschaft befindet sich in einem Zustand überwachter Freiheit. Es geht nun darum, die Grenze festzusetzen, von der an Interventionen und Überwachung das neue System unwirksam machen würden, somit die Initiative gelähmt wäre. Man hat in Jugoslawien und dann in der Tschechoslowakei gesehen, daß Reformen unweigerlich schwere Unruhen auslösen, und sei es auch nur wegen der Anfangsschwierigkeiten. Bevor noch die Vorteile des neuen Systems bekannt sind, muß die Öffentlichkeit Staatsgesinnung und Vertrauen beweisen; Opfer bringen; eine Zeitlang auf jegliche Erhöhung des Lebensstandards verzichten und sich mit unumgänglichen Preissteigerungen aufgrund gestrichener Subventionen abfinden. 1967 stiegen in Ungarn die Preise der Milchprodukte um 13 bis 19 Prozent, die Fleischpreise um 30 bis 50 Prozent, die Transportkosten um 100 Prozent. In der Tschechoslowakei stiegen 1967 die Großhandelspreise der Industrieprodukte um 29 statt um 19 Prozent, wie vorgesehen. Um zu verhindern, daß sich diese Erhöhungen auf die Einzelhandelspreise auswirkten, mußte die Regierung die Subventionen von 6 auf ungefähr 12 Milliarden Kronen erhöhen, verstärkte damit aber den inflationistischen Druck. Außerdem gibt es nur wenige Betriebsleiter mit Erfahrung und ausreichenden kommerziellen Kenntnissen.

Die auf die neuen Aufgaben schlecht vorbereiteten Parteikomitees und Gewerkschaften bremsen die Entwicklung oft. Somit wird jede neu auftretende Schwierigkeit von den Verteidigern der Orthodoxie dazu verwendet, die Absurdität der Neuerungen aufzuzeigen. Die Reformer müssen in jeder Etappe Widerstände überwinden, die die bereits erzielten Fortschritte wieder in Frage stellen. Die politische Krise in Jugoslawien im Juni 1966 und die in der Tschechoslowakei im Dezember 1967 zeugen von der tiefen, durch die Wirtschaftsreform hervorgerufenen Spaltung in der Spitze der kommunistischen Parteien.

Im Kampf gegen die Konservativen radikalisierten die liberalen Jugoslawen, die als Sieger aus der Kraftprobe vom Juli 1966 hervorgegangen waren, ihre Auffassung derart, daß es für sie nicht mehr darum ging, die Marktwirtschaft mit der zentralisierten Planwirtschaft in Übereinstimmung zu bringen, sondern überhaupt festzulegen, wie weit ein zentraler Plan in einem Wirtschaftssystem toleriert werden könnte, das hauptsächlich auf dem möglichst freien Spiel zwischen Angebot und Nachfrage begründet war. Das Ziel der Jugoslawen war »die Schaffung einer modernen, produktiven, stabilen und rationellen Marktwirtschaft«. (21)

Die Ergebnisse der ersten beiden Reformjahre lassen einige Schlüsse auf die Chancen des Unternehmens zu. Die Industriepreise, die anfangs blitzartig gestiegen waren (um 24 Prozent im Juli 1965, dann noch um 10 Prozent), stabilisierten sich. Dafür kam es zu Massenentlassungen und zur Schließung zahlreicher Fabriken. Die Dynamik der Wirtschaft, vor allem der Industrieproduktion, verlangsamte sich: Anstieg um 16 Prozent im Jahre 1964, um 4 Prozent 1966, um weniger als 2 Prozent in der ersten Hälfte 1967. Die Beschäftigung stieg nur zögernd: 1 Prozent 1965, 2,5 Prozent 1966, während die Auswanderung praktisch zum Stillstand kam. Nach der Abwertung 1965 stiegen die Exporte (um 30 Prozent), sanken 1966 aber wieder auf 12 Prozent und in der ersten Hälfte 1967 auf 1 Prozent. Die Regierung meisterte mit ihrer Steuerpolitik die Lage nicht und konnte auf die Einkommensverteilung keinen Einfluß ausüben.

Das Verdienst der jugoslawischen Führer liegt darin, »die Stunde der Wahrheit« eingeläutet zu haben und vor ihren Folgen nicht zurückgewichen zu sein. Was sich aber sofort herausstellte, das waren der Managermangel und die Kapitalarmut Jugoslawiens. Die Betriebe, die zur Selbstfinanzierung schreiten können, um das technische und organisatorische Niveau zu erreichen, das sie wettbewerbsfähig machen würde, sind sehr dünn gesät. Somit hängt der Erfolg der Wirtschaftsreform zum Großteil von der Hilfe von außen ab, was die Bemühungen der Jugoslawen erklärt, mit der EWG, dem COMECON und der EFTA zusammenzuarbeiten. Sie bemühen sich, ausländische Firmen an jugoslawischen Betrieben zu interessieren. Die ausländischen Partner werden eingeladen, Kapital ins Land zu bringen und einen Teil der Produktion auf dem einheimischen Markt abzusetzen.

Das Bild, das das inmitten der Reform steckende Jugoslawien bietet, ist unruhig, ist voll von Gegensätzen. Es überrascht, daß die wirtschaftlichen Umwälzungen die politische und soziale Ordnung relativ wenig in Mitleidenschaft gezogen haben (obwohl sie zu den großen Studentenkundgebungen im Juni 1968 beitrugen). Das Geheimnis dieser Stabilität liegt wahrscheinlich in den positiven Auswirkungen der Dezentralisierung und politischen Liberalisierung, die der Reform vorausgegangen sind und sie begleitet haben. Allenthalben, die Presse mitinbegriffen, wird über die Reform, ihre Vor- und Nachteile, ihre Aussichten, diskutiert. Jugoslawien leistet Pionierarbeit. Es gibt Konfusionen, Unordnung, Dilettantismus; aber es gibt ebenso Leben und Hoffnung. In anderen (kommunistischen) Ländern, wo die Strukturen komplexer sind, die Bevölkerung aber weniger abgehärtet ist, zögern die Männer der Wirtschaft, sich so weit vom Dirigismus zu entfernen. Die tschechische, ungarische, polnische, ostdeutsche und rumänische Regierung sind bemüht, die Wirtschaftssituation fester unter Kontrolle zu halten als die jugoslawischen Führer.

Rehabilitierung der Landwirtschaft

Auf keinem Wirtschaftsgebiet der Oststaaten war der Mißerfolg der zentralisierten Planwirtschaft so offenkundig wie in der Landwirtschaft. Aber auch auf keinem anderen Gebiet haben ideologische und politische Erwägungen die Reformbestrebungen so behindert.

1953 mußten die Regierungen des Ostens einsehen, daß es ein Fehler war, die Landwirtschaft und die Nahrungsmittelindustrie als zweitrangig abzutun. Chruschtschow und Imre Nagy bekannten, daß die Stagnation der Agrarproduktion die allgemeine Expansion behindere und die Möglichkeiten, den Standard zu heben, einschränke. Sie gestanden schließlich auch ein – was bereits Gomułka gesagt hatte –, daß der Agrarsozialismus nicht ohne oder gar gegen die Bauern errichtet werden könne, daß diese vielmehr für eine Produktionssteigerung interessiert werden müßten. Aber die bis 1963 getroffenen Maßnahmen, die die Fehler Stalins ausmerzen und die Landwirtschaft aus der Krise herausführen sollten, brachten nur Teil- und unsichere Ergebnisse. Die Gründe dieser Schwierigkeiten sind zahlreich und von Land zu Land verschieden. Ein gemeinsamer Nenner ist allerdings die Angst der Kommunistenführer vor einem Wiedererstehen der Bauernschaft als autonomer Klasse.

Diese Angst findet sich selbst bei den Führern Jugoslawiens und Polens, die 1951 bzw. 1956 aus Opportunitätsgründen den Weg der »Entkollektivierung« gewählt hatten, die Rückkehr zur Einzelbewirtschaftung. Gewiß, der Pragmatismus Titos und Gomułkas erwies sich kurzfristig wirksamer als die Orthodoxie der ungarischen, tschechischen, ostdeutschen, bulgarischen und rumänischen Führer, die fast den gesamten pflügbaren Boden kollektiviert hatten. Die Rückkehr zur Einzelbewirtschaftung (87 Prozent des pflügbaren Bodens) führte trotz der gesetzten Grenzen (maximal 10 Hektar) in Jugoslawien zu einem Produktionsaufschwung: Zwischen 1953 und 1960 betrug die jährliche Steigerung 8 Prozent. (22) Aber die Steuer- und Preispolitik, die unzulängliche Modernisierung und Kommerzialisierung bremsten den Elan. 1966, als die Regierung den Einzelbauern den Kauf kleiner Traktoren und anderer landwirtschaftlicher Maschinen gestattete, wurde ein neuer Anlauf genommen. (Die Ungarn folgten dem jugoslawischen Beispiel.) Es wäre übertrieben, diesbezüglich von einer »Restauration des Kapitalismus« zu sprechen, wie dies die Chinesen und Kubaner taten. Aber das Prinzip der Sozialisierung aller Produktionsmittel wurde verworfen.

Polen ging nicht so weit wie Jugoslawien. Die einzigen Produktionsmittel, über die der einzelne Bauer dort verfügt, sind die Hände seiner Familienmitglieder, seine Werkzeuge und sein Pferd. Aber die Bestätigung, daß sein Mikrofundium sein Besitz sei, gab ihm die Lust an der Arbeit wieder. (23)

Zwischen 1956 und 1965 stieg die Agrarproduktion um ungefähr 30 Prozent. Zwischen 1961 und 1965 stieg das Nettoeinkommen der Bauern um 12 Prozent, während das Einkommen im

Durchschnitt nur um 6 Prozent stieg. Die Bauern atmeten auf. Aber die Produktivität blieb trotzdem gering, und um die Bedürfnisse der für den Export notwendigen Viehzucht zu decken, mußte Polen annähernd drei Millionen Tonnen Futtermittel pro Jahr importieren.

Die polnischen Führer versuchten die Modernisierung dadurch zu aktivieren, daß sie die Bauern für eine Zusammenarbeit in Agrarvereinen interessierten. Dank dem Landwirtschaftlichen Entwicklungsfonds sind die Vereine, die 1965 30 Prozent der Bauernhöfe umfaßten, in der Lage, Maschinen, chemische Düngemittel usw. zu kaufen. Den Landwirten werden Verträge mit der Veredelungsindustrie nahegelegt, was sie vom verstaatlichten Sektor abhängiger macht. Ein Teil der Ernte kann auf dem freien Markt verkauft werden.

Das Ziel des Planes 1966 bis 1970 war die Selbstversorgung mit Viehfutter. Neue Maßnahmen wurden zur Ankurbelung der Produktion ergriffen: Zahlung besserer Preise, größere Düngemittel- und Maschinenlieferungen und vor allem die Flurbereinigung, um den Grundbesitz zu konsolidieren und der übertriebenen Zersplitterung ein Ende zu bereiten. Im Oktober 1967 bekräftigte Gomułka erneut die Agrarpolitik der Regierung. Diese zielt langfristig auf die Verstaatlichung ab, denkt aber nicht daran, den Transfer des Bauernbesitzes in die Staatsgüter und Genossenschaften zu beschleunigen. »Der sehr große Besitz«, schrieb diesbezüglich das theoretische Parteiorgan, »kann zwar die Herstellungskosten senken und die Produktivität anheben, er kann aber nicht immer die beste Verwendung des Bodens sichern ... In Polen, wo die Mittel zur Modernisierung fehlen und es Schwierigkeiten mit der Vollbeschäftigung gibt, beweist der sehr große Besitz nicht, daß er dem kleinen überlegen ist. Folglich ist heute die bäuerliche Einzelbewirtschaftung der Grundfaktor der Agrarentwicklung Polens.« (24) 1966 bis 1970 waren 18 Prozent der Investitionen für die Landwirtschaft vorgesehen (26 Prozent, zählt man jene die Landwirtschaft versorgenden Industriezweige dazu).

In den Ländern, in denen die Kollektivierung ganz durchgeführt worden ist, sind die Regierungen bemüht, die Bauern mit der Gemeinschaftsarbeit zu versöhnen und die Kolchosen und

Sowchosen in rentable Betriebe mit einer gewissen Autonomie zu verwandeln. Eine unerläßliche Bedingung für die Konsolidierung der Kolchosen ist die Erhöhung des Einkommens aus der Kollektivarbeit. Im Vergleich zu den Löhnen der Arbeiter sind die Einkommen der Bauern sehr niedrig: 1964 verdienten die Kolchos-Bauern in Ungarn weniger als 5000 Forint im Jahr, während der durchschnittliche Lohn eines Industriearbeiters ungefähr 12.000 Forint ausmachte. 1966 war in der Tschechoslowakei das durchschnittliche Einkommen der Kolchosniki um ein Drittel niedriger als das durchschnittliche Einkommen der Industriearbeiter. Das Ergebnis war eine Massenabwanderung junger Bauern in die Industriezentren. Das durchschnittliche Alter der Bauern beträgt 40 bis 50 Jahre. Viele Genossenschaften müssen Arbeiter aufnehmen: 1964 zählten die ungarischen Kolchosen 721.000 Mitglieder und beschäftigten 121.000 Lohnempfänger ganztags. In Ungarn wie in den anderen kollektivierten Ländern verwenden die meisten Bauern ihre ganze Energie für die intensive Bewirtschaftung »ihres« winzigen Stückchens Erde Der Ertrag dieser winzigen Parzellen ist aber höher als der des kollektivierten Bodens. In Bulgarien lieferten 1960 die winzigen Grundstücke der Bauern, die 8,7 Prozent des pflügbaren Bodens ausmachten, 20 Prozent der landwirtschaftlichen Produktion, 35 Prozent der Kühe, 33 Prozent der Schweine, 50 Prozent des Geflügels. In Ungarn, wo sie 9,6 Prozent des pflügbaren Bodens ausmachten, lieferten sie 90 Prozent des Geflügels, 66 Prozent der Schweine, die Hälfte der Milchprodukte und 30 Prozent des Obstes und Gemüses.

Neu ist nach 1963, daß die meisten Kommunistenführer den Parzellen gegenüber ihre unerbittliche Haltung aufgaben; den Bauern werden Kredite zum Ankauf eigenen Viehs und Futters gewährt. Die bulgarische Regierung hat im Februar 1963 ein Dekret veröffentlicht, das den dauerhaften und erblichen Charakter des Privatbesitzes bestätigte.

Dennoch: die Regierungen bemühen sich sehr um die Stärkung der Kolchosen. Die Reformer fast aller Länder in den Jahren 1966 bis 1968 wollen die Autonomie der genossenschaftlichen Betriebe vergrößern, die Produktionspreise erhöhen und das Staatsmonopol schwächen.

In der inneren Organisation der Genossenschaften waren da die Ungarn die kühnsten Neuerer. (25) Die von der Genossenschaft »Roter Stern« in Nádudvar angewandten Methoden haben ausgezeichnete Resultate erbracht und das Interesse der Wirtschaftsexperten aller kommunistischen Länder, auch jener der UdSSR erweckt. Die Leitung dieser Genossenschaft garantiert den Bauern einen festgesetzten Anteil (ungefähr 20 Prozent der Ernte), ob dieser nun gut oder schlecht war. Sie sicherte auch eine Gewinnbeteiligung zum Satz der vollendeten Arbeitstage. Die Arbeit ist auf familiärer Basis organisiert, jede Familie übernimmt die Verantwortung für 3 bis 5 Hektar. 1963 hat die Hälfte der ungarischen Kolchosen dieses System angewandt, das 1964 auf die Viehzucht ausgedehnt wurde.

Die massive Landflucht vor allem in den etwas entwickelteren Ländern des Blocks begünstigt kurioserweise die Modernisierung und Liberalisierung der Landwirtschaft. Um die qualifizierten Arbeitskräfte in den Kolchosen und Staatsgütern zurückzuhalten bzw. sie anzulocken und die Bauern zur Produktion anzuregen, bedarf es materieller und auch moralischer Köder, einer Anhebung des sozialen und wirtschaftlichen Status des Bauern. (26) Die Landwirtschaft hat Vorrang: künstliche Düngung, Bewässerung (Rumänien, Bulgarien) und Mechanisierung sind an der Tagesordnung. (27) Die Agronomen nützen die westlichen Forschungsergebnisse aus, die so lange unbeachtet geblieben sind; die Genossenschaften und Staatsgüter werden zu Spezialisierung und Selbstfinanzierung gedrängt; die den Produzenten gezahlten Preise werden realistischer. Die sozialen Vorteile, bisher den Arbeitern vorbehalten, werden auch den Bauern eingeräumt (siehe die neuen Statuten der rumänischen Produktionsgenossenschaften vom Januar 1966 und die Resolutionen des Kongresses der tschechoslowakischen landwirtschaftlichen Genossenschaften, der vom 1. bis 3. Februar 1968 in Prag abgehalten wurde). Die Kolchosniki werden ermutigt, die Erfahrensten unter ihnen – oft ehemalige Kulaken – zu Vorsitzenden zu wählen. Man ist auch bestrebt, die Anerkennung und die organisatorische Rolle der Genossenschaftsverbände zu heben. Die Zukunft wird zeigen, ob all dies den Bauern das Vertrauen in die Regierenden und in die Zukunft der Kollektivwirtschaft wiedergeben wird. (28)

Die Politik der kommunistischen Regierungen gegenüber dem privaten Handwerk und Handel gleicht ihrer Haltung gegenüber dem »Stückchen Erde« der Bauern. In beiden Fällen drängen das unmittelbare wirtschaftliche Interesse und die Notwendigkeit, die Versorgung der Bevölkerung zu verbessern, zur Förderung des Kleinbesitzes und der Privatinitiative. Und in beiden Fällen durchkreuzen ideologische und psychologische Überlegungen diesen Vorgang. Daraus resultiert eine Zickzackentwicklung, Fortschritt und Rückschlag lösen einander ab, aber die Tendenz, einen dynamischen »Privatsektor« wiederherzustellen, scheint sich, wenn auch in Grenzen, zu bestätigen.

Der Ungar Imre Nagy hatte auf diesem Gebiet und auch auf dem des kleinen landwirtschaftlichen Besitzes die undankbare Rolle des Pioniers übernommen. Er war der erste, der öffentlich (in einer Rede am 3. Juli 1953) die unheilvollen Folgen der Politik erkannte, »durch die der Staat seine wirtschaftliche Aktivität auf die Sektoren ausgedehnt hat, wo Privatinitiative und Privatunternehmen noch eine bedeutende Rolle spielen und zu einer vollständigen Befriedigung der Bedürfnisse der Bevölkerung beitragen können«. Der von Nagy eingeschlagene neue Kurs, der die Wiedereröffnung zahlreicher Werkstätten und Geschäfte gestattete, wirkte sich auch in Polen, Rumänien und Bulgarien aus. Aber dieses erste Tauwetter war von zu kurzer Dauer, um Früchte tragen zu können. Die Gegner des freien Unternehmens gewannen 1955 die Oberhand. Ein Jahr später führte die Entstalinisierung in Polen und Ungarn zu einem neuen Aufblühen, das aber ebenso schnell und aus den gleichen Gründen wie das erste zu Ende ging: Von Steuern erdrückt, außerstande, sich auf legalem Weg die notwendigen Materialien zu verschaffen, von den lokalen Behörden provoziert, legten viele Handwerker – 11.000 in Polen 1960 – ihren Gewerbeschein zurück. Die Tschechoslowakei gab 1961 stolz die fast völlige Verstaatlichung des Kleinhandels und des Handwerks bekannt. Von den 380.000 Handwerkern vor dem Kriege waren 1962 nur 3700 übriggeblieben. Die einigende und totalitäre Ideologie triumphierte über die Wirtschaft.

Aber die Realität nahm bald Rache. Immer mehr Politiker schlossen sich der Meinung der Wirtschaftsexperten an, daß die Produktion im großen Maßstab kein Allheilmittel sei; eine beschränkte Produktion sei manchmal nützlicher. (29) War es nicht absurd, daß man in einem Land wie der Tschechoslowakei, diesem Großproduzenten von Werkzeugmaschinen und ultramodernen Präzisionsinstrumenten, Wochen dazu brauchte, um ein Haushaltsgerät oder ein paar Schuhe zu reparieren? Die Befürworter der Wirtschaftsreform waren besonders für die Beschwerden der Konsumenten über das Fehlen eines Dienstleistungs- und eines Verteilungssektors empfänglich. Das Beispiel der hochentwickelten kapitalistischen Länder zeigt, daß die Industrialisierung nicht zu einer Auflösung der Kleinbetriebe führen muß. Diese gibt es weiterhin in großer Zahl, dank ihrer Fähigkeit, sich den Bedürfnissen eines differenzierten Konsums anzupassen. In den sozialistischen Ländern hat die autoritäre und totale Verstaatlichung Lücken gerissen, die Schwarzmarkt und Schwarzarbeit nur ungenügend gestopft haben. Wäre es nicht klüger, diese schwarze Aktivität zu legalisieren? Die Bemühungen um den Fremdenverkehr zielen in diese Richtung.

Es überrascht eigentlich nicht, daß der Durchbruch in *Jugoslawien* erfolgt ist. 1963 wurden 3000 private Restaurants gezählt; ihre Zahl stieg 1965 um 1000. In den Jahren 1965/66 wurden 10.000 neue Gewerbeberechtigungen erteilt. Gleichzeitig stieg die Zahl der privaten Transportunternehmer von 9000 auf 17.000. In Slowenien erlaubte 1964 ein Sondergesetz die Eröffnung von Buffets, Restaurants, Pensionen und kleinen Privathotels im Rahmen eines Familienbetriebes. 1967 wurde es den privaten Gastwirten in ganz Jugoslawien gestattet, bis zu drei Angestellte zu beschäftigen. Handwerker durften bis zu fünf Angestellte haben. 1968 wurden im Rahmen der regionalen und der nationalen Kammern (der Republiken) und in der Bundeswirtschaftskammer private Handwerkerräte geschaffen.

Die meisten kommunistischen Länder schlagen den gleichen Weg ein. Die *ungarische* Regierung gewährte 1963 den neuen Handwerksbetrieben ein Jahr lang Steuerfreiheit und garantierte ihnen auch die Lieferung von Material. Man ermutigte den Wiederaufbau des Handwerks vor allem in den Landbezirken, in denen es am meisten an Dienstleistungsbetrieben mangelte. 1965 zählte Ungarn in den Dörfern bereits 35.000 Handwerker, das sind fast um 4000 mehr als 1964. In den Städten gab es 34.000, davon 17.000 in Budapest. Ein am 10. Juni 1968 veröffentlichtes Dekret gestattete die Ausübung handwerklicher Berufe auf siebzig Sektoren.

Auch die *polnische* Regierung erließ 1964/65 Dekrete zur Ausweitung und Konsolidierung des Handwerks. 1965 kamen auch die Handwerker in den Genuß der Sozialversicherung. Die Zahl der Angestellten des Privatsektors stieg von 158.000 im Jahre 1961 auf 188.000 im Jahre 1966. Der Privatsektor umfaßt einige tausend Restaurants und Bars, 5000 Detailgeschäfte, ein Fünftel der Tankstellen, 147.000 Handwerksbetriebe.

In *Bulgarien* und *Rumänien*, wo die Kollektivierung zu Ende geführt worden war, erschütterte die Expansion des Fremdenverkehrs die starre Haltung der Regierung. In Bulgarien verlangten 1965 3600 Personen im Hinblick auf die offiziellen Krediterleichterungen eine Beherbergungsberechtigung. Von 1965 auf 1966 stieg die Zahl der privaten Handwerker von 10.000 auf 26.000. In Rumänien stieg die Zahl der Handwerker von 35.000 im Jahre 1963 auf 41.000 im Jahre 1965.

In der *Tschechoslowakei* wurde der Wiedererrichtung des Privatsektors der hartnäckigste ideologische Widerstand geleistet. Aber selbst dort setzte sich, sogar schon unter Novotný, der wirtschaftliche Realismus durch. Mit einem im April 1964 erlassenen Dekret gestattete die Regierung Wäschereiarbeiten, Schuheputzen, kleine Näh- und Ausbesserungsarbeiten. Im August desselben Jahres ging sie sogar noch einen Schritt weiter und bewilligte die Eröffnung von Tischlereien und Wäschereien, von Frisier- und Nähsalons in Orten, wo es dafür keine Staatsbetriebe oder Genossenschaften gab. Im Mai 1968 sah man die Ausgabe von 20.000 neuen Bewilligungen für Privatbetriebe vor.

Was immer wieder frappiert, ist die Vehemenz, mit der sich die Opposition in allen sozialistischen Ländern gegen Maßnahmen stellt, die den Privatsektor fördern. Zur Opposition zählen hauptsächlich konservative Elemente der Partei, vornehmlich der lokalen Behörden, für die das Wiederauftreten von privaten Unternehmern und Händlern eine historische Anomalie darstellt, einen »Schritt zurück«, und auch eine Herausforderung ihrer privilegierten sozialen Stellung. Und wirklich konnten schon nach kurzer Zeit einige ganz Schlaue unter den Unternehmern sehr große Gewinne erzielen, was ihnen den Zugang zu den äußeren Zeichen des Reichtums öffnete, die bis dahin den hohen Regierungsfunktionären vorbehalten waren. So führte das Organ der ungarischen Partei indigniert den Fall eines Handwerkers an, der jedes Jahr seinen Opel gegen einen neuen eintauschte. (30) Die antiliberalen Apparatschiks, die eifersüchtig über ihre Vorrechte wachen, versuchen den Zorn der kleinen Leute gegen diese Neureichen aufzustacheln, die die sichtbare Inkarnation der Ungleichheit sind, die abzuschaffen der Sozialismus ja versprochen hat. (31)

Die Zahl der kleinen Handwerker und Ladenbesitzer, die ein sehr hohes Einkommen erzielen, ist allerdings klein. In Jugoslawien schätzte man die Zahl der sehr gut verdienenden Transportunternehmer, Handwerker, Hotelbesitzer usw. auf maximal 20.000. Tatsache ist jedenfalls, daß aufgrund der riesigen Nachfrage auf dem Gebiet der Dienstleistungen jeder Private, der über bescheidene Geldmittel verfügt und etwas Organisationstalent und Geschäftssinn hat, wesentlich mehr verdienen kann, wenn er für sich selbst arbeitet, als wenn er Arbeiter, Angestellter oder Ingenieur in irgendeinem staatlichen Betrieb ist. Und ebenso Tatsache ist es, daß Privatpersonen die Risiken und die Verantwortlichkeit eines Privatbetriebes nur wegen des verlockenden Gewinns auf sich nehmen.

Es ist jedenfalls kein Zufall, daß maoistische Gruppen, die in Polen und auch in Jugoslawien auftreten und sich nicht nur aus ehemaligen Stalinisten rekrutieren, die der Verführung der Chinesen erlegen sind, vorzugsweise das Thema Privatsektor benützen, um die »revisionistischen« Führer zu beschuldigen, die sozialistische Ordnung zu untergraben und das Wiedererstehen einer neuen kapitalistischen Schicht zu fördern. Die Ausbeutung der »anti-neobourgeoisen« Ressentiments durch die linksgerichtete Opposition stellt eine nicht zu unterschätzende potentielle Gefahr für alle Reformen dar. Ab 1967 hat dieses Problem zu lebhaften Diskussionen in den Parteiorganisationen und den jugoslawischen Zeitungen geführt. Um den Einwänden der Feinde des Privatsektors zu begegnen, haben die Liberalen an das Interesse der Konsumenten appelliert. Aus Mangel an Geld und wegen der großen Disparität zwischen Verwaltungskosten und Rentabilität sei der Staat einfach nicht in der Lage, die fehlenden Dienstleistungen zu schaffen. Ob man nun wolle oder nicht, man müsse auf die Privatinitiative zurückgreifen. Da es auch nicht genügend Stellenangebote in der Industrie gebe, sei es für die Jugoslawen besser, eine Stelle im Land bei einer Privatperson zu finden als sich bei den ausländischen Kapitalisten zu verdingen. Die diversen Mißbräuche könnten nicht durch die Rückkehr zur Anti-Konsum-Strenge beseitigt werden, sondern durch die beschleunigte Entwicklung des Privatsektors: mehr Werkstätten, Dienstleistungen, Hotels usw. – dies werde möglich machen, Angebot und Nachfrage auszugleichen und die Spekulation auszuschalten. (32)

Die Regierung – genauer gesagt: die Regierungen – Jugoslawiens scheinen entschlossen, den liberalen Weg fortzusetzen. Ihre Wortführer sind der Meinung, daß das Handwerk und der Privathandel, die 1967 117.000 Lohnempfänger beschäftigten, rasch 200.000 neue Arbeiter absorbieren könnten, wodurch die »Bürger schneller und billiger bedient würden«, und dies ohne Gefahr für die sozialistische Wirtschaftsstruktur. (33)

Der sowjetische Hemmschuh

Nach dem Sturz Novotnýs – dem die Liberalen unter anderem Sabotage der Wirtschaftsreform und Aufhetzung der Arbeiter gegen diese (als bourgeoise Sache dargestellte) Reform vorwarfen – gingen die neuen Parteiführer ganz vorsichtig den schon gebahnten Weg weiter. Der Vater der Wirtschaftsreform, Ota Šik, wurde zum stellvertretenden Ministerpräsidenten ernannt, und das neue Parteiprogramm vom April 1968 bekräftigte die Absicht der Regierung, das Land aus dem Stadium der Industrialisierung in das der »wissenschaftlichen und technischen Revolution« zu führen – ein Ziel, das die fortschrittlichen Wirtschaftsexperten R. Selucký und E. Löbl genau formuliert haben.

Mit der Leidenschaft von Missionaren besuchten Šik und seine Freunde die Industriezentren, um die Arbeiter davon zu überzeugen, daß sie mit der Liberalisierung der Wirtschaft alles zu gewinnen hätten. Der Einfluß der Orthodoxen war im Schwinden. Der Neuerungsgeist, den Liberman, Kossygin und andere sowjetische Reformer vergeblich ihrem Land einzupflanzen versuchten, sollte gerade in der Tschechoslowakei den Sieg davontragen – als es zur Besetzung des Landes kam.

In ihrem Ultimatum vom 15. Juni verwahrten sich die »Fünf« dagegen, daß sie die Führer der neuen Tschechoslowakei »hindern« wollten, die Fehler des alten Regimes auszumerzen, und daß sie in die Planung der tschechoslowakischen Volkswirtschaft oder in die Entscheidungen für die sozialistische Demokratie eingriffen. Aber die »Prawda« schlug in ihrem Leitartikel vom 22. August, der die Besetzung rechtfertigen sollte, schon einen anderen Ton an und beschuldigte die »revisionistischen Elemente« der KPTsch, »die Diskussion um die Wirtschaft zu benutzen, um die Wirtschaft des Landes wieder auf den kapitalistischen Weg zu lenken« und »dem Privatkapital einen breiten Platz einzuräumen«. Gegen Ota Šik wurde eine heftige Pressekampagne gestartet, und seine Abberufung war eine der dem gefangenen Dubček vom Kreml gestellten Bedingungen. (34)

Am 16. September verteidigten dreizehn der besten tschechoslowakischen Wirtschaftsexperten Šik in einem vom offiziellen Parteiorgan »Rudé právo« veröffentlichten Brief, indem sie hervorhoben: 1. das neue Wirtschaftsmodell basiert auf den sozialistischen Prinzipien und hat mit dem Kapitalismus nichts zu tun, 2. es ist von der Regierung, der Partei und dem ganzen Volk angenommen worden, und 3. es ist »der wirksamste Weg für die Entwicklung der sozialistischen Wirtschaft in der Tschechoslowakei«.

Die Tschechen hatten allerdings den Eindruck, daß die Attacken der Sowjetpresse gegen Šik, diesen Schüler Libermans, auch (vielleicht sogar hauptsächlich) an die Adresse der Reformer in der UdSSR gerichtet waren. Die Tschechoslowakei diente den sowjetischen Antagonisten jedenfalls als Prügelknabe. (35) Was auch immer die Gründe für die Einwände der Sowjets gegen die Wirtschaftsreform in der Tschechoslowakei gewesen sein mögen, die Tatsache bleibt bestehen, daß sie die Durchführung der Reform gehemmt, wenn nicht sogar zum Stehen gebracht haben, und zwar sowohl wegen der Störungen und des beträchtlichen Schadens durch Invasion und Okkupation als auch wegen der aufgezwungenen personellen Veränderungen und der gegen die Aufnahme westlicher Kredite errichteten Hindernisse. Das zeigt, wie beschränkt der Aktionsradius der politisch vom Kreml abhängigen Führer des kommunistischen Osteuropa auch auf rein wirtschaftlichem Gebiet ist. (36)

7. Entwicklung der Sozialstruktur

Die Wirtschaftsreformen nach 1965 stellten die aus der Stalinepoche übernommene Sozialstruktur in mehr als einem Punkt in Frage. Diese Struktur war aus einer Revolution von oben hervorgegangen, die die osteuropäische Gesellschaft von Grund auf erschüttert hatte. Mit Unterstützung der Arbeiterklasse (man denke an die Rolle, die die Arbeitermiliz als »Privatarmee« der KPTsch im Februar 1948 gespielt hat) und des von der Partei beherrschten Staatsapparates hatten die kommunistischen Generalstäbe ihr Werk radikaler Veränderung erfolgreich abgeschlossen:

> Die Verstaatlichung der Industriebetriebe und der Banken; die »Liquidierung« der in Spitzenpositionen befindlichen Angehörigen der einst führenden Klasse, die entweder eingesperrt oder ins Volk zurückgestoßen wurden. Die gegen das Privateigentum und für die Nivellierung geführte Offensive setzte sich in der fast vollständigen Liquidierung des handel- und gewerbetreibenden Kleinbürgertums fort und endete Anfang der sechziger Jahre (außer in Jugoslawien und Polen) mit der Kollektivierung des Kleinbauernbesitzes.
>
> Die Parteikader, die vornehmlich der Arbeiterklasse entstammten, aber auch sehr oft der Intelligenz und dem Kleinbürgertum, übernahmen die leitenden Funktionen in der staatlichen Verwaltung, in der Wirtschaft und den Berufsorganisationen.
>
> Die Mobilisierung der ganzen Gesellschaft für eine auf die vorrangige Entwicklung der Schwerindustrie ausgerichtete Industrialisierung. Der Grundgedanke war, das materielle Stimulans (persönlicher Gewinn) durch moralische und ideologische Stimulantia (Propaganda, Appell an den Enthusiasmus, an die revolutionäre Disziplin, Terror usw.) zu ersetzen.

Eine raschere sozialistische Industrialisierung, die sich in einem Aufblähen der technischen Intelligenz, der Bürokratie und der Arbeiterklasse äußert.

Als nach dem Tode Stalins die Revolution von oben zum ersten Male eine Unterbrechung erfuhr, wurde man mit einer neuen sozialen Gestaltung konfrontiert – oder vielmehr einer Mischung aus alt und neu, die es nun zu definieren galt. Die sogenannte sozialistische Gesellschaft hatte plötzlich entdeckt, daß sie sich selbst nicht kannte, daß sie sich ihrer selbst nicht bewußt war.

Die Wiedergeburt der Soziologie

Zu diesem Zeitpunkt blühte die Soziologie wieder auf. Die Intoleranz des Stalinismus gegenüber der Sozialwissenschaft kam nicht von ungefähr. Nach stalinistischer Auffassung war die Partei die einzige Antriebskraft der Gesellschaft und ihre Führung die einzige Initiatorin der Änderungen. Diese Führung aber war »nicht an Forschungen über die Gesellschaft interessiert, da alles, was in dieser Gesellschaft Gültigkeit besaß, durch ihren Willen durchgesetzt worden war. Alle anderen Phänomene und Tatbestände, die nicht durch den Willen der Führung durchgesetzt worden waren, waren unerwünscht und mußten unterdrückt werden.« (1)

Die Abschwächung des totalitären Charakters und das Auftauchen einer öffentlichen Meinung nach 1953 weckten das Interesse an den einst, vor allem in Polen, Rumänien und der Tschechoslowakei blühenden Humanwissenschaften. Plötzlich war ein öffentliches Interesse da an Umfragen und Untersuchungen; es galt, wie einer der Bahnbrecher der polnischen Soziologie, Jan Szczepański, sagte, einen richtigen Informationshunger zu stillen. Gleichzeitig brachte die Avantgarde der aufsteigenden Klasse – die Intelligentsia – in Polen und Ungarn vorsichtig, in der Tschechoslowakei und in Jugoslawien kühner – über die Soziologie ihre Kritik an der führenden politischen Kraft und ihre Forderungen vor, wobei sie sich als Gegenkraft, als Ersatzkraft anbot.

In *Polen* war der Aufstieg des sozialen Denkens eklatant. 1955 wurden einige Zentren für empirische Forschung eröffnet; auf dem soziologischen Weltkongreß 1956 in Amsterdam, auf dem mehrere sozialistische Länder, darunter die UdSSR, vertreten waren, fiel Polen durch eine besonders brillante Delegation auf. Am auffälligsten war der Auftritt Stanisław Ossowskis, des Autors eines geradezu klassischen Buches über »Die Struktur der Klasse im sozialen Bewußtsein« (2), das ein erster wissenschaftlicher Versuch war, die kritische marxistische Methode auf die marxistische Gesellschaft anzuwenden. Nach 1960 gab es in Polen etwa 40 Forschungsinstitute, und die Ernennung Szczepańskis zum Vorsitzenden des internationalen Verbandes für Soziologie 1966 war die Bestätigung des von Polen auf diesem Gebiet erworbenen Ranges. (3)

Auch die *ungarische* Soziologie machte Fortschritte. Dies war hauptsächlich das Verdienst von András Hegedüs, der seit 1963 eine Gruppe von Forschern an der Akademie der Wissenschaften leitete, und auch von Frau A. Mod, die 1963 eine sehr interessante Untersuchung über die soziale Differenzierung im neuen Ungarn vornahm. (4) Der Fall Hegedüs verdient besondere Beachtung. Dieser ehemalige Ministerpräsident Rákosis, mitverantwortlich für die sowjetische Intervention 1956, war politisch in der Versenkung verschwunden, hatte diese Zeit aber genützt, um über die Ereignisse, an denen er teilgenommen hatte, nachzudenken. Er hatte sich in einen der Realität sehr offen gegenüberstehenden Wissenschaftler verwandelt und vollständig mit dem Dogmatismus, von dem er ausgegangen war, gebrochen.

Zu den Vorkämpfern der soziologischen Betrachtung in *Jugoslawien* zählen außer Milovan Djilas noch Mita Hadjivassilev, der Autor einer bemerkenswerten Studie über »die Widersprüche des Sozialismus« (5), weiters Svetozar Stojanović (6) und L. Marković (7), die die Thesen Burnhams über die »Revolution der Manager« überholt und die Phänomenologie des »Staatssozialismus« entworfen haben. Nach 1963 griff die soziologische Erneuerung auf die Tschechoslowakei über, wo 1964 die Soziologische Gesellschaft, die einen außerordentlich guten Ruf hatte, wiederhergestellt und 1966 ein Institut für öffentliche Meinungsforschung an der Akademie der Wissenschaften eingerichtet wurde. *Rumänien* besann sich nach dem IV. Parteitag seiner Tradition, als rumänische Forscher wie Professor Gusti zu den ersten Soziologen der Vorkriegszeit zählten. (8)

Ein Blick auf die sozialistische Gesellschaft

Aus den oben angeführten Studien des Polen Szczepański und der von Frau Mod geleiteten ungarischen Studiengruppe kann man sich annähernd ein Bild von der Struktur der sozialistischen Gesellschaft der Volksdemokratien machen. Die Schlüsse, die daraus abgeleitet werden können, gelten mit kleinen Unterschieden für den gesamten Block.

Gegen die Anwendung der »klassischen« Einteilung in vier Klassen oder Schichten – Arbeiterklasse, Bauernschaft, Intelligentsia, Kleinbürgertum – unter neuen Bedingungen hat Szczepański selbst Vorbehalte angemeldet. Diese Einteilung sagt nämlich nichts über die für die sozialistische Gesellschaft spezifischen Differenzierungskriterien aus. Die Meinungen über diese Kriterien gehen aber sehr auseinander. So müßte nach dem polnischen Soziologen Wiatr die Einteilung nach den Unterschieden in der Entwicklung der Arbeitsteilung, nach den Unterschieden in der Qualifizierung, der Erziehung und dem Einkommen erfolgen. Für den Tschechoslowaken Jodl bestimmen hauptsächlich zwei Kriterien die soziale Differenzierung der sozialistischen Länder: die Beteiligung an der Macht und die materiellen Lebensbedingungen (die beiden sind miteinander verbunden). Bis auf Kleinigkeiten sind sich alle Experten darin einig, folgende Klassen und Schichten zu unterscheiden:

1. *Die Intelligentsia:* Im osteuropäischen Sinn des Wortes ist sie weit davon entfernt, eine homogene Klasse oder Schicht zu sein, sondern ist eher eine Ansammlung von Berufskategorien, zu der Apparatbürokraten, Technokraten, Ingenieure ebenso gehören wie die eigentlichen Intellektuellen (Künstler, Gelehrte, Pädagogen, Journalisten, Schriftsteller) und schließlich die breite Schicht der kleinen Beamten und Angestellten, die oft ein sehr niedriges kulturelles Niveau und Einkommen haben. Im Gegensatz zu den Statistikern beschränkt die Bevölkerung auch weiter-

hin den Begriff »Intelligentsia« auf die Schicht der »Graduierten«, und zwar nicht im Gegensatz zur Bürokratie im allgemeinen, sondern zu den nicht graduierten Apparatschiks (der »neuen Klasse«, die ich später behandle).

2. *Das Kleinbürgertum* in Polen repräsentierte 1931 mit 3,5 Millionen Menschen 11 Prozent der Bevölkerung. Ein großer Teil dieser Schicht der kleinen Handwerker und Kleinhändler waren Juden und wurden Opfer der Nazimassaker. Nach dem Krieg wurden noch 400.000 Kleinbetriebe gezählt; bis 1955 waren es nur noch 150.000, bis 1961 stieg die Zahl aber wieder auf 188.000. Diese Klasse befindet sich immer in einer prekären Lage, aber einige ihrer Mitglieder, die von den Lücken in der Planwirtschaft profitieren, erzielen große Gewinne. »Eine kleine Boutique in der Chmielnastraße in Warschau bringt mehr als ein Ministerposten ein«, schrieb Szczepański.

3. *Die Bauernschaft:* Die Zahl ihrer Mitglieder sank von 60 Prozent (1931) auf 38,2 Prozent der polnischen Bevölkerung im Jahre 1960. Die große Mehrheit setzt sich aus Kleinbauern zusammen, den Rest bilden Kolchosniki (1961: 135.000), »Bauern-Arbeiter« (1960: 820.000), die den Großteil ihres Einkommens aus Industriearbeit beziehen, mit Büroarbeit beschäftigte Bauern (100.000 bis 150.000) und schließlich landwirtschaftliche Arbeiter (280.000 auf Staatsgütern und 14.000 auf Privatbauernhöfen). Es ist bezeichnend, daß der polnische Soziologe die Bauernschaft vor der Arbeiterklasse einreiht; da in seinem Land der bäuerliche Kleinbesitz beibehalten wurde, standen die Bauern sozial höher als das Proletariat. In den kommunistischen Ländern, wo der Grundbesitz verstaatlicht worden war, standen die Bauern im allgemeinen an unterster Stelle in der sozialen Rangordnung.

4. *Die Arbeiterklasse* der Städte: Ihre Mitgliederzahl verdreifachte sich ebenfalls von 1931 (2,8 Millionen, davon 830.000 Arbeiter in der Großindustrie) bis 1964 (7,6 Millionen, davon 2,6 Millionen Industriearbeiter). Der Nachwuchs der Arbeiterklasse kam zum größten Teil vom Land. Ein beträchtlicher Teil davon sind Frauen, deren Integration eines der markantesten Phänomene der sozialen Entwicklung ist. (9)

Die ungarische Volkszählung des Jahres 1965 komplettiert dieses Bild, korrigiert es aber teilweise.

In Ungarn stieg der Anteil der manuellen Arbeiter von 30 Prozent der arbeitenden Bevölkerung im Jahre 1949 auf 48 Prozent im Jahre 1965. Die qualifizierten Arbeiter stellen 17 Prozent, die Hilfsarbeiter 14 Prozent. Ungefähr 55 Prozent der neuen Arbeiterklasse kommen vom Land.

Das handwerk- und gewerbetreibende Kleinbürgertum und die Kleinbauern machten 1949 zusammen 55 Prozent der arbeitenden Bevölkerung aus, 1965 aber als Folge von Verstaatlichung und Kollektivierung nur noch 2 Prozent.

Die geistigen Arbeiter (Intelligentsia) stellten 1949 10 Prozent der arbeitenden Bevölkerung dar; 1965 waren es 18 Prozent. Man unterscheidet dabei drei Kategorien: die »Personen in leitender Position« und die Intellektuellen, die sogenannten »Schaffenden«, 5 Prozent der arbeitenden Bevölkerung; die mittleren Experten (Ingenieure, Techniker usw.), 6 Prozent; und die »Arbeiter mit den weißen Kragen« (kleine Beamte, Angestellte), 7 Prozent.

Bleiben noch die in »Landwirtschaftsarbeiter« (Kolchosen- und Sowchosenarbeiter) umgewandelten Bauern, nicht mehr als 34 Prozent der arbeitenden Bevölkerung.

Die »neue Klasse« und die klassenlose Gesellschaft

Das zahlenmäßige Anwachsen der technischen Intelligenz, der Bürokratie und der Arbeiterklasse kennzeichnet alle Industriegesellschaften. Alle Gesellschaften kennen die Abwanderung der Bauern in die Städte und die massive Eingliederung der Frauen in die Produktion. Das spezifische und entscheidende soziale Phänomen der sozialistischen Länder ist die Ersetzung der ehemaligen besitzenden und führenden Klassen durch eine Klasse neuer Menschen. Milovan Djilas hat sie in einem Buch, das einen Skandal verursacht hat, als »die neue Klasse« bezeichnet. (10)

Die Männer an der Macht betrachten sich keineswegs als Klasse und haben es gar nicht gern, wenn man sie als Klasse betrachtet. Sie werden, was das Heimlichtun anlangt, der Parteitradition gerecht, in der die Konspiration ja etwas fast Alltägliches gewesen ist. Sie lieben es, sich entweder als Angehörige der Arbeiterklasse, aus der ja tatsächlich viele von ihnen hervorgegangen sind, oder als Angehörige der Intelligenz auszugeben. Sie tolerieren allerhöchstens, daß die Soziologen sie »leitendes Personal« oder »Personen in leitender Position« nennen. Ihr Abscheu vor jeder genauen Klassifizierung reicht bis zu Ausdrücken wie »Elite« oder »Machtelite« (Power Elite). Der polnische Philosoph Adam Schaff wurde sehr heftig kritisiert, da er zwar nicht die Existenz einer »neuen Klasse« in der sozialistischen Gesellschaft anerkannte, aber doch die einer machthabenden Elite in privilegierter sozialer Stellung. (11) Laut einem der Zensoren Schaffs könne der Partei- und Staatsapparat, auf den es der Philosoph abgesehen habe, bezüglich des Einkommens nicht als privilegierte Elite betrachtet werden, »da in diesem Punkt die technokratische Elite, die Journalisten, Wissenschaftler und Künstler und schließlich die Leute des Privatsektors viel besser dran sind«. Die politischen Privilegien, die der Apparat unter Stalin genoß, sind seit 1953 sehr eingeschränkt worden. (12) Im selben Sinn startete in der Tschechoslowakei der konformistische Direktor von »Život strany«, F. J. Kolář, Ende 1967 eine Kampagne gegen die Soziologen, die »aus dem Westen den Begriff Elite eingeführt haben«. (13) In Jugoslawien bekannte 1966 Bakarić, der Chef der kroatischen Partei, daß Ranković und seine Gruppe eine Art neuer Klassę gewesen seien, die übermäßig viel Macht angehäuft hätte. Ein Jahr später kreidete es Bakarić als Fehler an, wenn man die politische Bürokratie nach der Eliminierung Ranković' als neue Klasse hinstellte: Die Bürokratie, sagte er, besitze nicht die Produktionsmittel, sie habe nur ihre Funktionen und repräsentiere die unerläßliche Autorität des Staates; statt sie zu bekämpfen, genüge es, sie der direkten Kontrolle der Produzenten zu unterstellen.

Die von Djilas und vor ihm von Burnham (14) behandelte soziale Schicht ist keine Klasse wie die ehemalige Bourgeoisie, ihre Mitglieder leiten, kontrollieren und profitieren, ohne rechtlich Eigentümer zu sein. Ihre Vorrechte sind nicht erblich. Die neue Klasse hat sich noch vor der Machtergreifung als Spezialorganisation gebildet, die sich durch besondere Disziplin auszeichnete, die auf den gleichen politischen und philosophischen Ansichten ihrer Mitglieder basiert. Im soziologischen Licht gesehen, erscheint diese hierarchische Organisation – die Partei, vielmehr ihr Apparat – dann als eine Klasse, die kontrolliert, ohne kontrolliert zu werden. Sie ist die politische Klasse, die Inkarnation der Macht, die Verwalterin der Güter des Unternehmers Staat. Es ist unmöglich, sie zu definieren, ohne auf den Begriff der Diktatur des Proletariats zurückzugreifen, von der sie ihre Rechtmäßigkeit ja herleitet. Das Ziel dieser neuen Diktatur ist die Erbauung der neuen sozialistischen Gesellschaft, deren höchster Wert »die essentielle Gleichheit der Menschen« ist. (15) Aber diese Diktatur, die eine Diktatur der Gleichheit sein will und Begründerin der klassenlosen Gesellschaft, hat ein System hervorgebracht, in dem es auch weiterhin wohlhabende und arme Leute gibt, Mächtige und Schwache, und in dem die Beteiligung an der Macht zum Hauptkriterium der sozialen Differenzierung geworden ist.

Hier stoßen wir auf den fundamentalen Widerspruch der sozialistischen Gesellschaft: diese beruht auf dem Postulat der führenden Rolle des Proletariats, aber die soziale Lage der Arbeitermassen hat sich nicht wesentlich geändert. Der Arbeiter ist nach wie vor schlecht bezahlt (zur Ausbeutung hin ist es nur ein Schritt); er wird immer noch gelenkt, oft sogar von »seiner Klasse fremden« Elementen. (16) Die Kommunistenführer sind bemüht, diesen Widerspruch zu überwinden und den gleichmacherischen, proletarischen Charakter des Regimes zu beweisen:

In der Ideologie: Der Stalinismus mit seinen Mythen, seinem Personenkult, seinem Glauben an die Wirksamkeit der zentralistischen Organisation, seinem intoleranten Dogmatismus gegenüber jeder kritischen Analyse erscheint wie ein Verteidigungs- und Rechtfertigungssystem der führenden Schicht. Stalin hat zwar die Absonderung und die sozialen Privilegien der führenden Klasse anerkannt, hat aber das Leben dieser Schicht durch die Säuberungen sehr unsicher gemacht. Unter Chruschtschow und seinen Nachfolgern hat die neue Klasse versucht, ihre Lage zu normalisieren, indem sie die Beziehungen zu den anderen sozialen Klassen und Gruppen verbesserte und den Polizeicharakter ihrer Herrschaft milderte.

Auf sozialer Ebene: Die führende Schicht möchte zeigen, daß ihre Interessen die der Arbeiterklasse sind und daß sie dem

Gleichheitsprinzip treu ergeben ist. Dazu dienen ihr folgende Maßnahmen:

1. Die systematische Verfolgung der ehemals führenden Klassen: Die neue Klasse (die Partei) tritt als der vom Schicksal bestimmte Verteidiger der Werktätigen gegen die Rückkehr der Kapitalisten, Grundbesitzer und Kulaken auf.

2. Die Förderung der Arbeiter beim sozialen Aufstieg: Ein bedeutender Teil der neuen Klasse rekrutiert sich aus Arbeitern. Eine noch größere Zahl Arbeiter und Bauern – oder zumindest deren Kinder – konnte in die Intelligentsia aufsteigen. (17) In Bulgarien waren mehr als die Hälfte der Betriebsleiter 1966 ehemalige Arbeiter, die keine höhere Schulbildung hatten. In der Tschechoslowakei stammten 1962 52,7 Prozent der Parteimitglieder aus Arbeiterfamilien, nur 36 Prozent aber waren wirkliche Arbeiter. Diese hohen, mittleren und niedrigen »Arbeiterkader« bilden die solideste soziale Basis der kommunistischen Regimes, obwohl einige von ihnen dem Einfluß der ehemaligen Intelligentsia zu unterliegen scheinen und für liberale Ideen empfänglich sind.

3. Die Nivellierung der Einkommen: Die Lohnskala in den Volksdemokratien ist weniger breit als in der Sowjetunion. Das Einkommen der technischen Intelligenz und der mittleren Bürokratie ist gesunken, das der Arbeiter wurde angehoben. (18) Überhaupt sind die Unterschiede innerhalb der sozialen Schichten größer als zwischen ihnen. Nehmen wir als Basis der niedrigsten Einkommen = 100, so liegt in Ungarn das Einkommen der landwirtschaftlichen Arbeiter bei 106, das der Facharbeiter bei 133, das der Büroangestellten und kleinen Beamten bei 145, das der mittleren Spezialisten bei 155, das der Parteiführer und der Intellektuellen bei 187. Aber 10 Prozent der Haushalte verdienen weniger als 1000 Forint und 6 Prozent mehr als 5000 bis 6000 Forint, was einem bürgerlichen Lebensstandard entspricht. Unter den Beziehern hoher Einkommen findet man 40 Prozent »führende Persönlichkeiten«, 15 Prozent Facharbeiter und 6 Prozent Kolchosniki. Diese Zahlen zeugen von einer Differenzierung, die aber gemäßigt ist und die es zwischen dem Gros der Arbeiter und der nichtmanuellen Arbeiter praktisch nicht gibt.

In der Tschechoslowakei – wo die Partei am tiefsten in der Arbeiterklasse verwurzelt und diese die höchstentwickelte der sozialistischen Länder war – wurde die Nivellierung auf Kosten der Intelligenz am weitesten getrieben. Das Egalisierungsprinzip hatte es in der Tschechoslowakei bereits vor 1948 gegeben Nach 1948 verstärkte sich die Nivellierungstendenz freilich beträchtlich. »Es gibt kein anderes Land«, schrieb R. Selucký, »wo, wie in der Tschechoslowakei, der Autobuschauffeur und der Bezirksrichter, der Tapezierer und der Chefarzt, der Dreher und der Universitätsprofessor das gleiche Gehalt haben.« (19) Daher war in der Tschechoslowakei für die meisten Jugendlichen, zum Unterschied von den anderen kommunistischen Ländern, das Universitätsstudium nicht anziehend. Die jungen Ärzte, Ingenieure und Professoren fühlten sich herabgesetzt, unterschätzt; das Wort »intellektuell« hatte einen pejorativen Sinn bekommen, es klang fast wie ein Fluch, während das soziale Prestige des Facharbeiters bemerkenswert gestiegen war. Diese Situation erklärt zum Großteil, warum sich das Novotný-Regime so lange gehalten hat. Eine breite Schicht des Proletariats hat in ihm seinen Protektor gesehen.

4. Die soziale Mobilität: In den anderen sozialistischen Ländern, wo die technische Intelligenz – weniger ihres Einkommens als ihres aus der Vergangenheit übernommenen Prestiges wegen – einen höheren Platz auf der sozialen Rangleiter behalten hat, wurde die Gleichheit der Aufstiegschancen und nicht die Gleichheit der Bedingungen als bedeutendste sozialistische Errungenschaft angesehen. Die neue Klasse bewies ihren proletarischen Charakter dadurch, daß sie Arbeiter- und Bauernsöhnen einen Vorrang im Zugang zu höherer und Hochschulbildung einräumte. In Ungarn waren bis 1963 Kinder ehemaliger Bourgeois und sogar Intellektueller nur in außergewöhnlichen Fällen in Hochschulen aufgenommen worden. In Polen wird allerdings die soziale Herkunft bei Aufnahmsprüfungen an der Universität weiterhin berücksichtigt. Arbeiter- und Bauernkinder erhalten zusätzliche Punkte. In diesen Ländern, wo »Hochschultitel an die Stelle der ehemaligen Adelstitel zu treten scheinen«, wie sich eine polnische Zeitung ausdrückt, ist das Proletariat begünstigt worden. (20) Aber diese Privilegien, die in einer Zeit errungen

worden sind, da die Industrialisierung »den großen Sprung vorwärts« machte, treten in der Epoche der Stabilisierung in den Hintergrund. Die guten Plätze sind bereits besetzt, man findet immer mehr Graduierte, die Arbeiten leisten müssen, die nicht ihrer Qualifikation entsprechen. Die Intelligenz bemüht sich, auch ihren Kindern eine höhere Schulbildung zuteil werden zu lassen. In den polnischen höheren Schulen stammten 1963/64 45,8 Prozent der Schüler aus Kreisen der Intelligenz; 1964/65 waren es 47 Prozent; 1965/66 50 Prozent. Auch in Ungarn haben »die Kinder derjenigen Leute, die eine höhere Schulbildung und ein höheres kulturelles Niveau haben, mehr Chancen, in eine höhere Schule aufgenommen zu werden, als die Kinder der anderen Schichten«. (21)

5. Die Entwicklung der Sozialversicherung und ein garantierter Arbeitsplatz waren solide Argumente, um den sozialistischen Charakter der Regimes zu beweisen und um die ärgerlichen Eindrücke aufzuwiegen, die die Privilegien der neuen Klasse, ihre Verbürgerlichung, hatten entstehen lassen. Aber auch in diesem Punkt hat die Entwicklung das Erworbene in Frage gestellt. Nach 1965 begannen die jugoslawischen Wirtschaftsexperten und Soziologen, dann auch ihre ungarischen, tschechoslowakischen und polnischen Kollegen, die Aufmerksamkeit auf den künstlichen, trügerischen und gefährlichen Charakter der ohne Rücksicht auf die Rentabilität verwirklichten Vollbeschäftigung zu lenken. (22) Das Wirtschaftsinteresse verlangte nach einer Revision der herrschenden Auffassung von der Sicherung des Arbeitsplatzes. Diese hatte, wie die Nivellierung der Löhne, Konservativismus, Passivität, Gleichgültigkeit der Arbeiter und der Kader gegenüber den technischen und organisatorischen Neuerungen hervorgerufen, eine Flucht vor der Verantwortung.

Die soziale Klasse, die sich an die Spitze des Kampfes für die Entwicklung der Produktivkräfte und die durch diese Entwicklung notwendig gewordenen sozialpolitischen Reformen stellte, war weder die »neue Klasse« der Organisatoren und politischen Führer, noch die Arbeiterklasse, sondern die technische Intelligentsia und die wissenschaftliche und literarische Elite.

In Abwandlung des Kommunistischen Manifests könnte man sagen, daß die sozialistische Gesellschaft, die auf den Ruinen der bourgeoisen Gesellschaft aufgebaut wurde, die Klassengegensätze nicht abgeschafft hat. Sie hat nur die alten Klassen, die alte Unterdrückung, die alten Kampfformen durch neue ersetzt. Die Geschichte der Volksdemokratien nach dem Tod Stalins ist die Geschichte dieser neuen Konflikte, vor allem die Geschichte des Konflikts zwischen der Klasse des Führungsapparats und der Klasse der Manager, Techniker, Ingenieure, Gelehrten, Wirtschaftswissenschaftler usw., die ausgenützt und zugleich in untergeordneter Stellung gehalten werden soll. »Es ist unmöglich, die Aufgaben der Partei ohne die Gelehrten korrekt zu erfüllen. Aber die Gelehrten sind gefährlich«, sagte Kádár im Juni 1966 vor einem Auditorium von Wissenschaftlern. Womit er an den Kern des Problems gerührt hat.

Sobald sich die unseligen Auswirkungen des stalinistischen Dirigismus bemerkbar machten, begannen einige Progressive in den kommunistischen Parteispitzen zu begreifen, daß es notwendig werden würde, Partei und Intelligentsia zu versöhnen. »Im Verlauf ungerechtfertigter Säuberungen wurden ehrenwerte Intellektuelle oft in einer der Volksdemokratie unwürdigen Weise behandelt und um die Möglichkeit gebracht, ihre Kenntnisse in den Dienst des Landes zu stellen«, erklärte Imre Nagy bei seiner Machtübernahme im Juli 1953. »Die Regierung«, fügte er hinzu, »wird mit der größten Energie darangehen, diesem unzulässigen Vorgehen ein Ende zu bereiten und die Ungerechtigkeiten abzustellen. Die Intellektuellen haben ein Recht auf die Hochachtung der ganzen Gesellschaft ... und sie müssen Posten bekleiden, die ihrer würdig sind, die ihren Fähigkeiten entsprechen, seien sie nun Professoren oder Ingenieure, Ärzte, Juristen oder Agronomen ... Die Achtung vor Ausbildung und Wissen muß sich in breiten Arbeitsmöglichkeiten und materiellen Vorteilen äußern.« Dies ist klar ausgedrückt das Programm der Reformer unter den Kommunisten, die in den folgenden Jahren für ein Bündnis und eine Teilung der Verantwortung zwischen der »neuen Klasse« und der Intelligenz kämpfen sollten. Das tragische Schicksal Nagys hat die Schwierigkeiten, dieses Programm zu verwirklichen, aufgezeigt. Das Gros der neuen Klasse hat ihr »stalinistisches« Mißtrauen gegenüber den Intellektuellen nicht abgelegt. Und dieses Mißtrauen war nicht völlig unberechtigt. Die Krise 1955/56 in Polen und Ungarn sowie die Krisen in Jugoslawien und in der Tschechoslowakei 1965 bis 1968 haben gezeigt, daß ein großer Teil der Intellektuellen, sowohl der alten wie der neuen – und vor allem der jungen –, sich nicht mit ihrer Förderung zufriedengab, sondern zu einer allgemeinen Ablösung der politisch-ideologischen Bürokratie durch eine Technokratie oder eine Meritokratie tendiert.

Wenn der Stalinismus die autoritäre Bevormundung der aufsteigenden »neuen Klasse« ist, so spiegelt der Revisionismus der Jahre 1955 bis 1957 und 1963 bis 1968 das Trachten der neuen Generation schöpferischer Intelligenz wider, sich von der tyrannischen Bevormundung der neuen Klasse zu befreien, sich der Partei- und Staatsführung zu bemächtigen und das sozialistische System nach eigenen Interessen und Ideen zu verändern.

Das Hauptargument aller Revisionisten – vom Petöfi-Kreis in Ungarn bis zur Gruppe »Praxis« in Jugoslawien, vom polnischen »Po Prostu« bis zu den tschechoslowakischen »Literární noviny« – ist: Weder die Arbeiterklasse noch ihre Avantgarde, die Partei, noch die Avantgarde der Avantgarde, die »neue Klasse«, sind genügend gerüstet, um eine moderne Industriegesellschaft zu lenken. Man könnte ein ganzes Buch mit den Artikeln und Studien füllen, die die Inkompetenz, die Unerfahrenheit und die unzureichende Qualifikation jener anprangern, die im Staat und in der Wirtschaft der Volksdemokratien Führungsstellen innehaben und qualifiziertem Personal den Weg versperren. (23)

Der erste Angriff der Intelligentsia auf die Herrschaft der »neuen Klasse« in Ungarn und Polen scheiterte am Widerstand der Apparate. Eines der Hauptziele der antirevisionistischen Kampagne der Jahre 1957, 1959 und 1966 bis 1968 war die Wiederherstellung des Mythos von der führenden Rolle des Proletariats und der Partei. Mythos und Führungsanspruch existieren noch immer. (24) Aber mit den Wirtschaftsreformen leitet die neue Klasse ihren Rückzug auf »im voraus vorbereitete« Positionen ein. Man tendiert so gut wie überall dazu, die wirtschaftliche Verantwortung mit den Experten zu teilen, die Kompetenzen der Administratoren zu erweitern, die materiellen Forderungen der technischen Intelligenz zu befriedigen. (25) Was die neue Klasse aber um keinen Preis ihren Konkurrenten überlassen will, das sind die politischen Privilegien – das ist die Entscheidungsgewalt. Ermutigt von den bereits gemachten Konzessionen gibt sich ein Teil der Technokraten jedoch nicht damit zufrieden, die Rolle des brillanten Zweiten zu spielen, sondern trägt den Kampf auf politisches Gebiet und tritt als Anführer der nationalen und liberalen Bestrebungen auf. Einer der Vertreter dieser Strömung in der Tschechoslowakei, Milan Hübl – der von Novotný wegen seiner nonkonformistischen Ideen 1963 als Rektor der Hochschule für Politik des ZK abberufen worden war –, unterstrich 1966, daß »das neue Modell des Sozialismus nicht auf wirtschaftliches Gebiet beschränkt werden kann«, es müsse vielmehr »die Verbesserung der menschlichen Beziehungen, die Entfaltung der Persönlichkeit und größere persönliche Freiheit« einschließen. (26) 1968 greift die Idee auf den Großteil der tschechoslowakischen politischen Elite über.

Trotz allem besaß die neue Klasse im Kampf gegen die liberale und demokratische Avantgarde der Intelligentsia noch einige Trümpfe. Innerhalb dieser Klasse machte sich übrigens eine Differenzierung bemerkbar, die an jene innerhalb der Kirche in einigen Ländern erinnert, wo einander ein der Modernisierung und den sozialen Ideen aufgeschlossener hoher Klerus und ein traditionalistischer und reaktionärer mittlerer Klerus gegenüberstehen. In Jugoslawien, Ungarn und der Tschechoslowakei distanzierte sich der liberale Flügel der neuen Klasse immer mehr von der unbeliebten unteren Schicht der neuen Klasse, vor allem von den »Arbeiterkadern«. Das ungarische Parteiorgan »Népszabadság« vom 28. Januar 1968 enthält einen interessanten Artikel über die Existenz »egoistischer Interessengruppen« in Industrie und Wirtschaftsverwaltung. Diese Gruppen, hieß es da, kämpften um die Aufrechterhaltung ihrer Privilegien, mißbrauchten dabei ihre Macht, erstickten jede Kritik und verfolgten ihre Gegner. Man dürfe diese Gruppen nicht als wesentliche Bestandteile der führenden Klasse oder gar des Regimes sehen, im Gegenteil, Partei- und Staatsführung machten sich schon bereit, diese

Gruppen mit Hilfe der Arbeiterklasse aufzureiben. Der neue Wirtschaftsmechanismus mit Schwerpunkt materieller Beteiligung werde zu ihrer Eliminierung in wirksamerer Weise beitragen als die Appelle an die staatsbürgerliche und sozialistische Gesinnung. Einerseits würden die Betriebsleiter von nun an persönlich und konkret an wachsender Beteiligung der Arbeiter interessiert sein, um sich ihrer despotischen Mitarbeiter zu entledigen und eine demokratische Atmosphäre in der Fabrik zu schaffen. Andererseits werde das matericlle Interesse die Arbeiter so weit bringen, Machtmißbrauch öffentlich anzuzeigen.

Die Wirtschaftsreformen bieten der Spitze der »neuen Klasse« ein neues Betätigungsfeld, auf dem sie den Beweis ihrer politischen und sozialen Nützlichkeit erbringen kann. Die liberalen Wirtschaftsfachleute und Manager brauchen den Parteiapparat, um unpopuläre Maßnahmen, wie Entlassungen und Sanktionen gegen nachlässige Arbeiter, durchzusetzen. Der Apparat wiederum verfügt über wirksame Mittel, um den Ehrgeiz der Manager in Grenzen zu halten, die Arbeiter zu schützen und als Schiedsrichter in deren Konflikten mit den Betriebsleitern zu fungieren. Diese neue Schiedsrichterrolle der Partei tritt ganz klar in Jugoslawien zutage, wo die Ausweitung des Selbstverwaltungssystems von den liberal genannten Führern als Gegengewicht zum Einfluß der Technokraten verwendet wurde.

Die Aufwertung der Gewerkschaften und das Streikrecht

Aus dem Vorausgehenden ersieht man, daß der unmittelbare Gewinner des Übergangs zur Marktwirtschaft und der Akzentuierung der Einkommensdifferenzierung zwar die technische Intelligenz ist, daß aber auf längere Sicht auch die Arbeiterklasse der Oststaaten Vorteile daraus ziehen können wird. Um den Vorstoß der Intelligenz zu bremsen und der Ausschlachtung der Unzufriedenheit der Arbeiter durch unkontrollierte Elemente (Anarchisten, Maoisten) zuvorzukommen, sehen sich die Führer gezwungen, ihre Haltung gegenüber den Arbeiterorganisationen und vor allem den Gewerkschaften zu revidieren.

Unter dem Stalinregime waren die Gewerkschaften nur Transmissionsriemen von Regierung und Partei. Die Betriebskomitees waren mit wenigen Ausnahmen folgsame Instrumente der Direktion. Sie organisierten den Wettbewerb für die Erfüllung des Plansolls und die Anhebung der Produktivität; sie waren bestenfalls »Büros für soziale Angelegenheiten«. (27)

1956 zeigten die Arbeiter in Polen und Ungarn, zwischen 1966 und 1968 die in der ČSSR ihre Abneigung gegenüber den alles andere als unabhängigen bürokratischen Organisationen, die wenig taten, um die Interessen der Arbeiter wahrzunehmen. (28)

Erst nach 1965 kam es in den Volksdemokratien zu einer Aufwertung der Funktion der Gewerkschaften. In Ungarn unterstrich im Juni 1966 eine gemeinsame Entscheidung des Ministerrates und des Gewerkschaftsverbandes, daß die Gewerkschaftsbewegung »als wahre Vertreterin der organisierten Arbeiter auf allen Gebieten des wirtschaftlichen, sozialen und kulturellen Lebens einen unabhängigen Standpunkt einnehmen kann«. Auch würden bei Konflikten, die nicht auf dem Verhandlungsweg gelöst werden könnten, die Gewerkschaften das Recht haben, ihren Standpunkt zu veröffentlichen. Die Beziehungen zwischen Gewerkschaft und Partei wurden neu geregelt. Die Partei lenkt auch weiterhin ideologisch und politisch die Gewerkschaften, greift aber nicht mehr direkt in deren Tätigkeit ein. In den Betrieben wurde eine ständige Beratungsstelle der Gewerkschaften eingerichtet; die Betriebskomitees haben nun bei den Arbeitsbedingungen, den Löhnen, Prämien, der Gewinnbeteiligung ein Wort mitzureden; sie werden sogar bei der Nominierung der Direktoren um ihre Meinung gefragt (»Népszabadság«, 19. Juni 1966). Einige Monate später forderte der ungarische Gewerkschaftsvorsitzende die Betriebskomitees auf, die Absetzung jener Direktoren zu verlangen, die sich den Lohnempfängern gegenüber »unmenschlich« gezeigt hätten.

Das neue ungarische Arbeitsgesetz, das am 1. Januar 1968 in Kraft trat, sah ein modernes – fast demokratisches – Verfahren für die Beilegung von Arbeitskonflikten vor; die disziplinarischen und organisatorischen Machtbefugnisse der Betriebsleiter wurden kodifiziert, die Kollektivverträge wurden wieder wirksam, und die Gewerkschaft erhielt für einige Entscheidungen des Betriebsleiters das Vetorecht mit Suspensivwirkung. (29)

Auch die jugoslawischen Gewerkschaften wollen sich in den Augen der Lohnempfänger rehabilitieren. (30) In der Tschechoslowakei wurden die extrem verbürokratisierten Gewerkschaften – im Vergleich zu den anderen politischen und sozialen Organisationen – mit merklicher Verspätung von der Erneuerungsbewegung des »Prager Frühlings« erfaßt. Aber am 12. März eliminierten sie dann doch die stalinistischen Apparatschiks einschließlich des Vorsitzenden des Zentralrats, Pastyrík, und am 19. Juni bereiteten 1200 Gewerkschafter Dubček Ovationen, als er erklärte: »Das Ziel der Gewerkschaften, die in der Vergangenheit zwischen der Wahrung der Interessen der Arbeiter einerseits und der Wahrung der Interessen des Unternehmens andererseits geschwankt haben, muß wieder die Wahrung der Interessen der Gewerkschaftsmitglieder sein.« Nur in Rumänien (und natürlich in Albanien) besteht weiterhin die Tendenz, die Gewerkschaften bloß als Hilfskräfte der Führung zu behandeln.

Selbst in den am weitesten fortgeschrittenen Oststaaten kann die Lage des Gewerkschaftswesens *mutatis mutandis* mit der in Spanien verglichen werden, wo das Fehlen offizieller Gewerkschaften zu unkontrollierten Streikbewegungen geführt hat. Die Neuorganisation der Gewerkschaften geht aber viel zu langsam vor sich. Die Arbeiter drängen daher immer stärker nach vorn und setzen sich über das Streikverbot hinweg. In Jugoslawien kam es zwischen 1958 und 1966 zu 1365 Arbeitsniederlegungen aus Protest gegen die niedrigen Löhne. Auch die Tschechoslowakei, Polen und Ungarn berichten von wilden Streiks. Die Behörden erkennen aber nach wie vor diese Art des Kampfes nicht an, da sie damit – so glauben sie – dem sozialistischen Staat und der Partei ein Armutszeugnis ausstellen würden. Der Vorsitzende der tschechoslowakischen Metallurgiegewerkschaft, K. Poláček, betonte in einem westdeutschen Gewerkschaftern gewährten Interview, daß die den Gewerkschaften eingeräumten Rechte und die Beschränkung der Machtbefugnisse der Manager für die Beilegung von Konflikten genügen. (31) Aber immer mehr Stimmen werden laut, vor allem in Jugoslawien und in der Tschechoslowakei, die die Legalisierung der Streiks als »notwendige Ergänzung der Marktmechanismen« verlangen. (32) In der besetzten, aber standhaften Tschechoslowakei haben wir gesehen, welch bedeutende Rolle die regenerierten Gewerkschaften, die wieder zu Vertretern der Arbeiterklasse geworden sind, bei der Verteidigung der nationalen Souveränität und der bedrohten Freiheiten und auch bei der Verteidigung reiner Arbeiterinteressen spielen können. (Siehe die Debatten auf dem Gewerkschaftskongreß in Prag am 4. März 1969.)

Die Arbeiterräte

Lange bevor es den Arbeitern gestattet wurde, sich der Gewerkschaften zur Wahrung ihrer Interessen zu bedienen, hatten die kommunistischen Behörden Jugoslawiens sie dazu aufgefordert, sich an der Verwaltung ihres Betriebes zu beteiligen, sich als seine Herren zu fühlen. Das Grundgesetz vom 27. Juni 1950, das die Arbeiterräte einführte, war eine Herausforderung an den »Staatskapitalismus« und den »bürokratischen Zentralismus« der UdSSR und der Kominform-Länder. Von der kommunistischen Welt geächtet, ging das rebellische Jugoslawien daran, den Beweis seiner beispielhaften Treue zur marxistisch-leninistischen Utopie vom »Absterben des Staates« als »Zwangsmaschine« (Tito) zu liefern. Im Gegensatz zu den Arbeiterräten, die 1956 in Ungarn und Polen ins Leben gerufen wurden, waren die jugoslawischen Arbeiterräte eine Schöpfung der Regierung und nicht der Arbeiterklasse. Die Arbeiterräte, die von den Arbeiter- und Angestelltenkollektiven gewählt wurden und ihrerseits Komitees wählten, wurden von den Gewerkschaften beschützt und von der Partei gelenkt. Dank der Räte, denen das Recht zugestanden wurde, die Absetzung zu autokratischer Direktoren zu verlangen, änderte sich auch das Betriebsklima. (33) Seit 1957, dem Datum der Abhaltung des ersten nationalen Kongresses der Arbeiterräte in Belgrad, spielten diese – sie setzten sich zu 70 Prozent aus Facharbeitern und Ingenieuren zusammen – eine bedeutende Rolle im Kampf um die Dezentralisierung. Arbeiter und Techniker machten oft gemeinsame Sache mit den Betriebsleitern, um eine breitere Autonomie für die Einzelbetriebe zu fordern, um über die Investitionen verfügen, um die Löhne regeln und um den Gewinn aufteilen zu können. Einige Arbeiterräte sollen sich auch für eine Differenzierung der Löhne eingesetzt haben, und das ließe auf den Einfluß der Techniker und Facharbeiter in ihren Reihen schließen. Aber die allgemeine Tendenz ging dahin, nur einen kleinen Unterschied zwischen gelernten und nicht gelernten Arbeitern zu machen, was die Auswanderung vieler Facharbeiter und Techniker zur Folge hatte. (34)

Es ist schwierig, über die jugoslawische Selbstverwaltung Bilanz zu ziehen, da sie von einer Republik zur anderen, von einer Stadt zur anderen, ja sogar von einem Betrieb zum anderen verschieden ist. Es gibt konservative und hypermoderne, aktive und so gut wie nicht existente Arbeiterräte. Es gibt auch solche, die nur ihre unmittelbaren Interessen sehen, andere wieder, die eine bemerkenswerte staatsbürgerliche Gesinnung und wirtschaftliches Verständnis zeigen. Seit Beginn schwankten die Arbeiterräte zwischen der Verantwortung gegenüber der Leitung und der Solidarität mit der Masse der Arbeiter. Diese gewann aber zusehends an Boden: Im Februar 1964 mußte die Regierung ein Gesetz erlassen, um die Direktoren vor den »ungerechten Entscheidungen« einiger Räte zu schützen. Nach 1965 beklagten sich viele Manager über die Hindernisse, die die Räte dem technologischen Fortschritt und den unerläßlichen Rationalisierungsmaßnahmen in den Weg legten. Die Räte sollten Erziehungs- und Mitverantwortungsfaktor sein, aber durch sie kam es oft zu Reibungen innerhalb der Betriebe, zwischen den Betrieben und mit den zentralen und lokalen Behörden. Chruschtschow wies in einer Unterredung mit Räten in Slowenien maliziös darauf hin. Man antwortete ihm, daß »die Reibungen zum Fortschritt führen«. Tatsache ist, daß die Arbeiterräte, wenn sie auch oft die Verwirrung und die Schwierigkeiten der jugoslawischen Wirtschaft vergrößert haben, das soziale Leben bereichert haben und eine autonome Kraft darstellen, um die sich Manager und Partei gleicherweise bemühen. (35)

Zum Unterschied von den jugoslawischen Arbeiterräten waren die im Herbst 1956 entstandenen polnischen und ungarischen Räte revolutionäre Organe der Arbeitermacht, die an die Stelle der in Mißkredit geratenen Partei- und Gewerkschaftskomitees traten. In Polen hatten die Arbeiter der Żerań-Werke im September 1956 die Initiative zur Schaffung von Arbeiterräten ergriffen, der sich die liberalen Intellektuellen begeistert anschlossen. Nachdem die Parteiführung die Institution zunächst als »sklavische Nachahmung des jugoslawischen Modells« verworfen hatte, nahm sie die Verantwortung dafür auf sich. Zahlreiche Gomułka-Anhänger betrachteten sie als konstitutives Element des polnischen Weges zum Sozialismus, und Gomułka selbst begrüßte die Räte nach seinem Machtantritt. Ein vom Sejm im November 1956 verabschiedetes Gesetz erkannte das Recht der Arbeiterräte auf die Verwaltung der Betriebe an, beschränkte ihre Aktivität allerdings auf zwei Gebiete: auf die Verbesserung des Ertrages und die Kontrolle der Prämienverteilung.

Aber die Arbeiterräte, die in ganz Polen entstanden – Ende 1957 waren es mehr als 4600 –, hielten sich nicht an diese Beschränkungen. Oft ersetzten sie die von der Regierung ernannten Direktoren durch Leute ihrer Wahl und forderten, als echte und alleinige Vertreter der Arbeiter in den Betrieben anerkannt zu werden.

Auf dem 9. Plenum im Mai 1957 lehnte Gomułka, besorgt um die Autorität von Partei und Staat, diese Forderungen ab. Ermutigt von den »Revisionisten« der »Po Prostu«-Gruppe, dachten die Initiatoren der Bewegung daran, den bestehenden Wirtschaftsverwaltungsapparat durch eine Pyramide der Arbeiterräte zu ersetzen. (36) Diese Tendenz, eine »zweite Macht« zu bilden – eine Macht der Sowjets! –, beunruhigte die Führer umso mehr, als in den meisten Räten die technische Intelligenz, die der Partei mehr oder weniger offen feindlich gegenüberstand, einen überragenden Einfluß gewonnen hatte. Als sich der Apparat von den Erschütterungen des Jahres 1956 erholt hatte, bannte Gomułka die Gefahr durch die Schaffung einer neuen Institution (Mai 1958), der »Selbstverwaltungskonferenz«, die sich aus den Mitgliedern des Arbeiterrates, des Gewerkschaftskomitees und des Parteikomitees der Betriebe zusammensetzte. Die von dieser »Konferenz« getroffenen Entscheidungen waren verbindlich. Die Arbeiterräte mußten ihre Vorrechte an die neue Institution abtreten und hatten nur noch dafür zu sorgen, daß die von der »Konferenz« getroffenen Entscheidungen befolgt wurden. So trat das ein, was vorherzusehen war: Die neue Einrahmung erstickte die Spontaneität der Bewegung, die Selbstverwaltung wurde zur Fiktion, und die Arbeiter verloren das Interesse an dieser Marionettenorganisation. (37)

Die ungarischen Arbeiterräte waren ebenfalls das Ergebnis des Aufstandes vom Herbst 1956. In ihrem Fall wird die Verbundenheit mit Jugoslawien noch deutlicher als bei den polnischen Räten. Im Sommer und Herbst 1956 begaben sich mehrere Wirtschaftsfachleute, Gewerkschafter und Journalisten nach Jugoslawien, um dort das Funktionieren der Arbeiterräte zu studieren. Das jugoslawische Experiment wurde auch im Petöfi-Kreis eingehend diskutiert. In einer am Vorabend des Aufstandes angenommenen Resolution forderten dieser Kreis und der Jugendverband gemeinsam die Regierung auf, »die Errichtung einer sozialistischen Demokratie« zu fördern und dazu »die Autonomie der Betriebe und die Demokratie der Werktätigen einzuführen«. Der ungarische Schriftstellerverband verkündete am 23. Oktober: »Die Betriebe müssen von den Arbeitern und den Spezialisten verwaltet werden.«

Der erste Arbeiterrat wurde am 24. Oktober, mitten im Aufstand, in einer Budapester Glühlampenfabrik ins Leben gerufen. Einige Provinzbetriebe folgten dem Beispiel sofort. Ebenso wie die revolutionären Gemeinde- und Bezirkskomitees beteiligten sich die Arbeiterräte am Aufstand. In ihren Resolutionen und Proklamationen, ihren an die Regierung und das Volk gerichteten Appellen bestanden sie auf den nationalen, patriotischen und politischen Forderungen: Abzug der Sowjettruppen, Absetzung der Führer, Neuorganisation der Polizei, Rückkehr zum normalen parlamentarischen Leben. Die wirtschaftlichen und sozialen Forderungen, wie Erhöhung der Löhne und Reform der Gewerkschaften, spielten eine zweitrangige Rolle.

Die ungarischen Räte hatten nichts Anarchisches oder Anarchistisches an sich. Sie distanzierten sich von extremistischen Elementen, drückten Imre Nagy ihr Vertrauen aus, forderten von ihm aber die Bildung einer Regierung, die dem Wunsch des Volkes entspräche. In der allgemeinen Verwirrung waren diese Räte Stätten der Ordnung und Vernunft. Dies hatte Imre Nagy dazu geführt, die Verantwortung für die Räte auf sich, auf die Partei, auf die Regierung zu nehmen. Auf seine Anregung veröffentlichte das Zentralkomitee der Partei am 26. Oktober eine Erklärung, in der die Wahl von Arbeiterräten in allen Betrieben gutgeheißen wurde. Der Gewerkschaftsrat veröffentlichte einen Appell im gleichen Sinn. Das leitende Personal, der Direktor, der Parteisekretär und die Gewerkschaftsfunktionäre versuchten – allerdings vergeblich – ihre eigenen Kandidaten wählen zu lassen. Die Arbeiter hatten die Erklärung ernst genommen, wonach die Räte von den Arbeitern gebildet werden sollten. Wie in Polen war es eine der Hauptsorgen der Arbeiter, den Rücktritt der in Mißkredit geratenen Kader zu erreichen.

Während des zehntägigen Aufstandes befanden sich die ungarischen Arbeiterräte gerade im Aufbaustadium; sie arbeiteten Forderungen aus, und viele ihrer Mitglieder nahmen an den Kämpfen teil. Es ist paradox, daß die Räte ihren Höhepunkt nach der Niederschlagung der Revolte erreichten. Nach dem Verschwinden der Revolutionskomitees traten sie als die einzige organisierte nationale Kraft auf, als eine Art zweiter Macht zu der János Kádárs, die ja sehr gebrechlich war und sich außer auf die Sowjettruppen nur auf einige improvisierte Polizeieinheiten stützte. (38) Kádár versuchte mit den Arbeiterräten Gespräche anzuknüpfen, vor allem mit dem Zentralarbeiterrat von Groß-Budapest, um sie auf seine Seite zu bringen. Aber es stellte sich rasch heraus, daß die Arbeiterräte, die sich als die Inkarnation des nationalen Widerstandes betrachteten, den Zielen des Aufstandes treu blieben. Kádár verlor daraufhin die Geduld; er erklärte sich zwar bereit, mit den vernünftigen Räten zusammenzuarbeiten, ließ aber die Führer des zentralen Arbeiterrates verhaften. Der Generalstreik wurde gebrochen, worauf Kádár, um die Räte zu unterwandern, einzuschüchtern, zu entmutigen und schließlich aufzulösen, die gleichen Verfahren wie Gomułka anwandte. (39)

Im »Prager Frühling« 1968 ging die Anregung zur Bildung von Arbeiterräten von dem liberalen Wirtschaftswissenschaftler Ota Šik aus. (40) Er erklärte, daß die Werktätigen das Recht haben müßten, die Tätigkeit der Betriebsleiter zu kontrollieren, und auch das Recht, sie abzusetzen. Ab Juli wurde in den Škodawerken die Selbstverwaltung versuchsweise eingeführt, und nach Berichten des Sohnes von Rudolf Slánský nahmen die

Arbeiter, Angestellten und Techniker mit einer Leidenschaft daran teil, die ihre Entpolitisierung Lügen strafte. In den Augen zahlreicher Intellektueller, wie beispielsweise des Historikers Bartošek, war die Selbstverwaltung nicht nur der Punkt, wo die Forderungen der Intelligentsia und der Arbeiterklasse zusammentreffen konnten, sondern auch eine konkrete Antwort auf die von den Bürokraten einiger sozialistischer Länder (gegen die fortschrittlichen Marxisten) vorgebrachte Kritik. (41) Die Bildung von Arbeiterräten wurde aber durch die Besetzung des Landes nicht aufgehalten, und Ende Februar 1969 veröffentlichte die Regierung eine Gesetzesvorlage über die Bildung von Betriebsräten.

Vom bürokratischen zu einem wissenschaftlichen, pluralistischen, technisch-demokratischen Sozialismus

Im Vergleich mit den »Entstalinisierern« von 1956 erscheinen die Reformer der Jahre nach 1962, vor allem in der Tschechoslowakei, viel realistischer. Von den Ideologen ist die Initiative an die Männer der Wirtschaft übergegangen. Durch die Macht der Ereignisse sind die Wirtschaftsreformer nach und nach zur Einsicht gelangt, daß die Anwendung des neuen Wirtschaftsmodells mit einer Änderung der sozialen, rechtlichen und verfassungsmäßigen Strukturen verbunden werden müsse. Die Ziele und Methoden des Sozialismus müßten noch einmal überdacht werden.

Eines der größten sozialen Probleme, die in den Volksdemokratien nach der Einführung der Marktwirtschaft auftreten, ist der immer deutlicher werdende Widerspruch zwischen der vom klassischen Sozialismus angestrebten Gleichheit und dem Fortschritt der Differenzierung, der der Intelligentsia zugute kommt und die Minderwertigkeit des Proletariats herausstreicht. Die Wirtschaftsreformen verstärken diese neue Differenzierungswelle, die gerade in dem Moment kommt, da sich die höheren Schichten etablieren wollen. Die technische Intelligentsia ist dagegen, daß ihre Kinder auf das Niveau der manuellen Arbeiter hinabsteigen sollen; die Arbeiter- und Bauernkinder haben, und sei es nur wegen der beschränkten Plätze, weniger Chancen, in der sozialen Rangordnung vorzurücken. (42) Dem könnte durch Aufwertung der manuellen Arbeit abgeholfen werden, das heißt durch eine Verbesserung der Lebens- und Arbeitsbedingungen der Arbeiter, und das würde wieder den Drang ihrer Kinder nach oben einschränken. Diese Verbesserung – sagt ein ungarischer Soziologe – könne nur durch die Anwendung des neuen Wirtschaftsmechanismus erreicht werden, der jedoch eine Vergrößerung der bestehenden Unterschiede mit sich bringe. (43)

Die Schwierigkeit für die an der Macht befindlichen Kommunisten besteht darin, während des von Konflikten, Klassen- und politischen Kämpfen erfüllten Zeitabschnitts der wirtschaftlichen Erneuerung die Stabilität und Ordnung aufrechtzuerhalten. Stabilität kann nur von einer starken Macht garantiert werden. Das spräche für die Beibehaltung der Führung durch die Kommunisten, wäre ihre Autorität wegen der in der Vergangenheit begangenen Fehler nicht so angeschlagen. Die Zuständigkeit der Kommunisten für die Macht wird aber nicht nur von der technischen Intelligenz angezweifelt, sondern auch von der aus der Passivität heraustretenden Arbeiterklasse, die sich den Parolen »industrielle Demokratie« und »Mitbestimmung« zugänglich zeigt, von der studierenden Jugend, die ungeduldig ist, schließlich von den Bauern, die sich abwartend verhalten.

Theoretisch gab es auch noch einen anderen Weg für die »Diktaturen des Proletariats«, nämlich jenen, den China mit der Kulturrevolution eingeschlagen hat. Dieser Weg ist durch die Ablehnung des »Ökonomismus«, die Ablehnung des Konsumideals der Industriegesellschaften und die Bemühungen gekennzeichnet, das materielle Stimulans radikal durch das ideologische, revolutionäre, moralische Stimulans zu ersetzen. Das maoistische China wählte ein System, das die Gleichheit der Bedingungen als absoluten und exklusiven Wert darstellt, wo nicht nur die Führungsansprüche der technischen Intelligenz brutal unterdrückt werden, sondern wo selbst die neue Klasse der politischen Kader gezwungen ist, auf alle materiellen Privilegien zu verzichten. Mao will zwar die Modernisierung und Industrialisierung weiter vorantreiben, treibt aber die Nivellierung bis zur Absurdität. Seine Kulturrevolution hat einen permanenten Kampf eines jeden gegen seinen eigenen Egoismus gefordert. Der Feind heißt persönliches Interesse. Kompromisse werden nicht geduldet. Jeder

Mensch muß sich in einen Helden der Entsagung verwandeln, Körper und Geist müssen der Person und dem Denken Maos ergeben sein.

Aus historischen, geographischen, sozialökonomischen und kulturellen Gründen ist dieser chinesische Weg in den Volksdemokratien Europas aber nicht gangbar. Nicht einmal der bürokratische, despotische, isolationistische Sozialismus der Stalinära hat die individualistischen Tendenzen, die Affinität mit den entwikkelten Industriegesellschaften beseitigen können. Von Lenin über Stalin zu Chruschtschow und darüber hinaus haben die Führer und Ideologen der kommunistischen Länder nie aufgehört, den Sozialismus als ein System darzustellen, das sowohl in bezug auf die technologische Entwicklung wie auf die Verbesserung des Lebensstandards mit den kapitalistischen Ländern konkurriert. Abgesehen von Jugoslawien während seiner heroischen Epoche (1944 bis 1948), haben die Führer der Satellitenländer eher daran gedacht, ihre Macht zu bewahren und zu konsolidieren, als sie durch das Hinaustragen der Revolution aufs Spiel zu setzen. Die Auffassung Maos oder Castros von der internationalen Solidarität ist ihnen schon immer fremd gewesen und wird ihnen immer fremder. Ihre innere Entwicklung bringt die Volksdemokratien dazu, das zerfallene Modell des autokratischen und auf Moskau zentrierten Sozialismus durch ein oder mehrere Modelle zu ersetzen, die ihren traditionellen nationalen Strukturen besser angepaßt sind.

Die Ereignisse der Jahre 1956 und 1968 haben eine tiefe Kluft zwischen den sozialen Kräften und den politischen Strukturen des Stalinismus aufgedeckt. Die von der politischen Bürokratie zersprengten, unterwanderten, entwurzelten sozialen Klassen und Schichten zeigten sich innerhalb der bestehenden Kader (Parteizellen in den Verbänden der Jugend, der Studenten, der Schriftsteller, Journalisten, Historiker und Ökonomen) oder in improvisierten neuen Kadern (Komitees der Intelligentsia, Arbeiterräte) da und dort als sich emanzipierende Kräfte. Vom Ungarn und Polen des Jahres 1956 bis zur Tschechoslowakei des Jahres 1968 bildeten die patriotischen Forderungen einen gemeinsamen Nenner, einen Integrationsfaktor zur Überwindung der Interessen- und Meinungsunterschiede. Auch ist die Intelligentsia überall als Vertreterin und natürliche Führerin der nationalen Gesellschaft aufgetreten, im Widerspruch zu den dem ausländischen Imperialismus völlig ergebenen Bürokraten. Es hat sich aber gezeigt, daß »ein antagonistischer Widerspruch« im marxistischen Sinn des Wortes nur zwischen dieser antinationalen Bürokratie und der übrigen Bevölkerung bestand; die Interessen der anderen Klassen waren nicht unvereinbar. Auf sozialer sowie auf politischer Ebene tendiert die von den revisionistischen Marxisten beeinflußte Bewegung zu einem gleichermaßen sozialistischen, demokratischen, nationalen und antiimperialistischen Regime. (44)

8. Kulturelle Entwicklung und Zersetzung der Ideologie

Auf keinem Gebiet ist der Mißerfolg der Regierungsapparate der Oststaaten so auffallend wie an der »kulturellen Front«. Dies liegt an der Maßlosigkeit, die ganze Kultur, alle geistige Aktivität – Literatur, schöne Künste, Wissenschaften, Philosophie – in den Dienst der marxistisch-leninistischen Ideologie zu stellen. Der Kern dieser Ideologie, dieses »leninistischen Glaubens«, um Richard Loewenthal zu zitieren, war ursprünglich der Wille, den alten, zerrissenen, enteigneten, von der feudalen und kapitalistischen Gesellschaft unterdrückten Menschen durch einen »neuen Menschen« zu ersetzen, durch einen von Humanität und großen Werten erfüllten Menschen, der Gott nicht mehr brauchen würde. (1) Ein absurdes Projekt? Unrealisierbar? Angesichts der enttäuschenden Resultate könnte man dies fast glauben, selbst wenn man den Pessimismus des slowenischen Schriftstellers nicht teilt, der sagt: »Der Kommunismus als säkularisierte und positive Darstellung der Schrift, als Glaube an die Macht des Intellekts und die natürliche Güte des Menschen, als Idee, die für morgen das Paradies auf Erden versprochen hat – geben wir doch zu, daß er ein Mißerfolg war. Es ist nun klar, daß sich die Kommunisten nicht für ihren Nächsten opfern, sondern daß sie für sich selbst arbeiten, für ihre eigenen Interessen. Und dies gilt vor allem für die Führer ... Mit der Einheit zur Zeit des Partisanenkrieges ist es vorbei; es gibt keine Solidarität mehr; in diesem verheißenen Paradies ist der Mensch allein wie ein Hund.« (2)

Die erschreckende Einsamkeit des Menschen in der kollektivistischen Gesellschaft – einer atomisierten Gesellschaft! – ist das Leitmotiv in der Literatur der sozialistischen Länder. Der tschechoslowakische Schriftsteller L. Vaculík wurde davon zu den verzweifelten Worten inspiriert: »Auf jeden Fall ist es mit dem Sozialismus zu Ende ... Das, wovon wir dachten, es sei schon getan, muß völlig neu begonnen werden.« (3) Auf ihrem Kongreß im Juni 1967, der die Totenglocke für die persönliche Macht läutete, konstatierten die tschechoslowakischen Schriftsteller, daß die Verwaltung des literarischen Lebens durch die Partei ein Fehlgriff gewesen sei: »Die Kontinuität der tschechoslowakischen Literatur ist 1949 unterbrochen worden, trotz ihrer demokratischen Tradition und ihrer reichen Erfahrung ... Der schöpferische Prozeß wurde behindert und auf Propaganda und eine unerträgliche Identifizierung von Ideologie und Kultur erniedrigt ..., was tragische Folgen für die schöpferische Tätigkeit, für die Arbeit und für das Leben der Menschen hatte ... Die Ablehnung gewisser Epochen unserer nationalen Geschichte und gewisser Persönlichkeiten zeitigte unglückliche Folgen, besonders in der Erziehung der jungen Generation ... All das rührt von einem moralisierenden Primitivismus her ... Unsere Kultur und unsere Bildung waren gezwungen, sich von den Quellen der europäischen Kultur in der Antike, in der Renaissance und im Christentum abzuwenden.« (4)

Unterbrechung der Kontinuität, Zähmung und Uniformierung, nihilistische Verwerfung der nationalen Traditionen (die Hand in Hand geht mit einer sklavischen Nachahmung des sowjetischen Modells), schließlich Isolierung vom Westen – man könnte die auffälligsten Auswirkungen der von den kommunistischen Regimes nach 1949 verfolgten Kulturpolitik nicht besser zusammenfassen. (5) Aber auch hier muß man sich über eines klar werden: Die Kultur ist keine endlos manipulierbare Sache, sie ist der Mensch selbst. Einer der schwersten Fehler des »Vulgärmarxismus«, wie er von den Epigonen Lenins praktiziert wurde, war der Glaube an den fundamentalen Charakter des Ökonomischen, der dieses Ökonomische aus seinem sozialkulturellen »Zusammenhang« riß und den Geist, die schöpferische Vorstellungskraft und die ästhetischen, erkenntnismäßigen und moralischen Werte zu »Reflexen«, »Überbau« und zweitrangigen Begriffen degradierte. Das Ergebnis dieser Häresie in der Praxis war das, was Aragon das »Biafra des Geistes« nennt, diesen von Gefängnissen, Folterungen und Zerstörungen gekennzeichneten »Weg der Gewalt«. (6)

Es ist nicht uninteressant, die Definition der Kultur in der sowjetischen Enzyklopädie zu lesen. Sie ist »ein Komplex von Errungenschaften der Gesellschaft auf dem Gebiet der Wissenschaften, der Kunst, der Erziehung ... sowie die Fähigkeit, alle diese Errungenschaften zu nützen, um die Naturkräfte für die Produktion und die Lösung der aus der sozialen Entwicklung entstehenden Probleme zu zähmen«. Das ist eine Definition, als wäre es den Gestaltern der marxistisch-leninistischen Kulturpolitik entgangen, daß Kultur nicht ein Geschäft ist, in dem Errungenschaften und Fähigkeiten verkauft werden, derer man sich zu diesem oder jenem Zweck bedienen kann, sondern daß Kultur, wie schon ihr Name sagt, Menschenarbeit, Poesie im weitesten Sinn des Wortes, Schöpfung ist. Sie ist, sagte André Malraux, errungenes Erbe. Die Kultur einer Nation, das sind ihre lebenden Schriftsteller, Dichter, Gelehrten, Künstler, Denker, Erzieher, die das schöpferische Werk der Ahnen fortführen und mit der Kultur der anderen Nationen derselben Zivilisation in Verbindung stehen; das ist auch die Öffentlichkeit, die sich dadurch kultiviert, daß sie an der Kultur Anteil nimmt.

Das Vorhaben, die kulturellen Bedürfnisse der Bevölkerung zu berechnen, und die Mittel, um sie zentral zu befriedigen, festzusetzen, war nicht weniger absurd als das, die gesamte Produktion und die Verteilung der materiellen Güter zu lenken. Aber dies war und ist auch in gewissem Maß noch die Absicht und der Ehrgeiz der herrschenden Partei. Ein ungarischer Führer der Rákosi-Ära, Kulturminister József Révai, hat im Jahre 1952 nachdrücklich den marxistisch-leninistisch-schdanowistischen Standpunkt ausgedrückt: Der Schriftsteller wolle sich seine Themen selbst aussuchen. »Wir können aber dieses Ästhetikprinzip nicht gutheißen, wonach der Geschmack und das Urteil des Schriftstellers Hauptkriterien sind, wenn es darum geht, das Wie und Warum der Literatur zu definieren ... Nicht das Volk oder der Staat müssen sich dem Geschmack und dem Urteil des Schriftstellers anpassen, sondern der Schriftsteller muß durch seine Arbeit und seine Belehrung mit den Interessen des sozialistischen Aufbaus eins sein.« (7)

Es ist offenkundig, daß Révai die Partei gemeint hat, die jene Interessen zu bestimmen hätte. Aber einige Kommunistenführer erkannten bald die verheerenden Auswirkungen solcher Forderungen. »Gegenwärtig«, schrieb Imre Nagy im Herbst 1955, »bestimmt die Parteiführung souverän, was in der Literatur und den Künsten dem Parteigeist entsprechen muß. Diese Methode schließt aber im voraus die Suche nach Wirklichkeit und Wahrheit aus, den Gedankenaustausch und vor allem jede Kritik. Die Literatur, die Musik und die Künste sind zu einem deformierenden Spiegel geworden, in dem das Volk seine großen Existenzprobleme, die eine ehrliche Antwort erheischen, nicht erkennen konnte.« (8) Der Totalitarismus hat aus den meisten Kulturschaffenden — Kommunisten oder nicht — passive oder aktive Aufrührer gemacht, Verteidiger der kulturellen Werte gegen eine Partei, die diese nach wie vor verletzt.

Die liberalen Kommunistenführer haben versucht, diesen permanenten Konflikt dadurch beizulegen, daß sie die gesetzlichen Regelungen milderten und den Kulturschaffenden eine gewisse Ausdrucksfreiheit zugestanden. Vlahović schrieb in seinen »Thesen über die Kulturpolitik der Selbstverwaltungsgesellschaft und des Bundes der Kommunisten Jugoslawiens«: »Wir haben schließlich doch die Idee verworfen, daß der Staat die Kulturpolitik bestimmt und er der Mäzen und oberste Schiedsrichter der Kultur ist.« (9)

Er gab aber zu, daß die Führung des Bundes »langsam und inkonsequent« in ihren Anregungen und in der Suche »nach einer fortschrittlicheren, konkreten Alternative zu der von der Partei gelenkten Kulturproduktion« gewesen sei.

Was die Lösung dieses Problems so erschwert, ist nicht nur der Wille der Bürokratie, eine apologetische Kultur zu schaffen, und ihre Tendenz, nur kulturelle Kundgebungen zu tolerieren, die ihrer Propaganda nützen, sondern auch die Weigerung vieler Schriftsteller, Künstler, Gelehrten usw., sich jeder Kritik zu enthalten. Die Kultur der Oststaaten unterscheidet sich von jener der liberalen Länder des Westens unter anderem durch den hohen Grad an Politisierung. Da sich die Schriftsteller, Künstler und Gelehrten der sozialistischen Länder aber ständig gegen die politischen Eingriffe wehren mußten, fochten sie schließlich nicht nur die antikulturelle totalitäre Politik an, sondern auch deren allgemeine Prinzipien. Auf das »Zuerst die Politik« der totalitären Führer antworteten die Kulturschaffenden mit der Forderung nach dem Vorrang der Werte.

Kultur des Widerstandes gegen Kulturpolitik

In dem immer ärger werdenden Streit um die Kultur wuchsen die polnischen und ungarischen Schriftsteller, Journalisten, Künstler und Gelehrten 1956, die tschechoslowakischen 1963 und 1968 zum Gewissen der Nation heran. Das ist weiter nicht überraschend. »Wenn eines unserer Organe versagt«, schrieb der ungarische Dichter Gyula Illyés, »wird ein anderes seine Rolle übernehmen.« (10) Schon Heinrich Heine hatte darauf aufmerksam gemacht, daß im Deutschland der Romantik die zurückgedrängten politischen und sozialen Energien in der Philosophie und den Künsten zur Geltung kamen. Dieser »substituierende« Charakter tritt noch viel stärker in den Ländern Mittel- und Osteuropas zutage. »Die Literatur Polens, Ungarns und des Balkans«, schrieb Illyés, »ist praktisch seit ihren Anfängen eine Literatur des Widerstandes.« Die Dichter waren die Barden des Überlebenswillens ihres Volkes.

Nach 1949 befanden sich die Schriftsteller, Künstler, Pädagogen usw. der Oststaaten in einer sehr ähnlichen Lage wie ihre Vorfahren im 18. und 19. Jahrhundert gegenüber der reaktionären Zensur und der polizeilichen Überwachung der absolutistischen Regimes. Die Analogie ist frappierend, denn die Habsburgermonarchie hatte, allerdings eher aus administrativen Gründen, versucht, die Kultur der Erbländer zu germanisieren und sie dem Einfluß der progressiven Kultur Frankreichs und Englands zu entziehen. Die Tendenz der nach Moskau zentrierten Kommunistenregimes zur geistigen Russifizierung, zur unterschiedlosen Bewunderung all dessen, was aus Moskau kommt, hat den Anstrich des »Schon-Dagewesenen«. Es ist kein Zufall, daß die ungarischen Intellektuellen 1956 ihrem militanten Klub den Namen Petöfi gegeben haben, den Namen jenes liberalen revolutionären Dichters, der 1849 im Kampf gegen die zaristische Interventionsarmee gefallen ist. Die tschechoslowakischen Schriftsteller verglichen das neue Pressegesetz mit dem Franz Josephs vor hundert Jahren und fanden dieses progressiver und liberaler als das Novotnýs. Die Demonstrationen der polnischen Studenten vor dem Warschauer Nationaltheater Ende Januar 1968 gegen das Verbot des klassischen Dramas »Die Ahnenfeier« von Mickiewicz (geschrieben nach der Niederschlagung des Aufstandes 1831) hätten hundert Jahre früher auf demselben Platz stattfinden können mit den gleichen Forderungen: »Unabhängigkeit! Nieder mit der Zensur! Meinungsfreiheit! Keine Zensur für Mickiewicz!« (11)

Nach dem Zusammenbruch der Stalinmythen von der Unfehlbarkeit der Partei, der überragenden Effizienz des sozialistischen Systems und der bevorstehenden Schaffung des »neuen Menschen« erschienen die kommunistischen Regimes des Ostens ihrer Elite (oder vielmehr ihrer Gegenelite) im Vergleich mit den liberalen Systemen Westeuropas als repressive und regressive bürokratische Regimes und als Ausdruck des Herrscherwillens einer fremden Nation. Und dieser Staat, unter dessen Druck die Oststaaten standen und der ihren Führern als Modell diente, hatte das zaristische Erbe des absolutistischen und expansionistischen Staates mit seiner angeborenen Unfähigkeit, soziale Veränderungen anders als mit einem schematischen Programm vorzunehmen, eingeführt und weiterentwickelt. (12)

Die Nation, eine sozial-kulturelle Tatsache

Das Gefühl, zurückgeworfen worden zu sein, wenn auch nicht im Vergleich mit der Vorkriegszeit (vor 1939 hatte ja nur die Tschechoslowakei ein demokratisches Regime), so doch im Vergleich mit den nach dem Zweiten Weltkrieg eröffneten Perspektiven, das Gefühl, in der Souveränität »angegriffen«, persönlich und sozial frustriert worden zu sein, ist im kulturellen Leben der Oststaaten all die hier behandelten Jahre hindurch latent vorhanden. Der totalitäre Kommunismus läßt die Intellektuellen dieser Länder wieder gegen die absolute Macht, gegen »die Willkür des Monarchen« kämpfen. (13) In diesem Kampf erscheint den Kulturschaffenden der Begriff »Nation« als einziger solider Sammelpunkt für einen neuen Anfang. In diesem Zurück zu den Quellen kann man ein Band sehen, das die Kultur der Oststaaten mit der entstehenden oder wiederentstehenden der Völker der Dritten Welt verbindet.

In den sechziger Jahren brachten die Philosophen und Soziologen der Oststaaten den vom jungen Marx entliehenen Begriff »Entfremdung« wieder in Umlauf. J.-M. Domenach kritisierte zweifellos mit Recht die Verwirrung um diesen Begriff und wollte ihn durch weniger zweideutige Ausdrücke wie »Entziehung«, »Frustration« oder »Expropriation« ersetzt sehen. (14) In den Oststaaten war aber der Begriff »Entfremdung« in einem konkreten Sinn erweitert worden, als Zwang nämlich, anders zu werden als man ist, als Introjektion. Dieser Zwang zur Lüge wurde unter dem Deckmantel des proletarischen Internationalismus ausgeübt. Wenn es einen Ausdruck gibt, der bei den Menschen des Ostens völlig in Mißkredit ist, so ist es der Ausdruck »proletarischer Internationalismus«. Das patriotische und nationale Streben ist auf kulturellem Gebiet von so elementarer Kraft, daß die Sowjetführer nicht anders konnten, als ihm nachzugeben, aber versuchten, es zu manipulieren und sich seiner für die Erhaltung und die Stärkung ihrer Macht zu bedienen. (15)

Integration in die europäische und die Weltkultur

Der kulturelle und politische Nationalismus, der 1956 in Polen und Ungarn, 1963 bis 1968 in der Slowakei, 1968 in den böhmischen Ländern einen bewegenden und oft grandiosen Ausdruck gefunden hat, enthält auch Unerfreuliches: chauvinistische und ausländerfeindliche Leidenschaften und Arroganz. Das Nationalgefühl kann immer und überall und leicht von den Demagogen ausgebeutet werden. Die kommunistischen Regimes, die glaubten, das nationale Problem durch die Entthronung der Bourgeoisie gelöst zu haben und die die aufrichtigsten Patrioten verfolgten – Novomeský und Husák in der Tschechoslowakei, István Bibo in Ungarn –, taten nichts, um den Nationalismus aufzuklären, zu läutern, seine konstruktiven Elemente zu entwickeln. Es ist die Angst vor der manipulierbaren Schattenseite des Nationalismus, die 1965 Adam Schaff eine gewisse Sehnsucht nach dem verlorenen internationalistischen Paradies ausdrücken und ihn das Ideal vom universellen Menschen gegen den nationalistischen Provinzialismus und die nationalistische Intoleranz verteidigen hat lassen. (16) »Es gibt keine kosmopolitische Kultur«, antwortete Chalasiński darauf. Er versuchte, die Suche Schaffs nach einem Vaterland jenseits der Vaterländer, im leeren Raum der Supranationalität, mit dessen Entwurzelung (Schaff ist jüdischer Abstammung) zu erklären. In den polnischen Intellektuellenkreisen war aber die Erinnerung an die stalinistischen und schdanowistischen Kampagnen gegen jede Art von Modernismus unter dem Vorwand des »Kampfes gegen den Kosmopolitismus« – dieser Slogan diente auch als Deckmantel für die antisemitischen Säuberungen – noch zu lebendig, als daß sie sich im Sinn der Äußerungen dieses »antinationalen Nationalisten« geirrt hätten. Die Intellektuellen der Oststaaten wissen, daß, wenn es auch keine vollkommen anationale, kosmopolitische Kultur gibt, es doch in unserer Welt – im Osten wie im Westen – viele schöpferische Geister, Verbannte, Staatenlose, Minderheiten, Wanderer, Nachkommen Erasmus' oder Kafkas gibt. Würde man ihnen das Bürgerrecht in der Republik der Literatur, der Künste und Wissenschaften verweigern? Über die nationalen Kulturen hinaus gibt es eine europäische und eine Weltkultur, und die Elite oder »Gegenelite« in den Oststaaten will absolut dazugehören.

Hinsichtlich der Wirtschaft und des politischen und sozialen Lebens ist die Rückgliederung der Oststaaten in den europäischen und Weltkreislauf ein Prozeß in seinen Anfängen. Auf kulturellem Gebiet hingegen sind die zwischen der sogenannten sozialistischen und der bourgeoisen Kultur errichteten künstlichen Barrieren bereits zusammengestürzt. Alles, was die kommunistischen Regimes tun können, ist bremsen, behindern, verzögern und unter dem Vorwand des Kampfes gegen den bourgeoisen Einfluß die Solidarität der Kulturschaffenden des Ostens und des Westens bekämpfen. Die Tschechen, Slowaken, Ungarn, Polen und Rumänen schließen bewußt in dieses Solidaritätsgefühl auch die Elite der Sowjetunion ein, Männer wie Sinjawskij, Daniel, Ginzburg, deren Prozesse in den Oststaaten starke Unruhe hervorgerufen haben.

Der Prozeß der Rückgliederung in den Westen (die Gemeinschaft mit dem »anderen Europa« ist ein Teil des nationalen Erbes) ist untrennbar verbunden mit dem Wiedererstehen des kulturellen Pluralismus auf den Ruinen des zerfallenen marxistisch-leninistischen Monopolismus. Der Faden wird dort wieder aufgenommen, wo man nach 1948 gezwungen worden war, ihn fallen zu lassen. Das bedeutet, daß man auf seiten der revolutionären Marxisten die ehemaligen »Gebildeten« findet, deren Prestige durch die Verfolgung noch vergrößert worden ist: die »Volksparteiler«, die eine der nationalen Realität angepaßte Demokratie fordern, sowie die »Modernisten« der verschiedenen Färbungen und auch die Christen, die Mystischen, die sich innerhalb und am Rande der Kirchen behaupten.

Welchen Beitrag hat diese wieder aufblühende Kultur geleistet, deren dramatische, kinematographische, poetische, epische und philosophische Erzeugnisse den westlichen »Markt« zu erobern beginnen? Die rein politischen Aspekte in den Werken östlicher Autoren, deren »Kampf um die Menschenrechte«, die Bekräftigung von Prinzipien, die für den Westen selbstverständlich sind, scheinen manchmal anachronistisch und provinziell, vor allem durch die andere Ausdruckstechnik. Es ist eine Kultur, die, um die wachsame Macht zu täuschen, sich oft allegorisch, in Anspielungen und in einer Sprache ausdrückt, die nicht immer leicht zu enträtseln ist. Aber trotz dieser Verspätungen, Tastversuche und Verschleierungen macht sich eine Erregung, eine Leidenschaft, ein Pathos des in seiner Substanz bedrohten Menschen bemerkbar, daß man meint, es mit den wahren Nachfolgern der großen russischen und osteuropäischen Kulturtradition zu tun zu haben. Im Vergleich dazu erscheinen die Werke, die unsere westliche Kultur in den sechziger Jahren hervorgebracht hat, farblos, frivol, blutleer und abgeschmackt. Der Zweite Weltkrieg und zwanzig Jahre totalitärer Dirigismus haben den Menschen des Ostens in ein Trauma gestürzt, vor allem die Intellektuellen, die unter besonders hartem Druck standen, weil man sie zwingen wollte, Sprachrohr und Verherrlicher der Partei zu sein, obwohl sie doch alles dazu drängte, ihre natürliche und traditionelle Funktion als Wortführer ihres Volkes zu erfüllen. Für sie bestand das Problem nicht darin, sich zu engagieren oder nicht. Sie waren engagiert, sie konnten dem Engagement nicht entgehen. Viele hatten geschwiegen. Andere hatten eine List gebraucht, geschickt das Richtige und das Falsche vermischt, und sich so bemüht, sich in das Unvermeidliche zu fügen, das Wesentliche zu bewahren. Aber alle sind verletzt worden, alle haben gelitten. Für alle haben Worte wie »Luft«, »Licht«, »Brot«, »Wahrheit«, »Vaterland« einen neuen, ja pathetischen Sinn bekommen.

Der totalitäre Marxismus verstößt gegen den Menschen als solchen. Die Menschen der Oststaaten haben diese Erfahrung gemacht. Und diese Erfahrung, transponiert in die Literatur, die Kunst, die Philosophie, bringt auch gültige Lehren für den Westen, dessen Kultur zwischen einer abstrakten, formalistischen, entpersönlichten Verschleierung und »Pop-art«-Kundgebungen schwankt. Den beiden Formen des Nihilismus und des zeitgenössischen kulturellen Antihumanismus halten die besten Schriftsteller, Künstler und Philosophen der Oststaaten den Entwurf einer Kultur entgegen, die an sich selbst glaubt, die an den Menschen glaubt und die etwas zu sagen hat.

Den kommunistischen Regimes ist es nicht gelungen, eine sozialistische Kultur erstehen zu lassen, die jener überlegen ist, von der nach Marx auch ein Lunatscharskij, ein G. Lukács, ein Bertolt Brecht und viele andere revolutionäre Kommunisten geträumt haben. Sie haben im Gegenteil den schöpferischen Elan, die Hoffnung auf ein ausgefülltes Leben und auf Erneuerung, die von der russischen Revolution geweckt worden war, erstickt oder verfälscht. Was sich auf kulturellem Gebiet in den Oststaaten getan hat oder was sich eben tut, hat sich getan oder tut sich trotz des repressiven Dirigismus der »ideologischen Kommissionen« der Partei und gegen die offizielle Ideologie. Die Ideologie hat den Kampf um die Kultur praktisch verloren. Nach Imre Nagy hat Dubček aus dieser Niederlage gelernt und nach seinem Machtantritt feierlich versprochen, »alles zu unterbinden, was das künstlerische und wissenschaftliche Schaffen behindert und abwürgt«. (17)

Es wäre aber falsch, aus dem Vorhergehenden zu schließen, daß die kommunistischen Regimes auf kulturellem Gebiet nur negativ und zerstörerisch gewirkt haben. Es gibt einen durchaus nicht unbedeutenden positiven Aspekt. Dadurch, daß sie den zentralistischen Staat zum einzigen Agens der Geschichte machten, haben sie vom dynastischen Absolutismus nicht nur seine bürokratische Struktur, seinen abstrakten Rationalismus, seinen Hang, alles zu überwachen, geerbt, sondern auch seine Dynamik, sein Streben nach Leistung und Fortschritt, seine Vorliebe für große Verwaltungswerke.

Erinnern wir uns nur einmal daran, daß die Herrschaft der aufgeklärten Habsburger, Maria Theresia und Joseph II., in allen Erbländern durch die Erbauung zahlreicher öffentlicher Gebäude gekennzeichnet war: durch den Bau von Kasernen, Spitälern, Gefängnissen, Gerichtsgebäuden, aber auch, ja vor allem, durch den Bau von Volksschulen und Gymnasien, von Universitäten, Theatern und Museen – Monumente, die Städten wie Wien, Prag, Preßburg, Budapest, Laibach, Agram und Krakau ein besonderes Aussehen verleihen. Das Ziel Josephs II. war es, die Ausbildung seiner Untertanen – vor allem der späteren Beamten – der Kirche zu entziehen und sie dem Staat zu übertragen.

In dieser Tradition begannen die kommunistischen Regimes neuerlich mit dem Kampf gegen das Analphabetentum und – ein sozialdemokratisches Erbe – mit der Demokratisierung des Unterrichtswesens.

Die Realisierung ehrgeiziger Industrialisierungsprogramme hatte die Expansion des Schulwesens und die beschleunigte Ausbildung zahlreicher Kader mit beruflicher Qualifikation gefördert. Die großen Anstrengungen, die unternommen wurden, um die Schüler und die Schulprogramme den Bedürfnissen des Wirtschaftslebens anzupassen, müssen den kommunistischen Regimes gutgeschrieben werden – ebenso wie die Erfolge auf dem Gebiet der Sozialversicherung.

Es ginge zu weit, die Leistungen jedes Landes aufzuzählen. Ich beschränke mich daher auf einige Zahlen aus dem *polnischen* Hochschulwesen:

Studienjahr:	*1937/38*	*1947/48*	*1957/58*	*1965/66*
Hochschulen	42	56	76	76
Fakultäten	118	162	331	350
Lehrstühle	782	1.348	2.360	2.735
Studenten	49.534	94.785	162.680	251.864
Graduierte	6.114	4.147	19.424	25.218
Professoren und Dozenten	907	2.044	2.954	3.669
Oberassistenten, Assistenten	2.107	5.223	12.888	15.050
Lektoren, Lehrbeauftragte	157	391	1.525	1.960

Ende 1964 hatten in Polen 328.000 in der verstaatlichten Wirtschaft Beschäftigte, davon 100.000 Frauen, Hochschulbildung. Daneben ist nicht nur in Polen, sondern in allen Oststaaten das Hochschulstudium auch in Abend- und Fernkursen möglich, die von den Arbeitern organisiert werden. 1965/66 besuchten von ungefähr 250.000 Studenten 100.000 die Abend- und Fernkurse. Das Hochschulstudium ist gratis. Im Studienjahr 1966/67 erhielten 70.000 Studenten Stipendien. Die Einführung der siebenjährigen, seit 1966 der achtjährigen Schulpflicht, ein weites Netz von allgemeinbildenden höheren Schulen (340.000 Schüler im Schuljahr 1962/63 gegenüber 114.000 1937/38), die Schulgeldbefreiung und die Stipendien haben die Hochschulen zahlreichen Arbeiter- und Bauernkindern zugänglich gemacht. 1965/66 stammten 27,3 Prozent der dem regelmäßigen Unterricht folgenden Schüler aus Arbeiter-, 16,7 Prozent aus Bauernfamilien und 50,7 Prozent aus der Intelligentsia. Die wissenschaftlichen Verlage Polens veröffentlichten 1965 1280 Arbeiten und brachten 82 wissenschaftliche Zeitschriften heraus. (18)

In *Ungarn* sieht die Bilanz nicht weniger positiv aus. Dort stieg die Zahl der Hochschüler von 11.000 im Studienjahr 1937/1938 auf 67.000 1962/63 (inklusive der Studenten, die Abend- oder Fernkurse belegt hatten). Auch in *Rumänien* stieg zwischen 1938 und 1966 die Zahl der Studenten um das Fünffache: 46 Institutionen für Hochschulbildung mit 101 Fakultäten gegenüber 33 im Jahre 1938; 13.000 Professoren gegenüber 2200 im Jahre 1938. In *Serbien* wurde 1967 höherer Unterricht in 645 Schulen erteilt gegenüber ungefähr 60 vor dem Krieg. Auch in den anderen Unterrichtssparten wurden in der Republik Serbien

Fortschritte erzielt: 28 Landwirtschafts-Mittelschulen gegenüber 2 vor dem Krieg; 28 medizinische Fakultäten gegenüber 1; 70 technische Schulen gegenüber 4; 31 Lehrerbildungsanstalten gegenüber 10. In den zwanzig Nachkriegsjahren wurden in Serbien 3000 Schulen eröffnet, und es verdreifachte sich die Zahl der Studenten. (19)

Die Oststaaten haben also in massiver Weise an der Schulexplosion partizipiert, die die Nachkriegsentwicklung aller Industrie- bzw. im Industrialisierungsstadium befindlichen Staaten gekennzeichnet hat. Das technische und kulturelle Niveau der Bevölkerung stieg überall. Aber diese Entwicklung war wie die der Wirtschaft von negativen Erscheinungen begleitet, die bei Lehrern, Eltern und Schülern zunehmend Unzufriedenheit hervorriefen, bis sich diese gegen das kommunistische Regime wandte. Die wesentlichsten negativen Faktoren:

a) *Überstürzung, mangelnde Planung.* Es genügt, hier einen Artikel des tschechoslowakischen Parteiorgans »Rudé právo« anzuführen: »In vielen Schulen war es noch lange nach Schulbeginn unmöglich, Programme laut Lehrplan zu erstellen. Die Schüler vieler Schulen wurden aufgefordert, Kartoffeln zu klauben und an Arbeitsbrigaden teilzunehmen. Die in diesem Jahr erstmals kostenlose Verteilung der Bücher erfolgte mit Verspätung. Das soziale Engagement der Lehrer stört das Schulleben ... Viele von ihnen beklagen sich, eher Organisatoren von Aktionen als Erzieher zu sein.«

Wie in der Wirtschaft haben die Planer oft ein Planziel ausgearbeitet, das sich als unrealisierbar herausstellt. So sah der 1962 in Bulgarien veröffentlichte Plan eine überschnelle Entwicklung vor, die die Anzahl der Universitätsstudenten bis 1980 auf 220.000 steigern sollte. 1963 erkannte die Regierung, daß dies wohl zu hoch gegriffen war, und verringerte das Plansoll.

b) *»Russifizierung« und mechanische Nachahmung des sowjetischen Unterrichtsmodells.* Dem russischen Sprach- und Literaturunterricht wurde auf Kosten der westlichen Sprachen der Vorrang eingeräumt; die sowjetischen Unterrichtsmethoden wurden streng kopiert. (20) In der Tschechoslowakei wurde nach dem *Coup de Prague* eine »Mittelschuldisziplin« in den Universitäten eingeführt. Überall mußten die Hochschulen die traditionellen Bande mit den westlichen Institutionen zerreißen und sich völlig auf die sowjetische Hochschule ausrichten. Die in der UdSSR schlecht angeschriebenen Humanwissenschaften wurden vernachlässigt. (21)

1958 begann Chruschtschow, der mit Besorgnis sah, wie die Kluft zwischen geistiger und manueller Arbeit, die der Sozialismus zu beseitigen versprochen hatte, immer breiter wurde, seine berühmte Schulreform, die die »Polytechnisierung« des Unterrichts und für jeden Hochschüler ein zweijähriges Pflichtpraktikum in der Produktion vorsah. Diese Reform, die schon bei den sowjetischen Lehrern und Eltern auf heftigen Widerstand stieß, war in den Volksdemokratien noch weit weniger angebracht. Trotzdem wurde sie von den Oststaaten durchgeführt, peinlich genau 1959 von Bulgarien und Rumänien, mit etwas mehr Überlegung von der DDR und der Tschechoslowakei; Ungarn und Polen gingen merklich davon ab. Trotz der Gleichförmigkeit der Prinzipien gab es einige Unterschiede. In Polen wurde die achtjährige Schulpflicht 1961 eingeführt, in der DDR und in Ungarn waren zehn Schuljahre bereits für alle obligatorisch. In der Tschechoslowakei kam 1961 die neunjährige Schulpflicht. (22)

Im Herbst 1963 (als das Maxim-Gorki-Institut in Bukarest geschlossen wurde) schritt die rumänische Regierung mit der gleichen Energie zur »Entrussifizierung«, mit der sie sich zwischen 1948 und 1958 für die »Russifizierung« des rumänischen Unterrichtswesens und der Kultur eingesetzt hatte: Russisch war keine obligatorische Sprache mehr an der Universität, und auch das Unterrichtswesen wurde allmählich wieder nach dem Westen ausgerichtet. (23)

c) *Ideologisierung des Unterrichtswesens.* Die Stellung, die dem Marxismus-Leninismus im Unterricht eingeräumt wurde, sowie die schlechte Qualität dieses Unterrichts riefen bei Pädagogen und Studenten die meisten Proteste hervor. In der Tschechoslowakei Novotnýs nahmen der vormilitärische Turnunterricht und der Unterricht in russischer Sprache und Marxismus-Leninismus 30 Prozent der Unterrichtszeit ein, während die Lehrer meinten, daß »die Erweckung des Interesses für die Wissenschaften der Kern der kommunistischen Erziehung sein müßte«. (24) Die Reduzierung bzw. Abschaffung des Unterrichts in Marxismus-Leninismus wurde in allen kommunistischen Ländern zu einer der Hauptforderungen der Studenten. (25)

Zum Beispiel Polen: Unter dem Druck der öffentlichen Meinung stimmte die Regierung 1956 zu, den Unterricht in Marxismus-Leninismus völlig abzuschaffen, was aber nicht hieß, daß der Apparat die Partie deswegen verloren gab, noch dazu, wo das abgetretene Terrain schnell von der Kirche in Beschlag genommen wurde. Daher wurden 1959 – im Jahre der ideologischen Erhärtung – neuerlich Anstrengungen unternommen, »Wirtschaft und Philosophie in marxistischem Geist zu lehren«. Aber mangels qualifizierter Lehrer blieb das Programm auf dem Papier. 1965 ging man von einer neuen Basis aus und versuchte, den marxistisch-leninistischen Unterricht anziehender zu gestalten, indem man ihn auf das Studium und die Erörterung zeitgenössischer politischer, soziologischer und wirtschaftlicher Probleme ausdehnte. Aber die Regierung sah sich von neuem vor die Wahl gestellt, entweder das Interesse und den kritischen Geist der Schüler anzuregen und damit Opposition zu gestatten, oder sich auf die rein politische Schulung zu beschränken, was unweigerlich zum Desinteresse der Studenten führte.

Welche Taktik die Regierungen auch anwandten, sie konnten nicht verhindern, daß der Einfluß der marxistisch-leninistischen Dogmatik immer geringer wurde. Nur die ketzerischen, revisionistischen Marxisten, wie Kołakowski in Polen oder die Philosophen um die Zeitschriften »Praxis« in Agram und »Delo« in Belgrad, brachten ein wenig Bewegung in das weitverbreitete Desinteresse, allerdings mit Ergebnissen, die den Regierungen mißfielen. Die Tatsache, daß selbst die rumänischen Parteiführer, die die marxistischen Prinzipien getreu befolgten, den Marxismus-Leninismus an den Hochschulen einschränkten, hat Symbolwert. Das Schwergewicht im Unterricht verlagerte sich in den Jahren nach 1960 in allen kommunistischen Ländern auf die patriotische Erziehung und die Berufsausbildung.

Die Führer der Oststaaten beklagten sich in Abständen immer wieder über das mangelnde Interesse, die Gleichgültigkeit der Studenten – der »Jungen« im allgemeinen – gegenüber den ideologischen und politischen Problemen. Die Jungen begeistern sich angeblich nur »für Jazz und dekadente Tänze«. (26) Im Vergleich mit den Studenten des Westens erscheinen jedoch die des Ostens, zumindest vor 1967, eher »politisiert«. Ab 1956 spielen die ungarischen, polnischen, tschechoslowakischen und jugoslawischen Studenten im politischen und sozialen Leben ihres Landes eine ähnliche Rolle wie die spanischen, türkischen oder südamerikanischen Studenten, in deren diktatorisch regierten Ländern sich ein »Tauwetter« bemerkbar macht. Sie stellen sich gerne an die Spitze der Bewegung, des Fortschritts, der Liberalisierung, der nationalen Unabhängigkeit. 1956 in Ungarn, 1956 und 1968 in Polen, 1963 und 1967 bis 1969 in der Tschechoslowakei standen die Aktiven der Studentenwelt in natürlicher Übereinstimmung mit den liberalen Schriftstellern, Journalisten, Professoren und Künstlern und tendierten dazu – was aus ihrer Jugend erklärlich ist –, die politischen und sozialen Forderungen der Intelligentsia viel radikaler, extremistischer zu stellen als die Älteren. Im Marxismus erzogen und von ihm enttäuscht, empfänglich für die sozialistischen Ideen, aber entrüstet über den Unterschied zwischen den Prinzipien und der Wirklichkeit, sind die Studenten nach 1956 zum Unruheherd für die Regimes und zur Hoffnung für die Völker geworden.

Rufen wir uns einige Ereignisse, einige Daten nach 1956 in Erinnerung. Im Oktober 1957 demonstrieren in Warschau die Studenten gegen das Verbot der revisionistischen Wochenschrift »Po Prostu«. Kämpfe mit der Polizei, Säuberungen. Im April 1964 erklären sich die Studenten mit den 34 Schriftstellern solidarisch, die ein Protestschreiben gegen die Kulturpolitik der Regierung unterzeichnet haben. Sanktionen, Versammlungsverbot. Im darauffolgenden Jahr stiftet der Ausschluß zweier junger Dozenten (Modzelewski, Sohn des früheren Außenministers, und Kuron) von der Universität Unruhe. Der Philosoph Kołakowski, der zwar nicht die linksgerichteten und anarchisch-trotzkistischen Ideen der Angeklagten teilt, tritt für sie im Namen der Freiheit des Geistes ein. Nach dem Urteilsspruch neue Protestversammlungen, neue Eingriffe der Behörden. Am 21. Oktober 1966, dem zehnten Jahrestag der »Kleinen Revolution«, richtet sich Kołakowski an begeisterte, aufgeregte Studenten und prangert die mangelnde Versammlungs- und Meinungsfreiheit an, kritisiert das Fehlen parlamentarischen Lebens, die Unfähigkeit der Regierung. Er fordert die Abschaffung jener Paragraphen des Strafgesetzes, die die Verurteilung Kurons und Modzelewskis ermöglicht haben. Am Tag darauf wird der Philosoph aus der Partei ausgestoßen; Kliszko, die rechte Hand Gomułkas, begibt sich an die Universität, um die Sanktionen zu verteidigen, und beschuldigt Kołakowski, mit ausländischen Antikommunisten in Kontakt gestanden zu sein. 14 von 15 Professoren der Fakultät erklären sich mit ihrem Kollegen solidarisch; die Studenten nehmen die Argumente des Vertreters der Parteispitze skeptisch auf. Im Februar 1968 kommt es anläßlich des Verbotes des patriotischen Mickiewicz-Stücks zu neuerlichen Unruhen an der Universität. Der Sieg der Liberalen in der Tschechoslowakei wirkt wie ein Katalysator. Am 8., 9. und 11. März nehmen die Studentendemonstrationen ein noch nie dagewesenes Ausmaß an. Unter dem Vorwand, manche Studenten seien Kinder ehemals führender Persönlichkeiten und hoher jüdischer Funktionäre, lasten die Behörden den Aufruhr »zionistischen« Elementen an, mobilisieren die Arbeitermiliz und beginnen mit einer neuen antijüdischen Säuberung.

Ein Paradoxon: Ordnungskräfte wüten in Warschau gegen Studenten, die unter den Rufen »Unabhängigkeit! Demokratie! Gestapo!« marschieren, und zwar an dem Tag, da sich in Prag der Innenminister bei jenen Studenten entschuldigt, die während der großen Demonstration am 31. Oktober 1967 Opfer polizeilicher Brutalität geworden waren. Nun, die tschechoslowakischen Studenten haben in der Tat viel zum Sieg der Liberalen beigetragen.

Ende 1965 kehren die tschechoslowakischen Studenten auf die politische Bühne zurück. Auf der nationalen Studentenkonferenz in Prag im Dezember 1965 unter der Patronanz des Jugendverbandes läßt Jiří Müller eine Resolution annehmen, die die

»Föderalisierung« der Jugendorganisation, mit anderen Worten, die Schaffung getrennter Organisationen für die Arbeiter-, die Bauern- und die studentische Jugend innerhalb dieser Organisation fordert. Die Studenten verlangen auch ein politisch unabhängiges Statut, für ihre Organisation das Recht, sich der Partei zu widersetzen, und eine Vertretung in der Nationalversammlung. (27) Die Parteiführung weist aber diese Forderungen kategorisch zurück und stößt Müller aus dem Jugendverband der Universität aus. Er muß sofort seinen Militärdienst antreten. Aber die Emanzipationsbewegung ist dadurch nicht gebrochen. Im Herbst 1967 protestieren die Studenten der philosophischen Fakultät gegen die Sanktionen, die gegen die Novotný-feindlichen Schriftsteller ergriffen worden waren; am 31. Oktober organisieren mehrere tausend Studenten von Strahov einen »Marsch auf Prag«, um den Behörden ihre Forderungen zu unterbreiten. Sie werden brutal zersprengt. Elf Studenten werden verletzt, zwei davon schwer. Die Öffentlichkeit empört sich, und die offene Debatte in den Führungskreisen über die Verantwortung für die polizeilichen Ausschreitungen treibt die politische Krise zum Höhepunkt.

Nach dem Plenum im Januar 1968 bringen die Wortführer der Studenten ihre Forderung nach Schaffung einer unabhängigen Studentenorganisation neuerlich vor. Sie beschuldigen das Zentralkomitee des Jugendverbandes, die »konservativste Institution des Landes« zu sein. (28) Am 28. Februar tritt das Komitee des Jugendverbandes an der philosophischen Fakultät der Universität Prag zurück und überläßt seinen Platz einem Studentenrat. Der tschechoslowakische Dutschke (oder Cohn-Bendit), Jiří Müller, wird rehabilitiert und wieder aufgenommen; die am 31. Oktober verletzten Studenten werden um Entschuldigung gebeten und erhalten Entschädigungen. Am 26. Mai nehmen in Gegenwart Císařs und Abgeordneter der nichtkommunistischen Parteien die Studentenvertreter der 53 Fakultäten Böhmen-Mährens das Programm des »Verbandes der Hochschulstudenten« an. In einem der Punkte dieses Programms wird die Beteiligung der Studenten an der Verwaltung ihrer Schulen gefordert. In den folgenden Monaten führen die Studenten den Kampf weiter; sie unterstützen die »Zweitausend Worte« und organisieren die von den

»Literární listy« begonnene Kampagne für Dubček mit. Nach der Preßburger Konferenz demonstrieren sie auf dem Hus-Platz mit den Rufen »Wir wollen die Wahrheit!«, »Wir wollen eine Politik à la Masaryk!«, »Freie Wahlen!« und »Es lebe Israel!«. Die Führer, bedacht darauf, die Russen nicht zu verärgern, sind heilfroh, daß in diesem stürmischen Sommer das Gros der Studenten in den Ferien ist, viele von ihnen in Jugoslawien oder im Westen; ihre massive Anwesenheit in den großen Städten zum Zeitpunkt der Invasion hätte die Bemühungen, Blutvergießen zu vermeiden, wesentlich erschwert. Aber im November protestieren die Studenten in einem mehrtägigen Streik gegen die den Sowjets gemachten Konzessionen; am 19. Dezember unterzeichnet der Studentenverband ein »Abkommen über Zusammenarbeit« mit der mächtigen Gewerkschaft der Metallarbeiter; und am 17. Januar 1969 sucht Jan Palach den Flammentod, um die Aufhebung der Zensur zu erreichen und um die Welt an den Preis der Freiheit zu erinnern. Als neuer Jan Hus wird er sofort zum Symbol des anscheinend unzähmbaren Widerstands gegen die Knechtschaft.

Die Jugend und der Kampf um die Zukunft

Die Ereignisse in der Tschechoslowakei erklären, warum sich die Behörden der anderen kommunistischen Länder so sehr gegen Autonomie der Studentenorganisationen sträuben. Die Parteikontrolle kann viel leichter aufrechterhalten werden, wenn es sich um Jugendverbände handelt, deren Mitglieder aus allen sozialen Schichten stammen und in denen die aktiven Studenten in der Masse der jungen Arbeiter, Bauern und Angestellten untergehen, die leichter manipulierbar sind. Aber diese Leichtigkeit ist relativ. Der Apparat unterliegt dem zunehmenden Druck der Jungen, die nicht mehr »Gegenstand politischer Schulung, sondern gleiche Partner« sein wollen. (29)

Im November 1966 stellte der jugoslawische Jugendbund seine Unabhängigkeitsforderungen: »Anstatt eine Organisation *für* die Jugend zu sein«, erklärte der Vorsitzende, »wollen wir eine Organisation *der* Jugend sein.« (30) Bei der Erörterung dieses

Problems in der Presse verlangten einige Junge, die Institutionen mögen das Vorhandensein »eines natürlichen (*sic!*) Konflikts zwischen jung und alt, zwischen der alten und der neuen Generation berücksichtigen – eines Konfliktes, der ein permanentes Element des sozialen Werdens ist«. (31)

Der »Konflikt zwischen den Generationen«, der nichts anderes ist als der Konflikt zwischen der Jugend und dem kommunistischen Establishment, ist in allen Oststaaten zu einem Streitthema geworden. So gut wie überall sind die Jungen auf die Partei böse, und die Partei tadelt die Jungen wegen ihrer »Gleichgültigkeit«, ihrer »Undankbarkeit«, ihres »Nihilismus«. In Jugoslawien, wo 1958 23,6 Prozent der Parteigenossen jünger als 25 waren, betrug 1964 der Anteil der Jugend nur 13,6 Prozent. 1966 waren in der Tschechoslowakei nur 16 Prozent der Parteimitglieder jünger als 30.

In der ČSSR haben zahlreiche Umfragen unter den jungen Leuten ergeben, daß »Schluß ist mit dem Enthusiasmus der fünfziger Jahre, der Hunderttausende Junge dazu bewogen hatte, freiwillig und gratis zu arbeiten, um beim Aufbau des Sozialismus mitzuhelfen ...« »Das Leben hat die Jugend nicht so erzogen, wie es unsere Seeleningenieure gewünscht hätten ... und dieser Mißerfolg liegt hauptsächlich an der Nichtübereinstimmung zwischen Worten und Taten, zwischen dem, was man den Jungen über das Leben erzählt hat, und dem, was sie dann in Wirklichkeit gesehen haben.« (32) Die überladene und immer formalistischere Propaganda hatte in der heranwachsenden Generation eine Art »ständiger Allergie gegen die politische Schulung« (33) entwickelt, eine skeptische Geisteshaltung, in der die »Alten« nur das »Fehlen jeglichen Ideals«, eine »Ansteckung durch das bourgeoise Verbrauchertum« sahen (34), während sie in Wirklichkeit der Ausdruck einer Frustration, einer Enttäuschung durch die Alten war, die sich »das Rückgrat brechen ließen« und »die großen Ideen in Mißkredit brachten«. (35)

Die Forderungen der Studenten greifen über auf die jungen Graduierten, die jungen Techniker, die sich an der »Herrschaft der Alten« und an den veralteten Kadern stoßen, da diese wegen des Vertrauens, das sie in der Parteispitze genießen, trotz ihrer unzureichenden Qualifikation die guten Plätze besetzen. (36) Um ihren Forderungen nach Rotation der Kader und Berufung »demokratisch ausgewählter Spezialisten« in die leitenden Stellen Nachdruck zu verleihen, bilden die jungen Graduierten zusammen mit den Studenten die »Stoßtruppen der technischen Intelligentsia«. (37)

Die Jugend der Oststaaten teilt mit der des Westens einen hoffnungslosen Positivismus und das Mißtrauen gegen Slogans, gegen entwertete Ideologien. (38) Der (nicht gehaltenen) Versprechen überdrüssig, verlangen die Jungen nach Taten, nach Beweisen, sie vertrauen nur noch auf die Wissenschaft und die Technik. (39) »Die Jungen wissen nicht immer, wo die Wahrheit liegt«, schrieb der zwanzigjährige tschechoslowakische Dichter Miroslav Holub, »aber sie wissen, wo die Lüge ist.« (40) Die Ablehnung der sozialen und politischen Lüge, die Ablehnung nicht der Ideale, sondern der falschen Ideale, nicht des Heldentums, sondern des falschen Heldentums, drängt die Jungen zum Privatleben zurück, zur persönlichen Befriedigung, zur Bildung von Banden, mehr oder weniger heimlichen Klubs, in denen sie der Kontrolle durch die Älteren entgehen. Die Jungen suchen auf ihre Art nach Wahrheit, Schönheit und Gerechtigkeit. (41)

Aus dem gleichen Grund erklärt sich auch die Beliebtheit der so lange Zeit verbotenen westlichen Literatur, Kunst und Mode bei der Jugend der sozialistischen Länder. In wenigen Jahren haben der Jazz, der Jerk, der Rock 'n' Roll, die Kleidung der Beats, die abstrakte Kunst und die Pop-art die offiziellen Sperren durchbrochen, so daß sich sogar Schiwkow, der äußerst puritanische Staatschef Bulgariens, im Dezember 1967 gezwungen sah, »Toleranz gegenüber der experimentellen Forschung und der Schwärmerei der Jungen« zu predigen.

Der »Kosmopolitismus«, die grenzenlose Bewunderung für alles, was aus dem Westen kommt, von Faulkner bis zum Volkswagen, geht bei der Jugend Hand in Hand mit »patriotischer, ja nationalistischer Hypersensibilität« im Kampf gegen das sowjetische Modell. (42) Um die aufsteigende Generation wieder in den Griff zu bekommen, um sie mit dem Regime zu versöhnen, appellieren die bulgarischen, polnischen und ostdeutschen Kommunistenführer immer mehr an die »patriotische und militärpatriotische (*sic!*) Erziehung der Jungen«. (43) Das, was die

Schule und die Familie versäumt haben, versuchen die Armee und die paramilitärischen Organisationen gutzumachen: die Jugend im Sinn einer Identifizierung von Partei und Vaterland zu politisieren. Das haben übrigens vor ihrer Niederlage auch die Novotný-Leute in der Tschechoslowakei versucht, wo die Entideologisierung der Jugend schon weit gediehen war: Auf dem Parteikongreß 1966 erklärte der Sekretär Koucký, daß »das Kontingent das beste Terrain zur Rekrutierung für die Partei« sei. 75 Prozent der Offiziere waren zu diesem Zeitpunkt Parteimitglieder und viele junge Soldaten konnten zur Kandidatur bewegt werden. (44) 1968 stellte sich dann aber heraus, daß dieser Novotný-Parteinachwuchs in seiner großen Mehrheit die Sache der Erneuerung unterstützte.

In Bulgarien und Rumänien ging man mit der größten Energie an die nationalkommunistische (um nicht zu sagen chauvinistische) Schulung der Jugend heran. In Bulgarien stand im Januar 1968 der Kongreß des kommunistischen Jugendbundes ganz im Zeichen des Kults um die »große romantische Epoche der bulgarischen nationalen Wiedergeburt« im 19. Jahrhundert. (45) Die Mitglieder erhielten Uniformen; man beschloß, ihnen einen »sozialistischen Patriotismus« einzutrichtern, dessen »höchste Bedeutung in der großen Liebe zur UdSSR und ihrer leninistischen Partei« liegt. (46) Dem von der rumänischen Partei propagierten »sozialistischen Patriotismus« fehlt es indessen an Sowjetfreundlichkeit; das Schwergewicht liegt dort auf »den Traditionen des Kampfes um Unabhängigkeit, um nationale und soziale Freiheit« – eine Spitze, die sich vor allem gegen Rußland richtet. Ziel und Technik sind aber gleich. Im Dezember 1967 beschloß auf Antrag Ceauşescus das Plenum des Zentralkomitees die »Modernisierung« des 2,300.000 Mitglieder zählenden kommunistischen Jugendverbandes. Obgleich man auf patriotischer Erziehung besteht, tragen die neuen Direktiven den individuellen Bestrebungen der Jungen Rechnung, ihrer Leidenschaft für die Kultur, ihren künstlerischen Neigungen, ihrer Liebe zum Sport, ihrem Gefallen an Mußestunden im Freien und angenehmen Zerstreuungen. Auch in Polen bekundeten Politiker wie Militärs ihr Interesse an der »patriotischen Erziehung« der Jungen. (47)

Auf diesem Gebiet wie auf den anderen, wo die marxistisch-leninistische Ideologie dauernd an Boden verliert, zeichnen sich für die Parteiführer zwei Wege ab: der Weg der Erneuerung des Autoritätsprinzips dank dem »militärpatriotischen« Einfluß einerseits und der demokratische und nationale Weg andererseits, der Weg der Anerkennung der besonderen Rolle der Jugend, ihres Rechts auf Selbstbestimmung und zunehmende Beteiligung am politischen und sozialen Leben. (48)

Das kommunistische Regime, die Kirche und der Glaube

Im Kampf um die Seele der künftigen Generationen ist der Hauptrivale der Ideologen der kommunistischen Länder – abgesehen vom zersetzenden Einfluß der Lebensweise und der pluralistischen Kultur des Westens – der von den Kirchen überlieferte religiöse Glaube.

Die Kommunisten glauben an die Möglichkeiten des Menschen, an die Möglichkeiten des »neuen Menschen«, dieser materialistischen Version des »neuen Adam«. Dieser Glaube, der sich antireligiös gibt, entspringt aus einer radikalen Kritik der Religion als des »Opiums der Völker«. Der atheistische »Militantismus«, die aggressive Verneinung Gottes, ist die Seele des Marxismus. Das Ideal vom neuen Menschen, der totale Mensch, setzt die Ablehnung jeglicher Transzendenz voraus. Gleichzeitig scheint aber die konsequenteste, die dynamischste Realisierung des marxistischen »Revolutionismus« – der Stalinismus und später der Maoismus – die Unmöglichkeit aufzuzeigen, die Religion radikal zu verwerfen, ohne sie durch eine verschleierte Form von Religiosität, einen Götzendienst zu ersetzen. Es scheint nicht möglich zu sein, Gott aus der Tradition auszustoßen, ohne unter einem anderen Namen das einzuführen, was Gott symbolisiert, nämlich das Absolute. Der Personenkult, der Stalinkult und der Parteikult veranschaulichen dies.

Pasternak hat – nach Berdjajew – das religiöse Wesen des Kommunismus entdeckt: Der Kommunismus war in seinen Augen eine jüdisch-christliche Häresie, eine moderne, materialistische, pseudowissenschaftliche Version des antiken Messianismus, ein grandioser Versuch, das Absolute in die Geschichte zu integrieren, die Transzendenz in eine sozialpolitische Immanenz zu verwandeln und dank der wirtschaftlichen, sozialen und politischen Revolution die Dämonen des Egoismus, des Besitzertums entscheidend zu schlagen. Es sind verbildete jüdisch-christliche Energien, die in der kommunistischen Ungeduld am Werk waren, um die alte Ordnung zu zerstören und die ökonomische Basis der neuen Ordnung zu erstellen, wo Gleichheit, Brüderlichkeit und Gerechtigkeit regieren sollen. Laut Raymond Aron treten die kommunistischen Regimes hauptsächlich als Ideokratien auf. Aber was ist die Ideokratie anderes als ein säkularisiertes Derivat der Theokratie, so wie die Ideologie ein säkularisiertes Derivat der Theologie ist?

Ich will hier aber nicht näher auf die Psychoanalyse des Kommunismus eingehen, der unter anderen Jules Monnerot, Ignazio Silone und Arthur Koestler den Weg geebnet haben. (49) Es genügt festzustellen, daß es letztlich die Weigerung der marxistisch-leninistischen Ideologen ist, die Wurzeln ihres Glaubens und die wahre Natur des Glaubens anzuerkennen, die zu einem guten Teil den doppelsinnigen und widersprüchlichen Charakter der Beziehungen der kommunistischen Regimes zur Kirche und zur Religion erklärt. Die militanten Kommunisten waren und sind jedenfalls von einem Glauben beseelt, zu dem sie bekehren wollen, zu dem sie in erster Linie die Jugend bekehren wollen. Die Propaganda des totalitären Kommunismus, Informations-, Erziehungs- und Druckmittel, versucht aus dem Marxismus-Leninismus eine monopolistische Staatsideologie (-religion) zu machen, stößt da aber auf die traditionelle Propaganda der Kirche. So ist die Kirche, einst tolerierte Institution, der die Verfassung freie Tätigkeit garantierte, zur verfolgten Institution geworden, deren Aktionsradius die kommunistischen Staaten systematisch verkleinern.

Man hat den unversöhnlichen Charakter des Kampfes der kommunistischen Regimes gegen die Kirche während der Stalinzeit damit zu rechtfertigen versucht, daß die Kirche, vor allem die katholische Kirche, eine politische Kraft darstellt, die aus Tradition mit der nationalistischen Rechten, mit den ehemaligen privilegierten Klassen und den antikommunistischen politischen Parteien solidarisch ist, von denen sich einige ja auf das Christentum berufen. (50) Danach wäre der Kulturkampf zwischen Staat und Kirche auch dann ausgebrochen, wenn die Regimes der Oststaaten vom Stalinismus verschont geblieben wären. Vielleicht hätten die stalinistischen Regimes die Kirche aber auch dann verfolgt, wenn der Episkopat, der Klerus und die Gläubigen der Oststaaten »weiter links« gestanden wären. Sind nicht die nichtkommunistischen Linken – vor allem die Sozialdemokraten – während der Jahre des Terrors genauso grausam behandelt worden wie die extrem Rechten? Das, worauf es der Stalinismus vor allem abgesehen hatte, war die geistige Autonomie der Kirche, ihre Fähigkeit, eine große Tradition zu überliefern, ihre Supranationalität und zugleich Verwurzelung in den Nationen – alles Dinge, die mit dem von den herrschenden Parteien geforderten geistigen und kulturellen Monopol unvereinbar waren.

Nach dem Tode Stalins sieht die Lage folgendermaßen aus: Der Großteil der katholischen Bischöfe ist im Gefängnis. Der Primas von Kroatien, Stepinac, war 1946 wegen seiner angeblichen Zusammenarbeit mit den Ustaschen zu sechzehn Jahren Zwangsarbeit verurteilt worden. Der Primas von Ungarn, Mindszenty, wurde 1949 nach einem peinlichen Prozeß zu lebenslänglicher Zwangsarbeit verurteilt. Sein Nachfolger an der Spitze des ungarischen Episkopats, József Grösz, wurde 1951 zu fünfzehn Jahren Gefängnis verurteilt. Dem 1951 abgesetzten Primas der Tschechoslowakei, Beran, wurde ein überwachter Wohnsitz zugewiesen. Der katholische Bischof von Karlsburg (Alba Julia) in Siebenbürgen, A. Marton, und der Bischof von Jassy, Anton Durcovici, wurden 1950 ins Gefängnis geworfen; der katholische Erzbischof von Bukarest, Cisar, folgte ihnen 1951. In Polen wurden 1951/52 mehrere Bischöfe wegen Verletzung des 1950 zwischen dem Staat und dem Episkopat geschlossenen Abkommens verhaftet; im Herbst 1953 wurde der Primas Wyszyński in einem Kloster interniert. Das Oberhaupt des albanischen Episkopats, Prennushi, starb 1952 im Gefängnis. Tausende »ungehorsame« Priester und Ordensgeistliche sind eingekerkert oder interniert worden. Die orthodoxe Kirche, die in Jugoslawien, Bulgarien und Rumänien vorherrschte und die nachgiebiger und für den Einfluß des Moskauer Patriarchats empfänglicher war, ist im großen und ganzen schonend behandelt worden. Bei Kalvinisten und Lutheranern haben die Kommunistenführer versucht, deren Ressentiments gegenüber den Katholiken auszuschlachten und Strohmänner an die Spitze der Synoden zu setzen. So wurden den ungarischen Kalvinisten als Führer Albert Bereczky und János Péter aufgezwungen, zwei Bischöfe, die der kommunistischen Führung vollkommen ergeben waren. (Die protestantische Gemeinschaft entledigte sich ihrer im Oktober 1956. János Péter machte als Diplomat Karriere und wurde Außenminister der Regierung Kádár.)

Nachher Einschüchterung und Unterminierung. Die kommunistischen Regierungen hatten schon früh versucht, Organisationen »progressiver« katholischer Priester ins Leben zu rufen (Plojhar-Bewegung in der Tschechoslowakei, katholische Sektion der Friedensbewegung in Ungarn, die berühmte »Pax« in Polen), mit deren Hilfe sie die Einheit der Kirche zu sprengen, sie vom Vatikan abzutrennen und die Gläubigen in ihrem Sinn zu beeinflussen hofften. Von allen Bewegungen hatte die »Pax«-Gruppe, die von dem ehemaligen nationalradikalen Politiker Bolesław Piasecki geführt wurde, den größten Erfolg. Die Propaganda Piaseckis verband die katholische Tradition mit der Sympathie für den stalinistischen Autoritarismus und einer völligen Rußlandergebenheit. Unabhängig davon war in Polen noch eine Gruppe »patriotischer« Priester entstanden. Viele »Pax«-Mitglieder sind ehrliche Katholiken, die eben einen Bruch zwischen dem kommunistischen Staat und der Kirche vermeiden möchten.

Zwischen 1945 und 1952 hatten alle Volksdemokratien die diplomatischen Beziehungen zum Vatikan abgebrochen, den Nuntius vertrieben, die bestehenden Konkordate gekündigt. Die katholische Presse wurde auf ein Minimum reduziert. Nur in Polen blieb der Religionsunterricht theoretisch obligatorisch, aber auch da hatten die Behörden tausend Ausflüchte gefunden, um die gültigen Gesetze zu umgehen. Die katholischen Schulen waren eingegangen, auch hier wieder Polen ausgenommen, wo, dem Abkommen von 1950 entsprechend, 600 Kindergärten, 300 Volksschulen, 400 höhere Schulen und die katholische Universität von Lublin weitergeführt wurden.

Das der Kirche, vor allem der katholischen Kirche, in den

Oststaaten zugefügte Unrecht kann man am Beispiel der Tschechoslowakei ermessen, wo im April 1968 rücksichtslos Bilanz gezogen wurde. Zu diesem Zeitpunkt hatten von zwölf Diözesen lateinischen Ritus' — sechs in Böhmen-Mähren, sechs in der Slowakei — nur vier einen Bischof. Die einzige griechisch-katholische Diözese war 1950 auf Verlangen Moskaus trotz Protestes der Gläubigen von der orthodoxen Kirche annektiert worden. Acht Bischöfe waren unter den verschiedensten Vorwänden zu Gefängnisstrafen verurteilt worden (vier von ihnen waren im Gefängnis gestorben). Andere waren im Verwaltungsweg von ihrem Sitz entfernt worden (u. a. Primas Beran, der Erzbischof von Prag, der, 1963 befreit, Anfang 1965 gezwungen wurde, seine Heimat zu verlassen). Außerdem wurden 1500 Priester an der Ausübung ihres Amtes gehindert. Die religiösen Kongregationen wurden ohne viel Aufhebens einfach aufgelöst: in einer einzigen Nacht im Jahre 1950 wurden alle Mönche deportiert und interniert. Gleichzeitig wurden 2000 Nonnen gezwungen, unter strengster Überwachung in Fabriken und auf Staatsgütern zu arbeiten. Alle Seminare wurden geschlossen (zwei wurden nach 1963 wieder eröffnet). Im selben Jahr (1950) wurde eine unvorstellbar heftige antireligiöse Kampagne vom ultrastalinistischen Kulturminister Kopecký (gestorben 1961) ausgelöst als Folge der »Enthüllungen« über das angeblich »falsche Wunder« von Čihost: Das Kruzifix über dem Tabernakel neigte sich jedesmal, wenn der Pfarrer den Namen Gottes rief. Bei seiner Verhaftung gestand der Pfarrer, das Wunder durch ein System von Fäden hervorgerufen zu haben. Die Revision des Prozesses brachte aber zutage, daß er unter Folterungen gestanden hatte und daß der entdeckte Mechanismus von der Polizei installiert worden war. (51)

1950 errichtete die Regierung zwar zwei theologische Fakultäten, eine für Böhmen-Mähren und eine für die Slowakei, behielt sich aber die Wahl der Professoren und Vorstände vor. Der Religionsunterricht, der auf die Volksschulen beschränkt wurde, war Gegenstand zahlreicher Schikanen. Drei katholische Zeitschriften durften weiterhin erscheinen, ihre Leitung wurde jedoch Mitgliedern des allein zugelassenen katholischen Vereins anvertraut: der von der kommunistischen Partei kontrollierten »Friedenspriesterbewegung« Plojhars. (52)

Die Zahl der Gottesdienst abhaltenden Kirchen war von 10.473 im Jahre 1948 auf 3200 im Jahre 1965 gefallen, die der Priester von 7040 auf 4700.

Die vernünftigen Kommunistenführer merkten 1953, daß die Verfolgung der Kirche und die antireligiösen Kampagnen nur die Unzufriedenheit der Bevölkerung vermehrt, aber nicht zum erwarteten Ergebnis, der Verminderung des Einflusses der Kirche, geführt hatten. Aus den wenigen in den sechziger Jahren durchgeführten Untersuchungen (53) und den in der Presse der Oststaaten über diese Frage veröffentlichten Artikeln geht hervor, daß die Entchristianisierung in diesen Ländern Fortschritte gemacht hat, aber viel langsamer als in etlichen kapitalistischen Ländern, wo die Kirche in keiner Weise verfolgt wurde.

»So seltsam dies auch erscheinen mag, es ist wahrscheinlich, daß wir Atheisten mehr zur Bewahrung des religiösen Geistes beitragen als die bourgeoisen Staaten, nicht zu reden von denen, die sich ganz offen und zynisch der Religion für ihre politischen Ziele bedienen«, schrieb am 25. Juli 1963 der kádárfreundliche Schriftsteller Lajos Mesterházy in »Népszabadság«. Ein marxistischer tschechoslowakischer (liberaler) Soziologe kam zu dem gleichen Schluß: »Wenn wir mit unseren bürokratischen Methoden fortfahren, gibt es bei uns im kommenden Jahrhundert mehr Gläubige als gegenwärtig.« (54)

Zur Veranschaulichung einige Untersuchungsergebnisse: 1956 waren in Nordmähren von der unter zwanzig Jahre alten Bevölkerung 30 Prozent Atheisten, 30 Prozent Gläubige, 40 Prozent Unschlüssige. Aber 58 Prozent der befragten Personen erklärten sich als Mitglieder einer Kirche: 44 Prozent Römisch-Katholische, 9 Prozent Protestanten, 4 Prozent Mitglieder der tschechischen Kirche, 1 Prozent gehörte Sekten an. Unter den Graduierten war der Anteil der Atheisten am größten; die praktizierenden Gläubigen waren überwiegend Frauen, ältere Personen, Bauern und Bewohner kleiner Städte. (55) 1966 waren sogar im Industriegebiet um Mährisch-Ostrau (Ostrava) von 250.000 befragten Personen noch immer 30 Prozent Gläubige, 30 Prozent Atheisten und 40 Prozent Unentschlossene. (56) In Polen brachte eine Rundfunkumfrage folgendes Resultat: von 2746 befragten jungen Leuten zwischen 15 und 24 Jahren erklärten sich 78,3 Prozent als Katholiken und 4,3 Prozent als Atheisten. (57) Eine im selben Jahr in den Arbeiterstädten organisierte Umfrage ergab folgendes: 48 Prozent praktizierende Gläubige, 28,5 Prozent Gläubige, die aber nicht regelmäßig zur Messe gingen, und 9,5 Prozent Atheisten.

Beobachter, die Osteuropa besucht haben – vor allem die überwiegend katholischen Länder wie Polen, Kroatien und Slowenien, die Slowakei –, haben allgemein den Eindruck gewonnen, daß die Zahl der praktizierenden Katholiken trotz Verfolgung zumindest gleich geblieben ist und daß die Verfolgung die Kirche populärer gemacht hat. (58) Der Kommunismus hat den Kampf gegen den religiösen Glauben jedenfalls nicht gewonnen.

Es ginge über den Rahmen dieses Buches hinaus, die sozialpsychologischen und philosophischen Gründe dieses Mißerfolgs zu analysieren. Ich stelle ihn nur fest, sehe in ihm aber den Hauptgrund dafür, daß die meisten kommunistischen Regimes seit 1962 den Päpsten Johannes XXIII. und Paul VI. entgegengekommen sind und versucht haben, die Beziehungen des Staates mit dem Vatikan zu normalisieren.

Die Pionierrolle der Ungarn Imre Nagy und György Lukács auf politischem bzw. ideologischem Gebiet muß aber erwähnt werden. Am 4. Juli 1953 erklärte Nagy im Budapester Parlament: »Wir müssen in Religionsfragen mehr Geduld zeigen. Es ist unzulässig, daß auf diesem Gebiet auf administrative Mittel zurückgegriffen wird wie in der Vergangenheit. Die Regierung pflichtet in dieser Frage dem Toleranzprinzip bei, dessen Hilfsmittel das Überzeugen und das Erklären sind. Die Regierung verurteilt die Anwendung von Verwaltungsmethoden und anderen Zwangsmitteln und wird sie nicht tolerieren.« Im Juni 1955 hob die ungarische Regierung die Strafe Mindszentys auf. Ohne Amnestie und Rehabilitierung wurde ihm ein überwachter Wohnsitz zugewiesen, und er durfte den Besuch des Oberhaupts des Episkopats, Czapik, empfangen. Im Mai 1956 wurde Grösz freigelassen. Auch Mindszenty wäre freigekommen, hätte er nicht vollständige Rehabilitierung und Wiedereinsetzung als Bischof von Gran (Esztergom) verlangt. Im Oktober 1956 rehabilitierte ihn dann die neue Regierung Imre Nagy. Er kehrte in diesen dramatischen Tagen in die Hauptstadt zurück, trat dort aber nicht sehr klug auf. Am 4. November, dem Tag der Besetzung Budapests durch die Sowjetarmee, flüchtete er in die Botschaft der Vereinigten Staaten. (59)

György Lukács war der erste offizielle marxistische Denker, der (zehn Jahre vor Gilbert Mury, Roger Garaudy und lange vor Lombardo Radice) die *terra incognita* entdeckte, die die moderne katholische und protestantische Theologie bis dahin für die Marxisten gewesen war. Er sah in der Verfolgung und dem Isolationismus Beweise eines Minderwertigkeitskomplexes, Beweise für Defätismus, mangelnden Glauben an die geistige Schöpfungskraft und Wettbewerbsfähigkeit des Marxismus und setzte sich mutig für die Eröffnung eines loyalen Dialogs ein. (60)

In *Polen* begann die Entspannung zwischen Staat und Kirche später. Erst der Oktober 1956 brachte Wyszyński nach Warschau zurück, nachdem im August in Tschenstochau (Częstochowa) mehr als eine Million Polen, die von überall herbeigeströmt waren, der Kirche in spektakulärer Weise ihre Verbundenheit bekundet hatten. Gomułka handelte nach seinem Regierungsantritt mit dem Kardinal ein Abkommen aus, und es gelang ihm dank dem Entgegenkommen der Kirche und deren mäßigendem Einfluß, die Lage zu stabilisieren.

1959, nach dem Tod des Kardinals Stepinac, der einige Jahre unter Bewachung gelebt hatte, begann die *jugoslawische* Regierung mit der Normalisierung ihrer Beziehungen zur Kirche und zum Vatikan. Noch nie dagewesene Versöhnungsgeste: Marschall Tito gestattete ein feierliches Begräbnis für den Kardinal.

Alle diese Maßnahmen haben in den Beziehungen der meisten kommunistischen Staaten mit der Kirche, insbesondere mit der katholischen Kirche, eine neue Ära eröffnet. Die Stalinsche Härte überlebte nur in drei Ländern:

In *Albanien* wurde nach dem Parteikongreß 1966 unter dem Eindruck der chinesischen Kulturrevolution der atheistische Militantismus bis zur letzten Konsequenz getrieben, alle Kirchen und Moscheen (im ganzen 2169) wurden geschlossen und in Kulturstätten umgewandelt. Als Albanien 1967 den 50. Jahrestag der Oktoberrevolution feierte, nannte es sich stolz »erster atheistischer Staat der Welt«.

In *Bulgarien* waren der Patriarch Kiril und der Archimandrit Gorazd eifrige Propagandisten des Regimes, und dort hat sich 1967 »die große Mehrheit des Volkes bereits von den Ketten der Religion und der religiösen Moral befreit«. (61)

In der *DDR* konnten Ulbricht und seine »rechte Hand« in Kirchenfragen, Seigewasser, bei ihren Bemühungen, die evangelische Kirche von der der BRD zu trennen, auf das Entgegenkommen Moritz Mitzenheims, des Bischofs von Thüringen, zählen. Das hinderte aber weder die angeblich loyalen christlichen Arbeitskreise, im August/September 1968 vom Staatschef der DDR den Abzug seiner Truppen aus der Tschechoslowakei zu fordern, noch die Pastoren, zwei Sonntage nacheinander eine Solidaritätsbotschaft von der Kanzel zu verlesen, die an die Kirche der Tschechoslowakei gerichtet war. (62)

In der Normalisierung ist *Jugoslawien* am weitesten gegangen. Es unterzeichnete im Juni 1966 mit dem Vatikan einen Vertrag, der den Austausch von diplomatischen Vertretern vorsah. Dies war das erstemal, daß ein kommunistischer Staat mit dem Heiligen Stuhl ein Abkommen schloß. Die Saat Johannes' XXIII., den man in Belgrad als den »größten Papst aller Zeiten« bezeichnete, trug Früchte nach seinem Tod. (63) Im Januar 1968 war Tito einer der ersten Staatschefs, der sich zugunsten der Botschaft des Papstes über einen Weltfriedenstag äußerte; das Abkommen von 1966 wurde anläßlich eines Besuches des jugoslawischen Regierungschefs Mika Spiljak bei Paul VI. bestätigt. Trotz der Herzlichkeit der »Gipfel«beziehungen waren aber noch nicht alle Schwierigkeiten beigelegt. Die kommunistischen Behörden, vor allem die Kroatiens und Sloweniens, fürchten immer noch »Übergriffe« der Kirche, des Primas von Jugoslawien, Kardinal Szeper, und des Erzbischofs von Laibach, Pogacznik, auf politisches Gebiet. »Die Schwierigkeit«, erwiderte letzterer auf Angriffe, »liegt darin, daß die Atheisten in der Kirche nur ein politisches und soziales Unternehmen sehen wollen, sie können ihr übernatürliches Wesen nicht verstehen.« (64) Die kroatischen und slowenischen Bischöfe beriefen sich auf die Direktiven des letzten Konzils und forderten die Neutralität des

Staates in Unterrichtssachen sowie Radio- und Fernsehsendungen. Sie stellten die katholischen Jugendverbände wieder her und veranstalteten Wallfahrten. Die Kirchen Kroatiens und Sloweniens genossen den Zauber des Neuen, ließen sich vom Modernismus der italienischen und österreichischen Kirche beeinflussen und holten rasch das verlorene Terrain auf, ohne daß die kommunistischen Jugendorganisationen, die an Einfluß verloren, bis jetzt Mittel zum Gegenangriff oder zur reibungslosen Zusammenarbeit gefunden hätten.

Durch die »Macht der Ereignisse« in den kommunistischen Ländern, die sich auf dem Weg zur Liberalisierung befinden, wo aber die Opposition verboten bleibt, versucht die Kirche, vor allem die am besten organisierte und widerstandsfähigste katholische Kirche, wieder zu einer politischen Macht zu werden. Das Beispiel *Polens* nach 1956 zeigt deutlich die unversiegbaren Quellen der aus dieser Situation entstandenen Konflikte. In einem an die französische Zeitung »Le Monde« gerichteten Schreiben (24. April 1968) hat Kardinal Wyszyński gegen die westlichen Kommentare protestiert, die seiner Hirtenarbeit »politische Intentionen« unterschoben, als er im Februar 1968 vor den »Gefahren« gewarnt hatte, die die atheistische Propaganda, die Anstiftung zum Haß, die Demoralisierung und der Alkoholismus für die Kirche und die Gläubigen darstellen. Der Kardinal wehrte sich dagegen, ein »inter rex« sein zu wollen, ein »Führer der politischen Opposition«. Tatsächlich überschritten die Forderungen, die Wyszyński nach 1957 mit wachsender Unnachgiebigkeit stellte, selten die Grenzen dessen, was der katholischen Kirche und der Kirche im allgemeinen von den Gesetzen der nichtkommunistischen Länder gestattet wird. Aber in dem national traumatischen Polen nehmen solche Forderungen leicht einen subversiven Aspekt an. Die Kirche tritt als Rivalin der Partei auf, als Kandidatin der Nachfolge, als Trägerin der nationalen Legitimität, und Kardinal Wyszyński, den sein langer Kampf gegen die Machthaber hart gemacht haben dürfte, hat keine Gelegenheit versäumt (Besuch General de Gaulles, Tausendjahrfeier Polens), um die fundamentale Katholizität der Nation und des polnischen Staates hervorzuheben – und sich als Hüter dieser Katholizität.

Im Licht der Zahlen erscheint die Lage der polnischen Kirche nicht ungünstig: 1956 zählte Polen 6558 Pfarreien gegenüber 5224 vor dem Krieg; 13.000 Kirchen gegenüber 7527; 17.700 Priester (um zwei Drittel mehr als vor dem Krieg); 28.500 Mönche und Nonnen. Es gab zahlreiche Seminare, eine katholische Universität und eine theologische Akademie (Warschau). (65)

Die Kommunisten werfen dem Kardinal vor, die Trennung von Kirche und Staat aufheben und sich an die Stelle der Repräsentanten des Staates setzen zu wollen. (Im Dezember 1956 hatte Wyszyński im Namen des polnischen Episkopats ein Versöhnungs- und Vergebungsschreiben an die deutschen Bischöfe gesandt.) Wyszyński wieder wirft der Regierung vor, die 1956 gemachten Konzessionen zurückgenommen zu haben und (Predigt vom 3. Dezember 1967) »eine Nation der Atheisten« schaffen zu wollen. Tatsächlich wurde im Januar 1961 der Religionsunterricht – von neuem – aus den Schulen verbannt (66) und Prozessionen untersagt; im Dezember 1966 wurden vier Seminare geschlossen; der Bau einer Kirche in der neuen Stadt Nowa Huta wurde verzögert. Wyszyński beschwerte sich auch bei der Regierung, weil sie die »Pax«-Gruppe unter Piasecki begünstige, »der die Interessen der Kirche seinen eigenen politischen Interessen geopfert hat«.

1967/68 sieht man einen verbitterten, von den »Partisanen« geplagten, von seinem Volk enttäuschten Gomułka mit einem Heldenkardinal die Klingen kreuzen. Die beiden Gegner messen ihre Kräfte – die Versuche der Regierung, den unnachgiebigen Wyszyński von den gemäßigteren Bischöfen zu trennen, waren alle erfolglos –, beide sind sich aber der Grenzen ihrer Macht bewußt. Dieser Zweikampf ist eine der frappierendsten Besonderheiten im zeitgenössischen Polen, ist die Folge eines politischen und sozialen Regimes, mit dem verglichen die Kirche trotz ihrer mittelalterlichen Züge vielen als Zuflucht vor dem Totalitarismus des Staates erscheint. 1968 allerdings, als eine Welle antiintellektueller und antisemitischer Unterdrückung durch Polen ging, da hat die Kirche die liberale Meinung enttäuscht. Wyszyński hat seine Autorität nicht aufs Spiel gesetzt, hat diese Unterdrückung nicht angeprangert, hat nichts getan, um die katholisch-liberale »Znak«-Gruppe zu verteidigen. (67)

In *Ungarn*, wo 60 Prozent der Bevölkerung Katholiken sind, konnte die Koexistenz Staat–Kirche friedlicher gestaltet werden, zweifellos aufgrund der größeren Wendigkeit der Behörden und der größeren Folgsamkeit der Bischöfe. Nach einem Jahr der Verhandlungen, wobei das Problem Kardinal Mindszentys offen gelassen wurde, schloß die Regierung 1964 mit dem Vatikan ein Konkordat, in dem sie darauf verzichtete, »Friedenspriester« als Bischöfe einzusetzen, während der Heilige Stuhl damit einverstanden war, daß die von ihm nach Konsultierung der Regierung nominierten Bischöfe den Eid auf die Verfassung der Volksrepublik schworen. Die Tätigkeit der Diözesen wird aber weiterhin von der staatlichen Stelle für Kirchenangelegenheiten streng überwacht, und der Staat kontrolliert weiterhin die protestantische Kirche. (68)

In *Rumänien* kam es Ende 1967 im Anschluß an den Besuch Kardinal Königs, des Erzbischofs von Wien, zu einer Entspannung zwischen Staat und katholischer Kirche. König hatte auch schon bei der Annäherung Budapests an den Vatikan eine aktive Rolle gespielt. Bischof Marton erhielt die Genehmigung, sich in seiner Diözese Alba Julia frei zu bewegen, und Patriarch Justinian, das Oberhaupt der rumänischen orthodoxen Kirche, sprach sich öffentlich für eine Aufhebung »gewisser, der katholischen Kirche auferlegter Restriktionen« aus. Im Januar 1968 wurde die Annäherung zwischen Bukarest und dem Heiligen Stuhl durch den Besuch Ministerpräsident Maurers und seines Außenministers Manescu beim Papst offiziell.

In der *Tschechoslowakei* schließlich ebnete der Sturz Novotnýs den Weg zur Wiedergutmachung der Fehler. Die Regierung bewies unverzüglich ihren guten Willen, indem sie Erika Kadlecová, eine liberale marxistische Expertin in Religionsfragen, zur Leiterin des Sekretariats für Kirchenangelegenheiten im Kulturministerium machte. Die prokommunistische Friedenspriesterbewegung Plojhars wurde aufgelöst und durch eine neue »Bewegung der ökumenischen Erneuerung« ersetzt, deren Leitung Bischof Tomášek, dem Apostolischen Administrator von Prag (in Abwesenheit des zwangsexilierten Kardinals Beran), persönlich übertragen wurde, einem Mann, der für seine Mäßigung und Loyalität bekannt war.

Die im April aufgenommenen Gespräche zwischen der Regierung und den vier amtierenden Bischöfen zeugten laut Tomášek »vom beiderseitigen guten Willen«, den schmerzlichen und komplizierten Streit zu schlichten. (69) Die orthodoxe Diözese Prešov wurde nach 18 Jahren zur großen Zufriedenheit der Gläubigen wieder errichtet. Die »entfernten« Bischöfe wurden wieder eingesetzt. Die offiziellen Kommissare, die die Tätigkeit der amtierenden Bischöfe kontrolliert hatten und so weit gegangen waren, die gesamte Korrespondenz zu zensurieren und allen Unterredungen beizuwohnen, wurden abberufen. Die katholischen Zeitschriften kamen wieder unter kirchliche Kontrolle. Es wurden auch Verhandlungen mit dem Vatikan über die Nominierung neuer Bischöfe anstelle der verstorbenen und die Aufnahme diplomatischer Beziehungen vorbereitet.

Die tschechischen und slowakischen Gläubigen feierten Ostern 1968 in einer ergreifenden Atmosphäre wiedergefundener Hoffnung. Aber die sowjetische Intervention bremste auch diese Entwicklung. Unter sowjetischem Druck verbot die tschechoslowakische Regierung die »Bewegung der ökumenischen Erneuerung«, den »Klub 231« (der Opfer der Verfolgungen) und den »Klub der engagierten Nichtparteimitglieder«. (70)

Debakel des sozialistischen Realismus, Wiedergeburt der Literatur und Kunst

Ungarischer Schriftstellerkongreß im September 1956; Kongreß des tschechoslowakischen Schriftstellerverbandes im Juni 1967; außerordentlicher Kongreß der polnischen Schriftsteller Ende Februar 1968. Diese Daten genügen, um erkennen zu lassen, daß die Literaten in der Welt der Künste und Wissenschaften im Kampf um die Liberalisierung der kommunistischen Regimes eine Pionierrolle gespielt haben. An dieser Front standen die kommunistischen Schriftsteller und Künstler in der ersten Reihe. Sie erkannten ziemlich rasch, daß sie den Kampf um die Freiheit des Ausdrucks kaum mit Erfolg führen konnten, ohne diese Freiheit auch für diejenigen schöpferisch Tätigen zu fordern, die ihre Ideen nicht teilen. Die Schriftsteller machten aus ihren Vereinigungen »so freie und diversifizierte Gruppen wie möglich«, »lebendige, demokratisch geführte Verbände« (71), und schufen so die ersten Modelle eines sozialistischen Pluralismus, die ersten autonomen Denk- und Aktivitätszentren, von denen sich die Reformer bei der Umwandlung des ganzen politischen und sozialen Systems beeinflussen lassen konnten. Die politische und soziale Reform begann überall mit der Kulturreform, mit der Eroberung der Unabhängigkeit der Schriftsteller.

Ich will aber die Autoren, die sich da und dort hervorgetan haben, nicht lexikographisch anführen. Es genügt, die großen Entwicklungstendenzen aufzuzeigen. Die Entwicklung verlief in den einzelnen Ländern unterschiedlich, aber in jedem Land im Zickzack. Zwischen 1956 und 1968 genossen Literatur und Künste in Polen eine außergewöhnliche Freiheit, die die schöpferisch Tätigen aller anderen sozialistischen Länder anregte. Aber dann verschlechterte sich das Klima, und eine immer tiefer werdende Kluft trennte Machthaber und Kulturschaffende; im Februar/März 1968 kam es zu einem schweren Zusammenstoß zwischen den Schriftstellern und der Parteibürokratie.

Von 1962 bis 1965 erschien *Ungarn* als Oase der Toleranz und als Modell – wenn schon nicht der Freiheit, so doch der nicht zu streng überwachten Freiheiten (die Unterscheidung stammt von dem ungarischen Exilschriftsteller Paul Ignotus). Aber dann nahm auch hier der Druck der Behörden zu. Ab 1963 lebte das literarische und künstlerische Leben in der Tschechoslowakei wieder auf; 1967 arteten die »Grenzzwischenfälle« zwischen den Kommissaren und den Autoren in einen Kampf aus, der mit einem Sieg der Schriftsteller und der Abschaffung der Zensur endete, was in den Augen der Bürokraten der Bruderländer »irreal und unsinnig« war. (72)

In der UdSSR und in der DDR, in Polen und Bulgarien lockerten die Machthaber ihre Kontrolle aber nicht. Besonders die ostdeutsche Führung zeichnete sich durch preußische Härte aus; die Parteiideologen erinnerten die Schriftsteller und Künstler ununterbrochen an die »Verantwortung gegenüber dem ersten deutschen Arbeiter- und Bauernstaat«, an die »Pflicht«, neue Möglichkeiten für sozialistische Lösungen zu finden. (73) Die besten Autoren der DDR – Stefan Heym, der dichtende Sänger

Wolf Biermann, der Dichter Stephan Hermlin, die Romanschriftstellerinnen Anna Seghers und Christa Wolf – wurden trotz ihres Talents und ihrer tadellosen Vergangenheit als Parteigenossen durch die offizielle Kritik regelmäßig schon wegen der geringsten Abweichung von der offiziellen Ästhetik zur Ordnung gerufen.

Sehr ähnlich war die Lage im äußerst »orthodoxen« *Bulgarien,* wo Schiwkow für die Literatur und die Künste eine bald väterliche, bald unterdrückende Fürsorge zeigte, die der seines Gönners Chruschtschow vergleichbar war. Kaum hatte dieser begonnen, gegen die Modernisten, Abstrakten und Pessimisten eine Attacke zu reiten, rief auch Schiwkow die Literaten und Künstler seines Landes zusammen, um ihnen zu befehlen, »nicht vom sozialistischen Realismus abzuweichen« (14. April 1963). Den Schriftstellern, die, wie Boris Deltschew, die Unverschämtheit besaßen, an der Kompetenz des Zentralkomitees für Literatur zu zweifeln, wurde ein Verweis erteilt. In Bulgarien betrachtet man weiterhin die Literatur als »eine der bedeutendsten ideologischen Waffen«, als ein »Instrument patriotischer Erziehung«. Das Kunst- und Kulturkomitee, das 1967 gegründet wurde, hat eine neue »Offensive an der Kultur-Front« gestartet. (74) Dennoch hat der durch den Dirigismus hervorgerufene literarische und künstlerische Niedergang Schiwkow gezwungen, die Zügel ein wenig zu lockern. Die offiziellen Kritiker wurden aufgefordert, sich den Schriftstellern und Künstlern gegenüber nachsichtiger zu zeigen, sie nicht so »wie Gouvernanten geistig zurückgebliebener Kinder zu behandeln«. (75)

In *Rumänien* ist seit 1965 eine gewisse Lockerung der Kontrolle zu bemerken. »Wir verlangen von unseren Literaten und Künstlern, daß sie ihr Talent in den Dienst des sozialistischen Aufbaus stellen, lassen ihnen aber freie Hand, darüber zu bestimmen, wie sie schreiben, malen und komponieren«, erklärte Ceauşescu im Juni 1966. Avantgardistische Dichter wie der »rumänische Mallarmé« Ion Barbu, der Spiritualist L. Blaga wurden rehabilitiert; das kulturelle Erbe und der westliche Beitrag werden mit größerem Weitblick betrachtet; die Zeitschriften »Secolul« und »Amfiteatru« sind der modernistischen Strömung nicht mehr abhold.

In den sechziger Jahren wird das 1962 in Jugoslawien von dem großen kroatischen Romancier und Dramatiker Miroslav Krleža ausgelöste Debakel des sozialistischen Realismus allgemein. Dessen orthodoxe Verfechter liefern nur Rückzugsgefechte, indem sie in Abständen – wie am 1. Februar 1968 bei der Versammlung der Vorsitzenden der Schriftstellervereinigungen des Warschauer Blocks in Sofia – vor der »ideologischen Ablenkung des Imperialismus und seinen Versuchen warnen, Zwist zu säen und unter den Intellektuellen, insbesondere unter den Schriftstellern, einzelne Richtungen zu provozieren«. Die Sowjets machen, besonders nach 1965, ihren Einfluß wieder geltend, um gegen die Liberalisierung zu wirken. Die Prozesse Sinjawskij-Daniel, Ginzburg, Litwinow-Daniel ermutigen zu Repressivmaßnahmen, aber auf der anderen Seite finden die Verfechter des Pluralismus Helfer in den »freien Marxisten« des Westens, die, wie Roger Garaudy und Louis Aragon, den Begriff sozialistischer Realismus so sehr erweitern, daß er »alles, was menschlich ist«, alles, was künstlerischen Wert hat, umfaßt, ohne ausdrücklich konterrevolutionär zu sein.

Man geht auf eine »Renaissance« zu, auf die Wiederherstellung der 1948 unterbrochenen Kontinuität. Die opportunistische Mittelmäßigkeit überläßt ihren Platz den wahren Talenten. In Ungarn triumphieren lange beiseite geschobene Schriftsteller und Dichter: Lajos Kassák, Milan Füst (gestorben 1967), János Pilinszky, Sándor Weöres, László Németh, Emile Grandpierre (Satiriker), Miklos Mészöly (Surrealist) u. a. In Polen sind es Aleksander Wat (gestorben 1967), Zbigniew Herbert, Roman Brandstaetter, Maria Dąbrowska, die große Dame des klassischen Realismus, Słonimski, Andrzejewski, Mrożek. In Rumänien Marin Preda, der Verfasser eines großen Bauern-Epos.

Trotz der Mannigfaltigkeit ist das, was im literarischen Leben der Oststaaten dominiert und sich mit elementarer Kraft durchsetzt, die Suche nach der verlorenen Zeit, nach der verdrängten Wirklichkeit, nach der nicht bewältigten Vergangenheit – die Suche, die zum erstenmal und in aufsehenerregender Weise im Meisterwerk des Russen Solschenizyn »Ein Tag im Leben des Iwan Denissowitsch« veranschaulicht wurde. Die Literatur der Oststaaten in den sechziger Jahren ist vor allem eine Literatur des »Wiederbewußtwerdens«, des Wiederaufbaus, der Aufklärung der Kriegsjahre, eine Literatur der Besetzung, der Befreiung, der Säuberungen, Internierungen, eine Literatur der Kollektivierung und der terroristischen Enteignung, eine Literatur unnützer Opfer, Wut und Tränen. Die Werke des Slowaken L. Mňačko (»Verspätete Reportagen«, »Wie die Macht schmeckt«, »Der Tod heißt Engelchen«, »Die siebente Nacht«), der Ungarn József Lengyel (»Vom Anfang bis zum Ende«) und Gyula Oszko (»Der 17. Sonntag«); des bulgarischen Dichters Nikola Lankow; der Rumänen Ion Lancranian (»Sonnenfinsternis«) und Marin Preda (Miromettii I–II); der Polen Andrzejewski und Sławomir Mrożek; der Jugoslawen Čosić und Bulatović sowie eine ganze Reihe »neorealistischer« oder phantastischer Filme (»Asche und Diamant« von Wajda, »Die kalten Tage« von Jancso, »Das Fest und die Gäste« von Nemec) sind die charakteristischsten Zeugen. Schriftsteller und Filmer begründen eine Art kollektiver Psychoanalyse; für die Kommunisten geht es darum, sich vom Schuldkomplex zu befreien; (76) für die Nichtkommunisten, sich durch Ironie und Sarkasmus für zwanzig Jahre Schweigen und Demütigung zu rächen; für die Jungen, die weder Komplizen noch Opfer sind, über die Verirrungen der Älteren zu staunen und von ihnen Rechenschaft zu verlangen. Ein slowakischer Schriftsteller hat mit Recht die literarische und künstlerische Bewegung der sechziger Jahre mit der romantischen Bewegung nach der Französischen Revolution und den Napoleonischen Kriegen verglichen. (77) Wie in der großen Epoche der Romantik sehen sich die schöpferisch Tätigen vor der Aufgabe, über die sozialen Umwälzungen und unzählige einzelne und gemeinsame Tragödien zu berichten, eine neue irreale, konfuse, widersprüchliche Realität zu erforschen und in eine Form zu bringen. Wenn man die besten Werke liest und die ergreifendsten Filme sieht, hat man den Eindruck, daß ihre Schöpfer unter einem Druck arbeiten, der aus ihnen Belastungszeugen in einem einzigartigen und gigantischen Prozeß macht: im Prozeß des verratenen Sozialismus, des verhöhnten Glaubens, des verletzten Gewissens. So als helfe der Prozeß die Vergangenheit überwinden, wo das Schlechte, die Lüge und die Grausamkeit in unerwarteter Verkleidung auf den Menschen losgegangen sind. Das Wesentliche der neuen Literatur und Kunst der sozialistischen Länder läßt sich in der explosiven Formel zusammenfassen: »Alles erleuchten.« (78)

Der schwere Kampf gegen die Zensur

Schriftsteller und Journalisten in kommunistischen Ländern wären privilegierte Leute. (79) Was aber so viele Schriftsteller, und zwar die besten, in die Opposition treibt, das ist in erster Linie die mit dem Beruf verbundene »Pflichtenlehre«. Das gleiche gilt für die Journalisten. Das stalinistische System hat sie in die Rolle von Parteipropagandisten gedrängt, hat sie gehindert, Sprachrohr der öffentlichen Meinung zu sein, hat sie entpersönlicht und aus ihnen frustrierte Menschen gemacht. Daher stehen in der Zeit nach 1953 so viele Journalisten auf seiten der Schriftsteller im Kampf gegen die Zensur.

Ein paar Jahre totalitärer Herrschaft (1948–1953) haben die lebendige, erfinderische, vielseitige und interessante Presse, die das westliche Zeitungswesen um nichts beneiden mußte, so leblos, einförmig und abstoßend gemacht, wie es die sowjetische Presse und ihre westlichen Ableger sind. Jede Volksdemokratie hatte ihre »Prawda«, ihre »Iswestija«, ihre »Komsomolskaja Prawda«, ihren »Trud« und eine dem Moskauer »Kommunist« ähnliche Zeitschrift. Alle Zeitungen waren über den gleichen Leisten geschlagen, sie gaben endlose Erklärungen offizieller Persönlichkeiten des eigenen Landes und des sozialistischen Lagers wieder. Das einzige, das noch von einigem Interesse war – abgesehen von Sport und Schach –, waren Leitartikel in verschlüsselter Sprache, aus denen die Eingeweihten und die Kremlspezialisten nach der Verifizierung die Absichten der Führer, deren Konflikte und die sich abzeichnenden Säuberungen entnehmen konnten.

Wie auch auf anderen Gebieten des kulturellen Lebens war der Kontrast zwischen quantitativer Entwicklung und Produktionsqualität auffallend. Die Parteiführer waren auf die wachsende Menge der Zeitungen und deren Auflage, auf die Radiosendungen usw. stolz. 1960 besaß in der Tschechoslowakei jede Familie ein Radio und jede zweite einen Fernsehapparat; die Tageszeitungen erreichten eine Auflage von vier Millionen Exemplaren (1 Million in der Slowakei). Aber das Niveau der Presse und der Radiosendungen war sehr gesunken; die Propaganda war vorherrschend. Was die politische Information betrifft, so wußte jeder, daß die breite Öffentlichkeit ihr keinen Glauben schenkte; die Leute bezogen ihre Informationen immer häufiger aus dem Ausland, von »Radio Freies Europa«, der »Stimme Amerikas«, von der BBC, vom westdeutschen und österreichischen Rundfunk, deren Sendungen – eine Folge der Politik der Koexistenz – immer weniger gestört waren. Diese ausländische Konkurrenz zwang die Verantwortlichen schließlich, die Presse anziehender und informativer zu gestalten. (Den Anstoß dazu hatte Adschubej, der Schwiegersohn Chruschtschows, gegeben.) Das große Hindernis waren und sind noch immer die so tief verwurzelten Gewohnheiten der Kommunistenführer, sich nicht in die Karten sehen zu lassen, die Beratungen mit der größtmöglichen Geheimnistuerei zu umgeben, nichts von Konflikten an die Öffentlichkeit dringen zu lassen, dem eigenen Land und dem Ausland eine Fassade der Einigkeit und der Unfehlbarkeit zu präsentieren. Um nur einige Beispiele anzuführen: die Debatten der berühmten Sitzung des ungarischen Zentralkomitees vom Juni 1953, die zur ersten Niederlage Rákosis geführt hatte, wurden nie veröffentlicht. Im Oktober 1956 wurde der polnischen Presse zwar gestattet, das Protokoll der ZK-Sitzung, die Gomułka an die Macht gebracht hatte, abzudrucken, aber dies war eine einmalig gebliebene Neuerung. Auch in der Tschechoslowakei wurden trotz des heftigen Liberalisierungswindes die Diskussionen des Zentralkomitees im Januar 1968 geheimgehalten. Verständlich, daß eine der Forderungen der liberalen Kommunisten die Öffentlichkeit der Beratungen der wichtigsten Organe war.

So gewinnt die große Debatte, die 1967 die tschechoslowakischen Journalisten und ihre Behörden bezüglich des Pressegesetzes gegeneinander aufbrachte, besondere Bedeutung. Dieses Gesetz hatte die Präventivzensur eingeführt und sie einer Regierungsstelle anvertraut, in der die Journalisten nicht vertreten waren. Diese Zensurstelle hatte das Recht, die Veröffentlichung jeder Information zu verbieten, die den Interessen der Verteidigung, der Sicherheit und der Wirtschaft des Landes sowie »anderen

Interessen der Gesellschaft« schaden konnte. Gegen diesen letzten Punkt, der durch seinen unbestimmten Charakter der Willkür Tür und Tor öffnete, richtete sich der Angriff der Journalisten, die bekanntlich behaupteten, das Gesetz von 1967 sei wesentlich rückständiger als das Franz Josephs aus dem Jahre 1867. Der Vorsitzende der ideologischen Parteikommission, Hendrych, der über diesen Vergleich entrüstet war, warf den Journalisten vor, »Freiheit und Anarchie, Demokratie und Liberalismus, Sozialismus und bourgeoise Konzessionen zu verwechseln«. (80) Aber nach dem Januar-Plenum 1968 wurde das Gesetz in dem von den Journalisten gewünschten Sinn geändert. (81) Seit Ende Februar hielten sich die Zeitungen, der Hörfunk und das Fernsehen praktisch nicht mehr an die Empfehlungen der Zensur und der Behörden. Sie waren frei geworden.

Es war ein kurzlebiger Sieg, der aber in der Geschichte der kommunistischen Länder ein entscheidender Wendepunkt, ein Sonnenaufgang ist. Die Erinnerung daran hat die darauffolgende Verdunkelung überlebt. Am 13. Juni 1968 wurde die Zensur aufgehoben.

Dubček hat sein im Januar gegebenes Wort gehalten. Es fehlte ihm dabei nicht an Mut, denn ab März (Dresdener Konferenz) übten die Sowjets und ihre Verbündeten starken Druck auf ihn aus, damit er die Presse wieder zur Vernunft brächte. Aber das auf dem ZK-Plenum im März/April beschlossene Aktionsprogramm, von dem Presse, Hörfunk und Fernsehen schon reichlich Gebrauch gemacht hatten, noch bevor es Gesetzeskraft hatte, bestätigte die Freiheitsversprechen.

Am 4. Mai wurden Dubček und Černík in Moskau mit dem umfangreichen Dossier inkriminierender Schriftstücke konfrontiert, die der Sowjetbotschafter in Prag, Tscherwonenko, zusammengetragen hatte. In einem geheimgehaltenen Protokoll, das die »Prawda« aber veröffentlichte, sollen Dubček und Černík zugegeben haben, daß die in der Presse erwähnten negativen Aspekte über den Rahmen rein innerer Angelegenheiten hinausgegangen seien und Bruderländer, vornehmlich die UdSSR und Polen, betroffen hätten. Dubček forderte jedenfalls, um die Sowjets zu beruhigen, auf dem ZK-Plenum Ende Mai die Presse auf, verantwortungsbewußt zu sein und die Aufgabe der Regierung nicht zu komplizieren. Die Presse half Dubček und den Reformern, indem sie die öffentliche Meinung zu ihren Gunsten mobilisierte. Sie hatte den Löwenanteil an der Veränderung der KPTsch, an der Volkstümlichkeit Dubčeks, Svobodas, Černíks und Smrkovskýs geleistet. Presse, Radio und Fernsehen trugen weitgehend zu der schweren Niederlage der konservativen Kandidaten bei der Wahl der Delegierten zum außerordentlichen Kongreß im Juni/Juli bei. Mit der Veröffentlichung der »Zweitausend Worte« Vaculíks und der Organisierung der Kampagne zur Unterstützung Dubčeks hat die Presse buchstäblich den nationalen Zusammenhalt geschaffen.

Deshalb haben sich die Warschauer »Fünf« zuerst an Presse und Rundfunk gewandt, derer sich laut ihrem Ultimatum vom 15. Juli »die antisozialistischen und revisionistischen Kräfte« bemächtigt hatten. Der dritte Punkt dieses Ultimatums forderte von der KPTsch, sie solle alle Masseninformationsmittel wieder in die Hand nehmen. In Čierna und Preßburg wurden die gleichen Forderungen erhoben. Laut »Prawda« hätten die tschechoslowakischen Vertreter dort versichert, daß sie konkrete Maßnahmen ergreifen würden. »Sie haben aber nichts getan.« Daher sei die Intervention notwendig geworden, die zum Diktat Moskaus vom 26. August führte, dessen dritter Punkt den dritten Punkt des Warschauer Ultimatums ja wiederholt.

Die kommunistischen Führer, die vorgeben, die internationale revolutionäre Bewegung zu lenken, haben ihre Ohnmacht, das Erbe Marx' und Lenins hochzuhalten und dem Menschen zu helfen, sich von der Knechtschaft zu befreien, nicht deutlicher zeigen können als damit, daß sie 600.000 Soldaten in ein sozialistisches Land schickten, um dessen Regierung zu zwingen, einer Presse den Maulkorb anzulegen, in deren Freiheit die Regierung keinerlei Gefahr für sich selbst sah! Diese Enthüllung ihrer feindseligen Einstellung gegenüber der Freiheit hat dem Sowjetregime sehr geschadet.

Die tschechoslowakische Führung versuchte, die vom Diktat auferlegten Verpflichtungen mit der von den Sowjets theoretisch anerkannten Möglichkeit in Einklang zu bringen, »nicht zu der Lage vor dem Januar 1968 zurückzukehren«. Man dachte an eine Art Selbstzensur. Aber die Sowjets waren und sind wachsam. Sie verlangten jeden Tag mehr und merkten die kleinste Abweichung. Sie haben auch die Absetzung des Rundfunk- und Fernsehdirektors Zdeněk Hejzlar bzw. Jiří Pelikán erreicht. Sie haben die großen Taten der Geheimsender in der Woche vom 21. zum 28. August nicht vergessen, in der alle Versuche, die Moral der Nation zu brechen, fehlgeschlagen waren.

»Die Wiedereinführung der Zensur«, erklärte am 27. September 1968 der Prager Abgeordnete A. Polednak im tschechoslowakischen Fernsehen, »ist eine traurige Pflicht... die von der unvermeidlichen, aber vorübergehenden Notwendigkeit diktiert wird.« Die tschechoslowakischen Journalisten und Schriftsteller sahen sich gezwungen, wieder die Sprache des Schweigens, des Symbolismus zu verwenden. Manche von ihnen – Goldstücker, Mňačko, Sviták, auf die man es am meisten abgesehen hatte – gingen ins Exil. Die geblieben sind, wissen um die Gefahr einer Unterdrückung, vor der sie nur »öffentliche und anerkannte internationale Garantien schützen könnten«. (82) Wer aber ist in der Lage, diese Garantien zu geben? Was können die internationale Meinung, die italienischen und französischen Kommunisten und Progressiven tun, um Männer wie Solschenizyn, Sinjawskij, Modzelewski, Kołakowski, Mihajlov und István Bibo vor den Inquisitoren zu schützen? Die beeindruckende »geeinte Front« der Intellektuellen, Studenten und Arbeiter hat in den auf die Invasion folgenden Monaten die Schriftsteller und Journalisten, die von den Behörden und der Presse der »Fünf« ständig heruntergemacht und denunziert wurden, geschützt.

Von der Auflösung des ungarischen Schriftstellerverbandes und dem Verbot der Zeitschrift »Po Prostu« durch Gomułka im Jahre 1957 bis zur Wiedereinführung der Zensur in der Tschechoslowakei ist die Geschichte der Oststaaten-Presse eine Folge von Sanktionen, Absetzungen und Drohungen gegen Journalisten und Schriftsteller, die sich zum Sprachrohr der öffentlichen Meinung gemacht haben.

Es ist keine Übertreibung, wenn man sagt, daß die Situation der Presse in den kommunistischen Ländern das Barometer, das Kriterium der politischen und sozial-kulturellen Lage ist. Zum Zeitpunkt, da ich dieses Buch beende, unterliegt die gesamte Presse in der DDR, in Bulgarien und in der UdSSR einer ebenso strengen Kontrolle wie unter Stalin. Eine Modernisierung hat sich nur in Nebensächlichkeiten, in der Technik und der Präsentation bemerkbar gemacht. Die polnische Presse nach 1957 ist wieder langweilig geworden, provinzlerisch. Sie hat zudem falsch informiert und ist 1968 sogar in aggressivste und stupideste Schdanowschtschina zurückgefallen. Die Art, in der die Warschauer Zeitungen die Studentendemonstrationen im März 1968 dargestellt und kommentiert haben – als »deutsch-jüdisches Komplott« –, und die Art, in der sie die Affäre Tschechoslowakei behandelt haben, wird in künftigen Anthologien wahrscheinlich als Beispiel der Überschreitung sämtlicher Grenzen des Anstandes und die zynischste Art zu lügen angeführt werden.

Die ungarische Presse bietet das Bild der Mittelmäßigkeit und Ängstlichkeit. Die Parteiführer haben aber für die nichtkonformistischen Talente immerhin Ventile geöffnet, indem sie ein paar avantgardistische Zeitschriften mit beschränkter Auflage zuließen und zugaben, daß »der Marxismus auf ideologischem und kulturellem Gebiet keine Monopolstellung innehaben kann«. (83)

Das Verdienst Jugoslawiens und vor allem der Tschechoslowakei ist wohl, aus eigenem Laboratorien für ein neues Modell von liberalem Sozialismus gemacht zu haben, in dem es sogar Gruppen frei zusammengeschlossener Individuen – Jugend, Schriftsteller, Parteien – »gestattet ist, Zeitungen und Zeitschriften herauszugeben und die öffentliche Meinung ohne Intervention von außen frei zu bilden.« (84)

Die Idee ist geboren, und nicht einmal Panzer können sie zerstören. Die osteuropäischen Völker werden die Rolle nicht vergessen, die Presse, Radio und Fernsehen bei der nationalen und demokratischen Integration der Ungarn und Polen 1956, der Tschechen und Slowaken 1967/68 gespielt haben. Die Geistlichen und Intellektuellen haben Geschichte gemacht, sie haben eine Saat gestreut, die aufgehen wird. (85)

III. Teil
Analyse der Situation

1. Nach dem 21. August 1968

Normalisierung und Konsolidierung in der Tschechoslowakei

Die unter den wachsamen Augen der Besatzungsmacht nach dem 21. August 1968 in der Tschechoslowakei unternommene Normalisierung, dann Konsolidierung verlangen eine eingehende Analyse, da sie die Technik zeigen, mit der die Sowjetführer das, was ihnen 1968 beinahe entglitten wäre, wieder hergestellt haben, was Sartre so treffend die »Chose« genannt hat. (1)

Die »Salamitaktik« – der Ausdruck stammt vom ungarischen Altstalinisten Mátyás Rákosi –, die in den Jahren 1947 bis 1948 die Nichtkommunisten in der Volksfront dezimiert hatte, wurde nun gegen die kommunistischen Führer, gegen die kommunistische Partei selbst angewandt. Der Mißerfolg mit der Indra-Bil'ák-Kolder-Gruppe am 21. August 1968 brachte den Kreml nicht vom Ziel ab, eine wenn schon nicht homogene, so wenigstens bedingungslos prosowjetische Führung in den Sattel zu heben. Schon in dem vierstündigen Gipfelgespräch Ende Juli 1968 in Čierna hatte Breschnjew darauf bestanden, daß Dubček personelle Veränderungen vor allem im ZK-Präsidium, der obersten Instanz der Partei und eigentlichen Regierung, vornehme.

Die »großen Vier« des Prager Frühlings – Dubček, Černík, Smrkovský, Svoboda – hatten aber in den Stunden der Prüfung geschworen, solidarisch zu bleiben, koste es, was es wolle. Doch die Zeit arbeitete für den Kreml. Im November 1968 wurde Smrkovský beiseite geschoben, der in Moskau wegen seiner Beziehungen zu den Intellektuellen und seines emotionalen Patriotismus am meisten gehaßte Reformer. Dann trieben die Sowjets und ihre Helfer Keile zwischen Černík und Dubček, zwischen Dubček und Svoboda. Nachdem der Sieg der tschechoslowakischen Eishockeymannschaft über die sowjetische einen Freudentaumel ausgelöst hatte und dieser fast in Aufruhr ausgeartet war, wurde unter der Drohung Marschall Gretschkos mit einer neuerlichen Invasion Dubček im April als Parteichef von Husák abgelöst. (2)

Größe und Schwäche Dubčeks

Černik distanzierte sich von Dubček, erreichte dadurch für sich aber nur einen Aufschub von ein paar Monaten. Im Januar 1970 mußte er als Ministerpräsident Lubomír Štrougal weichen. Die Umbildungen des Präsidiums wurden so lange fortgesetzt, bis keine »Opportunisten« und »Rechten« mehr in ihm saßen. Dubček selbst wurde im September 1969 daraus entfernt. Im Januar 1970 mußte er auch aus dem ZK ausscheiden und ging auf Vorschlag Husáks als Botschafter nach Ankara. Im März wurde seine Parteimitgliedschaft suspendiert. Aus Ankara zurückgerufen, wurde er am 26. Juni schließlich aus der Partei ausgeschlossen. Von dem Viergespann blieb allein Svoboda übrig, der sich dareinfügte, daß er das Bild des großen Patrioten, das er von sich 1968 mit so großem Vergnügen gemalt hatte, nun zerstören mußte. Sein Schicksal entspricht der dunklen Prophetie des Philosophen Karel Kosík: »Das Verhältnis Herr–Sklave manifestiert sich in der Politik auf folgende Weise: Der Sieger zwingt den Besiegten nicht nur dazu, sein Weltbild anzunehmen, sondern auch dazu, die Formulierung, mit der er die Niederlage anzunehmen hat, zu seiner eigenen zu machen ... Jener ist der Besiegte, der sich das Verhalten des andern aufzwingen läßt und der die eigenen Handlungen mit den Augen des Gegners sieht.« (3)

Es war der tragische Irrtum des Alexander Dubček, daß er auch nach dem Moskauer Diktat noch gehofft hatte, die Sowjets würden ihm die Zeit lassen, die Wirksamkeit und (für den Kreml) Ungefährlichkeit seiner Politik zu beweisen. In einer großen Rede, die man nicht ohne Rührung liest, hatte er am 11. Oktober 1968 gesagt: »Wir wollen die politische Arbeit so fortsetzen und entwickeln, daß alle positiven Prinzipien ... erhalten bleiben, wie die Verbundenheit der Partei mit dem Volk und die Teilnahme der Werktätigen an der Verwirklichung der Parteipolitik.« Nach dem zweiten »München« in Moskau war das eine Utopie. Alles, was Dubček zur Beruhigung der Sowjets unternahm, stieß auf Proteste bei den eigenen Leuten, und alles, was er tat, um die öffentliche Meinung zufriedenzustellen, rief stärkeren sowjetischen Druck hervor und ermutigte seine Gegner.

Im Juni 1970 konnte sich Husák gratulieren, durch eine »energische und konsequente« Politik »Anarchie und Zerfall« beendet zu haben. Was Husák aber nicht sagte, war, daß diese »Anarchie« vom August 1968 bis zum April 1969 vor allem der ständige Druck des Kremls erzeugt hatte, die auf dessen Geheiß ergriffenen Zentralisierungs- und Zensurmaßnahmen und dessen unablässige Ermutigungen der Gegner Dubčeks, der Männer der Revanche.

Die unbestreitbar konsequentere Politik Husáks beruhte auf seiner Illusionslosigkeit. Dem Mann des »Sozialismus mit dem menschlichen Antlitz« fehlten die außerordentlichen Fähigkeiten, die zur Lösung des Problems nötig gewesen wären. Dubček war ein großer Ehrenmann, aber er war kein großer Politiker. Der gute Wille, den er im Überfluß besaß, reichte nicht aus, um die durch die äußere Krise verschärfte innere Krise zu bewältigen. Man darf allerdings nicht vergessen, daß die Hauptschwäche Dubčeks sich aus der Rolle ergab, die er selbst gewollt hat: Vermittler zu sein zwischen der Partei und dem Volk, zwischen seinem Volk und der Sowjetmacht. Er ist das Opfer seiner doppelten Aufgabe geworden, die ihn gehindert hat, eine eindeutige Position einzunehmen: entweder den Sowjets die Stirn zu bieten und alle Konsequenzen dieses Affronts zu tragen, oder ihren Willen konsequent und energisch zu erfüllen und damit die eigene Überzeugung und die Popularität zu opfern. Gewiß, er hat den Wünschen des Kremls oft getrotzt, zum Beispiel als er sich weigerte, auf der Warschauer Konferenz im Juli 1968 zu erscheinen, aber er hat versäumt, sich die Mittel zu wirkungsvollem Widerstand zu verschaffen. Ja, er hat Moskau gegenüber eine Loyalität bewiesen, die ihn teuer zu stehen kam. Er selbst soll den Sowjets vorgeschlagen haben, die Sommermanöver in der Tschechoslowakei abzuhalten (die ja das Terrain für die Invasion vorbereiten halfen), »um der ganzen Welt zu zeigen, daß wir ein integrierender Bestandteil des Warschauer Paktes sind«. (4)

Dubček hörte auch nicht auf die Generale, die ihm zu militärischen Vorkehrungen für den Fall einer Invasion rieten. Er schien jeden Gedanken daran verdrängen zu wollen. Nun, der 21. August 1968 brachte die Invasion. Ein gewiegterer Politiker als Dubček hätte den die ganze Bevölkerung erfaßten spontanen Widerstand mit einer »Guerillapolitik« wahrscheinlich besser genutzt. Denn zu diesem Zeitpunkt hieß der Bittsteller, der eine politische Lösung dringend nötig hatte, Breschnjew und nicht Dubček. (5) Aber Dubček war der Gefangene einer Ideologie, deren Prüfstein die Ergebenheit gegenüber der UdSSR war, und sah keine Alternative gegenüber der »Zugehörigkeit zur sozialistischen Welt«. Dadurch war er den von keinerlei »internationalistischem« Skrupel gehemmten Sowjets von Anfang an völlig unterlegen. All seine Aktionen waren nichts anderes als Rückzugsgefechte. Er ließ sich manipulieren, entwaffnen, von seinen wahren Freunden trennen, die Möglichkeit nehmen, seinen Verleumdern zu antworten, bis er nach seiner Rückkehr aus Ankara den neuen Machthabern auf Gedeih und Verderb ausgeliefert war. Überzeugt davon, im Recht gewesen zu sein, verweigerte er hartnäckig die immer drängender geforderte Selbstkritik. Wenn Dubček sein Volk auch nicht zum Erfolg geführt hat, eines hat er es mit diesem Bewahren seiner Würde und inneren Freiheit gelehrt: das Schicksal klug und diszipliniert zu ertragen und auf bessere Tage zu hoffen.

Husák und Kádár

Hatte man zur Zersetzung der Dubček-Gruppe die »Salamitaktik« angewandt, so nahm man sich zur Bildung einer gesäuberten, von Moskau genehmigten Führung Kádár zum Vorbild. Der Kreml als oberste Instanz dieser Neuorganisation hatte die Wahl zwischen drei alten Kandidaten, Indra, Štrougal, Bil'ák, und einem neuen Mann, Husák. Indra freilich war wegen seines Mißgeschicks am 21. August ungeeignet, Štrougals dunkler Punkt war seine opportunistische Solidarität mit dem Widerstand – er hatte als Stellvertreter des gefangenen Černík den Protest der Regierung gegen die Invasion unterschrieben –, Bil'ák schien nur für eine untergeordnete Rolle brauchbar. Blieb Husák, der gegenüber seinen Rivalen den Vorteil hatte, Kádár am ähnlichsten zu sein. Als ehemaliges Opfer des Stalinismus, das sogar der Folter widerstanden hatte, genoß er den Ruf eines integren Mannes. Er an der Spitze der Partei würde als der Garant dafür gelten, daß jene dunkle Vergangenheit mit Willkür und Massenverhaftungen nie wiederkehrte.

Eines wollten die Sowjets nämlich in der Tschechoslowakei des Jahres 1969 ebensowenig wie seinerzeit in Ungarn: die Wiedereinsetzung des alten diskreditierten Regimes. Wie sie in Ungarn nach der Niederschlagung der Revolte von 1956 nicht Rákosi wieder inthronisiert hatten, dachten sie in der Tschechoslowakei nicht daran, Novotný und seine am meisten kompromittierten Getreuen wieder in den Sattel zu heben, wenn sie auch mangels Besserer auf Dienste etlicher Ultras der Linken zurückgriffen, die 1970 revanchelüstern drohten, Husák links zu überholen. Der Kreml zog Männer der Mitte vor, Pragmatiker, die ihm zwar nicht der Nachsicht mit dem Revisionismus verdächtig erscheinen durften, aber so weit elastisch sein sollten, daß sie nicht die Repression um der Repression willen kultivierten. In diesem Sinn versprach Husák die »Januarpolitik« fortzuführen, mißbilligte aber deren »Exzesse«. Der Terminus »Januarpolitik« war freilich zweideutig. Für das Volk bedeutete die »Januarpolitik« Dubček und die Utopie des »Sozialismus mit menschlichem Antlitz«. Husák und Štrougal verstanden darunter die – von ihnen gutgeheißene – Ersetzung von Novotný. (6)

Bei Husák findet sich jedenfalls die Logik Kádárs wieder: zuerst Strenge, um die Autorität der Partei, das heißt die Diktatur der dem Kreml genehmen Führung, wiederherzustellen und sobald sich die Diktatur konsolidiert hat und jeder Wunsch, politische Entscheidungen zu beeinflussen, sowie das nationalistische Virus ausgerottet sind – Befriedung. Kádár selbst ermutigte Husák, die Unpopularität im Hinblick auf die zukünftige Popularität hinzunehmen. »Viele Leute haben uns für

Maßnahmen gehaßt und sind uns nun dankbar, daß wir sie ergriffen haben«, sagte er in Prag. Husák wartete das Ende der »Normalisierung« nicht ab, um sich des erfolgreichen Beschwichtigungsslogans Kádárs zu bedienen: »Wer nicht gegen uns ist, ist mit uns.« Im Januar 1970 erklärte er vor dem ZK: »Für uns ist der, der nicht gegen die Partei arbeitet, ein potentieller Verbündeter und nicht ein Feind.« In diesem Sinn war auch Husáks Rede am 28. August 1970: »Nachdem die Periode der Krise überwunden worden ist«, wünschte der Parteichef zum normalen Leben zurückzukehren, »zu den normalen Formen der sozialistischen Demokratie«. Die Budapester Zeitung »Magyar Nemzet« stieß einige Tage später in das gleiche Horn und griff mit Nachdruck die tschechoslowakischen »Ultras« an, die »ihr Land in die dogmatischen Verirrungen zurückfallen lassen wollen«. (7) Der Erfolg von Husáks Versuch hängt nun zu einem Gutteil von dem Ausgang des Kampfes mit der extremen Linken ab, die sich nach dem Sturz der »Progressiven« vieler Schlüsselpositionen in Parteiapparat, Presse und Rundfunk bemächtigt haben.

Die große Säuberung

Die Situation, der sich Husák 1969 gegenübersah, unterschied sich von jener in Ungarn 1956 in einem wesentlichen Punkt: Während sich in Ungarn die kommunistische Partei und der Staat schon am Anfang der Revolte faktisch aufgelöst hatten und nur die in Eile aufgestellten Arbeiterräte und Revolutionskomitees eine Zeitlang gegen die Sowjets und deren Kollaborateure kämpften, waren in der Tschechoslowakei gerade die kommunistische Partei, die stärkste Mitteleuropas, und deren politische und soziale Institutionen der Hort des Widerstandes, unterstützt von einer so gut wie einstimmigen öffentlichen Meinung. Der am 22. August 1968 hinter den Rücken der Okkupanten abgehaltene 14. außerordentliche Parteitag hat gezeigt, daß die überwältigende Majorität der KPTsch in wenigen Monaten zu einer demokratischen und nationalen Partei geworden war, deren Organisationen während der »sechs glorreichen Tage« vom 21. bis 26. August und darüber hinaus eine gleichsam revolutionäre Vitalität bewiesen. (8) Im September/Oktober 1968 erhielt das Zentralkomitee mehr als 70.000 Resolutionen und Briefe von Organisationen der Partei in den Betrieben und der Verwaltung, in denen die Fortführung der Demokratisierung, die Eliminierung der Kollaboranten usw. gefordert wurden.

Um die Opposition unschädlich zu machen, mußte der Kreml zuerst die kommunistische Partei selbst zerstören und sie dann wieder aufbauen, aber nicht von der Basis zur Spitze, denn die Basis war »verseucht«, sondern umgekehrt, von der Spitze zur Basis. Breschnjew hatte ja schon vor der Invasion geraten, die Partei der Masse durch eine Partei der Elite zu ersetzen, die Partei, die lebt und handelt und fordert, durch eine Partei, die gehorcht. So kam es zur größten Säuberung in der Geschichte der KPTsch.

Nach dem Präsidium und dem Zentralkomitee kamen der Parteiapparat, die Regionalkomitees, die Komitees der Städte an die Reihe. Am härtesten war das der Stadt Prag betroffen, wo es ja zuallererst »Frühling« geworden war. Das Komitee wurde beschuldigt, ein »zweites Parteizentrum« und die Seele des Widerstandes gegen die Sowjets gewesen zu sein. (9) Noch vor Jahresende 1969 wurden 147 Mitglieder eliminiert. Ähnlich gründlich gesäubert wurden auch die Kreis- und Bezirkskomitees. Dem Komitee Nordmährens wurde als Sekretär Miloslav Mamula aufgezwungen, der einer der nächsten Mitarbeiter Novotnýs gewesen war. 75 Professoren der Parteihochschule wurden ihres Postens enthoben und aus der Partei ausgeschlossen.

Noch vor der Säuberung der Basis Anfang 1970 waren anläßlich des Umtausches der Parteiausweise sehr viele Kommunisten aus Protest gegen die Abberufung von Dubček, Kriegel, Smrkovský, Špaček und Slavík freiwillig ausgetreten. Seit April 1969 nahmen nach einer dem ZK im September vorgelegten Schätzung Dubčeks kaum 16 Prozent der Parteimitglieder an den Versammlungen teil. 1970 schätzte man etwa 600.000 Ausgetretene, davon 200.000 in der Slowakei. Es blieb aber immer noch 1 Million Mitglieder genau zu überprüfen. »Der Partei wird es nichts ausmachen, wenn sie 200.000 bis 300.000 Mitglieder verliert«, erklärte Indra am 2. April 1970 großspurig. Tatsächlich hat sie aber viel mehr verloren, vor allem hat ihr Charakter als

Arbeiterpartei unter der Säuberung gelitten. Schon im März 1970 machten die Arbeiter nur noch 24 Prozent aus gegenüber 38 Prozent 1968. (10)

Am meisten war aber die kommunistische Intelligentsia von der Säuberung betroffen. In Ungarn war vor 1956 die Mehrzahl der Intellektuellen nichtkommunistisch. In der Tschechoslowakei hingegen waren 70 bis 80 Prozent der Wirtschaftsführer, 85 bis 90 Prozent der hohen Staatsbeamten, 70 Prozent der Kulturschaffenden (Schriftsteller, Künstler, Journalisten usw.), 55 Prozent der Lehrer, 60 Prozent der Professoren, 40 bis 45 Prozent der Gelehrten, 30 bis 40 Prozent der Techniker und 25 bis 30 Prozent der Ärzte Mitglieder der Partei. (11) Fast alle waren nun kompromittiert, weil sie mit Dubček sympathisiert hatten. Für viele war der Parteiausschluß mit dem Verlust der Stellung verbunden. Gelehrte, Philosophen, Journalisten und Schriftsteller von Weltruf wurden kaltgestellt, ohne daß sie die Möglichkeit gehabt hätten, eine andere, selbst manuelle Arbeit zu finden. Um die »gesäuberten« Kommunisten zu ersetzen, mußte man auf bürgerliche Spezialisten zurückgreifen. Wie in Ungarn nach 1956 hatte die »Rebolschewisierung« der Partei die »Entkommunisierung« des geistigen Lebens und der Verwaltung zur Folge.

Parallel zur Säuberung der Partei lief die des Staates. Dazu war natürlich die Wiederherstellung bzw. Verstärkung der Unterdrückungsorgane nötig. Štrougal erklärte im März 1970 vor der ebenfalls einigermaßen gesäuberten und wieder in die Rolle eines Registrierautomaten gedrängten Bundesversammlung, daß »die Sicherheitskräfte nun wieder eine Garantie für die innere Sicherheit des Staates sind«. Von Josef Pavel, den Dubček auf Empfehlung Husáks (der mit Pavel eingesperrt gewesen war) zum Innenminister gemacht hatte, waren etwa 150 Agenten abgesetzt worden. Die so stellenweise zerrissenen Netze des Sicherheitsdienstes wurden nun schlecht und recht zusammengeflickt. Dazu mußten aber noch ungefähr 30 Prozent Dubček-Sympathisanten entlassen werden. Ihre Ersetzung war nicht leicht, da »die Rekrutierung wegen der allgemeinen Unbeliebtheit der Polizei erschwert war«. An die 500 Kader wurden in die UdSSR geschickt, um dort »moralisch«

wieder aufgerichtet und geschult zu werden. Mit großem Aufwand wurden die Personalakten der Bürger überprüft und Untersuchungen gegen jene eingeleitet – sie waren Legion –, die 1968 bei den Geheimsendern mitgearbeitet, Flugblätter gedruckt und verteilt, Ausländer informiert oder auf irgendeine Art ihre Opposition gegen die Invasion ausgedrückt hatten. Dem vom Erziehungsminister Hrbek an die Lehrerschaft gerichteten Fragebogen, der die Gemüter auch im Ausland erregt hatte, folgten ähnliche Fragebögen, wie etwa jener der Armee, in dem jeder Offizier über seine Tätigkeit und die seiner Verwandten und Freunde in den Jahren 1968/69 Auskunft zu geben hatte. (12) Wie 1949 bis 1952 verbreitete sich in der Tschechoslowakei eine Kafkasche Stimmung; die ebenso gigantische wie groteske Untersuchungswelle zielte darauf ab, die ganze Nation zu beschuldigen und einzuschüchtern.

Waren die Untersuchungen die Vorbereitung für viele, viele Prozesse? Husák (am 12. Februar und am 25. Juni 1970) und Štrougal (am 29. Mai 1970) versicherten: »Die Partei wird sich nicht erniedrigen, Prozesse zu fabrizieren« nach der Art des Slánský-Prozesses. »Wir werden«, sagte Husák, »administrative Maßnahmen nur dann ergreifen, wenn das Gesetz ganz offenkundig verletzt worden ist.« Aber seit September 1969 hat die Bundesversammlung einige Gesetzesänderungen beschlossen, »die Ausnahmen verallgemeinerten und zahlreichen Institutionen und Persönlichkeiten mitunter außerordentliche Vollmachten einräumten«. (13) Außerdem wiesen Presse und Rundfunk unablässig auf im Ausland angestiftete »Komplotte« hin; die Preßburger »Pravda« (21. April 1970) beschuldigte Smrkovský, Slavík, Pavel und General Prchlík gar des Verrates. (14) Kriegel und Goldstücker wurden als Komplizen des Zionismus denunziert, der Romanist A. Černý als »Seele der Konterrevolution«. Manche Angriffe gegen Dubček enthielten so schwere Beschuldigungen, daß sein Ausschluß aus der Partei geradezu als milde Strafe erschien. Eine »Ultra«-Abgeordnete forderte im Parlament und General Rytíř im ZK »gerichtliche Schritte gegen die konterrevolutionären Kräfte und Antisozialisten« und insbesondere gegen die Unterzeichner des am 21. August 1969 verbreiteten 10-Punkte-Manifests. Husák jedoch, unterstützt von

Kádár und vielleicht sogar von Breschnjew, bemühte sich, die Säuberungswütigen zu mäßigen.

Nach dem April 1969 wurde auch das Gerichtswesen reorganisiert; Richter, Staatsanwaltschaft, Oberster Gerichtshof wurden »gesäubert«, die 1968 geschaffenen Rehabilitierungskommissionen aufgelöst. (Der neue Generalstaatsanwalt Jan Feješ galt allerdings als gemäßigter Parteigänger Husáks.) Der neue tschechische Justizminister Jan Němec war der Meinung, daß zumindest ein Drittel der 1968 von den Opfern des Stalinterrors eingebrachten Rehabilitierungsansuchen unzulässig seien, da die seinerzeit Verurteilten die Strafe verdient hätten. Die Rehabilitierten von gestern wurden erneut verdächtigt, einige »entrehabilitiert«. Die »Tvorba« beschuldigte in einem Kommentar der französischen Verfilmung von Artur Londons »Geständnis« den Autor sowie Löbl, Smrkovský und andere Überlebende der großen Prozesse 1952 bis 1954 ohne alle Skrupel, bei Verbrechen mitgewirkt zu haben: Waren sie etwa nicht als Belastungszeugen aufgetreten? Hatten sie sich etwa nicht selbst der unglaublichsten Verbrechen bezichtigt und das Gericht damit irregeführt? Die »Tvorba« erwähnte freilich nicht, wie diese Zeugenaussagen und Selbstbeschuldigungen zustande gekommen waren. Auf die gleiche Art hatte Rákosi 1956 Rajk, den er sieben Jahre zuvor hinrichten hatte lassen, posthum beschuldigt, er habe die Partei mit seinem Geständnis getäuscht ...

Zensur und Selbstzensur

Die Wiedereinrichtung der Zensur über Presse und Rundfunk war für die »Normalisierer« fast genauso wichtig wie die Wiedereroberung von Parteiapparat, Sicherheitsdienst und Armee. Mit 2. April 1969 wurde die »Politika« eingestellt. Selbst das Parteiorgan »Rudé právo« erhielt wegen seiner Entgleisungen einen Verweis. »Listy«, das Blatt der Schriftsteller, und »Reportér«, die Wochenschrift des Journalistenverbandes, wurden einer Vorzensur unterworfen.

Die Gleichschaltung der Presse verlief nach dem Abgang Dubčeks schneller und radikaler. Der Rücktritt des Chefredakteurs von »Rudé právo«, Jiří Sekera, leitete eine lange Reihe von Rücktritten und Absetzungen ein. Im April 1969 wurde das Organ der liberalen slowakischen Schriftsteller, »Literárný život« (Nachfolger des »Kultúrný život«), unterdrückt. Ein paar Wochen später mußten »Listy«, »Reportér«, dann im Frühjahr 1970 die Brünner Monatsschrift »Host do domu« ihr Erscheinen einstellen.

»Die Interessen der Partei«, schrieb der neue Chefredakteur von »Rudé právo«, M. Moc, in der Moskauer »Prawda«, »haben uns gezwungen, uns von jenen Journalisten zu trennen, die sich als Ideologen und Inspiratoren der parteifeindlichen Opposition erwiesen haben ... Die Presse ist wieder eine Waffe in den Händen der KP geworden, sie kämpft für den Sieg ihrer Politik.« So fielen Presse und Rundfunk, von fast allen talentierten Journalisten befreit, in die Starrheit, Farblosigkeit und Aggressivität der fünfziger Jahre zurück.

Am 16. Juli 1969 verkündete »Rudé právo« zum erstenmal, daß die sowjetischen Truppen im August 1968 in die Tschechoslowakei gekommen seien, »um die Freiheit und den Sozialismus zu verteidigen«. Die Normalisierung triumphierte. Die von der Parteiführung bevorzugten »Tribuna« und »Tvorba« eiferten miteinander, um nur ja alle Protagonisten des »Prager Frühlings« anzuschwärzen, und Hörfunk und Fernsehen scheuten sich nicht, Tag für Tag die Öffentlichkeit zu provozieren, indem sie die absurdesten Anschuldigungen gegen die Reformer erhoben, die sich ja nicht mehr wehren konnten. So warf »Rudé právo« (12. März 1970) dem Innenminister Dubčeks, Pavel, vor, er habe den Antisowjetismus so weit getrieben, daß er die sowjetischen Truppenbewegungen während der großen Manöver von seinen Agenten habe verfolgen lassen. Radio Prag (23. Juli 1970) beschuldigte die ehemaligen Direktoren der Uranbergwerke, sie hätten der Regierung nahegelegt, die Ausbeutung durch die Sowjets zu beenden. (15) Eine ganze Anthologie ließe sich zusammenstellen allein aus Texten, in denen Dubček, Smrkovský, die Schriftsteller J. Procházka, V. Havel, A. Liehm sowie Černý, Pelikán usw. verleumdet werden.

Die Propaganda versuchte die Liberalisierung von 1968 auch dadurch zu diskreditieren, daß sie die jüdische Abstammung einiger Protagonisten wie Dr. Kriegel und Prof. Goldstücker hervorhob. Einer der Sicherheitschefs, Molnar, betonte, daß »die Bewegung von 1968 eng mit der zionistischen Bewegung verbunden« sei. Die Preßburger »Pravda« führte im wiederaufflackernden Antisemitismus das große Wort; am 5. August 1970 freute sie sich, daß das April-Plenum 1969 der »Über-Verjudung« der Presse und des Rundfunks ein Ende bereitet habe; bis dahin habe sich nämlich »eine Gruppe intellektueller Juden bemüht, ein Judenproblem zu erfinden, das weder in der Tschechoslowakei noch in der UdSSR noch in irgendeinem sozialistischen Land existiert«. Für das Buch von František Kolář »Zionismus und Antisemitismus« wurde eifrig die Werbetrommel gerührt. Kolář griff die bekanntesten jüdischen Intellektuellen in Ausdrücken an, die an das Vokabular des nationalsozialistischen »Stürmer« erinnern. Am 24. und 25. November 1970 prangerte der tschechoslowakische Rundfunk einen der brillantesten Journalisten des »Prager Frühlings« an, den ehemaligen Chefredakteur des »Reportér«, Stanislav Budin — »geborener Ben Sion Bath«. Ausführlich wurde über seine Kindheit in der Ukraine, seine 1922 erfolgte Übersiedlung in die Tschechoslowakei berichtet, »mit seinen Eltern Shlojem und Rachel, seiner Verlobten Shannah, der Tochter eines rumänischen Industriellen«, über seine in den USA verbrachten Jahre, die Bewunderung für »Lew Dawidowitsch Bronstein« (Trotzki), die Kontakte zu Zdeněk Mlynář, »(alias Muller)«, des »Gatten von Rappa, der in Rumänien geborenen Tochter Budins und Mitarbeiterin Ota Šiks«. (16)

Im Jahre 1970 stellte der Präsident der Bundesversammlung zufrieden fest, daß die Behörden immer seltener eingreifen müßten. Eine Vorzensur war kaum noch nötig; die Selbstzensur erledigte alles. Diesen »Erfolg« aber trübte die Tatsache, daß der Verkauf der Zeitungen katastrophal zurückgegangen war.

Der Literatur und Kunst wurde die gleiche Behandlung zuteil wie der Presse. Mit Ausnahme einiger slowakischer Schriftsteller, um die Zeitschrift »Nové slovo« gescharte persönliche Freunde Husáks, wollte kein angesehener Schriftsteller oder Künstler dem Regime dienen. Die am 22. Mai 1969 zum letztenmal im Prager Filmklub versammelten Mitglieder der »Kulturfront« erhoben noch einen feierlichen Protest gegen »die Rückkehr der Ära des Monologs«. Der Rest war Schweigen.

Als die Kulturverbände die Unterwerfung ablehnten, wurden sie suspendiert oder aufgelöst. Ende 1969 wurde der tschechische Schriftstellerverband seines Fonds beraubt, der ihm selbst unter Novotný eine gewisse Unabhängigkeit ermöglicht hatte. Die bis 1968 so aktiven Filmstudios waren gelähmt. Die Verlage wurden strenger Überwachung unterworfen. Im Mai 1970 mußten die Kammerspiele Molières »Menschenfeind« »wegen unverantwortlicher Reaktionen des Publikums« aus dem Repertoire streichen. Am 1. April 1971 verlor Otomar Krejca, der berühmteste tschechische Regisseur, seinen Posten als Direktor des Theaters Za Branou. Der Abgrund zwischen der »Kulturfront« und den neuen Machthabern ist so tief, daß es zweifellos sehr lange dauern wird, bis er überwunden ist und man einen *Modus vivendi* gefunden hat, wie seinerzeit Kádár.

Die Sozialorganisationen

Der Säuberung der Partei, der Nationalen Front und der Staatsorgane, vor allem der Armee, folgte die Niederringung der Sozialorganisationen, die 1968 wieder Eigeninitiative bewiesen hatten.

Das gilt in erster Linie für die Arbeitergewerkschaften, die sich wie die Parteiorganisationen nach dem 21. August 1968 an die Spitze der Widerstandsbewegung gestellt haben. Die Diskussionen und Resolutionen des Gewerkschaftskongresses, der vom 4. bis 7. März 1969 abgehalten wurde, haben – trotz der freiwillig auferlegten Mäßigung, damit Dubček nicht gefährdet würde – gezeigt, daß die Mehrzahl der Arbeiter dem Demokratisierungsprogramm verbunden geblieben war. Da wurden die Mitwirkung an der Wirtschaftspolitik, die Legalisierung der Arbeiterräte, die Anerkennung der nationalen Souveränität gefordert. Aber dieser Kongreß war wie der Schwanengesang des »Prager Frühlings«. Denn kaum waren die Teilnehmer nach Hause zurückgekehrt, begann die Parteiführung alle Organe der proletarischen Demokratie zu zerstören.

Anfang 1969 hatten die Gewerkschaftsorganisationen noch Tausende Petitionen an das ZK gerichtet, daß Smrkovský an der Spitze der Bundesversammlung verbleibe. Ein paar Monate später drohten sie noch mit Streiks, sollten die Schriftsteller und Studenten behelligt werden. 1970 jedoch waren sie bereits mundtot gemacht oder zumindest abgeschaltet. Im Februar 1970 ersetzte der sehr orthodoxe Jan Piller den gemäßigten Dubček-Mann Karel Poláček als obersten Gewerkschaftschef. Im März 1971 wurde der als zu weich befundene Piller von Karel Hoffmann abgelöst, dem Kulturminister unter Novotný, der sich im August 1968 als einer der ersten Kollaborateure unrühmlich hervorgetan hatte. Die Säuberung der Gewerkschaften war ebenso gründlich wie die der Parteiorganisationen. Der Prager »Prace« (18. August 1970) zufolge mußten 30 Prozent der Mitglieder der Spitzenorganisationen der tschechischen Gewerkschaften, 17 Prozent insgesamt, ihre Posten abgeben oder wurden ausgeschlossen. Die größten Veränderungen (50 Prozent) erfolgten in der Führung der bedeutendsten Gewerkschaft, der der Metallarbeiter, die 1968/69 ja als Avantgarde eine Rolle gespielt hatte. Im Oktober 1970 wurden zuerst das tschechische, dann das slowakische Gewerkschaftspräsidium gründlich »gesäubert«. Beim Fußvolk scheinen die Säuberungsaktionen indes nicht die erhofften Wirkungen gezeigt zu haben. Im Juli 1970 machte der Zentralrat dem Gewerkschaftskomitee der Metallarbeiter in Jungbunzlau (Mladá Boleslav) schwere Vorwürfe. Dieses Komitee hatte sich nämlich mit den Fabriksarbeitern solidarisiert, die die mit der Untersuchung des Verhaltens einiger ihrer Kameraden im Jahre 1968 beauftragten Kommissäre hinausgeworfen hatten. Nach diesen Vorfällen beschlossen Husák und Genossen, die großen Fabriken zu besuchen, um den Arbeitern die Politik der Partei zu erklären. Der Empfang war mehr als kühl.

Der Studentenverband war bereits im Juni 1969 aufgelöst worden. Erst ein Jahr später gelang den Machthabern die Schaffung eines embryonalen »Parlaments der Studenten von Böhmen-Mähren«, das dem »Sozialistischen Jugendverband« beitrat, der sich am 9. November 1970 ohne Begeisterung konstituierte. In einer Eingabe an das ZK machten die Söhne Otto Šlings, eines der Mitangeklagten Slánskýs, die Parteiführung darauf aufmerksam, daß es unsinnig sei, so zu tun, als ob die Partei das Vertrauen der Jugend verlieren könnte, da sie es längst verloren habe.

Die Hauptsorge der Realisten an der Macht war indes, zuwenig respektiert und gefürchtet zu werden. Nach der brutalen Unterdrückung der Demonstrationen am ersten Jahrestag der Invasion war die Regierung freilich auch diese Sorge los. Gewiß, es gab im April 1970 anläßlich Lenins hundertsten Geburtstages noch ein paar Zwischenfälle mit gebrochenen Fahnenstangen, heruntergerissenen Transparenten, aber das war alles. Anfang 1970 hatte die Presse die Verhaftung von 19 jungen Studenten und Arbeitern gemeldet, Mitgliedern einer »tschechischen sozialistischen Revolutionspartei«, die als »neotrotzkistisch« apostrophiert wurde, weil sie in ihren Flugschriften die »antibürokratische Revolution« forderte. (17) Trotz zahlreicher Proteste aus dem Ausland endete der Prozeß im Februar 1971 mit schweren Strafen. Aus Prag und anderen größeren Städten meldete man auch die Bildung von »Gruppen für den Sozialismus mit menschlichem Antlitz«, von denen ein Manifest in den Westen gelangte. (18)

Wirtschaftlicher Wiederaufbau

Tschechen und Slowaken wissen nun, daß sie gegen Moskau nicht mit westlicher Hilfe rechnen können, da die Westmächte die Zugehörigkeit der ČSSR und der anderen Warschauer-Pakt-Staaten zur sowjetischen Einflußsphäre praktisch anerkannt haben und außerdem ihre Beziehungen zur UdSSR verbessern wollen. Die tschechoslowakische Affäre war für sie ein Zwischenfall von geringer Bedeutung. Zudem hat die tschechoslowakische Polizei, wieder in der Hand des KGB und aufgewertet durch die Präsenz der Sowjetarmee, gezeigt, daß sie wie früher in der Lage ist, jede Opposition schon im Keim zu ersticken. (19)

Das Hauptproblem bildete aber weiterhin die Konsolidierung der Wirtschaft. Der Regierung gelang es, die galoppierende Inflation durch das Einfrieren der Preise und Löhne aufzuhalten. Durch die Freigabe von 20 bis 25 Millionen Dollar für den Kauf von Qualitäts-Verbrauchsgütern im Westen Ende 1969 verbesserte sie den Inlandsmarkt. Im großen und ganzen fand das Land 1970 seinen Rhythmus wieder. Die Regierungsexperten, unter ihnen auch einige Mitarbeiter Ota Šiks, verwerfen zwar die Ideen des zum Sündenbock Gemachten und Verbannten und räumen der zentralistischen Planwirtschaft wieder den ersten Platz ein, halten aber prinzipiell an der Wirtschaftsreform fest. Nur soll sie eher nach dem Muster der DDR und deren »aufgeklärtem Dirigismus« als nach dem ungarischen Beispiel weitergeführt werden. Die Initiative und das Interesse der Unternehmen an Neuerungen und wirksamer Rationalisierung der Produktion und Verwaltung zu fördern, das sei eine der wichtigsten Aufgaben des staatlichen Plans, heißt es in einer Erklärung von achtzehn bekannten Experten, die den Schiffbruch 1968/69 überlebt hatten. (20)

Die »Normalisierung« ist für die Spezialisten der totalitären Ordnung ein unbestreitbarer Erfolg. Sie haben bewiesen, daß die 1948 nach dem Prager Coup zum erstenmal angewandten Methoden zur Unterdrückung der pluralistischen Elemente einer relativ entwickelten und differenzierten Gesellschaft nichts an Wirksamkeit eingebüßt haben. Die »Normalisierung« steht aber auf sehr schwachen Füßen. Die Mehrheit der Unterworfenen, vor allem die geistige Elite, deren Initiative für die wirtschaftliche und kulturelle Entwicklung unerläßlich ist, betrachtet die Lage als widernatürlich. Die Autorität ist wiederhergestellt, wird aber nicht als rechtmäßig anerkennt. Es herrscht Ordnung, aber es ist eine unsichere Ordnung, und sei es nur aufgrund der sich fortsetzenden Spaltung zwischen den beiden Gruppen – der mittleren und der linken –, die die Macht teilen. (21)

2. Die UdSSR und die Oststaaten

Die Geschichte der Oststaaten seit der Besetzung der Tschechoslowakei im August 1968 hat erstens gezeigt, daß die sowjetische Intervention eher eine Maßnahme zur Wahrung bedroht geglaubter Interessen gewesen ist als – wie man anfangs weithin annahm – ein Wendepunkt in der Außenpolitik des Kremls hin zur Expansion, und zweitens, daß der Gewaltakt die Probleme Moskaus im Vorfeld des Sowjetreichs nicht gelöst hat.

Das tschechoslowakische Drama wurde von allen Völkern und Regierungen des Ostens als ernste Warnung verstanden, als Warnung vor jeder Veränderung des politischen, sozialen und ideologischen *Status quo*. Deshalb kam es in den Beziehungen der UdSSR mit den anderen kommunistischen Ländern zu keinen umwälzenden Folgen, sieht man von der Verschlechterung der chinesisch-sowjetischen Beziehungen 1969 ab. Aber auch diese haben sich durch die Verhandlungen in Peking, den Waffenstillstand an den Grenzen und die Rückkehr zu fast normalen diplomatischen Beziehungen Ende 1970 wieder gebessert.

Auch die nach der Intervention der »Fünf« scheinbar schwer gestörten Beziehungen der regierenden kommunistischen Parteien mit den Kommunisten im Westen haben sich wieder »normalisiert«. Die von den Sowjetführern geduldig verfolgte Taktik, die Kritiker zum Schweigen zu bringen, hat Früchte getragen. Die dritte Weltkonferenz der kommunistischen Parteien vom 5. bis 17. Juni 1969 in Moskau hat die zähen Bemühungen des Kremls um die Wiederherstellung der führenden Rolle der Sowjetunion gekrönt. Die Repräsentanten von 75 Parteien haben im Interesse der Einheit und der gemeinsamen Aktion die Differenzen auf »Detailfragen« beschränkt. Die den Kritikern gelassene Freiheit (zum Beispiel brachte die »Prawda« zusammengefaßt die Verurteilung der ČSSR-Intervention durch den australischen Delegierten) fällt kaum ins Gewicht im Vergleich mit den Möglichkeiten, die Breschnjew und die Mehrheit hatten, um ihren orthodoxen Unitarismus auszudrücken und in der Folge als Auffassung aller auszugeben.

Breschnjew, der sich anmaßte, im Namen aller an- und abwesenden Parteien zu sprechen, bekräftigte, daß die Einheit die Verstärkung des Kampfes gegen Revisionismus und Rechts- wie Linksopportunismus erfordere. Dies galt dem »rechten« Dubček genauso wie dem »linken« Mao Tse-tung. Ohne Widerspruch konnte Gomułka ein Loblied auf die Sowjetunion als Hüterin des Sozialismus und Kämpferin gegen den Imperialismus singen. Den Ton gaben eben Delegierte an wie Ulbricht, der die Intervention der »Fünf« als rechtmäßige Reaktion auf ein »imperialistisches Komplott« hinstellte, »das die Tschechoslowakei beinahe dem sozialistischen Lager entrissen hätte«. Die Konferenz war – und das übertraf vielleicht sogar die Erwartungen des Kremls – erfüllt von jenem Geist der ideologischen Gegenreform, der in der UdSSR nach dem Sturz Chruschtschows vorherrschte und im Sinjawskij-Daniel-Prozeß im Februar 1966 weltweit erkennbar gewesen war. Die Breschnjew-Doktrin von der »beschränkten Souveränität« wurde zwar nicht allgemein gebilligt, aber auch nicht ausdrücklich mißbilligt. In der Folge mäßigte die italienische KP ihre Kritik; auch andere KPs, wie die österreichische und die französische, lenkten ein, indem sie die Protestierer ausschlossen (Ernst Fischer, Roger Garaudy). Aber Ende 1970, nach den Leningrader Todesurteilen und der Unterdrückung der Unruhen in Polen, distanzierten sich die westlichen KPs, die eine Öffnungs- und Volksfrontpolitik betrieben hatten, erneut vom Osten. Für die französischen, italienischen, spanischen, schwedischen, chilenischen Kommunisten usw. scheint das ja wiederholt in Verruf geratene sowjetische Modell vom Sozialismus endgültig ausgedient zu haben. Die reservierten Ehrerbietungen dieser Parteien auf dem XXIV. Parteitag der KPdSU haben diesen Eindruck verstärkt.

Der sowjetisch-tschechoslowakische und der rumänisch-sowjetische Vertrag

Am 6. Juni 1970 schloß die UdSSR einen Freundschafts- und Beistandsvertrag mit der ČSSR, am 8. Juli mit Rumänien. Hat der erste Vertrag den Triumph der Sowjets gezeigt, so der zweite deren Grenzen.

Der sowjetisch-tschechoslowakische Vertrag gewährte dem Kreml ein Kontroll- und Interventionsrecht sowohl in der inneren Entwicklung wie in der Außenpolitik seines Partners. Die Präambel sowie die Artikel 5 und 9 des Vertrages enthalten das in Preßburg ausgedrückte Prinzip von der Verteidigung der sozialistischen Errungenschaften als einer »internationalen Pflicht der sozialistischen Länder«. Beide Seiten haben nach der Unterzeichnung des Vertrages natürlich bestritten, daß dieses Prinzip einer Beschränkung der Souveränität der Verbündeten der UdSSR gleichkomme. »Die angebliche Theorie von der beschränkten Souveränität«, sagte Štrougal am 28. Mai 1970 vor der Bundesversammlung, »ist von den Imperialisten erfunden worden, um die nationalen Leidenschaften zu schüren ... Wahrung und Verteidigung der sozialistischen Errungenschaften gegen Diversion und Konterrevolution sind keine, können keine Beschränkung der Souveränität eines sozialistischen Staates sein, sondern sind im Gegenteil der Ausdruck der Souveränität.« Aber selbst wenn die Führer der besiegten Tschechoslowakei die These akzeptiert haben, daß die Intervention eine brüderliche Hilfe gewesen ist – siehe die äußerst unterwürfige Rede Husáks auf dem XXIV. Parteitag der KPdSU –, Tatsache bleibt, daß Moskau seine Differenzen mit Prag mit brutaler Gewalt aus der Welt geschafft hat.

Warum ist die UdSSR nicht mit ebensolcher Gewalt gegen *Rumänien* vorgegangen, das zwar seine Loyalität gegenüber der Sowjetunion stets betont, sich aber der wirtschaftlichen, politischen und militärischen Integration nach wie vor widersetzt? Dafür lassen sich mehrere Gründe anführen: Rumänien, »ein verletzbares, militärisch nicht zu verteidigendes und wirtschaftlich schwaches Land« (1), das unter den Überschwemmungen 1970 schrecklich gelitten hat, ist für die UdSSR von geringem strategischen Wert. Dann weiß man in Moskau sehr wohl, daß die Rumänen im Gegensatz zu den Tschechen und Slowaken nicht ohne Kampf kapituliert hätten, was – selbst im Fall eines raschen militärischen Sieges – internationale Komplikationen zur Folge gehabt hätte. Auch die Warnung der Vereinigten Staaten hat trotz ihrer geringen Glaubwürdigkeit zur Vorsicht gemahnt. Und in der Ideologie konnte und kann man den Bukarester Führern zwar Nationalismus vorwerfen, man kann sie aber schlecht mangelnder Orthodoxie beschuldigen. Der Sicherheitsdienst Securitate bemüht sich genauso wie das sowjetische KGB, die führende Rolle der Partei zu sichern.

Alle diese Überlegungen haben sicherlich zu der Entscheidung des Kremls beigetragen, die Rumänen bevorzugt zu behandeln oder ihnen eine Galgenfrist zu gewähren. Jedenfalls wirkt der Vertrag vom 8. Juli 1970 im Vergleich zum alles umfassenden sowjetisch-tschechoslowakischen Vertrag als nüchternes Dokument, als ein »zwischenstaatlicher Vertrag, der mit minimaler Bezugnahme auf die Ideologie und die Parteien« abgeschlossen worden ist. (2)

In ihm ist nicht die Rede von der Pflicht zur Verteidigung der sozialistischen Errungenschaften, sondern bloß von der »internationalen Solidarität der sozialistischen Regierungen«. Auch fehlt die den Tschechoslowaken aufgezwungene Verpflichtung zur »sozialistischen Wirtschaftsintegration im Rahmen des COMECON«. Der Artikel 3 des sowjetisch-tschechoslowakischen Vertrages fordert »die künftige Ausweitung der Zusammenarbeit und der direkten Beziehungen zwischen den Organen der Staatsgewalt und den Organisationen der Werktätigen im Hinblick auf eine tiefere gegenseitige Kenntnis und eine Annäherung zwischen den Nationen der beiden Staaten«. Damit sind dem Kreml für direkte Kontrollen und Einmischungen auf allen Ebenen Tür und Tor geöffnet. Im Bukarester Vertrag hingegen werden nur »Bemühungen um die Entwicklung von Freundschaft und Solidarität zwischen den sozialistischen Regierungen« gefordert. Der Artikel 5 des sowjetisch-tschechoslowakischen Vertrages, der die Breschnjew-Doktrin berührt, fehlt im sowjetisch-rumänischen Vertrag. Allerdings enthält dieser (Artikel 7) folgenden »kleinen Satz«, der die Beobachter schon beim sowjetisch-tschechoslowakischen Vertrag (Artikel 10) sehr beunruhigt hat: »Sollte einer der Vertragspartner das Opfer eines bewaffneten Angriffs eines Staates oder einer Staatengruppe werden, wird ihm der andere Partner sofort alle mögliche Hilfe gewähren, einschließlich militärischer Hilfe.«

Kann dieser Passus als Erweiterung der Kompetenzen des Warschauer Paktes über Europa hinaus – auf China oder den Nahen Osten – interpretiert werden? (3) Die Unterlassung, den Vertrag auf Europa zu beschränken, hat dies glauben machen. Was die Rumänen betrifft, so erfolgte kurz nach der Unterzeichnung des Vertrages ein indirektes Dementi insofern, als der rumänische Verteidigungsminister, General Ion Ioniţa, in Peking sehr herzlich empfangen wurde. In einer Rede am 31. Juli präzisierte Ioniţa, daß Rumänien als Mitglied des Warschauer Paktes bereit sei, seinen Verpflichtungen »im Falle einer imperialistischen Aggression in Europa« nachzukommen. Damit bestätigte er den Kommentar der »Scînteia« vom 14. Mai 1970 – als man noch mitten in den Verhandlungen mit Moskau war! –: »Das Ziel des Vertrages, dessen einziges Ziel, ist die Verteidigung gegen einen imperialistischen Angriff in Europa.« (4)

Die Tschechen und Slowaken sind nun auch vertraglich einer strengen Kontrolle unterworfen, die Rumänen haben sich ein gewisses Maß an Autonomie gesichert. Der Unterschied zwischen den beiden Verträgen wird durch die Tatsache symbolisiert, daß Breschnjew, der sich als Triumphator zur Unterzeichnungszeremonie nach Prag begeben hatte, Unpäßlichkeit vorschützte, um nicht nach Bukarest fahren zu müssen.

Was die sowjetisch-jugoslawischen Beziehungen anlangt, die durch die Intervention in der Tschechoslowakei schwer gelitten haben, so scheint sich der Kreml auf die Zeit zu verlassen, auf die Schwächung der Südflanke der NATO und das Wiederaufflammen der nationalen Konflikte zwischen den jugoslawischen Völkern. Er baut vor allem auf den Nationalismus der durch das fordernde Auftreten der Kroaten und Slowenen erbitterten Serben. Die große Dezentralisierung Jugoslawiens ermöglicht den Sowjets, direkte Kontakte zu den serbischen Behörden und Betrieben herzustellen. Sie nützen auch die wachsende panslawistische Tendenz in der serbischen orthodoxen Kirche aus, die, vom Westen enttäuscht, sich neuerlich Moskau zuwendet. Aber Jugoslawien geht gefährlichen Jahren entgegen. Den Fortschritt der Wirtschaftsreform behindern die Erhöhungen des Verteidigungsbudgets, die Forderungen der unterentwickelten Republiken, das Drängen der Studenten und schließlich das Zaudern des Westens, der von den der Investition ausländischen Kapitals in noch nie dagewesenem Ausmaß gewährten Erleichterungen nicht recht Gebrauch machen will. Ende 1970 unternahm Marschall Tito einen Versuch zur Regelung seiner Nachfolge, indem er die »Föderalisierung der Föderation« betrieb. Die Zukunft wird erweisen, ob die Einheit des jugoslawischen Staates auch nach dem Tod seines großen Führers erhalten bleibt.

Ungarn ist in seiner inneren Entwicklung von der tschechoslowakischen Affäre nicht beeinträchtigt worden. Ja, Kádár hat aus der Prager Tragödie unfreiwillig sogar gewonnen: seine Autorität ist fester denn je. Angesichts des fehlgeschlagenen tschechoslowakischen Versuchs, eine Synthese Masaryks und Lenins hervorzubringen, wissen die Ungarn heute auch die überwachte Freiheit zu schätzen, um die sie ihre Nachbarn beneiden. Auf dem IX. ungarischen Parteitag im November 1970, an dem Breschnjew teilnahm, ist die Solidität, Kontinuität und Geschicklichkeit der Politik Kádárs gewürdigt worden. Der ungarische Parteichef ist der letzte »Chruschtschowist« an der Macht, und seine Regierungstechnik erscheint nicht nur Husák, sondern auch dem Nachfolger Gomułkas, Edward Gierek, nachahmenswert.

Die Oststaaten, die Bundesrepublik Deutschland und die europäische Sicherheit

Mit der Operation Tschechoslowakei beabsichtigte der Kreml sicher auch, dem Westen wie dem Osten klarzumachen, daß der Weg der Entspannung nur über Moskau führen könne. Die Warnung galt allerdings eher dem Osten; denn der Westen, insbesondere die BRD, betrieb die Annäherung an die Tschechoslowakei und die anderen Volksdemokratien sehr zurückhaltend und vorsichtig.

Schon vor der Intervention im August 1968 schienen die

Sowjetführer von der Notwendigkeit überzeugt, in den Wirtschaftsbeziehungen mit den Westmächten und im besonderen mit der Bundesrepublik über das Stadium des Tauschhandels hinaus zu einer Zusammenarbeit zu gelangen, die in Form einer Wirtschaftshilfe die Modernisierung ihrer Ausrüstung und die Entwicklung ihrer Ressourcen ermöglichen würde. Außerdem förderte die feindselige Haltung Chinas die Annäherung der Sowjets an Westeuropa. Da aber die Intensivierung des Handels, der Kontakte und Reisen das Risiko der Ansteckung mit sich bringt, ist der Kreml bemüht, sich zuerst vom Westen den *Status quo* bestätigen zu lassen, das heißt die Anerkennung seiner Herrschaft in Osteuropa mit Hilfe der von ihm kontrollierten KPs. Das Ziel heißt europäische Sicherheitskonferenz. Etappen auf dem Wege dorthin waren die Verhandlungen Moskau–Bonn sowie Bonn–Pankow, Bonn–Warschau und Bonn–Prag; das erste Ergebnis war der am 12. August 1970 in Moskau unterzeichnete deutsch-sowjetische Vertrag.

Diesen Vertrag hat die Presse der meisten kommunistischen Länder als »einen Sieg der friedlichen Kräfte in Europa und in der Welt« und als Erfolg der Sowjetunion gefeiert, obwohl Kanzler Brandt ja nur einen Tatbestand – die Teilung Deutschlands, die Existenz eines zweiten deutschen Staates und die polnische Westgrenze – anerkannt hat, den er nicht ändern konnte und den seine westlichen Verbündeten mehr oder weniger deutlich als unabänderlich betrachten. Der Erfolg der UdSSR war zwar nur ein Prestigeerfolg, aber gerade den brauchte sie, um ihre Stärke zu beweisen, aus der heraus sie dem großen Feind von gestern ja ihren Willen aufzwang. Dieser Feind spielt heute freilich trotz schwindelerregendem wirtschaftlichem Aufstieg politisch eine zweitrangige Rolle. Mit dem Vertrag vom 12. August verlieren die Russen allerdings auch das so sehr strapazierte Schreckgespenst des militaristischen und revanchistischen Deutschland, vor dem sie ihre Verbündeten angeblich haben schützen müssen.

Der deutsch-polnische Vertrag vom 7. Dezember 1970 hat das in den Augen der Sowjets größte Hindernis auf dem Weg zur europäischen Sicherheitskonferenz aus dem Weg geräumt. Mit dieser Konferenz wollen die Russen statt des 1945 in Potsdam vorgesehenen Friedensvertrages für Deutschland das Fundament für eine »echte Entspannung« in Europa legen. Offiziell zielen sie darauf ab, das System der beiden feindlichen Blöcke, in die Europa geteilt ist, durch eine Organisation kollektiver Sicherheit nach dem Muster des Völkerbundes zu ersetzen. In Wirklichkeit aber möchten sie, abgesehen von der Bestätigung des osteuropäischen *Status quo*, den amerikanischen Einfluß zurückdrängen, die wirtschaftliche Integration schwächen und die politische Einigung Westeuropas verzögern. Am 29. Juli 1970 verriet die »Prawda« die Europapolitik des Kremls, als sie in verführerischen Farben ein Großeuropa malte, in dem sich die westeuropäischen Länder unter Aufgabe der atlantischen Zusammenarbeit, die sie »der amerikanischen Ausbeutung ausliefert«, an Osteuropa anschließen, wodurch eine Wirtschafts- und politische Macht entstünde, die der der USA überlegen wäre.

Dies ist aber eher Wunschtraum als realistische Aussicht. Tatsache jedenfalls ist, daß der absolut defensive Charakter der russischen Politik eine gewisse Dynamik nicht ausschließt, sondern im Gegenteil verursacht, die, über eine Festigung des Errungenen hinaus, nicht überstürzt, aber systematisch nach Ausdehnung des sowjetischen Einflusses strebt, nach Gleichheit mit den Vereinigten Staaten. Davon zeugen nicht nur die Sowjetpolitik im Nahen und Fernen Osten, sondern auch der Plan eines kollektiven Sicherheitssystems in Asien und die beträchtliche Verstärkung der sowjetischen Seestreitkräfte. (5)

In der Europapolitik der UdSSR fand dieses Streben nach ideologischer und politischer Expansion unmittelbar nach der Unterzeichnung des Vertrages mit Bonn seinen Niederschlag in der Kampagne der moskauhörigen KPs – den Startschuß gab die französische KP – zur Wiederzulassung der 1956 als verfassungswidrig aufgelösten KPD, obwohl es in der BRD seit September 1968 als DKP ja eine Ersatzorganisation gibt. Die »Prawda« (25. August 1970) machte sich zum Sprachrohr der Unabhängigkeit Spaniens und ganz Europas von den Vereinigten Staaten: »Die Amerikaner sehen im kleinsten Demokratisierungsprozeß in Spanien eine direkte Bedrohung ihrer Basen.« Dabei vergaß das Blatt das geringe Verständnis, das Moskau dem Demokratisierungsprozeß in der Tschechoslowakei entgegengebracht hat. »In Europa erheben sich Stimmen für eine unabhängige und konstruktive Politik im europäischen Rahmen.«

Nach der sowjetischen Auffassung von europäischer Sicherheit hätten die kommunistischen Staaten Osteuropas die Rolle disziplinierter Hilfskräfte zu spielen, die die Führung nichts anginge, die aber im Schatten der UdSSR nicht schlecht fahren würden. Aber nicht alle Kommunistenführer bescheiden sich mit dieser Rolle. Rumänien hat sogar auf eigene Faust gehandelt. Aber auch die Führer, die für eine solidarische Haltung gegenüber der BRD eingetreten sind, verteidigen scharf die eigenen Interessen. Vor allem die DDR hat keine Lust, auf dem Altar einer Freundschaft Bonn–Moskau geopfert zu werden. Polen, Ungarn und Bulgaren waren über die Hindernisse verärgert, die Ulbricht ihren Kontakten mit der Bundesrepublik in den Weg zu legen trachtete. Diese Staaten und die Tschechoslowakei suchen in der Zusammenarbeit mit Westdeutschland ein Gegengewicht nicht nur gegen die Exklusivität der UdSSR, sondern auch gegen die fast imperialistischen Forderungen des »roten Preußen«. Was nun die Sicherheitskonferenz anlangt, erhoffen sich Rumänen und Jugoslawen von ihr nicht nur zusätzliche Garantien für die eigene Sicherheit, sondern auch eine Vergrößerung ihrer Handlungsfreiheit. Auf jeden Fall scheinen alle Regierungen interessiert, ihr internationales Ansehen durch die Intensivierung der bilateralen Beziehungen mit den nichtkommunistischen Staaten zu stärken. (6)

Zusammenfassend kann gesagt werden, daß die UdSSR nach der Intervention in der Tschechoslowakei die Überwachung der Volksdemokratien zwar verstärkt, damit aber nicht mehr Erfolg hat. Das Streben nach Diversifikation, nach Emanzipation wurde zurück-, keineswegs aber eingestellt. Das gleiche gilt für das Streben nach Dezentralisierung, Pluralismus und Diskussion. Davon zeugt nicht nur die Entwicklung Ungarns (7), sondern die der UdSSR selbst, wo sich immer mehr Stimmen (wie die des Atomphysikers Sacharow, des Mathematikers Turtschin und des Historikers Medwedjew) erheben, weil »allein eine Demokratisierung des öffentlichen Lebens Bedingungen schaffen kann, die die Lösung von Wirtschaftsproblemen ermöglichen würden«. Auf deren Dringlichkeit und Schwere hat Breschnjew selbst im Dezember 1969 vor dem ZK hingewiesen. (8)

Hinter der vom XXIV. sowjetischen Parteikongreß errichteten monolithischen Fassade kracht es; das Unbehagen wächst, die Vorzeichen einer Krise mehren sich. Aber niemand kann den Zeitpunkt, ja nicht einmal die Art der Veränderungen vorhersagen, die sich in der Tiefe der sowjetischen Gesellschaft vorbereiten.

3. Sturm an der Ostsee

Die Ereignisse, die Polen im Dezember 1970 erschütterten, haben erneut den zyklischen Charakter der Geschichte der Volksdemokratien bewiesen. In steter Erwartung, daß sich in Rußland etwas rühren werde, scheinen die Oststaaten dazu verdammt, im Kreis zu gehen. Es ist immer dasselbe Drehbuch. Nur die Personen wechseln und ab und zu die Dekoration.

Der Arbeiteraufruhr in Danzig (Gdańsk), Gdingen (Gdynia) und Stettin (Szczecin) erschien wie eine erweiterte Neuauflage der Unruhen von Posen (Poznań) im Juni 1956, und die Umstände, unter denen die Ablösung des überheblichen und starrsinnigen Gomułka durch Edward Gierek erfolgte, erinnern in vielem an die Machtübernahme Gomułkas im Oktober 1956, als alle Hoffnungen auf ein populäreres, humaneres und nationaleres Modell des Sozialismus auf den neuen Mann gerichtet waren.

Unmittelbarer Anlaß für die Streikbewegung und die blutigen Demonstrationen am 14. Dezember in Danzig, dann in anderen Hafenstädten, war die rücksichtslose Preiserhöhung bei den wichtigsten Verbrauchsgütern. Gomułka und sein Hauptberater in Wirtschaftsfragen, Bolesław Jaszczuk, verließen sich einfach auf die Passivität der Arbeiterklasse, die die Unterdrückung der Intellektuellen und progressiven Studenten im März 1968 mit erstaunlicher Gleichgültigkeit hingenommen hatte.

Die Führer der beiden mächtigsten Gruppen im Politbüro, Gierek und General Moczar, dürften bei der Sitzung am 9. Dezember, als die unpopulären Maßnahmen beschlossen wurden, gefehlt haben. (1) Umso verwunderlicher ist die geringe Vorsicht der Männer um Gomułka, die doch wissen mußten, daß Gierek der Reform Jaszczuks ablehnend gegenüberstand. Fest steht, daß es schon am Morgen des 14. – während in Warschau das ZK zusammentrat, um die Erklärungen Gomułkas und seiner Mitarbeiter zu hören – zu Streiks und spontanen Demonstrationen in Danzig, Gdingen und Elbing (Elbląg) gekommen ist. Als sich die Behörden dem von den Demonstranten geforderten Dialog verschlossen, radikalisierten sich diese; wütende Jungarbeiter griffen die Miliz an, steckten Zeitungskioske, die Parteigebäude und andere öffentliche Gebäude in Brand und plünderten die Geschäfte. (2)

Gomułka schob die Schuld an den Unruhen sofort »Hooligans« zu, die von konterrevolutionären Elementen manipuliert seien. Er entsandte seine »rechte Hand« Kliszko sowie Kociolek und General Korczyński in die Unruhezentren und erteilte der Armee den Befehl – womit er sich anscheinend über die Einwände der hohen Militärs hinwegsetzte –, die Miliz zu unterstützen, um die Ordnung wiederherzustellen. Am Abend des 15. – noch bevor sich die Neuigkeit von den Aufständen im Land verbreitet hatte – waren die Küstenstädte von Panzern besetzt und isoliert und zahlreiche Tote und Verwundete zu beklagen.

Aber erst am übernächsten Tag, als sich die Machthaber schon als Herren der Lage glaubten und die Parteipresse die Gewaltanwendung gegen die »verantwortungslosen Strolche« rechtfertigte, ereignete sich der tragischste Zwischenfall der Revolte. Am Morgen des 17. Dezember eröffneten die Ordnungskräfte das Feuer auf die Arbeiter der Gdingener Werft »Pariser Kommune«. Die Arbeiter hatten am Vorabend die Arbeit niedergelegt, waren aber auf den Appell Kocioleks, die Arbeit wieder aufzunehmen, in Massen vor den Toren der Werft erschienen. Truppen verwehrten ihnen jedoch den Eintritt. Die Aufregung wuchs, und nach einer Schießerei gab es nach offizieller Version 27 Tote; laut dem am nächsten Tag von den Arbeitern verteilten Flugblatt ist diese Zahl aber mit zehn zu multiplizieren. (3) Kociolek versuchte sich später zu rechtfertigen, indem er den Zwischenfall als Mißverständnis hinstellte. Die Militärbehörden, die von der Absicht einiger Elemente, in der Werft Zerstörungen anzurichten, informiert worden seien, hätten Mittwoch abend beschlossen, die Werft zu schließen und die

Arbeiter davon in Kenntnis zu setzen. Viele Arbeiter aber, die in der weiteren Umgebung wohnten, hätten davon nichts erfahren. (4) Wie dem auch sei, Arbeiter haben ihr Blut vergossen.

Am selben Tag kam es auch in Zoppot (Sopot) zu Unruhen, vor allem aber in Stettin, wo sie besonders heftig waren. Die vom Hafen und den Werften am anderen Ufer der Oder kommenden Demonstranten steckten das Haus des ersten Parteisekretärs in Brand, warfen bei der Hauptpost Molotow-Cocktails auf die Wagen der Miliz und plünderten die Geschäfte Der Hauptplatz der Stadt, dessen Wiederaufbau der Stolz der Verwaltung ist, war, als die Panzer der Armee eintrafen und angriffen, schwarz vor Menschen. Es gab zahlreiche Opfer, vor allem unter den jungen Arbeitern in den ersten Reihen. Offiziell wurden 14 Tote und 117 Verletzte gezählt, aber die Zahlen, die die Einwohner einem amerikanischen Korrespondenten nannten, beliefen sich auf 147 Tote (»Le Monde«, 2. Januar 1971). Auch hier wurde das Ausgehverbot verhängt. Um gegen das Eingreifen der Armee zu protestieren, beschlossen die Arbeiter der Warszki-Werft die Besetzung ihres Arbeitsplatzes und riefen zum Generalstreik auf, der auch weitgehend befolgt wurde. Ein jugoslawischer Journalist berichtete etwas übertrieben, Stettin habe sich mit einem Schlag »in eine wahre Arbeiterrepublik verwandelt, wo die Macht vom Streikkomitee ausgeübt wird«. (5) Die »Arbeitermacht« dürfte sich aber auf die Werften und Fabriken beschränkt haben, wo improvisierte Arbeitermilizen über die Sicherheit und die Instandhaltung wichtiger Einrichtungen wachten. Dann wurden Gespräche angeknüpft zwischen den frei gewählten Vertretern der Zehntausenden Werftarbeiter und den Repräsentanten der Partei in Woiwodschaft und Gemeinde. Die Unterredungen gingen am 20. zu Ende; am Sonntag, dem 21., wurden die Panzer aus der Stadt abgezogen. Aber erst am 22., nach der ausdrücklichen Aufforderung Giereks und dem Versprechen, daß keinerlei Repressalien gegen die Rädelsführer ergriffen und die Streiktage bezahlt werden würden, wurde die Arbeit wieder aufgenommen.

Am 17. und 18. war es auch in anderen Städten, wie Kattowitz, Posen, Warschau, zu Demonstrationen und Solidaritätskundgebungen gekommen. Die Regierung hätte die Kontrolle über die Lage beinahe verloren, was, wie Gierek am 19. März 1971 in Breslau (Wrocław) verlauten ließ, zur Intervention der im Land stationierten Sowjettruppen geführt hätte. Im Dezember zeigten die Sowjets allerdings keinen Eifer, die Rolle des Friedensstifters zu spielen. Sie dürften die polnischen Führer aufgefordert haben, eine politische Lösung der Krise zu finden.

Bald wurde offenkundig, daß Gomułka auf verlorenem Posten stand. Die Militärs, verärgert, daß sie zu Unterdrückungsmaßnahmen gegen die Arbeiter verleitet worden waren, verweigerten ihm den Gehorsam. Da trat Gierek in Aktion. Im März 1968, als General Moczar die Macht an sich reißen wollte, war Gierek einer der Retter Gomułkas gewesen. Nun galt er als der Mann, der allein fähig war, die Lage wieder in die Hand zu bekommen. General Moczar gegenüber, dessen Rolle während der Unterdrückung zweideutig war, hatte Gierek den Vorteil, als Mann der Vernunft anerkannt zu werden, als guter Verwalter, der es verstanden hatte, sich mit kompetenten Spezialisten zu umgeben, und — im Kreml — als untadeliger Antiliberaler, der während der ČSSR-Krise die Aktionen der Sowjets vorbehaltlos unterstützt hatte.

Nachdem Gomułka die Einberufung des Politbüros abgelehnt hatte, führten geheime Zusammenkünfte am 18. und 19. Dezember unter der Leitung Giereks und der Teilnahme der Armeebefehlshaber, der Polizei- und Parteiapparatchefs zu dem Beschluß, den Parteichef, der sich seit 18. (freiwillig?) in Spitalspflege befand, abzulösen. Gierek sicherte sich die Unterstützung seines Hauptrivalen General Moczar, indem er diesem samt Anhang einen breiten, aber nicht entscheidenden Platz in Parteiführung und Regierung einräumte. Unter diesen unerfreulichen Umständen wurde Gomułka zur Demission gezwungen. Das 7. ZK-Plenum, am 20. Dezember in Natolin, zog unter das *Fait accompli* den Schlußstrich. (6)

Gomułka riß alle seine engen Mitarbeiter mit sich: Kliszko, Spychalski, Jaszczuk, Strzelecki. Cyrankiewicz mußte seinen Posten als Ministerpräsident abtreten und sich mit dem rein repräsentativen des Staatschefs begnügen. Łoga-Sowińsky, dessen Prestige ebenfalls angeschlagen war, wurde nur bis zum nächsten Plenum (Februar 1971) im Politbüro und an der Spitze der

Gewerkschaften gehalten, deren totale Ohnmacht sich wieder einmal erwiesen hatte.

Neue, relativ junge Männer übernahmen die Schlüsselposten in der Verwaltung. Die Kommandohebel, die zuerst vom Adel, dann von der nationalistischen Intelligenz, schließlich von Berufsrevolutionären vom Typ Bieruts und Gomułkas bedient worden waren, gingen in die Hände von technokratischen Apparatschiks, den Vertretern der neuen bürokratischen Klasse, die auch in der DDR und in Ungarn aufsteigt. Die Zusammensetzung der neuen polnischen Führung läßt auch eine eigenartige »geosoziologische« Ost-West-Verschiebung erkennen: Männer aus dem industriellen Schlesien nehmen den Platz der Männer aus dem Osten ein, die Polen von Piłsudski bis Gomułka regiert haben. (7)

Einer der ersten Akte der neuen Führung war die Annullierung der Preiserhöhungen vom 12. Dezember und die Ankündigung eines »freimütigen Dialogs« mit den Arbeitern. Im großen gesehen, haben diese in Polen einen bedeutenden, noch nie dagewesenen Sieg errungen. Zum erstenmal ist es einer Arbeiterbewegung in einem kommunistischen Land gelungen, die Regierung zu stürzen, und hat sie durchgesetzt, daß Maßnahmen der Regierung widerrufen wurden.

Im Gegensatz zu den Ereignissen in Polen und Ungarn 1956 und in der Tschechoslowakei 1968 war der polnische Dezember frei sowohl von nationalistischem und antisowjetischem Druck als auch vom Einfluß reformistischer Intellektueller. Diese waren ja in Polen schon 1968 gedemütigt und zum Schweigen gebracht worden. Daher standen die Arbeiter der Partei und der Polizei diesmal allein gegenüber. Ihre Revolte hatte wirtschaftliche und soziale Gründe. Aber sie hat die Regel bestätigt: Wenn in einem kommunistischen Land eine Krise ausbricht, schreiten die Arbeiter sofort an die Bildung neuer, für sie repräsentativer Organe (Arbeiterräte, -kommissionen oder -komitees), die von der kommunistischen Partei und den von dieser beherrschten Gewerkschaften völlig unabhängig sind.

Im Dezember 1970 gingen die Forderungen der Arbeiter über den wirtschaftlichen Rahmen aber hinaus und betrafen auch den politischen Aufbau des Regimes. Die Streikenden der Warszki-

Werft verlangten am 18. Dezember nicht nur eine allgemeine Lohnerhöhung und die Annullierung der Preiserhöhungen, sondern auch die Freilassung der Inhaftierten, die Unabhängigkeit der Gewerkschaften, die Trennung von Partei und Verwaltung, die Demission des Parteisekretärs der Woiwodschaft, der für die Unterdrückung verantwortlich gemacht wurde, und schließlich die Veröffentlichung ihrer Forderungen in Presse, Hörfunk und Fernsehen. Ohne von »revisionistischen« Intellektuellen beeinflußt und gelenkt worden zu sein, haben die polnischen Arbeiter spontan die großen Linien des revisionistischen Demokratisierungsprogramms des sozialistischen Staates wiedergefunden.

Aber nicht dieses Programm – das Programm Imre Nagys oder Dubčeks – wollen Gierek und seine Männer durchführen. Ihr Ziel ist viel bescheidener: Die Arbeiterklasse und die technische Intelligenz soll ihnen wieder vertrauen. Im Stile Kádárs versucht man, die Bevölkerung materiell zufriedenzustellen (Lohnerhöhungen, höhere Preise für Agrarprodukte, bessere Versorgung, dies alles dank sowjetischer Soforthilfe), aber auch emotionell (Wiederaufbau des Warschauer Schlosses). In dem mit allen Bevölkerungsschichten eröffneten Dialog kommt der Kirche eine Sonderstellung zu. Es sieht so aus, als wollten sich die polnischen Kommunisten, freilich unter Beibehaltung des politischen Machtmonopols, der Zusammenarbeit mit der Kirche versichern, indem sie dieser ein weites geistiges Betätigungsfeld zugestehen. Schon 1956/57 hat ja Gomułka mit Hilfe Kardinal Wyszyńskis die Gefahr der Anarchie gebannt.

Mit Gierek hat eine Art »Warschauer Frühling« begonnen, ein technokratischer Frühling freilich, der vor allem durch die Verjüngung der Kader und die Verbesserung des Kontakts zum Volk gekennzeichnet ist. Es ist heute natürlich noch nicht möglich, Dauer und Erfolgschancen dieser neuen NEP (= »Neue Ökonomische Politik« Lenins) abzuschätzen. Was für Schlesien gut und wirksam gewesen ist, muß es nicht für ganz Polen sein. Die Krankheit Polens scheint zu hartnäckig, als daß der Patient mit etwas frischem Blut, sowjetischen Subventionen und rationelleren Methoden ganz geheilt werden könnte. Sobald der Honigmond des Dialogs vorbei ist, wird das neue Establishment vor den gleichen politischen, sozialen und kulturellen Problemen stehen, die auch Gomułka – trotz seines großen Prestiges und des wunderbaren Aufschwungs von 1956 – nicht gelöst hat. In dieser Beziehung gleicht die Lage Giereks der seines tschechoslowakischen Kollegen Husák.

Die Warnung aber, die der polnische Dezember den Führern des Sowjetblocks erteilt hat, ist mit dem, was man gewöhnlich die Lektionen von Budapest 1956 und Prag 1968 nennt, nicht zu vergleichen. Aus der ungarischen und tschechoslowakischen Krise haben die Führer die Lehre gezogen, jeden Versuch intellektueller Opposition innerhalb oder außerhalb der Partei im Keim zu ersticken. Die revisionistische Intelligenz wird als virtuelle Hauptbedrohung der Regimes betrachtet. Der polnische Dezember nun hat gezeigt, daß unter bestimmten Umständen – vor allem wenn die Parteiführung abgenutzt oder, wie ja oft, gespalten ist – auch die Arbeiterklasse zu einer Gefahr für die Diktatur werden kann. Der Eifer, mit dem die sowjetischen, bulgarischen, rumänischen, ungarischen und ostdeutschen Führer nach den Unruhen in Polen ihrer Sorge um die Arbeiter in Worten wie in Taten Ausdruck gaben, war nicht zu übersehen: Lohnerhöhungen, Preisermäßigungen, Maßnahmen zur Verbesserung des Wohnwesens wurden verfügt; die Gewerkschaftsführungen wurden umgebildet. Die UdSSR änderte in letzter Minute ihren Fünfjahresplan, um die Leichtindustrie zu forcieren.

Der polnische Dezember ist eine neue, zweifellos aber nicht die letzte Episode der Krise des bürokratischen Sozialismus gewesen, der – der Mißerfolg des einstigen Reformers Gomułka zeigt das deutlich –, unabhängig vom Willen seiner Träger und deren Abhängigkeit von Moskau, zu einem Hindernis für die ausgeglichene Entwicklung der sozialistischen Gesellschaft geworden ist.

Schlußwort

Die Geschichte der Volksdemokratien in den Jahren 1971/72 scheint meine Darstellung der großen Entwicklungstendenzen zu bestätigen: auf der einen Seite das Bemühen der Sowjetunion, die Kontrolle durch verstärkte politische, militärische und wirtschaftliche Integration aufrechtzuerhalten, auf der anderen das Streben der Völker, die Unabhängigkeit wiederzuerlangen. Parallel dazu auf innenpolitischer Ebene einerseits das zähe Festhalten der kommunistischen »Apparate« an ihrer führenden Rolle und andererseits die unaufhaltsame Entwicklung der ökonomischen, sozialen und kulturellen Kräfte in Richtung Pluralismus und »Konstitutionalisierung« der Regimes.

Auf internationaler Ebene ist das bedeutendste Ereignis der letzten Jahre in diesem Teil der Welt die Annäherung zwischen der Sowjetunion und der Bundesrepublik Deutschland gewesen, die durch die Unterzeichnung des Vertrages am 12. August 1970 und seine Ratifizierung durch den Bundestag am 17. Mai 1972 konkrete Formen angenommen hat. Die sogenannten Ostverträge, die einen schönen Erfolg für die Sowjetunion darstellen, sind Teil einer großen Strategie, mit der der Kreml auf die endgültige und allgemeine Anerkennung des europäischen *Status quo* abzielt, worunter die Sowjetführer auch die Bestätigung der Breschnjew-Doktrin von der »beschränkten Souveränität« verstehen. Letztere wird als Ausdruck eines spezifischen, vom Prinzip des sozialistischen Internationalismus beherrschten sozialistischen Völkerrechts dargestellt. (1) Die UdSSR möchte auf der von ihr so sehr angestrebten europäischen Sicherheitskonferenz sowohl als größte europäische Macht auftreten – die dem »kleinen Europa« der Zehn ein »Großeuropa« von Brest bis Brest als Alternative vorschlägt – wie als Hüterin der osteuropäischen

Ordnung, die auf den oben angeführten Prinzipien beruht. Breschnjew hat Präsident Nixon im Mai 1972 trotz der amerikanischen Blockade des nordvietnamesischen Haiphong nicht zuletzt deshalb empfangen, weil er beweisen möchte, daß er der Europapolitik den Vorrang einräumt.

Was die Volksdemokratien betrifft, so ist ihre Haltung gegenüber den »großen Plänen« Moskaus unterschiedlich. Im großen und ganzen stehen sie allen wohlwollend gegenüber, was die Spannungen verringert und Ost und West einander näherbringt. Die äußere Entspannung ist die unerläßliche Bedingung für die wirtschaftliche und soziale Entwicklung. Aber die Art, in der die UdSSR auf die Entspannung hinarbeitet, beunruhigt die verantwortlichen Führer und die Öffentlichkeit (soweit sie ihre Meinung äußern darf). Die *polnische* Regierung etwa verbirgt nicht ihre Enttäuschung und Unzufriedenheit darüber, daß die Unterzeichnung und Ratifizierung des polnisch-westdeutschen Vertrages von der des Vertrages zwischen Moskau und Bonn abhängig gemacht worden ist.

Freilich: Gomułka hat durch seine Teilnahme an der Besetzung der Tschechoslowakei entscheidend zum Umschwung der Ostpolitik Brandts beigetragen. Als Bonn nämlich erkannte, daß auf dem Weg nach Osten Warschau und die anderen Ostregierungen Barrieren waren, sah es sich gezwungen, zuerst mit deren »Herrn« zu verhandeln. Aber Gierek 1972 ist nicht Gomułka 1968. Obwohl Polen wegen seiner wirtschaftlichen Schwäche mehr denn je von sowjetischer Hilfe abhängig ist, bemüht er sich diplomatisch um das Image der Unabhängigkeit. Die Erinnerung an Rapallo und an 1939 ist noch lebendig, und instinktiv fürchten die Polen ein neuerliches deutsch-russisches Zusammengehen auf ihre Kosten. Seit sich die DDR nach dem Ausscheiden Ulbrichts unter Honecker und seinen ultra-orthodoxen Ideologen vollkommen auf Moskau ausgerichtet hat, fühlt sich Polen eingekeilt zwischen der Sowjetunion und zwei Deutschland, die beide besondere Beziehungen zur UdSSR unterhalten. Präsident Nixon hat durch seinen Polenbesuch im Mai 1972 – nach dem der UdSSR – die Polen aber beruhigt. Außerdem hoffen sie, aus der Rivalität der beiden deutschen Staaten zu profitieren. Die Ratifizierung des Vertrages mit der BRD, die Polen als definitive Anerkennung seiner Westgrenze auslegt, festigt die internationale Stellung des Landes, ein Verdienst, das die polnische Partei für sich allein beansprucht.

Die Führer der *DDR*, dieses »sozialistischen Staates deutscher Nation«, bemühen sich sehr, die Konzessionen, die sie für die Annäherung Bonn–Moskau machen mußten, durch die Intensivierung der Kampagne zur Anerkennung ihres Staates und der Politik der Abgrenzung zu kompensieren, in der Hoffnung, daß sie mit Hilfe der methodisch vorangetriebenen Entwicklung eines besonderen National- und Staatsbewußtseins eines Tages doch die Legitimität erlangen, die sie viel schmerzlicher vermissen als alle anderen Kommunistenführer des Ostens. Was Ostberlin am meisten weh tut, ist die Tatsache, daß der Bundesrepublik von fast allen Volksdemokratien – Polen, Ungarn, Rumänien, ja sogar von der Tschechoslowakei – viel größere Sympathie entgegengebracht wird als der DDR. Diese kaum verhohlene Bevorzugung erklärt sich nicht nur aus der Anziehungskraft der westdeutschen Wirtschaft und Technik, sondern auch aus dem Interesse, das die Westdeutschen dem geistigen Leben – Literatur, Kunst, Wissenschaft – der Oststaaten entgegenbringen. Während sich die »roten Preußen« gern als stirnrunzelnde Zensoren aufspielen, die den Geist der Unabhängigkeit sofort unterdrücken wollen, beweisen die Westdeutschen entwaffnendes Verständnis. Daher wird die politische Normalisierung mit Bonn intensivere kulturelle, vor allem aber wirtschaftliche Beziehungen zwischen der BRD und fast allen Oststaaten zur Folge haben. Diese Entwicklung kann allerdings die sowjetische Hegemonie in Osteuropa gefährden. Und zwar umso mehr, als die Versöhnung mit der BRD und die fortschreitende sowjetisch-amerikanische Zusammenarbeit die Angst vor dem Revanchismus und dem Wiedererstehen des deutschen Militarismus – angeblich der Vorhut des atlantischen Imperialismus – zum Verschwinden bringt. Diese Angst aber hat seit 1945 mitgeholfen, den Sowjetblock zusammenzuhalten, und ist das Hauptargument für die Schaffung des Warschauer Paktes gewesen. Die UdSSR versucht nun, durch beschleunigte wirtschaftliche und militärische Integration ein einigendes Band zu knüpfen und ein Ersatzargument anzubieten. Ein Mann Breschnjews, Konstantin Katuschew, hat in einer langen Erklärung (2) die sozialistischen Staaten vor jeder Lockerung des politischen, wirtschaftlichen und ideologischen Bandes gewarnt: die allgemeinen Gesetze des Sozialismus seien unabänderlich, die nationalen Eigenheiten müßten ihnen untergeordnet werden. Dementsprechend wurden die einzelnen Punkte des Warschauer Vertrags verschärft, und in dem neuen, 1971 angenommenen Programm des COMECON wurde versucht, die Plan-Koordinierungsmechanismen zu perfektionieren und eine Maxime für die bi- und multilaterale Zusammenarbeit zu entwerfen.

Gewiß, Fortschritte wurden erzielt, man hat aber den Eindruck, daß die Integration auf der Stelle tritt und daß die Anziehungskraft des Westens stärker ist. Das COMECON ist *joint ventures*, gemischten Investitionen, alles andere als abgeneigt, hat jedoch die effektive Koordinierung der langfristigen Pläne aufschieben und auf jedes supranationale Organ sogar verzichten müssen. Der Wunsch Moskaus, die Oststaaten zur Erschließung der sowjetischen Rohstoffquellen heranzuziehen, ist sogar bei der bis dahin stets willfährigen ungarischen Regierung auf Widerstand gestoßen.

Vor allem *Rumänien* widersetzt sich nach wie vor dem Druck zur Integration. Dieser Widerstand ist umso bemerkenswerter, als sich die geopolitische Lage dieses Landes (und Jugoslawiens) während der Jahre 1969 bis 1972 merklich verschlechtert hat: aufgrund der verstärkten Sowjetpräsenz im östlichen Mittelmeer, des Schattens über Zypern und Malta, der Unsicherheit der Nachfolge Titos und last, not least aufgrund der schlechten Wirtschaftslage des Landes. Und dennoch verfolgt Ceauşescu unerschütterlich seinen Kurs der »Unabhängigkeit in gegenseitiger Abhängigkeit«. Als er auf dem XXIV. Parteitag der KPdSU das Wort ergriff, scheute er nicht davor zurück, sich gegen »jegliche Einmischung in die inneren Angelegenheiten anderer Parteien« und für »Beziehungen neuen Typs zwischen den sozialistischen Ländern« auszusprechen. Durch seine Reise nach China (1. bis 9. Juni 1971) und seinen Beitrag zur chinesisch-amerikanischen Annäherung zog der rumänische Parteichef den Zorn des Kremls auf sich; den ganzen Sommer 1971 übten die UdSSR und ihre Satelliten, vor allem Ungarn (das das Problem der ungarischen Minderheit in Siebenbürgen wieder aufgeworfen hatte) und Bulgarien, allen möglichen Druck auf Rumänien aus. Ein dem ZK der KPTsch im Oktober 1971 von V. Bil'ák vorgelegter Bericht läßt die Einstellung des Blocks gegenüber Bukarest erkennen. (3) Bil'ák nannte als »Hauptgrund« für die Differenzen zwischen den Paktstaaten und Rumänien »die Tendenz Rumäniens«, »die nationalen Interessen den internationalen Verpflichtungen entgegenzustellen, die sich aus der Zugehörigkeit zur sozialistischen Gemeinschaft ergeben«. Ceauşescu wurde beschuldigt, »einseitig aus der Zusammenarbeit profitieren zu wollen« und sich »durch kollektive Engagements« nicht gebunden zu fühlen. Er fördere den Nationalismus auf kulturellem Gebiet und habe während seines Aufenthalts in China die chinesischen Attacken gegen die UdSSR, den Pakt und das COMECON widerspruchslos hingenommen.

Ceauşescu hat dem Druck widerstanden. Seine einzige Konzession (war es überhaupt eine?) war eine verstärkte Kontrolle des geistigen Lebens durch die Partei und die Bejahung des Kampfes gegen gewisse westliche bourgeoise Einflüsse. Aber zur gleichen Zeit, im Herbst 1971, schaltete er hohe prosowjetische Offiziere aus. Diese Säuberung gipfelte im Februar 1972 in der Abberufung V. Patilineţis, des mit Verteidigungs- und Sicherheitsfragen betrauten Parteisekretärs. Daß Bukarest sich um ein Sonderarrangement mit der EWG bewirbt und Frau Golda Meir empfangen hat, zeigt, wie sehr Ceauşescu bemüht ist, sein Land international aufzuwerten. Der rumänische Parteichef dürfte überzeugt sein, daß die Sowjets, solange sie die Politik der Annäherung an den Westen betreiben, keine brutale Aktion gegen sein Land unternehmen werden.

Der Nationalismus Ceauşescus erscheint fast wie eine »Ablenkung«, eine Ablenkung von Wirtschafts-, Sozial-, ja sogar politischen und kulturellen Aufgaben, mit denen die Bukarester Regierung weniger Glück hat. In bezug auf Ungarn könnte man von »Konsumationsablenkung« sprechen. Die ungarische Regierung, seit 1956 von den Sowjets streng kontrolliert, ist nämlich nicht in der Lage, eine Politik zu betreiben, die die latenten Wünsche des Volkes nach Unabhängigkeit und Revision erfüllen würde. Daher hat sich die Regierung auf die Wirtschaft und die

Kultur konzentriert. Die gründlichste Wirtschaftsreform, die im Osten je durchgeführt wurde, ist die ungarische. Und Ungarn ist auch der liberalste Oststaat in bezug auf die Freizügigkeit seiner Bürger. Diese privilegierte Lage aber ist nicht so stabil, wie es scheint. Niemand weiß, wie lange die Sowjets und ihre orthodoxen Verbündeten den Erfolg eines Experiments tolerieren werden, das trotz aller Vorsicht seiner Initiatoren über den Rahmen der »allgemeinen Gesetze des Sozialismus« hinausgeht. Man läßt János Kádár gern das Verdienst, der dem Aufstand folgenden Unterdrückung 1961 ein Ende bereitet und einen liberaleren Kurs eingeschlagen zu haben; was aber wird aus dem Land, wenn er nicht mehr ist? Auch Ungarn kann die Auswirkungen der institutionellen Instabilität zu spüren bekommen, die jedem Einparteienregime und jeder Personifizierung der Macht eigen ist. Gegenwärtig ist das Land allerdings Schaufenster des Ostens, und Kádárs Methoden, wenn auch in Berlin, Sofia und Bukarest (aber aus anderen Gründen) mißbilligt, dienen als Modell, von dem sich Gierek zweifellos und Husák wahrscheinlich beeinflussen lassen wollen.

Ungarn ist auch das erste sozialistische Land, dessen Führer sogar noch vor dem Aufruhr in Polen die Notwendigkeit echter Sozialpolitik eingesehen haben. Ein Teil des Erfolges Kádárs auf wirtschaftlichem Gebiet erklärt sich freilich daraus, daß er sich für die Entwicklung des Fremdenverkehrs, des Binnen- und Außenhandels nicht gescheut hat, Spezialisten jüdischer Abstammung heranzuziehen, im Gegensatz zu den polnischen und tschechoslowakischen Führern, die, um den rückschrittlichsten Kreisen zu schmeicheln, sich ein »nationales Alibi« zu geben und die stärksten Konkurrenten auszuschalten, die Juden von allen verantwortungsvollen Posten vertrieben haben – unter dem Deckmantel des Antizionismus.

In der *Tschechoslowakei* machten der 14. Parteitag im Mai und die allgemeinen Wahlen im November 1971 die Fortschritte der »Normalisierung« deutlich, das heißt, die Partei war wieder Monolith, die Opposition ausgeschaltet. Der Kongreß festigte die Stellung Husáks, was aber nicht bedeutet, daß der von Bil'ák und den anderen Befürwortern einer harten Gangart geführte Kampf gegen den Parteichef zu Ende ist. Dem Einfluß der »Harten« – die innerhalb des Polizeiapparates besonders stark sind – werden auch die Verhaftungswellen (November 1971 und Januar/Februar 1972) unter den Dubček-Leuten zugeschrieben, denen u. a. der Studentenführer Jiří Müller, die Historiker Milan Hübl und Karel Kaplan, der Philosoph Karel Kosík und der Sohn Slánskýs, Rudolf, zum Opfer fielen. Diese Verhaftungen, von denen man glaubte, sie seien das Vorspiel zu Prozessen, haben unter den westlichen KPs, vor allem unter der französischen KP, für Aufregung gesorgt, worauf Husák sein Versprechen erneuerte, niemanden wegen seiner politischen Meinung oder seiner Haltung 1968 zu verfolgen. Es ist trotzdem zu Prozessen gekommen. Und wider Erwarten hat Husák bis heute keinerlei Geste einer Versöhnung mit der Intelligenz und der öffentlichen Meinung gemacht. Die Wahlergebnisse – 99,45 Prozent Wähler, davon 99 Prozent zugunsten der Kandidaten der Nationalen Front – sind absurd, sind lächerlich.

Die »schweigenden Männer« des Ostens, *Albaner* und *Bulgaren*, verschanzen sich weiterhin hinter ihrer Orthodoxie. Die Führer Tiranas sind auf internationaler Ebene nur insofern aktiv geworden, als sie die Initiative zum UNO-Beitritt Chinas ergriffen haben. Die chinesisch-amerikanische Annäherung hat aber – ohne offen kritisiert zu werden – wegen der Ungewißheit der Absichten Pekings Unruhe verursacht. Einen gewissen Realismus haben die Albaner mit der Normalisierung der Beziehungen zum Griechenland der Militärs und der Vertiefung der Kontakte zu Jugoslawien bewiesen. Die *Bulgaren* sind nach wie vor die treuesten Verbündeten der UdSSR. Nach dem Besuch Breschnjews in Belgrad und Sofia haben sie die Polemik gegen Jugoslawien wegen Mazedoniens eingestellt. Das markanteste Ereignis im Inneren: das Inkrafttreten einer neuen Verfassung, die die Rolle der kommunistischen Partei als der führenden Kraft der Gesellschaft und des Staates legalisiert hat (Mai 1971). Die Bulgaren haben damit insofern einen Präzedenzfall geschaffen, dem vielleicht andere kommunistische Parteien folgen werden, als sie von der bisher im Osten allgemeingültigen Meinung abgegangen sind, nach der »jeder Versuch, die führende Rolle der Partei zu definieren, die Vorherrschaft der Partei eher einschränkt«. (4)

Die führende Rolle der Partei legalisieren läuft darauf hinaus, aus ihr eine »quasi staatliche Einrichtung« zu machen, während traditionsgemäß die Partei über dem Staat steht. (5)

Das politische Leben *Jugoslawiens* wird von der Diskussion über die Verfassungsänderung beherrscht. Sie hat zu scharfer Spannung zwischen Belgrad und Agram (Zagreb) und beinahe zu einer Regierungskrise geführt, die nur durch die energische Intervention des von der Armee unterstützten Staatsoberhauptes abgewendet worden ist.

Gemäß der am 30. Juni 1971 angenommenen Verfassungsänderung wird den sechs Republiken größere Unabhängigkeit gegenüber Belgrad eingeräumt. Aber wie die Souveränität der Föderation mit der der Republiken in Einklang bringen? Jugoslawien als Staatenbund oder als Bundesstaat? Die kroatischen Kommunistenführer wollten die letzten Spuren der Zentralisierung verwischen, die den Serben lange die Vorrangstellung im Staat eingeräumt hat. Sie forderten eine bessere Verteilung der aus dem Fremdenverkehr in Kroatien eingehenden Devisen und der Überweisungen der ca. 600.000 im Ausland Arbeitenden sowie die Kroatisierung der Führungskräfte der in Kroatien stationierten Armeeteile, der Polizei, der Verwaltung, der Banken usw.

Freilich wollte keiner der Führer der Partei und der kroatischen Regierung – Tripalo, Pirker, Bjelić (ein Serbe aus Kroatien), Frau Dabčević-Kučar, Haramija usw. – die Bewegung bis zum Separatismus treiben. Sie benutzten den kroatischen Nationalismus, der im Sommer und Herbst stürmisch hervorbrach und dessen Zentrum neben dem Studenten- und dem Schriftstellerverband die »Matica Hrvatska« war, vor allem, um die Autorität der kroatischen Partei zu stärken. Aber Marschall Tito, der ihren Argumenten lange Zeit zugänglich war, begann zu fürchten, daß Tripalo und Genossen von der nationalistischen Bewegung überwältigt werden könnten. Die Parteiführer nicht nur in Serbien, sondern auch in Bosnien-Herzegowina, in Slowenien und Mazedonien teilten seine Besorgnis, weil sie eine Kettenreaktion des Nationalismus befürchteten. Die Armee, die traditionelle Hüterin der Einheit des Landes, drängte Tito, einzugreifen, bevor es zu spät sei. (6) Der Studentenstreik am 23. November zur Unterstützung der wirtschaftlichen Forderungen brachte die Bombe zum Platzen. Bei der Versammlung des Parteipräsidiums in Karadjordjevo (1. und 2. Dezember 1971) tadelte Tito, unterstützt von den Vertretern der anderen Republiken, die kroatischen Führer und rief die Parteiorganisationen auf, sie abzusetzen, sollten sie nicht von selbst demissionieren.

Eine große Säuberung dezimierte die hohen und mittleren Kader der kroatischen Partei, die Universität, die Presse. Es kam zu einigen hundert Verhaftungen, vor allem unter den Studenten und den Führern der »Matica Hrvatska«. Tito ging mit allen Mitteln vor. Es ist allerdings fraglich, ob diese technisch gelungene »Gleichschaltung« die Lösung des Problems der Umgestaltung des Staates und damit der Nachfolge Titos nicht noch schwieriger gemacht hat. Wie schon die Vorkriegsgeschichte beweist, ist Jugoslawien auf lange Sicht gesehen ohne echte Aussöhnung zwischen Serben und Kroaten nicht lebensfähig. Tito weiß das ebenso gut wie die serbischen Führer Marko Nikezić und Frau Latinka Perović, wie der Slowene Kardelj, der Mazedonier Crvenkovski und die anderen. Aus diesem Grund ja versuchen sie, die Unterdrückung zu mildern und die »Harten« der alten Garde daran zu hindern, sich unter Ausnützung der Krise wieder in den Sattel zu schwingen. Will die Führung Jugoslawien sein Prestige als anders geartetes kommunistisches Land erhalten, will sie es im Krisenfall vor einem Zusammenbruch wie 1941 bewahren, so muß sie den Dialog wieder aufnehmen und einen vernünftigen Kompromiß schließen. Ansonsten wäre Jugoslawien dazu verdammt, unter der Drohung von Bruderkämpfen, Militärputschs und fremder Intervention zu leben.

Es war wahrscheinlich das Bewußtsein der Schwäche seines Regimes, das Tito dazu bewog, die Beziehungen zur Sowjetunion wieder einmal zu verbessern. Einige Monate vor dem Besuch Breschnjews im September 1971 liefen Gerüchte um, daß Sowjetagenten Kontakte mit westlichen Ustascha-Leuten aufgenommen hätten, die aus der Unruhe in Kroatien Vorteile zu ziehen hofften; jugoslawische Kominform-Flüchtlinge in Moskau begannen sich hervorzutun; die Manöver der Warschauer-Pakt-Staaten an der jugoslawischen Grenze im August konnten als »Druck« ausgelegt werden. Die dann gegen die Kroaten und für die Stärkung der Einheit und der Autorität der Partei ergriffenen energischen Maßnahmen wurden in allen kommunistischen Ländern mit einem Anflug von Ironie begrüßt: war Jugoslawien nicht im Begriff, die Tugenden des »demokratischen Zentralismus« wiederzuentdecken? Tatsache aber ist – und Marschall Tito weiß das sehr wohl –, daß die beste, wenn nicht die einzige Garantie für die Sicherheit und Unabhängigkeit Jugoslawiens der Zusammenhalt seiner Völker, ihr Wille, in diesem Staat weiterzuleben, und ihre Fähigkeit sind, die auftretenden wirtschaftlichen und sozialen Probleme zu bewältigen. Alles übrige ergibt sich von selbst. (7)

Anmerkungen

EINLEITUNG

(1) Vgl. *J. Stalin:* Nach dem Sieg, für einen dauerhaften Frieden. Anläßlich der Rede Churchills in Fulton (März 1946).

(2) *M. Perrot – A. Kriegel:* Le Socialisme français et le pouvoir. Paris 1966. S. 103.

(3) *J. W. Stalin:* Ökonomische Probleme des Sozialismus in der UdSSR. Berlin 1952.

(4) Vgl. Dokumente über den XIX. Parteitag. Notes et études documentaires. Documentation française Nr. 1742, 19. Mai 1953; *L. Gruliow* (Hrsg.): Current Soviet Policies. I–III. 1953–1960.

(5) Vgl. *Peskova-Veber:* Bemerkungen zur Geschichte des Personenkults in der Tschechoslowakei (tschech.). Prag 1966.

(6) Siehe das Dokument der KPTsch über die Verbrechen in der Stalinära. In: »Le Monde«, 29. und 30. Mai 1966.

(7) Vgl. für die Tschechoslowakei *Peskova-Veber:* Personenkult; für Ungarn *S. Nógrádi:* Ein neues Kapitel der Geschichte beginnt (ung.), Budapest 1966, wo sich eine interessante Charakterisierung M. Rákosis findet.

(8) Vgl. *F. Fejtö:* La séance secrète du Comité central de juillet 1955. In: »France-Observateur«, 11. Juli 1957.

(9) Vgl. *F. Fejtö:* Geschichte der Volksdemokratien. Graz-Wien-Köln 1972. I. Bd., II. Teil, 4. Kapitel.

(10) *O. Lange:* In Richtung sozialistische Demokratie. In: »Trybuna Ludu«, 5. Dezember 1956.

(11) *A. Mandalian* in der Warschauer »Nowa Kultura« vom 13. Januar 1957.

(12) Erklärung vom 31. Oktober 1966. *F. Fejtö:* Budapest 1956. Paris 1966.

(13) Vgl. *Z. Elias – J. Netik:* Czechoslovakia. In: Communism in Europe. Bd. II. Cambridge/Mass. 1966.

(14) Erklärung Slánskýs laut Rudolf Barák, dem damaligen Innen-

minister, der 1956 mit der Überprüfung des Slánský-Prozesses beauftragt war. Vgl. »Rudé právo«, 13. Juni 1956. Barák wurde 1961 verhaftet und im Februar 1962 wegen »Mißbrauchs staatlicher Gelder« abgeurteilt.

(15) *E. Löbl* schildert in seinem Buch über den Prozeß, wie er von Švab während eines Verhörs geschlagen worden ist.

(16) *E. Löbl – D. Pokorný:* Die Revolution rehabilitiert ihre Kinder. Hinter den Kulissen des Slánský-Prozesses. Wien-Frankfurt-Zürich 1968.

(17) »Mladá fronta«, 31. März 1968.

(18) Die Erinnerungen von Slánskýs Witwe, in: »Literární listy«, April/Mai 1968.

(19) Interview in »Rudé právo«, 14. April 1968.

(20) »Smena« (Preßburg), 28. April 1968.

(21) Lichatschow wurde kurz nach der Hinrichtung seines Chefs Berija »liquidiert«.

(22) Vgl. neben *Löbl – Pokorný:* Die Revolution rehabilitiert..., auch die erschütternde Zeugenaussage eines anderen Überlebenden dieses Prozesses, des ehemaligen stellvertretenden Außenministers *Artur London:* L'aveu. Paris 1968.

(23) »Svobodné slovo«, 24. Mai 1968.

(24) Erklärung Gottwalds auf einer Parteikonferenz am 16. Dezember 1952.

(25) »Pour une paix durable, pour la démocratie populaire« (Organ des Kominform), 25. November 1952. – Im Juni 1956 erklärte Novotný, sämtliche Geständnisse Slánskýs und seiner Genossen bezüglich Jugoslawiens seien »ganz unwahr«. Es dauerte aber noch zwölf Jahre, ehe der völlig falsche und präfabrizierte Charakter aller Geständnisse, Beweise und Anschuldigungen offiziell zugegeben wurde.

(26) Laut *Ben Gurion* war Slánský der einzige tschechoslowakische Führer, der sich Waffenlieferungen Prags an Israel erbittert widersetzte. Interview für »Jedioth Aharonoth (Tel Aviv), 30. April 1968.

(27) Vgl. *F. Fejtö:* Le procès de Prague. In: »Esprit«, März/April 1953; *derselbe:* Judentum und Kommunismus. Antisemitismus in Osteuropa. Wien-Frankfurt-Zürich 1967; *P. Barton:* Prague à l'heure de Moscou, analyse d'une démocratie populaire. Paris 1964; *R. V. Burks:* The Dynamics of Communism in Eastern Europe. Princeton 1961.

(28) *Fejtö:* Geschichte... I. Bd., IV. Teil, 6. Kapitel; *Gh. Ionescu:* Communism in Rumania 1944–1962. London 1964; *S. Fischer-Galati:* The New Rumania. From Peoples' Democracy to Socialist Republic. Cambridge/Mass. 1967.

(29) *J. Burgin:* Die Ansteckung. In: »Przeglad Kulturalny«, 13. Februar 1957.

(30) Vgl. *C. Stern:* Ulbricht. Eine politische Biographie. Köln-Berlin 1964. S. 143 und 175; *dieselbe:* Porträt einer bolschewistischen Partei. Entwicklung, Funktion und Situation der SED. Köln 1957. 4. Kapitel.

(31) Von einem ehemaligen Mitglied des ungarischen ZK habe ich erfahren, daß Berija im Juni 1953 fast den Ausschluß »Rákosis und seiner jüdischen Clique« aus der Parteiführung erreicht hätte. Knapp vor der (wie immer einstimmig erfolgenden) Billigung durch das ungarische ZK verständigte Chruschtschow Rákosi telefonisch von der »Liquidierung« Berijas ... Rákosi blieb, von Malenkow geschützt, Parteichef, Nagy wurde Ministerpräsident.

(32) Vgl. *D. Hamšík,* in: »Literární listy« (deren Chefredakteur er war), 29. März 1968.

I. Teil
Die Ereignisse
Vom Monolithismus zum Polyzentrismus

1. DER »NEUE KURS«

(1) Vgl. *W. Leonhard:* Nikita Sergejewitsch Chruschtschow. Aufstieg und Fall eines Sowjetführers. Luzern-Frankfurt/M. 1965. – Nach 1955 übernahm Chruschtschow den »Malenkowismus«, aber damals begann sich schon eine neue Strömung abzuzeichnen, vor allem in Polen und Ungarn: der Revisionismus. Über die wesentlichsten politischen Strömungen in den Volksdemokratien siehe *R. Turski – E. Lasota:* Der polnische Oktober. In: »Po Prostu«, 28. Oktober 1956.

(2) *G. Seniga:* Togliatti e Stalin (1961).

(3) Schon am 6. Juni hatte Molotow Tito einen Botschafteraustausch vorgeschlagen, am 15. Juni stimmte Tito zu. Die UdSSR normalisierte auch ihre Beziehungen zur Türkei, zu Israel und gab grünes Licht für das durch den Koreakrieg völlig erschöpfte China, die Verhandlungen über einen Waffenstillstand wieder anzukurbeln. Dieser wurde nach langem Hin und Her am 27. Juli 1953 in Panmunjom geschlossen.

(4) Trotz aller offiziellen, offiziösen und geheimen Erklärungen ist der Fall Berija unaufgeklärt. Anscheinend bestand, zumindest in den ersten Monaten nach Stalins Tod, eine enge Verbindung zwischen Berija und Malenkow. Wahrscheinlich war der »Coup« gegen Berija

auch, vielleicht sogar in erster Linie, gegen Malenkow gerichtet. Wirklich gewonnen hat aus der Ausschaltung Berijas Chruschtschow, der im September 1953 Parteichef wurde.

(5) *Seniga*, S. 40–42.

(6) Vgl. *I. Nagy:* Über den ungarischen Zentrismus. In: Pologne – Hongrie 1956. Paris 1966. S. 158.

(7) *W. H. Kraus:* Crisis and revolt in a satellite (1965).

(8) »Bund«, Bern, 22. April 1953.

(9) Rede *Ulbrichts* vor dem 14. ZK-Plenum. In: »Süddeutsche Zeitung«, 10. März 1963.

(10) *Stern:* Ulbricht. S. 176.

(11) Über die Kronstädter Ereignisse vgl. *G. Gletcher:* Against the Stream. Resistance to Totalitarianism within the Soviet Empire 1917 to 1966. In: Ten Years After. Hrsg. von *T. Aczel.* London 1966.

(12) Vgl. *M. Jaenicke:* Der dritte Weg. Die antistalinistische Opposition gegen Ulbricht seit 1953. Köln 1964.

(13) Vgl. Der Neue Kurs und die Aufgaben der Partei. In: »Neues Deutschland«, 28. Juli 1953.

(14) Vgl. die Gespräche zwischen ungarischen und sowjetischen Parteiführern im Juni 1953, über die *I. Nagy* in seinem 1955/56 geschriebenen »Politischen Testament« (München 1959) berichtet. Dessen französische Ausgabe: Un communisme qui n'oublie pas l'homme (Paris 1957), enthält als Einführung ein Porträt d'Imre Nagy von *F. Fejtö.*

(15) Vgl. *I. Nagy:* Politisches Testament. Die von Nagy erwähnten Gespräche sind nie dementiert worden. Es ist nur bedauerlich, daß Nagy nichts über Berija erzählt, der an diesen Gesprächen teilgenommen und eine große Rolle bei den »einstimmig« gefaßten Beschlüssen gespielt hat.

(16) Siehe Einführung der vorliegenden Arbeit. Chruschtschow teilte Rákosi den Sturz Berijas mit und befahl ihm, in der Parteiführung zu bleiben.

(17) *I. Nagy:* Un communisme ... S. 141–143.

(18) *Ebenda*, S. 209–217.

(19) *Ebenda*, S. 232–238.

(20) Vgl. *F. Fejtö:* La Tragédie hongroise. Paris 1956. S. 211.

(21) Novotný wurde wie sein Protektor Chruschtschow offiziell im September 1953 zum Ersten Sekretär ernannt. Gottwald soll nach Zeugenaussagen, die ich über ihn in Prag einholte, nach dem Slánský-Prozeß ein Schatten seiner selbst gewesen sein. Die ihm auferlegte Verpflichtung, für so viele seiner alten Freunde das Todesurteil zu

unterzeichnen, hatte ihn völlig demoralisiert und zum Wrack gemacht, zum Säufer.

(22) Vgl. *K. Kaplan:* Über die Währungsreform auf dem 10. Parteitag der KPTsch. In: »Sbornik historický«, Oktober 1962.

(23) Czech Currency Riots. In: »The Times«, London, 9. Juli 1954.

(24) Als Chruschtschow schon Unterlagen für seine Anklage gegen Stalin und die Stalinisten sammelte, errichtete man in Prag, im Mai 1955, ein gigantisches Stalin-Denkmal, das erst 1962 entfernt wurde.

(25) Über die Ähnlichkeit zwischen KPF und KPTsch siehe *F. Fejtö:* The French Communist Party and the Crisis of International Communism. Cambridge/Mass. 1967. S. 86.

(26) »Rudé právo«, 24. Februar 1954.

(27) Zu diesem von der Tschechoslowakei erbetenen Eingreifen der Sowjets vgl. die Enthüllungen von *K. Kaplan:* Über die Währungsreform ...

(28) Vgl. *S. Fischer-Galati:* The New Rumania. From Peoples' Democracy to Socialist Republic. Cambridge/Mass. 1967.

(29) Vgl. *Fejtö:* Geschichte ... I. Bd., IV. Teil, 4. Kapitel.

(30) »Nowe Drogi«, Dezember 1954.

(31) Säuberungen nach dem Muster Berijas.

(32) Vgl. »Nowa Kultura«, 13. und 20. Juni 1954.

(33) Vgl. den Artikel des Parteisekretärs im Zeran-Werk, *Gozdzik,* in: Pologne – Hongrie 1956. Paris 1966. S. 22.

2. REGELUNG DER BEZIEHUNGEN ZWISCHEN DER UdSSR UND DEN SOZIALISTISCHEN STAATEN

(1) *F. Fejtö:* Chine – U.R.S.S. La Fin d'une Hégémonie. Paris 1964. Kapitel V.

(2) *M. Djilas:* Lénine et les rapports entre États socialistes. Le Livre yougoslave. Paris 1949.

(3) Vgl. *V. Kotyk,* in: »Československý časopis historický«, Nr. 3, 1965.

(4) *M. Popovitch:* Des rapports économiques entre États socialistes. Le Livre yougoslave. Paris 1949.

(5) *I. Nagy:* Un communisme ... S. 83.

(6) *Seniga,* S. 49.

(7) Leitartikel der »Roten Fahne« und der »Volkszeitung«, 26. September 1963: »Ist Jugoslawien ein sozialistisches Land?«

(8) Chruschtschow setzte sich auch über die Einwände der Albaner hinweg. Der albanische Historiker *S. Mahdi:* Der Kampf der albanischen

Arbeiterpartei gegen die Rechtsopportunisten von 1945 bis 1955 (1967), schreibt, die albanische Führung habe erst am 23. Mai – drei Tage vor Chruschtschows Abreise nach Jugoslawien – vom sowjetischen Vorhaben erfahren, die antititoistischen Beschlüsse des Kominform zu »revidieren«, das Kominform aufzulösen und sich mit den Jugoslawen zu versöhnen. Hoxha verlangte daraufhin (Brief vom 25. Mai) die Einberufung des Kominform, damit gemeinsam über den einzuschlagenden Weg entschieden werde. Sein Vorschlag wurde jedoch nicht zur Kenntnis genommen. (Vgl. Studíme historie, Nr. 3, 1967.)

(9) Ich habe dieser Szene als Sonderberichterstatter der Agence France Press beigewohnt.

(10) Französisch in: »Questions actuelles du socialisme« (Paris), Januar/Februar 1955.

(11) Das Parteistatut des BKJ, in: »Questions actuelles du socialisme« (Paris), 15. Dezember 1952.

(12) Trotz der Einschränkungen übte Ranković aber bis zu seinem dramatischen Abgang 1966 entscheidenden Einfluß auf die jugoslawische Politik aus.

(13) Zum jugoslawischen Experiment vgl. *J. Moch:* La Jougoslavie, terre d'expérience. Paris 1953; *C. Bobrowski:* La Jougoslavie socialiste, du plan quinquennal de 1947 au bilan de 1955. Paris 1956; »L'évolution du communisme yougoslave«, in: »Notes et études documentaires de la Documentation française«, 9. Juni 1966; »La démocratie socialiste en Yougoslavie«, ebenda, Januar 1963; »Le fédéralisme yougoslave«, ebenda, 16. Juni 1961; »L'évolution des institutions yougoslaves d'après les constitutions de 1946–1953 et 1963«, ebenda, 5. März 1964; »L'économie yougoslave«, ebenda, 5. März 1965.

(14) *M. Djilas:* Die neue Klasse. Eine Analyse des kommunistischen Systems. München 1958.

(15) 1961 wurde *Djilas* auf Bewährung freigelassen. Im März 1962 wurde er wieder verhaftet und diesmal zu fünf Jahren Haft verurteilt, weil er sein Buch: Gespräche mit Stalin (Frankfurt/M. 1962), in New York herausbringen hatte lassen. Ende 1966 wurde er, kurz nach der Verhaftung seines Schülers Mihajlov, amnestiert.

(16) *F. Fejtö:* Qui a gagné à Belgrade? In: »France-Observateur«, 8. Juni 1955.

(17) Anfang 1953 hatte Kardelj erklärt, die Sowjetregierung sei »die Regierung einer bürokratischen Kaste, ein Despotismus ohne Prinzipien, ohne Skrupel, ohne Ehre, eine der düstersten und reaktionärsten Schöpfungen der Geschichte der Menschheit«. Zehn Jahre später verwendete Mao Tse-tung diese Ausdrücke für das Regime Chruschtschows.

(18) Vgl. *V. Meyer:* Yugoslav Communism. In: Communism in Europe. Hrsg. von W. E. Griffith. Cambridge/Mass. 1964. S. 24.

(19) Zur Definition des Polyzentrismus vgl.: VIII Congresso de P. C. italiano. Attie resoluzioni. Rom 1957.

(20) *I. Nagy:* Un communisme ... S. 82.

(21) Vgl. *Z. K. Brzezinski:* Der Sowjetblock. Einheit und Konflikt. Köln-Berlin 1962. (Amerikan. rev. und erweiterte Ausgabe:) The Soviet Bloc. Unity and Conflict. Cambridge/Mass. 1969.

(22) Vgl. *Fejtö:* Geschichte ... I. Bd., IV. Teil, 7. Kapitel.

(23) Ausdrücklich vereinbart wurde die Stationierung sowjetischer Truppen erst 1956, nach den Ereignissen in Ungarn und Polen. Aus Rumänien zogen die Sowjettruppen 1958 ab.

(24) In: »Krasnaja Swesda« (Moskau), 14. Mai 1965. Im Januar 1968 ist Lomský einer der eifrigsten Verteidiger Novotnýs, kompromittiert dadurch aber seine Stellung. Während der Invasion verhält er sich – als Abgeordneter – loyal gegenüber Dubček und Svoboda.

(25) Über den Aufbau des Paktes siehe Kapitel 4 (II. Teil) des vorliegenden Bandes.

3. DER XX. PARTEITAG DER KPdSU

(1) Vgl. *A. Rossi:* Autopsie du stalinisme. Paris 1957; *B. Meissner:* Das Ende des Stalin-Mythos. Frankfurt/M. 1956. (Enthält die Rede Chruschtschows über Stalin auf der Geheimsitzung des XX. Parteitags); *M. Helmer:* Stalins Verbrechen. Chruschtschows Geheimbericht und die historischen Tatsachen. Bonn 1956.

(2) Vgl. Leitartikel von »Volkszeitung« und »Roter Fahne«, 12. September 1963.

(3) A. Mikojan auf dem XXII. Parteitag, 20. Oktober 1961.

(4) Sieben Jahre später bediente sich Mao Tse-tung der Argumente Molotows, um die Härte der sozialistischen Maßnahmen zu rechtfertigen.

(5) Vgl. Leitartikel von »Roter Fahne« und »Volkszeitung«, 21. Juli 1964: »Chruschtschows Pseudokommunismus und die Lehren, die er der Welt erteilt hat«.

(6) Vgl. die Dokumentensammlung über den XX. Parteitag der KPdSU. Hrsg. von Cahiers du communisme. Paris o. J.

(7) *J. Opat,* in »Příspěvky k dějinam Ksč«, Nr. 1, 1965.

(8) Das Kommuniqué wurde von der KPdSU, der polnischen und drei weiteren Parteien (darunter die italienische) unterzeichnet, den Urhebern des diffamierenden Beschlusses von 1938.

(9) Noch 1949 rechtfertigten die offiziellen Historiker der polnischen KP die Auflösung von 1938 mit der »Infiltration feindlicher, von Piłsudski geschickter Provokateure«. Vgl. *T. Daniszewski:* Droga Walki KPP. Warschau 1949. Die Rehabilitierung der Vorkriegspartei enthüllte all die Demütigung und Unterdrückung, die die aus den Säuberungen lebend davongekommenen polnischen Kommunisten erdulden hatten müssen. Während des Krieges hatten sie mit Zustimmung des Kremls die Bewegung unter dem Namen Polnische Arbeiterpartei zu neuem Leben erweckt. Dieser Name wurde 1948, nach der Fusion mit den Sozialdemokraten, in Polnische Vereinigte Arbeiterpartei abgeändert.

(10) Zur Rehabilitierung Béla Kuns vgl. den Artikel *E. Vargas,* des einstigen Mitarbeiters Kuns, in der »Prawda« vom 21. Februar 1956; ferner: Portrait de Béla Kun. In: »Est et Ouest«, 16. bis 31. Oktober 1957; *F. Honti:* La fin de Béla Kun. In: »Le Monde«, 14. Mai 1949; *A. Szélpál:* Les 133 jours de Béla Kun. Paris 1955. – Nach der Rehabilitierung kehrte Kuns Witwe nach Ungarn zurück.

(11) Vgl. den Bericht *Ceauşescus* vom 7. Mai 1966 und den Artikel *S. Voicus,* in »Lupta de Clasă«, Nr. 6, 1966.

(12) »Z Pola Walki«, Nr. 1, 1966.

(13) Vgl. *P. Hervé:* La Révolution et ses fétiches. Paris 1956.

(14) Vgl. Leitartikel von »Roter Fahne« und »Volkszeitung«, 6. September 1963.

(15) Siehe *Fejtö:* Geschichte ... I. Bd., III. Teil, 6. Kapitel.

(16) Vgl. Leitartikel von »Roter Fahne« und »Volkszeitung«, 30. März 1964, sowie *V. Lacinas* Artikel über den 15. Jahrestag der Februar-Ereignisse, in: »Československý časopis historický«, Nr. 3, 1963. Darin auch die Rolle General Svobodas in den dramatischen Verhandlungen mit Beneš.

(17) Das ZK der KPTsch beansprucht anläßlich des 20. Jahrestages der Befreiung die Liquidierung »der Überreste der bourgeoisen Positionen« (das heißt der parlamentarischen Demokratie) als Glanzleistung für sich (»Rudé právo«, 3. April 1965), und V. Nový feiert in einer Polemik gegen den emigrierten Schriftsteller P. Tigrid den *Coup de Prague* als Basis und Ausgangspunkt für den »tschechoslowakischen Weg zum Kommunismus«. In Ungarn verurteilt der Wortführer und Ministerpräsident des Kádár-Regimes, G. Kállai, jene, die »die zur Zeit des Personenkults begangenen Fehler und Gesetzesverletzungen in die Periode des Kampfes um die Macht verlegen und behaupten, die Wende von 1947/48 sei übereilt und vorzeitig«, sei »hohe Politik« gewesen (sprich: sowjetische Einmischung) und sei »ohne die revolutio-

näre Mitwirkung der Masse, ja nicht einmal der Arbeiterklasse und der Parteikader durchgeführt worden«.

4. DIE FÜHRER DER VOLKSDEMOKRATIEN VOR DEM PROBLEM DER ENTSTALINISIERUNG

(1) *V. Vlahović*, in: »Komunist« (Belgrad), 25. August 1955.

(2) Siehe die Rede *E. Hoxhas* vom 7. November 1961. In: »Notes et études documentaires«, Nr. 3139. Schon im Juni 1955, also kurz nach der sowjetisch-jugoslawischen Versöhnung, ließ Hoxha zwei Anhänger der Annäherung an Tito, Tuk Jakova und Bedri Spahin, aus dem ZK ausschließen.

(3) Vgl. *T. Zochowski:* Für die Erneuerung der Landwirtschaft. In: »Po Prostu«, 30. September 1956.

(4) Vgl. den Bericht E. Ochabs auf dem 7. ZK-Plenum 1958, in dem sich – wie W. E. Griffith hervorhob – der Führer der mittleren Gruppe sehr deutlich an E. Kardelj anlehnte.

(5) *L. Gozdzik – J. Waclawek:* So formierte sich die Avantgarde. In: »Trybuna Ludu«, 12. November 1956; vgl. auch *A. Hajnicz*, in: »Nowa Kultura«, 1. Juli 1956.

(6) »Manchester Guardian«, 1. Oktober 1956.

(7) Am 5. April beglückwünschte Bulganin in einem Telegramm »den erprobten alten Kämpfer der revolutionären Bewegung« Rákosi zu den Maßnahmen, die dieser zur Festigung des volksdemokratischen Systems ergriffen hatte.

(8) Die Ereignisse in Ungarn im nächsten Kapitel.

(9) Zur Lage in der ČSR nach dem XX. Parteitag der KPdSU vgl. die Reportagen von *J. Freeman*, in: »New Statesman and Nation«, 21. Juli 1956, und von *B. Ferney*, in: »France-Observateur«, 27. Juli 1956.

(10) Vgl. den begeisterten Bericht des Abgeordneten *R. H. S. Crossman:* The New Revolution in Poland. In: »New Statesman and Nation«, 5. Mai 1956.

(11) *Rákosis* Bericht vor dem ZK am 12. März, in: »Magyar Nemzet«, 15. März 1956.

(12) Vgl. *J. Putrament:* Historische Notizen. In: »Miesiecznik Literacki«, März 1967.

(13) *J. Révai*, in: »Társadalmi Szemle« (Budapest), Nr. 8 und 9.

(14) *A. Braun*, in: »Nowa Kultura«, 18. März 1956.

(15) *W. Woroszylski:* Stoff für eine Biographie. In: »Les temps modernes«, Februar/März 1957.

(16) »Les temps modernes«, Nr. 129 und 133, 1957.

(17) Dem Kongreß der polnischen Wirtschaftsfachleute, 7. bis 10. Juni 1956, gaben Brus, Lipiński, Kurowski und vor allem O. Lange das Gepräge. Deren Zeitschrift »Zycie Gospodarcze« wurde zur avantgardistischen Publikation.

(18) Zum Revisionismus vgl. La révolte de la Hongrie. In: »Les temps modernes«, November/Dezember 1956 und Januar 1957; Le socialisme polonais. Ebenda, Februar/März 1957; *B. Cazes:* Situation du marxisme dans les démocraties populaires. In: »Cahiers Reconstruction«, Juli 1959; *T. Aczél – T. Méray:* La Révolte de l'esprit. Paris 1962; *F. Fejtö:* Revisionisti contra Dogmatici. Mailand 1965; *L. Labedz* (Hrsg.): Revisionism. Essays on the History of Marxist Ideas. London 1962; *Z. A. Jordan:* The philosophical Background of Revisionism in Poland. In: »East Europe«, Juni/Juli 1962.

(19) Die offizielle Version der Ereignisse in dem »Brief« der Redaktion der »Trybuna Ludu« an die sozialistische italienische Zeitung »Avanti«, den diese am 8. Juli 1956 veröffentlichte.

(20) *W. Woroszylski,* in: »Nowa Kultura«, 29. Juli 1956.

(21) Gomułka nannte in seiner großen Rede am 20. Oktober den Versuch, »die Tragödie von Posen als Werk imperialistischer Agenten und Provokateure« hinzustellen, »naiv« und »ungeschickt«.

(22) Vgl. *Brzezinski:* Der Sowjetblock ... S. 268 ff.

5. DIE OKTOBERREVOLUTIONEN VON 1956

(1) Vgl. vor allem *Ph. Ben:* M. Gomułka fait sa rentrée. In: »Le Monde«, 20. Oktober 1956. Die täglichen Artikel Bens aus Warschau sind wie jene *Gursons* in den »New York Times« die beste Quelle für die Ereignisse in Polen.

(2) »Man muß die Intellektuellen zur Ruhe bringen, nötigenfalls durch Schläge mit Bleirohren«, erklärte Witaszewski in diesen dramatischen Tagen. Vgl. »Po Prostu«, 28. Oktober 1956.

(3) Zu den Debatten im ZK vgl. »Nowe Drogi«, November 1956. Der vollständige Text von *Gomułkas* Rede deutsch in »Europa-Archiv«, 11/1956, S. 9369–9383.

(4) Rokossowski wurde nicht wieder ins Politbüro gewählt und blieb nur noch wenige Tage polnischer Verteidigungsminister. Am 18. November wurde er zum stellvertretenden Verteidigungsminister der UdSSR ernannt.

(5) Vgl. die Memoiren von *E. Nógrádi.* Budapest 1966.

(6) Siehe »Szabad Nép«, 14. Oktober 1956.

(7) Vgl. *F. Fejtö:* Budapest 1956. Paris 1966. S. 129.

(8) *Ebenda.*

(9) Zur sowjetischen Haltung zum Mehrparteiensystem vgl. »Prawda«, 6. Juli 1956: In der UdSSR gebe es für andere Parteien außer der KPdSU keine soziale Basis mehr. Die Volksdemokratien könnten die Teilnahme anderer Parteien an der Regierungsgewalt gestatten, vorausgesetzt, diese unterwürfen sich der KP.

(10) Nach offiziellen ungarischen Angaben beläuft sich die Zahl der Toten des Aufstandes auf mehr als 2000 in Budapest und 700 in der Provinz, die Zahl der Verwundeten auf 12.971 in der Hauptstadt und 1458 in der Provinz. Nach der Niederschlagung meldet die ungarische Presse 105 Hinrichtungen. Tausende Arbeiter und Jugendliche wurden verhaftet. Vgl. *M. Molnár:* Victoire d'une défaite. Paris 1968.

(11) Literatur zum ungarischen Aufstand: *Fejtö:* Budapest 1956; *T. Méray:* Ce jour-là, 23 octobre 1956 Budapest. Paris 1956; *H. Arendt:* Die ungarische Revolution und der totalitäre Imperialismus. München 1958; *P. E. Zinner:* Revolution in Hungary (1962); *F. A. Vali:* Rift and Revolt in Hungary (1961); *P. Kecskeméti:* The Unexpected Revolution (1961); besonders aber *M. Molnár:* Victoire...; Der Volksaufstand in Ungarn. Bericht der Vereinten Nationen. Bonn 1957.

6. »HEILIGE ALLIANZ« GEGEN REVISIONISMUS UND NATIONALKOMMUNISMUS

(1) Zu der rumänischen Politik der Jahre 1956/57 und der Entstehung des »Gheorghiu-Dejismus« vgl. *S. Fischer-Galati:* The New Rumania. Cambridge/Mass. 1967.

(2) *R. Loewenthal:* Chruschtschow und der Weltkommunismus. Stuttgart 1963. S. 77.

(3) 1958 löst Maurer P. Groza als Staatsoberhaupt ab, 1961 wird er Ministerpräsident.

(4) *R. Loewenthal:* Chruschtschow ... S. 83.

(5) Das Protokoll der 1. Konferenz, die allein hier interessiert, ist bis jetzt nicht veröffentlicht worden. In großen Zügen läßt es sich aber anhand eines recht detaillierten Berichts eines der ostdeutschen Vertreter, Friedrich Ebert, rekonstruieren. Siehe »Neues Deutschland«, 30. November 1957.

(6) Zehn Jahre nach der Hinrichtung I. Nagys wurden allein die tschechoslowakischen Schriftsteller dem Andenken jenes Mannes gerecht, der »durch seine Kritik an der totalen Diktatur und seine humanistische Auffassung vom Sozialismus ... repräsentativer Verteidiger

des demokratischen und nationalen Sozialismus gewesen ist« und dessen »Haltung auf der Erkenntnis beruhte, daß ein totalitäres Regime notgedrungen immer fremde Vorbilder nachahmen wird... Nagys Mißerfolg ist darauf zurückzuführen, daß er die internationalen Gegebenheiten nur wenig verstand. Die damalige Weltlage war, hauptsächlich wegen der Suez-Krise, äußerst ungünstig für seine Politik.« »Literárni listy«, 13. Juni 1968; vgl. auch *Th. Schreiber:* Traître ou précurseur. In: »Le Monde«, 18. Juni 1968.

(7) Literatur zu diesem Abschnitt: *R. Loewenthal:* Chruschtschow...; *Brzezinski:* Der Sowjetblock; *J. F. Brown:* The Khrushchev Era and after. New York 1966; Communism in Europe...; *F. Fejtö:* Chine – U.R.S.S. I. Bd.: La fin d'une hégémonie. II. Bd.: Le Conflit. Paris 1964 bzw. 1966.

7. DER KONFLIKT MOSKAU–PEKING UND DIE VOLKSDEMOKRATIEN

(1) Siehe die »Vorschläge« vom 14. Juni 1963 in den Dokumenten über die chinesisch-sowjetischen Beziehungen. »Documentation française«, Nr. 3037.

(2) Wörtlich sagte *Mao* zu den Japanern: »Die von der UdSSR okkupierten Gebiete sind recht zahlreich. Gemäß den Vereinbarungen von Jalta hat die Sowjetunion unter dem Vorwand, die Unabhängigkeit der Mongolei zu garantieren, dieses Land ihrer Herrschaft unterstellt... Die Sowjets haben sich einen Teil Rumäniens angeeignet. Sie haben einen Teil Ostdeutschlands abgetrennt und dessen Bewohner in den Westen vertrieben. Nach der Abtrennung eines Teils von Polen haben sie diesen Rußland einverleibt und Polen als Ersatz dafür einen Teil Ostdeutschlands gegeben. Finnland hat die gleiche Behandlung erfahren...«, in: »Asahi Evening News« (Tokio), 13. Juli 1964, von der »Prawda« am 16. September 1964 zitiert. Vgl. auch »Einheit« (Ost-Berlin), Nr. 9–10, 1964, und *D. J. Doolin:* Territorial Claims in the sino-soviet conflict. Stanford 1965.

(3) Siehe die »Vorschläge« vom 14. Juni 1963.

(4) Vgl. *Fejtö:* Chine – U.R.S.S. II. Bd.; Communism in Europe...; In der »Documentation française« findet sich: Die sowjetisch-albanische Polemik (= Nr. 3139), Polen und Osteuropa angesichts des chinesisch-sowjetischen Konflikts (= 3238), Die chinesisch-sowjetischen Beziehungen (= 3037), Die politische und wirtschaftliche Entwicklung Albaniens 1945–1968 (= 3555–3556); *M. F. Rakowski:* Gegen unsere lebenswichtigsten Interessen. In: »Polytika« (Warschau),

28. September 1963; *Z. Mlynár:* Es geht vor allem um den Internationalismus. In: »Kulturní tvorba« (Prag), 10. September 1964.

(5) Diese Konferenz sollte im November in Moskau stattfinden. Wahrscheinlich haben andere Parteien Chruschtschow mäßigend beeinflußt, denn dieser ließ seinen Plan schließlich fallen und begnügte sich mit der Veröffentlichung eines vagen Kommuniqués, das die umstrittenen Fragen offenließ.

(6) Rede auf dem XXII. Parteitag, 27. Oktober 1961.

(7) Vgl. *M. Tatu:* Macht und Ohnmacht im Kreml. Von Chruschtschow zur kollektiven Führung. Berlin-Frankfurt-Wien 1968. S. 123 bis 225.

(8) Ende 1966 erreicht die Gesamtsumme der albanischen Schulden an China ca. 200 Millionen Dollar. Vgl. Artikel von *J. S. Prybyla,* in: »East Europe«, Januar 1967.

(9) *P. Hassner:* Change and Security in Europe. I. Teil: The Background (1968).

(10) Vgl. den Artikel von *I. Rachmu,* in: »Probleme Economice« (Bukarest), Juli 1963.

(11) Siehe *Fejtö:* Chine – U.R.S.S. I. Bd.

(12) Vgl. *W. E. Griffith:* Eastern Europe and World Communism. In: Eastern Europe in the Sixties, hrsg. von *S. Fischer-Galati.* New York 1963; *ders.:* Albania and the Sino-Soviet Rift. Cambridge/Mass. 1963; *C. G. Ströhm:* Zwischen Mao und Chruschtschow. Wandlungen des Kommunismus in Südosteuropa. Stuttgart 1964; *A. Logoreci:* Albania. The Anabaptists of European Communism. In: »Problems of Communism«, Mai/Juni 1967; *D. Floyd:* Die feindlichen Genossen. Der russisch-chinesische Konflikt. München-Zürich 1964; *G. Ionescu:* Communism in Rumania 1944–1962 (1964); *J. M. Montias:* Background and origins of the Rumanian dispute with COMECON. In: »Soviet Studies«, XVI, 1964; *ders.:* Economic Development in Communist Rumania. Cambridge/Mass. 1967; *J. F. Brown:* Rumania steps out of line. In: »Survey«, Oktober 1966; *S. Fischer-Galati:* The New Rumania; *G. Haupt:* La genèse du conflit soviéto-roumain. In: »Revue française de Science politique«, August 1968; *P. Quaroni:* Russen und Chinesen. Die Krise der kommunistischen Welt. Frankfurt/M. 1968; *J. Lévesque:* Le conflit sino-soviétique et l'Europe de l'Est. Montreal 1970.

(1) Vgl. *M. Tatu:* Macht und Ohnmacht im Kreml. Berlin-Frankfurt/M.-Wien 1968.

(2) »Kultúrný život«, Nr. 16, 1961. Zur Entwicklung in Ungarn vgl. *F. Fejtö:* Hungarian Communism. In: European Communism. Bd. I. Cambridge/Mass. 1965; *Th. Schreiber – N. Dethoor:* L'évolution politique et économique de la Hongrie 1956–1966. In: »Notes et études documentaires ...«, 8. November 1966; *Brown:* The New Eastern Europe.

(3) *R. Aron,* in: »Preuves«, März 1966.

(4) Vgl. »The Economist«, 19. August 1967.

(5) Der illegale Charakter des Prozesses gegen Barák wurde erst nach dem April-Plenum 1968 zugegeben.

(6) Die gründlichste Arbeit über die ČSSR in dieser Periode: *Z. Elias – J. Nelik:* Czechoslovakia. In: European Communism. Bd. II. Siehe auch »Survey« (London), Sondernummer, April 1966; *P. Tigrid:* Tchécoslovaquie. In: »Esprit«, Mai 1966; *ders.:* Le Printemps de Prague. Paris 1968; *W. E. Griffith:* Mythe and Reality in Czechoslovakian History. In: »East Europe«, März 1962.

(7) Vgl. die Erklärung Gomułkas auf dem IV. Parteitag der polnischen KP im Juni 1964.

(8) Vgl. das Interview von *W. Tykocinski:* Poland's Plan for the Northern Tier. In: »East Europe«, November 1966. Die Annäherung an die DDR wird durch den Besuch Spychalskis in Ost-Berlin verstärkt. Vgl. »Neue Zürcher Zeitung«, 29. März 1963.

(9) Vgl. *O. Lange:* Über einige Probleme des polnischen Weges zum Sozialismus. Warschau 1957.

(10) Vgl. *H.-J. Stehle:* Nachbar Polen. Frankfurt/M. 1963; *ders.:* Polish Communism. In: European Communism, Bd. I; *K. A. Jelenski:* La Pologne à l'heure du polycentrisme. In: »Preuves«, Januar 1964; *M. Tatu:* La Pologne va aux urnes. In: »Le Monde«, 25. bis 27. Mai 1965; *A. Bromke:* Poland's Politics: Idealism and Realism. Cambridge 1967; *M. Gamarnikow:* Poland's Economic Recession. In: »East Europe«, März 1963; *G. W. Strobel:* Probleme und Reformmaßnahmen in der polnischen Wirtschaft. In: »Osteuropa«, April 1964. – Bezüglich der »Partisanen« vgl. die Rede *Strzeleckis* auf dem IV. Kongreß. In: »Trybuna Ludu«, 17. Juni 1964; Les policiers à l'assaut du pouvoir en Pologne. In: »Est-Ouest«, 1. bis 15. April 1965; *Ph. Ben* in »Le Monde«, 2. Juli 1965. – Gomułkas Ideen über die Rolle der Intellektuellen sehr gut zusammengefaßt in seiner Rede vor dem

XIII. Plenum. In: »Trybuna Ludu«, 16. Juli 1963. Deutsch in: »Ostprobleme«, Sondernummer, 5. Oktober 1963. – Zur internationalen Politik vgl. *A. Rapacki* über die atomwaffenfreie Zone. In: »International Affairs« (London), Januar 1963; La Pologne et l'Europe orientale face au différend sino-soviétique. In: »Notes et études documentaires . . .«, 20. November 1965.

(11) Die Sowjetkredite deckten nur 1 Prozent der Investitionen in der ČSSR, in Polen und Rumänien. Sie machten 1956 bis 1960 mit ca. 600 Millionen Rubel ein Neuntel der bulgarischen Investitionen aus.

(12) Vgl. »Rabotnitschesko Delo«, 24. April 1963.

(13) Report on Bulgaria. R.F.E., 10. August 1962; *V. Meier:* The Political Struggle. In: »East Europe«, Oktober 1961; *ders.:* Bulgariens Weg im Ostblock. Artikelserie in: »Neue Zürcher Zeitung«, Oktober 1963; *B. Christoff:* Bulgaria, the Value of Scape-Goats. In: »Problems of Communism«, Mai/Juni 1962; The Bulgaria's twenty Year Plan of Economic Development. R.F.E., 5. November 1962; *I. Gavensky:* L'industrialisation de la Bulgarie. In: Documentation française. Faits et Opinions, 13. Juli 1963; *F. Fejtö:* Un pays dont on ne parle pas: la Bulgarie. A.F.P., Juli 1964.

(14) Vgl. »Neues Deutschland«, 4. März 1963.

(15) Appel beging 1965 Selbstmord, anscheinend aus Protest gegen das Wirtschaftsabkommen mit der UdSSR, das er als für die DDR ungünstig erachtet hatte.

(16) »Die Beziehungen der Freundschaft und der sozialistischen Solidarität, die die UdSSR und die DDR verbinden, kann man weder verkaufen noch kaufen, nicht um alles Gold der Welt.« In: »Prawda«, 6. Oktober 1964.

(17) Vgl. *Stern:* Porträt; *dieselbe:* Ulbricht; *Fejtö:* Chine – U.R.S.S. II; *D. Vogel:* Ulbricht sucht Generaldirektoren. In: »Frankfurter Allgemeine Zeitung«, 7. Mai 1964; *M. Jaenicke*, in: »Problems of Communism«, Nr. 4, 1963; *W. F. Stolpe:* The Structur of the East German Economy (1960); *I. Spittmann:* The G.D.R. In: »Problems of Communism«, Juli/August 1967.

9. DIE VOLKSDEMOKRATIEN NACH CHRUSCHTSCHOW

(1) Resolution des ungarischen ZK vom 25. Oktober 1964.

(2) Telegramm der AFP, 30. Oktober 1964.

(3) Vgl. die Reportage von *R. Schewe*, in: »Die Welt«, 21. Oktober 1964.

(4) *M. Tatu:* Macht und Ohnmacht, S. 393.

(5) Rede Ulbrichts, in: »Neues Deutschland«, 6. Dezember 1964.

(6) Vgl. *Z. K. Brzezinski:* Victory of the Clerks. In: »The New Republic«, 14. November 1964; *G. Boffa* über die UdSSR nach Chruschtschow in »Rinascitá«, 23. Januar 1965; *B. Féron:* L'U.R.S.S. sans idole. Paris 1966; *S. Romensky:* L'U.R.S.S. a cinquante ans, les Révisionistes conservateurs. Paris 1967.

(7) Radio Prag, 4. Mai 1968.

(8) »Trotz der statistischen Erhöhung der Produktion ist unser Rückstand in der Technologie im Vergleich mit den fortgeschrittenen Ländern, seien sie kapitalistisch oder nicht, eher größer geworden.« (*I. Friss,* in: »Közgazdasági Szemle«, Juni 1967); bezüglich der ČSSR siehe *A. Staub:* Markt-Aussichten. In: »Hospodářske noviny«, 18. Juni 1967.

(9) Vgl. *I. Friss:* Gesetze und Verwaltung der sozialistischen Wirtschaft. In: »Társadalmi Szemle«, Juni 1967.

(10) In: »Miesiecznik Literacki«, März 1967.

(11) Siehe Kapitel 11 (I. Teil) und Kapitel 1 und 4 (II. Teil) des vorliegenden Bandes. – Zur Entwicklung in der UdSSR nach Chruschtschows Sturz vgl. *M. Tatu:* Macht und Ohnmacht...; »Survey« (London), Januar- und Aprilnummer 1968.

10. DIE ZWEITE JUGOSLAWISCHE REVOLUTION

(1) Vgl. *H. Arendt:* Elemente und Ursprünge totaler Herrschaft. Frankfurt/M. 1955.

(2) Ranković bestritt, sich der Politik des BKJ widersetzt und anderes angestrebt zu haben, als ein »Ausführender« zu sein. (»Borba«, 3. Juli 1966.) Manche jugoslawische Emigranten glaubten an die Aufrichtigkeit Ranković' und hielten ihn für das Opfer eines von Tito, Kardelj und Gošnjak inszenierten Komplotts. Vgl.: Liberalization or Desintegration? In: »Review« (London), Nr. 6, 1967.

(3) *Bakarić* schrieb später in seinem Agramer Blatt »Vjesnik«, daß die ZK-Versammlung »uns heftig und tief erschüttert hat, denn es wurden Probleme zur Sprache gebracht, an die vorher niemand zu rühren gewagt hat«. Welch Eingeständnis der Angst, die Ranković' Apparat selbst der Führungsspitze eingejagt hat!

(4) Wegen seines Buches »Moskauer Sommer 1964« (Bern 1965) wurde *Mihajlov* 1965 zu fünf Monaten Gefängnis mit Bewährung, am 23. September 1966 erneut zu einem Jahr Gefängnis verurteilt, diesmal wegen seiner in »The New Leader« (New York) veröffentlichten

Artikel »Warum schweigen wir?« und »Djilas und das heutige Jugoslawien« und wegen des Versuchs, eine oppositionelle Gruppe zu bilden.

(5) Ohne Jugoslawien direkt zu nennen, schrieb die »Prawda«, die Beschränkung der Partei auf das rein Ideologische sei unzulässig und schade der Sache des Sozialismus. Einige Belgrader Zeitungen vermerkten diese Warnung mit Unwillen und schrieben sie völligem Unverständnis zu, Titos Umgebung aber scheint die eigene Einstellung überprüft zu haben.

(6) Siehe Kapitel 2 (II. Teil) des vorliegenden Bandes.

(7) »Neue Zürcher Zeitung«, 4. Mai 1968.

(8) Die Analyse dieses Berichts, in: »Neue Zürcher Zeitung«, 22. Dezember 1967. – Zum Kampf der technischen Intelligenz gegen den Parteiapparat um eine radikale Wirtschaftsreform vgl. *S. Stankovic:* L'économie yougoslave et ses problèmes. In: »Est-Ouest«, 16. bis 31. Mai 1968.

(9) *V. Meier:* Yugoslav Communism ...; *G. Ionescu:* L'avenir politique ...; L'évolution du communisme yougoslave de 1950 à 1965. In: »Notes et études documentaires«, Nr. 3298; Constitution de la R.S.F. de Yougoslavie. Ebenda, Nr. 3055; Les Nouveaux Statuts des communes yougoslaves d'après les constitutions de 1946, 1953 et 1963. Ebenda, Nr. 3070; L'économie yougoslave. Ebenda, Nr. 3168; Les Documents du IVe Plénum (Juli 1966), Mitteilung der jugoslawischen Botschaft in Paris; Le projet de thèses sur le développement et la réorganisation de la Ligue des communistes de Yougoslavie. Anhang zu Nr. 411 der Zeitschrift für internationale Politik Belgrad; *S. Stankovic:* Jugoslavia's critical Year. In: »East Europe«, August 1967; *ders.:* The Crisis of the One-Party system in Yugoslavia. R.F.E. Research, 5. Juni 1967; *M. Mihajlov,* in: »The New Leader«, 4. Juli 1966 und 8. Mai 1967; *I. G. Reismüller:* Titos Macht ist noch gewachsen. In: »Frankfurter Allgemeine Zeitung«, 6. September 1967; Vingt ans de dépérissement. In: »Est-Ouest«, 1. bis 15. März 1968; Titos »Crisis Management«. In: »Neue Zürcher Zeitung«, 12. Juni 1968; Titos außenpolitische Kurskorrektur. Ebenda, 24. Oktober 1968; *M. Djilas:* Yugoslavia determined to defy new Soviet pressure. In: »The Times«, 11. Oktober 1968; *L. Kralj:* La semaine rouge à Belgrade. In: »Partisans« (Paris), Nr. 44, 1968; *A. Meister:* »Où va l'autogestion yougoslave?« (1970); *S. K. Pavlowitch:* Jugoslavia in Perspective. In: »Review« (London), 1970.

11. DIE TSCHECHOSLOWAKISCHE TRAGÖDIE

(1) *E. Friš:* Eine historische Chance. In: »Tagebuch« (Wien), Januar/Februar 1968. – Friš war bis 1952 Chefredakteur der Preßburger »Pravda«.

(2) Der Text von Vaculíks Anklage in der »Weltwoche« (Zürich), 21. Juli 1967.

(3) Vgl. die Artikel von *M. Tatu,* in: »Le Monde«, 14. und 15. Januar 1968, und von *A. Razumovsky,* in: »Frankfurter Allgemeine Zeitung«, 19. Januar 1968, die auf Informationen aus erster Hand beruhen.

(4) Siehe den »Brief von sieben alten Kommunisten«. In: »Mladý svet«, 22. März 1968.

(5) Rede von *B. Chnoupek,* in: »Rudé právo«, 7. April 1968.

(6) Das Aktionsprogramm der KPTsch vom 5. April 1968, in: »Rudé právo«, 10. April 1968. Deutsch in: »Informationsbulletin« (Wien), Nr. 23–24, 1968.

(7) *K. Kakol,* in: »Prawo i Zycie«, 24. März 1968.

(8) Vgl. *K. A. Jelenski:* La Pologne: une Grèce du monde communiste. In: »Preuves«, Juni/Juli 1968; *A. Zara – J. Zygier:* Mars en Pologne. In: »Partisans«, Nr. 44, 1968.

(9) *E. Honecker,* in: »Prawda« (Moskau), 24. Juni 1968.

(10) »Prawda«, 22. August 1968.

(11) Der Warschauer Brief und die Antwort des ZK-Präsidiums deutsch u. a. bei *K. O. Skibowski:* Schicksalstage einer Nation. Die ČSSR auf dem Weg zum progressiven Sozialismus. Düsseldorf 1968.

(12) »Literární listy«, 23. Mai 1968.

(13) Laut Londoner »Times« vom 6. August haben Sowjets und Ostdeutsche die Invasion bereits für Mitte Juli festgesetzt gehabt. Die von der »Prawda« (19. Juli 1968) ausgeschlachtete Aushebung eines »Waffenlagers amerikanischen Ursprungs« für die »sudetendeutschen Revanchisten« in der Nähe von Karlsbad hätte sie einleiten sollen. Die »Tauben« im Kreml hätten aber fünf vor zwölf die »Falken« vom Invasionsplan abgebracht und zur Konferenz von Čierna überredet.

(14) Siehe Kapitel 5 (II. Teil) des vorliegenden Bandes.

(15) Vgl. *Fejtö:* Prague, pourquoi? In: »Preuves«, Oktober 1968.

(16) Laut *G.-A. Salvan,* AFP-Korrespondent in Belgrad.

(17) *I. S. Konew:* Das Jahr fünfundvierzig. Berlin (Ost) 1969.

(18) Diese Wandlung wird im II. Teil (5. Kapitel) des vorliegenden Bandes eingehend behandelt. Vgl. auch *J. Pallas:* L'automne tchécoslovaque. In: »Eprit«, Februar 1969; *J. Pelikán* (Hrsg.): Panzer überrollen den Parteitag. Wien-Frankfurt/M.-Zürich 1969.

(19) Vgl. die ausgezeichnete Analyse von *M. Tatu*, in: »Le Monde«, 9. November 1968. – Literatur zum tschechoslowakischen Drama: Das tschechische Schwarzbuch. Stuttgart 1969; besonders *H. Brahm:* Der Kreml und die ČSSR 1968–1969. Stuttgart 1970; ferner *Ch. Schmidt-Häuer – A. Müller:* Viva Dubček. Köln 1968; *H. Lemberg:* Die Intervention in Prag. In: »Osteuropa«, Nr. 10–11, 1968; *L. Mňačko:* Die siebente Nacht. Erkenntnis und Anklage eines Kommunisten. Wien-München-Zürich 1968; *O. Pustejovsky:* In Prag kein Fenstersturz. München 1968; *E. Löbl – L. Grünwald:* Die intellektuelle Revolution. Hintergründe und Auswirkungen des »Prager Frühlings«. Wien 1969; *J. Škvorecký* (Hrsg.): Nachrichten aus der ČSSR. Dokumentation der Wochenzeitung »Literární listy« des Tschechoslowakischen Schriftstellerverbandes Prag, Februar bis August 1968. Frankfurt/M. 1968.

II. Teil
Strukturen und Tendenzen

1. WIDERSPRÜCHE DES KOMMUNISTISCHEN SYSTEMS

(1) »Die Verteidigung des Sozialismus ist die höchste internationalistische Pflicht.« Leitartikel der »Prawda«, 22. August 1968.

(2) »Borba«, 28. Juni 1968.

(3) Siehe *Fejtö:* Geschichte ... I. Bd., III. Teil, 7. Kapitel; vgl. auch *A. Fontaine:* Histoire de la guerre froide. 2 Bde. Paris 1965–1967. Bd. I, Kapitel XVII. (Englische Ausgabe: History of the cold war. London 1968.)

(4) »Documentation française«, Notes et études documentaires, 3. März 1953.

(5) Vgl. *Fejtö:* Chine – U.R.S.S. II. Bd., Kapitel XX und XXI.

(6) Chruschtschow prophezeite auf dem XX. Parteitag: »Der Kapitalismus geht unausweichlich neuen wirtschaftlichen und sozialen Umwälzungen entgegen.«

(7) *E. Löbl – D. Pokorný:* Die Revolution rehabilitiert ihre Kinder. Hinter den Kulissen des Slánský-Prozesses. Wien 1968. S. 21 f.

(8) Vgl. *V. Meier:* A l'Est: une Europe des patries? In: »Preuves«, Juni/Juli 1968; *E. Bettiza:* Les Technocrates de Pankow. Ebenda.

(9) Zu den Folgen der Annahme des Sowjetmodells für die tschechoslowakische Wirtschaft vgl. *K. Kaplan:* Die Wirtschaftsdemokratie in den Jahren 1945–1948. In: »Československý časopis historický«, Nr. 6, 1966.

(10) *J. Laloy:* L'évolution internationale du communisme. In: »Cahiers Reconstruction«, April 1967.

(11) Imre Nagy auf diesen ihm oft gemachten Vorwurf: »Solange Nationen und Nationalstaaten existieren – und das wird noch lange sein –, sind die durch die fünf Grundsätze ausgedrückten Ideen wirksame Hebel für die Entwicklung des sozialistischen Systems.« Vgl. *Nagy:* Un communisme ... S. 91 f. Nagy und seine Freunde haben sich wegen der von ihnen geforderten Neuregelung der ungarisch-sowjetischen Beziehungen auf die Grundsätze von Bandung und die Belgrader Erklärung berufen.

(12) Bezüglich der Charakterisierung der polnischen und ungarischen Bewegung von 1956 stimme ich mit Prof. A. György von der Universität Boston nicht überein. Dieser hat auf der Konferenz über die Weltpolitik in Noordwijk im Jahre 1965 die Bewegung als eher antikommunistisch denn antisowjetisch charakterisiert. Aber sowohl die Ungarn wie die Polen haben Kommunisten als Führer anerkannt, wenn sie in ihnen Patrioten sahen. Die Hauptforderung beider Bewegungen war – die Unabhängigkeit.

(13) Vgl. *Fejtö:* Budapest 1956. S. 206. Die Erklärung bezog sich hauptsächlich auf die Wirtschaftsbeziehungen, enthielt aber auch das Versprechen, die Frage der sowjetischen Besatzungstruppen nochmals zu überprüfen.

(14) In einem Gespräch mit Turner Catledge. In: »New York Times«, 10. April 1957.

(15) »Zëri i Popullit«, 25. März 1962.

(16) Leitartikel der »Prawda«, 22. April 1968.

(17) Siehe Programm der KPdSU, angenommen auf dem XXII. Parteitag, Oktober 1961.

(18) »Iswestija«, 21. September 1966.

(19) »Neues Deutschland«, 18. Juli 1968.

(20) Vgl. Artikel von *M. Dadiants*, früher Pariser Korrespondent der Sowjetagentur »Nowosti«. In: »Le Monde«, 20. September 1968.

(21) Die »Erklärung« in »Prawda« und »Iswestija«, 4. August 1968; »Neues Deutschland«, 4. August 1968.

(22) *S. Kowaljow*, in: »Prawda«, 26. September 1968. Vgl. dazu *B. Meissner:* Die »Breschnjew-Doktrin«. Köln 1969. – Man erinnere sich: Der Warschauer Pakt von 1955 verbietet jede fremde Einmischung in die inneren Angelegenheiten seiner Mitglieder. In Artikel 1 heißt es: »Die vertragschließenden Parteien verpflichten sich ..., sich in ihren internationalen Beziehungen der Drohung mit Gewalt oder ihrer Anwendung zu enthalten und ihre internationalen Streitfragen mit fried-

lichen Mitteln ... zu lösen.« In Artikel 8 verpflichten sich die Mitglieder, »daß sie im Geiste der Freundschaft und der Zusammenarbeit ... in Befolgung der Grundsätze der gegenseitigen Achtung ihrer Unabhängigkeit und Souveränität und der Nichteinmischung in ihre inneren Angelegenheiten handeln werden«. Siehe *B. Meissner* (Hrsg.): Der Warschauer Pakt. Köln 1962. – Wenn die tschechoslowakischen Führer mit der Preßburger Erklärung auch die »Solidarität«-Passagen unterzeichnet haben, so nur, weil – wie mir einer von ihnen anvertraut hat – die Erklärung auch die Verpflichtung für alle Unterzeichner enthielt, »alles in ihrer Macht Stehende zu unternehmen, um die Zusammenarbeit ihrer Länder ... auf der Basis der Grundsätze der Gleichberechtigung, der Achtung der Souveränität und der nationalen Unabhängigkeit, der territorialen Integrität und der gegenseitigen brüderlichen Hilfe« zu vertiefen. 17 Tage nach Unterzeichnung der Preßburger »Erklärung« haben Dubček und die Reformer die »brüderliche Hilfe« kennengelernt.

(23) »Peking-Rundschau«, Nr. 34, 26. August 1968. Im Kommentar der »Volkszeitung«, 23. August, zur Erklärung Tschu En-lais findet sich folgende Definition des »Sozialimperialismus«: »Sozialimperialismus ist als Sozialismus getarnter Imperialismus.« Schon der große Lenin habe, als er die Revisionisten der II. Internationale verdammte, die die imperialistische und kolonialistische Politik der Bourgeoisie unterstützten, betont, daß diese Renegaten einfach eine sozialimperialistische Clique seien. »Sozialismus in den Worten, Imperialismus in den Taten ...« Die sowjetischen Revisionisten würden gewisse Länder als ihre Kolonien betrachten und betrieben diesen gegenüber eine wilde Plünderungs- und Unterdrückungspolitik. Sie seien nur aufgrund ihrer angeblichen Wirtschafts- und Militärhilfe in diese Länder eingedrungen, die sie nun ihrer Herrschaft unterwürfen. Die gegenwärtige bewaffnete Okkupation der Tschechoslowakei enthülle völlig und in typischer Weise die häßlichen Züge des Sozialimperialismus, der für die sowjetische revisionistische Clique charakteristisch sei.

(24) Es ist bezeichnend, daß General Moczar, der Führer der »Partisanen«, »die in der Tschechoslowakei geschaffene Situation« auf die »hinterlistigen Aufrufe der Imperialisten, der Revisionisten und der Zionisten« zurückgeführt hat, »die sozialen und wirtschaftlichen Beziehungen in den sozialistischen Ländern zu vermenschlichen und demokratisch zu gestalten«. Diese Aufrufe waren nach diesem typischen »Theoretiker« des marxistischen Faschismus »gegen den Sozialismus gerichtet«. (AFP-Meldung aus Warschau, 15. September 1968.) – Angeblich hatten die Sowjets die Absicht, zur Rechtfertigung ihrer

Intervention in der ČSSR einen antizionistischen Prozeß zu inszenieren, in dem František Kriegel, der einzige Jude im ZK-Präsidium, und Edvard Goldstücker, der gleichfalls jüdische und bereits im Slánský-Prozeß verurteilte Präsident des Schriftstellerverbandes, die Hauptangeklagten gewesen wären. Vgl.: Un nouveau chapitre de la tragédie tchécoslovaque: l'exode des intellectuels. In: »Le Monde«, 12. September 1968. Anonym.

(25) *Ph. Ben* berichtete (La Roumanie devant l'orage. In: »Le Monde«, 28. September 1968), seine rumänischen Gesprächspartner seien sich durch die Ungewißheit über die Absichten des Kremls »um dreißig Jahre zurückversetzt« vorgekommen, »in eine Zeit, da von einer in einem Adlernest auf einem bayrischen Gipfel getroffenen Entscheidung die Zukunft des ganzen Kontinents abhing«.

(26) Zur Rolle Ulbrichts bei der Intervention in der ČSSR vgl. *F. Fejtös* Studie, in: »La Nef«, Oktober 1968. Siehe auch *G. Martinet:* La nouvelle lutte des classes. In: »Le Nouvel Observateur«, 26. August 1968: »Wenn die russische Bürokratie die Initiative (zur bewaffneten Intervention) ergriffen hat, so nicht, um den Sozialismus zu verteidigen, der in der Tschechoslowakei keineswegs bedroht war, sondern vielmehr um eine Bewegung im Keim zu ersticken, die alle anderen sozialistischen Länder inklusive der Sowjetunion zu erfassen drohte. Das Vorgehen dieser Bürokratie ist das einer harten und herrschsüchtigen Kraft, die eine große historische Rolle gespielt hat, die aber endgültig ihrem Niedergang entgegengeht und die in den westlichen Ländern sogar die aufgeben, die davon geträumt haben, sie eines Tages zu imitieren.«

(27) *C. Roy:* Arturo Ui occupe Prague. In: »Le Monde«, 10. September 1968.

2. NATIONALES ERWACHEN

(1) In: »Revue française de science politique«, Juni 1965. Vgl. auch *H. Carrère d'Encausse:* La fin du mythe unitaire: vingt ans de conflits dans l'Europe socialiste. Ebenda, Dezember 1968.

(2) *R. Burks:* Dynamics of communism in Eastern Europe. Princeton 1961, vergleicht nicht ohne Grund die Situation der Ungarn mit der der jüdischen Minderheiten: sie sind die beiden Prügelknaben und Sündenböcke Osteuropas.

(3) Vgl. *Fejtö:* Hungarian Communism. In: European Communism. Bd. I, S. 183.

(4) Zu dieser relativ wenig bekannten Periode der Geschichte der

Oststaaten vgl. *S. J. Woolf* (Hrsg.): European Fascism. London 1968. Der Artikel von *J. Erös* über Horthy-Ungarn ist die erste objektive Analyse der ungarischen Vorkriegspolitik.

(5) Am 20. September 1968 bestätigte der ungarische Ministerpräsident Jenö Fock in einer Rede, daß die ungarische Parteiführung wiederholt die Aufmerksamkeit der tschechoslowakischen Genossen auf die ungarische Erfahrung und die Gefahr gelenkt habe, »die eine übertriebene Vorherrschaft der nationalen Eigenheit und mangelnde Rücksichtnahme auf die allgemeinen Gesetze des Aufbaus des Sozialismus birgt«.

(6) Vgl. *G. Husák:* Eine revolutionäre Generation. In: »Kultúrny život«, 8. Oktober 1965; *V. Mináč,* ebenda, Nr. 42 und 44, 1965; *E. Andics,* in: »Valóság«, April 1966.

(7) Zum Willen Österreichs, zwischen seinen kommunistischen Nachbarn und dem Westen eine Brücke zu bilden, vgl. *Otto v. Habsburg,* in: »Revue générale belge«, Juni 1967.

(8) Vgl. An alternative Policy for Hungary. In: R.F.E. Research, 29. März 1966.

(9) *L. Péter,* in: »Tiszatáj«, März 1966.

(10) Vgl. *M. Mérei:* Projets de fédération dans le Sud-Est européen et la monarchie austro-hongroise, Budapest 1965. – Die Memoiren Károlyis kamen 1955 in London heraus: Memoirs. Faith without illusion. Eine (leider zensurierte) Ausgabe erschien 1966 in Budapest dank den Bemühungen seiner Witwe. – 1875 als Sohn einer der größten ungarischen Familien geboren, wurde Károlyi 1918 Präsident der ungarischen Republik. Von Béla Kun gestürzt, ging er ins Exil. Als Vorsitzender des 1943 in London gegründeten ungarischen antifaschistischen Komitees versuchte er, die englische Meinung und die exilierten tschechoslowakischen Politiker für die Idee einer Donauföderation zu gewinnen. 1945 kehrte er nach Ungarn zurück und war 1947 bis 1949 Botschafter in Paris. Aus Protest gegen den Rajk-Prozeß und die Bolschewisierung seines Landes demissionierte er. Er starb 1955 in Vence. 1961 wurde er von der ungarischen Regierung rehabilitiert. Seine Asche wurde 1962 in die Heimat übergeführt.

(11) *D. Rapant:* Über den Dualismus. In: »Slovenske Pohlady«, November 1967.

(12) *V. Kotyk:* Einige Aspekte der Geschichte der Beziehungen zwischen sozialistischen Ländern. In: »Československý časopis historický«, Nr. 4, 1967.

(13) »Medjunarodna politika.« Deutsch: »Internationale Politik« (Belgrad), 30. September 1965.

(14) Vgl. den Artikel *C. Popisteanus*, in: »Contemporanul«, 3. September 1965, und *J. F. Brown:* The New Initiatives in the Balkans. In: R.F.E. Research, 20. September 1966.

(15) Vgl. *L. Kövágo:* Die Ereignisse von 1918 in den Werken der tschechischen, rumänischen und jugoslawischen Historiker. In: »Valóság«, Oktober 1966; *A. Mod:* Die Bedeutung der nationalen Frage. In: »Új Irás«, März 1966; *Z. Horváth* über die Habsburger-Monarchie, in: »The New Hungarian Quarterly«, November 1964. Zum Zusammenbruch Österreich-Ungarns vgl. die hervorragende Analyse von *A. Kolnai:* Das unvollendete Völkerreich. Im »Rheinischen Merkur«, 29. September 1967. Vgl. auch die Darstellungen des nationalen Problems in den Oststaaten von *W. E. Griffith, K. London, R. C. Kwant* und *A. György* auf der Konferenz von Noordwijk 1965.

(16) Vgl. »Z Pola Walki«, Nr. 2, 1967. Die Komintern hat diese Politik erst nach dem deutschen Angriff auf die Sowjetunion geändert.

(17) Vgl. *N. Goldberger,* in: »Annales de l'Institut d'études historiques.« (Bukarest) Nr. 2—3, 1966.

(18) *B. Lazitch:* Les communistes roumains dénoncent leur passé du temps de Staline et de Gheorghiu Dej. In: »Est-Ouest«, 16. bis 31. Mai 1968.

(19) So *J. Kowalski* auf der Konferenz polnischer Historiker im März 1966. Vgl. »Z Pola Walki«, Nr. 3, 1966; *F. Tych,* in: La Révolution d'Octobre et le mouvement ouvrier européen. Hrsg. von F. Fay. Paris 1968.

(20) Erklärung Prof. *Jabłońskis* anläßlich der Tausendjahrfeier Polens. In: »Le Monde«, 19. Juli 1966.

(21) Vgl. *J. Mlynarik:* Doktor B. Šmeral und die slowakische nationale Frage am Anfang der kommunistischen Bewegung. In: »Československý časopis historický«, Oktober 1967.

(22) *O. Pavlik:* Personenkult und Moral. In: »Kultúrný život«, 17. August 1963.

(23) »Kultúrný život«, 8. Oktober 1965.

(24) *L. Novomeský,* in: »Kultúrný život«, 23. Juni 1967.

(25) Vgl. *S. Velas:* Um aus dem Teufelskreis herauszukommen. In: »Smena«, 6. Juli 1966.

(26) Bil'ák war der Nachfolger Dubčeks als slowakischer Parteichef und gilt als ultrakonservativer Politiker.

(27) Vgl. die Ansprache *Mináč'* auf dem slowakischen Schriftstellerkongreß, abgedruckt in »Új Szo« (Preßburg), 22. April 1968.

(28) Vgl. *M. Tatu,* in: »Le Monde«, 7. Mai 1968. Novomeský beschuldigte die »Kultúrný život«-Gruppe, der einige Juden angehörten,

und den nach Israel geflüchteten Mňačko, die israelische Sache eifriger zu unterstützen als die slowakische.

(29) Die Nationen Jugoslawiens nach der Volkszählung 1961 (ohne die nationalen Minderheiten): Serben: 7,806.213; Kroaten: 4,293.860; Slowenen: 1,589.192; Mazedonier: 1,045.530; Montenegriner: 513.833. Nur 317.125 Personen gaben als Nationalität jugoslawisch an, 972.954 muselmanisch. Bei der vorhergehenden Zählung (1953) hatte man 998.698 »Jugoslawen« gezählt, davon 891.800 in Bosnien-Herzegowina. Dies deshalb, da damals die Muselmanen (deren Großteil in Bosnien-Herzegowina lebt) sich weder als Serben noch als Kroaten erklären wollten und nicht als Muselmanen auftreten konnten, sich also als »Jugoslawen« erklärten. Kaum aber hatten sie die Möglichkeit, sich durch die Religion zu unterscheiden, gaben die meisten das »jugoslawisch« wieder auf. Das heißt: die »jugoslawische Nation« ist ein abstrakter Begriff.

(30) Vgl. die Erklärungen des kroatischen Kommunistenführers Tripalo im Agramer (Zagreber) Rundfunk, 24. März 1967.

(31) Vgl. *P. Yankovitch:* Une passion nationale en Yougoslavie. In: »Le Monde«, 3. Mai 1968.

(32) Serbien umfaßt zwei autonome Gebiete: die Vojvodina mit starker ungarischer Minderheit und Kosovo mit albanischer Mehrheit. Die Vojvodina ist relativ gut entwickelt.

(33) Nachstehende Tabelle zeigt, daß 1965, am Beginn der Reform, die Unterschiede noch groß waren:

Republiken und autonome Gebiete	*% der Gesamtbevölkerung*	*% des Nationalprodukts*	*Pro-Kopf-Einkommen*
Jugoslawien	100	100	100
Bosnien-Herzegowina	18	12,1	67,7
Montenegro	2	1,6	63,6
Kroatien	23	27,5	121,8
Mazedonien	7	4,7	65,8
Slowenien	8	16,7	191,4
Serbien	42	37,4	92,3
Vojvodina	9	10,9	110,9
Kosovo	5	1,7	30,9

Laut einem Führer der albanischen Minderheit war das Verhältnis zwischen entwickelten und unterentwickelten Gebieten 1964 das gleiche wie 1947. Vgl. »Perparimi«, Juni 1967.

(34) 1958 stellte Slowenien 8,6 Prozent der Bevölkerung Jugosla-

wiens, finanzierte aber 37,2 Prozent des Staatsbudgets, was 45,6 Prozent des slowenischen Nationaleinkommens entsprach.

(35) Meldung von G. A. Salvan, AFP-Korrespondent in Belgrad, 3. September 1968.

(36) Vgl. *M. Tatu:* En Transylvanie, carrefour des nationalités. In: »Le Monde«, 11. bis 14. November 1967.

(37) Die ungarische Bevölkerung der Region ging daher von 564.000 auf 473.000 zurück, die der Rumänen stieg von 147.000 auf 266.000 an.

(38) Vgl. »The Observer«, 14. April 1963.

(39) Im Komitat Hargita sind von 330 Schulen 280 madjarisch.

(40) Vgl. das Solidaritätstelegramm der ungarischen Intellektuellen in Rumänien an Ceauşescu, das am 3. September 1968 von Agerpress verbreitet wurde. Vgl. auch *Ph. Ben:* La Roumanie devant l'orage. In: »Le Monde«, 1. Oktober 1968.

(41) Vgl. »Új Szo« (Preßburg), 15. März 1968.

(42) Vgl.: Die wilde chauvinistische Politik der titoistischen Clique zur Entnationalisierung der albanischen Gebiete von Kosovo. In: »Zëri i Popullit«, 14. März 1964; Making trouble in Macedonia. In: »The Economist«, 11. Januar 1969; La situation dans les régions de Kossovo et de Macédonie. AFP Belgrad, 5. Februar 1969.

(43) *Burks:* The Dynamics of Communism ... Kap. V.

(44) Die Befreiung Bulgariens vom türkischen Joch (russ.), Moskau 1968. Vgl. auch den Leitartikel von »Rabotnitschesko Delo«, 21. Dezember 1967, über den Vertrag von San Stefano; die Entgegnung der »Nova Makedonia« (Skopje), 30. Dezember 1967, und der »Politika« (Belgrad), 14. Januar 1968. Die Sowjets scheinen in dieser Frage unschlüssig, ist doch erst vor kurzem ein russisch-mazedonisches Wörterbuch herausgekommen (getrennt vom russisch-bulgarischen Wörterbuch). Vgl. »Vjesnik u Srijedu« (Agram), 10. Januar 1968.

(45) Vgl. *B. Stankovski,* in: »Nova Makedonia«, 17. September 1968.

(46) 1967 wurde die Zahl der Juden geschätzt in: Rumänien 110.000; Ungarn 75.000 bis 80.000 (davon 90 Prozent in Budapest); Polen 25.000; ČSSR 15.000 bis 18.000; Jugoslawien 6000; Bulgarien 7000. Vgl. die Erklärungen *N. Goldmanns,* des Präsidenten des Jüdischen Weltkongresses. AFP, 12. April 1967.

(47) *E. Kolář:* Zionismus und Antisemitismus. In: »Rudé právo«, 18. Juli 1967.

(48) Vgl. *F. Fejtö:* Judentum und Kommunismus. Antisemitismus in Osteuropa. Wien 1967.

(49) Vgl. die Erklärungen *N. Goldmanns;* The Jews in Eastern

Europe. Nr. 1–22. Publikation der Jewish Contemporary Library, London.

(50) 1956 war auf einer Parteiversammlung in Lodz Ochab die folgende, auf ein Stück Papier geschriebene Frage gestellt worden: »Warum sind die besten Posten in der Partei, der Regierung und der Verwaltung mit Juden besetzt?« Siehe *K. A. Jelensky:* Antisémitisme et déstalinisation en Pologne. In: »Evidence«, August/September 1956.

(51) *A. Schaff:* Marxismus und das menschliche Individuum. Wien-Frankfurt/M.-Zürich 1965.

(52) Die Entwurzelung des Universalmenschen. In: »Tygodnik Kulturalny«, 19. Dezember 1965.

(53) Vgl. die Erklärungen *L. Mňačkos* anläßlich seiner Protestausreise nach Israel, in: »Frankfurter Allgemeine Zeitung«, 11. August 1967.

(54) »Trybuna Ludu«, 19. Juni 1967.

(55) *Jelensky:* La Pologne: une Grèce ...

(56) A. Słonimski auf einer Versammlung der Warschauer Sektion des polnischen Schriftstellerverbandes: Der einzige Unterschied zum Nazismus bestehe darin, daß dieser alles Unglück einer jüdisch-kommunistischen Verschwörung zugeschrieben habe, während die »Partisanen« von einer jüdisch-antikommunistischen Verschwörung sprächen. Zur Geschichte des Antisemitismus in den Oststaaten vgl. auch die Kapitel über Ungarn und Rumänien in: The European Right. University of California Press, 1966.

(57) Vgl. *Ch. Brunes:* La situation en Pologne. In den Heften des Cercle Gaston Crémieux, Winter 1968; Jews are victims of growing Polish nationalism. In: »The Times«, 8. Februar 1969; Gomułka stoppt die Offensive Moczars. In: »Neue Zürcher Zeitung«, 8. Februar 1969.

3. DER ZAUBER DES WESTENS

(1) Vgl. »New York Herald Tribune«, 25. Mai 1964. – Nach der Besetzung der Tschechoslowakei hat Paul-Henri Spaak die gleiche Befürchtung geäußert: »Die Mitgliedsländer der NATO dürfen sich nicht nur kein Manöver erlauben, das den Warschauer Pakt schwächen könnte, sie sollten vielmehr ihren Willen klar ausdrücken, daß sie ihn so weiterbestehen sehen möchten, wie er ist ... Entspannungspolitik ist nur durch die beiden bestehenden Blöcke möglich.« In: »Le Monde«, 2. Oktober 1968. Dieser konservative Standpunkt entspricht natürlich nicht den Bestrebungen der Osteuropäer.

(2) Vgl. den Brief der Warschauer »Fünf«, 15. Juli 1968. Bei *Skibowski:* Schicksalstage ...

(3) Zur Ausdehnung dieser Bewegung vgl. das Referat *Klaus Mehnerts,* »Westwind über Osteuropa«, auf der Konferenz von Noordwijk, November 1965.

(4) AFP, 21. April 1968.

(5) *J. Sedivý:* Unsere Außenpolitik. In: »Voda a život«, September 1965.

(6) *V. Rab:* Die wissenschaftliche Arbeit und die Partei. In: »Život strany«, Juli 1964.

(7) *R. Selucký:* Wir und die Welt. In: »Literární noviny«, 5. September 1964.

(8) Vgl. *S. Stomma:* Geopolitik oder Glasborough. In: »Tygodnik Powszechny«, 23. Juli 1967; vgl. auch die Reportage von *J. Lacouture:* Ces Polonais qui se méfient. In: »Le Nouvel Observateur«, 11. bis 17. September 1967. Lacouture zitiert die Äußerungen eines nicht offiziellen polnischen Gesprächspartners: »Polen hat zum erstenmal in seiner Geschichte etwas Sicherheit und Gleichgewicht dadurch erreicht, daß uns Rußland vor Deutschland schützt, während uns Amerika vor Rußland schützt... Wir können also nur eine einzige Politik verfolgen, die des *Status quo.«*

(9) I. G. Maurer am 8. Mai 1967. Vgl. auch das Sitzungsprotokoll der rumänischen Nationalversammlung, Agerpress, 24. bis 26. Juli 1967; *F. Fejtö:* La portée d'un message. In: »Réforme«, 16. September 1967.

(10) *A. J. Liehm* in einem Brief an »Le Monde«, 21. Januar 1965.

(11) Nachstehend einige Zahlen zur Entwicklung des Fremdenverkehrs: *Ungarn:* 1963 – 584.000 Einreisende; 1965 – 1,320.000, davon 300.000 Westeuropäer; Gewinn: 12 Millionen Dollar. 1966 – 1,600.000, davon 350.000 Westeuropäer; Gewinn 20 Millionen Dollar.

Bulgarien: 1961 – 200.000 Touristen, davon 10.000 aus dem Westen; 1966 – 1,500.000, davon 580.000 aus dem Westen, Gewinn: 53 Millionen Dollar.

Rumänien: 1965 – 260.000; 1966 – 800.000, die Mehrzahl aus dem Westen.

ČSSR: 1965 – 3,715.000, davon 30 Prozent aus dem Westen, vornehmlich aus der BRD; 1967 – 4,000.000.

Polen: 1964 – 819.000, davon 86.000 aus dem Westen; 1965 – 1,167.000, davon 190.000 aus dem Westen; 1967 – 1,300.000, davon 300.000 aus dem Westen.

Über den umgekehrten, aufgrund der Vorsicht der Behörden und des Devisenmangels viel geringeren Verkehrs gibt es nur wenige genaue Angaben. Für Ungarn: 1953 reisten 1132 Ungarn, fast lauter Offizielle, in den Westen; 1958 – 21.000; 1960 – 33.000; 1963 – 120.000.

(12) »Predvoj«, 17. Juni 1965.

(13) Vgl. *L. Szabó*, in: »Magyarország«, 1. Februar 1964.

(14) »Wir haben den Eindruck, vor zwanzig Jahren aus dem Zug des Fortschritts gefallen zu sein«, sagte mir Jan Procházka in einem Interview, durch das er sich heftigen Angriffen der Sowjetpresse aussetzte.

(15) Die Vorliebe besonders der Fachleute für westliche Produkte und Methoden kommt oft ungerecht und die Russen verletzend zum Ausdruck. Vgl. *V. Rab:* Die wissenschaftliche Arbeit und die Partei. In: »Život strany«, Juli 1964.

(16) Vgl. *G. Perjes:* Verwirrung bezüglich des Nationalstolzes. In: »Látohatár«, Juli/August 1967.

(17) Vortrag *Starewicz'* vor dem polnischen ZK. In: »Trybuna Ludu«, 12. Juli 1963.

(18) Vgl. z. B. *L. Darvas*, in: »Pártélet« (Budapest), April 1966; *E. Giberti*, in: »Vychodo-slovenské noviny« (Preßburg), 7. September 1966.

(19) *I. Szirmai*, in: »Társadalmi Szemle«, November 1965: »Die neuerliche Schließung der Grenzen vergrößert nur die Anziehungskraft des Westens.«

(20) *P. Kende:* La productivité en question. Manuskript.

(21) Die Meinung des slowakischen Wirtschaftsexperten *E. Löbl* kann als typisch gelten: »Der Wirtschaftsaufschwung ist wie eine chirurgische Operation, ist weder eine kommunistische noch eine kapitalistische Angelegenheit, sondern eine Frage des wissenschaftlichen Niveaus und der Leistungsfähigkeit in der Verwaltung.« Bei *M. Salomon:* Prague, la révolution étranglée. Paris 1968.

(22) Das Eindringen des westlichen Einflusses haben polnische Politiker zynisch als »Verletzung der inneren Souveränität der Tschechoslowakei« bezeichnet. AFP-Meldung, 20. September 1968, über eine Diskussion im polnischen Fernsehen, an der zwei ZK-Mitglieder, S. Stefański und S. Trepcziński, teilgenommen haben.

4. KRÄFTE DES ZUSAMMENHALTS

(1) Vgl. das sowjetisch-polnische Kommuniqué vom 31. Oktober 1965.

(2) »Internationale Politik« (Belgrad), 20. April 1967.

(3) »Probleme des Friedens und des Sozialismus«, August 1967.

(4) »Prawda«, 17. September 1967.

(5) *Ebenda*, 30. September 1967.

(6) Vgl. dazu den Leitartikel der »Unità«, 3. September 1968. Unter den kommunistischen Parteien, die die sowjetische Intervention verurteilt haben, sind: die italienische, französische, österreichische, schwedische, dänische, britische, kanadische, griechische, rumänische, jugoslawische, chinesische und albanische KP. Gutgeheißen haben sie: die kubanische, mongolische, nordvietnamesische, westdeutsche, chilenische, arabische, kolumbianische und nordamerikanische KP sowie natürlich die »Fünf«. Im ganzen dreizehn von den neunzig Parteien, die die Bewegung zählt.

(7) Hier muß allerdings festgestellt werden, daß die sowjetische Intervention zu einer vorsichtigen Annäherung zwischen Tirana und Belgrad geführt hat und daß Tschu En-lai bei seiner Attacke gegen die sowjetische Truppenkonzentration in Bulgarien am 30. September 1968 als Verteidiger der Souveränität der »Balkanländer« im allgemeinen aufgetreten ist, wobei er den ideologischen Streit mit den »jugoslawischen Revisionisten« wohlweislich vergaß. So zeigte sich erneut eine Übereinstimmung der Interessen Chinas mit denen der europäischen Satelliten der UdSSR.

(8) Antwort des ZK-Präsidiums der KPTsch auf den Brief der »Fünf« am 18. Juli 1968. Deutsch in: »Prager Volkszeitung«, 26. Juli 1968; bei *Skibowski:* Schicksalstage ... S. 40–56.

(9) Der Warschauer Brief der »Fünf« an das ZK der KPTsch vom 15. Juli 1968 bei *Skibowski:* Schicksalstage ... S. 30–39.

(10) Vgl. *M. Tatu*, in: »Le Monde«, 3. Oktober 1968.

(11) *F. Puja:* Über die internationale Konferenz. In: »Pártélet«, Dezember 1967.

(12) Vgl. *B. Meissner* (Hrsg.): Der Warschauer Pakt. Köln 1962; Le Pacte de Varsovie et l'inventaire des forces de l'Est. In: »Est-Ouest«, 1. bis 15. Juli 1967.

(13) Auf der ersten Tagung des Ausschusses Ende Januar in Prag wurde eine ständige Kommission zur Ausarbeitung von Empfehlungen für außenpolitische Fragen gebildet sowie ein Vereintes Sekretariat, das sich aus den Vertretern aller Mitgliedstaaten zusammensetzte.

(14) Vor der Invasion in die Tschechoslowakei wurde die Stärke der in Osteuropa stationierten Sowjettruppen wie folgt geschätzt (in Divisionen): 20 in der DDR, die Hälfte davon Panzerdivisionen; vier in Ungarn; zwei in Polen. Aus Rumänien wurden die Sowjettruppen 1958 abgezogen. Im September 1968 schätzte man in Washington die sowje-

tischen Streitkräfte in Osteuropa auf 51 Divisionen, 17 davon in der ČSSR, zehn in Polen.

(15) Nachstehend eine Tabelle der militärischen Kräfte der Warschauer-Pakt-Staaten und Jugoslawiens nach Angaben des britischen Institutes für strategische Studien, in: »The Military Balance 1967 to 1968.«

	DDR	Bulgarien	Ungarn	Albanien	Jugoslawien (1966)
Bevölkerung in Millionen	17,2	8,4	10,3	2,0	19,5
Reguläre Streitkräfte	127.000	154.000	102.000	38.000	264.000
Parlamentarisch Organisierte	70.000	20.000	35.000	12.500	19.000
Flugzeuge	300	250	140	60	400
Militärbudget 1967 (in Millionen Dollar)	1.063	228	313	68,5	406
Budget in % des Brutto-National-Einkommens	3,3	3,9	2,8	–	–

(16) Vgl. *W. E. Griffith:* The United States and the Soviet Union in Europe, Cambridge/Mass. 1967.

(17) Obwohl Ulbricht versucht hat, die von der Konferenz angenommene Erklärung so zu interpretieren. Vgl. ADN, 9. Juli 1966.

(18) »Neues Deutschland«, 3. Februar 1967.

(19) »Scînteia«, 3. Februar 1967.

(20) Der 1965 unterzeichnete sowjetisch-polnische Vertrag diente den neuen Verträgen als Vorlage. Er unterstreicht den doppelten – bilateralen und multilateralen (ideologischen) – Charakter des Bündnisses: »Die Entwicklung der Beziehungen zwischen den beiden Ländern entspricht ... den Lebensinteressen der Völker der beiden Staaten sowie denen der ganzen sozialistischen Gemeinschaft.« Die Artikel 1 und 2 legen den Akzent auf »die Gleichheit, die Achtung der Souveränität und die Nichteinmischung« sowie auf den »wechselseitigen Vorteil« der Zusammenarbeit. Der ungarisch-sowjetische Vertrag vom September 1967 betont den »internationalistischen« Charakter des Bündnisses: die beiden Parteien verpflichten sich, »Einheit und Zusammenhalt der sozialistischen Länder« zu stärken und »Maßnahmen zur Konsolidierung der ... Macht des sozialistischen Weltsystems« zu ergreifen.

(21) Vgl. den heftigen Angriff auf Šnejdárek, in: »Neues Deutschland«, 12. Mai 1968.

(22) Vgl. den Kommentar *B. Winters* zur Rolle Ulbrichts: L'Allemagne de l'Est et la Tchécoslovaquie. AFP, 5. September 1968.

(23) Vgl. die Angaben in »Il Secolo« (Rom), 20. Juni 1968.

(24) *M. Tatu:* La conférence de Dresde. In: »Le Monde«, 26. März 1968.

(25) Der Text des Briefes der »Fünf« in: »Neues Deutschland«, 18. Juli 1968. Die tschechoslowakische Antwort in: »Rudé právo«, 19. Juli 1968. Deutsch in: »Prager Volkszeitung«, 26. Juli 1968. Beide Dokumente bei *Skibowski:* Schicksalstage ...

(26) Vgl. den »Prawda«-Artikel, 22. August 1968: »Die Verteidigung des Sozialismus ist die höchste internationalistische Pflicht.«

(27) Das Abkommen bei *E. Löbl – L. Grünwald:* Die intellektuelle Revolution. Düsseldorf 1969. S. 302–308.

(28) Siehe *Fejtö:* Geschichte ... I. Bd., V. Teil, 1. Kapitel.

(29) 1961 trat Albanien aus dem COMECON aus; dafür trat 1962 die Äußere Mongolei ein und 1964 wurde Jugoslawien erlaubt, an den Arbeiten einiger ständiger Kommissionen teilzunehmen.

(30) Vgl. *Popovitch:* Des rapports économiques entre Etats socialistes. Paris 1949.

(31) Vgl. »Volkszeitung«, 8. Mai 1968.

(32) Laut »Volkszeitung«, die ihre Quelle allerdings nicht angibt, hat der Handel mit der Sowjetunion die »Bruderländer« 1955 bis 1961 1,400 Millionen Dollar gekostet.

(33) Nach den Ereignissen von 1956 erhielt Ungarn von allen kommunistischen Staaten Darlehen in Höhe von 300 Millionen Dollar.

(34) *I. Rachmuth,* in: »Probleme Economice«, Juli 1963. In den folgenden Jahren verdrängte die dynamischere DDR die ČSSR vom ersten Platz und verbesserte Rumänien seine Position. Die tschechoslowakische Zeitschrift »Hospodářské noviny« brachte am 15. Januar 1966 folgende Tabelle über die Pro-Kopf-Produktion der Industrie, wobei als Basis Polen: 100, diente. 1. DDR: 201; 2. ČSSR: 177; 3. UdSSR: 120; 4. Ungarn und Rumänien: 107; 5. Polen: 100; 6. Bulgarien: 73.

(35) Der Anteil der westlichen Länder im Außenhandel Rumäniens hat 1966 mehr als 34 Prozent gegenüber 22,3 Prozent 1960 erreicht. Der Anteil der UdSSR ist von 47 Prozent 1959 auf 34 Prozent 1966 gesunken; der Anteil aller COMECON-Länder von 66,4 Prozent auf 54,1 Prozent.

(36) Vgl. *J. Sekera,* in: »Nová mysl«, 5. Mai 1963.

(37) Vgl. *H. Trend:* International Economic Associations of East-Europe. R.F.E. Research, 20. September 1967.

(38) »Arbeitslosigkeit ist unter dem Kapitalismus unvermeidlich, sie wird aber unter dem sozialistischen System völlig und endgültig abgeschafft.« Kleines Wörterbuch der Wirtschaft. Prag 1963.

(39) Vgl. »Polityka«, 26. August 1967.

(40) Vgl. *O. Milicević:* Austausch von Arbeitskräften zwischen sozialistischen Ländern. In: »Borba«, 19. November 1967.

(41) Siehe die diesbezüglichen COMECON-Entscheidungen am 12. und 14. Dezember 1967 in Budapest in Anwesenheit jugoslawischer Delegierter.

(42) Die Tschechoslowaken geben zu, daß sie für das sowjetische Erdöl mehr bezahlen, als etwa in Italien dafür verlangt wird. Sie schränken aber gleich ein, daß sie das Öl aus dem Nahen Osten noch viel teurer zu stehen käme und daß die UdSSR der ČSSR ja Maschinen und Konsumgüter zu höheren Preisen als auf dem Weltmarkt üblich abkaufe (was allerdings bezweifelt wird). Vgl. *Z. Sedwy,* in: »Kulturní tvorba«, 2. November 1967.

(43) Der Planungschef der DDR, Appel, dürfte aus diesem Grund 1965 Selbstmord begangen haben.

(44) Vgl. »Le Monde«, 26. und 27. November 1967.

(45) »Volkszeitung«, 15. November 1967.

(46) Zu diesem Abkommen vgl. die verlegenen Erklärungen von *A. Apro:* Über die ungarisch-sowjetische Zusammenarbeit. In: »Társadalmi Szemle«, November 1967.

(47) Nachdem die UdSSR von der ČSSR 25 Zuckerraffinerien gekauft hatte, kaufte sie modernere in England, Frankreich und Westdeutschland.

(48) Laut »Zycie Warszawy«, 19. Februar 1967, stieg der Warenaustausch innerhalb des Blocks 1950 bis 1955 um 85 Prozent, 1955 bis 1960 um 71 Prozent, 1960 bis 1965 um 55 Prozent. Laut Bericht der UN-Wirtschaftskommission vom Januar 1968 betrug die Wachstumsrate der Verkäufe und Käufe der Oststaaten in Westeuropa 1966 15 Prozent.

(49) »Le Monde«, 14. September 1968.

(50) »Prawda«-Leitartikel, 22. August 1968.

(51) Literatur zum COMECON und zur Entwicklung des Block-Außenhandels: *A. Uschakow:* Der Rat für gegenseitige Wirtschaftshilfe. Köln 1962; *J. Wszelaki:* New Patterns of Trade. In: Eastern Europe in the Sixties. New York 1963; *I. Agoston:* Le Marché commun communiste. Genf 1964; La Coopération économique au sein du bloc des pays de l'Est. In: »Bulletin de la Société des banques suisses«, Nr. 1, 1966; »The Economist«, 19. August 1967; Neue Formen der

wirtschaftlichen Zusammenarbeit (industrielle Zusammenarbeit zwischen Ost und West). In: »Rynki Zagraniczne« (Warschau), 11. November 1967; W. W. P.: Die Entwicklung der wirtschaftlichen Beziehungen zwischen Sowjetunion und Tschechoslowakei. In: »Neue Zürcher Zeitung«, 2. März 1969.

5. ENTWICKLUNG DER INNENPOLITISCHEN STRUKTUR

(1) Dieses Beiwort soll präzisieren, daß die kommunistische Partei die Kontrolle über das gesamte politische Leben ausübt.

(2) *S. Vračar*, in: »Gledišta« (Belgrad), Nr. 8–9, 1967.

(3) *M. Mihajlov*, in: »The New Leader« (New York), September 1967.

(4) *M. Hübl*, in: »Kultúrný život«, 5. Januar 1968.

(5) Vgl. *G. Ionescu:* L'avenir politique de l'Europe orientale. Paris 1967.

(6) Aus privater Quelle.

(7) Vgl. AFP-Meldung aus Prag, 24. August 1968, die die Abberufung dieser Männer durch Innenminister Pavel ankündigte.

(8) Vgl. *M. Tatu*, in: »Le Monde«, 7. September 1968.

(9) Interview Pavels im Freien Sender Prag, 25. August 1968.

(10) Rede Dubčeks, 27. Mai 1968.

(11) Dubčeks Verhalten erinnert ein wenig an Schwejk, Auge in Auge mit dem gigantischen Mechanismus der k. u. k. Armee und Verwaltung. Vielleicht haben die Polen gar nicht so unrecht, wenn sie Dubček als »einen bis zur Leichtgläubigkeit naiven« Menschen beschreiben (vgl. »Trybuna Ludu«, 13. September 1968). Sauberkeit und Integrität enthalten immer eine gute Dosis Naivität.

(12) »Rudé právo«, 30. Januar 1968.

(13) »Pravda« (Preßburg), 7. Februar 1968.

(14) *I. Santa*, in: »Társadalmi Szemle«, Juni 1967.

(15) *S. Lakos*, in: »Népszabadság«, 4. Juni 1968.

(16) Vgl. *M. Tatu*, in: »Le Monde«, 11. und 12. August 1968.

(17) »Rudé právo«, 15. August 1968.

(18) Schon vor dem Sturz Novotnýs hatte ein Mann der KPTsch – bei Ablehnung der »bourgeoisen« Idee einer »Regierung der Elite« – auf das Bemühen hingewiesen, »den Wissenschaftlern eine adäquate Position zu sichern, die Bezüge der Spezialisten zu erhöhen und der schöpferischen Intelligentsia eine auserwählte Stellung zu sichern«. Siehe *F. J. Kolář:* Demokratie oder Elite? In: »Kulturní tvorba«, 19. Oktober 1967.

(19) Dieser Meinung ist z. B. der slowakische Wirtschaftsexperte E. Löbl. Er hat sie mir in leidenschaftlichen Gesprächen in Preßburg im Sommer 1968 dargelegt. Vgl. auch das Interview mit Löbl bei *Salomon:* Prague...; außerdem *E. Löbl – L. Grünwald:* Die intellektuelle Revolution. Hintergründe und Auswirkungen des »Prager Frühlings«. Wien 1969.

(20) »Népszabadság«, 2. Dezember 1967.

(21) »Internationale Politik« (Belgrad), 5. Februar 1968.

(22) Smrkovský nach seiner Wahl zum Parlamentsvorsitzenden am 14. April 1968.

(23) Vgl. seinen großen Artikel: Unser politisches System und die Gewaltentrennung. In: »Rudé právo«, 13. Februar 1968.

(24) Der Artikel Dohnalovás erschien am 25. Februar 1968 im Organ des Informations- und Kulturministeriums, dem Ersatz der im Herbst 1967 von Novotný verbotenen »Literární noviny«.

(25) Der »Sozialismus mit menschlichem Antlitz« zeigte sich auch in der Milde der Reformer gegenüber ihren Gegnern. So verteidigte Smrkovský die Wahl des Novotný-Anhängers und Exverteidigungsministers Lomský zum Vorsitzenden der parlamentarischen Kommission für Kultur. »Wir müssen die unglückliche Tradition beenden, nach der Persönlichkeiten von ihrem Posten abtreten und ins Krematorium oder ins Gefängnis gehen« (Pressekonferenz, 10. April 1968).

(26) Vgl. dazu die Analyse von »Esprit«, Juni/Juli 1968, über die Maiereignisse 1968 in Frankreich.

(27) *A. Dubček:* Ein Jahr Tätigkeit. In: »Pravda« (Preßburg), 31. Dezember 1967.

(28) Siehe das Memorandum *I. Bibos* nach der sowjetischen Intervention in Ungarn in »Esprit«, November 1957. Vgl. auch *A. Királykuti:* Contestations démocratiques et révolutionnaires (1953–1956), l'octobre hongrois. In: »Esprit«, Februar 1958.

(29) »Pregled« (Sarajevo), März 1966.

(30) *S. Vračar:* Parteimonopol und politische Macht. In: »Gledišta« (Belgrad), August/September 1967.

(31) Vgl. La Marche de la France au socialisme. Paris 1966; vgl. auch die Erklärungen Císař' in »Humanité«, 30. April 1968.

(32) Vgl. das o. a. Aprilprogramm über die Rolle der nationalen Front.

(33) Rede Dubčeks in Radio Preßburg, 1. Februar 1968.

(34) Imre Nagy hat schon 1954 daran gedacht, aus der Volksfront einen Ort des »Dialogs« zu machen. Aber der von Rákosi geleitete Parteiapparat erstickte diesen Versuch unter dem Vorwand, die autonom gewordene Front würde sich unweigerlich in eine Art »zweite

Partei« verwandeln. Ohne Autonomie übte die Front jedoch keine Anziehungskraft aus. Dies war bisher das Schicksal aller Alternativen zu der von den Kommunisten geschaffenen »Demokratie«.

(35) Im Dezember 1967 wurde der Abgeordnete Jovanović zur Aufgabe seines Mandats gezwungen, denn: er sei von der Reaktion unterstützt worden.

(36) Rede Smrkovskýs in Radio Prag, 2. Februar 1968.

(37) Mlynár befürwortete die wirkliche Trennung der Staats- und der Parteimacht.

(38) Vgl. *O. Bihari:* Über die repräsentative Demokratie. In: »Társadalmi Szemle«, August/September 1965; *M. Lakatos:* Probleme der sozialistischen Demokratie. In: »Pravný obzor« (Preßburg), März 1966; siehe auch folgendes Kapitel.

(39) Zur jugoslawischen Reform vgl. die Artikel-Serie von *E. Bettiza,* in: »Corriere della Sera«, Dezember 1967; *Z. Antic:* »Army influence in Yugoslavia Growing«, R.F.E. Research, 5. Februar 1968.

6. REFORM DER PLANUNG UND WIRTSCHAFTSFÜHRUNG

(1) *P. Kende:* Logique de l'économie centralisée. Paris 1964.

(2) Vgl. *J. Kornai:* Die übermäßige Zentralisierung der Wirtschaftsführung (ungarisch), Budapest 1957; *G. Péter,* in: »Népszabadság«, 12. Juli 1957.

(3) Vgl. die Artikel von *E. Lepiński, O. Lange* und *M. Kalecki,* in: »Nowe Drogi«, Dezember 1956.

(4) *M. Gamarnikow:* The Growth of Economic Revisionism II. In: »East-Europe«, Mai 1964.

(5) Zur Kollektivierung vgl. The U.S.S.R. and East European Agricultural Situation. U.S. Department of Agriculture, März 1966, S. 2.

(6) In einem der Londoner »Times«, 13. Juli 1963, gewährten Interview gab *Novotný* an, daß in der ČSSR die Investitionen mindestens 34 Prozent des Nationaleinkommens ausmachten.

(7) Vgl. *M. Ernst,* in: »The World Outside« (Washington), 1966; *J. Vernant:* Europe(s). In: »Notre République«, 7. Januar 1967.

(8) Siehe Kapitel 4 (II. Teil) des vorliegenden Bandes.

(9) *A. Jozefowicz,* in: »Zycie Gospodarcze«, 17. November 1957.

(10) Mit 13,1 Prozent war die Geburtenziffer Ungarns 1964 in Europa am niedrigsten. Zum Vergleich: Polen 19; Tschechoslowakei 16,9; Bulgarien 16,4; Rumänien 15,7.

(11) Vgl. *V. Srb – M. Kucera – D. Vysusclova:* Une enquête sur la prévention des naissances et le plan familial en Tchécoslovaquie. In:

»Population« (Paris), Januar–März 1964; *A. Guthart:* Situation de l'emploi dans les pays d'Europe orientale et en U.R.S.S. In: »Le Courrier des pays de l'Est« (Paris), 2. Februar 1966; *C. Miklasz:* La population polonaise, doctrines, politique et conflits religieux. In: »Population«, April/Mai 1960; *Z. Ortutay:* Die Geburtenrate und die Familie. In: »Társadalmi Szemle«, Oktober 1966; *G. Lorince* über die »Bevölkerungsexplosion« auf dem Balkan, in: »New Statesman and Nation«, 3. Februar 1967; *M. Gamarnikow:* Perspectives à court et à long terme de l'économie politique. In: »Analyses et Prévoyances«, 1967.

(12) »Rudé právo«, 5. Dezember 1962.

(13) *I. Friss:* Die Gesetze und die Führung der sozialistischen Wirtschaft. In: »Közgazdaságs Szemle«, Juli 1967.

(14) Vgl. »Neues Deutschland«, 17. Juli 1963.

(15) Dekret des Ministerrates vom 29. Juli 1964, erläutert von Jedrychowski im Juli 1965.

(16) Reorganisationsprojekt, im Januar 1965 vom ZK gebilligt und am 1. Januar 1967 in Angriff genommen.

(17) Thesen des ZK, veröffentlicht im Dezember 1965, auf dem Parteitag im November 1966 von Schiwkow erläutert.

(18) Das neue, 1966/67 ausgearbeitete Wirtschaftssystem, das am 1. Januar 1968 zur Anwendung kam.

(19) Entscheidungen des ZK vom 7. Dezember 1967.

(20) Vgl. den Bericht des französischen Beraters in Handelsangelegenheiten in Prag, *Rivaille*, in: Problèmes économiques. »Documentation française«, 13. Juni 1968; sowie den Vergleich zwischen tschechoslowakischer und ungarischer Reform von *G. Ardant*, in: »Le Monde«, 8. Oktober 1968.

(21) *K. Gligorov* (stellvertretender Ministerpräsident): Zwei Jahre wirtschaftlicher Reformen. In: »Internationale Politik«, 20. Oktober 1967.

(22) Von den 7000 1951 registrierten Genossenschaften blieben nur 500 bestehen. (Die erfolgreichsten befinden sich in der Vojvodina.)

(23) Von den 10.000 Kolchosen 1955 wurden nach den Ereignissen von 1956 nur 1803 beibehalten; 1966 waren es 1268 für eine Fläche von 160.000 Hektar; die Gesamtfläche pflügbaren Bodens betrug 20 Millionen Hektar. 12 Prozent des polnischen Bodens werden von Staatsgütern bebaut.

(24) »Nowe Drogi«, 1. Januar 1967.

(25) Das Hauptproblem der sozialistischen Landwirtschaft wurde in der ungarischen Zeitschrift »Valóság« (Mai 1966) klar ausgedrückt: Die Bauern arbeiten für die Kolchose gerade so viel, daß ihnen der Staat die finanzielle Unterstützung nicht entziehen kann. Im all-

gemeinen verarmen die Genossenschaften – da die Felder schlecht bestellt, die Gebäude nicht instand gehalten, die Maschinen schlecht ausgenützt sind, sich der Viehbestand verringert –, während sich die Bauern dank ihrem Stückchen Erde bereichern, Häuser bauen, Motorräder, Autos usw. kaufen.

(26) Vgl. Betrachtungen zur Abwanderung der Landbevölkerung. In der ungarischen Zeitschrift »Alföld«, April 1966.

(27) 1948 zählte man in Rumänien einen Traktor pro 1957 Hektar pflügbaren Bodens; 1966 einen Traktor pro 108 Hektar. Die entsprechenden Zahlen sind 29 Hektar für die Tschechoslowakei, 30 für die DDR, 59 für Ungarn und 70 für die UdSSR.

(28) Vgl. z. B. *R. Dumont:* Sovkhozes, Kolkhozes ou le problématique communisme. Paris 1964; *M. Gamarnikow:* Reform in Agriculture. In: »East Europe«, November 1966; *ders.:* Perspectives à court et à long terme de l'économie polonaise. In: »Analyses et Prévisions«; *J. Kovalka:* Die sozialwirtschaftliche Struktur in den COMECON-Ländern. In: »Hospodářské noviny«, 2. Dezember 1966; *I. Márkus:* Was gibt es Neues auf dem Land? In: »Új Irás«, Oktober 1965; *N. Giosan:* Leitlinien der Entwicklung der Landwirtschaft in Rumänien. Bulletin der Agerpress, 1. Dezember 1967; The New Czechoslovak Agricultural Model. R.F.E., 16. April 1966; The New Draft Model of Bulgarian Collective Farms. Ebenda, 3. März 1967; The Best Methods of Income distribution and Bonus payment in the farmers cooperatives in Hungary. Ebenda, 18. August 1964; A New Era in Hungarian Agriculture. Ebenda, 15. März 1968; The Seventh Collective Farm Congress in Czechoslovakia. Ebenda, 29. Februar 1968.

(29) Vgl. »Rudé právo«, 18. Mai 1966.

(30) »Népszabadság«, 5. Dezember 1965.

(31) Vgl. *S. Romensky:* L'U.R.S.S. à 50 ans. Paris 1967.

(32) Die Zusammenfassung dieser Diskussionen durch den französischen Berater in Handelsangelegenheiten in Belgrad, in: Problèmes économiques. »Documentation française«, 30. November 1967.

(33) Vgl. *Brown:* The Eastern Europe ...; *M. Gamarnikow:* The new Role of private Enterprise. In: »East Europe«, August 1967; *Z. Ariic:* Yugoslav marxist justify private Initiative in the Economy. R.F.E., Juni 1967.

(34) Am 17. September 1968 wurde Šik zum Berater in Handelsangelegenheiten an der tschechoslowakischen Botschaft in Belgrad ernannt. Er gab diesen Posten aber auf und ging nach Basel.

(35) Vgl. Towards the next Russian Revolution. In: »The Economist« (London), 14. September 1968.

(36) Es muß hervorgehoben werden, daß der Kreml der DDR

niemals vorgeworfen hat, einen relativ bedeutenden privaten Sektor zu dulden. 1965 gab es in der DDR 368.000 private Handwerker und 4265 kleine private Industriebetriebe, die 103.878 Lohnempfänger beschäftigten. Freilich: Ulbricht hatte sich auf allen wichtigen Gebieten zu Gehorsam verpflichtet. Und so sah Moskau davon ab, diesen Verstoß gegen das kollektivistische Prinzip als Gefahr der Wiedereinführung des Kapitalismus in Ostdeutschland zu betrachten.

7. ENTWICKLUNG DER SOZIALSTRUKTUR

(1) Vgl. *J. Szczepanski:* La sociologie marxiste empirique. In: »L'homme et la Société« (Paris), Nr. 1, 1966.

(2) In englischer Übersetzung London 1963.

(3) Vgl. *Szczepanski:* La sociologie...; *derselbe:* Die Sozialstruktur der sozialistischen Gesellschaft. In: »Kultura« (Warschau), 22. Dezember 1964. Die ersten Angriffe der »Partisanen« 1968 waren gegen das Werk der polnischen Soziologen gerichtet, von denen viele ihren Lehrstuhl aufgeben mußten und emigrierten.

(4) Vgl. *A. Hegedüs:* Das Strukturmodell der sozialistischen Gesellschaft und die soziale Schichtenbildung. In: »Valóság«, Mai 1964; *A. Mod:* Soziale Schichtenbildung in Ungarn (ungarisch), 1966; die Analyse dieses Werkes von *S. Ferge* in »Valóság«, Oktober 1966. Hegedüs wurde 1968 abberufen, da er gegen die Teilnahme Ungarns an der Besetzung der Tschechoslowakei protestiert hatte.

(5) In: »Questions actuelles du socialisme«, Januar/Februar 1967.

(6) Der Mythos des Staatssozialismus. In: »Praxis«, April 1967.

(7) »Verstaatlichte Wirtschaft, Klassen und Politik«, in: »Borba«, 4. Januar 1968.

(8) Zur soziologischen Erneuerung der Oststaaten vgl. *L. Labedz:* Sociology and Social Change. In: »Survey« (London), Juli 1967; *K. Papaioannou:* L'Idéologie froide (1967).

(9) Vgl. *N. Bernheim:* Suédoises et Polonaises, deux exemples d'intégration socialiste. In: »Le Monde«, 29. und 30. Dezember 1967. Während des ersten Halbjahrs 1967 wurden die Bedürfnisse des Arbeitsmarktes in Polen zu ungefähr 65 Prozent von Frauen gedeckt.

(10) *M. Djilas:* Die neue Klasse. Eine Analyse des kommunistischen Systems. München 1958.

(11) *Schaff:* Marxismus und...

(12) *W. Sokorski*, in: »Kultura«, 10. Oktober 1965.

(13) Vgl. die ironische Antwort der Zeitschrift »Host do domu« (Brünn), Dezember 1967.

(14) *J. Burnham:* The Managerial Revolution. New York 1941.

(15) *Ferge:* Soziale Schichtenbildung ...

(16) Die Tatsache der Ausbeutung ist selbst von offiziellen Ideologen wie dem Jugoslawen Vlahović, in »Vjesnik« (Agram), 31. Dezember 1967, zugegeben und von den Chinesen und ihren polemischen antisowjetischen Artikeln hervorgehoben worden. Vgl. Der Pseudo-Kommunismus Chruschtschows und die historischen Lektionen, die er der Welt erteilt. »Peking-Rundschau«, 20. Juli 1964.

(17) Ein Auszug aus der ungarischen Statistik: 1965 stammten 39 Prozent der privilegierten Schicht, die auf 500.000 Personen geschätzt wird und leitende Funktionäre und schöpferisch tätige Intellektuelle umfaßt, aus Arbeiter-, 26 Prozent aus bäuerlichen Familien. In der mittleren Schicht der Intelligentsia (Techniker, Spezialisten, Angestellte) kamen 46 Prozent aus dem Proletariat, 27 Prozent aus Bauernfamilien.

(18) In Polen verdienen 33,1 Prozent der manuellen Arbeiter mehr als 2000 und 52 Prozent der geistigen Arbeiter weniger als 2000 Złoty im Monat. Vgl. *Labedz:* Sociology ...

(19) In: »Host do domu«, September 1965.

(20) Eine 1966 in Polen durchgeführte Untersuchung hat ergeben, daß in der »Prestigehierarchie« Universitätsprofessoren, Ärzte, Lehrer, Ingenieure und Rechtsanwälte die ersten fünf Plätze einnehmen. Die Minister scheinen an siebenter Stelle auf, vor den Agronomen und Journalisten. Was den Unterschied – der anscheinend für alle Volksdemokratien mit Ausnahme der Tschechoslowakei gilt – zwischen der Hierarchie des »wirklichen Landes« und der des »offiziellen Landes« zeigt.

(21) »Századok«, Januar/Februar 1967.

(22) »Die Zahl der Angestellten ist viel höher, als wirtschaftlich gerechtfertigt wäre«, bestätigte Frau *Mod* auf einer Konferenz in der Akademie der Wissenschaften. Abgedruckt in »Századok«, Januar/Februar 1967.

(23) Z. B. *Tschechoslowakei: Löbl* in: »Planované hospodářství«, Nr. 10, 1965: »Zu viele wichtige Posten sind von Leuten ohne die notwendige Qualifikation besetzt.« *Polen: L. Kołakowski* in einer Rede vor Studenten bei der Gedenkfeier zum 10. Jahrestag des polnischen Oktobers: »Die leitende Gruppe ist unwirksam, ohne Verantwortung gegenüber dem Volk.« *Jugoslawien: B. Horvat,* Direktor des Belgrader Instituts für Wirtschaftsforschung, im Juni 1967: »Viele Personen, die Kommandostellen in der Wirtschaft innehaben, sind unfähig, sich der Marktwirtschaft und der Dezentralisierung anzupassen.« Am 16. August 1968 konfiszieren die Belgrader Behörden die Zeitschrift »Delo« und

werfen ihren Mitarbeitern vor, sie hätten »der Arbeiterklasse die Fähigkeit abgesprochen, das Land zu lenken, und gefordert, sie durch die humanistische Intelligentsia zu ersetzen«.

(24) Vgl. die Richtigstellung von *I. Szirmai*, in: »Társadalmi Szemle«, November 1965; die Thesen der KPTsch vom Juni 1966; die Rede Ceauşescus vom 7. Dezember 1967.

(25) Szirmai, der Ideologe Kádárs, hat die »Sektierer« verurteilt, die den Wunsch der Arbeiter bekämpfen, eine Wohnung oder gar ein Haus zu besitzen, Qualitätsmöbel, einen Fernsehapparat, ein Auto usw.

(26) »Literární noviny«, 22. Oktober 1966. *Hübl* nach dem Rücktritt Novotnýs im Januar 1968: »Personelle Veränderungen genügen nicht.« Er fordert verfassungsmäßige Garantien für die Bürgerrechte.

(27) »Przeglad Kulturalny«, 17. Mai 1962.

(28) Vgl. den Artikel von *L. Vaculík,* in: »Literární listy«, 4. April 1968.

(29) Vgl. den Kommentar der Agentur MTI, 12. August 1968, über die Direktiven zur neuen Arbeitsordnung.

(30) 1967 protestierte der Gewerkschaftsvorsitzende Vukmanović-Tempo gegen die offiziellen Behauptungen, nach denen »die Löhne schneller gestiegen sind als die Produktivität«. Der Gewerkschaftskongreß im Juni 1968 gab mit Zustimmung Titos Anlaß zu einer groß angelegten Offensive gegen die »rote Bürokratie«.

(31) »Der Gewerkschafter«, September 1967. Im März 1968 wurde Poláček als Vorsitzender des Zentralrats der Gewerkschaften Nachfolger Pastyríks.

(32) »Vjesnik u Srijedu« (Agram), 8. Juni 1966; »Nedeljne informativne novine« (Belgrad), 29. Oktober 1967.

(33) 1956 sind 110 Direktoren auf Antrag der Räte entlassen worden.

(34) Vgl. *Connock:* L'autogestion a déçu les travailleurs yougoslaves. In: »Le Figaro«, 22. Juni 1968.

(35) Literatur zu den jugoslawischen Arbeiterräten: *A. Meister:* Socialisme et Autogestion. Paris 1965; *J. Kolaja:* Worker's Councils. The Jugoslav Experience. London 1965; *A. Sturmthal:* Worker's Councils. Harvard Univ. Press 1964.

(36) Vgl. »Po Prostu«, 6. Januar 1957.

(37) Vgl. *Sturmthal:* Worker's Councils; 1956, Pologne–Hongrie. E.D.I. Paris 1966.

(38) Man denke an die Ereignisse in der ČSSR im August 1968, wo die Parteiführung, die Regierung und das Präsidium der Nationalversammlung die Leitung der passiven Resistenz übernommen haben.

(39) Vgl. *Fejtö:* Budapest 1956; 1956, Pologne–Hongrie.

(40) AFP, 21. Mai 1968.

(41) Vgl. *M. Tatu* über die Selbstverwaltung in der Tschechoslowakei, in: »Le Monde«, 21. Juni 1968.

(42) Siehe die Ergebnisse einer 1967 in den höheren Schulen Ungarns durchgeführten Untersuchung, in: »Népszabadság«, 23. Januar 1968.

(43) *S. Ferge*, in: »Valóság«, Oktober 1966.

(44) Daß Arbeiter und Intelligenz harmonierten, veranschaulicht folgende Tatsache: In der ČSSR waren bei den Ende 1968/Anfang 1969 durchgeführten Betriebsratswahlen 71,5 Prozent der in 114 Betrieben in geheimer Wahl von den Arbeitern gewählten Räte Techniker. Vgl. »Prager Volkszeitung«, 28. Februar 1969.

8. KULTURELLE ENTWICKLUNG UND ZERSETZUNG DER IDEOLOGIE

(1) Vgl. *B. Suchodolski:* Von der sozialistischen Zivilisation. In: »Nowe Drogi«, Nr. 11, 1967.

(2) *M. Rozane*, in: »Most« (Triest), Nr. 9–10, 1966. Der Schriftsteller wurde im Oktober 1967 wegen Veröffentlichung dieser Äußerungen in der in slowenischer Sprache in Triest erscheinenden Zeitschrift zu sechs Monaten Gefängnis mit Strafaufschub verurteilt.

(3) »Literární noviny«, 17. Juni 1967.

(4) Resolution des IV. tschechoslowakischen Schriftstellerkongresses, in: »Literární noviny«, 8. Juli 1967.

(5) Mit Ausnahme Kubas, dessen Führer, Guerillas und nicht Bürokraten, die Avantgarde tolerierten, ja sogar förderten. Vgl. die Rede von Präsident Dorticos auf dem Kulturkongreß in Havanna, Februar 1968.

(6) *L. Aragon* im Vorwort zur französischen Ausgabe des Romans Žert (Der Scherz) von *Milan Kundera:* La Plaisanterie. Paris 1968.

(7) »Társadalmi Szemle«, 15. September 1952.

(8) *Nagy:* Un communisme ... S. 182.

(9) »Borba«, 12. Februar 1968.

(10) Siehe »Preuves«, Juni 1967.

(11) Vgl. »Le Monde«, 2. Februar 1968.

(12) Vgl. *T. H. Rigby:* Security and Modernisation. In: »Survey«, Juli 1967.

(13) Vgl. *Calvez:* Introduction à la vie politique. Es ist bezeichnend, daß L. Vaculík auf dem Schriftstellerkongreß 1967 von der tschechoslowakischen Führung als »Dynastie« gesprochen hat.

(14) Vgl. *J.-M. Domenach*, in: »Esprit«, Dezember 1965; die Diskussion darüber in: »Esprit«, Mai 1966.

(15) Der ultraorthodoxe bulgarische Parteichef Schiwkow nach Jahren des Kampfes gegen den bourgeoisen Nationalismus: »Ich kenne keinen anderen Staat, der sich eine derartige Unterschätzung und Herabminderung seiner nationalen Vergangenheit erlaubt.« (»Rabotnitschesko Delo«, 10. Januar 1968.)

(16) Vgl. *Schaff:* Marxismus und ...

(17) »Rudé právo«, 22. Februar 1968.

(18) Vgl. *Th. Schreiber:* L'enseignement en Pologne. In: »Notes et études documentaires«, 6. Mai 1964.

(19) *N. Vucenov,* in: »Internationale Politik« (Belgrad), 28. Dezember 1967.

(20) Das tschechoslowakische Programm 1953: 101 Russischstunden im vierten Jahr, 85 im fünften Jahr, und nur 66 Stunden nationale Geschichte.

(21) Vgl. »Vysoká škola« (Prag), März 1964; »Scînteia Tineretulni«, 21. Juli 1967.

(22) Vgl. *F. Fejtö:* Réforme scolaire et stratification sociale en U.R.S.S. In: L'U.R.S.S. Bd. I. Paris 1962; *M. Pundeff:* Les réformes de l'enseignement en Europe orientale. In: »Documentation française«, 28. November 1963.

(23) *D. Floyd:* Rumania. Russia's dissident ally. New York 1965.

(24) »Vysoká škola«, März 1964.

(25) Vgl. »Nová mysl« (Prag), September 1964.

(26) Vgl. die Rede des bulgarischen Unterrichtsministers, in: »Utschitelsko Delo«, 7. Juli 1963.

(27) Vgl. »Student« (Prag), 27. Januar 1966.

(28) »Student«, 21. Januar 1968.

(29) »Pravda« (Preßburg), 2. August 1967.

(30) »Borba«, 9. März 1967.

(31) »Nedeljne informativne novine« (Belgrad), Februar 1967.

(32) »Kultúrný život«, 23. April 1965.

(33) »Literární noviny«, 16. Januar 1965.

(34) Vgl. *J. Hajny:* Eine Generation ohne Ideale. In: »Rudé právo«, 23. Juli 1965.

(35) Umfrage von Radio Prag, Mai 1966.

(36) »Smena«, 15. Januar 1966.

(37) Vgl. Kapitel 7 (II. Teil) des vorliegenden Bandes.

(38) »Ist in unserem Leben genügend Platz für Abenteuer und Heldentum?« Diese vom Pädagogischen Institut Ostrau an 183 junge Menschen gestellte Frage wurde von 16 mit ja beantwortet, von 68 mit einem kategorischen Nein (»Literární noviny«, 16. Januar 1965).

(39) Gespräch in Radio Brünn, Februar 1967.

(40) »Literární noviny«, 16. Januar 1965.

(41) Vgl. *D. Bendová:* Was meine Generation fühlt und denkt. In: »Kultúrný život«, 23. April 1965; »Zycie Literackie« (Krakau), 4. Dezember 1966.

(42) Vgl. *V. Faragó,* in: »Látohatár« (Budapest), Juli/August 1967.

(43) Entscheidung des bulgarischen ZK, Juli 1967.

(44) Den Äußerungen Kouckýs stehen die Untersuchungen der Zeitschrift »Smena«, 28. Dezember 1965, gegenüber, nach denen »der Militärdienst jede Anziehungskraft auf die Jugend verloren hat«, die meisten Jungen den Vietnamkrieg nicht verstehen, die USA nicht verurteilen und militärpolitische Themen nicht mehr populär sind.

(45) »Rabotnitschesko Delo«, 14. Dezember 1967.

(46) *Ebenda,* 9. Juli 1967.

(47) »Polityka«, 12. Januar 1968.

(48) Vgl. die Erklärung des tschechoslowakischen Jugendverbandes in »Mladá fronta«, 17. Februar 1968: »Der Jugendverband muß eine unabhängige Organisation werden.«

(49) Siehe auch *F. Fejtö:* Dieu et son Juif. Paris 1960.

(50) Die kommunistischen Regimes haben in gewissem Sinn das Erbe des aufgeklärten Absolutismus, den »Josephinismus«, übernommen, der schon im 18. Jahrhundert den politischen Einfluß der katholischen Kirche verringern und sie vor allem im Unterrichtswesen unter staatliche Kontrolle stellen wollte. Vgl. *F. Fejtö:* Joseph II, un despote éclairé. Paris 1958.

(51) Vgl. »Lidová demokracie«, 25. Mai 1968.

(52) Vgl. die Mitteilungen Mgr. Tomášeks an den Korrespondenten der französischen Zeitung »La Croix«, 2. Mai 1968, und den Autor dieses Buches.

(53) Am interessantesten war die Untersuchung von E. Kadlecová (einer der Organisatorinnen des katholisch-marxistischen Dialogs in Marienbad 1967) über die Einstellung der Jugend zur Religion. Vgl. »Herder Korrespondenz« (Freiburg), Juni 1967.

(54) »Osvětová práce«, Nr. 26, 1965.

(55) »Sociologický časopis«, Nr. 2, 1965.

(56) ČTK, 4. Dezember 1966.

(57) »Polityka«, 18. Februar 1960.

(58) *Th. Schreiber:* L'Eglise de Hongrie est devenue plus populaire. In: »Le Monde«, 6. Juli 1963.

(59) Ende September 1971 verließ Mindszenty auf Wunsch des Papstes die amerikanische Botschaft und Ungarn, nahm vorübergehend im Vatikan Wohnsitz und ließ sich danach in Wien nieder.

(60) »Társadalmi Szemle«, August 1956.

(61) Laut einer Untersuchung des soziologischen Instituts der Akademie der Wissenschaften sind 64,4 Prozent der Bulgaren erklärte Atheisten. (»Polititscheska Prosweta«, Nr. 11, 1967.) Aber die Presse ist beunruhigt über den zunehmenden Bekehrungseifer der verschiedenen Sekten.

(62) Vgl. die Reportage von *J. P. Picaper*, in: »Le Monde«, 9. Oktober 1968.

(63) Une page tournée. In: »Le Monde«, 26. Juni 1966.

(64) AFP, Belgrad, 14. März 1968.

(65) »Nowe Drogi«, April 1966.

(66) 1956 erklärten sich mehr als 90 Prozent der Eltern für die Wiedereinführung des Religionsunterrichtes in den Schulen, und die Regierung gab nach.

(67) Vgl. *K. Jelensky:* La Pologne: une Grèce du monde communiste? In: »Preuves«, Juni/Juli 1968.

(68) Vgl. das von einer anonymen Gruppe Pastoren in den Westen gesandte Schreiben über die Situation der protestantischen Kirche in Ungarn, abgedruckt in: »Irodalmi Újság« (Paris), 15. November 1965; »Frankfurter Allgemeine Zeitung«, 29. Dezember 1966.

(69) Interview, AFP, 26. Mai 1958.

(70) Vgl. *M. Tatu*, in: »Le Monde«, 5. Oktober 1968. Zur Entwicklung der Beziehungen Kirche–Staat nach Stalins Tod vgl. The Battle for Belief. In: »East Europe«, Oktober 1960; *Th. Schreiber:* Le Christianisme en Europe orientale. Paris 1961; *Ch. Andras:* Christians and Marxists in Marianske Lazne (Marienbad); vgl. auch das Memorandum des tschechoslowakischen protestantischen Theologen *Hromadka*, in: »Neues Forum« (Wien), Februar 1969.

(71) *S. Sotola*, in: »Kultúrný život«, 20. Juni 1967.

(72) Vgl. »National-Zeitung« (Ostberlin), 12. September 1968.

(73) *A. Abusch* auf der Konferenz des Schriftstellerverbandes im November 1966.

(74) »Narodna Kultura«, 27. Januar 1968.

(75) Leitartikel von »Literaturen Front«, 18. Januar 1968.

(76) *G. Lukács* sieht eine der »zentralen Aufgaben« der Literatur in der Darstellung des »tragischen Konfliktes«, der aus der Verwandlung so vieler echter Revolutionäre in dogmatische Bürokraten entstanden ist. Vgl. Interview in: »Népszabadság«, 24. Dezember 1967.

(77) *M. Chorvat:* Die Revolte der Jugend. In: »Kultúrný život«, 29. April 1966.

(78) Vgl. *Th. Weiss:* The Guilt complexe in communist literature. In: »East Europe«, Mai 1966; *R. Urban:* Die Bewältigung der Vergangenheit in der Tschechoslowakei. In: »Osteuropa«, Mai/Juni 1967;

T. Aczél – T. Méray: La révolte de l'Esprit. N.R.F., Paris; Ecrivains hongrois d'aujourd'hui. In: »Les Lettres nouvelles«, Sondernummer September/Oktober 1964; Anthologie de la poésie hongroise von *L. Gara,* mit einem Vorwort von *L. C. Szabo.* Paris 1962; Anthologie de la poésie polonaise von *K. Jelensky,* mit einem Vorwort von *Cz. Milosz.* Paris 1965; L'autre Europe. In: »Esprit«, Februar 1968. Diese Liste erhebt keinen Anspruch auf Vollständigkeit. Auch fehlen die Literatur und Kunst der Emigration.

(79) In Warschau, wo das monatliche Durchschnittseinkommen 1968 2200 Złoty betrug, verdienten 45 Schriftsteller und Künstler mehr als 10.000 Złoty monatlich, d. h. so viel wie der Ministerpräsident. Einige verdienten sogar bis zu 40.000 Złoty. Zur »moralischen Korruption« in der Sowjetunion vgl. *B. Frioux,* in: »Le Monde«, 11. Oktober 1968.

(80) Plenum, September 1967. Vgl. auch die offizielle Verteidigung durch den ehemaligen Justizminister *S. Rais,* in: »Kultúrní tvorba«, 29. Oktober 1967.

(81) Vgl. die Erklärungen des Direktors des tschechoslowakischen Fernsehens, *J. Pelikán,* in: »Le Monde«, 6. März 1968.

(82) Vgl. Un nouveau chapitre de la tragédie tchécoslovaque: l'exode des intellectuels. In: »Le Monde«, 12. September 1968.

(83) Erklärung *G. Aczéls,* in: »Népszabadság«, 27. April 1968.

(84) *M. Lakatos:* Die Bürger suchen ihren Platz. In: »Kulturní noviny« (Prag), 24. Februar 1968.

(85) Das Standardwerk über die Presse der kommunistischen Länder – *A. Buzek:* How the communist Press works. New York 1964; vgl. auch *F. Fejtö:* The Press in the Satellite Countries. In: »The World today«, Juni 1953; La presse et la radio-diffusion en Europe orientale. In: »Documentation française«, Nr. 2735 und 2738, Dezember 1960; *W. Troscianko:* Polish Journalists and the Censor. In: »East Europe«, November 1965; *M. Mihajlov:* Perché non parliamo. In: »Tempo Presente«, September/Oktober 1965; *B. Osol:* La formation de l'opinion publique dans un pays socialiste. In: »Questions actuelles du socialisme«, Nr. 79, 1965; *S. Stankovic:* Jugoslav Press to become even freer. R.F.E. Research, 15. Februar 1967; Der slowakische Journalistenkongreß. In: »Kultúrný život«, 1. Juni 1963; *P. Tigrid:* Le Printemps de Prague. Paris 1968; *Salomon:* Prague . . .; *M. Molnár:* Victoire d'une défaite. Budapest 1956. Paris 1968; *B. de Jouvenel:* Le système répressif. In: »Le Monde«, 6. und 7. Oktober 1968.

III. Teil
Analyse der Situation

1. NACH DEM 21. AUGUST 1968

(1) *J.-P. Sartre:* Le socialisme qui venait du froid. Einleitung zu *A. Liehm:* Trois générations. Paris 1970.

(2) Zum Besuch Marschall Gretschkos und W. Semjonows in Prag am 31. März 1969 vgl. *P. Tigrid:* La chute irréversible de Dubcek. Paris 1970. – Gretschkos Ultimatum an die tschechoslowakischen Führer ließ diesen die Wahl zwischen drei Möglichkeiten: entweder die Wiederherstellung der Ordnung mit eigenen Mitteln; oder einen Hilferuf an die Staaten des Warschauer Paktes; oder schließlich das eigenmächtige Eingreifen der Paktstaaten. Man sieht, wie wenig der Passus des Moskauer Abkommens vom 26. August 1968 über die Nichteinmischung in die inneren Angelegenheiten respektiert worden ist.

(3) Vgl. die erste Nummer des Anfang November 1968 unter dem Namen »Listy« wiedererschienenen Blattes der Schriftsteller.

(4) Vgl. das Protokoll der Unterredung *Dubčeks* mit *Waldeck-Rochet* am 19. und 20. Juli 1968 in: »Politique Aujourd'hui«, Mai 1970. – Sein Text wurde im Dezember 1969 von der KPF der ČSSR-Führung mitgeteilt und am 14. Januar 1970 von Indra als Beweis für den »Antisowjetismus« Dubčeks angeführt. Es ist eines der aufschlußreichsten Dokumente über die Einstellung der tschechoslowakischen und sowjetischen Führer und auch Waldeck-Rochets kurz vor der Invasion.

(5) Vgl. das Vorwort von *M. Tatu* zu der Sammlung von Reden: *Alexandre Dubcek.* Du printemps à l'hiver de Prague. Paris 1970.

(6) In einer im Januar 1970 veröffentlichten Resolution des ZK der KPTsch wurde Smrkovský, Kriegel u. a. vorgeworfen, sie glaubten, die Interpretation der (geheimen) Sitzung vom Januar 1968 für die Öffentlichkeit stünde ihnen allein zu; sie hätten sich als die »Männer des Januar« feiern lassen, seien aber die Urheber der »revisionistischen Linie und ihrer Parolen: Demokratie und Freiheit, Fortschritt und Humanismus«.

(7) Zur Intensivierung der ungarisch-tschechoslowakischen Kontakte nach dem Besuch Kádárs in Prag im Dezember 1969 vgl. R.F.Z., Czechoslovak Situation Report/42, 15. Oktober 1970.

(8) Vgl. *J. Pelikán* (Hrsg.): Panzer überrollen ...

(9) *M. Moc,* Chefredakteur von »Rudé právo«, zufolge arbeitete das »zweite Zentrum« mit den Männern der Rechten im ZK-Präsidium zusammen. Vgl.: Analyse der jüngsten Vergangenheit. In: »Probleme

des Friedens und des Sozialismus«, November 1970. Diese Beschuldigungen entsprechen insofern der Wahrheit, als die Liberalen tatsächlich im Prager Komitee, der nach dem ZK-Sekretariat bedeutendsten Parteiorganisation, konzentriert waren.

(10) Vgl. Le Parti communiste tchécoslovaque normalisé. In: »Politique Aujourd'hui«, Juni 1970.

(11) »Tribuna« (Prag), 18. Juni 1970.

(12) Vgl. den zornigen Protest *L. Aragons* in »Lettres françaises«, 8. Oktober 1969, gegen »die Einführung der systematischen Denunziation als nationaler Pflicht«. Zum Text des Fragebogens für Offiziere vgl. »Le Monde«, 4. Juli 1970. – Anfang September 1969 kündigte die politische Leitung der Armee eine Untersuchung bezüglich jener 30 Offiziere an, die sich im Juni 1968 in einem Memorandum für die Neutralität der ČSSR ausgesprochen hatten.

(13) L'arbitraire légalisé. AFP (Prag), 19. Dezember 1969.

(14) Prchlík kam als erste bedeutende Persönlichkeit des »Prager Frühlings« vor Gericht. Ein Militärgericht verurteilte ihn am 1. April 1971 zu drei Jahren Gefängnis.

(15) Im Oktober 1970 wurde der ehemalige Chef der Uranindustrie, K. Boček, verhaftet. Man machte ihn für den im August 1968 lancierten Slogan verantwortlich: »Nicht ein Gramm Uran an die Okkupanten!« Vielleicht hat die Furcht des Kremls, die Uranschätze um Joachimsthal (Jáchymov) zu verlieren, zur Entscheidung, die ČSSR zu besetzen, beigetragen.

(16) Vgl. AFP (Prag), 25. November 1970.

(17) »Rudé právo«, 13. Januar 1970.

(18) Vgl. »Le Monde«, 1. und 2. Februar 1970. Zum Widerstand vgl. *Ph. Saintgilles,* in: »Nouvel Observateur«, 17. August 1970. – »Le Monde«, 30. Oktober 1970, veröffentlichte den – relativ gemäßigten – Text einer Flugschrift, die von einer »Sozialistischen Bewegung tschechoslowakischer Bürger« stammte und in Prag vor dem 52. Jahrestag der Republikgründung verteilt worden war.

(19) Zum KGB in der ČSSR vgl. die Ausführungen von *S. Demidow,* Exagent der tschechoslowakischen Abwehr, in: »Der Spiegel«, Nr. 30, 1970.

(20) Zur Konsolidierung der Wirtschaft vgl. »Neue Zürcher Zeitung«, 1. und 2. April 1971.

(21) Zur Lage in der ČSSR vgl. *V. Budimir:* Paradoxa der Konsolidierung. In: »Nedeljne informativne novine« (Belgrad), 7. März 1971. Budimir, Tanjug-Korrespondent in Prag, wurde im Februar 1971 ausgewiesen.

2. DIE UdSSR UND DIE OSTSTAATEN

(1) *A. Stuart:* Ceauşescu's Land. In: »Survey«, Sommer 1970.

(2) *J. Raffaeli:* Le traité soviéto-roumain. AFP (Moskau), 8. Juli 1970.

(3) Laut »Spiegel« (Nr. 30, 1970) sind Militärberater aus Ungarn, der DDR, der ČSSR, Polen und Bulgarien nach Ägypten entsandt und Soldaten dieser Staaten in Kasachstan für den Kampf in der Wüste ausgebildet worden.

(4) »Neues China«, 25. August 1970, hat zum 26. Jahrestag der Befreiung Rumäniens den »Widerstand der rumänischen Führer gegen jede Einmischung in ihre Politik« lobend hervorgehoben.

(5) Vgl. *M. Tatu:* La flotte soviétique dans l'Océan indien. Canonnières progressistes contre canonnières impérialistes. In: »Le Monde«, 14. August 1970.

(6) Vgl. *W. Klaiber:* Security Priorities in Eastern Europe. In: »Problems of Communism«, Mai/Juni 1970; *Th. Schreiber:* L'Europe de l'Est en 1969. La Documentation Française, 28. Februar 1970.

(7) AFP (Budapest), 25. August 1970.

(8) Vgl. das Manifest der drei Wissenschaftler in »Le Monde«, 11. und 12. bis 13. April 1970; ferner *S. Brzezinski:* For Lenin's Centenary. The Soviet Past and Future. In: »Encounter«, März 1970; *P. Hassner:* L'Europe des années 70: Stabilité et Conflits. In: »Revue de Défense Nationale«, Mai 1970; *R. Loewenthal:* Development versus Utopia in Communist Policy. In: »Survey«, Winter/Frühjahr 1970.

3. STURM AN DER OSTSEE

(1) Vgl.: Wie Gomułka gestürzt wurde. In: »Neue Zürcher Zeitung«, 21. Januar 1971.

(2) Vgl. die relativ objektive Schilderung der Ereignisse in »Głos Wybrzeza« (Danzig), 9. und 10. Januar 1971. Im Westen hat diesbezüglich am schnellsten und objektivsten Radio Free Europe berichtet, das die Sender Danzig und Stettin abgehört hat.

(3) In dem Flugblatt werden Moczar und Cyrankiewicz persönlich für das Massaker verantwortlich gemacht. Siehe »Times«, 27. Januar 1971.

(4) Rede *Kocioleks* vor Danziger Aktivisten. In: »Głos Wybrzeza«, 9. und 10. Januar 1971.

(5) *R. Bajalski,* in: »Politika« (Belgrad), 31. Dezember 1970.

(6) Zum Sturz Gomułkas vgl. *N. Bethell:* The downfall of W. Gomułka. In: »Times«, 3. Februar 1971; »Neue Zürcher Zeitung«,

21. Januar 1971; *P. Hansen*, in: »Aktuelt« (Kopenhagen), 26. Februar 1971. – Laut Hansen wurde Gomułka am 19. Dezember abgesetzt, unter Polizeiaufsicht gestellt und erst am 24. Dezember ins Spital eingeliefert.

(7) Vgl. *N. Bethell:* Le communisme polonais 1918–1971. Gomułka et sa succession. Paris 1971.

SCHLUSSWORT

(1) Vgl. *G. Mencer:* Internationale politische und rechtliche Probleme. In: »Časopis pro mezinarodní právo«, Nr. 3, August 1972.

(2) »Kommunist« (Moskau), 14. April 1972.

(3) Auszüge aus diesem in den Westen gelangten Bericht in »Le Monde«, 22. Februar 1972.

(4) *I. Kovács:* Die neuen Elemente in der Entwicklung der sozialistischen Verfassung (ungar.). Budapest 1962.

(5) Vgl. *P. Naville:* Le nouveau Léviathan. La bureaucratie et la révolution. Paris 1972.

(6) Tito erklärte am 18. Dezember 1971 auf einer Gewerkschaftsversammlung, daß Jugoslawien binnen sechs Monaten von Bürgerkrieg und fremder Intervention bedroht sein werde, wenn dem »kroatischen Separatismus« nicht Einhalt geboten würde.

(7) Vgl. L'Europe de l'Est en 1971. In: »Documentation française«, 14. April 1972; Survey of East European Developments. R.F.E. Research, 5. Januar 1972 und 18. April 1972. – Zur Entwicklung der Wirtschaftsbeziehungen vgl. *S. Pisar:* Transactions entre l'Est et l'Ouest. Paris 1972.

Register

Hugo Hantsch

Die Geschichte Österreichs

Band I: Von der Gründung bis 1648
5., durchgearbeitete und ergänzte Auflage, 438 Seiten,
6 Bildtafeln, 2 Stammtafeln und 1 Karte, Leinen.

Band II: 1648 bis 1918
4., durchgesehene und ergänzte Auflage, 622 Seiten,
12 Abbildungen, 1 Stammtafel, 1 Übersichtstafel
und 1 Karte, Leinen.

»Die Geschichte Österreichs« ist das Werk eines gründlichen und zugleich leidenschaftlichen Historikers, der sich mit seinem Gegenstand nicht nur wissenschaftlich, sondern auch menschlich eingelassen hat. Hantsch hat die Gabe, auch verwickelte Zusammenhänge souverän und übersichtlich darzustellen. Die geistigen und kulturellen Gesichtspunkte werden gebührend berücksichtigt.

Rheinischer Merkur

Verlag Styria Graz Wien Köln

Erika Weinzierl – Kurt Skalnik (Hrsg.)

Österreich
Die Zweite Republik

2 Bände in Schuber, Leinen, zusammen 1372 Seiten.

Dies ist die erste umfassende wissenschaftlich fundierte Geschichte der Zweiten Republik Österreich. Prominente Autoren — Universitätsprofessoren, führende Persönlichkeiten des öffentlichen Lebens und kritische Köpfe der nachrückenden Intellektuellengeneration — sind versammelt worden, um in einer gemeinsamen Publikation den Weg des nach dem Zweiten Weltkrieg neu erstandenen Österreich zu schildern. Das Werk ist mit einem entsprechenden Apparat versehen: Die Anmerkungen, das ausführliche Register und die Zeittafel sind nicht nur eine willkommene Ergänzung des Textteils, sondern machen die beiden Bände zu einem umfassenden Nachschlagewerk.

Verlag Styria Graz Wien Köln